Marco A. Gardini (Hrsg.)

Handbuch Hospitality Management

Per i miei

Ein sehr spezieller Dank gebührt meiner Familie,
die mich inspiriert, motiviert und jeden Tag meines Lebens
zu einem besonderen Tag werden lässt.
Euch, Christine, Luca und Matteo, für eure Liebe,
Geduld und Verständnis ein großer Dank.

Marco A. Gardini (Hrsg.)

Handbuch Hospitality Management

Managementkonzepte
Wettbewerbskontext
Unternehmenspraxis

Deutscher Fachverlag

Bibliografische Information Der Deutschen Bibliothek

Die Deutsche Bibliothek verzeichnet diese Publikation in der Deutschen Nationalbibliografie; detaillierte bibliografische Daten sind im Internet über http://dnb.ddb.de abrufbar.

ISSN 1438-8868

ISBN 978-3-86641-104-3

© 2009 by Deutscher Fachverlag GmbH, Frankfurt am Main

Alle Rechte vorbehalten.

Nachdruck, auch auszugsweise, nur mit Genehmigung des Verlages.

Umschlag: Bayerl & Ost, Frankfurt am Main

Satz: UCMG, Kiew

Druck und Bindung: fgb · freiburger graphische betriebe GmbH & Co. KG

Stimmen zum Buch

„Wir haben es heute mit mündigen Gästen zu tun, welche die Abläufe und Struk-turen hinter Hospitality-Produkten zunehmend zu erkennen wissen. Ob man sich auf meditative Kurzurlaube, Geschäftsreisen mit Haustieren oder unkonventionel-les Design spezialisiert, ist sekundär: Man muss einen Mittelweg zwischen Herz-blut und Standardisierung finden. Strategie und Operations müssen Hand in Hand gehen. Das ‚Handbuch Hospitality Management' hat dies erkannt."

Christoph Hoffmann
Geschäftsführender Gesellschafter 25hours Hotel Company

„Ich halte es für eine sehr gute Idee, die deutsche Hotellerie mit diesem Hand-buch zu unterstützen. Insbesondere der gelungene Mix aus Praxis und Wissen-schaft sowie die Vielzahl namhafter Autoren machen es zu einem nützlichen Nach-schlagewerk."

Senator E. h. Horst Rahe
Geschäftsführender Gesellschafter der Deutschen Seereederei
und Aufsichtsratsvorsitzender der Arkona AG

Hotellerie und Gastronomie leben von Gastlichkeit und Gästebegeisterung. Oh-ne professionelles Management aber kann es auch das perfekte Gast-Erlebnis nicht geben. Hier auf der Höhe der Diskussion und am Puls der Zeit zu bleiben, ist eine Herausforderung für jeden Profi-Gastgeber. Herausgeber und Autoren des „Handbuchs Hospitality Management" gehen diese Aufgabe an – aus wissen-schaftlichem wie aus operativem Blickwinkel lesenswert.

Ernst Fischer
Präsident des Deutschen Hotel- und Gaststättenverbandes e. V. (DEHOGA)

„Wer sich der Bedeutung bewusst ist, welchen Einfluss die Hospitality-Industrie für Arbeitsplätze und Wirtschaft hat, wird dieses Handbuch begrüßen und unter-stützen."

Gert Prantner
Gründer und Geschäftsführender Gesellschafter der
RIMC International Hotel Resort Management and Consulting GmbH

„Gerade in der Privathotellerie gibt es viele kreative, neue Konzepte und Ideen, die leider allzu oft am Verständnis für zeitgemäßes Hotel-Management scheitern. Der vorliegende ganzheitliche Überblick schafft hier Abhilfe."

Kai Hollmann
Fortune Hotels (Gastwerk Hotel Hamburg, 25hours Hotel Hamburg,
The George Hamburg, Superbude Hamburg)

Inhalt

I   Hospitality Management: Aufbruch in die Managementmoderne

II   Normatives Management: Führung und Organisation

III Strategisches Management: Strategien und Wettbewerbsstrukturen

IV Operatives Management: Funktionen und Methoden

1 Operations Management

2 Marketing-Management

3 Personalmanagement

Grußwort

Liebe Leser,

die Hotellerie in Deutschland ist und bleibt eine lebendige und spannende Branche, die aktuell vielen Veränderungen unterworfen ist. Mit dem vorliegenden „Handbuch Hospitality Management" wird eine Vielzahl von Themen angesprochen, die sowohl für mittelständische Privathoteliers wie auch für die Direktoren von Kettenbetrieben von besonderer Relevanz sind.

Hospitality Management geht dabei heute weit über die Leitung eines klassischen Beherbergungsbetriebs hinaus. Es werden Antworten auf verschiedenste Trends erwartet (bspw. Designorientierung, Betriebs- und Eigentumsform, demografischer Wandel), und Hoteliers müssen mehr und mehr Entscheidungen in Bereichen treffen, die in der Vergangenheit weniger Bedeutung hatten (bspw. Qualitätsmanagement, Nachhaltigkeit, Distribution, E-Procurement). Gleichzeitig ist die wirtschaftliche Lage der deutschen Hotellerie im europäischen Vergleich weiter angespannt. Ein noch immer sehr ausgeprägter Preiswettbewerb und der Anstieg von Abgaben und Steuern vereinfacht die Situation nicht, sondern stellt die Verantwortlichen vor immer neue Herausforderungen des täglichen Handelns.

Ich wünsche den Lesern, dass Sie mit dieser Sammlung aktueller Situationsberichte und Handlungsempfehlungen Ihr Wissen über die Hotellerie erweitern, Ihre Kenntnisse über verschiedenste Prozesse verbessern und bei der Lektüre auch Themen entdecken, die bisher noch nicht im Fokus Ihres Handelns lagen.

Ihr
Ernst Fischer
Präsident des Deutschen Hotel- und Gaststättenverbandes e. V.
(DEHOGA Bundesverband)

Vorwort des Herausgebers

Die Auseinandersetzung mit den Anforderungen des Managements in Hotellerie und Gastronomie hat in Deutschland bis heute keine akademische Tradition – ganz im Gegensatz zum angelsächsischen Sprachraum, in dem schon vor nahezu einem Jahrhundert mit der Konstituierung der Wissenschaftsdisziplin Hospitality Management begonnen wurde. Trotz der wirtschaftlichen Bedeutung der Hospitality-Industrie fehlt es in Deutschland nach wie vor an einschlägiger Literatur zum Management in Hotellerie und Gastronomie, die Wissenschaft und Praxis miteinander verzahnen und einen aktuellen Überblick über Strategien, Methoden und Techniken des Managements von Hotel- und Gastronomieunternehmen bieten. Es gilt immer noch die Erkenntnis, dass – trotz einer im letzten Jahrzehnt gestiegenen Beachtung – die wissenschaftliche Literatur zur Hotellerie und Gastronomie ein nach wie vor eher bescheidenes Dasein fristet.

Hospitality Management beschreibt einen Themenbereich, der den Herausgeber in den letzten Jahren in verschiedenen Zusammenhängen beschäftigt hat. Zum einen stellt die wissenschaftliche Disziplin des Hospitality Managements eine äußerst interessante und – vor dem Hintergrund des zunehmenden Akademisierungsbedarfs – sich enorm entwickelnde Forschungs- und Studienrichtung dar. Zum anderen zeigt sich auch in der praktischen Arbeit des Herausgebers als Unternehmensberater, Trainer und Coach, dass die Akzeptanz bzw. Umsetzung moderner Managementkonzepte bei vielen Unternehmen, ob aus der Individual- oder Konzernhotellerie bzw. der Gastronomie, augenscheinlich noch diffuse Berührungsängste und Widerstände hervorruft. So entstand denn auch die Idee dieses Handbuchs mit der Intention, dem Leser einen möglichst umfassenden Einblick in innovative Methoden, kritische Ansichten und in die aktuellen Entwicklungen im Bereich des Hotel- und Gastronomiemanagements zu liefern.

Das vorliegende „Handbuch Hospitality Management" stellt, durch die Sammlung von Einzelbeiträgen ausgewiesener Autoren der Entwicklungsdisziplin, tragfähige Ansätze aus Theorie und Praxis zur Weiterentwicklung des Themenbereichs Hospitality Management zusammen. Ziel ist es, Impulse für eine weitere Aufarbeitung des Themas zu setzen, sodass hier bewusst ein eher eklektisches Menü zusammengestellt wurde, welches jedoch den gegenwärtigen Stand der Disziplin widerspiegelt. Neuere Forschungsansätze werden dabei nicht nur trocken-akademisch vermittelt, sondern anhand vieler anschaulicher Beispiele, die Anregungen für die tägliche praktische Arbeit liefern, realitätsnah dargestellt. Anders als viele der rein praxisbezogenen Bücher zum Management in Hotellerie und Gastronomie hat dieses Werk keinen Rezeptcharakter. Es soll vielmehr den Leser zum Nachdenken inspirieren. In dieser Eigenschaft eignet sich dieses Handbuch sowohl für Managementpraktiker als auch als Grundlage für Vorlesungen zum Hospitality Management sowie als Quelle zur Anregung weiterer Forschung im Bereich Hospitality Management.

Ein solches Buchprojekt steht und fällt zwangsläufig mit dem Engagement und der Begeisterungsfähigkeit der Mitwirkenden. So ambitiös mir das Vorhaben zwischendurch erschien, so sehr haben mich doch die zahlreichen spontanen Zusagen und kreativen Ideen der angesprochenen Personen motiviert, unbeirrt an dem Projekt festzuhalten. Insofern möchte ich denn auch allen Autoren danken, die sich trotz ihrer beruflichen Anspannung für das Projekt begeistern konnten und das Handbuch mit ihrem Know-how, ihren Erfahrungen und ihren Erlebnissen aus Wissenschaft und Unternehmenspraxis in hohem Maße bereichert haben.

Lob und Kritik sind natürlich jederzeit willkommen, und so bin ich für eine angeregte Diskussion sowie für Ergänzungs- und Optimierungsvorschläge jedweder Art dankbar. Ihre Anregungen und Beiträge können Sie mir gerne an die folgende Adresse übermitteln:

Prof. Dr. rer. pol. Marco A. Gardini
Hochschule Kempten
Dienstleistungsmarketing und Internationales Hospitality Management
Bahnhofstr.61
D-87435 Kempten (Allgäu)
Tel. 0831-2 52 31 51
Mail: marco.gardini@fh-kempten.de
www.fh-kempten.de

Ich freue mich bereits jetzt auf einen regen Gedanken- und Informationsaustausch und wünsche allen Lesern viel Spaß und zahlreiche Anregungen für das tägliche Geschäft.

Marco A. Gardini
Kempten im Allgäu, im September 2008

Hospitality Management: Aufbruch in die Managementmoderne

Paradigmenwechsel in der Hotellerie – Aufbruch in die Managementmoderne?

Marco A. Gardini

1   Einleitung

Der deutschsprachigen Hotellerie stehen stürmische Zeiten bevor, und wie bei einem großen Sturm treibt der Wind große Wellen vor sich her. Die verschiedenen Wellen, die heute und in naher Zukunft mit Macht auf die Hotellandschaft einbrechen, heißen Konzentration, Globalisierung, Polarisierung, Akademisierung, Professionalisierung, Technologiesprünge, Fusionen und Allianzen und vieles mehr. Die Veränderungsdynamik in der Branche nimmt zweifelsohne zu, und so sieht sich die Wettbewerbs- und Managementlandschaft in der Hotellerie inmitten eines tiefgreifenden Prozesses der Veränderung, der mittel- bis langfristig zu nachhaltigen Restrukturierungen in der Branche führen wird.

Die Hotellerie ebenso wie die Gastronomie – Wirtschaftsbereiche, die im angelsächsischen Sprachraum unter dem Terminus „Hospitality Industry" zusammengefasst werden – stehen als bedeutsame Wirtschaftszweige und Bestandteile des tertiären Sektors dabei nicht allein mit den zukünftigen Herausforderungen auf Markt- und Managementebene. Der Übergang von einer Industrie- zur Dienstleistungsgesellschaft ist zwar rein quantitativ in vielen hochentwickelten Volkswirtschaften erheblich fortgeschritten, nichtsdestotrotz bewegt sich die ökonomische Realität hier offensichtlich bedeutend schneller als die Psychologie und die Mentalität der beteiligten Protagonisten an diesem Prozess. *„Despite appearances, we ... have just entered the era of services, and in terms of marketing and management, we do not yet possess the necessary frameworks or the mentalities to face most of the business problems of services. An indicator is the fact that most management disciplines ... deliberately fail to recognize service businesses as being specific. Where are the scholars of strategy, finance, control, and other disciplines who think and work on businesses of the service sector as being different from industries producing tangible products?"* (Eiglier/Langeard 2000, S. 9 f.).

Gilt diese Beobachtung nach wie vor auch grundsätzlich für viele andere Dienstleistungsbranchen, so muss sich insbesondere die Hospitality-Industrie in diesem Zusammenhang kritisch fragen, ob sie für die Dringlichkeit und Notwendigkeit des Aufbruchs in die Managementmoderne heutiger Dienstleistungsgesellschaften hinreichend sensibilisiert ist. Die Hospitality-Industrie im deutschsprachigen Raum und ihre damit verbundenen Dienstleistungsprozesse, Aufgaben und Tätigkeiten werden sowohl in der inneren als auch in der äußeren Wahrnehmung offenbar nach wie vor vielfach mehr als Handwerk verstanden denn als globale Dienstleistungsbranche, deren Akteure im intensiven und länderübergreifenden Wettbewerb stehen.

Die zu erwartenden Veränderungen, mit denen die Branche zukünftig vermehrt konfrontiert sein wird, und der damit zusammenhängende Wandel von kleinen, personengebundenen Wirtschaftseinheiten zu größeren Organisationen rücken jedoch auch das Management dieser Organisationen an eine zentrale Stelle, und der Beruf des Managers bzw. die Managementtätigkeit in der Hotellerie erlangt eine veränderte Bedeutung. In vielen anderen Branchen hat die Einsicht in die große Bedeutung des Managements für die wirtschaftliche Entwicklung in der Vergangenheit dazu geführt, ein Bedürfnis nach allgemeinen, wissenschaftlich fundierten Managementgrundsätzen entstehen zu lassen, die den Erfolg dieser Tätigkeit absichern. Dieser Wahrnehmung entsprechend bedürfen Entscheidungsträger in Organisationen nicht nur eines umfassenden und aktuellen Management-Know-hows, sondern auch einer theoretischen Fundierung zur Erklärung, Gestaltung und Prognose realökonomischer Erscheinungen und Prozesse. Diese Erkenntnis führte im Ergebnis in der Vergangenheit in vielen Branchen dazu, dass die Aufgabe des Managements systematisiert wurde, d. h., sie wurde zu einer in weiten Teilen lehr- und lernbaren Qualifikation ausgeformt, die zunehmend in speziellen Ausbildungsgängen an Hochschulen vermittelt wurde (vgl. Steinmann/Schreyögg 2005, S. 5).

Die Hospitality-Industrie im deutschsprachigen Raum befindet sich in diesem Zusammenhang aktuell in einer schwierigen Übergangsphase, in der die tradierten Ausbildungsgänge, Berufsbilder, Karrieren und personenbezogenen Erfolgsvoraussetzungen neu zu hinterfragen sind. So üben die Fusionswellen der letzten zehn Jahre sowie die verstärkt vordringenden, international operierenden Hotelketten großen Veränderungsdruck auf eine Hotellerielandschaft aus, die in Ländern wie Deutschland, Schweiz oder Österreich nach wie vor sehr stark in klassischen patriarchalischen Führungsstrukturen verwurzelt ist. Insbesondere die weltweit dominierenden US-amerikanischen Gesellschaften verdrängen mehr und mehr die eigentümergeführte Hotellerie in vielen europäischen Ländern und setzen Managementstandards angloamerikanischer Prägung durch. So muss sich denn auch der deutsche Hospitality-Management-Nachwuchs auf internationalen Märkten einem immer intensiveren Wettbewerb stellen, trifft er dort doch vielfach auf eine akademisch ausgebildete und berufserfahrene Konkurrenz, während die Verbindung von Hotelerfahrung und akademischem Hintergrund in Deutschland keinerlei Tradition hat (vgl. Achterhold 2007). Mittel- bis langfristig wird denn auch der für die Branche heute noch klassische Werdegang vom Koch zum Hoteldirektor eher zu einer folkloristischen Stilblüte verkümmern, während eine akademische Ausbildung angesichts steigender Anforderungen in nahezu allen funktionalen Bereichen eines Hotelunternehmens immer mehr zu einer notwendigen Voraussetzung für Entscheidungsträger bzw. Positionen im mittleren und gehobenen Management in der Hotellerie werden wird.

Angesichts dieser zunehmenden Notwendigkeit des Aufbaus eines effektiven Gestaltungs- und Führungswissens im Sinne allgemeiner und wissenschaftlich fundierter Managementgrundsätze in der Hotellerie ergibt sich die Problemstellung, ob angesichts der vorherrschenden Wettbewerbskräfte und des vielfach proklamierten Strukturwandels in der Branche sowie den damit verbundenen Herausforderungen für die Unternehmensführung von Hotelunternehmen von der Notwendigkeit eines Paradigmenwechsel gesprochen werden kann. Bevor diese Frage zu beantworten ist, bleibt jedoch Folgendes zu klären:

1. Wodurch ist die Hospitality-Industrie heute aus wissenschaftlicher und wirtschaftlicher Sicht gekennzeichnet, und wodurch unterscheiden sich die Managementanforderungen, die an eine zukunftsorientierte und moderne Führung von Hotelunternehmen zu stellen sind, von den Anforderungen in der Vergangenheit?
2. Steht die Hospitality-Industrie vor einem Paradigmenwechsel, und, wenn ja, worin besteht das neue Paradigma im Bereich des Managements und der Zukunftskompetenzen von Hotelunternehmen?
3. Was kann und soll die Wissenschaft für die Hospitality-Industrie leisten, und wie könnten zukunftsweisende Modelle des Wissenstransfers, der Vernetzung und der kooperativen Zusammenarbeit zwischen Wisssenschaft und Praxis aussehen?

Als Ergebnis der Diskussion dieser Fragestellungen lässt sich dann auch die zugrundegelegte Problemstellung dieses Beitrags beantworten. Im Folgenden soll deshalb zunächst die aktuelle Situation der deutschsprachigen Hotellerie aus einer wissenschaftsbezogenen und einer managementorientierten Perspektive beleuchtet und in ihren jeweiligen Erklärungsbeiträgen systematisiert werden. Diese Erkenntnisse sollen mit dem jeweiligen wissenschaftstheoretischen und populärwissenschaftlichen Grundverständnis des Paradigmabegriffs konfrontiert werden. Darauf basierend werden einige Entwicklungstendenzen und Anregungen für das zukünftige Verhältnis zwischen Wissenschaft und Praxis der Hospitality-Industrie skizziert, die – ohne eine Standardvorlage sein zu wollen – ein erstes Licht auf die grundlegende Notwendigkeit der Vernetzung und Systematisierung der Beziehungen zwischen den Institutionen und Akteuren der Branche werfen soll.

2 Zur Realität des Hospitality Managements im Spannungsfeld zwischen Forschung, Lehre und Praxis

2.1 Hospitality-Praxis zwischen Anspruch und Wirklichkeit: Eine kritische Betrachtung

Der deutsche Hotelmarkt gilt mit ca. 37.000 Hotels, ca. 16,5 Mrd. € Umsatz im Bereich der klassischen Hotellerie, ca. 1,1 Million Beschäftigen und einem potenziellen Marktvolumen von ca. 590 Mio. verfügbaren Betten im Jahr 2007 zwar als einer der attraktivsten, aber auch als einer der schwierigsten Märkte in Europa (vgl. IHA 2008). Große Überkapazitäten seit der Wiedervereinigung drücken dauerhaft auf die Preisentwicklung. Auch lange Rezessionsphasen seit den 1990er-Jahren haben dazu geführt, dass der deutsche Hotelmarkt seit 1995 nur in wenigen Jahren nennenswerte Wachstumsraten von mehr als 1 % erzielt hat, wobei das bereits auch die Sondereffekte durch die Fußballweltmeisterschaft im Jahr 2006 mit einbezieht.

In der jüngeren Zeit finden sich in der öffentlichen Diskussion verstärkt Beiträge (vgl. Heyer 2004, Gardini 2006, Treugast Solutions Group 2006), die den Strukturwandel in der Hotellerie thematisieren und deutschland- bzw. europaweit einen merklichen Übergang von ehemals mittelständischen, fragmentierten Branchenstrukturen und familien- bzw. unternehmerzentrierten Hotelbetrieben hin zu konzern- bzw. kooperationsgebundenen Organisationseinheiten konstatieren: „ ... the hotel sector in Europe has changed faster in the past ten years than (in) any time of history" (Harrison/Enz 2005, S. 356). Basierend auf der Retrospektive der letzten zwanzig Jahre ist denn auch festzustellen, dass sich insbesondere der deutsche Hotelmarkt bereits seit Beginn der 1990er-Jahre in einem permanenten Wandlungsprozess befindet. Die in diesem Zusammenhang oftmals zitierten strukturellen Veränderungstreiber lassen sich – stark vereinfacht – sowohl im globalen Umfeld als auch auf der Wettbewerbsebene folgendermaßen verorten:

- eine voranschreitende Globalisierung der Hospitality-Industrie und die damit verbundenen Fusionen, Übernahmen und Allianzen in vielen Märkten
- Marktbereinigungen zulasten der mittelständischen Hotellerie, was langfristig zu Konzentrationsausmaßen in der Hotelbranche führen wird, die sich den heutigen Verhältnissen in den USA immer mehr annähern
- veränderte Eigentumsstrukturen, die zu einer Neutarierung des Verhältnisses zwischen Betreibern, Investoren und Immobilienbesitzern führen und darüber hinaus einen starken Professionalisierungs- und damit auch Akademisierungsdruck ausüben werden, mit klarer Ausrichtung auf ein ertrags- bzw. renditeorientiertes Management
- Technologiesprünge, die sowohl auf lokaler wie auf globaler Ebene Operations (z. B. Informationstechnologie, Facility/Utility Management, Telekommunikation) sowie Marketing und Vertrieb (z. B. E-Distribution, Web 2.0, Mobile Commerce, CRM) nachhaltig beeinflussen werden
- demografische Entwicklung in vielen Industrieländern, die sowohl auf dem Arbeits- als auch dem Absatzmarkt in den nächsten zwanzig bis dreißig Jahren zu massiven Veränderungen in den jeweiligen Angebots- und Nachfragestrukturen führen wird
- Polarisierung und Vermischung der Märkte, was Hotelunternehmen immer deutlicher vor die Notwendigkeit stellt, sich klar und konsequent im Wettbewerb zu positionieren
- ...

Ohne Anspruch auf eine erschöpfende Benennung aller Veränderungstreiber und ohne im Einzelnen bei Betrachtung der aktuellen Strukturveränderungen auf die absolute oder relative Bedeutung dieser Umweltimpulse für die Hotellerie einzugehen, soll versucht werden, anhand einiger übergreifender Beobachtungen die heutige Verfassung der Hotellerie zu analysieren und den inhärenten Veränderungsbedarf zu benennen. Zwangsläufig sind die nachfolgend diskutierten Branchenbeobachtungen generalisierender und selektiver Natur und entsprechen damit nicht unbedingt der einzelbetrieblichen Unternehmensrealität. Nichtsdestotrotz stellen diese Beobachtungen eine verdichtete Essenz der vorherrschenden Wahrnehmungsmuster, Erkenntnisse und Schlussfolgerungen aus Beiträgen der Wissenschaft und Unternehmenspraxis dar und verdeutlichen damit ansatzweise die Komplexität der Herausforderungen, denen sich die Hotellerie im Hinblick auf eine zukunftsorientierte und moderne Führung von Hotelunternehmen stellen muss.

Beobachtung Nr. 1: Branchenmyopie und Selbstreferenzialität

Hotellerie und Gastronomie als Wirtschaftszweige und Branchen lassen sich aufgrund ihrer Binnenstrukturen und -prozesse als *autopoietische Systeme* im Sinne Luhmanns charakterisieren (vgl. Luhmann 1984). Die Systemtheorie begreift Systeme als Handlungseinheiten, die im Zuge eines interaktionalen und direkten Austauschs mit der Umwelt darum bemüht sind, die Komplexität der Umwelt zu reduzieren, um dadurch langfristig überleben zu können. Systeme, die die Umwelt unbeantwortet lassen, also kein Komplexitätsgefälle zwischen System und Umwelt aufbauen und erhalten, können langfristig nicht bestehen (vgl. Steinmann/ Schreyögg 2005, S. 63).

Autopoietische oder auch selbstreferenzielle Systeme nehmen – im Gegensatz zu offenen Systemen – nur diejenigen Impulse aus ihrer Umwelt wahr, die den eigenen Gesetzmäßigkeiten und dem Erfahrungswissen der jeweiligen Binnenwelt dieser Systeme entsprechen. Bei Individuen würde man hier von selektiver Wahrnehmung sprechen, d.h., ein Individuum selektiert Informationen dahingehend, dass sie permanent das eigene Bild der Umwelt bestätigen (Selbstreferenzialität). Für die Hospitality-Industrie beschreibt dieses Phänomen Botterill recht anschaulich, der in Bezug auf die Diskussion um die Relevanz der wissenschaftlichen Forschung für die Hospitality-Praxis davon spricht, dass Entscheider in der Hotellerie aufgrund der branchenimmanenten Systemtendenz zur Selbstreferenzialität zunehmend Gefahr laufen, in einer intellektuellen Sackgasse zu enden. So skizziert er den derzeitigen Zustand der Industrie als „ *... closed expert system, in which experts speak to experts in an ever decreasing circle, defending conventional ways of gaining knowledge*" (Botterill 2000, S. 193).

Betrachtet man nun dieses Phänomen besonders aus dem Blickwinkel der deutschen Hotellerie, so lassen sich bestimmte generelle Verhaltensmuster identifizieren, die es nahelegen, der Hotelpraxis eine gewisse Kurzsichtigkeit im Umgang mit der Bewältigung ihrer komplexer gewordenen Umweltstrukturen und -einflüsse zu attestieren. So ist beispielsweise die Verpflichtung branchenfremder Manager auf der ersten oder zweiten Entscheiderebene bislang eher eine Seltenheit in der deutschen Hotellerie. Andere Branchen sehen hier hingegen einen wichtigen

Beitrag zur Bekämpfung branchen- und/oder unternehmensspezifischer „Betriebs-blindheit", der, wenn gezielt eingesetzt, einen fruchtbaren Perspektivenwechsel für eine Organisation darstellen kann. Auch die wenigen Fachkonferenzen, Semi-nare und Tagungen der Branche speisen sich – wenn Sie denn auf Entscheiderni-veau überhaupt stattfinden – aus den immer gleichen Quellen, sowohl was Akteu-re, Institutionen als auch Inhalte betrifft. Darüber hinaus ist zu konstatieren, dass eine proaktiv vorangetriebene Suche nach Ideen, Innovationen oder Best Practi-ces außerhalb der Branche, der interaktive Know-how-Austausch im Sinne eines Benchmarkings mit anderen Unternehmen und Branchen oder der reziproke Er-fahrungsaustausch und Wissenstransfer mit der Wissenschaft nach wie vor bis-lang eher in rudimentärem Ausmaß stattfindet.

Die „ ... Hotellerie ist (noch) eine eigene Welt mit geringen Berührungspunkten nach ‚draußen'. Während z. B. Personaler verschiedenster Dienstleistungs- und Industriebereiche wie selbstverständlich in Erfahrungskreisen Gedanken und In-strumente austauschen – z. B. in der Deutschen Gesellschaft für Personalführung e. V. (DGFP) –, sind die Personaler der Hotellerie hier nicht beteiligt" (Dost 2004, S. 427f.). Neuere Managementkonzepte finden denn auch nur mit großer Verzö-gerung Eingang in den Instrumentenkasten des Hotelmanagements, wie man es beispielsweise beim Total Quality Management beobachten konnte, das Mitte der 1980er-Jahre die weltweite Automobilindustrie verändert hat, während das Konzept in weiten Teilen der deutschen Hotellerie bis Mitte der 1990er-Jahre kaum bekannt war (vgl. Gardini 1997). Ähnliches ist beim Thema Beschaffungsma-nagement zu konstatieren, wo ebenfalls andere Industrien wie die Automobil-branche oder der Handel seit Jahrzehnten Blaupausen für effiziente Einkaufs-strukturen und -prozesse darstellen, während die Hotellerie die strategische Bedeutung der Beschaffung erst in den letzten Jahren für sich entdeckt hat (sie-he hierzu auch die Beiträge von Oehler und Welker in diesem Buch).

So dringen offenbar derzeit nur wenige der o. g. Umweltimpulse in das System Hotellerie vor, und so hat sich die Hotelbranche in Deutschland – im Gegensatz zu den Entwicklungen in den USA – bis in die heutige Zeit noch ihre klein- und mittelständisch geprägte Struktur und Identität bewahrt. Aus autopoetischer Sicht kann ein System seine Wahrnehmungsweise der Umwelt nicht ändern, ohne seine spezifische Identität zu verlieren. Veränderungen in der Umwelt stellen je-doch Systeme immer wieder vor neue Probleme und ziehen damit in der Regel auch eine Veränderung des Systems nach sich, soll denn die Bestandserhaltung ge-lingen. Die derzeitig identitätsstiftenden Strukturkomponenten in der deutschen und europäischen Hotellerie werden denn auch auf mittlere Sicht in der Zukunft jedoch keinen Bestand mehr haben, denn zu groß sind die Veränderungsimpulse, denen sich die Branche stellen muss, getreu dem Grundgedanken des Change Managements: *„Wer sich nicht verändert, wird verändert."*

Beobachtung Nr. 2: Kundenorientierung = Mitarbeiterorientierung?

Die Dienstleistungsliteratur hat in unzähligen wissenschaftlichen wie praxisorientierten Studien und Schriften die besondere Relevanz und Rolle des Faktors Mensch im Kontext personenbezogener Dienstleistungsangebote herausgestellt. Konzepte bzw. Modelle, wie beispielsweise das Total Quality Management (vgl. Bruhn 2003; Gardini 1997), die Service Profit Chain (vgl. Hallowell/Schlesinger, 2000; Heskett et al. 1997) oder das Konzept des Internen Marketings (vgl. Brooks et al. 1999; Stauss 1995; Grönroos 1981), thematisieren einhellig die Notwendigkeit für Dienstleistungsunternehmen, sich nach der in der Literatur vielbeschworenen Gleichung *„Kundenorientierung = Mitarbeiterorientierung"* auszurichten. Beleuchtet man die Hotellerie in Bezug auf die Auseinandersetzung mit dem Thema Faktor Mensch, lassen sich auf den beiden Seiten der o. g. Gleichung Grundzüge erkennen, welche die vielfach postulierten Branchenmythen des „Gast als König-Prinzips" und des „Mitarbeiters als Erfolgsfaktor" in ihrem Wirkungs- und Durchdringungsgrad relativieren:

Der Mythos vom König Kunde

Move heaven and earth to satisfy a customer" (Ritz Carlton)

„Es ist unser Anspruch, Menschen glücklich zu machen" (Hotel Altstadt Vienna)

„Für den Gast gibt es kein Nein, für den Gast tun wir Alles" (Hotel Bareiss)

Wie kaum eine andere Branche hat die Hotellerie das Prinzip des Kunden als König thematisiert, und so zeichnet sich die Hotellerie in einer Oberflächenbetrachtung durch ein hohes Maß an Kundenorientierung und ein starkes Qualitätsbewusstsein aus. Unterwirft man die Hotellerie und insbesondere ihr Marketinginstrumentarium jedoch einer detaillierten Analyse, lassen sich in der Hotellerie zahlreiche Verständnis-, Methoden- und Umsetzungsdefizite konstatieren, sowohl was den konkreten Begriff und die Inhalte von Kundenorientierung als auch was den Einsatz und die Kenntnis moderner Verfahren des Marketings sowie des Qualitäts- und Beziehungsmanagements zur Steigerung von Kundennutzen und Kundenzufriedenheit anbelangt. In der Konsequenz ist eine managementorientierte Neudefinition des „Gast als König"-Prinzips dringend angezeigt.

So ist das Methodenwissen und die Nutzungsintensität entsprechender Planungs- und Informationsinstrumentarien zur Schaffung und Sicherung von Kundenorientierung und Kundenzufriedenheit in der Hotellerie noch erheblich ausbaufähig (siehe hierzu auch die Beiträge von Schneider, Toedt und Jeschke in diesem Buch). Dies betrifft sowohl die kundenorientierte Entwicklung und Gestaltung von Dienstleistungsangeboten, die Integration der Kunden in Innovationsprozesse bzw. interaktive Kundenfeedbacksysteme als auch ein effektives Kundenstruktur- bzw. Kundenwertmanagement sowie die Systematisierung von Kundenbeziehungen im Sinne eines dialogischen Beziehungs- und Kundenzufriedenheitsmanagements. Themen wie das Customer Relationship Management, die Balanced Scorecard, die Markenführung oder das Beschwerdemanagement haben zwar in der letzten Zeit auch die Diskussion in der Hotellerie belebt, die Konturen der dazugehörigen Programme und Aktivitäten blieben jedoch zumeist verschwommen, das Marketing- und Kundenverständnis zu eindimensional und die Verkaufsorientierung zu dominant. Vor dem Hintergrund des auch in der Hotellerie härter gewordenen Wettbewerbs ist eine solche Tendenz zwangsläufig kritisch zu bewerten.

Für Philip Kotler – einem der renommiertesten Marketingwissenschaftler unserer Zeit – ist eine der wesentlichen Fragen aus Kundensicht, für die man als Unternehmen eine möglichst überzeugende Antwort haben sollte, die Frage: *„Warum sollte ich bei Ihnen kaufen?"* (vgl. Kotler 2000, S. 49) Kundenorientierung allein ist dabei nur die Minimalanforderung, der sich Unternehmen verpflichtet fühlen sollten, um im Wettbewerb bestehen zu können. Vorausdenkend müssen Unternehmen in ihren relevanten Märkten und Zielsegmenten vielmehr einen kundenbezogenen „Lead" anstreben, um differenzierungsfähige Positionen aufbauen und halten zu können. „Customer Leadership" als Leitmaxime eines Hotelunternehmens verlangt, nachhaltige Werte für ausgewählte Kunden zu schaffen, notwendige Veränderungsprozesse anzustoßen und das Management von Kundenbeziehungen in den Vordergrund aller Unternehmensaktivitäten zu stellen. Um ein effektives Maß an „Customer Leadership" zu realisieren, muss Marketing den Vertrieb als Taktgeber für Kunden- und Marktprozesse verdrängen und damit selbst ins Zentrum unternehmerischer Entscheidungen rücken. Nur so wird Marketing als Stimme des Kunden im Unternehmen über seine funktionale Bedeutung hinaus zu einer Kraft, die als grundlegende Denkweise und Einstellung gegenüber Markt, Kunden und Wettbewerb zunehmend den Charakter und das Selbstverständnis von Hotelunternehmen prägt.

Zwischen Wollen und Können: Der Mythos vom Mitarbeiter als wertvollste Unternehmensressource

„Für beste Qualität brauchen wir bestes Personal" (Traube Tonbach)

„Take care of your employees and they'll take care of your customers"
(Bill Marriott)

„Our greatest asset, and the key to our success, is our people"
(Four Seasons)

„Finding, Keeping and Developing the right Employees"
(Kimpton Hotels & Restaurants)

Bekenntnisse dieser Art finden sich in fast allen Unternehmensleitbildern und gehören zum Standardrepertoire des Personalmarketings in der Hotellerie. Die Bedeutung der Personalqualität für den ökonomischen Erfolg in der Hotellerie ist denn auch in Literatur und Praxis unbestritten, von einem professionellen Personalmanagement sind weite Teile der Hotellerie in Wirklichkeit jedoch noch weit entfernt (vgl. Gardini 1995, S. 290; Dost 2004, S. 421).

Versteht man unter professionellem Personalmanagement die Summe aller Prozesse und Maßnahmen, bewusst und gezielt Bedingungen zu schaffen, gute Mitarbeiter zu finden, zu halten und in ihrer Qualität laufend den steigenden Anforderungen anzupassen, scheint das Personalmanagement in der Hotellerie im Vergleich zu anderen Branchen nicht unbedingt „State of the Art" zu sein. Seit Jahren klagt die Hotellerie über einen Mangel an qualifizierten und motivierten Mitarbeitern, eine extrem hohe Mitarbeiterfluktuation und über die „Branchenflucht" gut ausgebildeten Personals. Die zukünftige demografische Entwicklung wird die Situation für die Branche noch verschärfen, und mit den zu erwartenden steigenden Akademikerquoten in den nächsten zehn bis zwanzig Jahren wird ein neuer Mitarbeitertypus in die Entscheidungsebenen der Hotellerie hineinwachsen, mit gestiegenen Ansprüchen an materielle Ausstattung, Arbeitsumfeld und persönlichem Entwicklungspfad. Im Vergleich zu anderen Branchen weist die Hotellerie zwar einige Unterschiede auf (z. B. Theoretische Qualifikation, Akademisierungsgrad, Fluktuation, Altersstruktur, Gehaltsniveau), dennoch sind viele der Probleme im Bereich des Personalmanagements hausgemacht.

So wird die hohe Fluktuation oftmals für die extreme Zurückhaltung bei Investitionen in langfristige Ausbildungsprogramme angeführt, was man als klassisches „Henne/Ei"-Problem bezeichnen könnte, denn ohne Investitionen in das Humankapital wird es auch keinen entsprechenden Return on Investment geben. Will man exzellente Mitarbeiter an das Unternehmen binden, so muss man in sie entsprechend investieren. Branchenexperten wie Jürgen Dost, früherer Human Resources Director bei der Lindner AG, drücken diesen Sachverhalt wie folgt aus: *„Dieses Geld ist eine Investition in 60 % unseres Produkts: die Mitarbeiter. In die anderen 40 % – die Immobilie – investiert die Branche bereits lange und wesentlich bereitwilliger."* (Dost 2004, S.428)

Auch wenn die geringen Gewinnmargen in der Hotellerie den anderswo üblichen Anreizmöglichkeiten enge Grenzen setzen, so sind es doch auch gerade diese Grenzen, die Hotelunternehmen zu einer besonderen Kreativität und Anstrengung im Bereich des Personalmanagements veranlassen sollten (siehe hierzu auch den Beitrag von Klaus Kobjoll in diesem Buch). Angesichts der vielfach nachgewiesenen, positiven Korrelation zwischen Kundenzufriedenheit und Mitarbeiterzufriedenheit in Dienstleistungsunternehmen (vgl. anstatt vieler Westerbarkey 1996, S. 52ff.; Bruhn 1998) erfordert das Management von Kunden- bzw. Gästezufriedenheit in der Hotellerie entsprechend einen stimmigen personalwirtschaftlichen Ansatz. Während andere Branchen bereits vor Jahrzehnten angefangen haben, ihre Personalinstrumente systematisch und bewusst zu gestalten, um den Anforderungen der Zukunft gerecht zu werden, steht die Hotellerie erst am Anfang dieser Entwicklung.

Beobachtung Nr. 3: Zwischen Operativer Exzellenz und Strategischem Dilemma

„Operativ dringende, aber für die Zukunftssicherung unwichtige, Fragen verdrängen strategisch wichtige, aber nicht dringende Fragen." Dieses als Graham'sches Planungsgesetz bekannte Phänomen, skizziert ein Dilemma, das für viele Unternehmen – insbesondere kleine und mittelständische – als typisch erachtet wird. Für die traditionell kleingewerblich strukturierte deutsche Hotellerie wird diese Situation durch die Besonderheiten des Hotels als Dienstleistungsbetrieb verschärft, ist doch das „Produkt" bzw. das Leistungsangebot, das die Hotellerie bereitstellt, insbesondere durch seine Merkmale Immaterialität, Vergänglichkeit und

Nichtlagerfähigkeit gekennzeichnet. Die Nichtlagerfähigkeit von Hotelleistungen unterstreicht die Bedeutung eines effizienten und operativen Kapazitäts- und Yieldmanagements im Spannungsfeld zwischen Produktions- und Marketinganforderungen. Dabei wird jedoch oftmals der Austarierung des Zielkonflikts zwischen strategischen Unternehmens- bzw. Marketingzielen – im Sinne einer langfristigen und glaubwürdigen Marken- und Wettbewerbspositionierung – und kurzfristigen, flexiblen Absatz- und Kapazitätsoptimierungen durch zahlreiche operative Maßnahmen (z.B. aktionsspezifische Kommunikation, Preisdifferenzierung und/oder Kundensegmentierung) nicht ausreichend Rechnung getragen. Dieser Konflikt zwischen operativer und strategischer Orientierung lässt sich am Beispiel der Markenpolitik in der Hotellerie näher beschreiben.

So sind insbesondere in der jüngeren Vergangenheit von der Hotellerie zahlreiche neue Markenkonzepte entwickelt, reaktiviert und eingeführt worden. All Seasons, Pullmann, Indigo, aloft, Reserve, element 1, Kempinski Residences, die Liste ließe sich beliebig verlängern (vgl. Pütz-Willems 2007). Ursächlich für diese Entwicklung ist die Überzeugung vieler Hotelgesellschaften, mit diesen neuen Marken Nischen und Geschäftsfelder besetzen zu müssen, bevor sie vom Wettbewerb besetzt werden. Studien zeigen hingegen, dass mehr Marken nicht zwingend mehr oder andere Gäste bringen (vgl. Lynn 2007). Vielmehr leisten die zahlreichen – eher operativ denn strategisch getriebenen – Neueinführungen, wie auch die sich gegenwärtig im Rahmen des Konzentrationsprozesses vollziehenden Eigentümer-, Marken- bzw. Namenswechsel in der internationalen Hotellerie, einen nicht unerheblichen Beitrag zur Verunsicherung der Konsumenten (vgl. Frehse 2006, S. 151).

Die verstärkten Markenaktivitäten zeigen zwar, dass die Hotellerie zunehmend sensibler im Hinblick auf notwendige markt- und wettbewerbsbezogene Profilierungsleistungen wird, nichtsdestotrotz betreibt die Branche hier nach wie vor eher Labelling bzw. Namenskosmetik denn eine langfristige und zielorientierte Markenpolitik. Rein kommunikativ getriebene Ansätze der Markenführung, die ausschließlich darauf ausgerichtet sind, das Leistungsangebot kurzfristig im Bewusstseins- und Beurteilungsraum („awareness" bzw. „Evoked-Set") der Kunden im relevanten Kunden-/Marktsegment zu verankern, greifen jedoch zu kurz. Glaubwürdige und konsequente Markenstrategien in der Hotellerie erfordern vielmehr als Reflex realer, unternehmensbezogener Stärke und segmentspezifischer Problemlösungskompetenz eine frühzeitige Integration in grundlegende Entwicklungs- und Gestaltungsprozesse einer wettbewerbsorientierten Differenzierungsstrategie (vgl. Gardini 2006, S. 4). Entsprechend lassen sich im Rahmen eines strategischen Markenmanagements nur dann Wettbewerbsvorteile erzielen und absichern, wenn sämtliche Marketingaktivitäten auf einer Basis unternehmensspezifischer, langfristig entwickelter Ressourcen fußen, die ...

- *„von Konkurrenten nicht imitierbar sind (Nicht-Imitierbarkeit)*
- *derart in das Hotelunternehmen eingebunden werden, dass sie nur dort ihren vollen Wert entfalten (Unternehmensspezifität)*
- *nicht durch Ressourcensubstitute eines Konkurrenten, die ein ähnliches Leistungspotenzial in sich bergen, ersetzbar sind (Nicht-Substituierbarkeit)*
- *einen wertstiftenden Charakter am Markt besitzen, der durch einen aus Kundensicht wahrgenommenen Zusatznutzen bei den eigenen Leistungen reflektiert wird (Fähigkeit zur Nutzenstiftung am Markt)"* (Frehse 2006, S. 142 f.)

Gerade im internationalen Kontext muss deutlich werden, wofür die Hotelmarke als Kombination materieller und immaterieller unternehmensinterner Ressourcen steht bzw. wofür sie nicht stehen soll, welche Kerninhalte und welche Botschaft die Marke vermitteln soll und auf welche Art und Weise Problemlösungskompetenz und Markenvorteile zu visualisieren sind. Neben der Entwicklung eines klaren Markenbilds mit einem glaubwürdigen Leistungsversprechen Richtung Markt, ist für eine erfolgreiche strategische Markenprofilierung in der Hotellerie die Schaffung und Absicherung einer integren und stimmigen Markenidentität sowohl im Innenverhältnis (Internal Branding) als auch im Außenverhältnis (External Branding) nötig. Erfolgreiche Marken verlassen sich deshalb nicht allein auf kommunikative Konzepte der Markenführung, sondern stellen sich der zwingenden Notwendigkeit einer ganzheitlich gestalteten Markenidentität und -kultur als Baustein einer unternehmerischen und strategischen Ressourcenkonzeption. Ein systematisch betriebenes, konsistentes Markenmanagement entlang der Leistungskette ist für Hotelunternehmen mit Blick auf eine wettbewerbsfähige und nachhaltige Positionierung von entscheidender Bedeutung. Der notwendige Phasenübergang von der operativen Verkaufs- und Kommunikationsorientierung hin zu einer integrativen und strategischen Markenorientierung, die alle am Wertschöpfungsprozess beteiligten Funktionen, Aktivitäten und Menschen umfasst, ist denn auch ein Umdenkprozess, der sowohl in Ketten- als auch in der Individualhotellerie vielfach erst noch ernsthaft vollzogen werden muss.

2.2 Hospitality Management im Licht der akademischen Aus- und Weiterbildung

Für Deutschland, Österreich und die Schweiz lässt sich feststellen, dass eine akademische Tradition im ursprünglichen Sinne in der Hotelbranche nicht existiert – ganz im Gegensatz zum angelsächsischen Sprachraum, in dem schon vor nahezu einem Jahrhundert mit der Konstituierung der Wissenschaftsdisziplin Hospitality Management begonnen wurde. Die Vernachlässigung des Hospitality Managements als speziellen akademischen Ausbildungsgang in diesen Ländern ist – trotz einer bemerkenswerten Historie und weltweiten Akzeptanz als erfolgreiche Hotelier- und Gastronomienationen – denn auch ein rein deutsches Wissenschaftsphänomen. So blicken im anglo-amerikanischen Sprachraum sowohl der Forschungsbereich des Tourism/Hospitality Managements als auch die akademischen Ausbildungsgänge des Tourism/Hospitality Managements auf eine lange Entwicklungsgeschichte zurück. Die Cornell School of Hotel Administration feierte beispielsweise unlängst ihren fünfundachtzigsten Geburtstag; des Weiteren sind in den USA zahlreiche Hochschulinstitutionen mit renommierten Degree-Hospitality-Programmen auf Bachelor-, Master- und MBA-Niveau sowie vielfältigen Non-Degree-Weiterbildungsprogrammen zu konstatieren (z. B. Cornell, Michigan State, Florida International, Purdue, University of Nevada Las Vegas, Pennsylvannia State usw.). Aktuelle Zahlen für die USA gehen derzeit von etwa 200 Universitäten und Colleges aus, die Hospitality-Programme auf Bachelor- bzw. Masterniveau anbieten (vgl. Stoller 2008).

Im Gegensatz hierzu drückt sich die mangelnde akademische Tradition in Deutschland beispielsweise in der nach wie vor geringen Zahl an solchen deutschsprachigen Lehrstühlen aus, die sich explizit der hotelspezifischen Forschung und Lehre im Bereich des Hospitality Managements verschrieben haben. Hotellerie und Gastronomie finden als Lehr- und Forschungsfeld auf universitärer Ebene im deutschsprachigen Raum nicht statt, d. h., es gibt auf Universitätsniveau keinen deutschsprachigen Lehrstuhl, der sich explizit und ausschließlich dem Themenbereich des Hospitality Managements widmet. Hospitality Management als Hochschulausbildung ist in Deutschland ausschließlich auf Fachhochschulebene verankert, und dies nach wie vor in beschränktem Ausmaß. So gibt es in Deutschland – positiv geschätzt – mit etwa zehn bis fünfzehn Fachhochschulen bzw. Hochschullehrern eine sehr überschaubare Anzahl von Wissensträgern und Institutionen, die diesem Themenbereich unmittelbar zuzuordnen sind. Darüber hinaus gibt es derzeit in Deutschland auf Fachhochschulniveau nur einige wenige Studienprogramme, die über institutionelle Spezialisierungen oder Studienrichtungen im Rahmen eines klassischen Betriebswirtschaftsstudiums hinausgehen und explizit entsprechende Abschlüsse (Diplom, Bachelor, Master) im Bereich des Hospitality Managements anbieten.

Reflex einer derartigen Situation ist die Tatsache, dass die Bildungsprofile der Entscheider auf Managementebene in der deutschsprachigen Hotellerie bis heute im Wesentlichen durch Berufsqualifikationen auf dualer Ausbildungsebene, durch Hotelfachschulen und/oder sonstige nicht akademische Zusatzqualifikationen geprägt sind. So ist in diesen Ländern der Grad der Akademisierung in der Hotelbranche im unteren einstelligen Bereich zu finden. Für Deutschland schätzt man derzeit, dass vielleicht zwischen 2 bis 3% der Hoteldirektoren bzw. General Manager über eine akademische Ausbildung verfügen (vgl. HDV 2008). In einer anglo-amerikanischen Studie aus dem Jahr 2002 gaben hingegen mehr als 80% aller befragten General Manager bzw. Hoteldirektoren an, einen vierjährigen Bachelor-Abschluss zu besitzen. Weitere 10 bis 13% dieser Gruppe hatten darüber hinaus entweder noch einen weiterführenden Master und/oder einen MBA-Abschluss (vgl. Woods et al. 2002, S. 81).

Unabhängig davon, dass derartige Zahlen aufgrund der unterschiedlichen Bildungs- bzw. Ausbildungssysteme und Branchenstrukturen in den Ländern nicht immer unmittelbar zu vergleichen sind, wird – wie oben bereits angedeutet – die Hospitality-Industrie im deutschsprachigen Raum jedoch sowohl in der inneren als auch in der äußeren Wahrnehmung offenbar nach wie vor vielfach mehr als Handwerk verstanden denn als globale Branche, deren Akteure im intensiven und länderübergreifenden Wettbewerb stehen. Dieser aktuell zu beobachtende Tatbestand entspricht einer Situation wie sie vor längerer Zeit auch in den angloamerikanischen Ländern noch prägend für die akademische Ausbildung in Hotellerie und Gastronomie war: *„Hospitality Schools have long been regarded as the ugly stepchild on many campuses, where teaching students how to serve hotel and restaurant customers has been perceived as inferior to other academic fields"* (Stoller 2008). In den letzten zwanzig Jahren hat jedoch im angelsächsischen Sprachraum ein deutlicher Bewusstseinswandel in Bezug auf die Notwendigkeit einer Professionalisierung und Akademisierung der Ausbildung in Hotellerie und Gastronomie stattgefunden, eine Veränderung, die in der deutschsprachigen Hotellerie noch vollzogen werden muss.

2.3 Hospitality Management als wissenschaftliches Forschungsfeld

Die Hotellerie ebenso wie die Gastronomie haben sich als wissenschaftliche Forschungsfelder bislang in der betriebswirtschaftlichen Forschung in Deutschland ebenso wie im deutschsprachigen Ausland kaum etabliert. Auch wenn die Dienstleistungsforschung sich in der jüngeren Vergangenheit vermehrt als bedeutsamer Zweig der betriebswirtschaftlichen Forschung hervorgetan hat (vgl. Gardini/Dahlhoff 2004, S. 2 ff.; Bruhn/Stauss 2005, S. 4 ff.), ist nach wie vor zu konstatieren, dass die Wissenschaft sich bislang nur sehr zögerlich mit der Hotellerie und Gastronomie als Industrie auseinandersetzt. So lassen sich im deutschsprachigen Raum große Forschungsdefizite in Bezug auf die bislang nur ansatzweise erfolgte Diskussion mit den spezifischen Problemen des Managements von Hotel- bzw. Gastronomieunternehmen feststellen.

Die Gründe hierfür sind vielfältig und nicht immer eindeutig auszumachen. Zum einen dürfte die Auffassung bedeutsam sein, dass eine spezifische Auseinandersetzung mit Problemen der Hotellerie und Gastronomie nicht vonnöten ist, da eine weitgehend problemlose Übertragung entsprechender Konzepte aus anderen Bereichen der Betriebswirtschaft für möglich gehalten wird. Zum anderen lassen sich die Forschungs- und Erkenntnisdefizite im Bereich der Hotellerie und Gastronomie auch darauf zurückführen, dass die betriebswirtschaftliche Forschung sich – wie eingangs bereits angedeutet – erst in der jüngeren Vergangenheit vermehrt mit den grundsätzlichen Problemfeldern und Anforderungen des Dienstleistungssektors und des Dienstleistungsmanagements auseinandergesetzt hat. Hier kann jedoch auch die in den letzten Jahren zu beobachtende Intensivierung der Forschungsaktivitäten nicht darüber hinwegtäuschen, dass die wirtschaftswissenschaftlichen Bemühungen um den Dienstleistungssektor bislang nicht mit der tatsächlichen Entwicklung und deren zunehmender gesamtwirtschaftlichen Bedeutung Schritt gehalten haben. Besonders ausgeprägt ist diese Forschungslücke im deutschsprachigen Raum, wo die Betriebswirtschaftslehre traditionell durch eine starke Orientierung am Industriebetrieb bzw. am Sachgüterbereich geprägt ist (vgl. Gardini/Dahlhoff 2004, S. 2).

Ein Indikator für das stiefmütterliche Dasein, das Hotellerie und Gastronomie als Forschungsfeld fristen, ist nicht nur die Tatsache, dass sich im deutschsprachigen Raum die Literatur in Form von einschlägigen Lehrbüchern mit Bezug auf die Hotellerie und Gastronomie nach wie vor als recht übersichtlich präsentiert, sondern dass es zudem auch eine unzureichende wissenschaftliche Diskussionsplattform in Form spezialisierter Journale zu konstatieren gilt. Dies gilt sowohl für den übergeordneten Bereich die Dienstleistungsforschung im Allgemeinen als auch für den Tourismus sowie der Hotellerie und Gastronomie im Besonderen. Aktuell existiert kein deutschsprachiges wissenschaftliches Journal, das sich dem Themenbereich Tourismus/Hospitality Management in besonderer Weise verschrieben hat.[1] Ebenso wenig finden sich in der Hotellerie – im Vergleich zu anderen Branchen – bislang nur wenige, einschlägig relevante journalistische Formate für den Austausch zwischen Wissenschaft und Praxis, in denen Entscheider über rein operative Fragestellungen hinaus einen konzeptionellen und methodischen Wissenstransfer auf Managementniveau geboten bekämen.

Im Gegensatz hierzu existieren auf der anderen Seite des Atlantiks zahlreiche fachspezifische, wissenschaftliche Journale, aufgrund derer die angloamerikanische bzw. die internationale Scientific Community über eine geeignete Möglichkeit des fachlichen Gedankenaustauschs verfügt. Ein aktuelles Ranking als Ergebnis einer Expertenbefragung unter Tourismus- und Hospitality-Wissenschaftlern zeigt die verschiedenen Wissenschaftsjournale, welche die internationale Scientific Community als bedeutsam qualifiziert (vgl. Pechlaner et al. 2004):

Tabelle 1: Top Ten internationaler Tourismus-/Hospitality-Wissenschaftsjournale

1.	Journal of Travel Research
2.	Annals of Tourism Research
3.	Cornell Hotel and Restaurant Administration Quarterly
4.	Journal of Travel and Tourism Marketing
5.	Journal of Leisure Research
6.	Tourism Management
7.	Journal of Hospitality & Tourism Research
8.	International Journal of Hospitality Management
9.	Tourism Analysis
10.	Journal of Tourism Studies

---

1 So wurde unlängst das Tourismus Journal – das bislang einzige deutschsprachige tourismuswissenschaftliche Journal – im Januar 2007 eingestellt.

Ein weiterer Vergleich zwischen der angloamerikanischen, europäischen und deutschen Forschungslandschaft im Bereich des Hospitality Managements zeigt darüber hinaus auch bedeutsame Unterschiede im Hinblick auf die jeweiligen Vernetzungsgrade im Bereich der Industrie- und Hochschulkooperationen. Während in den USA beispielsweise an den Top 20 Hotel Schools zahlreiche, intensive und sehr verschiedenartige Kooperationsmodelle zwischen Industrie und Hochschulen zu konstatieren sind (z. B. anstatt vieler: Purdue Tourism & Hospitality Research Center der Purdue University, The Center for Hospitality Research der Cornell University, Arizona Hospitality Research and Resource Center der Northern Arizona University), lässt sich in diesem Zusammenhang für den deutschsprachigen Raum noch wenig Bereitschaft der Hotellerie und Gastronomie sowie ihrer Zulieferindustrie erkennen, die hospitalitybezogene Forschung und Lehre nennenswert kooperativ zu unterstützen.

3 Academia versus Praxis? – Zur Notwendigkeit eines Paradigmenwechsels

„Nichts ist so praktisch wie eine gute Theorie." Dieser schöne Satz des Begründers der modernen Sozialpsychologie, Kurt Lewin, sollte Programm für die Frage nach dem zukünftigen Verhältnis von Hospitality-Wissenschaft und Hospitality-Praxis sein. Klingt die Frage nach der Bestimmung dieses Verhältnisses zwischen Theorie und Praxis auf den ersten Blick nach einer sehr theoretischen Frage, ist sie dennoch für die Zukunft der Hotellerie und Gastronomie von enormer praktischer Bedeutung, denn Theorien sind gerade für den Praktiker enorm wichtig, helfen sie doch, die Komplexität der Realität in den Griff zu bekommen und die richtigen Ansatzpunkte für ein wirksames Managementhandeln zu finden. Um zu beurteilen, ob die Notwendigkeit eines Paradigmenwechsels im Grundverständnis zwischen Hospitality-Theorie und -Praxis besteht, ist zunächst der Frage nachzugehen, was unter einem Paradigma zu verstehen ist und ob die Voraussetzungen vorliegen, in diesem Zusammenhang von einem Paradigmenwechsel zu sprechen.

3.1 Begriff und Kennzeichen von Paradigmen

Das Wort Paradigma erfährt in Wissenschaft und Wirtschaft eine recht unterschiedliche Betonung. Wissenschaftstheoretisch wird in der Literatur zumeist versucht, unter Bezug auf Thomas Kuhn (1962) den Begriff Paradigma zu definieren. Danach ist nach Ulrich/Hill unter einem Paradigma ein allgemein anerkanntes, zentrales Grundmodell einer Wissenschaft zu verstehen, das, als die Summe allgemeiner theoretischer Annahmen und Gesetze sowie Techniken ihrer Anwendung, für eine bestimmte Zeit das theoretische Grundgerüst einer Wissensgemeinschaft (z. B. scientific community) beschreibt (vgl. Ulrich/Hill 1976, S. 306 f.). In der Managementliteratur hingegen steht der Begriff weniger für ein fundamentales, theoretisches Wissenschaftsprogramm oder eine theoretische Grundüberzeugung, sondern für eine besondere, fokussierte Sichtweise auf einen zumeist grundlegenden Aspekt des jeweiligen Fachgebiets – man könnte auch von Denkschule sprechen. Von einem Paradigmenwechsel ist immer dann zu sprechen, wenn sich innerhalb einer bestehenden Wissensgemeinschaft ein grundlegender Erklärungsumbruch einstellt, der ein neuartiges Grundverständnis zutage fördert bzw. erforderlich macht. Ein Paradigmenwechsel beschreibt also quasi eine – oftmals massive – Änderung des Blickwinkels auf ein wissenschaftliches Forschungsfeld oder eine bestimmte Denkschule bzw. Ideologie. Durch Wechsel der Betrachtungperspektive werden andere Elemente stärker betont bzw. bestimmte Dinge erstmals beleuchtet, wodurch sie klarer hervortreten, während andere Elemente bzw. Grundwahrheiten/Grunderkenntnisse in ihrer Bedeutung schwinden oder in ihrem Aussagegehalt geschwächt werden (vgl. Backhaus 1997, S. 30).

Bezogen auf die Situation in der Hotellerie stellt sich mit Blick auf die zukünftigen globalen Anforderungen auf Markt- und Managementebene die Frage, ob ein neues Grundverständnis vonnöten ist, d. h. ob für die bereits genannten branchenspezifischen Probleme Lösungswege aufgezeigt werden müssen, die bislang unbekannt waren bzw. in ihrer Bedeutung in der Vergangenheit nicht in ausreichender Form Anerkennung fanden. Im streng wissenschaftstheoretischen Sinne ist es zwar nicht angemessen, von einer neuen paradigmatischen Grundkonzeption zu sprechen, aus strategischer Managementsicht erfordert jedoch der Strukturwandel in der Hotellerie eine neue Sichtweise auf die zukünftigen bildungs- und berufsbezogenen Anforderungen, die an die Entscheidungs- und Wissensträger in der Hospitality-Industrie zu stellen sind.

Mit dieser Ausgangssituation geht für die Akteure aus Hospitality-Theorie und -Praxis zwangsläufig eine Aufforderung zu einer engeren Zusammenarbeit bei der Bewältigung neuer Strukturen und Anforderungen der globalen Tourismus- und Hotelindustrie einher (vgl. Weiermair 2001). Grundlage für die Initiierung und Entwicklung kooperativer Ansätze im Bereich der Forschung und Lehre bzw. der Aus- und Weiterbildung von Führungs- und Nachwuchskräften in der Hotellerie ist denn auch eine gemeinsame und zukunftsorientierte Agenda, die dem Konfliktmodell *Theorie-oder-Praxis* eine Absage erteilt und das Konsensmodell *Theorie-und-Praxis* verstärkt in den Vordergrund stellt.

3.2 Zur Integration von Theorie und Praxis in Forschung und Lehre

Der oben genannten Forderung entsprechend gilt es nun, die Frage zu klären, was Wissenschaft und Hospitality-Industrie füreinander leisten können und sollen und wie zukunftsweisende Modelle des Wissenstransfers, der Vernetzung und der kooperativen Zusammenarbeit zwischen Wisssenschaft und Praxis aussehen könnten. Zur Integration von Theorie und Praxis in betriebswirtschaftlichen Forschungsfeldern muss die Wissenschaft, in der Tradition des von Ulrich geprägten Verständnisses der *„Betriebswirtschaftslehre als anwendungsorientierte Sozialwissenschaft"* (Ulrich 1981, S. 1), neben dem Entdeckungs- und Begründungszusammenhang insbesondere die praktische Verwendbarkeit wissenschaftlicher Aussagen in den Vordergrund (Verwendungszusammenhang) stellen, denn nur über konkrete problemlösende Gestaltungsempfehlungen für die Praxis kann sich die Wissenschaft Akzeptanz und Unterstützung in der deutschsprachigen Hotellerie erarbeiten und darüber hinaus zur nachhaltigen Entwicklung des Hospitality Managements als einem eigenständigen Wissensgebiet im deutschsprachigen Raum beitragen. Entlang des von Ulrich skizzierten Phasenmodells, bestehend aus Entdeckungs-, Begründungs- und Verwendungsphase, können denn auch die notwendigen Elemente zur verstärkten Integration von Theorie und Praxis in betriebswirtschaftlichen Forschungsvorhaben benannt werden.

Geht es im Entdeckungszusammenhang um die Konkretisierung einer Problemstellung, der Eingrenzung eines Untersuchungsbereichs und die Entstehung von Theorien, sind die jeweiligen Akteure aus Wissenschaft und Praxis zu einem wechselseitigen Diskurs aufgefordert, um relevante sowie konkrete und/oder diffuse

Problemstellungen innerhalb des Erkenntnisobjekts Hotellerie zu identifizieren. *„When faculty members in the Cornell School of Hotel Administration select research projects, they look for studies that can make a contribution both to their academic discipline and to hospitality practice. Finding such projects is not particularly difficult. All one needs to do, is to talk to managers and listen to what they say."* (Thompson 2006, S. 4)

In der Phase des Begründungszusammenhangs wird der aus dem Entdeckungszusammenhang resultierende gedankliche Bezugsrahmen empirisch getestet, d.h., er wird auf seinen Wahrheitsheitsgehalt überprüft. Theorie und Praxis nehmen in diesem Kontext verschiedene, aber kompatible Aufgaben wahr. Besteht die Aufgabe der Wissenschaft im Zuge des Begründungszusammenhangs darin, zu erläutern, warum und wie etwas geschieht (Explikationsfunktion), ist die Hotelindustrie vornehmlich darin interessiert, zu verstehen, was geschieht (Deskriptionsfunktion). Hierzu wird die Industrie von ihren zahlreichen Zulieferern (PKF Hospitality, Deloitte Touche, MKG Consulting, Lodging Econometrics, Smith Travel Research etc.) mit vielfältigen Informationen versorgt. *„There is nothing wrong with this; indeed, it is critical information for the successful operation of a company to know what is occurring (say, in the market, and with competition). Academic research is better adapted to building, testing and refining theory and to providing explanations for how the world (or industry, or employees) operate. Organizations like the CHR (Center of Hospitality Research an der Cornell University; Anmerkung des Verfassers) play an important role of bridging theory and practice, often best exemplified by using the descriptive data collected by consulting organizations and using those data to test theories derived in academic publications."* (Sturmann 2006, S. 7)

In der Phase des Verwendungszusammenhangs geht es um die Anwendung der erarbeiteten vorläufigen Theorie in der Unternehmenspraxis. Voraussetzung hierfür ist, dass der Praxis konkrete, problemlösende Gestaltungsempfehlungen gegeben werden. *„ ... bridging theory and practice, breaks down to the dark line that is often drawn between ‚theory' and ‚the real world'. Not only is such a distinction dismissive of the value of theory, but it is inaccurate. In my previous editorial, I discussed the importance for researchers not to dismiss the value of practitioner experience and knowledge. Here is the other side of that argument. By the same token, practitioners should not be dismissive of the importance of theory building. Theory building is a slow, accretive process, with research streams being gradually developed, often over many decades. Sometimes theory develop-*

ment will lag behind practice, and the theory building is necessary to understand why practical applications operate in the way they do. This is not a flaw to theory per se; rather this is an opportunity for companies to partner with academics to help point the research toward the questions that need to be answered to improve practice." (Sturmann 2006, S. 7)

Können die derzeit auf beiden Seiten bestehenden Berührungsängste in Zukunft abgebaut und in der Folge kooperative Integrations- und Prozessmechanismen zwischen Hospitality-Wissenschaft und Hospitality-Praxis geschaffen werden, dann ist ein großer Schritt zur Entwicklung des Hospitality Managements als einem eigenständigen Wissensgebiet im deutschsprachigen Raum getan. Entscheidend für eine derartige, verstärkte Integration und Vernetzung von Theorie und Praxis in betriebswirtschaftlichen Forschungsfeldern ist und bleibt dabei das von Thompson (2006, S. 4) erhobene Postulat der Relevanz ("Relevance Matters") wissenschaftlicher Forschungsaktivitäten für die Unternehmenspraxis.

3.3 Plädoyer für eine Intensivierung und Systematisierung der Beziehungen zwischen Academia und Praxis

Beklagt man den verbesserungswürdigen Austausch zwischen Wissenschaft und Praxis und das geringe Maß an Vernetzung und Kooperation im Bereich der Industrie- und Hochschulzusammenarbeit, stellt sich zwangsläufig die Frage, wie eine Systematisierung der Beziehungen zwischen den Institutionen und Akteuren der Hospitality-Industrie zukünftig aussehen soll. *„ ... it should be a win/win situation between professionals and academics. Academics need the industry for the case studies and real life situations. On the other hand, professionals need academics for research and training ..."* (Sherbert 2007, S. 32) Ohne Anspruch darauf, eine Standardvorlage liefern zu wollen und naturgemäß aus der subjektiven Sichtweise der Wissenschaften heraus argumentierend, folgen hier einige Anmerkungen, die einen ersten Denkansatz darstellen sollen, wie nachhaltige Synergie- und Austauschprozesse zwischen Academia und Praxis initiiert werden könnten:

Systematisierung und Formalisierung von Beziehungen

Der Aufbau und die Pflege langfristiger und systematischer Beziehungen kann sowohl auf der Ebene individueller (personenbezogener) als auch auf der Ebene institutioneller (organisationsbezogener) Beziehungsformate stattfinden. Die Institutionalisierung von Beziehungen ist beispielsweise denkbar durch die gemeinsame Gründung von Forschungsinstituten, die Finanzierung von Stiftungslehrstühlen bzw. Forschungsprojekten oder das Sponsoring eines wissenschaftlichen Instituts. Eine Formalisierung auf individueller Ebene kann durch die längerfristige Einbindung von Unternehmenspraktikern in die Berufungsprozesse einer Hochschule, die Fakultät oder die Expertenbeteiligung an der Curriculumsentwicklung stattfinden. Im Gegenzug ermöglicht die Einbindung von Wissenschaftlern in wissenschaftliche Beiräte, Aufsichtsräte oder sonstige Beratungs- und/oder Entscheidungsgremien unter Umständen der Industrie eine Erweiterung der unternehmerischen Perspektiven. Entscheidend hierbei sind der Wille und das Engagement aller Beteiligten für eine branchenfokussierte, zeitgemäße und relevante Wissensproduktion.

Anspruchsgruppenmanagement und Beziehungsmarketing

Eine Hochschule hat, ebenso wie Unternehmen der Hospitality-Industrie, verschiedene Anspruchsgruppen (Stakeholder) zu bedienen. Neben Stakeholdern wie der Politik, der Öffentlichkeit oder auch die Mitarbeiter sind für das zukünftige Verhältnis zwischen Wissenschaft und Praxis zwei Anspruchsgruppen von besonderer Relevanz: Studenten und Industrie. Die Rolle der Studenten ist dabei mehrdimensional. Kurzfristig sind Studenten als Kunden mit Meinungsmacht zu betrachten, deren Wahrnehmung das Image und das Ansehen einer Hochschule im Markt bestimmen kann. Als „Produkt" der Hochschule prägen sie darüber hinaus durch ihre fachliche und soziale Kompetenz die Wahrnehmung der Leistungsfähigkeit einer Hochschule durch potenzielle Abnehmer der jeweiligen Zielindustrie. Mittel- bis langfristig stellen sie hingegen zukünftige Kooperationspartner dar, deren emotionale und fachliche Beziehung zur Alma Mater, einer Hochschule in vielerlei Hinsicht zum Vorteil gereichen kann, wie die Erfahrungen im angelsächsischen Raum unter Beweis stellen. Hier gilt es, über ein professionelles Beziehungsmanagement im Zuge von Alumniorganisationen den Boden für eine systematische und langfristige Vernetzung mit der Hospitality-Industrie zu bereiten.

Kurz- bis mittelfristig gilt es jedoch, im Sinne eines zielorientierten Anspruchsgruppenmanagements, sich aus Hochschulsicht um ein größeres Verständnis der Erwartungen und Anforderungen der Unternehmen der Hospitality-Industrie zu bemühen. Entsprechen die gelieferten „Produkte" den Anforderungen des Marktes? Sind die Leistungen der Hochschule von Wert für die Unternehmen der Hospitality-Industrie? Was kann oder sollte die Hochschule in Forschung und Lehre aus Sicht der potenziellen Abnehmer von Hochschulabsolventen und Hochschulleistungen verbessern? In einer selbstkritischen Betrachtung muss konstatiert werden, dass die Wissenschaft – bzw. die Hochschulen und Universitäten – sich in der Vergangenheit nur punktuell und wenig systematisch um die Belange der von ihnen bedienten Märkte gekümmert haben. Zur Überwindung derartiger Wissenslücken und zur Annäherung zwischen Theorie und Praxis, wird ein marketinggetriebener Ansatz im Sinne eines zielorientierten Customer Relationship Managements erforderlich sein, der es Hochschulen zukünftig über entsprechende formelle und informelle Informations- und Dialogsysteme ermöglicht *„ ... to learn more about industry preferences as well as to understand changes both in terms of student's dynamics as well as industry priorities"* (Diamantis 2007, S. 25).

Etablierung von Kommunikations- und Interaktionsplattformen

Ein entscheidendes Momentum für die Entwicklung der Beziehungen zwischen Wissenschaft und Praxis ist die systematische und zielgerichtete Schaffung von Kommunikations- und Interaktionsplattformen. Die derzeit zu beobachtende „beredte Stille" zwischen den Akteuren und Institutionen in Hotellerie und Gastronomie, bedarf eines zielgruppenorientierten Kommunikationsansatzes, um Wissenschaft und Praxis in einen langfristigen und nachhaltigen Dialog zu bringen. Erfahrungen aus dem angelsächsischen Raum zeigen dabei, dass die Existenz von wissenschaftlichen Journalen zur Kommunikation von Forschungsergebnissen allein nicht ausreicht. *„When inquiring as to why practitioners do not read the research reports that are published or presented at conferences by hospitality/tourism academics and researchers, I was politely told that these reports are lengthy, boring and written with a heavy dose of technical jargon that ‚puts people off'."* (Pizam 2006, S. 346) So ist im Sinne des Verwendungszusammenhangs von wissenschaftlichen Forschungsprojekten auch von akademischer Seite sicherzustellen, dass der Erarbeitung konkreter Gestaltungsempfehlungen auch ihre zielgruppenorientierte Veröffentlichung folgen muss, um die Untersuchungsergebnisse von Forschungsprojekten auch einer breiten Öffentlichkeit zur Nutzung zugänglich zu machen. In praxi heißt dies, dass die Hotellerie und Gastronomie geeigneter kommunikativer Formate für den Austausch zwischen Wissenschaft und Praxis bedarf.

Des Weiteren müssen sich die wenigen Hospitality-Hochschulen bzw. -Fakultäten zukünftig stärker über ihre Fähigkeiten profilieren, Wissen zu generieren und zu kommunizieren, sodass die einzelne Hochschule sich, über die reine Lehre hinaus, als genuiner Platz für wissenschaftlichen und praktischen Erfahrungsaustausch zu etablieren vermag. Die Definition von Forschungsprojekten in Kooperation mit den hochschulspezifisch zu definierenden Zielgruppen, die Entwicklung nachhaltiger Projektplattformen sowie zielgruppen-, themen- und bedarfsbezogenen Konferenzen, Tagungen, Seminare oder auch Workshops, Brainstorming Sessions, Kamingespräche usw., in enger und systematischer Abstimmung mit institutionellen und/oder individuellen Partnern und Partnerunternehmen aus der Hotellerie und Gastronomie, können Interaktionsplattformen darstellen, die einen notwendigen Wissens- und Bildungstransfer zwischen den Beteiligten vorantreiben.

4 Zusammenfassung

Ziel des Beitrags war es, zu klären, ob angesichts der vorherrschenden Wettbewerbskräfte und des vielfach proklamierten Strukturwandels in der Hotelbranche sowie den damit verbundenen Herausforderungen für die Unternehmensführung von Hotelunternehmen von der Notwendigkeit eines Paradigmenwechsels zu sprechen ist. Hierzu wurde die Hospitality-Industrie aus wissenschaftlicher und wirtschaftlicher Sicht gekennzeichnet, und es wurde versucht, herauszuarbeiten, wodurch sich die Managementanforderungen, die an eine zukunftsorientierte und moderne Führung von Hotelunternehmen zu stellen sind, von den Anforderungen in der Vergangenheit unterscheiden.

Zusammenfassend lässt sich festhalten, dass sich die Hospitality-Industrie im deutschsprachigen Raum aktuell in einer schwierigen Übergangsphase befindet, in der die tradierten Erfolgsfaktoren und Erfolgsvoraussetzungen sowohl markt- als auch organisationsseitig infrage gestellt werden. Die Veränderungsprozesse finden gleichzeitig auf zahlreichen Ebenen statt, und so wird die Bewältigung der gestiegenen Komplexität eine der wesentlichen Managementherausforderungen darstellen, die die Branche in der näheren Zukunft zu bewältigen hat. Die Generierung und Fundierung von Wissen, Fähigkeiten und Kompetenzen und die Vernetzung und Systematisierung der Beziehungen zwischen den Institutionen und Akteuren der Hotellerie und Gastronomie, ist denn auch angesichts der

Notwendigkeit des Aufbaus bzw. der Weiterentwicklung eines effektiven Gestaltungs- und Führungswissens – im Sinne allgemeiner und wissenschaftlich abgesicherter Managementgrundsätze und -methoden – eine Aufgabe von hoher strategischer Relevanz, der sich die Akteure in Wissenschaft und Praxis in Zukunft verstärkt widmen müssen.

Literatur

Achterhold, G.: Vom Koch zum Hoteldirektor? Das war einmal, in: Frankfurter Allgemeine, Hochschulanzeiger vom 28.02.2007.

Backhaus, K.: Relationship Marketing – Ein neues Paradigma im Marketing?, in: Bruhn, M., Steffenhagen, H. (Hrsg.): Marktorientierte Unternehmensführung: Reflexionen – Denkanstöße – Perspektiven, Wiesbaden, 1997, S. 19–35.

Botterill, D.: Social scientific ways of knowing hospitality, in: Lashley, C., Morrison, A. (Eds.): In Search of Hospitality: Theoretical Perspectives and Debates, Oxford 2000.

Brooks, R. F., Lings, I. N., Botschen, M. A.: Internal Marketing and Customer Driven Wavefronts, in: The Service Industries Journal, Vol. 19, No. 4, 1999, S. 49–67.

Bruhn, M., Stauss, B.: Internationalisierung von Dienstleistungen, Wiesbaden 2005.

Bruhn, M.: Kundenzufriedenheit und interne Strukturen, in: Gablers Magazin, 11. Jg., H. 4, 1998, S. 26–28.

Bruhn, M.: Qualitätsmanagement für Dienstleistungen: Grundlagen, Konzepte, Methoden, 4. Aufl., Berlin 2003.

Diamantis, D.: Developing a sustainable link between academic institutions and industry practices, in: EHLITE – Ecole hotelière de Lausanne, December, No. 19, 2007, S. 24–25.

Dost, J.: Personalmanagement in der Hotellerie – Von der Personalverwaltung zum Internen Marketing am Beispiel der Lindner Hotels AG, in: Gardini, M.A.: Marketing-Management in der Hotellerie, München 2004, S. 420–428.

Eiglier, P., Langeard, E.: Service Reflections: Services in the Village, in: Swartz, T. A., & Iacobucci, D. (Eds.), Handbook of Services Marketing & Management, Thousand Oaks, California, Sage Publications, 2000, S. 7–11.

Frehse, J.: Erfolgsfaktoren im internationalen Markenmanagement von Hotel-unternehmen: Ein integrativer Ansatz unter Berücksichtigung der Ressourcen-orientierung, in: Jahrbuch der Absatz- und Verbrauchsforschung, Nr. 2, 2006, S. 140–154.

Gardini, M. A.: TQM und Personalmanagement – Strategische Herausforderung für die Hotellerie, in: Feuchthofen/Severing (Hrsg.): Qualitätsmanagement und Qualitätssicherung in der Weiterbildung, Neuwied, 1995, S. 282–305.

Gardini, M. A.: Qualitätsmanagement in Dienstleistungsunternehmungen – darge-stellt am Beispiel der Hotellerie, Frankfurt am Main 1997.

Gardini, M. A., Dahlhoff, H. D.: Einführung, in: Gardini, M. A:, Dahlhoff, H. D. (Hrsg.): Management internationaler Dienstleistungen: Kontext – Konzepte – Er-fahrungen, Wiesbaden 2004.

Gardini, M. A.: Marke statt Sterne, in: Absatzwirtschaft Science Factory, H. 1, 2006, S. 1–4.

Grönroos, C.: Internal Marketing an Integral Part of Marketing Theory, in: Donelly, J. H., George, W. R. (Eds.): Marketing of Services, Chicago, 1981, S. 236–238.

Hallowell, R., Schlesinger, L. A., Zornitzky, J.: Internal Service Quality, Customer and Job Satisfaction: Linkages and Implications for Managers, in: Human Re-source Planning, Vol. 19, No. 2, 1996, pp. 20–31.

Hallowell, R., Schlesinger, L. A.; The Service Profit Chain: Intellectual Roots, Cur-rent Realities, and Future Prospects, in: Swartz, T. A., & Lacobucci, D. (Eds.), Handbook of Services Marketing & Management, Thousand Oaks, California, Sage Publications, 2000, S. 439–454.

Harrison, J. S., Enz, C. A.: Hospitality Strategic Management: Concepts and Cases, Wiley, New Jersey 2005.

Heskett, J. L.; Sasser, W. E., & Schlesinger, L. A.: The Service Profit Chain, New York, Free Press 1997.

Heyer, A.: Aktuelle Entwicklungen auf dem deutschen Hotelmarkt, in: Gardini, M. A.: Marketing-Management in der Hotellerie, München 2004, S. 54–61.

IHA-Hotelverband Deutschland e.V: Hotelmarkt Deutschland, Berlin 2007.

Kotler, P.: Über die Entwicklung von Wertangeboten zur Unique Selling Proposition, in: Absatzwirtschaft, Jg. 43, H. 3, 2000, S. 46–49.

Kuhn, T. S.: The Structure of Scientific Revolution, Chicago 1962.

Luhmann, N.: Soziale Systeme, Frankfurt am Main 1984.

Lynn, M.: Brand Segmentation in the Hotel and Cruise Industry: Fact or Fiction?, in: Cornell Hospitality Report, Vol. 7, No. 1, February, 2007, S. 4–15.

Pechlaner, H., Zehrer, A., Matzler, K., Abfalter, A.: A Ranking of International Tourism and Hospitality Journals, in: Journal of Travel Research, Vol. 42, May 2004, S. 328–332.

Pizam, A.: Are we talking and listening to each other?, in: International Journal of Hospitality Management, Vol. 25, Nr. 3, 2006, S. 345–347.

Pütz-Willems, M.: Die Flut der Seelenlosen, in: hospitalityinside, 06.04.2007.

Sherbert, F: Academia versus The Real World: Never the Twain shall meet?, in: EHLITE – Ecole hotelière de Lausanne, December, No. 19, 2007, S. 32–33.

Stauss, B.: Internes Marketing als personalorientierte Qualitätspolitik, in: Bruhn, M., Stauss, B. (Hrsg.): Dienstleistungsqualität: Konzepte – Methoden – Erfahrungen, 2. Aufl., Wiesbaden, 1995, S. 257–276.

Steinmann, H., Schreyögg, G.: Grundlagen der Unternehmensführung, 6. Aufl., Wiesbaden 2005.

Stoller, G.: Hotel Schools are in with inn crowd, in: USATODAY http://www.usatoday. com/travel/hotels/2008-01-07-hotel-schools_n.htm?loc=interstitialskip, Einseh-datum: 15. Januar 2008.

Sturman, M. C.: In Defense of Theory, in: Cornell Hotel and Restaurant Administ-ration Quarterly, Vol. 47, February, Nr. 1, 2006, S. 6–7.

Thompson, G. M.: The Industry-Academe Connection, in: Cornell Hotel and Res-taurant Administration Quarterly, Vol. 47, February, Nr. 1, 2006, S. 4–5.

Treugast Solutions Group: Trendgutachten Hospitality 2006/2007, München 2006.

Ulrich, H.: Die Betriebswirtschaftslehre als anwendungsorientierte Sozialwissen-schaft, in: Geist, M. N., Köhler, R. (Hrsg.): Die Führung des Betriebs, Stuttgart, 1981, S. 1–25.

Ulrich, P., Hill, W.: Wissenschaftstheoretische Grundlagen der Betriebswirtschafts-lehre (Teil I), in: WiST, 1976, S. 304–309.

Weiermair, K.: Wie kann die Wissenschaft die Praxis unterstützen?, in: Weiermair, K., Peters, M., Reiger, E. (Hrsg.): Vom alten zum neuen Tourismus, Innsbruck, 2001, S. 108–111.

Westerbarkey, P.: Methoden zur Messung und Beeinflussung der Dienstleistungsqualität: Feedback- und Anreizsysteme in Beherbergungsunternehmen, Wiesbaden 1996.

Woods, R. H., Rutherford, D. G., Schmidgall, R. S., Sciarini, M.: Hotel General Managers: Focused on the Core Business, in: Rutherford, D. G. (Ed.): Hotel Management and Operations, 3rd Ed., Wiley, New York 2002, S. 79–90.

Hotel-Trends:
Wohin bewegt sich die Branche?

Maria Pütz-Willems

1 Hotellerie zwischen Shareholder und Customer Value

Georg Rafael neben mir knirscht mit den Zähnen. Seit zwei Stunden hören wir in einer Hotelkonferenz in Italien den Podiumsdiskussionen zu, „und kein einziges Mal ist das Wort ‚Gastgeben' gefallen", kritisiert der große deutsche Hotelier das Gesagte. „Es ist immer nur von Managen, Immobilien und Finanzierungen die Rede." Rafael hatte Recht, und seine Bemerkung brachte und bringt die größte Veränderung innerhalb der gastgewerblichen Branche auf den Punkt: Das pulsierende Hotel ist zum kalkulierten Produkt mutiert.

Die Finanzwelt hat die Hotellerie übernommen. Im positiven wie im negativen Sinne. Einerseits helfen Fonds und Private Equity so manch angestaubter Immobilie oder maroden Hotelgruppe wieder auf die Füße, andererseits steuern diese Geldgeber auch gezielt Fusionen und Übernahmen von kleinen und großen Hotelketten. Die Individualhotellerie, hier vor allem der deutsche (bzw. europäische) Mittelstand, leidet unter Basel II und anderen Ratings: Ihre Bewertungen blockieren häufig die dringend benötigte Liquidität. Das Schicksal des einzelnen Hotelbetriebs – ganz gleich, ob kettenzugehörig oder individuell organisiert – hängt damit immer häufiger und stärker denn je von den Finanzierungsvorgaben und von neuen Finanzierungsalternativen ab. Als Hotelier genügt es heute nicht mehr, ein Konzept zu haben und damit zu einer Bank zu gehen. Die Banken finanzieren längst nicht mehr jedes Konzept, auch wenn es noch so logisch klingt: Sie sind selbst gebeutelt von eigenen, internen Krisen und gehalten, die eigenen Risiken zu mindern. Damit sitzen am Verhandlungstisch zwei Partner, die sich nichts mehr zu sagen haben: Der eine hat Ideen und kein Geld, der andere hat das Geld, darf es aber nicht für Ideen ausgeben.

Ganz unschuldig ist die Hotellerie nicht an ihrem eigenen Schicksal. Vor allem die Ketten betreiben seit Jahren ihren eigenen Ausverkauf. Zuerst haben sie sich selbst von (fast) allen Immobilien getrennt, und jetzt geht die Finanzwelt dazu über, nach den Assets die Betreibergesellschaften und damit das operative Knowhow aufzukaufen (Beispiele: Blackstone/Hilton, Prinz Al Waleed/Four Seasons). Das spiegelt sich exemplarisch in strategischen Personal-Entscheidungen wie dieser: Der neue Mann an der Spitze von Hilton unter dem neuen Eigentümer Blackstone ist kein Hotelier mehr: Christopher J. Nassetta kommt aus der Immobilien-

Szene, von Host Hotels and Resorts, dem größten Hotel Real Estate Trust der Welt. Dieser Trend führt zu genau jenen einseitigen Podiumsdiskussionen, die Georg Rafael kritisiert.

Der Shareholder Value forciert den Ausverkauf der Branche. In dem Maße, wie externe, anonyme und branchenfremde Geldgeber in Eigentum und Betreiben von Hotels oder Hotelgruppen eingreifen, entstehen „Parallel-Welten" mit verschiedenen Geschäftsmodellen. Hilton wurde an eine Investmentgesellschaft verkauft, weil diese den Shareholdern ein unschlagbares Premium von 40 % offerierte. Das lässt sich in keinem gastgewerblichen Business auf reelle Weise in kurzer Zeit erwirtschaften. Also stimmten die Shareholder zu. Kempinski, Mövenpick und Four Seasons wurden von der Börse genommen, um die prozentuale Mehrheit eines einzelnen Großaktionärs absolut zu machen. Hauptaktionäre möchten sich selten in die Karten schauen lassen, weder von Börsenanalysten noch von der Öffentlichkeit. In den letzten Jahren dürften – grob überrissen – mehr Hotelgesellschaften von der Börse genommen worden sein, als sich neue listen ließen. Ein neuer Börsenteilnehmer ist die Rezidor Hospitality Group. Die Aktie war beim Börsengang gleich neunfach überzeichnet. Inzwischen hört man auch hier leise Klagen aus dem Head Office: Die permanente Performance vor den Aktionären belaste den Alltag in unerwartet hohem Maße. Es bleibe kaum noch Zeit fürs Kerngeschäft – das Gastgeben.

Die neuen Finanzrahmen verändern das Kerngeschäft der Hotellerie. „Wir müssen uns auf das Kerngeschäft besinnen!" Mit diesem flotten Spruch rechtfertigen selbst Mega-Industrieunternehmen wie Daimler Chrysler erfolglose Fusionen in der Öffentlichkeit. Die Globalisierung schlägt zurück. In der Hotellerie droht ähnliches. Je globaler der Investor, je weltumspannender das Betreiber-Netz, umso starrer werden die Bedingungen für die Mitarbeiter vor Ort. Nicht jeder globale Standard kann regional angepasst werden, nicht allem und jedem lassen sich die gleichen Vorgaben überstülpen. Die Globalisierung erfordert ein neues Nischen-Know-how, das Wissen um die Bedürfnisse vor Ort. Sie verlangt in globalen Ketten-Netzwerken einen neuen Typ Hotelier: den „Brücken-Manager", den Mittler zwischen den Welten, Kulturen und Strukturen. An diesem Punkt kehrt die Hotellerie erstmals zu ihrem Kern zurück – zum „people's business". Die Qualifikation der Person entscheidet in der Hotellerie stärker als in anderen Branchen über Erfolg oder Misserfolg einer Kultur und einer Strategie. Dabei spielt es keine Rolle, welche Hotelmarke auf dem Dach des Hotels glänzt.

2 Markenkonzepte in der Hotellerie: Statt „Exclusivity" droht „Massclusivity"

Marken sind kein klares Qualitätsversprechen mehr. Taxifahrer wissen das schon lange. Ob Berlin, Rom, New York oder Hongkong: Manche Hotels findet der Taxifahrer nur noch aufgrund ihrer Lage, er identifiziert sie nicht mehr aufgrund ihres Namens auf dem Dach. In jüngerer Zeit bringt ein weiterer Globalisierungseffekt die Taxifahrer zum Fluchen: Weiß der Gast nicht exakt, in welches Novotel oder Marriott er muss, kann die Suche dauern. Die Namen mancher Kettenhotels unterscheiden sich nämlich nur noch durch ihre Zusätze.

Im Kern bedeutet das: Die Ketten forcieren den Verdrängungswettbewerb im Mikromarkt. Sie überziehen eine Stadt sowohl mit möglichst vielen Häusern einer Marke wie auch mit möglichst allen Marken ihrer Gruppe. Ein Musterbeispiel par excellence für diese Strategie ist inzwischen Dubai. Verwirrt bleibt der Gast zurück: Das Grosvenor House in Dubai ist ein Méridien-Hotel, aber es wird nicht als ein Méridien kommuniziert. Warum? Weil es bereits drei andere Hotels in Dubai gibt, die den „Familiennamen" im Hauptnamen tragen. Nun messen sich Marken nicht allein am Namen, sondern auch an den Inhalten und ihren Standards. Doch auch hier weicht die Hotellerie sich selbst teilweise auf: Ein J. W. Marriott in Dubai zum Beispiel ist weitaus großzügiger und repräsentativer angelegt als eines in Europa. Auch der Service in Arabien ist dank günstigerer Arbeitskräfte noch spürbar intensiver. Die Begründung der Betreiber in solchen Fällen lautet: Man passe sich der regionalen, in diesem Falle arabischen Kultur an. Weiß das aber der Gast? Weiß wirklich jeder, warum er in Europa einen „Anzug von der Stange" und in Dubai einen „maßgeschneiderten" erhält, wenn er dieselbe Marke kauft? Bei gleichem Markennamen nimmt der Reisende zwei komplett unterschiedliche Eindrücke und Erfahrungen mit nach Hause. Wie lange bleibt da das Vertrauen in die Marke erhalten?

Die neue Markenflut wird nur regional gedämpft. Es vergeht kaum noch ein Monat, in dem keine neue Hotelmarke geboren wird. Dabei spreche ich nicht von den „emerging markets" wie den Vereinigten Arabischen Emiraten oder Indien, in denen Hotelgesellschaften neu gegründet werden – nein, ich spreche von den etablierten „global players", die nicht müde werden, immer neue Marken zu erfinden. Am Anfang hindert sie meist nur die fehlende Erfahrung und die Logistik daran, mit der Marke gleich über alle Ozeane hinweg zu expandieren.

Hilton beispielsweise arbeitet in Europa mit drei von insgesamt neun (US-)Marken: mit der Stamm-Marke Hilton, mit der Luxusmarke Conrad und mit der Mittelklasse-Marke Garden Inn (weitere sind angekündigt). Allein diese Aufzählung zeigt bereits: Die Ketten versuchen, die ganze Bandbreite des Reisemarkts abzudecken, von günstig bis teuer. Die Kette mit den meisten Marken ist Marriott. 13 verschiedene Namen auf dem US-Markt sind allein diesem Unternehmen zuzuordnen. „Wir haben zu viele Marken heute!", klagte Kurt Ritter, Chef der Rezidor Hotel Group, jüngst in einer Diskussionsrunde auf einer Investment-Konferenz. „Wie soll der Gast das noch verstehen?", fragte er selbstkritisch seine eigenen Kollegen. Unter seinem Dach ist Radisson die erfolgreichste Marke (neben Regent, Missoni, Park Inn, Country Inn), und eher möchte Ritter diese diversifizieren als noch eine neue dazunehmen. Mit diesem Ansatz dürfte der bodenständige Schweizer momentan fast alleine im Markt stehen. Die Mehrheit der Hotelentwickler wählt den Multi-Marken-Weg. Die Investment-Gesellschaft Starwood Capital hat in jüngerer Zeit drei neue Marken kreiert: die Luxus-Schiene Crillon, die Boutique-Marke Baccarat und die Öko-Kette „1" (alle im Aufbau). Der Hotelbetreiber Starwood Hotels & Resorts (nicht zu verwechseln mit Starwood Capital) hat die Massen-Design-Marke aloft und die Marke element für Langzeitgäste aus der Taufe gehoben, InterContinental hält mit dem Boutique-Konzept Indigo mit. Da, wo Marken nicht mehr ins Konzept passen, werden sie schnell verkauft (z. B. Scandic), in einem schleichenden Prozess fallen gelassen (Forum Hotels von InterContinental, Avance von Steigenberger) oder nach Fusionen umbenannt (Cendant wird Wyndham, AmeriSuites wird Hyatt Place). Sogenannte Co-Brandings haben sich als Desaster erwiesen (Dorint-Sofitel, Dorint-Novotel) oder als wenig effizient, weshalb dann nachgebessert wird (aus ArabellaSheraton wird ArabellaStarwood). Die Ketten nennen das Strategie, die Taxifahrer Unsinn.

Die Edelmarke wird Massenware. Wie stark alle bisher geschilderten Trends ineinander greifen, zeigt die Entwicklung des Begriffs „Designhotels". Ihm droht jetzt die Vermassung. Statt „exclusivity" droht „massclusivity". Hinter dem netten Wortspiel steckt die enge Verzahnung aller bis hierher geschilderten Trends: die veränderten finanziellen Rahmenbedingungen, der Zwang zu höherem Shareholder Value, die fortschreitende Globalisierung, der heftige Verdrängungswettbewerb und die engmaschige Markenwelt. Hoteldesign trägt jetzt hörbar andere Namen: aloft, Indigo, Missoni und Bulgari zum Beispiel. Die beiden letzten Namen kennt man in Europa – als Synonyme für Luxus und Lifestyle, für Qualität und

Geschmack, für Juwelen oder Textilien. Die beiden ersten Namen werden Reisende künftig erst kennenlernen – sie stehen auf der „Entwicklungskarte" der großen Hotelketten. Die Bettengiganten dieser Welt haben nämlich das Design der Edel-Designer entdeckt und begonnen, aus deren Exklusivware Massenware zu machen. Sie beginnen, Design in Hotel-Serie zu entwickeln.

Dabei haben die großen Hotelketten diese Idee selbst schon kopiert: von den kreativen Privathotels, die es in jedem Land gibt und die sich durch ihre Einrichtung, ihr schickes, trendiges Ambiente und einen sehr persönlichen, familiären Service schon immer abzusetzen wussten. Eine Vereinigung, die versucht, solche Individualisten zu bündeln, sind die design hotels aus Berlin. Inzwischen haben aber auch sie ihre Aufnahmekriterien deutlich verschärft – um das echte Design eben nicht dem neuesten Trend und damit der weltweiten Vermassung preiszugeben. Desginhotels im Allgemeinen, egal welcher Couleur, haben das „gewisse Etwas", das Quäntchen „Mehr" an Seele, das viele (Allein-)Reisende unterwegs suchen. Deshalb sind sie so erfolgreich. Wer sich als „Designhotel" vermarktet, steigert seinen Umsatz auf Anhieb um mindestens 15 %, sagen Berater. Das reizt erst recht die großen Ketten. Sie möchten deshalb mehr vom Design-Kuchen abhaben.

Der erste Schachzug der Hotel-Strategen lag also nahe: Sie verbündeten sich mit den echten Designern. Armani und Versace gibt es beispielsweise inzwischen in „Hotel-Ausführung". Doch deren Expansionspläne sind klein im Vergleich zu denen des amerikanischen Bettengiganten Marriott: Er schloss schon vor Jahren mit dem italienischen Label Bulgari einen Vertrag und eröffnete inzwischen die ersten beiden Super-Luxus-Lifestyle-Ketten-Hotels in Barcelona und auf Bali. Natürlich tragen beide Domizile den Namen Bulgari. Denn damit lässt sich mehr Geld verdienen als mit Marriott, unter deren Dach sich auch noch Mittelklasse-Herbergen befinden. Nichtsdestotrotz wagt es Marriott nun, das Thema Design und Boutique auf eine breitere und damit für viele Reisende erschwinglichere Ebene zu hieven: Mit Design-Veteran Ian Schrager verbündete man sich im Juli 2007, um eine neue Boutique-Hotel-Kette zu gründen. Allein mit Schrager sollen über 100 Herbergen dieses Typs entstehen.

Damit ist der Grundstein zur Vermassung eines ursprünglichen Edelansatzes gelegt. Und schon sind viele mehr mit im Boot: Rezidor entwickelt gemeinsam mit dem italienischen Modehaus Missoni Designhotels auf erschwinglichem Firstclass-Niveau. Dann kostet eine Nacht im coolen Designer-Ambiente nicht mehr 1.000 €, sondern nur noch 100 oder 150 €. Ähnliches gilt für aloft, ein Produkt der amerikanischen Starwood Hotels & Resorts, unter deren Dach sich beispielsweise auch die Edelmarken St. Regis und die erst vor wenigen Jahren kreierte Designmarke W befinden. Das W am Times Square in New York beispielsweise gehört zu den absolut hippen Spots im Big Apple, an dem man abends am Hotellift liebend gern Schlange steht, um Einlass zu finden in eine dunkle Lobby, in der eine farbig beleuchtete Bar, coole Sessel und Multi-Kulti-Menschen fancy drinks ordern. Nach dem spontanen Erfolg dieses schlichten, aber profitablen Konzepts dachte sich Starwood eine andere Raffinesse aus: W braucht eine kleine Schwester. Die heisst aloft, pickt Kernelemente des W-Designs auf, verwendet aber weniger edle Materialien und packt noch mehr Menschen in eine Lobby, in der man dann kollektiv surfen, essen und trinken kann. Wie bei Muttern im Wohnzimmer. In den nächsten Jahren sollen 500 aloft weltweit entstehen! Das bedeutet 500 mal Design in Serie! Damit nimmt die „massclusivity" ihren Lauf.

3   Die Zukunft der Privathotellerie: Profilierung und Individualisierung

Die Nische bleibt eine Chance für die Privaten. Das Beispiel der Designhotels zeigt eindrucksvoll, wie aus einer Geschäftsidee qualitätsbewusster Privathoteliers eine Mode und dann ein Massenphänomen werden. Zeitweise sieht es so aus, als würde die deutsche respektive europäische Privathotellerie unter der Wucht der finanzstarken und strategisch organisierten Ketten zusammenbrechen. Fakt ist jedoch, dass die Ketten sich in Europa sehr schwer tun, mittelständische Hotels zum Ketten- oder Kooperationsanschluss zu bewegen. Grob zwei Drittel der Hotels in Deutschland tragen immer noch keinen Markennamen. Sowohl die fragmentierten Märkte wie auch die unterschiedlichen Mentalitäten in Europa machen es den „Eroberern" aus West und Ost schwer, sich in die nationalen oder lokalen Bedingungen hineinzudenken. Ihr Expansionsschema, auf Geschwindigkeit und Standards ausgerichtet, sieht so viel Sensibilität nicht vor. Genau das ist und bleibt die Chance für die Privaten. Ihr Vorteil liegt im Erkennen von Zielgruppen-Bedürfnissen in den Mikromärkten einer Stadt/Destination, im Forcieren des persönlichen Services. So haben sich beispielsweise in den Städten häufig kleine, feine Design-Hotels „in zweiter Reihe", sozusagen an der Rückseite der großen Pioniere, erfolgreich etabliert. Oder stilvolle Garnis entwickeln sich gegenüber der Bettenburg an der Ecke zu begehrten Adressen mit exzellentem Preis-Leistungs-Verhältnis. Hotels mit Profil hatten und haben immer noch eine Chance. „Profilierung" bedeutet in diesem Falle die kompromisslose Ausrichtung auf eine Zielgruppe, z. B. Familien, Kinder, Wanderer, Kulturreisende, chinesische Gäste, Wellnessgäste. Durchs Raster fallen wird nur der Profillose, der alles will.

Die Ferienhotellerie in Zentral- und Mitteleuropa ist immer noch fest in der Hand der Privaten. Die Zahl der internationalen Ketten, die sich in Deutschland bzw. in Europa mit Resorts etabliert haben, ist nach wie vor gering. Nur zögernd wagen sie sich vor in ein Geschäftsfeld, in dem wochenlanger Regen jedes Quartalsergebnis zunichte machen kann. Solche kalkulatorischen Unwägbarkeiten mögen die (anfangs beschriebenen) Investoren nicht. Aufgrund des gewaltigen Kapitalstaus in den weltweiten Märkten erkundigen sich jedoch seit kurzem, so ist es aus der Beraterwelt zu vernehmen, häufiger nicht-deutsche Kapitalgeber nach Investmentmöglichkeiten in der Ferienhotellerie. Privathoteliers mit klugem Kopf und Konzept könnten in dieser Phase neue Partner kennenlernen: Wie kaum ein anderes Segment muss die Ferienhotellerie permanent investieren – die Ansprüche ihrer Gäste wachsen von Jahr zu Jahr. So erwarten diese heute beispielsweise einen großzügigen Wellnessbereich als Standard; allein dieser erfordert in der Regel höhere Investitionen. Damit beginnt der wirtschaftliche Spagat: Im Gegensatz zur Stadthotellerie erzielen die Ferienhotels nicht die gleichen hohen Durchschnittsraten; zudem ist ihr Geschäft oft saisonal limitiert und Wetter-Kapriolen ausgesetzt.

Ferien in Europa werden assoziiert mit „Ferien bei Freunden", bei „befreundeten Hoteliers", denen sich Groß und Klein anvertrauen können. Bei einer Buchung schwingen immer noch viel Emotion und der Gedanke an persönliche Betreuung mit. An die marketingtüchtig aufbereiteten „Marken-Versprechen" der globalen Ketten denkt dabei niemand. Und das wird meiner Einschätzung nach auch in naher Zukunft noch so bleiben – selbst wenn Ketten wie InterContinental mit aufsehenerregenden Design-Resorts wie in Davos von sich reden machen und dazu Top-Architekten und Designer wie Matteo Thun engagieren. Letzterer gehört zu den sympathischen Querdenkern der Szene, dessen Herz – trotz Großauftrag in Davos – für die klassische europäische Ferienhotellerie schwingt. In einem Interview mit der Autorin dieses Artikels für die Messe Berlin beschrieb er die Chancen der hiesigen Ferienhotels so: „Die meisten (Ferienhotels) sind Individualhotels, werden von Familien geführt – ohne globales Reservierungssystem, aber mit allen Vorteilen eines Maßanzugs: Sie schneidern Ferien individuell zu, abgestimmt auch auf ihre regionale Lage und die Bedürfnisse ihrer Gäste. Große Ketten sehen oft die Seele eines Orts nicht. Die Heterogenität der europäischen Ferienhotellerie ist das größte Kapital Europas. Deshalb kämpfe ich für die vielen ‚Müllers' und ‚Meiers', die vor dem nächsten Generationenwechsel stehen und in denen die Jungen in neue Kreativität investieren, ohne ihre ‚Stand-alone'-Position aufzugeben."

4 „Humanize your business!" – Authentizität nach innen und nach außen

Weg vom Design hin zu Natur und Authentizität. Der Südtiroler Architekt und Designer ist immer wieder für prägnante Zusammenfassungen gut. So postulierte er sinngemäß auf dem Hotelkongress „Hospitality Day" während der ITB 2007: „Designhotels sind out, Naturhotels sind in!" Damit sprach er einen Trend an, der – wie man auch in anderen Branchen erkennt – durchaus Zukunft besitzt: Die Menschen wünschen wieder das Authentische, das Echte, das Natürliche. Sie wollen zurück zu den Wurzeln, zurück zu den „Basics", zurück zu Werten. Das gilt für Möbel genauso wie für Speisen und Wellnessbehandlungen. O-Ton Matteo Thun: „Es geht nicht um das Portemonnaie, sondern um die Haltung. Die moderne Ästhetik ist gleich Ethik."

Umweltschutz als Ethikaufgabe. Ethik ist ein Stichwort, das man in einem zukunftsorientierten Beitrag am Schluss noch einmal aufgreifen muss. Denn Ethik beinhaltet Verantwortung. Dieser Appell wird inzwischen über die lauter werdende Umweltdiskussion weltweit forciert. Die Hotellerie steht hier als einer der Hauptleistungsträger im Tourismus voll im Rampenlicht. Die ersten haben erkannt, dass es nicht genügt, die Handtücher im Bad zu sondieren; die letzten haben noch nie etwas von dieser Handtuch-Initiative gehört. Sozial- und umweltverantwortliches Handeln aber werden künftig auch die Börsenkurse beeinflussen und das eigene Image gegenüber Kapitalgebern prägen. Doch all das wird nicht funktionieren ohne den Menschen – den qualifizierten Mitarbeiter.

Der Mitarbeiter bleibt der alles entscheidende Kern. Reduziert die Hotellerie heute ihr Geschäft auf ihren Kern, wird sie früher oder später beim Mitarbeiter ankommen. Trotz Finanzstrategien, Rationalisierungsmöglichkeiten und Netzwerk-Synergien wird das Gros ihrer Dienstleistung ohne den Menschen nicht ausführbar sein. In aufstrebenden Märkten wie Indien, China und Dubai ist der Kampf um den Mitarbeiter in vollem Gange. Inzwischen liegt die Betonung noch nicht einmal mehr auf dem Zusatz „qualifizierte Mitarbeiter". Die Menschenmengen, die nötig sind, um allein den Bedarf der erst noch entstehenden Hotels weltweit zu befriedigen, stellen die Human Resources-Manager der Hotellerie heute schon vor massive Herausforderungen. Wer Mitarbeiter halten will, muss sie fördern. Er darf ihnen keine Jobs mehr anbieten, sondern muss ihnen (Job-)Perspektiven aufzeigen. Jim Fitz Gibbon, President Worldwide Operations bei der kanadischen Luxushotelgruppe Four Seasons Hotels and Resorts, packte die Human-Resources-Herausforderungen der Zukunft in diesen einen Satz: „Humanize your business!" Das nimmt vor allem die Arbeitgeber in die Pflicht. Investoren und Hoteliers, die diesen Satz mit einkalkulieren, werden eine Zukunft haben und neue Trends bestimmen.

Der Hotelier der Zukunft

Heiner Finkbeiner

„Wie sich der Sonne Scheinbild in dem Dunstkreis malt, eh sie kommt, so schreiten auch den großen Geschicken ihre Geister schon voran, und in dem Heute wandelt schon das Morgen." (Friedrich Schiller)

Diese Worte, die Schiller Wallenstein in den Mund legte, dürfen wohl als eine Weisheit gelten, die auf viele Bereiche des Lebens anwendbar ist. Wer Prognosen über die Zukunft machen will, der muss versuchen, die Schatten, welche die Veränderungen vorauswerfen, zu erkennen. Meine Vorstellungen und Visionen von der Hotellerie der Zukunft und darüber, welchen Herausforderungen der Hotelier der Zukunft gegenüber stehen wird, schöpfe ich aus zwei Quellen. Zum einen gehört es für mich zum Alltag, mit Mitarbeitern, Familienmitgliedern, Freunden, Geschäftspartnern sowie mit vielen interessanten Persönlichkeiten, denen man in meinem Beruf immer wieder begegnet, über die Entwicklung der Branche zu diskutieren. Dabei treten eine Menge verschiedener Aspekte zutage. Über einige Einflussfaktoren und Entwicklungstendenzen ist man sich oft schnell einig, bei manchen laufen die Einschätzungen auch auseinander. In jedem Falle sind solche Gespräche für mich immer inspirierend und beeinflussen auf die eine oder andere Weise meine Entscheidungen bezüglich Gestaltung und Investitionen.

Die zweite Quelle, aus der ich oft meine Visionen und Überzeugungen über die zukünftige Entwicklung der Hotellerie nähre, ist ganz persönlicher Art. Sie betrifft meine eigene Biografie sowie die Geschichte meiner Familie, die immerhin schon in der 6. Generation die Traube Tonbach betreibt. Unser Haus wurde erstmalig urkundlich erwähnt im denkwürdigen Jahr 1789, dem Jahr, als bekanntlich die Werte „Gleichheit, Freiheit und Brüderlichkeit" Einzug in die europäische Geschichte hielten. Damals besaß die Traube freilich noch ein ganz anderes Gesicht als heute. Sie war eine Bäckerei und Schenke für Waldarbeiter und Fuhrleute, war somit konzipiert, im Alltag einfache Grundbedürfnisse von einfachen Leuten zu befriedigen.

Seit den Zeiten der französischen Revolution hat sich das Gesicht der Traube ebenso geändert wie die europäische Gesellschaft. Zwar gehört unser Haus nun

schon in der zweiten Generation jenem Segment an, das man gemeinhin als Luxushotellerie bezeichnet. Doch hätte dieser Begriff in den alten Zeiten etwas ganz
anderes impliziert. Heute trennt er nicht mehr in diesem Maße soziale Schichten.
Insbesondere die Bewegung für die Gleichberechtigung aller Menschen, die im
Jahr 1789 offiziell ihren langsamen Siegeszug antrat, hat selbstverständlich auch
in der Gastronomie ihre tiefen Spuren hinterlassen.

Dieser Prozess ist meiner Einschätzung nach immer noch nicht abgeschlossen und
wird die Hotellerie weiter verändern. Man geht vielleicht nicht zu weit, zu sagen,
dass die Entfaltung der Werte Gleichheit und Freiheit sich in kaum einer anderen
Branche so unmittelbar bemerkbar macht wie in der Hotellerie, deren zentrales
Anliegen es ja ist, Menschen zu bedienen und zu verwöhnen. In einer egalitären
und liberalen Gesellschaft stellt sich da schnell die Frage, wer bedient und wer
sich bedienen lässt. Die Antwort ergibt sich nicht mehr einfach nur aus der Zugehörigkeit sozialer Schichten. Die alten Muster und Gesellschaftsstrukturen, aus
denen die Belle Epoque der Grandhotellerie hervorgegangen ist, haben sich –
Gott sei Dank – längst gewandelt. Seither gilt es für uns in der Luxushotellerie
und der Spitzengastronomie, das Kunststück zu vollbringen, in einer Gesellschaft
von gleichberechtigten und gleichwertigen Bürgern Gästen ein Luxuserlebnis zu
organisieren, das nicht nur einer ganz kleinen hochprivilegierten Minderheit zugänglich ist, sondern – sicherlich in unterschiedlichem Maße – sehr vielen Bürgern
offen steht, sofern sie den besonderen Genüssen nur eine hohe Wertschätzung
entgegenbringen.

Das ist ohne Zweifel eine insgesamt begrüßenswerte Entwicklung. Es besteht in
übergeordneter Sicht daher kein Grund zur Verklärung der guten alten Zeit, die
natürlich vor allem aus der Perspektive hyperreicher Großbürger und Hochwohl-
geborener so beneidenswert war. Was früher den glanzvollen Ruf der Luxushotellerie begründete, blieb dennoch in mancherlei Hinsicht der Maßstab für alles, was
danach kam. Er wird auch für die Zukunft gelten. Manche Schatten, welche die Zukunft vorauswirft, reichen deshalb in die Vergangenheit. Und wer die Zeichen der
Zeit erkennen will, kann vieles nur aus der Kontinuität einer Entwicklung ablesen,
die längst begonnen hat. Es ist darum hilfreich, einen Vergleich von Gestern und
Heute vorzunehmen und sich dessen Konsequenzen vor Augen zu führen.

Vor einem Jahrhundert war die Lage noch wie folgt: Gäste, die Geld hatten, hatten stets auch „Kultur", also ein bekanntes standesgemäßes Repertoire an Ver-

haltensweisen und gegenseitigen Erwartungen. Sie waren damit für den Gastgeber und das Personal in ihren Wünschen und Ansprüchen relativ leicht einschätz- und berechenbar. In den besten Häusern hielten sich nicht nur die Mitarbeiter an die bekannten Rituale, sondern auch die Gäste. Diener und Bediente, Gastgeber und Gast waren gewissermaßen ein eingespieltes Team, das sich an beiderseitig akzeptierten Standards orientierte. Auch später – irgendwann begann das ja mal mit den sogenannten „Neureichen", die mehr Geld als Kultur hatten – waren es nur wenige Gäste, die dagegen verstießen. Sie wurden jedoch von autoritären Empfangschefs und Oberkellnern, an deren Menschenkenntnis damals noch vergleichsweise geringe Anforderungen gestellt werden mussten, rechtzeitig erkannt und abgewiesen, wenn nicht gar ebenso dezent wie gnadenlos abserviert.

Die Luxushotels und Luxusrestaurants besaßen überall genug Personal – im Normalfall etwa viermal so viel wie heute –, um die Wünsche den Gästen sprichwörtlich von den Augen abzulesen. Und ebenso wenig, wie ein Haus von Rang Gäste aufnahm, die nicht standesgemäß waren, tolerierte es Personal, das nicht in der Lage war, seine Eignung einwandfrei unter Beweis zu stellen. Zu den glorreichsten Zeiten konnte man für jeden Mitarbeiter sofort ein bis zwei gleichwertige Ersatzleute bekommen. Einen Kündigungsschutz gab es da noch nicht. Die Furcht, seinen für damalige Verhältnisse guten Arbeitsplatz zu verlieren, war groß. Die Hotels wiederum standen, was die Belegung angeht, unter keinem sonderlichen Konkurrenzdruck. Sie mussten deshalb auch keine kostspieligen Aktionen unternehmen, um Gäste anzuwerben. Es genügte, in der Stadt und in den Ferienorten an der See oder in den Bergen den allgemein üblichen Luxusstandard zu bieten. Im Übrigen gingen die Gäste dorthin, wo ihresgleichen standesgemäß abstiegen.

Dem Leser wird schon bei dieser kurzen Retrospektive aufgefallen sein, wie sehr sich die Situation in wichtigen Punkten von der heutigen unterscheidet. Heute fürchtet jeder Chef, einen guten Mitarbeiter zu verlieren. Die Anforderungen an gutes Personal sind gestiegen und steigen weiter. Die Verhaltensvielfalt bei den Gästen ist weitaus größer geworden. In meiner Jugend konnte sich ein erfahrener Hotelier oder geschulter Gastronom noch auf die Hauptstraße einer Großstadt stellen und nahezu jeden Passanten nach dessen Kleidung, Habitus und Accessoires einordnen: Der da geht in den Ratskeller, der in den Bürgerbräu, der dort in die Trinkhalle und jener ins Grandhotel. Damals war alles ganz klar. Heute, da es keine strenge Kleiderordnung, gesellschaftliche Konventionen und Klassen mit ihren auffälligen Identifikationsmerkmalen gibt, ist alles ziemlich unklar.

Das Leben meiner Eltern und Großeltern war noch viel stärker von gesellschaftlichen Zwängen geprägt, als dies heutzutage der Fall ist. Äußere Umstände, denen man ausgeliefert war, und der Druck der Gesellschaft, die bestimmte Verhaltensweisen und damit auch eine festgelegte Lebensgestaltung erwartete oder gar verlangte, waren von weit größerer Bedeutung als heute. Man musste sich mitunter stark anpassen, um geduldet, akzeptiert und integriert zu werden. Und solchermaßen konditioniert kamen sie auch als ziemlich pflegeleichte Gäste ins Hotel. Dies alles wurde den späteren Generationen zunehmend fremd. Sie gestalteten und gestalten ihr Leben wesentlich autonomer: Berufswahl, Partnerwahl und natürlich ihre Freizeit. Es gibt kaum noch Tabus, alles scheint erlaubt zu sein, alles darf ausprobiert werden. Fast herrscht schon ein Gebot zur Abweichung und Abwechselung. Der Mensch in der modernen Welt ist zudem genötigt, in seiner Sinneswahrnehmung schnell zu selektieren, nur das ins Bewusstsein vordringen zu lassen, was ungewöhnlich erscheint, und alles, was dort angekommen ist, nochmals kritisch zu hinterfragen.

Die Freiheit empfindet der Mensch nicht mehr als glückliches Geschenk, sondern als verbrieftes Recht. Er handelt daher weniger aus Pflichtgefühl, sondern einerseits mehr aus Überzeugung und andererseits aus Lust. Individualität der Persönlichkeit ist zum Wert an sich geworden. Der Drang zum Konformismus in der Gesellschaft, der unsere Eltern und Großeltern noch sehr bewegte, wird zunehmend durch den Willen ersetzt, die eigene Individualität zu unterstreichen.

Wer sich heutzutage entscheidet, in einem Luxushotel zu quartieren oder einem Sternerestaurant zu speisen, der ist nicht mehr eindeutig einer „Kultur" oder „Gesellschaftsschicht" zuzuordnen und daher auch weit weniger berechenbar als in vergangenen Zeiten. Auch sind die Erscheinung und das Verhalten der Reichen und Gebildeten nicht mehr so einheitlich wie einst. Ihr Umgang folgt nicht mehr derart stringent den Ritualen von damals. Auch gönnen sich heute weniger Betuchte gelegentlich ein Stück Luxus und gehen im Gegenzug beim Billigdiscounter einkaufen, um sich dieses Vergnügen gelegentlich leisten zu können. Die Kleidung gibt ebenfalls keine zuverlässigen Informationen mehr über den Status eines Gastes. Da kann eine spezielle Marken-Jeans schon mal den Preis eines ordentlichen Anzugs übersteigen. Die Vielfalt der Statussymbole über alle Altersgruppen und Kulturkreise hinweg ist kaum mehr zu überblicken. Und schließlich verkompliziert der hohe Grad an Internationalität die Einschätzung und Kommunikation mit den Gästen noch weiter.

Im Grunde braucht man heute ein Kontaktpersonal, das große Menschenkenntnis besitzt, mehrere Sprachen spricht, ständig auf dem Laufenden bleibt und mit äußerster Flexibilität und hoher sozialer Kompetenz mit den unterschiedlichsten Menschentypen freundlich, angemessen und zuvorkommend umzugehen weiß. Das ist ein hoher Anspruch. Ein junger Mensch, der sein Glück in der Gastronomie versuchen will, muss neben all diesen Fähigkeiten, die im Zeitalter der Globalisierung in vielen Branchen gern gesehen werden, auch noch Spaß daran haben, andere Menschen zu bedienen, und selbst bei weniger freundlichem Benehmen des Gastes seine persönlichen Empfindungen zurückstellen. In einer Welt, in der Individualisierung und Selbstverwirklichung den Ton angeben, sind das durchaus ernst zu nehmende Handicaps für unsere Branche. Mit ihnen wird man aus folgenden Gründen in Zukunft offensiv umgehen müssen.

Erstens nimmt die Globalisierung zu. Dies wirkt sich im Personalbereich vor allem in zweierlei Hinsicht aus: Zum einen in der Weise, dass auch die Anforderungen an interkulturelles Know-how des Personals anwachsen werden. Der Gast von Morgen versteht sich als Global Player und Weltenbürger, kennt sich in fremden Ländern und Kulturen aus, spricht mindestens zwei Fremdsprachen und fühlt sich auf dem internationalen Parkett sicher. Eine solche Einstellung erwartet er auch von seinen Dienstleistern. Sind diese nicht in der Lage, nach internationalen, globalen Maßstäben zu agieren, so werden sie seinen Ansprüchen nicht genügen und sind in seinen Augen schnell disqualifiziert. Zum anderen werden auch andere Branchen, die zudem unter Umständen sogar höhere Gehälter zahlen können, stärker um junge Menschen werben, die diese interkulturellen Fähigkeiten mitbringen. Hinzu kommt, dass diese anderen Branchen ebenfalls einen „weltweiten Arbeitsplatz" bieten können, was früher für viele junge Menschen ein echter Grund war, sich für eine Ausbildung in der Spitzengastronomie zu entscheiden.

Zweitens entsteht aufgrund jahrzehntelanger niedriger Geburtenraten in Deutschland eine sogenannte demografische Lücke, die dafür sorgen wird, dass die Jugend – insbesondere die talentierte Jugend – am Arbeitsmarkt stärker umworben wird als in der Vergangenheit. Wer heute ein Luxushotel führt, weiß um dieses fortschreitende Problem, das sich aufgrund der vorliegenden Zahlen weiter verschärfen wird. Man wird den entstehenden Personalengpass dann nicht einfach über eine allgemeine Verbesserung der Gehaltsaussichten lösen können. In dieser personalintensiven Branche stößt die Kostenkalkulation schnell an ihre Grenzen.

Neben diesen Herausforderungen in der Personalpolitik wird die Globalisierung auch auf ganz direktem Weg Auswirkungen auf den heimischen Markt haben und den Wettbewerbsdruck erhöhen. In Großstädten, wie Berlin, kann man erleben, wie sich praktisch alle Hotelketten der Welt positionieren. Da ist sogar manchmal bei der Investitionsentscheidung der tatsächliche Bedarf nur zweitrangig. Keine Kette, die etwas auf sich hält, will an einem solchen Standort fehlen. Auf der anderen Seite kann es im Bereich der autonomen Ferienhotellerie, zu dem die Traube Tonbach zählt, schwierig werden, Investoren zu finden, die ihr Geld hierzulande in ein neues Projekt investieren. Schließlich stehen ihnen rentable Alternativen zur Verfügung. Mehr denn je existieren weltweit die exotischsten Standorte, an denen mit vergleichsweise geringen Kosten und Auflagen die ungewöhnlichsten Projekte aufgezogen werden können.

Gleichzeitig beschert uns der technische Fortschritt mehr, schnellere und billigere Langstreckenverbindungen. Geotagging, Google Earth und GPS revolutionieren die Landkarten und erschließen jeden Winkel der Erde. Tracking-Services ermöglichen es, Reisende wie Postpakete zu markieren und jederzeit zu lokalisieren. Extrem Engineering wird neue Reiseziele für den extremen Touristen ermöglichen: von Unterwasserhotels bis hin zu Weltraum-Ausflügen. Auf Erden wird es hauptsächlich in Asien boomen, wohin sich Reichtum und Macht langsam verschieben werden. Durch die Öffnung könnte China mit seinen zahlreichen unentdeckten Schönheiten schon in einem guten Jahrzehnt zur meistbesuchten Touristenattraktion der Welt werden. Doch nicht jeder wird bei jeder Gelegenheit in den fernen Osten reisen. Wer im Bereich der anspruchsvollen Ferienhotellerie in Deutschland erfolgreich bleiben will, der muss sich allerdings schon sehr genau überlegen, was er seinen Gästen anbietet, welchen Standort er wählt und welche Zielgruppe er ansprechen will.

Den üblichen Standard anzubieten, wird nicht mehr ausreichen. Auch die Luxushotellerie wird stärker auf einen innovativen Wandel achten müssen. Als mein direkter Vorgänger, mein Onkel Willi Finkbeiner, Ende der 1950er-Jahre ein Hotelschwimmbad errichtete, war er der erste, der das im gesamten Schwarzwald tat. Das war seinerzeit innovativ und wurde zunächst argwöhnisch beäugt. Doch der Erfolg gab ihm recht. Heute muss man schon ein besonderes Schwimmbad und vieles mehr anbieten, um dieselbe Anziehungskraft zu besitzen. Der Druck zum Wandel und zum ständigen Updaten hat zugenommen. Wie auch in vielen anderen Branchen haben sich die Produktlebenszyklen auch in der Hotellerie verkürzt.

Eine Tendenz, die in unserer Konsumgesellschaft fortbestehen wird. Erforderlich wird daher die ständige Auseinandersetzung mit neuesten Entwicklungen.

Aus alledem folgt, dass der Hotelier von morgen nicht nur die gute Seele des Hauses, sondern ebenso ein cleverer Geschäftsmann und ein innovativer Unternehmer sein muss. Hotellerie und Gastronomie werden sich konkret in dieser Hinsicht immer weniger von anderen Dienstleistungsbranchen unterscheiden. Leidenschaft und Idealismus allein haben bereits heute keine Chance mehr. Sie müssen mehr denn je von einer hochprofessionellen betriebswirtschaftlichen Kompetenz begleitet werden. Dennoch ist Idealismus, Stilsicherheit und Kenntnis der Traditionen ein unverzichtbares Element, das in meinem Segment ein ausschlaggebender Faktor für den Wettbewerbserfolg bleibt. Mit dem beruflichen Idealismus verbinden sich eine hohe Identifikation mit dem Haus und ein großes Interesse an den schönen Dingen im Leben.

Wenn mich also meine Erfahrungen nicht täuschen und ich mit meiner Einschätzung der Entwicklungstendenzen richtig liege, wird ein guter Hotelier im Luxussegment auch in Zukunft sein Haus nur dann mit nachhaltigem Erfolg leiten können, wenn er erstens die Betriebsabläufe, die sein Angebot für die gastierenden Genießer hervorbringen, sehr genau kennt sowie zweitens Sinn und Blick für alle dafür notwendigen Details besitzt – von der Zimmereinrichtung bis zum kulinarischen Angebot, vom Empfang bis zum Zimmerservice. Die Qualität eines Hotels wird im Endeffekt immer nur so gut sein, wie sie die Hotelleitung wahrzunehmen vermag. Der Anspruch eines Hauses wird schließlich von oben festgelegt und in letzter Konsequenz auch von dort kontrolliert. Fazit: Der Hotelier der Zukunft darf keinesfalls nur ein cleverer Geschäftsmann der herkömmlichen Art, sondern muss darüber hinaus ein Traditionalist mit Trendscout-Kompetenz sein.

Wirkliche Spitzenhotellerie wird man also ebenso wenig ohne die Beherrschung betriebswirtschaftlichen Handwerks und innovativem Investitionsgeschicks wie ohne tiefe Fachkenntnis und gastronomisches Herzblut führen können. Und weil wenigstens Letzteres trotz der massiven Umwälzungen unserer Zeit eine Konstante für den Erfolg bleibt, werden auch in Zeiten von Internationalisierung und Hotelketten mittelständische Familienunternehmen ihre Nische finden. Meine Zukunftssorgen sind daher trotz der beschriebenen neuen Herausforderungen gering. Was die Traube Tonbach zu einem solch nachhaltigen Erfolg gebracht hat, ist schließlich genau diese Kombination aus professioneller Betriebsführung, traditioneller Fachkenntnis, stetigem innovativen Wandel und Liebe zum Detail. Das war mir immer klar. Bevor ich mich daher in der Lage fühlte, ein solches Haus zu übernehmen und nach diesem Grundsatz zu leiten – was ich nun seit 1993 tue –, musste ich in allen Bereichen viel Erfahrung sammeln und mir eine Menge Einschätzungsvermögen aneignen.

Begonnen habe ich meine berufliche Laufbahn mit einer Kochlehre. Anschließend habe ich im In- und Ausland – bei beziehungsweise mit Starköchen wie Eckart Witzigmann, Dieter Müller, Heinz Winkler und Peter Wodarz viel Erfahrung gesammelt und in verschiedenen Hotels an der Rezeption und in der Verwaltung gearbeitet. Nach einem Fachhochschulstudium in Betriebswirtschaftlehre sowie der Absolvierung der Küchenmeisterprüfung war ich dann bestens dafür gerüstet, ein Gourmetrestaurant in der Traube Tonbach zu entwickeln, mit dem ich als Verantwortlicher zwei der begehrten Michelin-Sterne erwarb, bevor Harald Wohlfahrt die Küche übernahm und für den dritten sorgte. Mittlerweile sind aus der Schule der Traube Tonbach insgesamt 40 aktuelle Michelin-Sterne hervorgegangen und viele Führungskräfte der internationalen Hotellerie wie Heiko Künstle, Direktor im Hotel Pierre, New York und Axel Ziegler, der das Hyatt Regency in Köln leitet.

Anders wird es im Massentourismus von morgen aussehen. Der wird sich in Hyper-Holiday-Hubs abspielen. Am Mittelmeer, in den Vereinigten Arabischen Emiraten, Katar, China und Brasilien entstehen riesige Ferien-Reservate. Diese hypermodernen Erholungszentren bieten das ganze Spektrum dessen, was das Herz begehrt: Wärme in allen Abstufungen, von der prallen Sonne bis zur wohldosierten Thermo-Kur, Liebe von unverbindlicher Intimität bis zum romantischen Abenteuer, körperliche Regenerierung vom Billig-Facelifting bis zur individuellen organischen Anti-Aging-Behandlung. Und dies befindet sich alles komfortabel unter einem Dach mit angeschlossenem Flughafen. Hier geht es darum, für möglichst wenig Geld ein bisschen Entspannung, gute Gefühle und Jugendlichkeit zu vermitteln. Holiday-Hubs bieten Fertigferien, die gleichsam nur noch ausgepackt und angerichtet werden müssen. Sind die Erfolgsfaktoren von so verstandenen „guten Ferien" erst einmal entschlüsselt, wird es möglich, sie zu multiplizieren und nach Belieben an unterschiedlichen Standorten anzusiedeln. Genügend große Landreserven und gute Verkehrsverbindungen vorausgesetzt, können solche Holiday-Hubs überall auf der Welt errichtet werden.

Doch es werden natürlich weiterhin verschiedene Segmente am Markt bestehen: von luxuriös bis einfach, von billig und günstig bis gut und teuer – je nachdem, für welchen Geldbeutel und welche Genussfähigkeit der Urlaub konzipiert ist. Die Auffächerung in einen großen Massenmarkt auf der einen und in differenziertere Premiumangebote auf der anderen Seite geht weiter. Entscheidende Merkmale für ein Premiumangebot sind Erlebnisintensität durch personalisierten Service bis ins ausgeklügeltste Detail. Man erlebt etwas Außergewöhnliches, das man immer wieder gerne weitererzählt und weiterempfiehlt. Während der Massentourismus sich in einer ähnlichen Weise organisieren und ausbreiten wird, wie wir das bereits von erfolgreichen Franchiseunternehmen etwa im Fastfood-Bereich kennen, wird für Menschen, die in der Lage und bereit sind, mehr Geld für Außergewöhnliches auszugeben, auch ein sehr ausdifferenziertes Angebot mit unterschiedlichsten Inhalten entstehen.

Insgesamt – das darf man wohl vermuten – wird es eine noch größere Angebotsvielfalt geben als heute. Sie bedient die unterschiedlichsten privaten Reisemotive. Der eine sucht die völlige Entspannung und gesundheitliche Erholung, der andere möchte neue Landschaften und Kulturen entdecken und sein Wissen erweitern, ein Dritter sucht das Abenteuer, ein Vierter möchte einfach nur wandern, segeln oder golfen und dabei eine saubere Natur genießen. Wer beispielsweise beruflich mobil lebt, immer wieder den Arbeitsort und den Wohnort wechseln muss, viel unterwegs und öfter mit Fremden als mit seiner Familie und Freunden zusammen ist, sehnt sich nicht mehr unbedingt nach exotischen Ländern mit einer unpersönlichen Versorgung. Wer sozusagen unverwurzelt in mehreren Gesellschaften parallel lebt und arbeitet, sehnt sich vor allem nach einem Ort, der ihm das Gefühl eines Zuhauses geben kann. Die Sehnsucht nach dem idealen Daheim wird umso größer, je kleiner die Chancen für dessen Realisierung werden. Es klingt paradox, doch auch Heimweh wird für bestimmte Zielgruppen ein wichtiges Motiv für die Ferienfreizeitgestaltung im Hotelgewerbe sein.

Ein Aspekt, der vielleicht ebenfalls das Fernweh nach Süden und Hitze in Zukunft etwas eindämmen wird, sind das erhöhte Körper- und Gesundheitsbewusstsein. So wird eine intensive Sonne vermutlich nicht mehr so grenzenlos angebetet werden, sondern ihre gesundheitsschädliche Wirkung stärker gewichtet. Auch werden Reiseziele, an denen z. B. hohe Ansteckungsrisiken herrschen, nicht mehr mit derselben Bedenkenlosigkeit aufgesucht wie noch im ausgehenden 20. Jahrhundert. Und schließlich werden auch die Gefahren des Terrorismus der Sehnsucht nach exotischen Ländern ein stückweit dämpfen.

Innerhalb einer beruflich hochmobilen Gesellschaft, in der immer mehr Menschen eher Heimweh als Fernweh entwickeln, ist ein weiterer nachhaltiger Trend in Sachen Partnersuche und Geselligkeit zu erwarten. In einer Zeit, in der sich die traditionelle Funktionsteilung von Familien zunehmend auflöst, ein hohes Maß an beruflicher Flexibilität und Mobilität verlangt wird und man immer offener und pragmatischer – denn selbst hier hat die Ökonomisierung Einzug in das gesellschaftliche Leben gehalten – mit dem Thema umgeht, wird insbesondere auch die Ferienhotellerie mit verschiedenen Konzepten darauf reagieren. Eine Single-Gesellschaft braucht eine andere Art von Erholung als die traditionellen Familienurlaube der Vergangenheit. Dies gilt gerade für Kurzurlaube bzw. Wochenendausflüge im Nahbereich. Hier wird weniger eine von anderen Gästen abgekapselte Erholung gesucht, als vielmehr gezielt ein Aufenthalt mit Möglichkeiten für neue Kontakte und Geselligkeit nachgefragt.

Auch hieraus lassen sich nun bestimmte Schlussfolgerungen für die Branche und die Herausforderung an den Hotelier der Zukunft ziehen. Wo Vielfalt herrscht, ist es für den Anbieter wichtig, ein klares Profil zu besitzen. So grenzt man sich von anderen Anbietern ab, reduziert damit ein Stück weit die direkte Konkurrenz und spricht eine besser definierbare Zielgruppe an. Steigende Vielfalt und wachsende Profilschärfe ziehen darüber hinaus die Notwendigkeit nach sich, mehr Marketing zu betreiben, um dann von der Zielgruppe überhaupt entdeckt zu werden. Auch im Hinblick auf seine Ferien ist der Mensch von Heute und Morgen geübt im Umgang mit Medien und Marketingbotschaften. Er wird mit Informationen überflutet und verhält sich ihnen gegenüber sehr kritisch. Da kann beispielsweise entscheidend sein, welcher Hotelvereinigung oder welchem Reservierungssystem man sich anschließt, um als adäquate Adresse überhaupt wahrgenommen zu werden. Zur besseren Orientierung wird auch die Bedeutung von Zertifizierungen wachsen.

All das erfordert neben dem Enthusiasmus für die Branche großes unternehmerisches Geschick sowie mitunter eine verstärkte Zuhilfenahme professioneller Beratung insbesondere in den Bereichen Marktforschung, Marketing und Public Relations – wie dies eben auch in anderen Branchen üblich ist. Wer heute vor der Entscheidung steht, sich als autonomer Hotelier zu versuchen, der sollte sich über die neuen und alten Herausforderungen gleichermaßen im Klaren sein. Wer sich ihnen gewachsen fühlt, für den stehen auch in Zukunft die Chancen auf einen unternehmerischen Erfolg gut.

Erfolgreiches Unternehmertum in der Hotellerie

Stephan Gerhard und Caroline Funke

1 Einführung

Viel ist in den letzten Jahren geredet und geschrieben worden über die Höhen und Tiefen der Hotelbranche, über Erfolg und Misserfolg, über große Visionen und kleine Ergebnisse. Besonders in den Jahren nach 2001, als zurückgehende Wirtschaftsdaten die Schwächen der deutschen Hotellerie schonungslos und schmerzhaft aufdeckten, wurde das schlechte Abschneiden der Branche nahezu unisono ausschließlich mit dem negativen Umfeld in Zusammenhang gebracht. Die erzielten Raten sind zu tief – Schuld ist das Überangebot. Insbesondere in Ostdeutschland gibt es viel zu viele Betten – die versprochenen „blühenden Landschaften" sind nicht entstanden. Die Servicequalität kann nicht mit internationalen Standards mithalten – wie auch, in Deutschland sind die Personalnebenkosten einfach zu hoch und gute Mitarbeiter deshalb teuer.

Dass im selben Zeitraum aber einzelne Privathotels und auch Ketten durchaus erfolgreich waren (die Formulierung „Erfolge feierten" wäre hier absolut unpassend – da zumindest in der Öffentlichkeit das Feiern von Erfolgen absolut tabu war, vergleichbar mit dem nur heimlich möglichen Bananen-Essen der Grünen-Politiker der frühen Jahre …), wurde entweder nicht öffentlich oder schien nicht besonders interessant.

Aber gerade in schwierigen Zeiten trennt sich, wie eine alte Bauernregel sagt, die Spreu vom Weizen. Oder, wie Treugast in ihrem Trendgutachten immer wieder bestätigte: Mittelmaß reicht nicht mehr für den Erfolg, aber die richtig Guten werden auch in der Krise reüssieren.

So stellt sich natürlich die Frage: Was ist „wirklich gut"? Was zeichnet ein erfolgreiches Unternehmen aus? Was haben die Erfolgreichen, das die anderen nicht haben? Schon 1982 haben sich die Beraterkollegen von McKinsey auf die Suche nach den Erfolgsfaktoren großer Unternehmen gemacht, herausgekommen ist damals das auch heute noch lesenswerte Buch „In Search of Excellence". Einige der Ergebnisse lassen sich natürlich auch auf die Hospitality-Industrie übertragen, aber in vielen Bereichen tickt die Hotellerie doch etwas anders als andere Branchen. Deshalb ist es ein durchaus interessantes Unterfangen, dem Erfolg in unserer Branche auf die Spur zu kommen, Besonderheiten und Eigenarten herauszufiltern und auch das ein oder andere Negativbeispiel auszugraben. Was alles macht erfolgreiches Unternehmertum in der Hotellerie im Wesentlichen aus? Und wie kann es zu Misserfolg kommen?

Wie immer steht am Anfang und im Mittelpunkt eine kleine Gruppe von Menschen oder ein Einzelner, ob nun in der Privathotellerie oder bei Ketten. Während diese Fokussierung auf die Person in der Privathotellerie eher als selbstverständlich erscheint, wird in Hotelketten oft ganz allgemein von Management-Know-how, von Strukturen und unpersönlichen Gebilden gesprochen. Es gibt aber übergreifende Voraussetzungen für den Erfolg, und einige davon sollen im Folgenden herausgearbeitet werden.

2 Unternehmertum in einer veränderten Hotellandschaft

2.1 Das Beherbergungsgewerbe in Deutschland

Entwicklung des Angebots in Deutschland

Die Hotellerie in Deutschland ist mittelständisch strukturiert. Mehr als 70 % der knapp 39.000 in der Umsatzsteuerstatistik enthaltenen Betriebe des klassischen Beherbergungsgewerbes[1] weisen regelmäßig einen Umsatz unter 250.000 € aus.[2] Von den über 11.000 Hotels aus der Umsatzsteuerstatistik war es knapp die Hälfte, die einen Jahresumsatz unter 250.000 € erwirtschaftete. Bei Betrachtung der Rechtsform zeigt sich, dass etwa 90 % aller Betriebe als Einzelunternehmen oder Personengesellschaften geführt werden. Die restlichen Betriebe werden als Kapitalgesellschaften geführt.

Zwischen 2003 und 2006 ging laut Beherbergungsstatistik[3] das Angebot an geöffneten Betrieben im Beherbergungsgewerbe[4] zurück: Waren es 2003 im gesamten Beherbergungsgewerbe noch 48.402 Betriebe, sank die Zahl bis 2006 um

---

1 Hotels, Hotels garnis, Gasthöfe und Pensionen
2 Cost & Logis, 2007, S. 3
3 Ein Vergleich der Daten zwischen der Umsatzsteuerstatistik und der Beherbergungsstatistik ist aufgrund der erheblichen methodischen Unterschiede problematisch. Als Hauptursachen für Abweichungen der beiden statistischen Auswertungen sind zu nennen:
   • Abgrenzung der Erhebungseinheiten (Unternehmen/Betriebe)
   • Abgrenzung des Berichtskreises (z. B. Abschneidegrenze, Stichprobe)
   • wirtschaftssystematische Zuordnung.
   Detaillierte Auskünfte erteilt das Statistische Bundesamt, Wiesbaden.
4 Hotels, Hotels garni, Pensionen, Gasthäuser, Jugendherbergen und Hütten, Erholungs-, Ferien- und Schulungsheime, Boardinghouses, Ferienzentren, Ferienhäuser, -wohnungen, Vorsorge- und Reha-Kliniken

1,7% auf 47.586. Im Gegensatz dazu blieb die Zahl der Hotels im selben Zeitraum jedoch nahezu konstant und betont die Vormachtstellung der Hotels.

Wird dagegen das Bettenangebot betrachtet, zeigt sich sowohl im gesamten Beherbergungsgewerbe als auch bei Hotels eine Zunahme. Trotz nahezu gleich bleibender Zahl der Betriebe, konnten vor allem die Hotels ihr Bettenangebot bis 2006 um 3,0% steigern und unterstreichen damit den Trend zu weniger, aber größeren Hotels. Hotels garnis, Gasthöfe und Pensionen verzeichneten hingegen ein sinkendes Bettenangebot.

Die durchschnittliche Auslastung der angebotenen Betten ist seit 2003 in allen Betrieben des Beherbergungsgewerbes gestiegen, wobei Hotels mit einem Zuwachs von 8,3% die höchste Steigerungsrate verzeichneten.

Entwicklung der Nachfrage in Deutschland

Zwischen 2003 und 2006 verzeichnete das Beherbergungsgewerbe sowohl bei den Gästeankünften (+17,8%) als auch bei den Übernachtungen (+11,5%) deutliche Zuwächse, die in den Betrieben der Hotellerie (Ankünfte +14,6%, Übernachtungen +9,8%) gesamt und bei den Hotels (Ankünfte +16,0%, Übernachtungen 13,3%) allein betrachtet weniger deutlich ausfielen. Auch ein Vergleich zwischen erstem Halbjahr 2006 und 2007 zeigt erneut Zuwächse. Die Unterschiede in den Zuwächsen zwischen Ankünften und Übernachtungen weisen darauf hin, dass die durchschnittliche Aufenthaltsdauer der Gäste in den letzten Jahren stetig abgenommen hat. Im Betrachtungszeitraum zwischen 2003 und 2006 ist sie insgesamt durchschnittlich um 5,0% zurückgegangen, in den Hotels jedoch konstant geblieben. Traditionell verzeichnen Hotels aber eine geringere Aufenthaltsdauer als das gesamte Beherbergungsgewerbe.

Das deutsche Beherbergungsgewerbe ist trotz der anhaltend steigenden Auslandsnachfrage nach wie vor stark vom Inlandsgeschäft abhängig: 2006 lag der Anteil deutscher Gäste an den Gesamtübernachtungen bei rund 85%. Das Wachstum bei den ausländischen Übernachtungen wirkt sich somit aufgrund des geringen Anteils von rund 15% nur in untergeordnetem Maße auf das Gesamtergebnis aus. Bei den Hotels ist der Anteil an Ausländern zwar höher (22,2%), doch können auch hier Zuwächse von 8,8% die starke Abhängigkeit von der Inlandsnachfrage nur bedingt ausgleichen.

2.2 Konzentrationsprozess

Der Oberbegriff „Markenhotellerie" bezeichnet laut Hotelverband Deutschland (IHA) und Deutschem Hotel- und Gaststättenverband (DEHOGA Bundesverband) Hotelgesellschaften und -gruppen, die folgende Voraussetzungen erfüllen:[5]

- sie verfügen über mindestens vier Hotels
- mindestens eines befindet sich in Deutschland
- die Hotelgesellschaften und -gruppen haben eine eigene Dachmarkenstrategie in Deutschland, die sich z. B. durch den Hotelnamen äußert

Zwar ist die Markenkonzentration in der Hotellerie in Deutschland noch deutlich geringer als in anderen Ländern, doch zeigt sich auch hier eine offensichtliche Zunahme. Gegenwärtig finden sich 121 Unternehmen (+3,5 % im Vergleich zum Vorjahreszeitraum) der Markenhotellerie mit 3.694 Häusern (+7,2 %) auf dem deutschen Markt.[6] Zwar befinden sich beide Werte auf historischem Höchststand, dennoch beträgt der Anteil der markengebundenen Hotels bislang nur knapp 28 %, allerdings mit steigender Tendenz.

Tabelle 1: Entwicklung der markengebundenen Hotels in Deutschland 1986–2006 (Quelle: Statistisches Bundesamt, IHA Hotelmarkt 2007)

	1986	1996	2006
Hotels	9.162	12.847	13.351
Hotels, die zu Gruppen oder Gesellschaften gehören	1.222	1.941	3.694
Anteil in %	13,34	15,11	27,67

Der Anteil von markengebundenen Zimmern ist jedoch deutlich höher. 2006 waren fast 65 % aller Zimmer einer Marke zugehörig.

Werden folgende Zahlen betrachtet, zeigt sich aber, wie klein strukturiert die Hotelbranche in Deutschland noch ist: Im Jahr 2006 erwirtschafteten die 200 umsatzstärksten Hotelbetriebe insgesamt 2,91 Mrd. €. Zwar entspricht dies einer Steigerung von 9,6 % gegenüber dem Vorjahr, dennoch sind es nur knapp 13 % des Umsatzes, den der umsatzstärkste Konzern Deutschlands, DaimlerChrysler, 2006

---

5 IHA Hotelmarkt 2007, S. 78
6 IHA Hotelmarkt 2007, S. 78

allein erwirtschaftete (Umsatz in Deutschland: 22,2 Mrd. €; Umsatz weltweit: 151,6 Mrd. €). Wird die gesamte Branche betrachtet (Basis: rund 11.000 Voll-hotels), erwirtschaften die 200 umsatzstärksten Hotels rund ein Drittel des Ge-samtumsatzes der Branche.

Tabelle 2: Top-Ten-Hotelgesellschaften und Kooperationen der Markenhotellerie in Deutschland, 2006 (Quelle: Treugast Investment Ranking Hotellerie 2007; IHA Hotelmarkt 2007; Hotellerie in Zahlen 2006; Auskunft der Gesellschaften)

	Betriebe	Gästezimmer
Hotels	13.351	538.480[1]
davon Markenhotels	3.694	346.689
die 10 größten Ketten[2]		
Accor Hotellerie Deutschland	323	48.945
Best Western Hotels Deutschland GmbH	158	15.255
Hilton International[3]	15	5.212
Hospitality Alliance	56	8.432
Intercontinental Hotels Group	64	13.616
Marriott International, Inc	39	8.963
Maritim Hotelgesellschaft mbH	37	12.500
NH Hoteles Deutschland GmbH	54	9.055
Starwood Hotels & Resorts Worldwide[2]	24	6.321
Steigenberger Hotels AG	68	13.960
Summe (Top Ten)	838	142.259
in% von Hotels in Deutschland	6,3%	26,4%
in% von Markenhotels in Deutschland	22,7%	41,0%
[1] Stand 31.07.2006, [2] nach Umsatz 2005, [3] Stand: 31.12.2005		

2.3 Internationalisierung der deutschen Hotellerie

Internationalisierung der Hotelketten

Im internationalen Vergleich zählen die deutschen Hotelgesellschaften zu den kleineren Playern. Unter den Top-Ten-Hotelgruppen weltweit ist laut MKG Consulting keine deutsche Gesellschaft zu finden. Angesichts stagnierender Zimmerpreise und zunehmender Sättigung auf dem Hotelmarkt wirkt es oft unverständlich, dass immer mehr international tätige Hotelgesellschaften versuchen, ihre Marken in Deutschland zu etablieren. Die deutsche Hotellerie leidet unter Überkapazitäten und Rabattschlachten, und vor allem die Luxushotellerie liefert sich einen harten Wettbewerb, insbesondere über den schon traditionell zu tiefen Preis.

Dennoch streben laufend neue Gesellschaften und Marken danach, in Deutschland Fuß zu fassen. Was u. a. von Rocco-Forte-Hotels eingeleitet wurde, setzt sich nun mit anderen internationalen Hotelketten fort – der deutsche Hotelmarkt scheint attraktiv wie nie. Dadurch wird der Wettkampf um Marktanteile weiter steigen. Mehr denn je müssen sich die bereits etablierten Gesellschaften profilieren und sich mit ihren Produkten von der Konkurrenz abheben, um langfristig wirtschaftlichen Erfolg und Qualitätsführerschaft sichern zu können.

Internationalisierung der Eigentümer

Derzeit sind in sechs wichtigen Städten (Berlin, Hamburg, München, Frankfurt am Main, Düsseldorf und Köln) mit insgesamt 55.000 Zimmern noch zwei Drittel der 4- und 5-Sterne-Hotels im Besitz deutscher Eigentümer.[7] Doch das Engagement internationaler Investoren nimmt zu. Unter den internationalen Eigentümern sind vor allem US-amerikanische Gesellschaften in Deutschland engagiert.

Auch der restliche Markt ist nach wie vor deutsch geprägt, wobei die Eigentümerstrukturen auch abseits der Großstädte zunehmend internationaler werden. Insbesondere Private-Equity-Firmen sind inzwischen verstärkt vertreten. Der größte Deal, den es je in der Hotelbranche gegeben hat, wurde Mitte 2007 bekannt: Der US-Finanzinvestor Blackstone übernahm das Hilton-Hotelimperium für 26 Milliarden Dollar (18,7 Milliarden €). Branchenexperten gehen davon aus, dass es sich dabei nur um die Spitze des Eisbergs handelt.

---

7 Cost & Logis, 2007

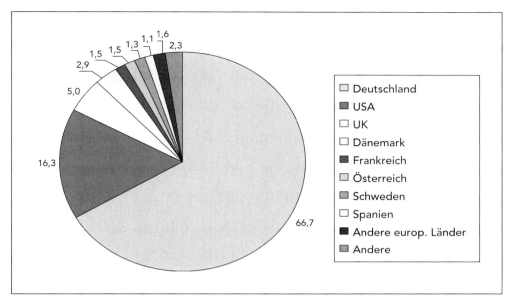

Abbildung 1: Eigentümerstrukturen in der deutschen Hotellerie nach Herkunfts-ländern (Quelle: Cost & Logis 2007, S. 51)

3 Erfolgsfaktoren für erfolgreiches Unternehmertum

Das Primat des Marketings

Grundlage jeglichen Erfolgs in der Dienstleistungsbranche Hotellerie ist sicherlich die konsequente Ausrichtung aller Maßnahmen auf den Gast bzw. Kunden. Seine Wünsche, Vorstellungen und Anforderungen sind es, die vom Unternehmen erfüllt werden müssen. Dies ist zwar nun wirklich keine Neuigkeit mehr; umso erstaunlicher ist daher, dass es bis heute einer Vielzahl von Betrieben nicht gelungen ist, diese Grundregel einzuhalten. Das aber liegt nach wie vor oftmals an einer eher technokratischen oder verwaltungsorientierten Einstellung der Unternehmensführer.

Ebenso fatal ist es, wenn die Wünsche *aller* Gäste erfüllt werden sollen, was faktisch unmöglich ist und jegliche Profilierung zunichte macht. Dennoch setzt sich

„Zielgruppenmarketing" nur langsam in der Branche durch, zu langsam, wie man manchmal den Eindruck hat.

Visionen und Innovationen

In einem wettbewerbsintensiven, dynamischen Markt wie der Hotellerie haben nur diejenigen eine Quasi-Erfolgsgarantie, die dem Gast nicht nur Mainstream-Produkte anbieten, sondern echte Innovationen sind, sogenannte First Mover. So war es mit den Suite-Hotels von Accor, mit den Lifestyle-Budget-Hotels von Motel One und den Arosa-Resorts von Arkona. Viele dieser Innovationen basieren auf den Visionen der Unternehmensleiter, ohne die der Anstoß für die Entwicklung neuer Produkte nie gegeben worden wäre.

Aber hier liegt auch eine Gefahr: Visionen basieren ab und zu auf falschen Basisdaten, sind zu speziell oder ganz einfach zu früh für den Markt. So scheiterten die Cosmopolitan Hotels vor noch nicht einmal 20 Jahren mit der Idee einer Golfhotel-Kette, Jürgen Bartels mit seiner Idee der Lifestyle-Luxushotels oder auch der Erfinder der Autobahn-Stundenhotels.

„Alte Tugenden"

Es gibt nur wenige erfolgreiche Unternehmensleiter, die sie nicht haben oder nicht für den Erfolg benötigt hatten: die „alten Tugenden". Zielstrebigkeit ist eine davon, Kontinuität eine andere, Verlässlichkeit eine ganz wichtige. Daneben gibt es noch einen Faktor, der „harte Arbeit" heißt. Denn Erfolg ist definitiv kein Mitnahmeartikel – was leider oftmals in Vergessenheit geraten ist.

Nicht zu vergessen ist das Thema „Maß halten": Selbstüberschätzung, ungezügelter Expansionsdrang und falscher Einsatz von begrenzten finanziellen und anderen Ressourcen dürften die Hauptgründe für viele Misserfolge in der Hotellerie gewesen sein, insbesondere in den Boomjahren nach der Wende.

Handwerkliche Fähigkeiten

Auch wenn die Hotellerie kein Handwerk ist, entscheiden die sogenannten „handwerklichen Fähigkeiten" oftmals über Erfolg oder Misserfolg des Unternehmens. Service, F&B, Sales oder Kostenmanagement – wer weiß, wie ein Hotel wirklich tickt, hat sicherlich einen entscheidenden Vorteil. Nicht ohne Grund kommen auch heute noch viele der Unternehmensleiter in der Kettenhotellerie aus der betrieblichen Praxis, ganz zu schweigen von den Privathotels. Natürlich bestätigen auch hier die Ausnahmen die Regel, was den Wert der Regel aber keinesfalls mindert.

Das Streben nach Qualität

Wenn es Einigkeit über einen der wesentlichsten Erfolgsfaktoren für Unternehmen gibt, dann über die Qualität. Ob nun Dienstleistungsqualität, Führungsqualität oder Produktqualität – ohne kontinuierliche Qualität geht in der Hotellerie auf Dauer gar nichts. Insbesondere Dienstleistungsqualität (neben anderen gelten hier Ritz Carlton, Rocco Forte und auch 25hours als Benchmark) ist ein entscheidendes Kriterium für die Wahl des Hotels bzw. der Marke – und damit für den Erfolg.

Eine gewisse Zeit kann sie sogar grobe Mängel in der Hardware-Qualität kompensieren. Aber irgendwann muss auch diese wieder „auf den Stand der Dinge" gebracht werden, um erfolgreich zu bleiben. So ist zum Beispiel das Wieder-Aufblühen von Steigenberger eng verbunden mit der (in einzelnen Hotels eigentlich schon überfälligen) Entscheidung vor wenigen Jahren, wieder Geld auch in die gepachteten Hotels zu stecken.

Human Resources

Erfolgreiche Unternehmen bzw. Unternehmensleiter müssen in der Lage sein, ihr Personal (das Wort kommt von Personen und ist damit zu Unrecht negativ besetzt) mitzunehmen auf die Reise zum Ziel „Erfolg". Denn gerade im Dienstleistungsunternehmen „Hotel" geht sicherlich nichts ohne motivierte, loyale Mitarbeiter, die Freude an ihrer Tätigkeit haben, unabhängig von der hierarchischen Ebene.

Im Folgenden werden nun einige Beispiele aus der Praxis vorgestellt. Dabei soll sich die Darstellung jedoch nicht nur auf erfolgreiche Hotelketten beschränken, sondern auch aufzeigen, welche Faktoren dazu geführt haben, dass einige Hotels und Ketten in den letzten Jahren scheiterten.

4 Beispiele aus der Praxis

4.1 Senator Hotelgesellschaft

Die Senator Hotelgesellschaft mbH wurde 1987 gegründet und trat mit großen Zielen an. Noch 1995 wurde angekündigt, bis zum Jahresende 30 Hotels in Deutschland, davon zehn in den neuen Bundesländern, unter der Marke „Holiday Inn" zu betreiben und damit zum größten europäischen Franchisenehmer der amerikanischen Gruppe zu werden.[8] Die jährliche Eröffnung von zehn Häusern war das erklärte Ziel der Gesellschaft. Betrug der Umsatz 1994 noch 68 Mio. DM, sollte dieser 1995 bereits jenseits der 100-Mio.-DM-Marke liegen, auch die Umwandlung in eine AG und der Börsengang waren im Gespräch. Der Umsatz 1995 betrug jedoch nur 90 Mio. DM und keine von den neun für das Jahr geplanten Eröffnungen konnte realisiert werden.[9]

Dies verdeutlicht die Schwierigkeiten, die die Hotelgruppe bereits zu diesem Zeitpunkt hatte. Statt der Konsolidierung der bestehenden Betriebe setzte die Gesellschaft stets auf Expansion und verpflichtete sich zu diesem Zwecke zu teilweise deutlich überhöhten Pachten. Meldungen darüber, dass die ungezügelte Expansionslust die Gesellschaft zum Schwanken bringe und Gerüchte von nicht gezahlten Lieferanten- und Handwerkerrechnungen machten die Runde. Ebenfalls „öffentlich" wurden Pachtzahlungen und Franchise-Fees durch die Gläubiger angemahnt, und eine Reihe Investoren löste die Pachtverträge auf, sodass sich die Hotelgruppe 1996 von sieben der damals 25 Häuser trennen musste. In allen Fällen waren ausstehende Pachtzahlungen der Grund.

Dazu kamen Auseinandersetzungen mit der Best-Western-Gruppe, die zu einer Trennung am 1. Januar 1996 führten. Vier Kündigungen kamen vonseiten der Senator-Gruppe, drei Verträge wurden durch Best Western gekündigt. Sechs Häuser wurden 1996 von der Münchner Astron-Gruppe übernommen. Ende 1998 wurde die Senator Hotelgesellschaft mbH infolge der Ablehnung der Gesamtvollstreckungseröffnung mangels Masse aufgelöst.

---

8 o. A., 1995
9 o. A., 1996

4.2 Treff Hotels AG

1997 war das Jahr der Konsolidierung für die Treff Hotels AG aus Bad Arolsen. Insbesondere die problematische Entwicklung der Betriebe in Ostdeutschland führte zu einem unbefriedigenden Bilanzergebnis. Grund dafür war eine unzureichende Auslastung in diesen Betrieben, die von 60 % in Oberhof bis hin zu 30 % in Magdeburg reichte.[10] Neben strukturellen Problemen wurden vor allem von kommunaler Seite zugesicherte, aber ausgebliebene Infrastrukturmaßnahmen als Grund für die schlechte Performance genannt. Damit konnte der Umsatz 1997 nicht an das Vorjahresergebnis anknüpfen und sank um 3,5 % auf 456,1 Mio. DM (233,2 Mio. €). Dabei standen einem Umsatzplus von 2,3 % auf 396,6 Mio. DM (202,8 Mio. €) im Bereich Logis und Gastronomie ein Minus von fast einem Drittel im Geschäftsbereich Dienstleistung und Entwicklung gegenüber, in welchem nur 59,5 Mio. DM (30,4 Mio. €) verzeichnet wurden.

1998 war ein Anschluss an eine internationale Hotelgesellschaft noch nicht geplant. Es mussten jedoch drei Betreiberverträge abgegeben werden.[11] Dazu kündigte die zur Warsteiner Brauerei gehörende Haus Cramer Immobilien Service GmbH für drei ihrer Immobilien den Betreibervertrag, da die Erwartungen nicht erfüllt wurden. Es handelte sich dabei um die Hotels „Dorf Münsterland" in Legden, das „Residenzschloss" in Bamberg und die „Lippe Residenz" in Lippstadt. Die Hotels in Bamberg und Lippstadt blieben durch Kooperationsverträge an Treff Hotels gebunden. Die damals noch sehr jungen Welcome Hotels übernahmen die Betreiberverträge. Im selben Zeitraum wurden auch Gerüchte bekannt, dass die Ludwigshafener Page-Gruppe, die damals sechs Hotels unter der Treff-Marke betrieb, die Gruppe verlassen wolle. Gerüchte um finanzielle Schwierigkeiten, die aus einem Rechtsstreit in Magdeburg mit dem Eigentümer, einem Immobilienfonds der Kölner Gesellschaft Atrium, um Pachtkonditionen entstanden waren, machten ebenfalls die Runde. Auch bei weiteren Treff Hotels soll es in dieser Zeit zu Unregelmäßigkeiten bei den Pachtzahlungen gekommen sein.

1999 wurde die Aktiengesellschaft umstrukturiert und fungierte ab diesem Zeitpunkt als Dachgesellschaft mit operativem Zugriff auf die Hotels. Im selben Jahr betonte der Treff-Gründer Helmut Fitz noch, dass es zwar Probleme in den neuen Bundesländern gebe, diese sich jedoch nicht auf die Gesamtgruppe erstrecken

---

10 Peymani, B., 1998
11 o. A., 1998

würden. Damit widersprach er Gerüchten von finanziellen Schwierigkeiten, die aus den Rechtsstreitigkeiten um Pachtzahlungen entstanden waren. Die oben genannten Zahlen aus dem Geschäftsjahr 1997 zeigten jedoch, dass Fitz' Aussagen zu positiv waren: Neben Umsatzrückgängen vor allem im Bereich Development und Services sank auch die Auslastung der 74 Hotels (35 Eigentum, 30 Pacht, drei im Management, sechs Partnerhotels) von 60,0 % auf 58,0 %.

1999 musste Fitz eine eidesstattliche Versicherung ablegen und zog sich sukzessive aus dem operativen Tagesgeschäft zurück, stand und steht der Hotelkette heute noch als Berater zur Verfügung.

Im Jahr 2000 wurde eine Vereinbarung mit der US-Marke Ramada International über ein Co-Branding getroffen.[12] Es war geplant, die rund 80 Treff Hotels und Resorts in Ramada-Treff Hotels umzuwandeln. Damit wurden die Treff Hotels zum größten Franchisepartner von Ramada International.

Schon 1999 übernahm unter anderem Fitz' Sohn Alexander einen Teil der Geschäftsführungsaufgaben. Inzwischen führt er die Hospitality Alliance AG sehr erfolgreich, kämpft aber auch mit den Folgen der Bauwut seines Vaters. 2006 stand er neben diesem im Fokus eines Ermittlungsverfahrens der Thüringer Staatsanwaltschaft, bei dem es um den Vorwurf des Subventionsbetrugs beim Bau des Ramada Hotels Friedrichroda ging. Dieser Vorwurf ging schon deutlich früher als anonyme Anzeige bei der Staatsanwaltschaft in Bochum ein und landete schließlich bei der Staatsanwaltschaft Mühlhausen. Im März 2006 sicherten die Ermittler des LKA Thüringen bei Bürodurchsuchungen in Bad Arolsen, Friedrichroda, Korbach, Waltershausen, Weimar und Berkheim diverse Unterlagen. Ein ordentliches Ermittlungsverfahren wurde eingeleitet, und die Behörden prüften die Verwendung der einst gezahlten Zuschüsse zum Hotelbau mit einer Größenordnung von 15 Mio. €.

4.3   Four Seasons

Die kanadische Hotelgruppe wurde 1960 von Chairman und CEO Isadore Sharp als Antwort auf die steigende Reisetätigkeit von Business-Travellern gegründet. Schon damals wurde der Fokus auf eine hohe Servicequalität gelegt, und Four Seasons gehörte zu den ersten, die u. a. professionellen Concierge-Service und

---

12 Heyer, A., 2000

24-Stunden-Room-Service anboten. Eine neue Definition von „Luxus als Service" war die Grundlage der strategischen Ausrichtung und führte zu einer weltweiten Expansion der Gruppe.

Das erste Hotel in Deutschland wurde 1996 in Berlin eröffnet, weitere Hotels in Frankfurt am Main und München sollten folgen, und obwohl das renommierte Hotel am Berliner Gendarmenmarkt acht Jahre lang zu den Vorzeigebetrieben der Hauptstadt gehörte, scheiterte Four Seasons vor allem an den Gegebenheiten, die auf dem schwierigen Berliner Hotelmarkt herrschten.

Das Scheitern der kanadischen Hotelgesellschaft Four Seasons in Berlin gilt als typisches Beispiel für die hohe Bedeutung des Standorts eines Hotels. Der Hauptgrund für den wirtschaftlichen Misserfolg war vor allem in den Gegebenheiten des Berliner Hotelmarkts zu sehen. Insbesondere die Überkapazitäten im 5-Sterne-Segment führten und führen dazu, dass die Hotels keine auskömmlichen Preise generieren können. Durch diverse Eröffnungen stiegen die Kapazitäten in allen Segmenten deutlich an. Waren es 1990 nach der Wende noch 29.000 Betten, stieg das Angebot in den folgenden 13 Jahren auf 70.000 Betten, ein Jahr später sogar auf 75.000 Betten. Mit dem weiteren Kapazitätsausbau zur Fußball-WM gibt es inzwischen deutlich über 80.000 Betten. Daneben führte bei Four Seasons insbesondere die im Vergleich zu den Mitbewerbern mangelnde Ausstattung im Tagungs- und Veranstaltungsbereich dazu, dass das Unternehmen das Ziel „Preisführerschaft" nicht erreichte.

Während seines Betriebs galt das Hotel als Lieblingsquartier der Hollywood-Stars und wurde noch kurz vor der Schließung vom US-Hotelführer „Zagat Survey" zum besten Hotel in Deutschland ernannt.[13] Es lag also keinesfalls an der Qualität des Hauses, dass das Hotel im Sommer 2004 abgegeben wurde bzw. werden musste.

Trotz guter operativer Performance konnte die Pacht (5,5 Mio. € für 2004) nicht erwirtschaftet werden. Der Vertrag stammte noch aus den 1990ern, einer Zeit nach der Wende, in der alle Hoffnungen auf die Anziehungskraft der Hauptstadt gesetzt wurden und die Pachten vereinbart wurden, die die Immobilienfonds verlangten. Doch durch das Fehlen von Pool, Ballsaal oder Tagungsräumen konnten wichtige Zielgruppen wie Tagungs-, Luxus- und Gruppenreisende nicht bedient werden.

---

13 Matthies, B., 2004

Die Immobilie an sich gehört einem geschlossenen Immobilienfonds, der HGA Dritte Berlin-Mitte Hofgarten GmbH & Co KG, an der etwa 1.140 private Anleger beteiligt sind, die 2000 über 100 Mio. €, davon 60,6 Mio. als Eigenkapital und 39,6 Mio. € aus einem Darlehen, in das Hotel steckten. Der Prospekt, mit dem Fondsanleger angeworben wurden, prospektierte eine jährliche Ausschüttung von 4,0 bis 6,25 %. Doch mit dem Hotel wurde offenbar kein Geld verdient. Im Oktober 2002 wurden erste Gespräche über die Zusammenarbeit und finanzielle Anpassungen zwischen dem Besitzer HGA Capital (HGA Dritte Berlin-Mitte Hofgarten GmbH & Co KG) und der Betreibergesellschaft geführt. Selbst mit Stundungen der vereinbarten Pacht und Zahlungen von Mietgarantien durch die Muttergesellschaft in Toronto im zweistelligen Millionenbereich war das Haus nicht mehr zu retten. Im Herbst 2004 musste die Gesellschaft wegen Mietschulden in Millionenhöhe das renommierte Haus am Gendarmenmarkt schließen.

Radisson SAS stieg zu günstigeren Konditionen in den Pachtvertrag ein und betreibt das Hotel unter der Marke Regent. Eine außerordentliche Gesellschafterversammlung des Fonds stimmte dem damals angestrebten Betreiberwechsel für die Hotelimmobilie mit klarer Mehrheit (92,0 %) zu. Der neue Betreiber kündigte im Zuge der Übernahme Investitionen im Umfang von 2,5 Mio. € an.[14] Der Pachtvertrag mit Rezidor hat eine Laufzeit von 20 Jahren, die weiteren Eckdaten tragen dem Verdrängungswettbewerb in Berlin Rechnung: Vorgesehen war eine umsatzabhängige Pacht (17,5 bis 21,5 %), die durch eine garantierte Mindestpacht (2,8 bis 3,5 Mio. € im Jahr) unterlegt wurde. Mit Four Seasons waren im Jahr 2000 noch 3,3 Mio., ansteigend auf 5,5 Mio. €, vereinbart worden. Als Sicherungsgeberin trat die Muttergesellschaft Rezidor SAS Hospitality bei, die mit 7,0 Mio. € Mietausfälle absichern sollte. Das Konkurrenzangebot von Hyatt wurde aus Gründen der Sicherheit abgelehnt – Hyatt hatte nur einen Managementvertrag angeboten, der den Anlegern weniger Sicherheit geboten hätte.

Der Fonds, der wegen ausbleibender Mietzahlungen von Four Seasons in Schwierigkeiten gekommen war, soll ab 2009 wieder ausschütten. Bis 2008 verzichten die Fonds-Initiatoren HGA Capital und HGA Management auf geplante Vergütungen in Höhe von rund 640.000 €, die Konzernmutter HSH Nordbank stimmte einer Tilgungsaussetzung bis 2006 zu.[15]

---

14 Bomke, B., 2004
15 o. A., 2004

4.4 Motel One AG

1987 wurde die Astron Holding GmbH gegründet. 1993 erfolgte die Umwandlung in die Astron Hotels und Resorts AG.[16] Als hundertprozentige Tochter wurde 1999 die Motel One GmbH mit dem Ziel gegründet, eine eigene Low-Budget-marke aufzubauen. Drei Jahre später erfolgte der Verkauf der Astron Hotels an die spanischen NH Hoteles, jedoch ohne Motel One. 2005 wurde die Astron Hotels & Resorts AG in die heutige Motel One AG umfirmiert.

Das erste Motel One Hotel wurde 2000 in Offenbach eröffnet. Im Gegensatz zu heute befanden sich die ersten Motel One Hotels noch in Peripherlagen mittelgroßer deutscher Städte. Inzwischen zielt die Gesellschaft auf innerstädtische Lagen vor allem an deutschen A-Standorten ab. Auch die Ausstattung der Zimmer wandelte sich deutlich. Hatten die Zimmer der ersten Generation noch den Touch eines Preiswert-Hotels mit einer funktionalen Basisausstattung, verkauft sich die Marke inzwischen unter dem Slogan „Viel Design für wenig Geld" und lässt die Zimmer von Philippe Starck entwerfen. Motel One konnte in den Anfangsjahren von allen Hotelgesellschaften in Deutschland mit am besten von der „Geiz ist geil"-Mentalität des frühen 21. Jahrhunderts profitieren.

Darüber hinaus ist die AG nach eigenen Angaben eine der bestkapitalisierten Hotelgesellschaften Deutschlands und ein professioneller Partner mit langjähriger hotelspezifischer Erfahrung.

Im Gegensatz zu anderen Konzernen wie der Steigenberger Hotel AG oder der französischen Accor-Gruppe, die sich im Rahmen ihrer Immobilienstrategie von ihren Häusern trennen und mit den neuen Eigentümern Betreiberverträge abschließen, investiert die Motel One AG vor allem in eigene Häuser. Dies erfolgt über die Motel One Real Estate GmbH. Von 13 Hotels Ende 2006 befand sich nur ein Haus nicht im Besitz der Gesellschaft. Ende 2007 waren es 19 Häuser, davon 15 Eigenbetriebe und vier Pachtbetriebe. Bei einer weiteren Expansion in Deutschland sind sowohl Kauf als auch Pacht von Immobilien vorgesehen.

Darüber hinaus will das Unternehmen auch international expandieren. In Wien wurden bereits drei Standorte fixiert, und verschiedene zentral- und osteuropäische Märkte werden ebenfalls als Chance gesehen, sodass bis 2010 etwa 5.000 neue

---

16 Motel One, 2007

Zimmer hinzukommen sollen. Dazu wurde mit der österreichischen Verkehrsbüro Group die gemeinsame Gesellschaft Motel One Central & East Europe GmbH gegründet. Um die europäische Expansionsstrategie zu stützen, übernahm der Finanzdienstleister Morgan Stanley mit dem Morgan Stanley Real Estate's Special Situations Fund III 35,0 % der Firmenanteile der Motel One Management GmbH, wobei das Engagement über eine finanzielle Beteiligung hinausgeht und das Immobilien-Know-how und das vorhandene Netzwerk von Morgan Stanley genutzt werden.

Der Erfolg von Motel One liegt in der ständigen Marktanpassung, die das Unternehmen zu einer der dynamischsten Hotelgesellschaften macht. Durch laufende Beobachtung der Zielgruppen wurde die Trendumkehr weg von „Geiz ist geil" in Richtung „Cheap and Chic" oder „Smart Basics" frühzeitig erkannt und die Expansions- und Entwicklungsstrategie des Unternehmens daran angepasst. Noch lange bevor sich der Elektroanbieter Saturn fünf Jahre nach dem Launch von „Geiz ist geil!" von einem der erfolgreichsten Claims der Werbegeschichte trennte und damit ein Ende der Geiz-Mentalität propagierte, setzte die Hotelgesellschaft den deutlichen Fokus auf Lifestyle und Design zum kleinen Preis und setzte damit neue Maßstäbe im Budgetsegment.

4.5 Radisson SAS

Radisson SAS Hotels & Resorts ist eine Hotelmarke, mit der international Hotels in der 4- und 5-Sterne-Kategorie betrieben werden. Sie gehört zur Rezidor Hotel Group mit Sitz in Brüssel. Unter der Marke Radisson SAS werden derzeit weltweit 200 Hotels (Stand Dezember 2007) betrieben.[17] Die Rezidor Hotel Group ist nach eigenen Angaben eine der am schnellsten wachsenden Hotelgesellschaften der Welt. Das Portfolio besteht derzeit aus 279 Hotels in 47 Ländern mit fast 55.000 Zimmern (Stand Dezember 2006)[18], die sich im Betrieb oder im Bau befinden. Neben Radisson SAS verwaltet Rezidor ausgewählte Carlson-Marken wie Park Inn, Regent und Country Inn in Europa, dem Nahen Osten sowie in Afrika.

Für Rezidor ist Radisson SAS die wichtigste Marke, auf welcher der Fokus des Unternehmens liegt. Das Spektrum der Radisson-Hotels reicht vom kleinen Boutique-Hotel bis zu Hotels, die sich inzwischen als Wahrzeichen der Stadt etabliert haben.

---

17 The Rezidor Hotel Group, 2006, S. 24
18 The Rezidor Hotel Group, 2006, S. 1

Sie haben eine durchschnittliche Größe von 202 Zimmern. Ab 2002 wurde eine neue Generation von Hotels eingeführt, die sich durch außergewöhnliche Architektur und Innenausstattung auszeichnet und damit den geänderten Gästeansprüchen besser entspricht. Einige der Hotels haben sich so inzwischen als „Destination in der Destination" etabliert. Nach Angaben des Unternehmens verfügen inzwischen mehr als 20 % der Hotels über den vorgegebenen Designcharakter und die etablierten Standards. 35 % der Hotels sollen in den nächsten zwei Jahren adaptiert werden, um die diesbezügliche Markenführerschaft zu sichern. Zu den direkten Konkurrenten gehören Hilton, Sheraton, Marriott und Sofitel. Um keinen Investitionsstau auflaufen zu lassen, legt Rezidor jährlich 5 % seines Umsatzes für diese Zwecke zurück.[19]

In Deutschland setzte insbesondere das 2005 eröffnete Radisson SAS Hotel Frankfurt am Main neue Maßstäbe in Sachen Design und Architektur und wurde zum Flaggschiff der Gruppe erklärt. Auch das Radisson SAS Media Harbour, Düsseldorf, und das Radisson SAS Hotel Rostock gehören zu der neuen Generation designorientierter Häuser, die mit einem Roomstyle-Konzept auf die geänderten Gästewünsche eingehen.

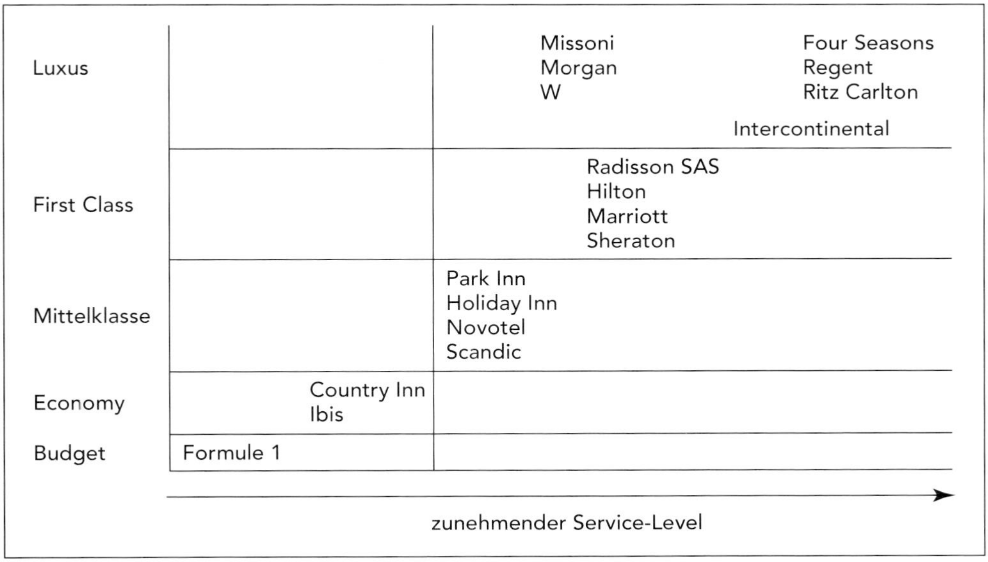

Luxus			Missoni Morgan W	Four Seasons Regent Ritz Carlton
				Intercontinental
First Class			Radisson SAS Hilton Marriott Sheraton	
Mittelklasse			Park Inn Holiday Inn Novotel Scandic	
Economy		Country Inn Ibis		
Budget	Formule 1			

zunehmender Service-Level

Abbildung 2: Servicequalität von Radisson SAS im Vergleich mit ausgewählten Marken (Quelle: www.rezidor.com)

---

19 Pütz-Willems, 2006

Neben den außergewöhnlichen Designansprüchen wird besonders auf die Service-qualität wert gelegt. Besonderheit von Radisson sind die „100 % Guest Satisfaction Guarantee" und die „Yes I Can!"-Servicementalität. In der Kombination aus Serviceorientierung und der style-orientierten Hotelhardware wird die Grundlage für die Marktführerschaft im bedienten Segment gesehen.

4.6 Steigenberger Hotels & Resorts

Steigenberger gehört zu den größten Hotelbetreibern in Deutschland. Den Grund-stein legte Albert Steigenberger schon 1930 mit der Übernahme des Europäischen Hofs in Baden-Baden. 1985 erfolgte die Umwandlung in eine Aktiengesellschaft, an der die Familie bis heute einen Anteil von 99,6 % hält. Obwohl die Steigenberger-Gruppe zu den ältesten Hotelgesellschaften zählt, war der wirtschaftliche Erfolg nicht immer leicht zu erreichen. Es wurden immer wieder Übernahmegerüchte laut, und verlustreiche Tochtergesellschaften oder Hotels mussten abgegeben werden.

Seit 2004 firmiert das Unternehmen als Steigenberger Hotel Group. Im gleichen Jahr wurden auch die beiden Marken Esprix und Maxx endgültig aufgegeben. Da-mit wurden sechs Esprix-Hotels bei InterCity eingegliedert und die damals beste-henden Maxx-Hotels in das Portfolio der Steigenberger Hotels & Resorts aufge-nommen. Seitdem sind die 4- und 5-Sterne-Häuser als Steigenberger Hotels & Resorts und die 3-Sterne Häuser als InterCityHotels auf dem Markt. Grund für die Umwandlung in eine Zweimarkenstrategie war die Tatsache, dass sowohl Esprix als auch Maxx in der Öffentlichkeit nicht als eigenständige Marken etabliert werden konnten und sich damit gegenüber der Konkurrenz nicht behaupten konnten. Zu-gleich wurde die Konzernstruktur neu organisiert. Unter dem Dach der Konzern-zentrale wurden drei neue Geschäftsbereiche geschaffen: Die Stadt-, Ferien- und In-terCity-Hotels, denen die Dienstleistungen Gastronomie, Produktmarketing und Verkauf zugeordnet wurden.

Inzwischen entwickelt sich Steigenberger zunehmend weg von einem Betreiber der Immobilien der Familie Steigenberger in Richtung eines Hotelkonzerns mit ei-ner stringenten Strategie. So konnte 2006 aufgrund der guten Geschäftsentwick-lung und einer konsequenten Steuerung der Investitionsmaßnahmen die Brutto-kreditverschuldung von 12,0 Mio. € auf 7,7 Mio. € reduziert werden. Ende 2006 wies der Konzern keine Bankdarlehen aus. Die verbleibende Verschuldung ist ein

Darlehen des Hauptgesellschafters mit einer Laufzeit bis Ende 2008. Darüber hinaus gewähren die Gesellschafter eine Betriebsmittellinie in Höhe von 15 Mio. €. Diese läuft ebenfalls bis Ende 2008, wurde zum Bilanzstichtag jedoch nicht in Anspruch genommen. 2006 war insgesamt eines der erfolgreichsten Jahre in der Konzerngeschichte.

Durch die Einführung der Zweimarkenstrategie sowie die Neuorganisation der Konzernstruktur kann sich Steigenberger auf das Kerngeschäft, die Hotellerie, konzentrieren. Mit dem „Investitionsprogramm 2005–2008" mit einem Volumen von 150 Mio. € werden zahlreiche Hotels renoviert und damit an die Markterfordernisse angepasst.

Die Orientierung am Markt und an den Gästebedürfnissen scheint bei Steigenberger ohnehin einen sehr hohen Stellenwert zu haben: Für das 2007 eingeführte neue Konzept in den Ferienhotels, welches einen gleichen Standard für alle Hotels gewähren soll, wurden die Mitbewerber genau analysiert und zudem umfangreiche Gästebefragungen durchgeführt. Dies machte eine Neupositionierung verschiedener Häuser notwendig und führte dazu, dass das Kurhaus Hotel Bad Orb und das Stammhaus der Gesellschaft, der Europäische Hof in Baden-Baden, abgegeben wurden. Daneben wurden verschiedene Dienstleistungen wie beispielsweise der Ferien-Concierge oder verlängerte Frühstückszeiten eingeführt bzw. verbessert.

Gerade in Zeiten, in denen viele internationale Hotelgesellschaften ständig neue Marken entwickeln, ist der Weg, den Steigenberger eingeschlagen hat, eher ungewöhnlich. Doch es zeigt sich, dass insbesondere die Trennung von zu wenig etablierten Marken sowie eine Rückbesinnung auf das Kerngeschäft Hotellerie von großem Erfolg getragen ist. Zusätzlich wird mit dem neuen Ferienhotelkonzept die Wettbewerbsfähigkeit der Ferienhotels gestärkt. Gerade weil es sich bei der Ferienhotellerie in Deutschland um ein wenig krisenanfälliges Segment handelt, wird damit eine gesunde Basis für erfolgreiches Unternehmertum in der Hotellerie geschaffen.

Für Überraschung sorgte im Dezember 2007 die Meldung, dass der ehemalige Accor-Deutschland-Chef als neuer Vorstandsvorsitzender von Steigenberger eingesetzt wurde. Ziel dieser Besetzung sei eine Stärkung des Vorstands und die Nutzung von Witschis fundierten Erfahrungen im Auf- und Ausbau verschiedener Marken in diversen Ländern und Segmenten sowie seiner Fähigkeit, Expansionsstrategien zu entwickeln und umfangreiche Investitionen zu begleiten.

Tabelle 3: Performance der Steigenberger Hotel Group, 2004–2006 (Quelle: Steigenberger Hotel Group, http://www.steigenbergerhotelgroup.com/)

	2006	2005	2004
Umsatz (Mio. €)	475,4	429,8	425,0
Mitarbeiteranzahl	5.580	5.122	5.086
Anzahl Hotels	82	76	77
Anzahl Hotelzimmer	13.960	12.850	12.961
Anzahl vermieteter Zimmer	3.054.200	2.931.201	2.897.862
Belegungsquote in %	63,7	62,3	61,0

5   Fazit

Die Erfolgsformel für Unternehmertum in der Hotellerie auf einen gemeinsamen Nenner zu bringen, ist quasi unmöglich – zu viele Faktoren aus den unterschiedlichsten Unternehmensbereichen sind zu beachten. Da ist zum einen der Gesamtmarkt, der in schlechteren Zeiten schon dazu geführt hat, dass an sich erfolgreiche Hotels ihre Türen schließen mussten.

Darüber hinaus zeigten die Beispiele Treff und Senator Hotels die hohe Bedeutung der „alten Tugenden" – beide Unternehmen traten mit großen Zielen an, doch die visionären Strategien ließen sich nicht mit der Realität vereinbaren, sei es durch ungezügelte Expansion oder durch ein Scheitern in den neuen Bundesländern. Ganz anders präsentiert sich der Fall Motel One: Mit einer visionären Idee wurde ein ganzes Marktsegment „aufgemischt". Im Gegensatz zu anderen Unternehmen basierte die Umsetzung jedoch auf einer gesunden Kapitalstruktur und fundierten betriebswirtschaftlichen Kenntnissen, sodass es die Gesellschaft in nur wenigen Jahren schaffte, sich als Benchmark innerhalb der Branche zu etablieren.

Der Erfolgsfaktor Qualitätsorientierung konnte am Beispiel Radisson SAS vorzüglich dargestellt werden. Schon früh erkannte die Muttergesellschaft die hohe Bedeutung einer zielgruppenorientierten Ansprache mit hoher Servicequalität und gilt damit als Marktführer im bedienten Segment. Steigenberger hatte in seiner langjährigen Geschichte nicht nur leichte Zeiten. Mit schlecht positionierten Marken konnten die Zielgruppen nicht erreicht werden. Mit der Eingliederung dieser Marken in die bestehenden Steigenberger-Produkte, der Umstrukturierung der Konzernstruktur und handwerklich versierten Mitarbeitern in den richtigen Positionen, konnte 2006 eines der erfolgreichsten Jahre in der Geschichte des Konzerns verzeichnet werden.

Eines ist all diesen Beispielen gemeinsam: Erfolgreiches Unternehmertum bedeutet harte Arbeit. Die Beachtung der genannten Erfolgsfaktoren führt nicht zwangsweise zu Erfolg, bei einer Missachtung wird sich der Misserfolg aber in jedem Fall einstellen.

Literatur

Bomke, Bernhard: Rezidor übernimmt Berliner Four-Seasons-Hotel und investiert 2,5 Mio. EUR; in: IZ Aktuell vom 30.09.2004, verfügbar von: http://www.wiso-net.de/webcgi?START=A60&DOKV_DB=ZGEN&DOKV_NO=IZAK11908&DOKV_HS=0&PP=1, Abfragedatum: 02.07.2007.

Cost & Logis: Check up 2007, Hamburg 2007.

Heyer, Angelika: Ramada/Treff; in: NGZ – Der Hotelier Nr. 11 vom 31.10.2000, S. 8.

Höfels, Thomas et al: Hotels; in: Heuer, Bernd; Schiller, Andreas: Spezialimmobilien, Verlagsgesellschaft Rudolf Müller, Köln 1998.

Horrmann, Heinz: Four Seasons geht und Regent kommt; in: Top Hotel vom 01.09.2004, verfügbar von www.tophotel.de, Abfragedatum: 02.07.2007.

Hotelverband Deutschland (IHA) e. V.: Hotelmarkt Deutschland 2007, Berlin 2007.

Jakob, Robert: Branchen- und Erfolgsfaktorenanalyse der Hotelketten in Österreich, Deutschland und der Schweiz, Wien 2001.

Matthies, Bernd: Four Seasons geht, das Regent kommt; in: Tagesspiegel Online vom 05.08.2004; verfügbar von: http://www.tagesspiegel.de, Abfragedatum: 02.07.2007.

o. A.: Senator Hotel-GmbH/Umwandlung in AG. Späterer Börsengang geplant; in: Handelsblatt vom 20.04.1995, S. 23.

o. A.: Joint Venture mit Carlson; in: Neue Gastronomische Zeitschrift Nr. 3 vom 01.03.1996, S. 6.

o. A.: Treff Hotels; in: Neue Gastronomische Zeitschrift Nr. 4 vom 01.04.1998, S. 12.

o. A.: HGA-Hotelfonds tauscht Betreiber aus; in: Immobilien Zeitung Nr. 17/2004 vom 19.08.2004, verfügbar von: http://www.wiso-net.de/webcgi?START=A60& DOKV_DB=ZGEN&DOKV_NO=IMMO080419006&DOKV_HS=0&PP=1, Abfragedatum: 02.07.2007.

Peymani, Bijan: Treff Hotels begegnen Standortkrise in Ostdeutschland mit überarbeitetem Konzept – Zügel für Investoren werden straffer; in: fvw – Das Magazin für Tourismus und Business Travel Nr. 9 vom 03.04.1998, S. 82.

Pütz-Willems, Maria: Von A wie Asien bis Q wie Qualität; in Hospitality Inside vom 03.03.2006, verfügbar von: www.hospitalityinside.com, Abfragedatum: 13.07.2007.

Steigenberger Hotel Group: Daten und Fakten, verfügbar von: http://www.steigenbergerhotelgroup.com/, Abfragedatum: 21.01.2007.

The Rezidor Hotel Group: Corporate Presentation 2006, verfügbar von: www.rezidor.com, Abfragedatum: 13.07.2007.

Normatives Management: Führung und Organisation

Führung, gelebte Wertesysteme und innere Orientierung als Erfolgsfaktoren von Hotelunternehmen

Frank Marrenbach

1   Einführung

Als mich Professor Gardini Anfang 2007 fragte, ob ich einen Beitrag zum Thema „Führung" schreiben könnte, willigte ich gerne ein. Zum einen, weil es einer der Schwerpunkte meiner eigenen Tätigkeit ist, und zum anderen bin ich zutiefst überzeugt, dass die erfolgreichsten Hotels sich in diesem Bereich von den durchschnittlichen Beherbergungsbetrieben deutlich unterscheiden. Kaum hatte ich begonnen, mir Gedanken zu Struktur und Inhalt des Beitrags zu machen, stellte sich mir die erste Frage: „Was machen Führungspersönlichkeiten eigentlich? Was machst Du selber, und was beobachtest Du an Führungskräften in Deiner Umgebung? Was treibt Dich an, und was leitet Dich bei schwierigen Entscheidungen?" So ergab sich folgende Struktur:

1. Was macht eine gute Führungspersönlichkeit aus?
2. Welche Rolle spielen Werte?

Natürlich existiert bereits eine Fülle von Literatur zu den beiden Themenkomplexen. Daher versuche ich, meine Ausführungen mit konkreten Praxisbeispielen aus meiner eigenen beruflichen Erfahrung zu unterlegen.

2   Vom Unterschied zwischen Führung und Management

Was machen Führungskräfte eigentlich? Ich bin der Meinung, dass Führung grundsätzlich von Management zu unterscheiden ist. Führung ist aber keineswegs etwas Mystisches und hat ebenso wenig nur mit Charisma zu tun. Es ist auch nicht die Domäne von einigen Naturtalenten. Vielmehr sind Management und Führung zwei sich ergänzende Felder, und beide sind notwendig, um in der Hotellerie Erfolg zu haben. Management bedeutet, Komplexität zu beherrschen, und Führung bedeutet, den Wandel zu gestalten.

Ende der 1990er-Jahre stand das Brenner's Park-Hotel & Spa vor großen Herausforderungen. Das Hotel besaß ein intaktes, aber in weiten Teilen veraltetes Produkt- und Serviceangebot. Das gastronomische Angebot war nicht mehr auf der

Höhe der Zeit, und die Dynamik im Spa-Sektor führte zu einem enormen Wettbewerbsdruck und ließ das Brenner's Spa alt erscheinen. Die Stammgäste waren allerdings mit dem damaligen Angebot durchaus zufrieden, und es gab auf den ersten Blick keinen akuten Handlungsbedarf. Dennoch erhielten wir besonders von jüngeren Gästen Hinweise, dass sie sich unter einem heutigen Grandhotel etwas anderes vorstellten. Es galt also, durch Analyse der Mitbewerber und das strukturierte Befragen von Gästen eine Vorstellung zu entwickeln, wie das Brenner's in das nächste Jahrhundert gehen könnte. Wir mussten antizipieren, was in den kommenden Jahren nachgefragt werden wird und durften dabei an Identität nicht verlieren. So entstand im Februar 2000 das Strategiepapier „Brenner's – Ein Grandhotel wird jünger". Den Namen hatten wir wohlbedacht gewählt, da es darum ging, sowohl Mitarbeiter als auch Gäste zu überzeugen und ihnen die Sorge zu nehmen, dass wir den Charakter des Brenner's zerstören. Das Gesamtinvestitionsvolumen betrug stattliche 18 Millionen €. Die Strategie wurde über alle Hierarchien besprochen. Bei jeder guten Gelegenheit haben wir unsere (Stamm-)Gäste unter Zuhilfenahme von Bauplänen, Projektbeschreibungen und Mailings auf die Veränderungen eingestimmt. So mancher Stammgast blieb aber zunächst skeptisch.

Einige unserer langjährigen Mitarbeiter im F&B-Bereich sollten in diesem Zeitraum in Pension gehen. Mir war klar, dass ich diese Mitarbeiter unbedingt als Protagonisten in dem Veränderungsprozess brauchen würde. Konzeptionelle und personelle Veränderungen auf einen Schlag wären in diesem Fall keine kluge Maßnahme gewesen. Ich bin heute noch dankbar, dass diese leitenden Mitarbeiter einverstanden waren, noch zwei Jahre länger zu arbeiten. Gerade den für uns so wichtigen Stammgästen fiel es so erheblich leichter, die vielen Innovationen anzunehmen, denn die Akteure auf Mitarbeiterebene blieben weitestgehend dieselben.

In der Retrospektive betrachtet sind alle Veränderungen als sehr gelungen zu bewerten. Das Hotel ist den heutigen Anforderungen voll gewachsen, und das Abteilungsergebnis im F&B-Bereich hat sich verdreifacht! Vor dem Umbau waren Gästekommentare wie: „Sie zerstören das Hotel!" keine Seltenheit, und ich habe viele Gespräche mit Gästen und Mitarbeitern geführt, um eine möglichst große Zahl von Menschen für das Vorhaben gewinnen zu können. Die Planung des Umbaus war sehr komplex, dennoch habe ich die konzeptionelle Phase und die Kommunikation der Ergebnisse gegenüber den verschiedenen Anspruchsgruppen als sehr viel fordernder empfunden, wissend, dass der Erfolg viele Väter hat und der

Misserfolg meist nur einen. Wie eingangs erwähnt, war es eine meiner Hauptaufgaben, die Veränderungen gegenüber den verschiedenen Anspruchsgruppen positiv darzustellen. Ein permanenter Dialog mit den Eigentümern, Gästen und Mitarbeitern hat den meisten Beteiligten ein positives Gefühl vermittelt. Wandel gestalten heißt also, Veränderungsprozesse zu initiieren, Beharrlichkeit bei der Umsetzung zu zeigen, die Beteiligten mit einzubeziehen und nach Abschluss einer starken Veränderungsphase über die nächsten Innovationen nachzudenken. Jedoch kann man einem Hotel nicht dauernd so tiefgreifende Veränderungen zumuten. Nach einer intensiven Phase des Wandels braucht es auch wieder eine Phase relativer Ruhe, um die entsprechenden finanziellen Returns zu erwirtschaften.

3 Multidimensionale Rollen eines Hoteliers

Wenn man die Aufgaben eines Hoteliers näher betrachtet, so zeigt sich ein äußerst facettenreiches Bild. Um die Bandbreite besser zu erfassen, möchte ich nachfolgendes Diagramm zu Hilfe nehmen:

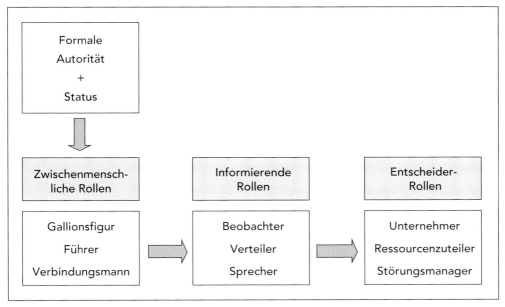

Abbildung 1: Rollen eines Hoteliers

3.1 Formale Autorität und Status

Zunächst ist ein Hotelier formal in eine Aufbauorganisation eingebunden und mit klar definierten Befugnissen ausgestattet. Dies positioniert ihn innerhalb des unternehmerischen Umfelds.

3.2 Zwischenmenschliche Rollen

Aus der formalen Autorität erwachsen unmittelbar drei Rollen. Als erstes ist die Rolle der **Gallionsfigur** zu nennen. Dies hat mit zeremoniellen Aufgaben zu tun, wie beispielsweise das Unterschreiben von Zeugnissen, die Teilnahme an Benefizveranstaltungen etc. Diese Aufgaben sind häufig Routine und involvieren keine komplexe Kommunikation oder Entscheidungsfindung. Dennoch sind sie notwendig, um einen Hotelbetrieb am Laufen zu halten. Noch heute unterschreibe ich jährlich über 23.000 Begrüßungskarten persönlich und delegiere dies nur während der Urlaubszeit. Ich halte diese persönliche Note für entsprechend wichtig, und viele Gäste registrieren den individuellen Willkommensgruß.

Hotelmanager sind grundsätzlich für die Arbeit ihrer Mitarbeiter verantwortlich. Der Hotelier beeinflusst durch sein Handeln maßgeblich die Arbeitsqualität seines Führungsteams. Ein Teil dieses Handelns hat direkt etwas mit **Führung** zu tun, z. B. das Einstellen und das Training der Bereichsleiter. Besonders der Aufgabe, das Agieren der Mitarbeiter unter Berücksichtigung der jeweiligen Mitarbeiterpersönlichkeit auf die Unternehmensziele abzustimmen, kommt eine zentrale Rolle zu. Meiner Meinung nach sollte jeder Hotelier mindestens 25 % seiner Zeit mit der Identifizierung und Förderung von Talenten verbringen. Hier liegt die Saat für den zukünftigen Unternehmenserfolg. Es spricht sich zudem herum, welches Hotel eine besondere Förderkultur besitzt. Im Brenner's nehmen unsere Mitarbeiter regelmäßig an Wettbewerben teil. Sie werden dabei gezielt von den Bereichsleitern vorbereitet. Intern motiviert dies alle Mitarbeiter, und die mediale Berichterstattung fördert den Ruf des Hotels. Im Jahr 2005 wurde unser Küchenchef Deutschlands Ausbilder des Jahres. Eine wunderbare Bestätigung seines jahrelangen Engagements. Es gilt, Mitarbeiter ihren Talenten entsprechend einzusetzen, wobei unter Talent eine Begabung zu verstehen ist.

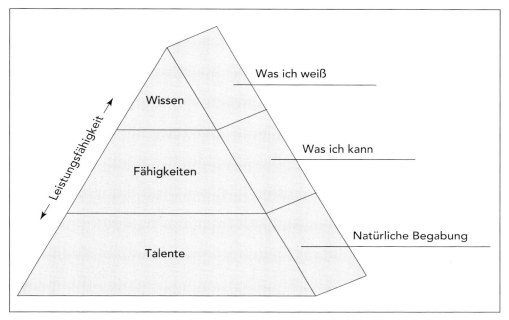

Abbildung 2: Leistungspyramide

Es beginnt damit, bereits bei der Rekrutierung dafür zu sorgen, dass der Bewerber für die Position das richtige Talent mitbringt. Die Leistungspyramide[1] veranschaulicht, dass es Talente, Fähigkeiten und Wissen braucht, um nachhaltig erfolgreich zu sein. In Zusammenarbeit mit einem externen Dienstleister hat Brenner's Park-Hotel einen Prozess definiert, der bereits beim ersten Telefoninterview eine talentorientierte Auswahl trifft, die danach in einem persönlichen Gespräch strukturiert überprüft wird. Diesem Herangehen liegt die Überzeugung zugrunde, dass jeder Mensch Talente hat und er damit für bestimmte Tätigkeiten prädestiniert ist, für andere Aufgaben weniger infrage kommt. Im Management-Newsletter vom Juli 2007 schreibt die Gallup Organization, eines der führenden Unternehmen für Verhaltensforschung, über die Notwendigkeit, Mitarbeiter mit dem zusammenzuführen, was sie von Natur aus am besten können. Unter dem Titel „Mama hatte schon Recht: Du bist einmalig" illustriert der Artikel die positiven wirtschaftlichen Konsequenzen einer talentorientierten Auswahl von Mitarbeitern. Eine kürzliche Analyse mehrerer Studien ergab, dass Manager, deren Talente mit den Anforderungen ihrer Position auf einer Linie liegen, durchschnitt-

---

1 Talent+, Building a Talent-Based Organization, 2007

lich 15 % mehr Umsatz und 20 % mehr Gewinn erzielen, 24 % weniger außerplanmäßige Fehlzeiten haben und mit 13 % weniger Mitarbeiterfluktuation zu tun haben als der Durchschnitt.

Die dritte Rolle in dieser Rubrik hat etwas mit Netzwerk zu tun. Eine gute Führungskraft setzt einen guten Teil ihrer Zeit zum Ausbau und zur Pflege von **Verbindungen** ein. Gerade für einen Hotelier ist dies eminent wichtig. Zu seiner Aufgabe zählt es seit Jahr und Tag, Menschen zusammenzubringen und so bei allen Beteiligten einen Mehrwert zu schaffen. Dabei ist ein proaktives Management seines Netzwerks unerlässlich. Es mag sicherlich gute internetbasierte Plattformen (z. B. Open BC) geben, welche die Mitglieder untereinander vernetzen sollen, aber es geht nichts über persönliche Begegnungen und einen direkten Austausch. Auf dem kurzen Dienstweg zu guten Lösungen zu kommen, zeichnet den guten Hotelier aus.

3.3 Informierende Rollen

In der Regel weiß der Hotelmanager mehr als seine Mitarbeiter. Er ist in seiner Rolle als Verbindungsmann in der Lage, Informationen innerhalb und außerhalb des Hotels zu sammeln. Diese Datenverarbeitung ist ein wichtiger Teil seiner Tätigkeit, er ist als **Beobachter** permanent auf der Suche nach relevanten Informationen. Dabei nutzt er den Zugang zu Gästen und Mitarbeitern sowie sein externes Umfeld. Es gilt, in erster Linie aus der Menge der Informationen die richtigen Neuigkeiten zu finden, d. h. durch selektive Wahrnehmung das Wichtige vom Unwichtigen unterscheiden zu können.

In seiner Rolle als **Verteiler** leitet der Hotelmanager die richtigen Informationen an die richtigen Mitarbeiter. Er sorgt auch dafür, dass bei Kontaktschwierigkeiten von Mitarbeitern untereinander der Informationsfluss zwischen diesen Mitarbeitern funktioniert.

Der Hotelmanager steht eigentlich täglich im Dialog mit seinem externen Umfeld. Als **Sprecher** für sein(e) Hotel(s) hat sein Auftreten entscheidenden Einfluss, wie sein Unternehmen wahrgenommen wird. Sein Verhalten muss authentisch sein und sollte zum Hotel passen. Das heißt, der Chef eines trendigen Designhotels wird etwas anders auftreten als der Leiter eines Grandhotels. Beide werden aber gleichermaßen versuchen, ihre diversen Anspruchsgruppen (Gäste, Mitarbeiter, Investoren und Medien) positiv zu beeinflussen.

3.4 Rollen als Entscheider

Der Besitz von Information ist nicht Ziel des Handelns, sondern es geht darum, diese Daten in Entscheidungen einfließen zu lassen. Der eigentliche Antrieb, Information zu sammeln, ist sicherlich in dem Wunsch begründet, damit etwas **unternehmen** zu wollen. Es ist der Gestaltungswille, der den Hotelier antreibt und die Kraftquelle seines Handelns darstellt. Es ist sicherlich nicht übertrieben zu sagen, dass hier der Vollgenuss des unternehmerischen Daseins zu finden ist.

Der Manager ist verantwortlich für die **Zuteilung von Ressourcen**. Welches Projekt erhält welches Budget und welche personelle Ausstattung? Die wahrscheinlich wichtigste Ressource, die ein Hotelmanager verteilen kann, ist seine eigene Zeit!

Auch bei noch so guter Organisation und Planung ist es nicht möglich, Hotels störungsfrei zu betreiben. **Störungen** entstehen dabei nicht nur, weil ein unzureichendes Management dazu führt, sondern weil man bei der Vielzahl von Entscheidungen nicht jede Konsequenz einer Entscheidung bis in das kleinste Detail antizipieren kann. Schnelligkeit erfordert manchmal den Mut zur Lücke, auch wenn das nicht die oberste Handlungsmaxime darstellen sollte. Ein amerikanischer Kollege sagte mir einmal: „Let's fix it when we get there." Er wollte mich auch darauf hinweisen, wie sehr Europäer auf die Problemanalyse fixiert sind und dadurch alles sehr viel länger dauert. Nun, ich glaube, wie so oft liegt auch hier die Wahrheit in der Mitte.

Zusammenfassend kann man sagen, dass diese neun Rollen nicht von einander zu trennen sind. Keine dieser Rollen kann entfernt werden, ohne das Gesamtgefüge zu beeinträchtigen. Nicht jeder Hotelier misst jeder Rolle die gleiche Bedeutung zu. Er muss sich jedoch der Vielfalt der Rollen bewusst sein und Mitstreiter mit komplementären Talenten suchen. So erhöhen sich die Schlagkraft des Teams und die Chancen auf einen nachhaltigen Unternehmenserfolg deutlich.

4 Zur Bedeutung von Werten und Wertvorstellungen

„Um Führungskräfte zu werden, müssen Manager ihre Werte in kalkulierte Handlungen übersetzen", las ich vor kurzem in einem Beitrag der Harvard Business Review. Dem kann ich uneingeschränkt beipflichten, wobei sich sofort die Frage aufdrängt, welche Werte besonders gut sind, um den Unternehmenserfolg zu sichern. Die nachfolgende Definition aus dem Online-Nachschlagewerk Wikipedia soll helfen, einen Einstieg in das Themengebiet zu bieten:

„Wertvorstellungen oder kurz Werte sind Vorstellungen über Eigenschaften (Qualitäten), die Dingen, Ideen, Beziehungen u. a. m. von Einzelnen (sozialen Akteuren) oder von sozialen Gruppen von Menschen oder von einer Gesellschaft beigelegt werden, und die den Wertenden wichtig und wünschenswert sind. Zu unterscheiden ist zwischen Werten als Mittel (z. B. Geld, Werkzeug, Gesetze), die ihren Wert durch ihre Funktion erhalten (äußere Werte), und Werten, die auf Werterfahrungen beruhen, die sich aufgrund von verarbeiteten Erlebnissen im Gefühl verankert haben (innere Werte wie z. B. Freundschaft, Liebe, Gerechtigkeit, Lust, Glück, Wohlbehagen, Schönheit, Harmonie, Pflichterfüllung, Härte, Tapferkeit im Kampf, Disziplin)."

Was so kompliziert anmutet, ist auch in der Unternehmenswirklichkeit äußerst komplex. Hinter der Wertefrage verbirgt sich letztlich die Frage nach dem Sinn des beruflichen Daseins. Diesen möchte ich an dieser Stelle nicht diskutieren, dennoch bin ich davon überzeugt, dass jeder Hotelier zunächst für sich selbst prüfen muss, welche Ideale und Überzeugungen für ihn wichtig sind. Erst dann kann er sich guten Gewissens ein Unternehmen suchen, für das er gerne tätig sein möchte. Umgekehrt ist es für eine Hotelunternehmung entscheidend, ein Wertegefüge schriftlich zu fixieren, um Mitarbeitern und Bewerbern diesbezüglich Klarheit zu verschaffen.

Es ist meine tiefe Überzeugung, dass es bestimmte Kernwerte gibt, die von den meisten europäischen (Hotel-)Unternehmen geteilt werden. In einer Studie von Booz Allen Hamilton[2] wurden diesbezüglich zahlreiche Unternehmen untersucht. Dabei gruppiert Booz Allen Hamilton die Werte in die folgenden häufigsten Wertegruppen:

---

2 Measuring and Analyzing Corporate Values During Major Transformations, 2005

1. Ziel- und Leistungsorientierung
2. Teamwork und Kooperation
3. Anpassungsfähigkeit
4. Unternehmertum
5. Verantwortung
6. Hierarchisches Verständnis
7. Mitarbeiterorientierung
8. Kundenorientierung
9. Shareholderfokus
10. Umweltbewusstsein

Einige dieser Werte werden auch in Brenner's Park-Hotel & Spa aufgegriffen. Im Jahr 2000 haben wir im Rahmen des strategischen Konzepts „Brenner's – Ein Grandhotel wird jünger" die Brenner's-Werte wie folgt neu definiert:

WER AUFGEHÖRT HAT, BESSER SEIN ZU WOLLEN, HAT AUFGEHÖRT, GUT ZU SEIN.

Alles Tun und Handeln ist darauf abgestimmt, mit unseren Dienstleistungen den Gästen echten Nutzen zu bieten. Wir lassen uns dabei von keinem Hotel überbieten und **werden unsere Ziele auch in Zahlen umgesetzt realisieren**.

Die freundliche, zurückhaltende und persönliche **Orientierung an den Wünschen unserer Gäste** bestimmt unser tägliches Handeln. Dies und ein Verhältnis von etwa zwei Mitarbeitern pro Zimmer sowie die hervorragende Qualität der Hotelausstattung bieten einen großen Wettbewerbsvorteil.

In der Hektik unserer Zeit erschaffen wir eine kleine **Oase der Ruhe**, in welcher unsere Gäste Entspannung finden und den Alltag hinter sich lassen können. Unsere fachliche und zwischenmenschliche Kompetenz bildet die Basis zur Gestaltung einer solchen Atmosphäre. Dadurch steigern wir das allgemeine Wohlbefinden unserer Gäste.

Das koordinierte Zusammenspiel zwischen Hotel, Spa und Residenzen bringt ein einzigartiges Leistungsangebot hervor. Gemeinsam ist dieses Trio in der Lage, Spitzenleistungen zu vollbringen. **In jedem Segment dieser Disziplinen wollen wir Preisführer sein.**

Ein angemessener Kapitalrückfluss sichert die Leistungsfähigkeit des Gesamtunternehmens. Voraussetzungen sind gute Umsätze durch **begeisterte Gäste** und **gute Ergebnisse durch effizientes Kostenmanagement**. Denn nur **zufriedene Eigentümer** werden langfristig die notwendigen Investitionen bewilligen.

In unserem Streben nach persönlichem und beruflichem Erfolg orientieren wir uns an den Grundwerten der Ethik, der Redlichkeit, der Anständigkeit, der Ehrlichkeit und der Zuverlässigkeit. Die **christlichen Grundwerte** bieten uns die Basis dafür.

Wir orientieren uns am Wohl aller zum Erfolg eines Unternehmens notwendigen Gruppen, der Gäste, der Eigentümer, der Zulieferer, der Öffentlichkeit und besonders am Wohl der Mitarbeiter, um so auch zu einer wertvollen Corporate Identity (Unternehmensidentität) zu kommen. Für Mitarbeiter muss das Unternehmen mehr sein als der Ort, an dem man sein Geld verdient. **Der Arbeitsplatz muss auch geistige Heimat sein.**

Durch das kompromisslose Eingehen auf die Wünsche unserer Gäste und eine **konsequente Marktbeobachtung** gelingt es uns, das Unternehmen kontinuierlich weiterzuentwickeln und unsere **Marktposition zu verbessern**.

Die **Förderung des betrieblichen Umweltschutzes**, unter Berücksichtigung des ökonomisch Machbaren, ist uns ein zentrales Anliegen. Der optimale Einsatz umweltrelevanter Ressourcen wird durch ein Umweltmanagementsystem geregelt.

Wie eingangs schon erwähnt, ist es ein erster Schritt, die entsprechenden Werte aufzuschreiben, und der nächste Schritt, diese auch zu leben. So lange eine gute wirtschaftliche Lage dem Hotel volle Betten beschert, ist dies in der Regel relativ einfach. Die Nagelprobe erfolgt, wenn durch externe Einflüsse Druck in das Hotel hineingetragen wird. Hier entscheidet sich dann, ob die Werte zur Makulatur werden oder dem Team ein wertvolles Navigationssystem bieten. Dem General Manager bzw. dem CEO kommt dabei die Schlüsselrolle zu. Er entscheidet durch sein eigenes Handeln, inwieweit die Werte für die Mitarbeiter erfahrbar sind und gelebt werden.

In Brenner's Park-Hotel & Spa ist die Kultur stark durch die Unternehmerfamilie Oetker geprägt. Zum näheren Verständnis möchte ich einige Worte über diese großartige Unternehmerfamilie verlieren. Die Oetker-Gruppe beschäftigt heute über 22.000 Mitarbeiter und ist sehr diversifiziert aufgestellt. Neben der Produktion von Nahrungsmitteln, Brauereien, Containerschifffahrt, Sekt und Spirituosen sind fünf europäische Grandhotels im Besitz der Familie Oetker. Das Brenner's wurde bereits 1941 erworben und gehört damit am längsten zur Gruppe.

Wichtige Entscheidungen werden in der Oetker-Gruppe sehr gut durchdacht, und Projekte erhalten den angemessenen Zeitraum, um erfolgreich in die Praxis umgesetzt zu werden. Die Diversifikation wiederum führt zu einer dezentralen Führung mit großen Handlungsspielräumen für uns Geschäftsführer. Die Eigenverantwortung für den Hotelier ist sehr hoch. Sämtliche Projekte werden finanziell mit der Gruppenleitung abgestimmt, aber die Planung und Ausrichtung des Hotels liegt bei der Direktion des Hotels. Ich empfinde es als großen Genuss, unternehmerisch tätig zu sein und bin der Überzeugung, dass Innovation und Kreativität durch diesen Umstand eine starke Förderung erfahren.

Ich teile die unternehmerischen Wertvorstellungen der Familie Oetker. Dazu gehört neben der absoluten Ergebnisorientierung in erster Linie ein zurückhaltender Umgang mit Erfolg. Im Vordergrund steht immer das Unternehmen und weniger die Person. Auch im unternehmensinternen Sprachgebrauch sind Superlative verpönt. Diese besondere Mischung hat mich von Beginn an fasziniert.

Im Brenner's besteht ein enger Zusammenhalt zwischen den Mitarbeitern, und vor Jahrzehnten, also deutlich vor meinem Amtsantritt, wurde bereits der Begriff der „Brenner-Familie" geprägt. Darunter ist jedoch weniger ein konventionelles Familienbild zu verstehen, sondern vielmehr das einer Leistungsgemeinschaft. Sollte ein Mitarbeiter einmal in Not geraten oder Beistand benötigen, dann ist das Unternehmen für ihn da. Keine Kompromisse gibt es jedoch bei der Leistungsbereitschaft. Lustlosigkeit, Unfreundlichkeit oder gar fahrlässige Schlechtleistung werden nicht toleriert. Diese Probleme werden jedoch meist innerhalb des Teams diskutiert und gelöst, bevor eine Angelegenheit auf den Direktionstisch gelangt. Natürlich ist auch das Brenner's keine konfliktfreie Zone, aber in den über zehn Jahren meiner Zugehörigkeit habe ich selten disziplinarisch eingreifen müssen.

Die mir gewährte unternehmerische Freiheit gebe ich in großen Teilen an die Bereichsleiter weiter. Dies hat am Anfang, nachdem ich die Leitung übernommen hatte, so manches Mal zur Verunsicherung geführt, da vorher ein eher patriarchalisches Führungssystem vorherrschte. Damals musste ich erkennen, dass der ein oder andere Bereichsleiter sich erst an die gewachsene Entscheidungsfreiheit gewöhnen musste, um sie letztlich genießen zu können. Deshalb war das strategische Konzept „Brenner's – Ein Grandhotel wird jünger", einschließlich der neuen Vision, Mission und Leitgedanken, die unbedingte Voraussetzung, um das Brenner's auf den neuen Kurs zu bringen und es dort halten zu können. Die Brenner-Werte waren und sind der Kompass, um bei einer Vielzahl von Handlungsalternativen die richtige Option auszuwählen. So sind wir auch in wirtschaftlich schwierigen Zeiten (z. B. 11. September, Golfkrieg) mit Krisen vernünftig umgegangen. Als Ergebnis steht das Brenner's heute wirtschaftlich besser da denn je.

Gerne möchte ich noch einmal auf den Begriff der Brenner-Familie zurückkommen. Auch nach dem Austritt halten wir Kontakt zu unseren ehemaligen Auszubildenden. Alle drei Jahre findet eine Wiedersehensfeier statt, an der ehemalige Lehrlinge teilnehmen, die zum Teil vor über zwanzig Jahren ihre Ausbildung beendet haben. Sämtliche Pensionäre werden genauso zur jährlichen Weihnachtsfeier eingeladen wie unsere Angestellten. Sowohl die Alumni als auch pensionierten Mitarbeiter bedeuten uns noch heute viel und sind zudem gute Botschafter des Brenner's Park-Hotel & Spa. Für die Mitarbeiter wird eine Vielzahl von Schulungen angeboten, und wir helfen ihnen aktiv bei der weiteren Karriereplanung. Gerade unseren Auszubildenden gilt dabei unser besonderes Augenmerk. Diese relativ enge Bindung schafft eine große Nähe zum Hotel und ist auch von wirtschaftlichem Vorteil. Ein solcher Zusammenhang ist heute auch empirisch belegt. So weisen laut einer Gallup-Studie[3] Unternehmen mit höheren Werten bei der emotionalen Bindung ihrer Mitarbeiter ein stärkeres Wachstum beim Ertrag je Aktie auf. Auch, wenn diese Studie lediglich börsennotierte Unternehmen untersucht hat, bin ich der Überzeugung, dass diese Korrelation ebenso für andere Hotels gilt. Sie ist meiner Meinung nach eine Erklärung für den Erfolg von Brenner's Park-Hotel & Spa.

---

3 Gallup Deutschland Newsletter, 7. Ausgabe, 2007

5 Konklusion

Die gelebten Werte in einem Hotel sind die Ingredienzien der Unternehmenskultur. Sie müssen schriftlich formuliert sein und vom Hotelier angewandt werden. Ein Hochglanzcredo, das keine Berücksichtigung im Hotelalltag findet, schadet dem Hotel mehr, als es ihm nutzt. Werte sind besonders in schwierigen Zeiten die Navigationshilfe für alle Führungskräfte. Dabei gibt es kein allgemeinverbindliches Wertesystem, aber einige Wertegruppen werden meiner Einschätzung nach von vielen europäischen Hotels geteilt.

Als Führungskräfte müssen Hoteliers ihre Werte in kalkulierte Handlungen übersetzen. Daher brauchen sie Klarheit über ihre eigenen Überzeugungen, bevor sie sich für ein Hotelunternehmen entscheiden. Dies gilt natürlich auch für alle anderen Mitarbeiter. Nur, wenn die grundsätzlichen Überzeugungen kompatibel sind, kann eine Zusammenarbeit mittelfristig von Erfolg gekrönt sein. Darüber hinaus muss der Hotelier sich über seine verschiedenen Rollen als Führungskraft im Klaren sein. Da jeder Hotelmanager mit einem leicht unterschiedlichen Talentset ausgerüstet ist, wird er verschiedene Akzente im Rahmen seiner Führungsarbeit setzen.

Ist der Hotelier sich seiner Stärken bewusst, dann sollte er in seinem Führungsteam Mitarbeiter mit komplementären Eigenschaften suchen. Wenn das Wertesystem des Hotels definiert und das erforderliche Talentset für eine neue Stelle bekannt ist, dann können der Rekrutierungsprozess optimal gestaltet und die richtigen Menschen für das Hotel eingestellt werden. Dann wird ein Hotel gegenüber seinen Mitbewerbern überdurchschnittlich erfolgreich sein. Wie bereits im Rahmen der Brenner-Werte erwähnt wurde: „Der Arbeitsplatz muss auch geistige Heimat sein!"

Zur Relevanz der Unternehmenskultur als Koordinations- und Integrations- mechanismus in der internationalen Konzernhotellerie

Marco A. Gardini

1 Einleitung

Kulturellen Tatbeständen und Einflüssen kommt im internationalen Wettbewerbs-kontext von Unternehmen eine besondere Bedeutung zu. Diese Grundüberzeu-gung bringt nachdrücklich der Titel eines Artikels des niederländischen Kulturfor-schers Geert Hofstede zum Ausdruck: *„The Business of International Business is Culture."* (Hofstede 1994) Vor dem Hintergrund der zunehmenden Globalisierung in der Hotellerie sieht sich das Management multinationaler Hotelkonzerne und -gesellschaften denn auch vor neue beziehungsweise andersartige Aufgaben und Herausforderungen gestellt als in nationalen Wettbewerbsumfeldern. Neben der Bewältigung neuer Strukturen der globalen Wirtschaft müssen grenzüberschrei-tend tätige Hotelunternehmen insbesondere lernen, mit der zunehmenden kulturel-len Diversität umzugehen (vgl. Adler 2001, S. 5 ff.; Steinmann/Scherer 1997, S. 24 f.). Die kulturellen Spannungsfelder betreffen alle Unternehmensprozesse und -funk-tionen gleichermaßen, und so stellen die Austarierung der wesentlichen Zielkon-flikte internationaler Organisationsgestaltung (Zentralisierung vs. Autonomie, Inte-gration vs. Differenzierung), die Bewältigung dysfunktionaler Fliehkräfte im Zuge der Mutter-Tochter-Beziehungen sowie der Umgang mit kulturellen Konflikten, die im Zuge der vielfältigen internationalen Unternehmenstätigkeiten auftreten kön-nen, wesentliche Managementaufgaben im globalen Kontext unternehmerischer Tätigkeit dar (vgl. Gardini 2004, S. 18 ff.).

In der internationalen Managementforschung findet dabei seit geraumer Zeit ein Umdenken statt, das die Koordinations- und Integrationsproblematik multinatio-naler Unternehmen nicht länger ausschließlich als eine Frage (geeigneter) forma-ler Organisationsarchitekturen betrachtet, sondern im Sinne der Erweiterung der Koordinationsperspektive zunehmend informellen und indirekten Steuerungs- und Integrationsansätzen im Rahmen eines interkulturellen Managements Beach-tung schenkt (vgl. Martinez/Jarillo 1989; Böttcher 1996; Holtbrügge et al. 2004). Eine vielbeachtete Sonderstellung unter den informellen Steuerungsansätzen nimmt dabei die Unternehmenskultur ein, im Sinne einer normativen Steuerung internationaler Koordinations- und Integrationsprozesse. Die Unternehmenskul-tur erlangt dabei deswegen starkes Interesse, weil ihr nach Auffassung zahlrei-cher Autoren eine wesentliche Rolle für die Koordination und die Integration in multinationalen Unternehmen zukommt (vgl. Schreyögg 1998; Kutschker/Schmidt 2006, S. 663 ff.)

Der nachfolgende Beitrag hat sich daher zum Ziel gesetzt, den konzeptionellen Zusammenhang zwischen den Besonderheiten der Hotellerie und der Unternehmenskultur im Hinblick auf das Management multinationaler Hotelunternehmen zu diskutieren. Hierzu werden zunächst die grundsätzlichen Dimensionen multikultureller Managementkontexte dargestellt, denen Dienstleistungs- bzw. Hotelunternehmen ausgesetzt sind, bevor in einem zweiten Schritt die wesentlichen Funktionen und Facetten der Unternehmenskultur diskutiert werden. Im Anschluss daran wird die exponierte Stellung der Unternehmenskultur als informeller Koordinations- und Integrationsmechanismus im internationalen Dienstleistungsmanagementkontext der Hotellerie untersucht, und es werden die damit zusammenhängenden Herausforderungen und Problemstellungen genannt und erläutert.

2 Kultur und Internationales Dienstleistungsmanagement

Das grundlegende Spannungsfeld, das multinationale Hotelunternehmen im globalen Kontext zu bewältigen haben, ist durch den von Fayerwheather (1975) in die Diskussion zum Internationalen Management gebrachten Zielkonflikt zwischen „Unifikation" einerseits und der „Fragmentierung" anderseits skizziert. Während der Begriff der „Unifikation" die wesentlichen Inhalte organisatorischer Gestaltungsparameter der Integration, Standardisierung und Zentralisierung in sich vereinigt, die in einer engmaschigen, operationalen Führung einander ähnlicher, ausländischer Unternehmenseinheiten zum Ausdruck kommt, wird unter dem Terminus „Fragmentierung" die Anpassung der betrieblichen Aktivitäten an die Verschiedenartigkeit des lokalen Umfelds verstanden. Für multinationale Hotelkonzerne und -gesellschaften ergibt sich denn auch aus Sicht der Planung, Steuerung und Kontrolle der Auslandsaktivitäten die Notwendigkeit, „ ... *die wirtschaftliche Einheit der Unternehmung zu wahren und ihr Leistungsvermögen über alle Länder hinweg wirtschaftlich zu gestalten"* (Dobry 1983, S. 3).

Um diese Aufgabe zu bewältigen, muss die Systemzentrale das Verhalten der ausländischen Systemeinheiten im Hinblick auf übergeordnete Ziele des Gesamtsystems zielgerichtet beeinflussen. Daraus ergeben sich entsprechende Anforderungen an das Management multinationaler Hotelunternehmen, wobei vor dem Hintergrund der verfolgten Unternehmensziele sowohl Aspekte der Konfiguration – im Sinne struktureller Organisationsmodelle –, Aspekte der Koordination – im Sinne der zielgerichteten Abstimmung interdependenter Systeme – als auch kulturelle Aspekte – im Sinne der Berücksichtigung unternehmens- und landesspezifischer Kulturphänomene – zu beachten sind (vgl. Kreikebaum 2002, S. 103). Ein länderübergreifender Multiplikationserfolg von Dienstleistungskonzepten hängt demzufolge von einer – zumindest zeitweise – stimmigen und strategieadäquaten Integration und Koordination von Struktur-, System- und Kulturelementen ab (siehe Abbildung 1).

Im Kern geht es für multinationale Dienstleistungsunternehmen darum, sowohl auf der Markt- als auch auf der Organisationsebene das Spannungsfeld zwischen landes- und unternehmenskultureller Prägung zu berücksichtigen und das Verhältnis zwischen diesen Einflusskräften zueinander zu bestimmen. In der internationalen Managementforschung lassen sich hierbei stark vereinfachend mit der „Culture free"- bzw. „Culture bound"-These zwei konkurrierende Auffassungen hinsichtlich der Bedeutsamkeit kultureller Unterschiede ausmachen.

Während die Universalisten, als Protagonisten der Culture-free-These, die kulturunabhängige, weltweite Allgemeingültigkeit von Managementprinzipien und -konzepten postulieren, betonen die Kulturalisten mit der Culture-bound-These, dass unterschiedliche kulturelle Bedingungen, Werthaltungen und Motive auch unterschiedliche Managementprinzipien und -konzepte erfordern (vgl. Perlitz 2004; Kumar 1995). Inwieweit Unternehmen landeskulturelle Einflüsse weitestgehend negieren (Ethnozentrismus) oder adaptieren (Polyzentrismus), ist letztlich Ausdruck der jeweiligen Auffassung und spiegelt sich zumeist in einer entsprechenden Unternehmenskultur. Die Kultur eines Unternehmens stellt hierbei keineswegs ein homogenes Ganzes dar; sie besteht vielmehr aus einer Vielzahl von Kulturen in Subsystemen des Unternehmens (Konzernzentrale, Tochterunternehmen, Landesgesellschaften, Betriebe, Abteilungen, Teams), die wiederum – speziell bei multinationalen Unternehmen – unterschiedlichsten sozio-kulturellen Einflüssen ausgesetzt sind und in ihrer Multikulturalität demzufolge im Rahmen eines interkulturellen Managements einen entsprechenden Interpretations- beziehungsweise Harmonisierungsbedarf aufweisen (vgl. Scholz 1997, S. 257 f.).

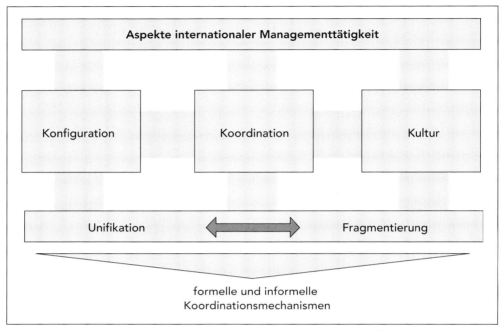

Abbildung 1: Managementaspekte in multinationalen Dienstleistungsunternehmen (Quelle: Gardini 2004, S. 16)

Die Multikulturalität im internationalen Dienstleistungsunterunternehmen zeigt sich darüber hinaus auch in der Auseinandersetzung mit zahlreichen weiteren Kulturfeldern (vgl. Kutschker/Schmidt 2006, S. 780 ff.). So führt die aktuell zu beobachtende Entwicklung der verstärkten Internationalisierung von Hotelunternehmen und der zunehmenden Bedeutung global tätiger Finanzinvestoren in der Hotellerie zu einer verstärkten Konfrontation mit unterschiedlichen Landes- und Managementkulturen und damit zu einer größeren Heterogenität der inneren und äußeren Unternehmenswelten. Dabei vollzieht sich der Internationalisierungspfad in der Hotellerie ebenso wie in vielen anderen Dienstleistungsbranchen bevorzugt über das externe Wachstum, und so prägen Fusionen, Akquisitionen (z. B. Blackstone mit Wyndham und Hilton, Barceló-Gruppe/Paramount Hotels, NH Hoteles/Jolly Hotels, Marriott/Ritz Carlton) sowie verschiedene Varianten der Unternehmenskooperation (Strategische Allianzen, Joint Ventures, Netzwerke) das Bild (z. B. Radisson/SAS, Global Hotel Alliance, Oetker Collections). Derartige länderübergreifende Globalisierungsansätze konfrontieren Unternehmen aber unvermittelt mit neuen landes- und/oder unternehmensspezifischen Teilkulturen und erfordern Entscheidungen über den kulturellen Anpassungsbedarf (Akkulturation) im Spannungsfeld zwischen unternehmensspezifischen Integrations- beziehungsweise Differenzierungsnotwendigkeiten.

Schließlich lassen sich über die Multikulturalität der unmittelbar wettbewerbsrelevanten Unternehmenswelten hinaus auch auf der gesellschaftlichen Ebene pluralistische und postmoderne Tendenzen festmachen, die nicht ohne Rückkopplungseffekte auf international tätige Unternehmen bleiben. So müssen sich multinationale Hotelunternehmen nicht nur aus Marketingperspektive an pluralistischen gesellschaftlichen Strömungen und damit an einem breiten Spektrum an unterschiedlichen Normen-, Werte-, Einstellungs- und Bedürfnissystemen orientieren, sondern müssen darüber hinaus auch berücksichtigen, dass sich diese Strömungen innerhalb globaler Unternehmensstrukturen auch in divergierenden Ziel- und Interessenspektren der jeweiligen Teilsysteme und Funktionsträger des Unternehmens äußern. Dementsprechend muss das Management der Diversität der inneren und äußeren Unternehmenswelten als zentrale Aufgabe der Unternehmensführung im internationalen Dienstleistungskontext betrachtet werden (vgl. Gardini 2004, S. 17).

3 Unternehmenskultur als Managementherausforderung für international operierende Hotelunternehmen

3.1 Grundsätzliches zur Unternehmenskultur als Koordinations- und Integrationsmechanismus

Der Begriff der Unternehmenskultur wird in der betriebswirtschaftlichen Literatur in vielerlei Fassungen vertreten. Im Kern beschreiben die meisten Konzepte Unternehmenskultur als evolutorisch gewachsenes System oder *„Set"* von Normen, Wertvorstellungen, Denkkategorien, Einstellungen und Handlungsmuster, die als Unternehmenskultur einem Unternehmen zu einem bestimmten Betrachtungszeitpunkt den unverwechselbaren – von anderen Unternehmen eindeutig abgrenzbaren und unterscheidbaren – Charakter und Stil geben. Unternehmenskulturen als kollektive Phänomene beschreiben einen komplexen Lernprozess, der über die mehr oder weniger bewusste Pflege und Weitergabe der Werthaltungen der obersten Führungskräfte (Top-Manager, Unternehmer) an die Organisationsmitglieder im Zuge unternehmenskultureller Inhalte (z. B. Unternehmensphilosophie, Leitbild) deren Denk- und Verhaltensmuster prägen und ihr Handeln bis zu einem erwünschten Grade vereinheitlichen soll, womit der Zusammenhang zwischen Unternehmenskultur, Koordination und Integration deutlich wird (vgl. anstatt vieler Bleicher 2004).

Kultur und Philosophie eines Unternehmens oder einer Organisation erweisen sich dabei als vielschichtige Phänome, die sich zunächst als Konglomerat beziehungsweise Aggregation verschiedenster Elemente darstellen, deren Ursprünge, Wirkungen und Interdependenzen sich einer rationalen Erfassung zu entziehen scheinen. Um zu einem besseren Verständnis des Spektrums von Unternehmenskultur zu gelangen, lassen sich – in Anlehnung an Schwarz – die inhaltlichen und strukturellen Elemente im nachstehenden Modell abbilden (siehe Abbildung 2).[1]

Die drei wesentlichen Strukturkomponenten der Unternehmensphilosophie und -kultur sind das Leit-, das Verstärkungs- und das Anwendungssystem (vgl. Schwarz 1989, S. 56 ff.). Das Leitsystem beinhaltet die grundlegende Ausrichtung der Unternehmensphilosophie und -kultur, deren Grundannahmen – zumeist unbewusst und unreflektiert – als Philosophie- und Kulturkern die Basis für die Ausgestaltung der Leitlinie beziehungsweise des Leitbildes darstellen. Die affektiven Bestandteile der Unternehmensphilosophie und -kultur verdichten sich dabei im Rahmen kognitiver Prozesse zu gemeinsam geteilten Werten, Leitideen und schriftlich fixierten Grundsatzdokumenten. Das Verstärkungssystem enthält diejenigen Elemente, die als Mediäre zwischen Leit- und Anwendungssystem verhaltensprägende beziehungsweise stabilisierende Wirkungen zeitgen und über normative Vorgaben und symbolisierende Deutungs- und Interaktionsmuster den Organisationsmitgliedern erwünschte Handlungs- und Verhaltensweisen vermitteln. Das Anwendungssystem ist Ergebnis und Ausdruck des Leit- und Verstärkungssystems, da es denjenigen Teil der Unternehmensphilosophie und -kultur beschreibt, der durch das konkrete und aktuelle Verhalten des Unternehmen charakterisiert wird und in typischen unternehmensspezifischen Denk-, Verhaltens- und Handlungsmustern nach innen und nach außen zum Ausdruck kommt.

---

1 Hierbei sei angemerkt, dass eine eindeutige und trennscharfe Zuordnung der Elemente zu den einzelnen Teilsystemen, wie von Schwarz vorgenommen, aufgrund des komplementären und verzahnten Charakters der verschiedenen Elementausprägungen nur schwer möglich erscheint, aus Gründen der Übersichtlichkeit jedoch an dieser Stelle beibehalten werden soll.

Elementebene der Unternehmensphilosophie und -kultur	Ausdrucksebene der Unternehmensphilosophie und -kultur	Struktur-/Systemebene der Unternehmensphilosophie und -kultur
Grundannahmen Glaubenssätze Ideologie Mission Vision	informelle Basis der Unternehmensphilosophie und Unternehmenskultur	Leitsystem der Unternehmensphilosophie und Unternehmenskultur
Werte/Werthaltungen Leitideen/Leitlinie Philosophien Überzeugungen Einstellungen Sinnvorstellungen	formelle Basis der Unternehmensphilosophie und Unternehmenskultur	
Führungsgrundsätze Anweisungen Richtlinien Anforderungen Standards Normen Sanktionen	Stabilisatoren der Unternehmensphilosophie und Unternehmenskultur	Verstärkungssystem der Unternehmensphilosophie und Unternehmenskultur
Mythen Legenden Geschichten Sagen Gesten Metaphern Riten/Rituale Zeremonien Symbolische Artefakte Gebäude/Grundstücke/ Einrichtungen Erscheinungsbild	Symbole der Unternehmensphilosophie und Unternehmenskultur	
Charakteristische Denk- und Verhaltensmuster Systeme Gewohnheiten Gebräuche Sprachmuster Handlungsmaximen	Verhaltensmuster der Unternehmensphilosophie und Unternehmenskultur	Anwendungssystem der Unternehmensphilosophie und Unternehmenskultur

Abbildung 2: Wirkungsspektrum von Unternehmensphilosophie und Unternehmenskultur (Quelle: In Anlehnung an Schwarz, 1989, S. 58)

Nach diesen grundlegenden Ausführungen zur Unternehmenskultur sollen im Folgenden die strategische Relevanz von Unternehmenskultur und deren Bedeutung im Hinblick auf eine gezielte System- und Verhaltenssteuerung im internationalen Kontext des Managements von Hotelunternehmen untersucht werden.

3.2 Unternehmenskultur im Spannungsfeld strategischer Transformation und sozialer Evolution

Die besondere Bedeutung der Integration kultureller und philosophischer Elemente in den konzeptionellen Rahmen des Internationalen Managements von Hotelunternehmen resultiert aus dem Zusammenhang zwischen Philosophie, Kultur und strategischem Management. In dem Maße, in denen das Wert-, Normen-, Einstellungs- und Meinungsgerüst eines Unternehmens, wie auch die aktivierenden und stabilisierenden Elemente einer Unternehmensphilosophie und -kultur, handlungs- und verhaltensbeeinflussende Wirkungen nach innen generieren, prägen sie auch unternehmerische Entscheidungsprozesse hinsichtlich der Entwicklung und Formulierung strategischer Ziele und Programme. Auf die Wirkungszusammenhänge zwischen Unternehmensphilosophie und -kultur, Unternehmensstrategie und Unternehmenserfolg ist bereits von einer Vielzahl von Autoren hingewiesen worden (vgl. anstatt vieler hierzu Krüger 1988; Bowen et al. 2000; Bleicher 2004). Die Kultur eines Unternehmens wurde als Erfolgsfaktor beziehungsweise Erfolgssegment identifiziert, deren Konsistenz mit anderen Erfolgselementen des strategischen Managements (Wettbewerbsstrategie, Management, Systeme, Strukturen, Realisierungspotenziale etc.) eine zentrale Bedeutung für den Unternehmenserfolg zukommt. Der Stellenwert der Unternehmenskultur und ihre Wirkung im Hinblick auf die Unternehmensstrategie erschließt sich im Zuge einer fundamentalen und einer funktionalen Perspektive (vgl. hierzu insbesondere Gardini 1997, S. 94 ff. sowie Steinmann/Schreyögg 2005, S. 623 ff. und die dort angegebene Literatur).

Fundamentaler Ansatz

Die Beziehungen zwischen Unternehmenskultur und Unternehmensstrategie sind ambivalenter Natur, d.h., eine Strategie ist einerseits immer kulturgeprägt, andererseits wirkt sie aber auch immer kulturprägend. Diese Wechselwirkung hat zweierlei Konsequenzen. Zum einen stellt sich die Kultur eines Unternehmens als interner Handlungs- und Gestaltungsparameter dar, der als Führungsinstrument im

Sinne der Strategien effektivitäts- und effizienzfördernde Wirkungen zeitigen soll. Zum anderen kann die Kultur eines Unternehmens auch als Resultante der Unternehmensführung begriffen werden, da die Anwendung bestimmter Führungstechniken und -stile im Rahmen bestimmter Führungs- und Dispositionssysteme kulturbildende Wirkungen hat und so organisationsspezifische Unternehmenskulturen hervorbringt, deren Ausprägungen strategiehemmend respektive strategiefördernd sein können.

Eng angelehnt an diese Dichotomie ist der wissenschaftliche Diskurs um die Frage *strategisches Kulturmanagement* versus *kulturbewusstes strategisches Management*. Während die Auffassung der Vertreter eines strategischen Kulturmanagements ein eindimensional-technokratisches Kulturverständnis aufweist und die Unternehmenskultur als Erfolgsfaktor/-segment instrumentalisiert und in das strategische Management integriert, begreifen die Befürworter eines kulturbewussten strategischen Managements die Kultur eines Unternehmens als Fundament strategischen Denkens und Handelns – mithin Unternehmenskultur nicht als Gegenstand strategischer Entwicklung, sondern Strategie als Gegenstand eines kulturellen Lern- und Entwicklungsprozesses (vgl. Greipel 1988; Forster 1990).

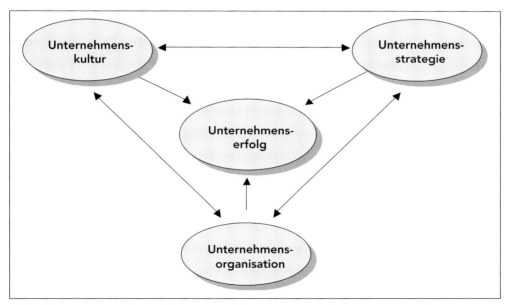

Abbildung 3: Ursache-Wirkungs-Beziehungen des Kultur-Strategie-Phänomens in Organisationen

Ungeachtet der zu großen Teilen berechtigten Kritik an der verkürzten Betrachtungsweise eines strategischen Kulturmanagements wird jedoch, obgleich von verschiedenen Argumentationsgrundlagen ausgehend, in beiden Auffassungen die prinzipielle Gestaltbarkeit kultureller Strömungen und Entwicklungen nicht geleugnet. Phänomenologisch lassen sich Lern- und Entwicklungsprozesse innerhalb beider Denkhaltungen konstatieren, deren in Abbildung 3 visualisierten Ursache-Wirkungs-Beziehungen je nach Ausgangssituation unterschiedliche Kulturprägungen generieren und die Grundlage für eine langfristige, graduelle Veränderbarkeit und Gestaltbarkeit der Unternehmenskultur darstellen.[2]

Funktionalistischer Ansatz

Die Systematisierung und die Konkretisierung der Funktionen der Unternehmenskultur und deren Wirkungen im Beziehungsgefüge zwischen Unternehmensführung, -strategie und -kultur erschließen sich zum einen über den sach-rationalen Aspekt der Systemsteuerung und zum anderen über den sozio-emotionalen Aspekt der Verhaltenssteuerung (vgl. Ulrich 1984 S. 320). Den unternehmenskulturellen Wirkungen lassen sich – wie in Abbildung 4 dargestellt – sowohl auf der Systemebene als auch auf der Verhaltensebene eine Vielzahl von Einzelfunktionen zuordnen (vgl. anstatt vieler Krüger 1988):

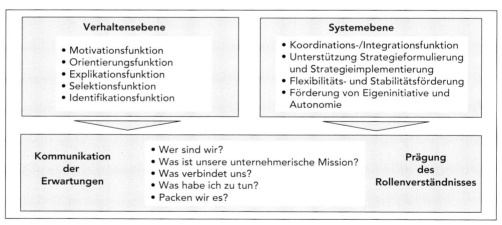

Abbildung 4: Funktionen der Unternehmenskultur (Quelle: in Anlehnung an Krüger 1988 und Ulrich 1984)

---

2 An dieser Stelle werden natürliche Wandlungsprozesse zugrunde gelegt. Extreme oder existenzbedrohende Umwälzungen aus dem Unternehmensumfeld, die radikale und kurzfristige Eingriffe in die Unternehmenskultur notwendig machen, sind zwar denkbar, hier jedoch von der Betrachtung ausgenommen.

Eine ausgeprägte Unternehmenskultur erfüllt dabei nach Ulrich eine Reihe sozial-integratorischer Funktionen, indem sie die Erwartungen einer Organisation an ihre Mitglieder kommuniziert und damit das Rollenverständnis der Mitarbeiter im Rahmen der angestrebten Strategie prägt (vgl. Ulrich 1984 S. 312 f.):

- *Wer sind wir?*
  Konstitution der kulturellen Identität des Unternehmens und Förderung des „Wir-Gefühls" der Organisationsmitglieder. Stärkung des individuellen Selbstbewusstseins des Einzelnen, soweit er dieses aus seiner Berufsrolle bezieht.

- *Was ist unsere unternehmerische Mission?*
  Vermittlung des Unternehmenssinns und dadurch Motivation und Legitimation des Unternehmenshandelns nach innen und nach außen.

- *Was verbindet uns?*
  Sicherung eines tragfähigen, traditionsbewussten Grundverständnisses über fundamentale normative Grundfragen und eines kommunikativen Verständigungspotenzials zwischen den Unternehmensangehörigen, auf deren Grundlage auch in schwierigen Zeiten oder sozialen Konfliktsituationen produktive und befriedigende Formen der Zusammenarbeit möglich sind.

- *Was habe ich zu tun?*
  Entlastung der Mitarbeiter aller Ebenen von fundamentalen Problemen der Handlungsorientierung und -koordination und Vermittlung von Sicherheit. Die Sinngemeinschaft der Unternehmungsangehörigen führt zu einer Verringerung des administrativen Aufwands durch Reduzierung der Regelungsdichte und der damit einhergehenden Organisations-, Führungs- und Kontrollprobleme.

- *Packen wir es?*
  Betonung der Offenheit und des Lern- und Entwicklungspotenzials der Unternehmenskultur und ihrer Möglichkeiten, die innovative Reaktionsfähigkeit des Unternehmens in Bezug auf veränderte Existenzanforderungen zu erhöhen.

Konsequenz dieser sozialintegratorischen Funktionen ist aus ökonomischer Sicht die erfolgsbeeinflussende Kraft einer bewusst wahrgenommenen und ebenso gestalteten Unternehmenskultur, die, über die unternehmenskulturelle Sozialisierung der

Verhaltensweisen der Organisationsmitglieder hinaus, eine interne Stabilisierung bewirkt und dadurch zu verbesserten Unternehmensergebnissen beiträgt. Von besonderer Bedeutung sind dabei die Erkenntnis und das Wissen um die historische Entwicklung der jeweiligen Unternehmenskultur, den derzeitigen Kulturstatus, ihre konkrete inhaltliche Transmission, ihre Bedeutung und Funktion für die Denk- und Verhaltensweisen der Organisationsmitglieder und ihre potenzielle Kompatibilität mit den zukünftigen Unternehmenszielen und -strategien (vgl. Gardini 1997, S. 97).

3.3 Dienstleistungsbesonderheiten und internationaler Wettbewerb

Durch die zunehmende Internationalisierung im Dienstleistungssektor gewinnt die Forderung nach einer adäquaten Gestaltung der Unternehmensphilosophie und -kultur, mithin einem kulturbewussten Dienstleistungsmanagement als Quelle nachhaltiger Wettbewerbsvorteile, eine zusätzliche Betrachtungsdimension. So wird denn auch im Zuge der Globalisierung der Wirtschaft den spezifischen nationalen Kulturen als Wettbewerbsfaktor eine erhebliche Bedeutung beigemessen (vgl. Tellis et al. 2003; Lee/Petersson 2000), was nicht zuletzt in plakativen Gegenüberstellungen der Dienstleistungs- und Kundenorientierung verschiedener Länder zum Ausdruck kommt (*„Serviceparadies"* USA/Japan vs. *„Servicewüste"* Deutschland). Vergleichende länderübergreifende Untersuchungen von Unternehmen zeigen (vgl. Droege & Comp. 1998, Horovitz/Panak 1993), dass sich derartige Phänomene nicht nur auf die schwer imitierbaren Einflüsse tief verankerter, nationaler Wertesysteme und soziokultureller Einstellungsmuster zurückführen lassen, sondern dass auch die Philosophie und Kultur von Dienstleistungsunternehmen einen wesentlichen Bestimmungsfaktor für deren Wettbewerbsstärke auf internationalen Dienstleistungsmärkten darstellt (vgl. Belz et al. 2005, S. 288 f.; Meffert 1998, S. 122).

Kundengerechte Dienstleistungen in verschiedenen Ländern und Kulturkreisen anzubieten, eine weltweit konstant hohe Qualität der angebotenen Dienstleistungen sicherzustellen und eine länderübergreifend verstandene und internalisierte Dienstleistungskultur zu entwickeln, wird für kundenkontaktintensive Dienstleistungsunternehmen in internationalen Wettbewerbskontexten zu einer zwingenden Notwendigkeit (vgl. Benkenstein/Stenglin 2005, S. 253 ff.; Kasper et al. 2006, S. 260 ff.). Für globale Dienstleistungsunternehmen, die in zahlreichen, z. T. extrem unterschiedlichen Kulturkontexten operieren, ist die Schaffung eines kulturbewussten Dienstleistungsumfelds, das über eine gemeinsam getragene Wertebasis allen Organisationsmitgliedern einen Orientierungsrahmen für erwünschte Verhaltensweisen liefert und das Dienstleistungsverständnis und den Qualitätsanspruch des Unternehmens intern wie extern reflektiert, demzufolge eine Managementaufgabe von höchster strategischer Relevanz. So haben sich beispielsweise so unterschiedliche Dienstleistungsunternehmen wie McDonald's, Ritz Carlton, Starbucks, McKinsey, Sixt, Federal Express oder die Harvard University in ihren jeweiligen Wettbewerbsumfeldern mittels einer international kommunizierten Unternehmensphilosophie, einer konsistenten internen und externen Markenführung sowie einem konsequenten Qualitätsmanagement jene unverwechselbare Unternehmensidentität im Innen- und Außenverhältnis geschaffen, die ihren aktuellen/potenziellen Kunden (Mitarbeitern) zu jeder Zeit und an jedem Ort eben jenes Maß an Vertrauen, Orientierung und Kontinuität in Bezug auf die relativen Leistungsfähigkeiten des Unternehmens zu vermitteln in der Lage ist (vgl. Gardini 2001, S. 31).

Der im Vergleich zum Industriesektor noch evidentere Handlungsdruck im Hinblick auf eine Verhaltenssteuerung und -kontrolle über eine ausgeprägte Unternehmenskultur im Dienstleistungsumfeld resultiert aus verschiedenen dienstleistungsspezifischen Leistungsbesonderheiten, wie sie auch für die Hotellerie konstituierend sind. Hier sei die Immaterialität, die Integration des Kunden in den Leistungserstellungsprozess, die Intensität der sozioemotionalen Beziehungen während der Dienstleistungstransaktion und – daraus abgeleitet – die besondere Bedeutung der Mitarbeiter als Erfolgs- respektive Differenzierungsfaktor im Wettbewerb genannt (vgl. Gardini 2008, S. 40 ff.). So macht die Interaktivität vieler Dienstleistungsprozesse eine formalisierte Prozesskontrolle – wie im industriellen Bereich üblich – oftmals sehr schwierig, wodurch das Unsicherheitspotenzial mitarbeiterbezogener Fehlleistungen erhöht und das Problem einer konstanten Dienstleistungsqualität verschärft wird. Die Konstanz der Dienstleistungsqualität ist zusätzlich durch das Ausmaß der Kundenbeteiligung beeinflusst, da in Abhängigkeit vom Integrationsgrad und dem Reaktionsverhalten des Kunden bestimmte Unsicherheitselemente in die Dienstleistungssituation hineingetragen werden (vgl. Maleri/Frietzsche 2008, S. 121 ff.). Entsprechend kommt dem Kontextmanagement als Führungs- und Steuerungsaufgabe in kundenkontaktintensiven Dienstleistungsumfeldern eine erheblich größere Bedeutung zu, zieht man einen Vergleich zu stark produktzentrierten Wettbewerbsumfeldern, wie es beispielsweise für viele industrielle Bereiche prägend ist.

Darüber hinaus sind die Leistungsmerkmale einer Dienstleistung aufgrund der Immaterialität vieler Dienstleistungsbestandteile ungleich schwerer zu erfassen und zu objektivieren als die eines Produkts. Zahlreiche empirische Untersuchungen über Dienstleistungsqualität aus Kundensicht zeigen die Dominanz psychosozialer und damit subjektiv kulturgeprägter Qualitätsmerkmale (z. B. Zuverlässigkeit, Entgegenkommen, Einfühlung, Höflichkeit, Hilfsbereitschaft) von Dienstleistungen (vgl. anstatt vieler Grönroos 2006; Forberger 2000, Zeithaml et. al. 1992). Auch die wenigen, vermeintlich objektiven Qualitätsindikatoren (z. B. Reaktions-, Bearbeitungs-, Wartezeiten) müssen im internationalen Kontext hinsichtlich ihrer Effekte auf die Kundenerwartung beziehungsweise -wahrnehmung neu hinterfragt werden. So ist auf zeitbezogene Kundenvorstellungen in polychronen Gesellschaftssystemen anders zu reagieren als in monochronen Kultureinheiten.

Eine erfolgreiche internationale Multiplikation von Dienstleistungsangeboten bedarf denn insbesondere in hoch individualisierten und kundenkontaktintensiven Dienstleistungen eines starken ideologischen Überbaus, der es Mitarbeitern ermöglicht, ihre Verhaltensweisen nach Maßgabe eines sichtbar gemachten und gelebten Normen- und Wertesystems auszurichten. Die wenigen empirischen Untersuchungen im Dienstleistungssektor bestätigen die geäußerte Vermutung eines hohen Stellenwerts der Sozialisation beziehungsweise eines homogenen Normen-/Wertegefüges zur Koordination ausländischer Tochtergesellschaften im Dienstleistungsbereich (vgl. Testa et al. 2003; Frehse 2002; Bufka 1998) – eine Erkenntnis, die mit jüngeren Befunden der internationalen Managementforschung konform geht, die von einer Bedeutungszunahme informeller Koordinationsmechanismen im Rahmen globaler Ansätze der Unternehmensführung berichten (vgl. Holtbrügge et al. 2004; Harzing 1999; Böttcher 1996). Erforderlich ist demnach sowohl für traditionelle Dienstleister als auch für industrielle Anbieter mit hohem Dienstleistungsanteil ein normativer Ansatz, der die unternehmenskulturelle Dimension des Managements internationaler Dienstleistungen betont und mit Blick auf übergeordnete, globale Ziele wie Unternehmenserfolg, Kundenzufriedenheit und Dienstleistungsqualität über eine explizite und integrative Dienstleistungskultur zu einer länderübergreifenden Koordination beziehungsweise Stabilisierung der Unternehmensleistungen beiträgt.

4 Problemfelder eines kulturbewussten Dienstleistungsmanagements in der internationalen Konzernhotellerie

Angesichts der genannten dienstleistungsspezifischen Merkmale der Hotellerie resultiert der unternehmenskulturelle Steuerungsbedarf des Managements internationaler Hotelunternehmen demnach verstärkt aus der in der Dienstleistungsliteratur vielbeschworenen Gleichung *„Kundenorientierung = Mitarbeiterorientierung"* (vgl. anstatt vieler Meffert/Bruhn 2006, S. 623 ff.), und so müssen sich insbesondere multinationale Hotelunternehmen in ihrem strategischen Wettbewerbskonzept nach dieser Erkenntnis richten. Besonders im Tourismus sowie der Hotellerie und Gastronomie, Branchen, die typischerweise in kundenkontaktintensiven Handlungsfeldern operieren, bewirkt der internationale Managementkontext, dass Individuen aus aller Welt mit sehr heterogenen kulturellen Wurzeln und Grundüberzeugungen zusammenarbeiten und kommunizieren müssen. So treffen in Hotelunternehmen, wenn einheimische Mitarbeiter und ausländische Kunden sich im Kontext einer interkulturellen Dienstleistungsinteraktion begegnen, nicht nur die Kulturen der verschiedenen Herkunftsländer aufeinander, sondern auch eine jeweils spezifisch ausgeprägte Gäste- und Gastgeberkultur (vgl. Testa et al. 2003, S. 131; Frehse 2002; 207 ff.; Pompl 1997, S. 105 ff.).

Verschärft wird die Notwendigkeit sich mit unterschiedlichen Sozialisierungsmustern und Kulturprägungen auseinanderzusetzen, durch die in Hotellerie und Gastronomie übliche Beschäftigung ausländischer beziehungsweise fremdkultureller Mitarbeiter. Hintergrund jedweder interkultureller Managementprozesse ist denn auch die Auseinandersetzung mit unterschiedlichsten kulturspezifischen Orientierungssystemen. Diese Orientierungssysteme werden als Kulturstandards verstanden und umfassen alle *„ ... Arten des Wahrnehmens, Denkens, Wertens und Handelns, die von der Mehrzahl der Mitglieder einer bestimmten Kultur für sich persönlich und andere als normal, selbstverständlich, typisch und verbindlich angesehen werden"* (Thomas 1996, S. 112).

Die Multikulturalität der verschiedenen Aktionsfelder im internationalen Wettbewerbskontext führt entsprechend dazu, dass sich in weltweit operierenden Unternehmen vielfältige Subkulturen herausbilden, die sich in unterschiedlichem Maße funktional oder dysfunktional zueinander oder zur Systemkultur verhalten können.

Daraus resultiert für die internationale Konzernhotellerie die Notwendigkeit, ein höheres Maß an interkultureller Sensibilität zu entwickeln, da die Wahrnehmungen von Dienstleistungsqualität, Kunden- und Serviceorientierung sowohl auf Mitarbeiter- als auch auf Kundenseite stark soziokulturell geprägt sind, sodass eine erfolgreiche Gestaltung länderübergreifender Dienstleistungen und Dienstleistungsinteraktionen in erheblichem Maße von einem entsprechenden Grundverständnis kultureller Sozialisationsmuster und der damit einhergehenden Lernprozesse determiniert wird. Es gilt demzufolge, Mitarbeiter in Hotelunternehmen mit sehr internationalen und heterogenen Kundenstrukturen für die unter Umständen sehr divergierenden Erwartungen und Bedürfnisse der Kunden zu sensibilisieren (vgl. Gardini 2004; S. 25; Frehse 2002, S. 207 f.).

Mang (1998) beziehungsweise Stauss/Mang (1999) zeigen in diesem Zusammenhang – basierend auf einer Untersuchung zum kulturabhängigen Qualitätserleben direkter Kunde-Mitarbeiter-Kommunikation in verschiedenen internationalen Airlines –, dass im Zuge interkultureller Dienstleistungskontakte das GAP-Modell der Dienstleistungsqualität von Zeithaml et al. (1992) und die damit zusammenhängende Toleranzzone zwischen Minimal- und Maximalanforderungen an eine Dienstleistung entsprechend um die Kulturdimension zu erweitern ist. So ist zwischen einer interkulturellen Leistungslücke auf Anbieterseite und einer interkulturellen Leistungslücke auf Nachfragerseite zu unterscheiden. Die Leistungslücke auf der Angebotsseite betrifft potenzielle Differenzen darüber, welche Leistungen der Nachfrager vom Anbieter erwartet, wie er das Qualitätsniveau dieser Leistungen wahrnimmt und inwieweit die Bereitschaft existiert, kulturattribuierte Abweichungen von der erwarteten Dienstleistungsqualität zu tolerieren. Die Leistungslücke auf der Kundenseite betrifft potenzielle Differenzen darüber, wie der Anbieter die Rolle des Kunden definiert und wie er diese im Zuge des Interaktionsprozesses wahrnimmt.

Wird das kulturelle Gleichgewicht gestört oder scheitert die interkulturelle Interaktion, so hat dies unmittelbare Konsequenzen für die Bewertung der Dienstleistungsqualität. Die Toleranzzone ist dabei in der intrakulturellen Interaktionssituation (japanischer Kunde interagiert mit japanischem Mitarbeiter) geringer ausgeprägt als in der interkulturellen Interaktionssituation (japanischer Kunde interagiert mit deutschem Mitarbeiter). So werden bei der erstgenannten Interaktionssituation erlernte Kulturstandards vorausgesetzt und Verstöße mithin unmittelbarer registriert und geahndet, während in der interkulturellen Interaktionssituation der fremdkulturelle Kontext als Wahrnehmungs- und Interpretationspuffer bei etwaigen Verletzungen internalisierter Normen- und Wertesysteme wirkt.

So sind zum Beispiel kulturell bedingte Essgewohnheiten und Verweilzeiten im Servicekontext von Restaurantleistungen der mittleren und gehobenen Gastronomie in den USA (durchschnittlich zwischen 45 und 90 Minuten) und manchen südeuropäischen Ländern (durchschnittlich zwischen 120 und 180 Minuten) zum Teil sehr unterschiedlich und führen unter Umständen auf Kundenseite zu einer negativen Wahrnehmung der Dienstleistungsqualität, wenn Restaurantbetriebe in touristischen Destinationen auf diese kulturellen Befindlichkeiten ihrer Zielgruppe keine Rücksicht nehmen (vgl. Gardini 2008, S. 281 ff.). Andererseits stehen oftmals *gerade* die kulturellen beziehungsweise länderspezifischen Spezifika der Interaktion im Mittelpunkt der Dienstleistungsnachfrage (z. B. italienisches „dolce vita", französisches „laissez faire", amerikanische Zwanglosigkeit, deutsche Zuverlässigkeit).

Des Weiteren kommt auf der Nachfrageseite verschärfend hinzu, dass die durch die Globalisierung teilweise hervorgerufene Aufweichung nationaler Identitäten und Kulturen bewirkt, dass die Homogenität landesspezifischer Kulturmuster und Kulturstandards abnimmt und nationale Kulturunterschiede zunehmend durch Unterschiede zwischen länderübergreifenden Subkulturen überlagert werden (vgl. Macharzina 2003, S. 34; Steinmann/Scherer 1997, S. 25). So geht es für viele internationale Dienstleistungsunternehmen oftmals weniger um den Zugang zu spezifischen Märkten beziehungsweise Ländern, sondern vielmehr um den unmittelbaren Zugang zu Kunden (z. B. Corporate/Global Accounts, Frequent Traveller), die unabhängig von ihrem geografischen Aufenthaltsort und kulturellem Hintergrund ein gleichwertiges Dienstleistungsniveau erwarten.

Für international operierende Hotelkonzerne und -gesellschaften ergeben sich aus der Multikulturalität der inneren und äußeren Unternehmenswelten verschiedene Implikationen, die bei einem interkulturellen Management von Dienstleistungen zu beachten sind. So ist als erstes an die Akkulturationsproblematik zu denken, worunter der Einfluss der Landeskultur (Makrokultur) auf die Unternehmenskultur (Mikrokultur) zu verstehen ist (vgl. Steinmann/Schreyögg 2005, S. 646 ff.; Hofstede 1997, S. 250 ff.). Um ein einheitliches Bewusstsein zu schaffen, muss die Unternehmenskultur die einzelnen ethnischen und nationalen Kultureinflüsse überlagern und kompensieren, womit deutlich wird, dass die verschiedenen landeskulturellen beziehungsweise unternehmenskulturellen Perspektiven potenziell konkurrierende

Einflussmuster der Verhaltensprägung in Organisationen beschreiben. Für den Umgang mit diesem kulturellen Konfliktpotenzial ergeben sich für internationale Unternehmen verschiedene Optionen, deren Handlungsspektren auf einem Kontinuum von universeller Kulturdominanz bis hin zu pluralistischer Akkulturation anzusiedeln sind (vgl. Adler 2001, S. 115 f.).

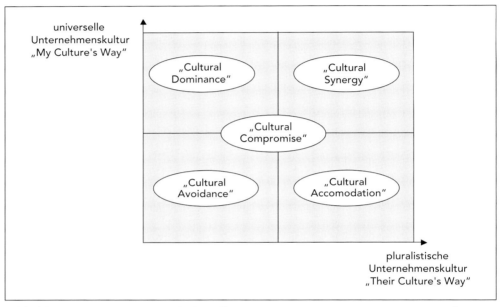

Abbildung 5: Basisoptionen kultureller Steuerungsansätze im internationalen Kontext (Quelle: Adler 2001, S. 115)

Entwickeln die in- und ausländischen Gesellschaften auf der Basis der jeweiligen Landeskulturen eigene Unternehmenskulturen, spricht man aus Sicht der Obergesellschaft von einer pluralistischen Unternehmenskultur, während die Überlagerung der Landeskulturen durch eine kohärente, überformende Unternehmenskultur die Dominanz der universellen Unternehmenskultur charakterisiert. Angesichts der zunehmenden kulturellen Diversität hängt der Erfolg international tätiger Unternehmen jedoch immer weniger von der *(richtigen)* Entscheidung zwischen zwei vermeintlich gegensätzlichen Alternativen ab als vielmehr – im Sinne eines *„ ... effizienten Divergenzmanagements ..."* (Holtbrügge 1996, S. 283) – von der Fähigkeit zur simultanen Berücksichtigung komplementärer respektive konkurrierender Einflüsse. Zwischen den o. g. Extrempolen liegen demzufolge weitere Handlungsoptionen, die einen differenzierteren Umgang mit den verschiedenen landes- und unternehmenskulturellen Einflussmustern beschreiben und von der bewussten Ignoranz kultureller Besonderheiten über die Suche nach Kompromissen zwischen zwei Kulturen bis hin zur gezielten Ausschöpfung kultureller Synergiepotenziale reichen (vgl. Adler 2001, S. 115 ff.).

Damit wird deutlich, dass es bei der Gestaltung interkultureller Koordinations- und Integrationsprozesse nicht grundsätzlich um eine Vereinheitlichung geht. Sinnvoll genutzt, eröffnen kulturelle Besonderheiten und Unterschiede in Problemlösungsprozessen und Verhaltensmustern bedeutende Verbundvorteile, die – im Sinne eines *„cultural synergy approach"* – spezifische Quellen von Wettbewerbsvorteilen in international operierenden Unternehmen erschließen können. So können erfolgversprechende nationale Verhaltensmuster beziehungsweise lokale Kundenbedürfnisse vielfach Anstöße für länderübergreifende Leistungsinnovationen geben, wie dies beispielsweise oftmals bei neuartigen Dienstleistungskonzepten und -ideen US-amerikanischer Provenienz zu beobachten ist, die bei ausreichender interkultureller Homogenität relativ schnell eine globale Diffusion erfahren (z. B. McDonald's, Marriott, Holiday Inn, Best Western, Starbucks, Subway, Hard Rock Café).

Es kommt demzufolge nicht darauf an, kulturelle Unterschiede zu beseitigen, sondern in Bezug auf die länderübergreifenden Unternehmensziele die zur Erreichung notwendigen unternehmerischen Prozesse und Verhaltensweisen zu harmonisieren. Immer dort, wo interkulturelle Hemmnisse eine länderübergreifende Steuerung behindern, muss es im Interesse liegen, diese Hemmnisse zu reduzieren beziehungsweise zu beseitigen, wodurch die Prägung einer gesamthaften Unternehmensidentität ohne Einebnung subkultureller Unterschiede – im Sinne der Einheit in der Vielfalt – als oberste Aufgabe der Unternehmensführung gekennzeichnet ist (vgl. Bleicher 2004, S. 288 ff.; Böttcher/Paul 1998, S. 112 f.).

Ein solcher Anspruch verlangt zwangsweise von allen involvierten Führungskräften ein grundsätzliches Maß an sozialer Kompetenz im Sinne interkultureller Ambiguitätstoleranz, die Fähigkeit zum integrativen Denken und die Sensibilität in der Zusammenarbeit mit anderen Unternehmensmitgliedern aus anderen Ländern und Kulturkreisen, und so liegt die wesentliche Herausforderung eines kulturbewussten Managements in der Bewältigung des hier zum Ausdruck kommenden Spannungsfelds zwischen Landes- und Unternehmenskultur (vgl. Gardini 2004, S. 28). Folglich rücken solche Steuerungsinstrumente in den Vordergrund, die bestrebt sind, über die kulturelle Beeinflussung der Mitarbeiter vor Ort ein

Bewusstsein für die übergeordneten Gesamtziele des Unternehmens und damit für die Notwendigkeit einer universellen Orientierung im Sinne eines länderübergreifenden Selbstverständnisses beziehungsweise einheitlichen Marktauftritts zu schaffen. Hier erlangen insbesondere personalpolitische Maßnahmen, wie die kulturorientierte Personalbeschaffung, der Personaleinsatz, die Personalentwicklung und die Ausgestaltung der Anreizsysteme eine herausgehobene Bedeutung (vgl. Aung 2000). Hierzu gehört auch die zielgerichtete Planung und Vorbereitung der Auslandsentsendung von Mitarbeitern, die in globalen Hotelkonzernen als interkulturelle Vermittler zwischen Unternehmenszentrale und Ländereinheiten fungieren sollen und von denen in diesem Zusammenhang erhebliche persönliche und berufliche Anpassungsleistungen gefordert sind (vgl. Welch 2003; Kriegl 2000).

Inwieweit es gelingt, die Handlungsabläufe eines Dienstleistungsunternehmens in ausreichender Intensität über informelle Koordinations- und Integrationsmechanismen normativ zu prägen und dadurch ein hohes Maß an Einheitlichkeit im Denken und Handeln zu bewirken, hängt davon ab, wie stark eine Kultur ist, d.h., inwieweit die Orientierungsmuster internalisiert und nicht nur oberflächlich angeeignet sind, wie viele Mitarbeiter diese Orientierungswelt teilen und wie umfassend die Muster angelegt sind beziehungsweise wie viele Handlungssituationen durch sie vorstrukturiert werden (vgl. Schreyögg 1998, S. 40.; Scholz 1997, S. 240 f.).

Eine starke und explizite Unternehmenskultur macht dabei nicht vor den Landesgrenzen halt, sondern erstreckt sich über diese hinaus, und so schlägt sich der Umfang kultureller Homogenität multinationaler Hotelkonzerne und -gesellschaften auch in dem Ausmaß der Identifikation der Angehörigen der Auslandsgesellschaften mit dem Gesamtunternehmen nieder. Ob die Stärke einer Kultur sich dabei als effektiv oder uneffektiv im Hinblick auf die Unternehmensziele erweist, wird dadurch determiniert, wie die kulturellen Einstellungen und die Realität der Umwelt zusammenpassen (vgl. Schein 1991, S. 37), und so hängen die Konfiguration und die Anwendbarkeit unternehmenskultureller Steuerungsansätze von einer Vielzahl interner und externer Variablen ab, wie z.B. die Art der Dienstleistungserstellung, der strategischen Orientierung, der vorherrschenden Dienstleistungsphilosophie, der geografischen und kulturellen Distanz zwischen den Unternehmenseinheiten sowie weiterer intervenierender dienstleistungsspezifischer Einflussvariablen. Die Entwicklung, Veränderung und Pflege einer integeren und international tragfähigen Dienstleistungskultur erfordert hierbei eine Langzeitperspektive, die nicht durch eine permanente Instrumentalisierung im Zuge wechselnder strategischer Stoßrichtungen ihrer Authentizität und damit ihrer unterstützenden Wirkung beraubt werden darf.

5 Zusammenfassung

Ziel des Beitrags war es, die Bedeutung kultureller Einflüsse im Dienstleistungs-kontext der internationalen Hotellerie herauszuarbeiten. Im Mittelpunkt der Betrachtungen stand hierbei die Unternehmenskultur als Managementherausfor-derung für multinationale Hotelunternehmen. Zusammenfassend lässt sich fest-halten, dass die erfolgreiche internationale Vermarktung und Multiplikation von Hotelkonzepten einer nachhaltigen Unterstützung und Begleitung durch eine aus-geprägte Unternehmenskultur bedarf. Das Wissen um die Steuerbarkeit inter-national operierender Hotelkonzerne und -gesellschaften mittels unternehmens-kultureller Koordinations- und Integrationsmechanismen und die spezifischen Anforderungen an ein kulturbewusstes Dienstleistungsmanagement ist derzeit noch begrenzt. Der aktuelle Stand der wissenschaftlichen Auseinandersetzung in Tourismus, Hotellerie und Gastronomie gibt hierbei nur wenig Hilfestellung, sodass es zukünftigen Forschungsvorhaben vorbehalten bleibt, die Zusammen-hänge zwischen Unternehmenserfolg und Unternehmenskultur im internationalen Managementkontext touristischer Dienstleistungen unternehmensspezifisch zu untersuchen und kritisch zu hinterfragen.

Literatur

Adler, N. J.: International Dimensions of Organizational Behavior, 4th ed., Cincin-nati 2001.

Aung, M.: The Accor Multinational Chain in an Emerging Market: Through the Lens of the Core Competency Concept, in: The Service Industries Journal, Vol. 20, 2000, S. 43–60.

Belz, C., Schmitz, C., Brexendorf, T. O.: Internationales Internes Marketing – Kon-sequenz einer internationalen kundenorientierten Unternehmensführung, in: Bruhn, M., Stauss, B., (Hrsg.): Internationalisierung von Dienstleistungen, Wiesbaden, 2005, S. 273–294.

Benkenstein, M., von Stenglin A.: Methoden zur Messung der Dienstleistungsqualität im internationalen Kontext, in: Bruhn, M., Stauss, B. (Hrsg.): Internationalisierung von Dienstleistungen, Wiesbaden, 2005, S. 253–270.

Bleicher, K.: Das Konzept Integriertes Management, 7. Aufl., Frankfurt am Main, New York 2004.

Böttcher, R., Paul, T.: Das Management globaler Geschäfte, München 1998.

Böttcher, R.: Global Network Management: Context – Decision Making – Coordination, Wiesbaden 1996.

Bowen, D. E., Schneider, B., Kim, S. S.: Shaping Services Cultures Through Strategic Human Resource Management, in: Swartz, T. A., Iacobucci, D. (Hrsg.): Handbook of Services Marketing & Management, Thousand Oaks, 2000, S. 439–454.

Bufka, J.: Koordinationsmuster internationaler Dienstleistungsunternehmen: Ergebnisse einer neo-kontingenztheoretischen Untersuchung, in: Kutschker, M. (Hrsg.): Integration in der internationalen Unternehmung, Wiesbaden, 1998, S. 171–205.

Dobry, A.: Die Steuerung ausländischer Tochtergesellschaften – Eine theoretische und empirische Untersuchung ihrer Grundlagen und ihrer Instrumente, Gießen 1983.

Droege & Comp.: Triebfeder Kunde III: 3. Studie zur Kundenorientierung deutscher und internationaler Unternehmen, Düsseldorf 1998.

Fayerwheather, J.: Internationale Unternehmensführung: Ein Begriffssystem, Berlin 1975.

Forberger, D.: Emotionale Determinanten der Dienstleistungsqualität, Wiesbaden 2000.

Forster, W.: Qualitäts-Management als Kulturentwicklung, in: Organisationsentwicklung., H. 3, 1990, S. 64–71.

Frehse, J.: Internationale Dienstleistungskompetenzen – Erfolgsstrategien für die Europäische Hotellerie, Wiesbaden 2002.

Gardini, M. A.: Qualitätsmanagement in Dienstleistungsunternehmungen – dargestellt am Beispiel der Hotellerie, Frankfurt am Main 1997.

Gardini, M. A.: Menschen machen Marken – Dienstleister müssen ihre Markenperspektive erweitern, in: Markenartikel, 63. Jg., Nr. 6, 2001, S. 30–45.

Gardini, M. A: Internationalisierung von Dienstleistungen – Reflexionen zur Multikulturalität internationaler Dienstleistungskontexte, in: Gardini, M. A., Dahlhoff, H. D. (Hrsg.): Management internationaler Dienstleistungen: Kontext – Konzepte – Erfahrungen, Wiesbaden 2004, S. 11–35.

Gardini, M. A.: Marketing-Management in der Hotellerie, 2. Aufl. München 2008.

Greipel, P.: Strategie und Kultur: Grundlagen und mögliche Handlungsfelder eines kulturbewußten strategischen Managements, Bern, Stuttgart 1988.

Gröönroos, C.: Service Management and Marketing: A Customer Relationship Management Approach, 3rd. ed., Chichester et. al. 2006.

Harzing, A. W.: Managing the Multinationals, Cheltenham 1999.

Hofstede, G.: Lokales Denken, globales Handeln: Kulturen, Zusammenarbeit und Management, München 1997.

Hofstede, G.: The Business of International Business is Culture, in: International Business Review, Vol. 3, No. 1, 1994, S. 1–14.

Holtbrügge, D.: Perspektiven internationaler Unternehmenstätigkeit in der Postmoderne, in: Engelhard, J. (Hrsg.): Strategische Führung internationaler Unternehmen: Paradoxien, Strategien und Erfahrungen, Wiesbaden, 1996, S. 273–292.

Holtbrügge, D.: Personalmanagement in Multinationalen Unternehmungen, in: Holtbrügge, D. (Hrsg.): Management Multinationaler Unternehmungen, Heidelberg, 2003, S. 199–215.

Holtbrügge, D., Kittler, M. G., Rygl, D.: Konfiguration und Koordination internationaler Dienstleistungsunternehmen, in: Gardini, M. A., Dahlhoff, H. D. (Hrsg.): Management internationaler Dienstleistungen: Kontext – Konzepte – Erfahrungen, Wiesbaden 2004, S. 159–182.

Horovitz, J., Panak, M. J.: Marktführer durch Service: Lehren aus 50 hervorragenden europäischen Unternehmen, Frankfurt am Main, New York 1993.

Kasper, H., van Helsdingen, P., Gabott, M.: Service Marketing Management: A Strategic Perspective, 2nd. ed., Chichester, 2006.

Kreikebaum, H.: Organisationsmanagement internationaler Unternehmen, 2. Aufl., Wiesbaden 2002.

Kriegl, U.: International Hospitality Management, in: Cornell Hotel and Administration Quarterly, Vol. 41, No. 2, April, 2000, S. 64–72.

Krüger, W.: Die Erklärung von Unternehmungserfolg: Theoretischer Ansatz und empirische Ergebnisse, in: Die Betriebswirtschaft, 48. Jg., H. 1, 1988, S. 27–43.

Kumar, B. N.: Interkulturelles Management, in: Corsten H., Reiß, M. (Hrsg.): Handbuch Unternehmensführung: Konzepte – Instrumente – Schnittstellen, Wiesbaden, 1995, S. 683–692.

Kutschker, M., Schmidt, S.: Internationales Management, 5. Aufl., München 2006.

Lee, S. M., Peterson, S. J.: Culture, Entrepreneurial Orientation, and Global Competitiveness, in: Journal of World Business, 35. Jg., Nr. 4, 2000, S. 401–416.

Macharzina. K.: Neue Theorien der Multinationalen Unternehmung, in: Holtbrügge, D. (Hrsg.): Management Multinationaler Unternehmungen, Heidelberg, 2003, S. 25–38.

Maleri, R., Frietzsche, U.: Grundlagen der Dienstleistungsproduktion, 5. Aufl. Berlin 2008.

Mang, P.: Kulturabhängiges Qualitätserleben direkter Kunde-Mitarbeiter-Kommunikation, Frankfurt am Main 1998.

Martinez, J. I., Jarillo, J. C.: The evolution of research on coordination mechanisms in multinational corporations, in: Journal of International Business Studies, Vol. 20, 1989, S. 489–514.

Meffert, H., Bruhn, M.: Dienstleistungsmarketing. Grundlagen – Konzepte – Methoden, 5. Aufl., Wiesbaden 2006.

Meffert, H.: Dienstleistungsphilosophie und -kultur, in: Meyer, A. (Hrsg.): Dienstleistungsmarketing, Band 1, Stuttgart, 1998, S. 121–138.

Perlitz, M.: Internationales Management, 5. Aufl., Stuttgart 2004.

Pompl, W.: Touristikmanagement 1, 2. Aufl., Berlin 1997.

Schein, E.: Organisationskultur: Ein neues unternehmenstheoretisches Konzept, in: Dülfer, E. (Hrsg.): Organisationskultur: Phänomen – Philosophie – Technologie, 2. Aufl. Stuttgart, 1991, S. 23–37.

Scholz, C.: Strategische Organisation: Prinzipien zur Vitalisierung und Virtualisierung, Landsberg/Lech 1997.

Schreyögg, G.: Die Bedeutung der Unternehmenskultur für die Integration internationaler Unternehmen, in: Kutschker, M. (Hrsg.): Integration in der internationalen Unternehmung, Wiesbaden, 1998, S. 27–49.

Schwarz, G.: Unternehmungskultur als Element des Strategischen Managements, Berlin 1989.

Stauss, B., Mang, P.: „Culture Shocks" in inter-cultural service encounters, in: Journal of Services Marketing, Vol. 13, No. 4/5, 1999, S. 329–346.

Steinmann, H., Scherer, A. G.: Die multinationale Unternehmung als moralischer Aktor – Bemerkungen zu einigen normativen Grundlagenproblemen des interkulturellen Managements, in: Engelhard, J. (Hrsg.): Interkulturelles Management: Theoretische Fundierung und funktionsbereichsspezifische Konzepte, Wiesbaden, 1997, S. 23–53.

Steinmann, H., Schreyögg, G.: Management – Grundlagen der Unternehmensführung, 6. Aufl., Wiesbaden 2005.

Tellis, G., Stremersch, S., Yin, E.: The international takeoff of new products – the role of Economics, Culture, and Country Innovativeness, in: Marketing Science, Vol. 22, No. 2, 2003, S. 188–209.

Testa, M. R., Mueller, S. L., Thomas, A. S.: Cultural Fit and Job Satisfaction in a Global Service Environment, in: Management International Review, Vol. 43, No. 2, 2003, S. 129–148.

Thomas, A: Analyse der Handlungswirksamkeit von Kulturstandards, in: Thomas, A. (Hrsg.): Psychologie interkulturellen Handelns, Göttingen, 1996, S. 107–135.

Welch D. E.: Globalization of Staff Movements: Beyond Cultural Adjustment, in: Management International Review, Vol. 43, No. 2, 2003, S. 149–169.

Zeithaml, V. A., Parasuraman, A., Berry, L. L.: Qualitätsservice: Was Ihre Kunden erwarten – was Sie leisten müssen, Frankfurt am Main, New York 1992.

Entwicklung und Einführung einer Balanced Scorecard als strategisches Führungsinstrument bei der Robinson Club GmbH

Max-Peter Droll

1 Einführung

Die Organisationsstruktur einer international operierenden Hotelgruppe besteht in aller Regel aus einer zentralen Führungseinheit oder Unternehmenszentrale (Headoffice) an einem Ort und verschiedenen operativen Einheiten (Hotels) an sehr unterschiedlichen und oft auch räumlich weit voneinander entfernten Standorten. Eine solche Organisationsstruktur verteilt agierender Unternehmen und damit die räumliche Trennung von Führung und Produktion bzw. Erstellung der Dienstleistung ist in vielen Industriezweigen als Reaktion auf die Globalisierung und die Entwicklungen der Informationstechnologie als aktuellen Treibern von Veränderung eine neue Herausforderung, während international operierende Hotelgruppen quasi per Definition dadurch geprägt sind. Hieraus ergeben sich klassischerweise die Problematik der Standardisierung der Leistung sowie der Führung über die Distanz. Somit sind geeignete Führungsinstrumente Schlüsselfaktoren für den Erfolg solcher Unternehmen.

2 Das Unternehmen und die Managementphilosophie

2.1 Das Unternehmen

Die Robinson Club GmbH, ein Unternehmen der World of TUI mit Sitz in Hannover, ist der deutsche Qualitäts- und Marktführer im Premiumsegment für Cluburlaub. Zum Portfolio gehören derzeit 20 Clubanlagen in acht Ländern mit einer Kapazität von 11.100 Betten. Robinson bietet Alleinreisenden, Paaren und Familien in kommunikativer Atmosphäre ein besonders vielfältiges Angebot in allen Urlaubsbereichen.

1968 gründeten die TUI, Hannover, und die Steigenberger Hotel AG, Frankfurt, die Robinson Club GmbH. Das TUI Vertragshotel „Jandia Playa" auf Fuerteventura wurde mit dem neuen Konzept als erster Robinson Club am 1. Januar 1971 eröffnet. Von hier aus machte sich Robinson auf den Weg, den zunächst überwiegend deutschen Gästen einen Urlaub anzubieten, der sich von der damals üblichen

Ferienhotellerie deutlich abhob. Für einen Gästekreis, der nicht nur Sonne und Strand, sondern auch Aktivitäten wünschte, entstand ein Konzept für einen sportlichen, unterhaltsamen und geselligen Urlaub, mit oder ohne Kind, allein oder zu zweit. Robinson ist ein unverwechselbares Ferienkonzept, basierend auf außergewöhnlichen Leistungen in den tragenden Säulen Hotel, Umwelt, Entertainment, Familie, Sport, Wellfit und Kommunikation.

1974 wurde in Kenia die erste vollständig von Robinson konzipierte Anlage in Betrieb genommen, woraufhin weitere Clubs rund um das Mittelmeer und in den Alpen folgten. Durch die Übernahme der Steigenberger Anteile im Jahre 1989 wurde Robinson zu einer 100%igen Tochter der TUI. Im Jahr 2000 eröffnete Robinson erstmals auch in Deutschland einen Club, den Robinson Club Fleesensee in Mecklenburg-Vorpommern. Im Juli 2003 feierte der Robinson Club Cala Serena auf Mallorca nach umfangreicher Renovierung seine eindrucksvolle Wiedereröffnung. Cala Serena setzte mit seiner großzügigen WellFit®-Oase auf einer Fläche von 2.000 m² für die Clubhotellerie neue Standards. Mit den Eröffnungen des Robinson Clubs Agadir in Marokko Ende April 2008 und des Robinson Clubs Quinta da Ria in Portugal Juli 2008 erweitert Robinson das Portfolio auf 22 Anlagen in zehn Ländern.

2.2 Die Organisation

Die Organisationsstruktur der Robinson-Gruppe entspricht weitestgehend der der in der Einführung beschriebenen typischen Struktur international operierender Hotelgruppen. Der Sitz der Robinson Club GmbH und damit der Führungsgesellschaft der Gruppe ist Hannover. Die verschiedenen Clubanlagen befinden sich in unterschiedlichen Destinationen in zukünftig zehn verschiedenen Ländern. Die Clubanlagen stehen zum Teil im Eigentum oder Teileigentum, aber auch im Fremdeigentum, und sind über Pacht- oder Managementverträge an die Gruppe gebunden. Mehrere Clubs eines Landes oder einer Region sind organisatorisch zusammengefasst, bevor sie an das Headoffice in Hannover berichten. Die Organisationsstruktur entspricht nicht in jeder Hinsicht der gesellschaftsrechtlichen Strukturierung der unterschiedlichen Unternehmen der Gruppe. Diese ist jedoch für den hier dargestellten Führungsaspekt irrelevant.

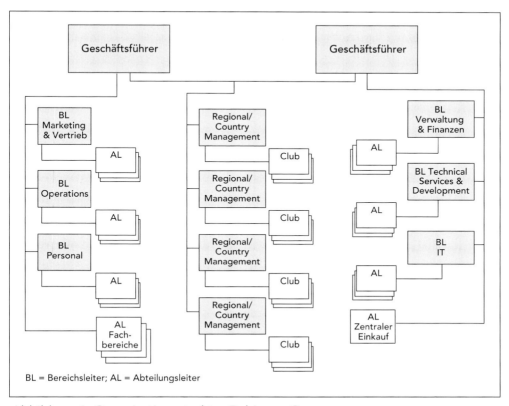

Abbildung 1: Organisationsstruktur Robinson-Gruppe

Die in Abbildung 1 dargestellte Organisationsstruktur führt dazu, dass viele Aufgaben standortübergreifend gelöst werden müssen. Dies erfordert einen hohen Koordinations- und Kommunikationsbedarf. Jeder einzelne Club wird durch einen Clubdirektor vor Ort geführt, der somit letztendlich verantwortlich für die Umsetzung aller Abläufe und Prozesse in dem jeweiligen Club ist. Der Clubdirektor trägt auch die Ergebnisverantwortung seines Betriebs.

2.3 Die Strategie

Die Strategie und die darauf aufbauende Managementphilosophie des Unternehmens basieren auf der Überzeugung, dass in der Dienstleistung und hier insbesondere im Bereich der Hotellerie die Betrachtung der drei Faktoren Mitarbeiter,

Gast und Stakeholder sowie deren Interdependenz kritisch für den Erfolg des Unternehmens ist. Hierbei werden unter Stakeholdern vor allem Gesellschafter und Partner im Sinne von Eigentümern der Managementbetriebe zusammengefasst.

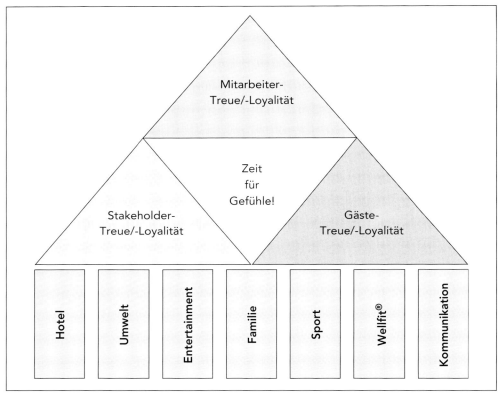

Abbildung 2: Strategie auf der Basis der sieben Robinson-Säulen

Durch die Erkenntnisse der weltweit größten Langzeitstudien des Gallup-Instituts, die einen solchen Zusammenhang auch als Gallup-Pfad beschreiben, wird dieser Ansatz bestätigt: Emotionales Engagement eines jeden der drei Faktoren ist dabei die Grundlage der Erkenntnis. Engagierte Mitarbeiter sorgen für gebundene Kunden. Emotional gebundene Kunden sorgen für nachhaltiges Wachstum, welches den Stakeholdern zugute kommt und somit wiederum Investitionen in die Qualität der Clubanlagen, aber auch über Aus- und Weiterbildung sowie Kompensationsleistungen in die Fähigkeiten und die Motivation der Mitarbeiter, ermöglicht und somit auch deren Bindung an das Unternehmen erhöht.

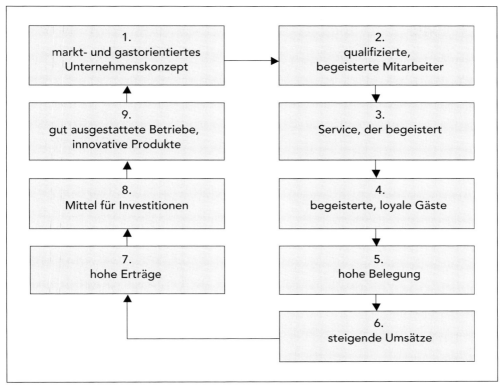

Abbildung 3: Ursache-Wirkungs-Diagramm

Eine solche Darstellung (Abbildung 3) der strategischen Ansätze wird auch als Ursache-Wirkungs-Diagramm bezeichnet (siehe auch Abschnitt 4.1).

3 Die Ausgangslage

3.1 Führung durch Ziele

Bei der Führung aus Distanz stellt sich das Dilemma, dass einerseits der Mitarbeiter geführt werden muss, um das optimale Ergebnis zu erzielen, andererseits jedoch jeder Mitarbeiter in seiner lokalen Situation anders funktioniert und funktionieren muss. Ein übermäßiger Standardisierungszwang kann die lokalen Erfordernisse sowie die Stärken des einzelnen Mitarbeiters nicht umfassend berücksichtigen. Eine enge Führung ist über die Distanz und zusätzlich über mehrere Hierarchiestufen quasi unmöglich. Somit kann der Weg aus dem Dilemma nur sein, über Ziele zu führen. Es müssen die richtigen Ziele vorgegeben werden, aber der Weg dorthin bleibt innerhalb eines adäquaten Spielraums weitestgehend dem Mitarbeiter überlassen. Grundvoraussetzung dafür ist es, das erforderliche Vertrauen zu schaffen und dieses mit den über die Distanz verfügbaren Kommunikations- und Kontrollmitteln zu ergänzen. Die Ziele sind mit einem wertorientierten Anreizsystem zu hinterlegen, welches ausreichender Motivationsfaktor für die Zielerreichung ist, wobei idealerweise zusätzliche Formen der Anerkennung zur Motivation entscheidenden Beitrag leisten.

3.2 Die Zielkonflikte

Geht man von dem zuvor beschriebenen strategischen Ansatz bzw. Verständnis der Managementphilosophie aus, das heißt, dem Anspruch, Mitarbeitern, Gästen und Stakeholdern gleichermaßen in ihren jeweiligen Ansprüchen gerecht zu werden, so entstehen aus diesen drei Zieldimensionen automatisch Zielkonflikte. Diese sollen anhand einfacher Beispiele erläutert werden:

Eine der Säulen des Robinson-Produkts ist das Food & Beverage-Angebot, welches in einem großen Umfang im angebotenen Basispreis inkludiert ist. Dies kann in unterschiedlichen Ausprägungen erfolgen. In aller Regel aber schließt das Angebot eine erweiterte Vollpension inklusive der Tischgetränke ein. Die Mahlzeiten Frühstück, Mittagessen und Abendessen werden in den meisten Fällen in Form von reichhaltigen Buffets angeboten. Hierzu stehen ausgewählte Softdrinks und Säfte, aber auch Bier und Wein, zur Verfügung. Nachmittags gibt es ein Kuchenangebot und eine Snackline, am späten Abend einen Mitternachtssnack. Die gemessene Gästezufriedenheit und daraus resultierende emotionale Bindung, die eine Zieldimension darstellt, lässt sich nachweislich über die Reichhaltigkeit und qualitative Auswahl der Speisen und Getränke zu den unterschiedlichen Mahlzeiten beeinflussen. Diese steht wiederum im unmittelbaren Zusammenhang mit dem Wareneinsatz. Eine Steigerung der Gästebindung über eine Erhöhung der Food Cost führt ceteris paribus zu sinkenden Profiten. Dies widerspricht der Zielsetzung der Stakeholder, die einen möglichst hohen Profit bzw. Return on Investment erwarten.

Dieses eben genannte Beispiel kann auch auf die investiven Bereiche übertragen werden. Während der Eigentümer einer Clubanlage als Stakeholder die Verzinsung des eingesetzten Kapitals über verzögerte Reinvestitionen oder nur geringe Erweiterungsinvestitionen möglicherweise kurzfristig steigert, leidet hierunter ebenfalls unmittelbar die Gästezufriedenheit. Ein weiterer Widerspruch in der Zielsetzung ergibt sich zwischen Mitarbeitern und Stakeholdern. Die Motivation des Mitarbeiters kann durch eine Lohnerhöhung oder Prämie gesteigert werden, die wiederum kurzfristig dem Stakeholder-Ziel der Profitmaximierung entgegensteht. Diese Beispiele können vielfach erweitert werden, machen aber zunächst ausreichend klar, worin die Schwierigkeit der Zielkongruenz besteht.

3.3 Die Anreizsysteme

Eben diese Zielkonflikte spiegelten sich auch in der Leistungsbewertung und den Anreizsystemen für die Clubdirektoren wider. Zunächst stand natürlich die Erreichung finanzieller Ziele im Vordergrund der Bewertung und somit auch als Grundlage für die Ausschüttung entsprechender Boni und Tantiemen. Gemessen am festgelegten Budget für das Geschäftsjahr war die Erreichung des Bruttobetriebsergebnisses (Gross Operating Profit; GOP) entscheidend. Bei Nichterreichen des budgetierten GOP entfiel der Bonus.

Als zweiter Aspekt kam zur Berücksichtigung der Kundenperspektive das jeweilige Ergebnis der Gästebefragung hinzu. Ein für alle Betriebe gleichermaßen für das entsprechende Jahr geltender, durchschnittlich zu erreichender Mindestwert war hier ausschlaggebend für die Auszahlung des Bonus. Zusätzlich standen die Clubs im internen Wettbewerb um das beste Ergebnis der Gästebefragung. Aus den jeweiligen Kategorien (Strandclub oder Bergclub) wurden im Rahmen einer jährlichen Galaveranstaltung die Gewinner geehrt und bei Gewinn oder Platzierung zusätzlich mit einer Prämie belohnt.

Die zuvor beschriebenen Zielkonflikte führten somit zu potenziell kuriosen Anreizen. War es absehbar, dass durch eine schwache Auslastung das vereinbarte Ziel des GOP im laufenden Geschäftsjahr nicht mehr zu erreichen war, so konnte ein Bonus dennoch erreicht werden, indem das Ziel der Gästebeurteilung erreicht wurde. Das gewählte Anreizsystem motivierte also zu Investitionen in die Gästezufriedenheit. Statt durch konsequente Kosteneinsparungen noch das finanzielle

Ergebnis dem Ziel anzunähern, wurde am alternativ noch zu erreichenden Ziel Gästezufriedenheit gearbeitet. Budgetierte Wareneinsätze wurden erhöht oder zumindest, statt einzusparen, im Rahmen des Budgets ausgegeben, und die personalintensive Gästebetreuung wurde nicht im erforderlichen Maß der geringeren Belegung angepasst, sondern kam der geringeren Gästezahl in übervollem Ausmaß zu gute. Ein Paradies für Gäste, die natürlich bei einer solchen Qualität mit Lob im Gästefragebogen nicht sparten. Und bei der jährlichen Galaveranstaltung wurden unter Umständen diejenigen gefeiert, die zum finanziellen Ergebnis eher weniger beigetragen hatten, oder, anders herum gesagt, es standen die Vertreter der ertragkräftigsten Betriebe, die immer Garanten für das Unternehmensergebnis waren, eben gerade nicht auf dem Treppchen. Ein Fehler, der im Übrigen nicht den jeweiligen Akteuren vorzuwerfen, sondern der zu einseitigen Fokussierung des Anreizsystems anzulasten ist. Die Herausforderung bestand somit darin, ein Zielsystem zu entwickeln, welches unterschiedliche und teilweise gegensätzliche Zielkategorien berücksichtigt und gleichermaßen in einer Balance sinnvoll zusammenführt.

4 Die theoretischen Ansätze einer Balanced Scorecard

4.1 Die Grundform der Balanced Scorecard

Die Balanced Scorecard (BSC) wurde Anfang der 1990er-Jahre von Robert S. Kaplan und David Norton an der Harvard Universität entwickelt. Es handelt sich um ein mehrdimensionales Konzept zur Messung der Aktivitäten einer Organisation unter Berücksichtigung von Vision und Strategie und gibt einen Überblick über die Leistungsfähigkeit und Effektivität des Unternehmens. Die Grundidee basiert auf der Annahme, dass eine eindimensionale Beschreibung und Steuerung eines Unternehmens unabhängig davon, welche Dimension Verwendung findet, der Realität nicht gerecht wird. Die BSC soll die wesentlichen Dimensionen eines Unternehmens abbilden und die für die Steuerung des Unternehmens benötigten Informationen verfügbar machen und somit den Führungskräften auch die Erreichung von mittel- und langfristigen Zielen sowie die Umsetzung von Strategien und Visionen deutlich machen. Neben der klassischen Finanzperspektive mit den üblichen Kennzahlen werden auch nicht finanzielle Indikatoren berücksichtigt.

Grundlage der BSC ist das Ursache-Wirkungs-Diagramm. Durch Ursache-Wirkungs-Zusammenhänge wird die Strategie mit den unterschiedlichen, für das individuelle Unternehmen relevanten Perspektiven verknüpft. Wenn auch in der Regel vier Dimensionen bzw. Perspektiven mit jeweils zwei bis drei Zielen verwendet werden, ist die BSC im Gegensatz zu den meisten Controllingsystemen frei in der Bestimmung und Anzahl der Dimensionen und ihrer jeweiligen Kennzahlen. Innerhalb jeder Dimension werden die kritischen Erfolgsfaktoren festgelegt und daraus anhand von Key-Performance-Indikatoren (KPI) ein Kennzahlensystem – die sogenannte Scorecard – erstellt. Anhand der Messgrößen kann der aktuelle Zielerreichungsgrad der einzelnen strategischen Ziele abgelesen werden. Diese werden kontinuierlich überprüft und durch korrigierende Maßnahmen gesteuert.

4.2 Typische Dimensionen der Balanced Scorecard

In der Grundform der BSC nach Kaplan und Norton werden vier für das Unternehmen relevante Dimensionen aufgeführt. Beispielhaft sollen diese Dimensionen mit korrespondierenden Kennzahlen oder Key-Performance-Indikatoren (KPIs) illustriert werden:

1. **Finanzen**

   Die finanzielle Dimension eines Unternehmens wird traditionell in Monats-, Quartals- oder Jahresabschlüssen dargestellt. Sie beinhaltet Informationen über die Vermögens-, Finanz- und Ertragslage eines Unternehmens. Typische KPIs können Profitcenter-Ergebnisse sein, aber auch Kosten pro produzierte Einheit.

2. **Kunden**

   Eine kundenorientierte Sichtweise liefert Informationen über die Positionierung des Unternehmens in bestimmten Marktsegmenten, über die Kundenzufriedenheit oder die Kundenbindung. Solche Ziele stehen nicht unbedingt mit kurzfristigen Gewinnzielen im Einklang. Eine weitere Kennzahl kann auch die Reaktionszeit auf Kundenanfragen sein.

3. **Prozesse**

   Auf Ebene der Geschäftsprozesse erfolgt die Beschreibung des Unternehmens anhand der einzelnen im Unternehmen implementierten Arbeitsabläufe. Hier kann die Qualität oder auch die Prozessdurchlaufzeit als Kenngröße dienen.

4. Mitarbeiter und Potenzial (auch Lernen/Wachstum)

Die vierte Dimension beinhaltet sogenannte weiche Erfolgsfaktoren. Dieses sind die Motivation und der Ausbildungsstand der Mitarbeiter, der Zugang zu relevanten externen Informationsquellen und die Organisation des Unternehmens. Hierin spiegelt sich auch die Anpassungsfähigkeit des Unternehmens wider. Kennzahl kann auch das Umsatzverhältnis neuer Produkte zu alten Produkten sein. Ein weiterer Indikator kann die Fluktuation von Leistungsträgern aus der Organisation heraus sein. Ein solches Ziel unterstützt die langfristige Beschäftigung von Leistungsträgern in der Organisation, fördert die Leistungsdifferenzierung, kann aber auch Querdenker blockieren. Weitere Kennzahlen können Fehltage oder Schulungstage sein.

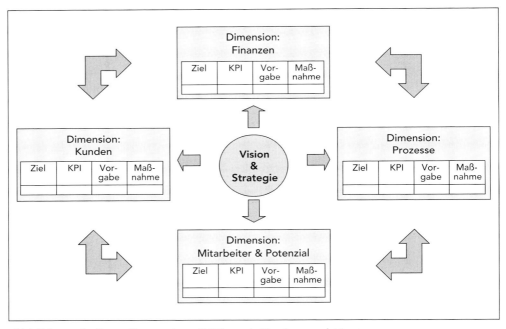

Abbildung 4: Grundform einer BSC nach Kaplan und Norton

Es ist sinnvoll und eine Stärke der BSC, die Dimensionen für jede Organisation individuell festzulegen. Dabei können mehr oder weniger Dimensionen gewählt werden, die wiederum durch eine unternehmensindividuelle Zusammensetzung von Zielen oder Key Performance Indicators (KPI) definiert werden. Dort, wo besondere Bereiche des Unternehmens als erfolgskritisch gelten, können für diese individuelle BSCs entwickelt oder auch Lieferanten in eine BSC eingebunden werden. Die Finanzperspektive und Kundenperspektive bieten sich aber generell an.

Nach der Entscheidung über die einzelnen der Unternehmensstrategie angepassten Dimensionen liegt die Herausforderung in der Auswahl weniger, gleichzeitig aber der relevanten und aussagekräftigen Kennzahlen, die sich in den verschiedenen Perspektiven auch direkt beeinflussen. Es sollte durch die richtige Auswahl der Dimensionen das skizzierte Ursache-Wirkungs-Diagramm abgebildet werden.

5 Die Entwicklung der Robinson Balanced Scorecard

5.1 Anforderungen an eine Robinson Balanced Scorecard

Die Anforderungen an eine Robinson Balanced Scorecard ergaben sich einerseits aus dem strategischen Ursache-Wirkungs-Diagramm (siehe Abbildung 3) und andererseits insbesondere als Schlussfolgerung aus den in der Praxis realisierten Zielkonflikten in Kombination mit dem sich als wenig geeignet erweisenden Anreizsystem.

Um eine durchgängige Akzeptanz zu erreichen, musste also eine BSC entwickelt werden, die schlüssig in einem sinnvollen, wertorientierten Anreizsystem mündete. Hierbei galt es, eine möglichst objektive Vergleichbarkeit der Performance der unterschiedlichen Clubs zu gewährleisten, die über ihre Besonderheiten der individuellen Standorte (zum Beispiel Berge vs. Meer) und Länder, der Saisonalität (ganzjähriger, einsaisonaler, zweisaisonaler Betrieb) und auch der Größe (120 bis 955 Betten) stark variieren. Die Fairness im internen Wettbewerb wird hiermit zu einem entscheidenden Motivationsfaktor.

5.2 Auswahl der Robinson-spezifischen Dimensionen

Auf Basis der Strategie und des daraus abgeleiteten Ursache-Wirkungs-Diagramms wurden die drei Dimensionen *Mitarbeiter, Gäste* und *Stakeholder* für die BSC festgelegt. Das strategische Verständnis dieser Dimensionen musste nun also in geeigneten Kennzahlen bzw. KPIs reflektiert werden. Danach musste für die einzelnen Kennzahlen pro Dimension sowie für die Dimensionen selbst eine geeignete Bewertung bzw. Gewichtung festgelegt werden, die der aktuellen Priorisierung der Strategischen Ziele entspricht. Während sich die Dimensionen zweifelsfrei aus der Unternehmensstrategie ableiten ließen, erforderte die Festlegung der KPIs einen deutlich längeren Prozess, der gemeinsam mit den Vertretern der Regionen sowie der einzelnen Fachbereiche und nicht zuletzt in gutem Einvernehmen mit den Vertretern des Betriebsrats geführt wurde.

5.3 Auswahl der Key-Performance-Indikatoren

Als zentraler KPI der Dimension *Mitarbeiter* kristallisierte sich als umfassendes Kriterium der erreichte Wert der von einem international renommierten Institut – also von neutraler Stelle – durchgeführten Mitarbeiterbefragung heraus. Dieser bei allen Robinson-Mitarbeitern als Einmalerhebung pro Jahr im Club, in den Regionen und im Headoffice in Hannover ermittelte Wert stellt die emotionale Mitarbeiterbindung fest. Es ist möglich, das Ergebnis jeder Führungskraft mit einer entsprechenden Mindestanzahl an berichtenden Mitarbeitern individuell zuzuordnen und bis auf das Gruppenniveau zu aggregieren. Einzelne Maßnahmen werden in jedem Team diskutiert und mit den Vorgesetzten entwickelt, um das gesteckte Zielergebnis zu erreichen oder zu verbessern.

Im direkten Zusammenhang damit steht ein weiterer KPI dieser Dimension, die Fluktuation, basierend auf der Erkenntnis der bereits zitierten Gallup-Studien, dass der emotional gebundene Mitarbeiter dem Unternehmen länger treu bleiben wird. Hierbei bleibt zu berücksichtigen, dass eine gewisse Basisfluktuation, insbesondere im Hinblick auf die Saisonbetriebe, nicht zu vermeiden ist und möglicherweise auch wünschenswert sein kann. Also wird für die BSC nur die Fluktuation der Führungskräfte ab einer bestimmten Ebene ermittelt. Darüber hinaus wird die Fluktuation auf Gruppenebene bewertet. Das heißt, dass der Wechsel einer Führungskraft von einem Betrieb zu einem anderen innerhalb der Gruppe nicht als Fluktuation gewertet wird. Hierin besteht eine gewisse Unschärfe, da es dem einzelnen Vorgesetzten nicht ausreichend gelungen ist, eben diesen innerhalb der Gruppe wechselnden Mitarbeiter an sich zu binden. Jedoch sind die Möglichkeiten der Weiterentwicklung und die sich bietenden internationalen Perspektiven für die Mitarbeiter vielfach entscheidende Argumente, für eine internationale Hotelgruppe zu arbeiten. Dieser jeweils als Vergleich von Saison zu Saison gemessene Wert geht als zweiter wichtiger Indikator in die Dimension Mitarbeiter ein.

In der Dimension *Gäste* wurden die Ergebnisse der seit langen Jahren erfolgreich durchgeführten Gästebefragung als Key-Performance-Indikator übernommen. Aus der vielschichtigen Befragung wird zunächst der Gesamtdurchschnitt gewertet. Darüber hinaus werden strategisch besonders wichtige Einzelwerte nochmals zusätzlich in die Wertung einbezogen und gehen somit überproportional in die Gewichtung ein.

Am einfachsten gestaltete sich die Auswahl und Erfassung der *Stakeholder*-Kennzahlen, da hierbei im Schwerpunkt auf die klassischen Finanzkennzahlen abgestellt wurde. Neben der Erreichung des budgetierten GOP geht zusätzlich ein Robinson interner Wert mit dem schönen Titel „Freitag" ein, der sich wiederum aus unterschiedlichen Kriterien zusammensetzt. Einzelne Teilkriterien sind hier zum Beispiel die exakte Einhaltung – das heißt: weder Überschreitung noch Unterschreitung – von budgetierten Instandhaltungsmaßnahmen oder bestimmten, fest definierten Kostenpositionen.

5.4 Datenerfassung und Gewichtung

Grundvoraussetzung für ein kennzahlenbasiertes Führungsinstrument ist die verlässliche Erfassung und Verfügbarkeit der Daten. Schon bei der ersten Dimension *Mitarbeiter* wurde klar, dass mögliche Kennzahlen bislang nicht einheitlich, regelmäßig und zentral erfasst wurden. Die neu eingeführte Mitarbeiterbefragung bot die beste Grundlage und eine gesicherte Datenerfassung. Bei der Fluktuation musste diese zunächst – wie oben (siehe Abschnitt 5.3) beschrieben – definiert und individuell für jeden Bereich bzw. Betrieb erfasst werden. Die Reduzierung auf die Führungskräfte vereinfachte hier die Erfassung, da in den Prozess der Einstellung von Führungskräften das Headoffice involviert ist und somit entsprechende Daten zentral vorliegen. Im Bereich *Gäste* und *Stakeholder* konnte überwiegend auf bereits zuvor erfasste Daten oder auf entsprechende Reports der Clubs zurückgegriffen werden. Eine entscheidende Frage bestand aber noch in der Bewertung der einzelnen Daten und der jeweiligen Gewichtung der KPIs innerhalb der jeweiligen Dimension sowie der Dimensionen untereinander:

Auch wenn aus dem Dreiklang der drei Dimensionen innerhalb der Strategie eine Gleichgewichtung zulässig wäre und diskutiert wurde, wurde schließlich die höhere Gewichtung der wirtschaftlichen Dimension *Stakeholder* mit 50 % und die Dimensionen *Mitarbeiter* und *Gäste* mit jeweils 25 % festgelegt. Wesentlich komplexer waren die Bewertungen der Einzelkriterien, die mit ihren jeweiligen Einzelgewichtungen dann die Dimension insgesamt abbilden. Bei diesen Einzelkriterien kommt hinzu, dass nicht alle Kriterien in einer gemeinsamen Maßeinheit wie zum Beispiel Euro oder Prozent erfasst werden. Es war also erforderlich, für jedes einzelne Teilkriterium eine Abweichung über eine Umrechnungstabelle in Punkten zu bewerten und so vergleichbar zu machen. Danach waren die Teilkriterien in ihren Abweichungen zueinander zu gewichten. So galt es beispielsweise innerhalb der Dimension Gäste festzulegen, ob eine Abweichung einer im Schulnotensystem von Note 1 bis Note 5 von den Gästen bewertete Einzelleistung wie die Kinderbetreuung für den Unternehmenserfolg ebenso schwer wiegt wie die gleiche Abweichung in der Gästebewertung des Beschwerdemanagements oder des Geschmacks der Speisen. Dieses Beispiel macht die Komplexität der Bewertung der einzelnen Teilkriterien deutlich. Leitfaden hierbei muss aber immer die Strategie und das Ursache-Wirkungs-Diagramm sein.

6 Die Einführung der Robinson Balanced Scorecard

6.1 Akzeptanz im Unternehmen

Wie bei wahrscheinlich allen Veränderungen langfristig vorhandener Systeme und Strukturen in Unternehmen, ist die breite Akzeptanz der Neuerung wichtige Voraussetzung für den Erfolg der Einführung. Überzeugungsarbeit im Hinblick auf die Robinson Balanced Scorecard war vor allem bei den Gegnern des neuen Systems zu leisten, nämlich denen, die von dem existierenden System über die Jahre zu profitieren gelernt hatten.

So war es enorm hilfreich, dass das System durch und durch für alle transparent ist. Die Messung der Werte in Bezug auf die Einzelkriterien muss sinnvoll möglich sein, und insbesondere in kritischen Bereichen sollte die Erfassung objektiv und eventuell sogar durch externe Messungen erfolgen. Dies erfolgt im dargestellten Fall beispielsweise bei der Messung der Mitarbeiterbindung durch die Mitarbeiterbefragung.

Wichtiger Faktor ist auch die regelmäßige Kommunikation der aktuellen Zwischenstände, die derzeit monatlich stattfindet und die aktuellen eigenen Werte im Benchmarking mit den unkenntlich gemachten anderen Betrieben aufzeigt. Durch eine einfache Übersicht kann die Kommunikation an alle Mitarbeiter im jeweiligen Club erfolgen und so immer wieder an aktuell erforderlichen Maßnahmen gemeinsam im Team gearbeitet werden, um das Ziel zu erreichen.

6.2 Die individuelle Zielvereinbarung

Ein weiterer wichtiger Faktor ist die individuelle Zielvereinbarung, oder anders ausgedrückt, die individuelle Scorecard für jeden einzelnen Betrieb. Parallel zur Erstellung der klassischen Budgets für das Folgejahr werden alle Teilkriterien für den einzelnen Betrieb festgelegt. Dies erfolgt in Abstimmung zwischen den Fachbereichen im Headoffice und den Clubdirektoren. Essenziell hierfür ist es, wie bei jeder Zielsetzung, realistisch zu erreichende Ziele zu vereinbaren. Um die gemeinsame Arbeit zwischen den Fachbereichen im Headoffice und den einzelnen Clubs zu intensivieren, sind die über alle Clubs aggregierten Ziele innerhalb des jeweiligen Teilkriteriums gleichzeitig die Zielvorgabe für den Fachbereich im Headoffice. Somit ist sichergestellt, dass an identischen, realistischen Zielen gemeinsam gearbeitet wird.

Durch die Messung der individuellen Zielerreichung bzw. der prozentualen Abweichung an den individuellen Zielen pro Teilkriterium, im Gegensatz zur Messung eines absoluten Wertes (zum Beispiel erwirtschafteter GOP in Euro), wird darüber hinaus nicht nur eine höhere Motivation im einzelnen Club erreicht, sondern auch die Vergleichbarkeit über alle unterschiedlichen Betriebe gegeben. Die Zielerreichung und der Wert der Scorecard am Ende des Jahres sind somit unabhängig von der Größe oder Lage des Clubs. Aktuelle Besonderheiten, wie beispielsweise die Großbaustelle auf dem Nachbargrundstück, die sich deutlich auf die Gästezufriedenheit oder die Anzahl der Beschwerden auswirkt, können, so weit sie bei der Budgetierung bekannt sind, in der Scorecard bereits berücksichtigt werden.

Alle Scorecards können dann hierarchisch zu einer regionalen BSC oder einer Gesamt-Scorecard der Unternehmensgruppe zusammengeführt werden.

6.3 Der Testlauf und die Einführung

Die hohe Akzeptanz im Unternehmen, die insbesondere durch den transparenten Aufbau und die Erstellung individueller Scorecards für jeden einzelnen Betrieb schnell erreicht wurde, ließ es zu, nach einem einjährigen Testlauf die Robinson Balanced Scorecard als voll umfängliches strategisches Führungsinstrument mit direkter Auswirkung auf die Vergütung einzuführen.

In der im Abschnitt 3.3 beschriebenen Galaveranstaltung, in der bislang die reine Gästezufriedenheit prämiert wurde, wurden schon im Testjahr, ohne das dass vertraglich vereinbarte Vergütungssystem angetastet werden musste, die Clubs ausgezeichnet und gefeiert, die das beste Scorecard-Ergebnis erzielt hatten. Für das Folgejahr konnten auch diese vertraglich relevanten Themen rechtzeitig fixiert werden, sodass die BSC nahezu ohne weitere Überarbeitung nach dem Testlauf erfolgreich eingeführt werden konnte.

7 Fazit

7.1 Chancen und Risiken

BSCs ermöglichen es, die Strategie des Unternehmens zu operationalisieren, darzustellen und zu kommunizieren und damit die Vision bzw. Strategie auf operatives Handeln herunterzubrechen. Die Wirkungszusammenhänge zwischen den einzelnen Unternehmenszielen werden deutlich, und ein erfolgreiches Geschäftsmodell lässt sich bereits durch strukturelle Frühindikatoren steuern. Eine einfache Struktur ermöglicht eine Komplexitätsreduktion in der Steuerung. Später lassen sich durch Einbeziehung der BSC entsprechende Maßnahmen und Verantwortlichkeiten begründen. Durch die individuellen BSCs einzelner Teilbereiche einer Organisation werden Mitarbeiter und Teams in ihren Aufgaben durch eine eigene Perspektive gestärkt: Sie erkennen deutlich, inwieweit ihre Performance einen messbaren Beitrag zur Umsetzung der Gesamtstrategie der Unternehmung leistet. Die BSC balanciert klassische finanzielle Ziele und nichtfinanzielle Ziele aus und ermöglicht einen ganzheitlichen Managementprozess.

Gleichzeitig besteht die Gefahr, die BSC mit zu vielen und zu komplexen Zielen zu überfrachten. So kann bei oberflächlicher Betrachtung der BSC eine einseitige Konzentration auf gewisse Kennzahlen dazu führen, dass die eigentliche Intention der BSC, nämlich die Ausrichtung des Handelns an strategischen Zielen und dem nachhaltigen, zukunftsorientierten Aufbau von Potenzialen, verloren geht. Bei der Festlegung auf Kennzahlen und den zugehörigen Vorgaben kann es zur bewussten Manipulation oder zu einer einseitigen Optimierung der Kennzahlen kommen, insbesondere, wenn die Vergütung der Mitarbeiter an die Erfüllung von Kennzahlen gebunden ist. Daher ist das Prinzip der Ausgewogenheit (Balance zwischen den einzelnen Zielen) zu beachten, um eine Fehlsteuerung zu vermeiden.

Die Herausforderung liegt in der Auswahl weniger und zugleich relevanter Kennzahlen, die sich idealerweise in den verschiedenen Sichtweisen auch direkt beeinflussen. Beispielsweise sollte ein Kundenindikator so gewählt werden, dass seine Erreichung einen positiven Beitrag auf den übergeordneten Finanzindikator ausübt. In der BSC werden die Ziele ausgewogen verfolgt, d.h., es werden ständig die Auswirkungen der Maßnahmen auf alle Ziele bewertet. Aus psychologischer Sicht erfordert dies eine übersichtliche Anzahl von gleichzeitig zu betrachtenden Kennzahlen. Da es sich bei der BSC um ein sehr grundlegendes Führungsinstrument handelt, welches bei konsequenter Umsetzung zu deutlichen Veränderungen im Unternehmen führen kann, darf das mehrfach im Kontext des konkreten Beispiels der Robinson-Gruppe erwähnte Risiko der Akzeptanz im Unternehmen nicht unterschätzt werden.

7.2 Kritik

Für die Umsetzung der Unternehmensstrategie mit dem Führungsinstrument BSC ist es erforderlich, für jede Planabweichung den Verantwortlichen für die entsprechende Kennzahl heranzuziehen, um die langfristige Akzeptanz sicherzustellen. Dabei sollte beachtet werden, dass der Kennzahlen-Verantwortliche nicht für jede eingetretene Planabweichung verantwortlich gemacht werden kann. Gerade bei exogenen Störungen (z.B. Konjunktur im Quellmarkt, Veränderung von Rohstoff- und Energiepreisen, Klima etc.) ist der Grund für die Planabweichungen nicht bei den Kennzahlen-Verantwortlichen zu suchen. Daher ist es von grundlegender Bedeutung, dass zwischen zu verantwortenden und nicht zu verantwortenden Planabweichungen klar unterschieden wird. Die beste Möglichkeit, dies zu erreichen, besteht darin, schon bei der Entwicklung einer BSC die einer Kennzahl zuzuordnenden Risiken anzugeben, denn genau diese Risiken beschreiben nicht zu verantwortende Abweichungen von einem Plan- oder Erwartungswert. Mit dieser Vorgehensweise ist eine Integration von strategischem Management (BSC) und Risikomanagement möglich, was die Effizienz und die logische Konsistenz beider Systeme fördert.

Aktuell spielen Risiken in BSCs kaum eine Rolle, was daran liegen kann, dass Kaplan und Norton in ihrer Beschreibung der BSC diesem Thema nahezu keinen Raum eingeräumt haben. Daher ist eine Weiterentwicklung der traditionellen BSC unter Zuordnung von Risiken zu den Kennzahlen eine logische Konsequenz, um die Umsetzung einer wertorientierten Unternehmensstrategie voranzutreiben.

7.3 Bewertung aus Robinson-Sicht und mögliche Ausbaustufen

Die Einführung der BSC war ein wichtiger Schritt, der viele problematische Aspekte im Bereich der Zielvorgaben und der leistungsgerechten Vergütung transparenter gemacht und vereinfacht hat. Voraussetzung für die Einführung der BSC war die klare Ausformulierung der zwar vorhandenen, aber möglicherweise noch nicht in allen Teilaspekten so klar aufgebauten und kommunizierten Unternehmensstrategie. Nur eine im Unternehmen klar kommunizierte Strategie und Vision machen die Einführung einer BSC möglich. Gleichzeitig hat allein der Prozess der Erstellung der individuellen BSCs mit den Diskussionen zwischen den Vertretern der einzelnen Regionen, den Clubdirektoren und den Fachbereichen in Hannover enorm dazu beigetragen, die Erfolgstreiber des Geschäfts erneut grundlegend zu analysieren und klar herauszuarbeiten.

In der Arbeit mit der BSC muss auch deutlich festgehalten werden, dass das Messen der einzelnen Teilkriterien allein nicht ausreicht. Das heißt, dass die BSC allein nicht die Brücke zwischen den Teilkriterien und dem operativen Handeln bauen kann. Es ist von entscheidender Bedeutung, immer wieder nach der unterjährigen Analyse der Kennzahlen die richtigen Maßnahmen zu erarbeiten, um das zukünftige Handeln der Teams und der Mitarbeiter zu bestimmen. Hierbei hilft neben dem Abgleich mit den sehr individuellen Vorgaben auch das interne Benchmarking mit den anderen Betrieben, was zur Verbesserung anspornt.

Die Individualität des Instruments BSC macht eine Anpassung und Erweiterung jederzeit möglich. Als inhaltliche Ausbaustufe kann beispielsweise eine zusätzliche Dimension aufgenommen werden, wenn so die Strategie noch deutlicher im täglichen Handeln umgesetzt werden kann. Dies könnte am geschilderten Robinson-Beispiel das Thema Innovationsfähigkeit des Unternehmens sein, da dieser Bereich bislang nicht abgedeckt wird, sich im Ursache-Wirkungs-Diagramm aber wiederfindet. Bei der Planung und Festlegung der Kriterien und Vorgaben muss zukünftig sicherlich dem bereits im vorhergehenden Abschnitt erläuterten Aspekt des Risikomanagements Rechnung getragen werden. Dies insbesondere auch, um die langfristige Akzeptanz sicherzustellen.

Unabhängig von einer inhaltlichen Erweiterung bietet die BSC große Flexibilität in der Berücksichtigung aktueller strategischer Schwerpunkte. So können Gewichtungen in der Phase der Budgetierung und Scorecard-Erstellung in einem Jahr verändert werden, wenn in diesem Jahr besondere strategische Schwerpunkte auf einzelne Teilbereiche gelegt werden. Als technische Ausbaustufe wird die Automatisierung der BSC und hier insbesondere die Verringerung des Erfassungsaufwands und die komplexere Möglichkeit der Visualisierung in Kennzahlen-Cockpits über Softwaremodule oder als Teil eines weitergehenden Management-Informations-Systems (MIS) geprüft.

Die Einführung der Robinson Balanced Scorecard war sehr erfolgreich. Das richtige Finetuning und die zukünftige Weiterentwicklung werden den Erfolg dieses strategischen Führungsinstruments bei der Robinson Club GmbH absichern.

Literatur

Abel, R.: Die Balanced Scorecard im Arbeitsfeld von Betriebsräten, Studie der Hans-Böckler-Stiftung zum Einsatz der BSC in Unternehmen und die Einbeziehung der Interessenvertretung, Düsseldorf 2001.

Buckingham, M., Coffmann, C.: Erfolgreiche Führung gegen alle Regeln, aus dem Englischen von H. Allgeier, 2. Auflage, Frankfurt am Main/New York 2002.

Coffmann, C., Gonzalez-Molina, G.: Managen nach dem Gallup-Prinzip, aus dem Englischen von M. Bühler, Frankfurt am Main 2003.

Dürndorfer, M., Friederichs, P. (Hrsg.): Human Capital Leadership, Hamburg 2004.

Groß, M., Hiller, A. (Hrsg.): Leadership in Distributed Organisations, Boizenburg 2007.

Horváth, P., Controlling, 10. Auflage, München 2006.

Kaplan, R. S., Norton, D. P.: The Balanced Scorecard. Measures That Drive Performance, in: Harvard Business Review 1992, S. 72–79.

Kaplan, R. S., Norton, D. P.: The Balanced Scorecard. Translating Strategy into Action, Boston 1996.

Kaplan, R. S., Norton, D. P.: Balanced Scorecard, Strategien erfolgreich umsetzen, aus dem Amerikanischen von P. Hórvath, Stuttgart 1997.

Kaplan, R. S., Norton, D. P.: Strategy Maps: Der Weg von immateriellen Werten zum materiellen Erfolg, aus dem Amerikanischen von P. Hórvath und B. Gaiser, Stuttgart 2004.

Kaplan, R. S., Norton, D. P.: Alignment: Mit der Balanced Scorecard Synergien schaffen, aus dem Amerikanischen von P. Hórvath, B. Gaiser und D. Steffens, Stuttgart 2006.

III

Strategisches Management: Strategien und Wettbewerbsstrukturen

CRM trifft CRS

Gabriele Schulze

1 Einführung

Kundenorientiertes Beziehungsmanagement und professionelle Distributions-
strategie sind Schlüsselfaktoren in der Hotellerie der Zukunft. Das Wissen um die
Vorlieben der Gäste, um personalisierte Services und um maßgeschneiderte
Kommunikation zu realisieren, wird künftig zu einem immer wichtiger werdenden
Wettbewerbsfaktor in der Branche. Dabei sind zwei Begriffe entscheidend, da
sie die gesamte Unternehmensstrategie und Unternehmensführung beeinflussen: Customer Relationship Management (CRM) und Central Reservation Systems (CRS). Wenn Reservierungs- und Distributionstechnologie in Hotellerie und
Touristik mit der Technologie und Philosophie des Wissens um Kunden und Kauf-
motive verschmilzt, lässt sich dies unter dem Motto „CRM trifft CRS" zusammenfassen. Der vorliegende Artikel gibt einen Überblick über die Herausforderungen, Lösungsansätze und Anwenderbeispiele einer Unternehmensstrategie, die
den Gast in den Mittelpunkt der Betrachtung rückt, indem CRM und CRS miteinander verknüpft und gegenseitige Synergien ausgeschöpft werden.

Bei der Verknüpfung von CRM und CRS stellen sich folgende Fragen, die in diesem Beitrag aufgegriffen werden.

- Wie verändert sich die Erwartungshaltung von Kunden und Gästen an individualisierte Serviceleistungen und maßgeschneiderte Kommunikation?
- Wie wird die Brücke zwischen Distribution, Revenue Management, Operation
  und CRM hergestellt?
- Wie verändern zunehmende Transparenz und der strategische Einsatz von „Business-Intelligence-Werkzeugen" die täglichen Managemententscheidungen,
  und wie wird sich dadurch der gesamte Markt wandeln?
- Welche technischen und organisatorischen Lösungsansätze sind im Markt?
- Wie erschließt eine Hotelkooperation wie Best Western „CRM trifft CRS-Lö-
  sungen" für die Privathotellerie?

Um eine erste Idee praktischer Anwendungsmöglichkeiten zu bekommen, stelle
man sich einmal vor, dass die Suche eines Hotelzimmers im Internet bei einem
70-jährigen Rentner zu anderen Ergebnissen kommt als bei einem „Honeymoon-
paar" Ende 20. Die Verbindung von CRM-Strategien (angewendetes Wissen um
den Kunden) mit neuer Informationstransparenz (Business Intelligence) sowie Bu-
chungs- und Revenue Management-Technologien werden zu einem entscheidenden Wettbewerbsfaktor, ähnlich bedeutend wie die Marke selbst.

Aber ist es wirklich nur ein kleiner Kreis von Marketing- und Distributionsspezia-listen, denen die Begriffe Central Reservation System und Customer Relationship Management flüssig über die Lippen gehen? Ist es nicht viel eher so, dass sich professionelle Distributionsstrategien und kundenorientiertes Beziehungsmana-gement längst zu den entscheidenden Wettbewerbsstrategien entwickelt haben? Nehmen wir einmal an, dass dies so ist, dann ist es doch fast selbstverständlich, dass diese beiden Fachbereiche beginnen, ihre Ziele, Vorgehensweisen und Er-folgsmessungen aufeinander abzustimmen. Beide Fachbereiche lernen die Spra-che des anderen zu sprechen.

Dass andere Branchen längst Distribution und Kundenbeziehungsmanagement zu einer Erfolgstrategie kombinieren, ist erfolgreich am Beispiel von Unternehmen wie führenden Buch- und Medienhändlern im Internet zu erkennen. Das Sammeln relevanter Kundendaten, die systematische Auswertung und die maßgeschnei-derte Umsetzung verkaufstechnischer Erkenntnisse auf einzelne Kunden oder Kundensegmente, sind gelungene Beispiele. Damit einher geht die Ausrichtung der gesamten Angebotspalette und Unternehmensstrategie auf die profitabels-ten Kundensegmente. Diese Strategien sind von Marketingstrategen und Techno-logiespezialisten gut geplant und werden stets mit klarer Zielsetzung implemen-tiert. Sie sind messbar in allen Konsequenzen und Ergebnissen.

2 Transparenz für sichere Entscheidungen in einer komplexen Welt

Ein wichtiges Motiv, sich dem Thema „CRM trifft CRS" mit Priorität zu widmen, ist die veränderte Erwartungshaltung von Kunden und Gästen an individualisierte Ser-viceleistungen und maßgeschneiderte Kommunikation. Betrachten wir beispiels-weise eine denkbare Überlegung eines Internethändlers und CRM-Spezialisten, der sich zehn Jahre nach Markteintritt zu einer führenden Handelsplattform für Bücher und Medien entwickelt hat: Wenn dieses Unternehmen – dank modernster Data-Mining-Werkzeuge – feststellt, dass rund 15 % der Kunden Bücher über zeitgemä-ße Fitness oder gesunde Ernährung kaufen, dann ist dies eine perfekte Entschei-dungsgrundlage, dieses Wissen für Cross-Selling-Strategien zu nutzen. Es liegt also nahe, das Sortiment von Büchern und CDs auch auf Laufschuhe und Sportreisen zu erweitern. Das ist natürlich nur möglich, wenn ein Unternehmen *weiß*, dass eine bestimmte, ausreichend große Gruppe von Kunden diese Präferenzen hat. Viele Unternehmen können aber solche Informationen gar nicht aus den operativen IT-Systemen, die transaktionsorientiert sind, ablesen. Ziele moderner, sogenannter „Data-Mining-Systeme" sind es, auch die Fragen aus den Daten herauszulesen und zu beantworten, die vielleicht noch niemand gestellt hat. Hier soll nicht der Nutzen der sogenannten Data-Mining-Verfahren untersucht werden. Data Mining ist typischerweise erst die dritte Stufe der „Business Intelligence"-Verfahren. An erster und zweiter Stelle stehen zeitgemäße Reportingverfahren (Management-Informationssysteme) und die Echtzeitanalyse verschiedener Datenquellen.

Wie lange dauert es, bis ein durchschnittlich organisierter Hotelbetrieb realisiert, dass es im „Gästemix" (Segmentierung der Gäste nach Aufenthaltszweck) erhebliche Verschiebungen vom Geschäftsreisenden zum Gast mit privatem Reiseanlass gibt? Gar nicht zu reden von der Frage, wie viele der Gäste eines Hotels als Lieblingssport beispielsweise Inlineskaten haben oder Vegetarier sind. Dabei lassen sich doch solche Vorlieben aus dem Suchverhalten auf Internetseiten oder dem Buchungs- oder sogar dem Bestellverhalten im Restaurant relativ einfach ablesen, um daraus Kundenprofile abzuleiten. Vorausgesetzt, das Management erkennt den Wert des Wissens um Kunden und deren Präferenzen und stellt die Weichen, um die Kunden- und Gastprofile um Verhaltensweisen und Vorlieben zu ergänzen und natürlich permanent zu aktualisieren.

Natürlich kann sich die Hotellerie auf den Standpunkt zurückziehen, dass dies in solchen „Internetfirmen" ja schließlich etwas ganz anderes ist. Hoteliers sind Gastgeber und keine IT- oder gar Data-Mining-Spezialisten. Die Bedeutung um das Wissen von Vorlieben der Gäste, um ihnen personalisierten Service bieten zu können, ist keine neue Erfindung. Die guten alten Karteikartsysteme von Hotels mit den Präferenzen ihrer Stammkunden dienten jahrelang dem Zweck, Gäste in ihren Gewohnheiten wiederzuerkennen und ihnen maßgeschneiderten Service und Kommunikation im Hotel angedeihen zu lassen. Diese Zeiten sind vorbei.

Was ein einzelnes Haus mit einer beschränkten Anzahl von Stammgästen noch realisieren konnte, ist in der modernen Hotellerie kaum noch darstellbar. Gäste, die in verschiedenen Hotels einer Marke übernachten, erwarten heute, in allen Hotels dieser Marke wiedererkannt zu werden. Häufige Mitarbeiterwechsel und die mangelnde Vernetzung der verschiedenen Buchungssysteme und operativen Systeme machen die Anwendung und den Austausch der qualifizierten Daten zu einem Gast unmöglich. Hier beginnt der Prozess, verschiedene Systeme zu vernetzen und Daten so auszutauschen, auszuwerten und zu analysieren, dass sie zum Nutzen des Gastes anwendbar sind.

Betrachtet man aber ganz nüchtern, wie sich die komplette Welt des oft zitierten „Otto Normalverbrauchers" verändert, dann wird schnell klar, dass sich die Hotellerie mit dem „gläsernen" Gast beschäftigen muss – und zwar im täglichen Betrieb; ein Sachverhalt, der mittlerweile in der Konzern- und Markenhotellerie und führenden Unternehmen der Privathotellerie selbstverständlich ist. Vorbei die Zeiten, in denen ausschließlich das „Bauchgefühl" des Unternehmers die Unternehmensentscheidungen beeinflusst. Auch die Hotellerie hat längst das Zeitalter betreten, in der strategische und taktische Entscheidungen auf Basis analytischer Prozesse und des daraus resultierenden Wissens getroffen werden.

2.1 Die Erwartungen des Kunden

In Sachen Beziehungsmanagement werden Kunden zunehmend von anderen Branchen „verwöhnt" und übertragen daraus eine neue Erwartungshaltung auch auf die Hotellerie. Schon ein Blick in den stationären Handel zeigt, dass die Ketten- und Filialsysteme ihre Niederlassungen mit detailliertem Kundenwissen ausstatten. Bundesweite Frisörketten machen beispielsweise ihren Niederlassungen die Farb- und Stylingwünsche ihrer Kundinnen (und Kunden) zugänglich. Und das, obwohl man bei den Kunden von Frisören sicher eine gewisse lokale Gebundenheit voraussetzen kann. Dieser Dienstleister hat erkannt, dass die wachsende Zahl von Kunden, die während einer Reise den Frisör ihres Vertrauens besuchen, vor allem deswegen markenloyal sind, weil einmal in München geäußerte Wünsche auch der Niederlassung in Hamburg bekannt sind. Eine Errungenschaft, die in der Hotellerie noch in den Kinderschuhen steckt. Und das, obwohl wohl kaum eine Branche so viele Möglichkeiten hat, die Präferenzen und Verhaltensweisen von Kunden zu beobachten, zu speichern und dieses Wissen in neue Service- und Kommunikationskonzepte einfließen zu lassen.

Je stärker aber alle anderen Branchen den Wunsch, die Technologie und beispielsweise Kundenkarten und andere Instrumente, das Wissen um den Kunden in verbesserte Dienstleistung, intelligentere Kommunikations- und Angebotsstrategien und natürlich wichtige Managemententscheidungen in allen Bereichen umsetzen, desto anspruchsvoller und verwöhnter wird auch unser Gast an der Rezeption eines Hotels.

2.2 Gegenwerte für den Gast

Immer mehr Unternehmen erkennen, dass der Wert des Kundenwissens ein ebenso entscheidendes Kapital im Kampf um mehr Marktanteile darstellt, wie der zunehmend unumstrittene Markenwert selbst. Wenn nun daraus schlussfolgernd der Kunde uns einen Wert gibt, indem er erlaubt, dass wir Wissen über sein Kaufverhalten, Präferenzen oder persönliche Daten speichern und verarbeiten, dann ist es für jeden nachvollziehbar, dass er dafür einen Gegenwert erwartet und auch verdient. Gegenwerte können sein:

- maßgeschneiderter Service, der relevante Kundenwünsche berücksichtigt
- individualisierte werbliche Kommunikation, die hilft, Probleme zum richtigen Zeitpunkt zu lösen oder einfach gute Ideen aus Kundensicht darzustellen
- vereinfachte Prozesse bei jedem Kundenkontakt, um Zeit zu sparen und Fehler zu vermeiden
- Kulanz bei Beschwerden (viel einfacher zu realisieren, wenn der „Kundenwert" genau bekannt ist (auch im Callcenter oder an der Rezeption und im Restaurant)
- maßgeschneiderte Angebote, die helfen, die richtige Entscheidung zu treffen, weil sie bereits alle Präferenzen berücksichtigen

An folgende Gästefragen wird sich die Gastgeberindustrie gewöhnen müssen, wenn kein grundlegendes Umdenken erfolgt:

- Wieso erfragen Sie meine Adresse, obwohl ich doch schon drei Mal in Häusern dieser Marke Gast war?
- Wieso verstopfen Sie meinen Briefkasten mit Werbung über Familienangebote, obwohl ich doch noch nie einen Familientarif oder ein Kinderbett in Anspruch genommen habe?
- Wieso benötigen Sie beim Check-in eine Kundenkarte, um zu realisieren, dass ich einer der besten und loyalsten Stammkunden Ihres Unternehmens bin?

Ja, wieso eigentlich?

Heute lässt sich kaum einem Kunden vermitteln, dass er oder sie ein besonders wertvoller Kunde ist, wenn schon die Informationen, die bereits mehrfach bereitwillig überlassen wurden, nicht für bessere Kommunikation und Vereinfachung von Check-in oder Abrechnungsprozessen genutzt werden. Fragen, die ein Kunde viel lieber beantwortet als die oben gestellten, sind vielleicht die Folgenden:

- Wünschen Sie wie kürzlich in Boston ein Anti-Allergie-Zimmer, und darf es wieder die Nackenrolle anstelle des normalen Kissens sein?
- Sie sind bereits das zehnte Mal in diesem Jahr bei uns, wir möchten uns mit einem Upgrade in die Juniorsuite bedanken. Ist das in Ordnung für Sie?
- Dürfen wir Ihnen zu Ihrem zehnten Hochzeitstag ein Bankettangebot unterbreiten?

Diese Fragen sollten dem Mitarbeiter an der Rezeption oder der Reservierungsabteilung als Ergebnis einer Echtzeitanalyse auf dem Bildschirm erscheinen, damit nicht mühsam gesucht werden muss, welche Information oder welches Angebot zum richtigen Zeitpunkt höchstwahrscheinlich erfolgreich sein wird.

3 Wenn Buchungsportale den Kunden (er)kennen

In Zeiten, in denen die Angebotsphase des Kaufprozesses für Hotelleistungen immer häufiger auf ein Buchungsportal im Internet verlagert wird, ist die Idee des CRM-gesteuerten Angebotsverhaltens natürlich auch in die Internetbuchungsmaschinen zu verlagern. Die Verbindung von Buchungstechnologie mit modernen CRM-Systemen sorgt beispielsweise dafür, dass dem Kunden zuerst die Angebote vorgeschlagen werden, die genau auf diese Person zugeschnitten sind. Moderne Internetbuchungsmaschinen, die mit einer Wissensdatenbank über Kunden (CRM) verknüpft sind, präsentieren diejenigen Angebote, die auf Basis des gesammelten Kunden- und Segmentwissens die höchste Kaufwahrscheinlichkeit voraussagen (Projektion). Für die Projektion relevante Basisdaten könnten zum Beispiel sein:

- Klickverhalten auf Internetseiten
- Klickverhalten bei Online-Kampagnen
- Preissensitivität
- Segmentzuordnung (Kundenwert, Aufenthaltszweck)
- historische Produktwahl
- regionale Schwerpunkte im Reiseverhalten
- externe Daten (Teilnehmer in Loyalitätsprogrammen, Warenkorbanalysen, Milieudaten)

Intelligente Verknüpfung zwischen Internetbuchungsmaschine und CRM sind daher nicht über Nacht entstanden, sondern Ergebnis eines jahrelangen Wissensaufbaus; eine „lernende" Organisation ist die notwendige Bedingung für diesen dynamischen Entwicklungsprozess.

4 Der Brückenbau zwischen Distribution und Customer Relationship Management

Distribution im betriebswirtschaftlichen Sinne bedeutet den physischen Transport eines Produkts vom Hersteller zum Kunden. Doch wie kann das Produkt „Zimmer" zum Kunden transportiert werden? In der Hotellerie spricht man erst von Distribution, seitdem elektronische Reservierungssysteme Realität wurden und aktiv zum Verteilen von Reiseangeboten genutzt werden. Oder anders gesagt: Der potenzielle Gast erhält Information zu verfügbaren Zimmerkapazitäten und hat gleichzeitig die Möglichkeit, mit minimalem Aufwand das Zimmerprodukt mit all seinen dazugehörigen Leistungen, Preisen und Konditionen zu kaufen. Wirklich relevant ist die professionelle Distribution, seitdem das Internet hilft, bis zu 100 % des potenziellen Zielmarkts tatsächlich elektronisch zu erreichen.

Die meisten Buchungsanbieter scheinen sich heute wenig um den Gast oder Kunden zu kümmern. Insbesondere im Internet werden Besucher, Zahl der Zugriffe oder noch besser sogenannte „Seitenaufrufe" gemessen und gefeiert. Wer aber der suchende und hoffentlich auch buchende Kunde ist, bleibt auch den Distributionsverantwortlichen meistens verschlossen. Die Zahl der wiederkehrenden Bucher liegt bei den meisten Internetbuchungsmaschinen ebenso im Dunkeln wie die Zuordnung von Verhaltensweisen und Kaufmotiven zu bestimmten Kunden, oder zumindest klar definierten Kundensegmenten. Wer also ist der Mensch, der sich moderne Technologie zunutze macht, um sein oder ihr nächstes Hotel zu buchen? Diese Frage gilt es künftig eindeutig und in ihrem permanenten Wandel zu beantworten.

Um die sinnvolle Verbindung von Reservierungs- oder Distributionstechnologie und Kundenwissensdatenbanken transparent zu machen, werden hier zunächst ein paar praktische Anwendungsmöglichkeiten beschrieben. Diese sind nur möglich, wenn Reservierungstechnologie (on- oder offline) mit CRM-Datenbanken und intelligenten Analyse- und Business-Intelligence-Systemen kombiniert werden.

Beispiel 1

Herr Müller besucht die Internetseite von einer bekannten Hotelmarke und sucht einen Wochenendaufenthalt für sich und seine Ehefrau in Berlin. Über die IP-Adresse seines Laptops erkennt die Internetseite der Hotelkette diesen Kunden und „weiß" daher auch sofort die folgenden Eigenarten und Merkmale dieses Kunden:

Herr Müller

- bevorzugt Deluxezimmer oder Juniorsuiten (hat diese stets gewählt, wenn sie verfügbar waren)
- wählt eher Hotels, die nicht als kinderfreundlich bekannt sind
- bevorzugt Hotels mit Restaurant
- wählt stets Nichtraucherzimmer
- ist affin für Zusatzangebote aus dem Wellnessbereich, wie beispielsweise Massagen
- nutzt Hotels der Gruppe sowohl privat als auch geschäftlich
- ist seit vielen Jahren ein loyaler Kunde mit acht bis zwölf Aufenthalten pro Jahr im In- und Ausland
- ist Mitglied im Kundenclub und hat ein Guthaben von 120.000 Punkten auf dem Kundenkonto

Obwohl Herr Müller als Suchkriterien nur die einfache Suche wählt (An- und Abreisedatum, ein Doppelzimmer, zwei Personen, Berlin), sortiert die Buchungsmaschine die Angebote nach folgenden Kriterien und bietet entsprechende Zusatzangebote an:

1. zuerst Hotels, die über ein Restaurant und hochwertige Zimmertypen verfügen
2. Hotels, die keine oder wenige Merkmale für Kinderfreundlichkeit haben (oder noch besser: deren Anteil Gäste mit Kindern minimal ist, was eine detaillierte und dynamische Hotelkategorisierung auch nach Gastsegmenten erfordert)
3. die Sortierung der angebotenen Zimmer erfolgt natürlich ausschließlich im Nichtraucherbereich, erst Deluxezimmer und Juniorsuiten, dann erst die anderen Zimmer.
4. eine Informationsbox weist den Gast darauf hin, dass ihm persönlich nur noch 10.000 Clubpunkte bis zur nächsten Bonusstufe fehlen und dass die Juniorsuite in Hotel A auch für den gewünschten Aufenthalt mit den bereits gesammelten Punkten bezahlt werden kann.
5. im Laufe des Buchungsprozesses wird Herr Müller gefragt, ob eine Massage für einen der Aufenthaltstage hinzugebucht werden soll.

Fazit:

Die Wahrscheinlichkeit, dass Herr Müller kauft und anschließend mit seinem Aufenthalt auch sehr zufrieden ist, ist deutlich höher als wenn die heute noch übliche Angebotsform „bester Preis steht oben" angewendet wird. Eine schnell steigende Konversionsrate von „Look" zu „Book", eine messbar steigende Kundenbindung, erfolgreiches Up- und Cross-Selling und ein Kunde, der sich verstanden fühlt, sind rechenbare Ergebnisse.

Beispiel 2

Frau Meyer besucht die Internetseite eines Direktveranstalters. Auf dieser Seite meldet sie sich an, da dies den Prozess der Buchung deutlich beschleunigt und vom Veranstalter mit Bonuspunkten des unternehmenseigenen Kundenbindungsprogramms belohnt wird. Das Kundenprofil dieser Kundin weist die folgenden Merkmale auf:

Frau Meyer

- ist seit fünf Jahren eine gute Kundin
- weist ein ansteigendes Buchungsvolumen auf (von einer gebuchten Reise mit sieben Tagen Aufenthalt vor fünf Jahren auf durchschnittlich drei gebuchte Reisen mit durchschnittlich 8,5 Tagen in den vergangenen zwei Jahren)
- bevorzugt hochwertige Sport- und Cluburlaube
- bucht vereinzelt Städtereisen, davon nie dieselbe Stadt ein zweites Mal
- variiert zwischen Auto und Flugreisen
- spielt Golf, mag Wellness, besucht Musicals
- reist immer in Begleitung
- nutzt Feiertage für Kurztrips
- hat in der Vergangenheit etwa 180 € pro Nacht ausgegeben
- nutzt „Dynamic Packaging"- oder „Bundling"-Funktionen, um z. B. andere Flugzeiten oder hochwertigere Mietwagen zu kombinieren

In diesem Fall steigt Frau Meyer über die Themensuche des Buchungsportals ein. Bereitwillig informiert sie den Betreiber dieser Internetseite, dass sie Wellness- und Sporturlaube sucht, gerne interessante Bekanntschaften im Urlaub macht, Bars und Diskotheken im Urlaubsumfeld nicht wichtig findet, dass sie zu zweit reisen und naturnah wohnen möchte. Wunschtermin sind die kommenden Osterfeiertage, fünf Nächte und der Zielort ist einfach ein Mittelmeerland. Die Suchmaschine kombiniert diese aktuellen Informationen mit dem bestehenden Kundenprofil, und die Trefferliste baut sich nach folgenden Kriterien auf:

- Sport- und Clubhotels, keine Garnies, mindestens vier Sterne
- keine familienfreundlichen Hotels
- in der ersten Trefferliste wird aktiv auf nahe gelegene Golfplätze und Wellnessbereiche in den Hotels hingewiesen
- alle Angebote belaufen sich auf 180 bis 200 € pro Nacht
- Flugzeiten sind variabel auswählbar
- Mietwagen zubuchbar
- keine Destination, die bereits bereist wurde, findet sich in der Trefferliste

Die Informationen, die die Kundin hinsichtlich Präferenzen und anderen Reisefaktoren bereits gegeben hatte, fließen in das Kundenprofil ein. Ebenso die Angebote, die die Kundin in den Warenkorb gibt und natürlich die aktuelle Buchung. Entscheidet sich die Kundin jetzt nicht für eine Buchung, werden die Angebote in den kommenden drei Newslettern auf den Ostertermin und das Suchprofil abgestimmt.

Fazit:
Frau Meyer erhält ein maßgeschneidertes Angebot, das nicht nur die aktuellen Suchkriterien berücksichtigt, sondern auch die in der Vergangenheit gelernten Präferenzen und Verhaltensweisen. Würde diese Kundin, wie bei vielen Veranstaltern üblich, einfach das aktuell günstigste Angebot, ohne Sportmöglichkeiten und inmitten einer echten Touristenhochburg mit diskothekenbegeisterten Feierwütigen listen, wäre diese Kundin wohl bald wieder in ihrem Lieblingsreisebüro, um eine intelligente Filterung des Lieblingsbetreuers zu erhalten.

5 Der mühsame Weg zum „Kundenversteher"

Was sich hier recht einfach anhört, dürfte das Ergebnis von jahrelangem Lernen und Auswerten sein. „Try and error" ist neben Markt- und Verhaltensforschung die gängigste Vorgehensweise, um die höchste Kaufwahrscheinlichkeit auf Basis von Wissen über den individuellen Kunden oder ein sinnvoll zusammengestelltes Kundensegment zu prognostizieren.

Ein einfaches Vorgehen im Rahmen eines empirischen Ansatzes ist die konsequente Nutzung von Testgruppen. Kunden, deren Verhaltensweise in den Bereichen Kundenwert, Reisepräferenzen, bestimmte Wertegruppen ähnliche sind, werden in einem Segment zusammengefasst. Die Hälfte der Kunden dieses Segments erhält nun ausgewählte Angebote über einen E-Mail-Newsletter. Kernaussage ist das gute Preis-Leistungs-Verhältnis. Die andere Hälfte dieses Segments bekommt dieselben Angebote, aber mit der Kernaussage der einzigartigen Freizeitmöglichkeiten. Der Preis ist erst auf der verlinkten Internetseite zu finden.

Gemessen und rückgeführt in die einzelnen Kundenprofile werden üblicherweise die folgenden Informationen:

- Wie viele der Newsletter werden geöffnet oder ohne Öffnung gelöscht (oder sogar als SPAM sofort abgelehnt)? Wer hat geöffnet, wer gelöscht?
- Welchen Links, die im Newsletter für weitergehende Informationen oder Buchungsanfragen eingefügt waren, folgen wie viele der Kunden?
- Auf den entsprechenden „Landing Pages" im Internet angekommen, wurden welche Suchen oder Abfragen realisiert?
- Wer buchte oder nutzte für eine optionale Buchung eine Warenkorbfunktion?

Ein Vergleichen der Kampagnenresultate kann zu folgenden Erkenntnissen führen:

- Zeigen die Empfänger desselben Segments unterschiedliches Informations- und Kaufverhalten, basierend auf der Kenaussage?
- Gibt es innerhalb derselben Segmente unterschiedliche Preissensitäten?
- Kann der Hinweis auf den günstigen Preis vielleicht zu höherer Ablehnung führen?
- Mehrfach identisch gezeigtes Verhalten (wie z. B. die Löschung von Newslettern, die schon in der Betreffzeile eine Preisaussage haben) führen sicher zur Ergänzung des Kundenprofils „kein Schnäppchenjäger".

Die Gesamtauswertung zeigt den Marketingspezialisten einen Trend für mögliche Optimierungswege ihrer Kampagnen und Angebotsgestaltung auf, und der Kunde wird zunehmend vor Angeboten geschützt, die nicht relevant sind. Das spart dem Unternehmen unnötige Kommunikationskosten und motiviert den Kunden, überhaupt noch werbliche Kommunikation zuzulassen.

6 Mehr Transparenz durch Business-Intelligence-Werkzeuge

Unter Business-Intelligence-Werkzeugen versteht man Systeme und Prozesse, die Informationen und Daten so aufbereiten und analysieren, dass bessere und faktengestützte Entscheidungen in Unternehmen möglich sind. Der Nutzen liegt auf der Hand: Höhere Transparenz und die einfache Entdeckung von Veränderungen oder Trends führen zu einer generellen Performance-Steigerung von Hotels durch die Erhöhung der Umsätze (z. B. durch bessere Distributions- oder Vertriebsentscheidungen), die Optimierung der Kosten (z. B. durch besseres Controlling oder mehr Transparenz, welche Buchungskanäle tatsächlich welche Kosten verursachen). Business-Intelligence-Werkzeuge bieten eine erhöhte Sicherheit durch bessere Planungsprozesse und Simulationen „was passiert wenn …".

Es geht darum, aus Daten verwertbare Informationen zu machen, die lösungsorientiert und anwenderfreundlich sind. Dabei ist es keineswegs nur Ziel, vergangenheitsbezogen zu analysieren. Auch bessere Prognosen und sicheres Forecasting helfen, die Performance des gesamten Unternehmens zu steigern.

„Wissen ist Macht", und die Herausforderung ist es, alle möglichen Daten in übersichtlicher und ansprechender Form auszuwerten, zu präsentieren und verschiedensten Personengruppen zur Verfügung zu stellen. Hierin liegt jedoch das Problem. Informationen sind in sich neutral und eigentlich nicht wirklich aussagekräftig. Erst ihre Relationen und definierten Maßstäbe geben ihnen ein Gesicht, geben ihnen die Bedeutung, die über Erfolg und Misserfolg entscheiden kann. Solange darüber keine Klarheit bei den Anwendern besteht, bringt die Integration von Business Intelligence Tools dem Unternehmen und den nutzenden Personengruppen (Management, Reservierung, Marketing, Revenue Management, Sales etc.) wenig.

Wir sprechen hier nicht nur von dem Überwachen der Unternehmenszahlen, von den Verkäufen und Umsätzen auf Kunden- und Produkt- oder Warengruppenbasis. Trends und Potenziale, Entwicklungen und die Auswertung des gemeinsamen Auftretens von Merkmalen (und die bestehenden Zusammenhänge) erweitern das Blickfeld und eröffnen zumeist neue Möglichkeiten. Der Schlüssel ist also, dass mit Business-Intelligence-Anwendungen aus Daten Informationen werden. Das Aha-Erlebnis ist dann besonders groß, wenn z. B. der Außendienstmitarbeiter anhand von Kennzahlen sieht, wie kundenbindende Maßnahmen mit Größen wie

Kundentreue, Umsatz und Gewinn korrelieren. Informationen wie Besuchshäufigkeit, Anzahl Kundendienstfälle oder Beschwerden, Arten von Aufenthalten, gewählte Destinationen im Bezug zu Niederlassungen und Firmensitz und die daraus resultierende Relevanz des Zimmerpreises etc. können, miteinander verknüpft, einen wahren Fundus an Erkenntnissen in sich tragen. Noch spannender werden diese Ergebnisse im sogenannten „Forecasting". Zeitgemäße Tools bieten darüber hinaus integrierte Alarmfunktionen zur zielgerichteten Bearbeitung von Geschäftsbereichen oder Kundengruppen, die eine erhöhte Aufmerksamkeit erfordern, weil ihre Vorausbuchungen nicht der Planung entsprechen.

Wichtige Fragen, die künftig auf Hotelebene beantwortbar sein müssen, sind unter anderem: Was sind die wirklich profitablen Segmente, Zielgruppen und Kunden? Nicht immer ist der umsatzstärkste auch der profitabelste Kunde. Ist beispielsweise ein Volumenkunde mit niedrigen Preisen ein Frühbucher und belegt er vornehmlich an Tagen die Zimmer, an denen höherpreisige Segmente kurzfristiger buchen würden, schädigt dieser so intensiv umworbene Kunde nachhaltig das Betriebsergebnis. Eine andere Betrachtungsweise, beispielsweise die Berücksichtigung aller Nebenumsätze oder die geringen Vertriebs- und Reservierungskosten, können erneut einen anderen Kundenwert bestimmen.

Weitere typische Fragen, deren Antworten wichtige Stellschrauben für optimierte Ergebnisse beinhalten, sind:

- Welche Vertriebskosten stehen welchen Buchungswegen gegenüber, und wie ist die Entwicklung?
- Welches sind die Top-100-Produzenten, wie gliedern sich deren Umsätze? Wie entwickeln sich diese? Wie ist die Ist-Situation im Vergleich zur Planung (Budget)?
- Welches sind die wichtigsten Buchungsquellen, welche Art Gäste liefern diese, zu welchen Durchschnittsraten und welchen Preisen?
- Wo ist Bedarf für Verkaufsaktivitäten, da Kunde ein abweichendes Verhalten von bisheriger, durchschnittlicher Produktion zeigt.
- Unterschiedliche Analysen nach Kunde, Segment, Herkunft, Preiscode, Verdrängung von Geschäft in verschiedenen Nachfragezeiten und die Entwicklung.

Diese Kennzahlen oder Auswertungen seien nur exemplarisch genannt. Die Analysen sollten natürlich keinen Bereich ausklammern. Kostenanalysen in allen Bereichen, die Zusammenhänge von Gästemix im Haus und die Produktnachfrage im Speisen- und Getränkeverkauf oder die Nachfrage nach Zimmerservice und mobilen Leistungen können zu besseren Serviceangeboten und damit zu besseren Verkäufen führen. Führt man sich diese Möglichkeiten vor Augen, die in vielen Branchen bereits zum „Standardinstrumentarium" gehören, wird schnell klar, wie groß der Wettbewerbsvorteil eines Hotels ist, dessen Management mit diesen Informationen konfrontiert wird, im Vergleich zu dem Haus, das mit herkömmlichen Listen aus den Property Management-Systemen sein Leben fristen muss.

7 Der Weg zur Hochzeit von CRM und CRS

Die Zeiten, in denen Kundendaten schlecht gepflegt in den Property Management-Systemen dahinvegetierten und außer zum Rechnungsversand und der obligatorischen Weihnachtskarte keine weitere Verwendung hatten, scheinen endgültig vorbei. Vor der Investition in neue Technologie steht die nachhaltige Überzeugung und der Mut des Managements, innovative Wege einzuschlagen. Ziel ist es, durch mehr Transparenz in den Leistungskennzahlen und Ursache-Wirkungs-Zusammenhängen neue Markterfolge zu erzielen. Erstaunlicherweise sind die Veränderungsprozesse eher von den Fachleuten der IT getrieben als von Ergebnis fokussierten Top-Managern. Dabei ist richtig verstandenes CRM erst im zweiten und dritten Schritt eine technologische Lösung. Zunächst muss es als Strategie im gesamten Unternehmen verstanden und umgesetzt werden. Kurz: CRM ist eine moderne Art der Unternehmensführung.

Prozesse zur Organisation einer CRM- und Business-Intelligence-gerechten Datenstruktur, deren Inhalt und Qualität über neue Funktionen und Prozesse erheblich verbessert werden, sind bei den meisten Property Management-Anbietern in Arbeit. Schnell wurde im Rahmen der Analyse, welche Anforderungen künftig an die Hotellerie und darauf basierend die Property Management-Systeme gestellt werden, klar, dass die traditionelle, dezentrale Speicherung von Kunden-, Marketing- und anderen Daten sehr viele Nachteile aufweist. Dies gilt umso mehr, als die Frage, wo physisch die Daten gespeichert sind, keine große Rolle mehr spielt, da schnelle, sichere und preiswerte Verfahren für den Onlinezugriff längst zum Alltag gehören.

Zahlreiche Hotelkonzerne haben daher schon vor Jahren begonnen, ihre Daten aus den dezentralen Property Management-Systemen in eine zentrale Datenbank zu überführen. Dies geschieht zunehmend über Property Management-Systeme, die Datenbanken und Funktionalitäten nicht mehr dezentral im Hotel, sondern zentral in einem Rechenzentrum hosten und dem Hotel über gesicherte Internetverbindungen den Zugriff darauf erlauben. Die Vorteile einer solchen Lösung, die heute unter dem Namen „Multi Property Management-Systeme" angeboten werden, liegen auf der Hand:

- geringere Hardwarekosten in Anschaffung und Wartung auf Hotelebene; Harmonisierung der technischen Infrastruktur auf Hotelebene, um einfacheren Support und schnellere Entwicklung zu gewährleisten
- einfachere Anlage und Qualitätssicherung der Stamm- und Kundendaten
- zentral gemanagte Prozesse zur Sicherung der Daten und Erfüllung aktueller Datenschutzanforderungen
- weniger Spezialistenwissen auf Hotelebene notwendig – gewonnene Ressourcen können in Service und neue Kundenbetreuungskonzepte investiert werden und auch dadurch Abgrenzung zum Wettbewerb schaffen
- leichtere, schnellere und preiswertere Implementierung neuer Funktionalitäten, die notwendig sind, um beispielsweise neue Produkte oder Geschäftsprozesse abzubilden
- Schaffung zentraler Plattformen, an die Werkzeuge der Bereiche Revenue Management, Business Intelligence und natürlich Customer Relationship Management einfacher anbindbar sind, um eine multiple Nutzung und Auswertung der Daten zu erlauben.
- Implementierung professioneller Werkzeuge und Prozesse zur Pflege, Bereinigung und Aktualisierung der Daten.

Hotelgruppen, die heute in zentrale Strukturen investieren, werden morgen erhebliche Wettbewerbsvorteile für sich verbuchen können, denn geschäftliche Chancen können schneller umgesetzt werden, als dies in altmodischen, langsamen technischen Strukturen der Fall ist. Insbesondere der dynamische Vertriebs- und Distributionsmarkt ruft nach neuen Konzepten, deren Entwicklungszeit von der Idee bis zur Umsetzung dramatischer Beschleunigungen (und damit Kosteneinsparungen) unterliegen wird. Die zentralen Daten in einem sogenannten „Datenwarenhaus" werden nun weiter verarbeitet und können über Schnittstellen und Synchronisationsprozesse den folgenden Anwendungen zur Verfügung gestellt werden:

- Anbindungen an die Distributionssysteme, wie zentralen Reservierungssystemen oder anderen Buchungsplattformen
- Zugriff auf Kundendaten über Buchungsportale, um Kundenprofile nutz- und auswertbar zu machen

- Implementierung von Revenue- oder Yield Management Tools, deren dezentraler Einsatz auf Hotelebene oft sehr kostenintensiv ist und besonderes Spezialwissen auf Hotelebene voraussetzt
- Synchronisation der Daten mit CRM-Tools, damit Kundenreaktionen (wie beispielsweise Buchungen), egal auf welchem Wege sie vorgenommen wurden, zurückfließen und damit auswertbar werden
- Synchronisation mit sonstigen Marketing- und Verkaufsdatenbanken, die eine professionellere Vertriebssteuerung und letztendlich das hoch gepriesene „one-to-one"-Marketing als die maßgeschneiderte individuelle Kommunikation ermöglichen
- Implementierung von Business Intelligence Tools und oder zumindest Management-Informationssystemen, die unter der Führung erfahrener Business-Analysten ein schnelles Lernen und eine ganz neue Transparenz schaffen
- Vernetzung von CRM- mit CRS-Technologie, um Kundenwissen und Kundenwerte operationalisieren zu können.

Der nächste Schritt dürfte dann sein, dass die nun bestens bereinigten, strukturierten und mit Zusatzinformationen angereicherten Daten (wie beispielsweise Kundenwertanalysen) auch den Hotels wieder aktiv zugänglich gemacht werden, um dieses neue Wissen über Präferenzen, Vorlieben und Kaufmotiven in die tägliche Arbeit an der Rezeption, im Restaurant oder sogar den Zimmern mit den Gästen einfließen zu lassen. Damit dürfte das Ende der operativen Insellösungen eingeläutet sein.

8 Wie eine Hotelkooperation „CRM trifft CRS-Lösungen" für die Privathotellerie erschließt

Es ist anzunehmen, dass diese Entwicklung den Abstand zwischen der gut organisierten Konzern- und Markenhotellerie und der privat geführten Hotellerie vergrößern wird. Es ist deshalb davon auszugehen, dass diese Marktentwicklung die Wettbewerbsposition privat geführter Hotels im Vergleich zur Markenhotellerie schwächen wird. Gerade die Umsetzung zukunftsweisender Konzepte wie diese verlangt erhebliche Investitionen, das beste „Know-how & Do-how", Durchhaltevermögen und die Bereitschaft, eigene Konzepte stets infrage zu stellen, um aus den eigenen Erkenntnissen und Erfahrungen schnell zu lernen.

Mit diesen Trends mitzuhalten, ist für eine Kooperation von privat geführten Hotels eine wirkliche Herausforderung. Best Western als Dachmarke und Dienstleister für individuell geführte Hotels versteht seine wichtigste Aufgabe darin, alle Wettbewerbsvorteile, die sich ein Konzernhotel oder Markenwettbewerber erarbeiten könnte, durch gleichwertige oder sogar bessere Lösungen auszugleichen. So soll der einzelne Hotelunternehmer von einem Instrumentarium und Spezialistenwissen profitieren, das ansonsten nur den Hotels, die zu den größten Hotelkonzernen gehören, zugänglich ist. Erschwerend kommt in einer Gruppe wie Best-Western-Hotels hinzu, dass die Ausgangsposition häufig eine sehr heterogene Struktur im technologischen Bereich aufweist und sehr verschiedene Automatisierungslevel zu finden sind. Unter anderem deswegen birgt eine Strategie, die verschiedene Kundendatenbanken, CRM-Technologie, Distribution, Revenue-Management und bessere Transparenz zusammenführt und optimiert, erhebliche Potenziale. Die Ausgangssituation bei Best Western weist zahlreiche Chancen und Optimierungsbereiche auf:

- Die Situation vor Ort in den Hotels ist durch viele manuell durchgeführte Aktivitäten geprägt, nicht zuletzt aufgrund fehlender Systemintegration.
- Umsätze der Hotels sind niedriger als möglich, da Verfügbarkeiten in den vielfältigen Distributionssystemen nicht konsequent gepflegt (aktualisiert und verteilt) werden. Die tatsächlichen Durchschnittsraten sind niedriger als die erzielbaren Raten. Auch hier ist eher fehlende Automatisierung als eine gewollte Strategie der Grund.
- Wirtschaftliche Fehlentwicklungen werden oft zu spät erkannt, da selten effektive Frühwarnsysteme existieren.
- Das bestehende Kundenwertmodell funktioniert nur für elektronische Buchungen und verliert damit für Gäste, die sowohl elektronisch als auch über andere Kanäle buchen, an Aussagekraft.
- Bestimmte Stammdaten (z. B. Ratencodes, Zimmerkategorien) sind strukturell und inhaltlich in den Hotels vor Ort unterschiedlich. Daraus ergibt sich eine eingeschränkte Vergleichbarkeit von Kennzahlen.
- Die Datenqualität der Gastdaten ist für die weitere Verarbeitung, z. B. Verwendung als Adressaten im Zuge von maßgeschneiderten Brief- oder E-Mail-Kampagnen unzureichend. Merkmale dieser Datenbestände sind beispielsweise ein hoher Anteil an Dubletten oder nicht korrekter, unvollständiger Daten sowie die fehlende CRM-geeignete Markierung der Daten.
- Der Betrieb der IT-Systeme ist – aufgrund der Heterogenität und der Verteilung – über alles gesehen teurer, insgesamt teurer als notwendig.

- Die Betriebsstandards vor Ort sind sehr unterschiedlich und in den meisten Fällen optimierbar. Dies betrifft Wartungsintervalle der Software, Datensicherungs- und Recoveryverfahren, raumklimatische Rahmenbedingungen und insgesamt die Nutzungsintensität.
- Fehlende Transparenz im Hotel, aber auch in der Servicezentrale, führen zu ungenutzten Chancen und ggf. falschen Managemententscheidungen.

Eine bei Best-Western-Hotels Deutschland intern durchgeführte Machbarkeitsstudie aus dem Jahr 2007 weist jedoch einen klaren Weg, der zu den beschriebenen Vorteilen und schlussendlich einer wichtigen Hilfe zur weiteren Markenprofilierung führen wird:

Best Western implementiert in den kommenden Jahren eine zentral gehostete Lösung, die die Datenbanken der Property Management-Systeme mit den zentralen Datenbanken synchronisiert und durch zahlreiche zentrale Services, wie Adressbereinigung, Kundenwertanalysen, CRS und CRM und Business-Intelligence-Anbindungen, die notwendigen Optimierungspotenziale erschließt. Ziele sind die Optimierung der Distribution, die Optimierung der Produktentwicklungs-, Service-, Preis- und Kommunikationsstrategien und die Implementierung eines umfassenden Management-Informationssystems für die angeschlossenen Hotels und die Marketing- und Verkaufszentrale. Erst durch die verbesserte Transparenz lassen sich künftige zentrale Dienstleistungen, wie Revenue Management, strategische Preisberatung oder kaufmännische Dienstleistungen effizient ausbauen. Dafür werden die folgenden Funktionen umgesetzt:

- Monitoring und Steuerung der Verfügbarkeiten und Tagespreise
- Import der Buchungs- und Änderungsdaten in die Property Management-Systeme
- Aufbau einer zentralen Kundendatenbank aus unterschiedlichen Quellen (PMS, CRS, Bonusprogramme) und deren Überführung in CRM-Tools
- Durchführung von CRM-Analysen für die optimale Produktentwicklung
- Optimierung der Kommunikations- und Preisstrategien auf Basis gewonnener Erkenntnisse
- Implementierung eines umfassenden Management-Informationsystems und Business-Intelligence-Werkzeuge für Hotels und Servicezentrale
- Vereinfachung und Beschleunigung der administrativen Prozesse, wie Reporting für Management und Kunden, Provisionszahlungen, Meilengutschriften etc.

Diese Strategie eröffnet den Zugriff von zahlreichen Kundenkontaktpunkten, wie dem Internet, den Callcentern und natürlich der Hotelrezeption. Aus Kundenwert und Präferenzen werden so Handlungsempfehlungen, die in wirtschaftlich sinnvolle Interaktionen mit Gästen und Kunden führen – und ganz nebenbei auch zu loyaleren Kundenbeziehungen. Eine Besonderheit eines solchen Projekts ist die notwendige und kontinuierliche Überzeugungsarbeit der unabhängigen Hotelunternehmer. Es gilt erfolgskritisch den Nutzen qualitativ und quantitativ überzeugend darzustellen. Der Nutzen lässt sich in drei Bereichen ausmachen:

Höherer Umsatz durch eine höhere Auslastung, durch die verbesserte und automatisierte Distribution sowie mittels integriertem Revenue Management, das höhere Durchschnittsraten zur Folge hat. Messbare und offensichtliche Potenziale zur Kostenreduktion liegen in einem reduzierten IT-Support, in der Administration und in der einfacheren Hardwareausstattung der Hotels und des Systembetriebs. Schwerer zu messende Nutzenkomponenten (daher als qualitativ zu bezeichnen) sind vor allem die Steigerung der Arbeitseffizienz der Hotelmitarbeiter durch Eliminierung von redundanten Doppeltätigkeiten. Mittels dieses Projekts ist durch die Bereitstellung von Management-Informations-Systemen in den Hotelbetrieben eine verbesserte wirtschaftliche Steuerung möglich, sodass frühzeitig und schnell auf Veränderungen im Markt reagiert werden kann. Das Wissen der Kundenpräferenzen an den wichtigen Kundenkontaktpunkten im Hotel führt zu einer höheren Kundenzufriedenheit, die langfristig zu einer höheren Loyalität dieser Kunden zur Marke und dem einzelnen Hotelbetrieb führt.

Das Management-Team von Best Western ist davon überzeugt, dass nur mit dieser generellen Umstellung von Informationssystemen und der deutlich stärkeren Zentralisierung von Systemen und Prozessen die Herausforderungen der Zukunft gemeistert werden können. Mit einer 360-Grad-Sicht auf die Kunden und deren schwer vorhersagbares Buchungs- und Reiseverhalten, schnelleren Reaktion auf Marktanforderungen, besserer technischer Unterstützung von Marketingprogrammen und Preisstrategien und wieder mehr Zeit für das Wesentliche – die Gäste und Kunden – werden sich die erheblichen Investitionen in überschaubaren Zeiträumen jedoch rechnen.

Markenführung und Hotel Business Positioning am Beispiel von Marriott International

Frank Zehle

1 Ausgangssituation: Veränderungen in der Markenhotellerie

Die vergangenen Jahre haben in der Markenhotellerie einige umwälzende Veränderungen gebracht.

Neue Marken

Vor allem der amerikanische Markt hat eine Vielzahl neuer Marken hervorgebracht, die einer Vielzahl von Marktsegmenten gerecht werden wollen.

Markenportfolios

Fast alle großen Hotelkonzerne sind Multi-Marken-Operatoren, d.h., sie sind in einem breiten Spektrum des Hotelmarkts vertreten, um verschiedene Märkte und auch Investoren-Modelle abzudecken. Diese Markenvielfalt wurde entweder durch Mergers, Acquisitions oder Joint Ventures beschleunigt, es gibt aber auch etliche Marken-Neugründungen durch die Hotelkonzerne.

Separierung von Hotelbesitz und Hotelmanagement

Viele der großen Hotelkonzerne haben Ihre Investitionen in Real Estate verkauft und sich darauf konzentriert, Ihre Aktivitäten auf Markenmanagement zu fokussieren. Das bevorzugte Geschäftsmodell vieler großer Unternehmen ist heute **Hotelmanagement und Lizenzvergabe** (Franchising), da die Expansion der Marken weniger kapitalintensiv und damit schneller und weniger riskant ist. Das Risiko aus Markensicht besteht jedoch darin, die diversen Besitzer und Franchisee-Interessen mit den Interessen der Markenstrategie zu vereinbaren, sodass die Markenkonsistenz nicht darunter leidet. Aus strategischer Sicht ist es wichtig, große Investoren und Franchisee-Gruppen langfristig zu binden und in die Markenstrategien einzubinden, was das Markenmanagement wesentlich einfacher macht, als viele einzelne Besitzer oder Franchise-Nehmer zu managen.

Globalisierung der Marken

Viele Marken, die vor wenigen Jahren nur in einigen regionalen Märkten bekannt waren, sind heute global präsent. Gerade in Europa oder den großen Wachstumsländern in Asien (China und Indien), wo die Markenhotellerie bei weitem nicht so weit verbreitet ist wie in Nordamerika, besteht ein großes Potenzial, dass globale Marken weiter wachsen. Dies geschieht entweder durch Umwandlung unabhängiger Hotels, durch Joint Ventures oder den Neubau von Hotels. In Asien, Nahost oder auch in Teilen Lateinamerikas, wo die Investitionstätigkeit im Hotelbereich sehr rege ist, wird die Expansion meist durch Hotelneubauten intensiviert.

*Tabelle 1: Durchdringung der Markenhotellerie in verschiedenen Regionen (Anzahl der „Marken"-Zimmer pro 100.000 Bevölkerung, * nur Stadt-Bevölkerung)*

Land	4- bis 5-Sterne-Segment	2- bis 3-Sterne-Segment
USA	216	165
Großbritannien	110	134
Deutschland	86	102
Italien	45	56
Frankreich	36	113
Mittlerer Osten	59	9
China*	11	6
Indien*	3	1
Brasilien*	10	19

Marktsegmentierung

In einem relativ gesättigten Markt wie Nordamerika stellt man fest, dass sich die Hotellandschaft immer stärker segmentiert, um neue Zielgruppen besser zu erschließen. Die klassische Segmentierung nach Preissegmenten wurde immer weiter ausgedehnt, vom Super-Deluxe-(7 Sterne)-Hotel bis zur Super-Economy-Nasszelle. Im Business-Bereich findet man oft eine Spezialisierung auf große Konferenzen und Incentive-Reisen. Aber auch Design- und Boutique-Hotels wenden sich an Business-Kunden, die Wert darauf legen, ihren individuellen Geschmack auch im Hotel wiederzufinden. Gerade im Privatreisebereich orientieren sich immer mehr Marken an Lifestyle-Attributen, z. B. Couples-Only-Resorts, Family Resorts, Single Resorts, Gay Hotels, Hedonistische Resorts, Thematische Hotels, Golf, Spa und Wellness etc. In anderen Regionen ist die Segmentierung meist noch nicht ganz so weit fortgeschritten, hier gibt es oft erst einmal eine Notwendigkeit, den Bedarf an Hotelbetten generell zu decken.

Operative Exzellenz

Alle großen Hotelgruppen haben sich seit den 1990er-Jahren stark auf operative Exzellenz konzentriert. Die Hotelkonzerne nutzen Synergien in Verkauf, Distribution, Technologie-Entwicklung, Einkauf und vielen anderen Bereichen. Die meisten haben stringente Marken- und Produktstandards und haben weitreichende Monitoring-und Kontrollsysteme, wie z. B. eine Balanced Scorecard, Marken-Standard-Checks, Kundenqualitätsbefragungen etc.

Kundenbindungsysteme und Customer Relationship Management (CRM)

In der Industrie haben sich markenübergreifende Kundenbindungsprogramme durchgesetzt. Während zu Beginn dieser Systeme der Kundenfokus auf Punkte bzw. Meilen bei Fluggesellschaften stand, so ist die Vergabe von Punkten inzwischen der Eintrittspreis geworden, um an Kundeninformationen zu gelangen. Kunden mit hohem Kundenwert bzw. Umsatz-Potenzial werden durch differenzierte Serviceangebote angesprochen und durch CRM-Systeme zunehmend individuell in Kommunikation und Service angesprochen. Der Fokus hat sich zunehmend auf „added values" und bevorzugte Behandlung verlagert.

Technologie

Technologie spielt eine zunehmend große Rolle in der Hotelbranche. Dabei hat das Internet wohl eine wichtige Rolle gespielt. In kaum einer anderen Branche ist die Nutzung des Internets zu Informations- und Transaktionszwecken so weit fortgeschritten wie bei den Hotels. Bei Marriott werden 2007 etwa 5 Milliarden US $ über das Internet umgesetzt. Die Marriott-Rewards-Kunden tragen dazu einen großen Anteil bei. Rewards-Kunden haben über das Internet Zugriff auf ihre individuellen Kundenprofile, können ihr Punktekonto abfragen und verwalten, Prämien ordern und vieles mehr. Die Vernetzung und Integration mit den Property Management-Systemen ist Voraussetzung, dass das Kundenmanagement reibungslos funktioniert. Zusätzliche Dienste wie Virtual Concierge (eine E-Mail, die vor Reiseantritt wichtige Informationen liefert und den Kunden dazu aktiviert, individuelle Wünsche zu übermitteln) und E-Folio (Übertragung der Abrechnung per E-Mail, bereits elektronisch aufbereitet, um in die Aufwands-Abrechnungssysteme der Firmen übernommen zu werden) haben die Akzeptanz des Internets als Service-Hilfe weiter forciert. Wie bereits angesprochen, hat auch die CRM-Technologie dazu beigetragen, die „Customer Intelligence" zu verbessern, um mit Kunden individuell zu kommunizieren und die Dienstleistungen zu optimieren. Technologie spielt auch im Zimmer und im Meeting-Bereich eine zunehmende Rolle.

Neue Zielgruppen

Die Hotelindustrie sieht sich zunehmend mit den Ansprüchen neuer Zielgruppen konfrontiert.

Generationenwechsel

Am Beispiel der USA soll verdeutlicht werden, was dies ausmacht. Dort spricht man von verschiedenen Generationen:

- Die „Silent Generation", die zwischen 1930 und 1945 geboren wurde.
- Die Baby-Boomers, die geburtenstarken Jahrgänge, die zwischen 1945 und 1964 geboren wurden.
- Die Generation X, die zwischen 1965 und 1980 geboren wurde.
- Die Generation Y, die nach 1980 geboren wurde.

Es ist wichtig zu wissen, dass die Baby-Boomer vor etwa 20 Jahren rund 55 % der amerikanischen Hotelübernachtungen konsumierte. Der Rest verteilte sich auf die Generation X und die Silent Generation. Im Jahr 2007 hat sich das verändert. Während die Silent Generation in ihrem Hotelbedarf stagniert, und die Nachfrage der Baby Boomer in 20 Jahren gerade mal um 6 % gewachsen ist, hat die Generation X 80 % zugelegt. Das Marktwachstum ist also dem Generation-X-Segment zu verdanken und ein klein wenig der „Generation Y". Heute stellt das Baby-Boomer-Segment mit 46 % zwar immer noch das größte Segment, das Generation-X-Segment macht jedoch bereits 34 % aus und wird bei Fortschreiten des Trends in den nächsten fünf bis zehn Jahren das Haupt-Marktsegment bilden. Jede dieser Generationen hat signifikante Unterschiede in ihrem Lifestyle und auch Konsumentenverhalten, worauf wir später noch eingehen werden.

Neue globale Zielgruppen

Die Öffnung Europas nach Osten hat in den letzten 20 Jahren nicht nur dazu beigetragen, dass den Osteuropäern die Welt zum Reisen offen steht, sondern auch den Geschäftsreisebedarf zwischen diesen Ländern stark intensiviert. Während die Länder Osteuropas bis vor wenigen Jahren hauptsachlich als Zielmärkte angesehen wurden, so sind sie inzwischen auch interessante Quellmärkte geworden. Als interessante Quellmärkte haben sich auch viele andere Länder entwickelt, z. B. die BRIC-Staaten (Brasilien, Russland, Indien, China), die einen zunehmenden Anteil an der Weltwirtschaft ausmachen, oder die Länder, welche sich insbesondere durch ihre Erdölvorkommen wirtschaftlich entwickelt haben. Allerdings unterscheiden sich die Erwartungen dieser Konsumenten oft weitgehend von denen der westlichen Konsumenten.

2 Weltweite Tendenzen und Konsumententrends

Bevor wir in dieses Thema einsteigen, muss gesagt werden, dass es sehr schwierig ist, alle Konsumententrends und Tendenzen weltweit in diesem Beitrag aufzugreifen und zu behandeln. In einem globalen Unternehmen wie Marriott orientiert man sich sehr stark an Kundenbedürfnissen, die zumindest auf breiter internationaler Basis Anwendung finden. Da jedoch aufgrund der starken Marriott-Präsenz im nordamerikanischen Markt der US-Kunde ein starkes Gewicht im weltweiten Gäste-Mix hat, werden naturgemäß Tendenzen aus dem US-Markt stark berücksichtigt.

Marktstudien und Konkurrenzbeobachtung (Benchmarking) finden aber durchaus auf globaler Ebene statt. Erkenntnisse auf globaler Ebene werden auch sehr stark in der regionalen Umsetzung berücksichtigt. Durch internes Benchmarking und Austausch von „Best Practices" werden auch Neuerungen und Tendenzen in verschiedenen globalen Märkten zu neuen weltweiten oder regionalen Standards umgesetzt. Andererseits muss man vorsichtig sein, nicht jede kurzfristige oder regionale Tendenz überzubewerten. Man muss sich auf die Trends konzentrieren, die nicht nur langfristig konkurrenzentscheidend werden, sondern sich auch wirtschaftlich umsetzen lassen. Durch Kundenbedarfsanalysen versucht man herauszufinden, welche Produkt- und Serviceelemente nicht nur differenzierend sind, sondern zu jenen Dingen gehören, für die der Kunde auch bereit ist, einen höheren Preis zu bezahlen. Macht man diese Studien regelmäßig und konsequent, so sieht man, welche Tendenzen sich verstärken und welche stagnieren oder rückläufig sind.

Welches sind also Tendenzen, die man weltweit beobachten *kann*?

„En Vogue"

Darunter verstehen wir den Trend, dass cooles Styling und Design ein Ausdruck des persönlichen Lebensstils ist. Dabei unterscheiden sich die Geschmacksvorstellungen von Baby-Boomers und Generation X. Generation X bevorzugt kühle Farben, natürliche Materialien und Strukturen und legt Wert auf bestimmte Beleuchtung. Aber auch Baby-Boomers lassen sich durch die jüngere Generation inspirieren – wer möchte schon „alt" wirken? Sie haben das Bedürfnis, cool und jung zu wirken und suchen die Umgebung der jüngeren Generationen. In der Hotellerie haben Boutique- und Designhotels diesen Trend frühzeitig erkannt.

Individualisierung

Wenn man sich die Autobranche anschaut, so hat der Mini hier ein Beispiel gesetzt. Fast kein Mini sieht so aus wie der nächste, mit vielen Personalisierungsoptionen kann sich jeder sein „Baby" so gestalten, wie es seinem persönlichen Geschmack und Bedarf entspricht. Konsumenten gestalten und konfigurieren sich ihre Produkte individuell, seien es Computer, Jeans, Tennisschuhe, Mobiltelefone oder iPods. Das Gleiche wird sich im Hotel wiederfinden, z. B. durch die Wahl von Farben, Musik, Licht, Duft, Amenities und Deko, Entertainment, Bettenausstattung, aber auch durch individuelle Serviceangebote.

Techno-Morphing

Darunter versteht man einen „elektronischen Lebensstil", und die fortschreitende Integration und Vermischung von Technologien, z. B. für Information, Entertainment und Kommunikation, tragen dazu bei. Man ist ständig online, und jeder trägt seine gesamten Informationen, Entertainment-Quellen und Kommunikations-Instrumente ständig bei sich. Breitband-Internet, Wireless, Flat Screens, Touch Screens, Tablet-PCs usw. setzen sich sehr stark durch und werden auch den Service (und Self-Service) beeinflussen.

Synthesie

Als Konsequenz des Techno-Morphing und des elektronischen Lebensstils, bei dem man 365 Tage im Jahr, 24 Stunden am Tag „connected" ist, werden Kunden als Ausgleich die Stimulation ihrer Sinne anstreben. Es ist bekannt, dass die Farben und das Licht, die Musik sowie der Duft Einfluss auf das Wohlbefinden haben. Dazu kommen das Super-Luxus-Bett, die Spa-Behandlung, die Wellness- Amenities im Bad sowie neue Chromotherapie-Duschen, die den Körper und Geist nicht nur durch Wasser, sondern auch durch Licht erfrischen und regenerieren.

Der dritte Ort

Damit ist ein Trend gemeint, neben der eigenen Wohnung und dem Arbeitsplatz weitere Standorte zu haben, an denen man sich trifft – wo man aber auch alleine sein kann. Dort kann man lesen, arbeiten, Musik hören, Leute treffen, Kaffee trinken, essen und vieles mehr. Das Konzept von Starbucks basiert auf dem dritten Ort. Für die Hotelbranche bedeutet dies, dass Gäste nicht nur Wert auf ihr Zimmer legen, sondern dass auch Lobbys und andere öffentliche Bereiche so konfiguriert sind, dass sie sich dort wohlfühlen und gerne aufhalten möchten.

3 Strategische Markenausrichtung

Analysiert man den Hotelmarkt kritisch, so ist es heute für den Kunden schwierig, klare Markendifferenzierungen festzustellen. Bei der großen Markenvielfalt sind die Markenbilder sehr verschwommen, und im selben Preissegment kommen für den Kunden oft viele Marken als Alternative infrage. Das individuelle Hotel (d.h. Lage, Produkt, Service, Preis) ist häufiger ausschlaggebend als eine bestimmte Markenpräferenz. Kundenprogramme und Vertriebskanäle können Konsumentenverhalten beeinflussen, allerdings sind fast alle diese Kriterien eher rationaler Natur.

Aus der Markensicht ist es jedoch erstrebenswert, neben den rationalen Kriterien auch eine emotionale Bindung mit den Kunden zu erreichen. Schaut man sich außerhalb der Hotelbranche um, sieht man, dass sich diejenigen Marken als „iconic" – also Markenikonen – herauskristallisieren, die neben dem rationalen Nutzen eine emotionale Bindung mit den Nutzern eingehen. Beispiele dafür sind Mini, Harley Davidson, Apple/iPod, Starbucks, etliche Mode-Luxusmarken wie Boss, Armani, Prada. Diese Marken haben hohen Status und auch entsprechende Preis-Prämien.

In der Hotelbranche haben es nur wenige Marken geschafft, diesen Status zu erreichen. Meist sind diese im Top-Segment vertreten, wie Ritz Carlton oder Four Seasons. Analysiert man es genauer, verkörpern diese Marken nicht nur den Lifestyle des Nutzers, sondern sagen auch etwas über die Persönlichkeit des Konsumenten aus. Dies lässt sich folgendermaßen darstellen:

- It works = Es befriedigt den eigentlichen rationalen Nutzen, z. B. das Übernachten
- It works for ME = Es befriedigt gewisse individuelle Zusatznutzen.
- It is ME = Es spiegelt den Lebensstil und die Persönlichkeit wider.

In der Hotellerie muss also angestrebt werden, auch eine entsprechende emotionale Identifizierung zu erreichen, um von reinen rationellen Aspekten (Größe des Zimmers, Preis, Lage, Anzahl der Rewards-Punkte etc.) zu echter Kundenbindung zu gelangen. Letztendlich schafft dann diese Präferenz wiederum eine Steigerung des Revpar und der Profit-Margen und damit die Voraussetzung für Markenexpansion und Wachstum.

4 Markenportfolio-Management

Wie die meisten großen Hotelkonzerne hat Marriott ein Multi-Marken-Portfolio. Das internationale Portfolio reicht von Ritz-Carlton und Bulgari im Upper-De-Luxe-Segment über JW Marriott, Marriott und Renaissance im Quality/Upscale-Segment bis Courtyard im Mid-Market-Segment. Daneben gibt es noch Langzeit-Residenzen unter Marriott Executive Apartments und Timeshare-Modelle wie Marriott Vacation Club International (MVCI). In Nordamerika gibt es noch weitere Marken, z. B. Fairfield Inn, Residence Inn, SpringHill Suites und TownPlace Suites.

Neue Marken stehen kurz vor ihrer Einführung, z. B. „Edition" im Boutique-/Design-Segment oder „Nickelodeon" im Segment der Familien-Resorts.

4.1 Warum so viele Marken?

Diese große Anzahl der Marken dient dazu, verschiedenen Kundensegmenten gerecht zu werden, sich aber auch an lokale und regionale Marktgegebenheiten anzupassen sowie an Investorenerwartungen und Konkurrenzgegebenheiten zu orientieren. Während sich ein 5-Sterne-Hotel mit Konferenzbereich, Restaurants und Bars normalerweise nur in großen Einzugsgebieten mit Geschäftsreisen- und Konferenzpotenzial wirtschaftlich lohnt, kann ein Fairfield Inn auch in einem

50.000-Einwohner-Ort wirtschaftlich operieren. Die Marktsegmentierung findet hier vorrangig auf der Basis des Preises bzw. des Reiseanlasses statt.

Laut Marktanalysen könnte man mit diesem Markenportfolio etwa 90 % des weltweiten Kundenpotenzials erschließen, vorausgesetzt, man erreichte die notwendige geografische Marktabdeckung. Die restlichen 10 % könnte man durch neue Marken bzw. neue Sub-Marken erschließen.

Die große Herausforderung ist es, jede Marke so weit voneinander zu differenzieren wie möglich, ohne jedoch Synergien zwischen den Marken zu verlieren. Diese Differenzierung versucht Marriott über sogenannte Marken-Blueprints zu erreichen.

4.2 Der Marken-Blueprint

Der Blueprint ist – wie nachfolgend beispielhaft dargestellt – eine kompakte Übersicht über die Kernbestandteile der einzelnen Marke:

1. Zielgruppendefinition, z. B.
   - Reiseanlass, z. B. Business-/Privatreisende
   - Reisefrequenz
   - Haushaltseinkommen
   - Industrien/Berufsgruppen/Position
   - Familiensituation
   - Alter
   - Geschlecht
   - andere soziodemografische Merkmale
   - psychografische Merkmale, z. B. Konsumentenerwartungen und -einstellungen
   - Preis-Segmente und Zahlungsbereitschaft
2. Haupt-Mitbewerber
3. Marken-Kernaussage (Positioning Statement)
4. Differenzierungsmerkmale (Markensäulen)
   - Markensprache
   - Produkt- und Serviceerleben
5. Produkt- und Service Kompetenzen
6. zukünftige Schwerpunkte in der operationellen Umsetzung

Beispiel Marriott Hotels und Resort-Blueprint

Ein Beispiel hierfür ist der Marriott Hotels und Resort-Blueprint, welcher vor etwa drei Jahren entwickelt und inzwischen überarbeitet wurde.

Zielgruppe

- durchschnittliches Haushaltseinkommen   etwa US $ 170.000 pro Jahr
- Durchschnittsalter   etwa 45 Jahre
- Geschlecht   etwa 65 % männlich
- Marriott Rewards Mitgliedschaft   etwa 80 %
- Anzahl von Geschäftsreisen pro Jahr   etwa 20–25 pro Jahr

Die Zielgruppe ist sehr professionell, stark erfolgsorientiert und motiviert sich dadurch, immer das Beste zu erzielen. Sie suchen bei einem Hotel Charakteristiken, die ihnen dabei helfen, ihr Ziel so einfach und schnell wie möglich zu erreichen. Da sie sehr erfahrene Reisende sind, beteiligen sie sich an der Auswahl der Hotels und Fluggesellschaften und überlassen die Planung nur ungern anderen, um unliebsame Überraschungen zu vermeiden. Da das Reisen durch diverse Umstände kompliziert und zeitaufwändig geworden ist, suchen sie unkomplizierte Lösungen und lieben gewisse Routinen, die ihnen dabei helfen, Zeit zu sparen. In der wenigen freien Zeit versuchen sie, Kontakt zu ihrer Familie zu halten, sind sehr gesundheitsbewusst und versuchen ihre Gesundheit (und Produktivität) durch die richtige Ernährung und Fitness zu erhalten. Sie sind verantwortungsbewusst und haben ein gefestigtes Wertesystem, welches dazu führt, dass sie auf Geschäftsreisen erst entspannen, wenn ihr Arbeitserfolg sichergestellt ist. Sie suchen aber auch soziale Kontakte, da Geschäftsreisende oft sehr einsam sind, und versuchen daher das Hotel zum Treffen von Kollegen, Kunden und Partnern zu nutzen. Außerdem suchen sie auch Hotelservice, der persönlich und individuell ist und nicht kalt und steril.

Als Zusammenfassung der Kern-Zielgruppe wurde der Titel „Achievement Guest" (Erfolgsorientierter Gast) formuliert.

Hauptmitbewerber

Die am meisten genutzte Konkurrenz für diese Zielgruppe waren die Hotels der Marken Hilton, Westin, Sheraton und Hyatt.

Kernpositionierung der Marriott-Marke

Inspiring Performance (= Erfolg und Leistung fördernd)

Die Differenzierungsmerkmale der Marriott-Marke

- Erfolgsorientierung
  - professionell
  - unkompliziert
  - Zweck geht vor Schein
- erholungsfördernd
  - persönlicher Luxus (z. B. Betten/Bad)
  - Fitness & Wellness
  - komfortable Zimmer und Lobbys
  - gesunde Ernährungskonzepte
- Servicekultur
  - individueller und zuvorkommender Service
  - über die Erwartungen des Gastes hinausgehend
  - der Marriott „Spirit to Serve"
- Markensprache
  - optimistisch
  - human und etwas humorvoll
  - energetisch

Produkt- und Servicestrategie

Beim Produkterlebnis wurden verschiedene neue Initiativen gestartet. In Befragungen und Beobachtungs-Studien wurde festgestellt, dass diese Gäste ihr Hotelzimmer oft nicht optimal fanden, da es nicht zum Arbeiten und Erholen gleichzeitig dient. Gestaltung der Arbeitstische, Anordnung von Steckdosen und Internet, Fehlen ergonomischer Sitzmöbel, falsche Beleuchtung waren Probleme, die oft genannt wurden. Auch die Betten waren nicht immer dazu geeignet, sich gut zu erholen. Dies wurde unter dem Thema „Relaxing Work" zusammengefasst, und als Reaktion hierauf hat Marriott das neue Marriott-Zimmer kreiert, mit neuen Arbeitstischen und echten Bürostühlen, mit einer anderen Anordnung von Steckdosen im Zimmer und einer optimierten Beleuchtung. 2005 wurden weltweit neue Betten eingeführt, die eine hohe Akzeptanz haben. Auch wurde eine neue Technologie entwickelt, die es erlaubt, Laptops, MP3-Player, Digitale Kameras etc. an die Flatscreen-LCD-Fernseher anzukoppeln.

Eine andere Beobachtung zielte auf die Nutzung der Lobbys und anderer öffentlicher Bereiche. Es wurde festgestellt, dass die Lobbys vermehrt genutzt werden, um Kollegen und Geschäftsfreunde zu treffen, aber oftmals in puncto Design zu unflexibel und kalt sind. Auch fehlte oft Zugang zu Getränken und/oder kleinen Speisen. Individualreisende nutzen auch vermehrt die Lobbys, um zu arbeiten, zu lesen oder Musik zu hören, da sie nicht gerne alleine im Zimmer sitzen.

Die Restaurants und Bars wurden oft als uninteressant eingestuft, und aus Mangel an ansprechendem Angebot gingen Gäste oftmals außer Haus, obwohl es ihnen lieber wäre, im Hotel zu bleiben. Dieses Thema wurde als „Social Business" zusammengefasst, und Marriott kreierte in Reaktion hierauf neue Restaurantkonzepte und vor allem ein neues Lobbykonzept, welches intern als „Great Room" benannt wurde. Der Great Room hat verschiedene Zonen, für Individualreisende, kleine Gruppen und größere Gruppen. Der zentrale Punkt ist eine Bar, die tagsüber eher als Kaffee-Theke mit Kuchen und Sandwiches dient, am Abend aber flexibel mit mehr alkoholischen Getränken und salzigen Snacks ausgestattet wird. Für Individualreisende gibt es kleinere Tische oder Sessel mit Bibliothek oder Entertainment-Bereichen, aber auch mit der Möglichkeit, einen Laptop anzuschließen und Wireless LAN zu nutzen. Auch die Beleuchtung und das Musikangebot werden flexibel an die Tageszeiten angepasst.

Die Hotels, die dieses Konzept umgesetzt haben, sehen den Erfolg. Mehr Gäste in der Lobby, die auch konsumieren. Mehr Gäste in den Restaurants, und mehr und mehr Gäste, die von außerhalb des Hotels das Restaurant besuchen. Neben den Zimmer- und Lobbykonzepten arbeitete Marriott ferner an neuen Service-Konzepten, im Bereich Stammkundenbetreuung, Executive Lounges, Room Service und Dienstleistungen im Meeting- und Konferenzbereich.

5 Hotel Business Positioning

Die Herausforderung besteht darin, Markenkonzepte in jedem Hotel so umzusetzen, dass sie für jedes einzelne Hotel auch sinnvoll und innerhalb der finanziellen und personellen Möglichkeiten umsetzbar sind. Jedes Hotel hat sehr individuelle Herausforderungen, die die Möglichkeiten wesentlich beeinflussen, wie zum Beispiel:

- wirtschaftliche Situation
- Kunden-Mix und Erwartungen
- Alter des Produkts

- Standort des Hotels
- Management bzw. Franchisevertrag
- Zugang zu qualifiziertem Personal
- Kostenstrukturen
- Investitionsmöglichkeiten
- Konkurrenz
- usw.

Marriott hat daher den Hotel-Business-Positioning-Prozess definiert, welcher für jedes Hotel als eine Art „Vision-Statement" fungiert. Dieser soll das Hotel nicht nur innerhalb der Markenstrategie positionieren, sondern auch ein klares Differenzierungsmerkmal zur lokalen Konkurrenz sein.

Die Zielsetzung des Hotel Business Positioning (HBP) ist vielseitig:

- Fokussierung auf die erfolgsversprechendsten Kernzielgruppen
- ein für diese Zielgruppen klar erkennbares und differenziertes Erlebnis-Konzept
- ein mehrjähriger Aktionsplan für das gesamte Hotel mit Priorisierung der Maßnahmen, die mittelfristig zur Unterstützung der Positionierung führen
- Orientierung für zukünftige Entscheidungsprozesse und jährliche Planungen (zum Beispiel Investitionsplanungen im jährlichen Business-Plan)
- Motivation des Hotel-Teams
- eine Abstimmung mit dem Hotel-Eigentümer auf die zukünftige Strategie u. a. in Bezug auf Investitionen
- eine Grundlage für die Marketing-Kommunikation des Hotels
- Erhöhung des finanziellen Erfolgs und des Marktanteils

5.1 Prozessablauf Hotel Business Positioning

Kernbestandteil des Hotel Business Positioning ist ein eineinhalbtägiger Workshop, an dem die wichtigsten Mitglieder des Hotel-Managements teilnehmen. Bei Marriott sind das üblicherweise der General Manager, die Direktoren für Verkauf und Marketing, Finanzen, Operations, Personalmanagement, Engineering, Revenue Management sowie oftmals auch die Leiter für Front Office, Food & Beverage, Event-Management, Housekeeping und andere.

Von der regionalen Leitung sind üblicherweise der Vice President Brand Marketing, VP Operations, VP Sales und Area Director Sales & Marketing vertreten. Je nach Bedarf sind auch Vertreter vom Architektenteam und F&B Designer dabei.

Etwa drei bis vier Wochen vor dem Workshop erhält das Hotel ein Toolkit, welches es benutzt, um den Workshop vorzubereiten. Dieses Toolkit enthält u. a. folgende Bestandteile:

- Hotel Profit & Loss – Historie der letzten fünf Jahre und Proforma/Budget für die folgenden Jahre
- Konkurrenz – Marktanteilsdaten (aus: Deloitte/Bench/Smith, Travel Research)
- Kundensegmentierung/Kundenmix – bis zu fünf Jahre zurück
- Kundenzufriedenheits-Statistik mit Benchmark zur Region
- Kapital-Investment-Plan
- Kerndaten zum Managementvertrag
- Informationen zum Hoteleigentümer
- Produktübersicht (z. B. Status der Zimmer, Lobby, Restaurants, Meetings, Fitness etc.)
- Breakdown des Zimmer/Meeting/F&B-Inventars
- SWOT-Analyse des eigenen Hotels und der Hauptmitbewerber
- Marktdaten, z. B. Übernachtungsstatistiken, wirtschaftliche Eckdaten
- usw.

Dieses Toolkit stellt das Minimum dar, um wichtige Daten zu erfassen und zu interpretieren.

5.2 Workshop als Kernbestandteil des Hotel Business Positioning

Die Schritte des Hotel-Business-Positioning-Workshops lassen sich vereinfacht durch ein umgedrehtes Dreieck darstellen.

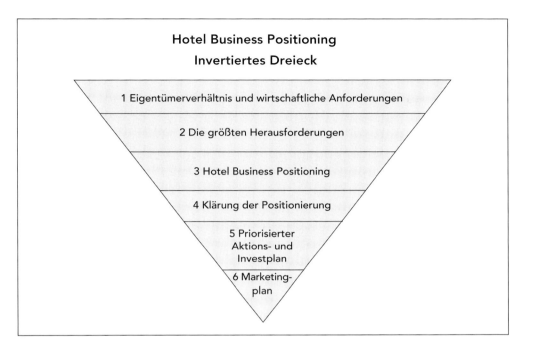

Schritt 1: Klärung der Eigentümerverhältnisse und wirtschaftliche Anforderungen

Bevor Strategien und Positionierungen erarbeitet werden, muss sich das Team darüber im Klaren sein, in welchem wirtschaftlichen Umfeld sich das Hotel befindet. Wie lange läuft der Managementvertrag? Wer sind die Eigentümer? Wie involviert sind diese? Gibt es außer finanziellen Erwartungen sonstige Erwartungen der Eigentümer? Welche Freiheiten haben das Hotelmanagement und Marriott International? Welche Fees sind vereinbart? Wo sind Potenziale für zusätzliche Profite? Ist Geld für Investitionen verfügbar? Wie stellt sich das gesamtwirtschaftliche, politische und rechtliche Umfeld dar? Alle diese Fragen helfen, Potenziale und auch Limitierungen bereits zu Beginn zu definieren, um den weiteren Prozess realistisch zu gestalten.

Schritt 2: Welches sind die größten Herausforderungen für das Hotel?

Durch ein Brainstorming werden die Herausforderungen und Hemmnisse ermittelt, welche einer positiveren Entwicklung des Hotels entgegenstehen. Diese sind oft sehr vielseitig, können sowohl externer wie interner Natur sein, teilweise beeinflussbar oder auch nicht. In einer Diskussion werden dann die zwei bis drei größten Herausforderungen und Hemmnisse herauskristallisiert. Wichtig ist, dass das Hotelteam Herausforderungen priorisiert, die nicht nur die größte Bedeutung für das Hotel haben, sondern die auch durch ihre eigenen Aktivitäten positiv beeinflussbar sind. (Beispiel: An der Größe der Hotelzimmer kann ein Team zumindest kurzfristig wenig ändern, jedoch z. B. an der Konfiguration und Ausstattung.)

Schritt 3: Definition des Hotel-Business-Positioning-Statements

Zielsetzung ist hier, in einem kurzen und klaren Satz auszudrücken, was die Vision für das Hotel ist. Diese Vision muss für alle klar verständlich sein, für das Hotelteam, für die Kunden und für die Eigentümer. Je kürzer und direkter, desto besser. Außerdem sollte diese Vision sich nicht nur von denjenigen der Konkurrenz unterscheiden, sondern so weit wie möglich eine Alleinstellung im Umfeld besitzen, die nicht einfach kopierbar ist. Um zu dieser Vision zu gelangen, muss man sich jedoch ausgiebig mit vielen Daten beschäftigen:

- Wie entwickelt sich der Markt?
- Welche Zielgruppen sprechen wir an? Welche wollen wir in Zukunft ansprechen?
- Wie erfolgversprechend kann das sein? Was verhindert das?
- Wo sind die eigenen Stärken und Schwächen? Wo sind unsere Wachstumspotenziale und Risiken?
- Wie positioniert sich die Konkurrenz? Wo sind deren Stärken und Schwächen? Was hat die Konkurrenz geplant?

Hier werden oft eine detaillierte SWOT-Analyse und Benchmarking gemacht, wobei man etwa fünf bis acht Konkurrenten genau beleuchtet. Eine Zielsetzung davon ist es, herauszufinden, wo das eigene Hotel Produkt-und Servicevorteile hat, die im Konkurrenzumfeld zumindest unter den Top 3 sind und auch nicht ohne Weiteres kopierbar sind. Sofern Merkmale kurzfristig kopierbar sind, stellen sie kein langfristiges Differenzierungspotenzial dar. (Beispiel: Die größten Meeting-Räume im Markt, die beste Aussicht auf eine bestimmte Sehenswürdigkeit, nicht jedoch den größten Fernseher im Zimmer oder das komfortabelste Bett etc.)

Sucht man konsequent nach diesen Differenzierungsmerkmalen, erhält man ein klares Bild davon, auf welchen Faktoren man ein differenziertes Hotel Business Positioning aufbauen kann. Hier einige Beispiele:

- Ein Flughafenhotel:

  „Eine Oase für Geschäftsreisende, welche kurze Wege mit Service, Entspannung und High Tech verbindet"

- Ein Konferenzhotel:

  „Die erste Adresse in XYZ für große Konferenzen, mit den Möglichkeiten flexibler Raumgestaltung und erstklassigen Networkings auch nach der Konferenz"

Schritt 4: Ausweitung und Klärung des Business-Positioning-Statements

Hier wird die Positionierung noch klarer durch Worte und teilweise durch Bilder und Musik dargestellt. Welches Erlebnis soll der Gast haben? Wie stimulieren wir das gesamte Spektrum der sechs Sinne? Welche Emotionen sollen beim Gast geweckt werden? Wie sehen wir Farben, Musik, Atmosphäre? Welche Design-Einrichtungen, Technologien und Services gibt es? Es wird eine Geschichte geschrieben und ein Bild des zukünftigen Erlebens geschaffen. Oftmals wird dies durch sogenannte ‚Mood Boards" unterstützt, d.h. durch Bilder, die eine gewisse Tendenz visualisieren. Dadurch wird für alle eine recht eindeutige und bildhafte Vision geschaffen.

Schritt 5: Aktionsplan

In einem Brainstorming werden alle Maßnahmen erfasst, welche die Positionierung unterstützen können. Zu diesem Zeitpunkt ist es nicht wichtig, wie realisierbar diese Ideen sind. In der Gruppendiskussion wird dann eine Maßnahmen-Liste erstellt, die das Hotel-Team gemeinschaftlich als Priorität ansieht und die das größte Potenzial hat, das Hotelergebnis am besten zu beeinflussen. Am Schluss kann dann klassifiziert werden, wie einfach diese Maßnahmen umgesetzt werden können. Natürlich gibt es viele Maßnahmen, die nicht kurzfristig umgesetzt werden können und auch noch weiteren Diskussionsbedarf haben bzw. Investitionsrechnungen unterliegen und oftmals mit dem Eigentümer diskutiert werden müssen.

Schritt 6: Marketingplan

In einem ersten Entwurf werden die Kernzielgruppen nochmals klarer umrissen, und die Verkaufs- und Marketingaspekte des Positionings beleuchtet.

- Welche Differenzierungsmerkmale sind für welche Zielgruppen wichtig?
- Wie kommuniziert man diese?

5.3 Weitere Umsetzung der Positionierung

Der Workshop ist das Fundament, auf dem die zukünftige Arbeit des Hotel-Teams aufbaut. Wichtig ist es, das Positioning an alle Interessenvertreter zu kommunizieren und mit ihnen zu diskutieren, z.B. Mitarbeiter, Eigentümer und das regionale Management. Oftmals kreiert das Hotelteam sehr professionelle Präsentationen, die die Vision sehr bildhaft darstellen und eine Stimmung erzeugen, die alle motiviert. Die Umsetzung der Positionierung ist ein mittel- bis langfristiges Projekt, und in allen Bereichen des Hotels ist es wichtig, dass jeder seine Rolle dabei spielt.

In der Zeit nach dem Workshop finden oft mehrere Meetings statt, um die Umsetzung des Aktionsplans zu diskutieren und zu verfeinern. Gerade für größere Umbau- und Renovierungsmaßnahmen müssen detaillierte Planungen, Designs und finanzielle Berechnungen gemacht werden. In der jährlichen Planung werden die verschiedenen Aktions-Maßnahmen festgehalten und budgetiert und regelmäßig diskutiert und gemessen.

Gerade große Re-Positionierungen sind mehrjährige Projekte und bedürfen eines großen Engagements aller Beteiligten. Das Resultat von gut positionierten Hotels spricht jedoch für sich, denn neben einer großen Kundenzufriedenheit spiegelt sich der Erfolg auch finanziell wider.

6   Zusammenfassung

In einem sehr wettbewerbsintensiven Umfeld, in denen sich eine Vielzahl von globalen, regionalen und nationalen Marken positionieren will, ist es sehr wichtig, eine klare Differenzierung herzustellen. Klar differenzierte Marken versprechen eine hohe Kundenzufriedenheit und überdurchschnittliche Renditen und Marktanteile. Bei Marriott wird versucht, eine klare globale Markenpositionierung durch die Marken-Blueprints zu definieren. Diese Blueprints werden durch spezifische Markenstandards, z.B. Produkt-, Service- und Design-Elemente konkret definiert. Daneben wird auch versucht, durch eine spezielle Atmosphäre die emotionelle Bindung der Kunden zu erreichen.

In einem globalen Umfeld spielen jedoch kulturelle Merkmale der verschiedenen Regionen eine wichtige Rolle. Die Marken-Blueprints werden daher regional interpretiert und auch an die verschiedenen Gesetzgebungen und finanziellen Gegebenheiten angepasst. Durch den Hotel-Business-Positioning-Prozess wird sichergestellt, dass jedes einzelne Hotel die globale Markenstrategie unterstützt, sich aber auch gleichzeitig im lokalen Umfeld mit einer differenzierten Positionierung langfristig abhebt.

Da Produktzyklen in der Hotellerie verhältnismäßig lange sind, ist es wichtig zu verstehen, dass es sich um einen Prozess handelt, der sich in der kompletten Umsetzung oftmals über mehrere Jahre erstreckt. Dennoch kann man oftmals bereits bei teilweiser Umsetzung der strategischen Initiativen nach kurzer Zeit positive Effekte bei der Kundenakzeptanz und auch im finanziellen Ergebnis feststellen.

Kooperationen – Von der Vertriebsplattform zu Markeninhalten mit einer rigorosen Kundenorientierung im voranschreitenden Käufermarkt

Siegfried Prange †*

---

* Anmerkung des Herausgebers: Herr Siegfried Prange verstarb völlig überraschend im Mai dieses Jahres. Mein Mitgefühl gilt der Ehefrau, den Kindern und allen weiteren Familienmitgliedern.

1 Kooperationen – Eine Erfolgsgeschichte

Auf den folgenden Seiten möchte ich Ihnen einige Hintergründe und Zusammen-hänge möglichst praxisnah und verständlich erläutern. Da es mein Ziel ist, dass Sie als Leser mich jederzeit gut verstehen, verzichte ich auf eine straffe wissen-schaftliche Ausrichtung und versuche die grundlegenden Aussagen mit bekann-ten Beispielen zu verdeutlichen. Wenn dieses Vorgehen zu einer leichteren Les-barkeit für Sie führt, wäre ich zufrieden.

Die Kooperation von wirtschaftlichen Unternehmen gibt es bereits seit über 100 Jahren und hatte ihren Anfang in den Konsumvereinen des 19. Jahrhunderts. Berühmt und bekannt sind die Genossenschaftsorganisationen, welche heute noch als Volks- und Raiffeisenbanken und ländliche Lagergenossenschaften eine Rolle spielen. Auch die Hotellerie hatte bereits sehr früh einen Zusammenschluss ihrer Interessen: Der Internationale Verein der Gasthof-Besitzer wurde 1869 in Köln gegründet und existiert noch heute unter dem Namen IHV – Internationa-le Hotelier Vereinigung. Wirtschaftlich erlangte diese aber keine große Bedeu-tung.

Einkaufskooperationen des Handels haben eine ebenso lange, doch sehr viel er-folgreichere Tradition. Die heutige Edeka zum Beispiel entstammt aus der 1898 als Einkaufsgenossenschaft der Kolonialwarenhändler, kurz E. d. K genannten Ko-operation. Das Motto lautete nach weiteren Zusammenschlüssen: „Gemeinsam sind wir stark." Zu einer Welle von Kooperationsgründungen kam es im Einzel-handel ab den 1970er-Jahren. Der Systemwechsel war in den Aufschwungsjahren der 1960er- und 1970er-Jahre ebenso heftig und radikal wie eben zur Jahrhun-dertwende mit dem Beginn der Industrialisierung. In diesen Jahren entstanden Selbstbedienungsläden und viele bis dahin unbekannte Betriebstypen, wie C+C-Betriebe und Fachmärkte mit eingeschränktem Sortiment. Die Kooperationen im Einzelhandel haben heute einen hohen Marktanteil erreicht.

Der Einzelhandel hat es geschafft, sich durch eine Vielzahl von unterschiedlichen Kooperationen gegenüber den Warenhäusern zu behaupten. Frage: „Was inte-ressiert uns am Erfolg von Kooperationen im Einzelhandel?" Antwort: „Erfolg ist übertragbar – um das Ziel zu erreichen, sollten wir uns die Wege anschauen, ver-gleichen und für einen eigenen oder bereits bekannten Weg entscheiden."

Tabelle 1: Marktanteile von wichtigen Organisationsformen im Einzelhandel in Prozent (Quelle: Ifo-Institut)

	1990	1995	2000
Kleinbetrieblicher Einzelhandel	12,5	12,0	11,5
Kooperationen	31,0	31,8	31,5
Filialunternehmen	44,0	44,9	45,0
Waren-Kaufhausunternehmen	7,0	6,3	6,5
Versandhandel	5,5	5,0	5,5

Es gibt unterschiedliche Kooperationen, doch welche Kooperationsform ist für welchen Betrieb am besten geeignet, und gibt es ein schlüssiges Entscheidungsraster? Hierzu bedarf es der Festlegung einiger wichtiger Grundfragen, wenn auch nicht aller. Grundsätzlich gilt die Aussage, dass der Anschluss an eine wirtschaftlichen Erfolg anstrebende Kooperation in vielen Teilbereichen eine vertikale Hierarchie beinhaltet, das heißt, die Systemzentrale bestimmt über den Kooperationspartner. Jens Diekmann, der Gründervater der Romantikhotels soll gesagt haben: „In einer Kooperation ist es wie in einer guten Ehe, beide bekommen etwas hinzu und beide verlieren ein wenig Selbstständigkeit, daher sollte man vorher gut prüfen, ob man sich bindet."

Die häufigsten Kooperationen in der Hotellerie sind Einkaufskooperationen und Marketingkooperationen. Im Gegensatz zum Handel treten die Einkaufskooperationen in der Hotellerie nicht nach außen mit einer eigenen Marke im Vertrieb auf.

2 Entscheidungsfragen vor dem Beitritt zu einer Kooperation

Einkauf und Marketing – Lokal oder überregional?

Werden die Umsätze des Betriebs vorwiegend aus dem lokalen Markt erzielt, macht nur eine lokal begrenzte Kooperation im Bereich Marketing Sinn, doch im Bereich Einkauf ist eine überregionale Kooperation ebenso denkbar. Hat die

Nachfrage aber zugleich sehr spezifische Eigenschaften, die sich nur am lokalen Markt zeigen, bedarf es auch für den Einkauf einer lokalen Kooperation. Bis Mitte der 1970er-Jahre verhinderte bereits die Antwort auf diese beiden Fragen das Entstehen von Kooperationen in der Hotellerie.

Die Nachfrage resultierte stark aus dem nahen Umfeld der ansässigen Firmen, die von Reisenden besucht wurden. Der Einkauf fand ebenfalls sehr regional über die ortsansässigen Metzger, Bäcker und Gemüselieferanten statt. Fast nur im Trockensortiment und im Non-Food-Bereich wurde auf überregionale Lieferanten zurückgegriffen. Biermarken wurden regional eingekauft. Die heutigen nationalen Premium-Marken entstanden gerade erst. Heute haben sich beide Betrachtungsfelder stark verändert. Die Nachfrage beruht nicht nur auf regionalen oder nationalen Gegebenheiten, die gesamte Nachfrage entsteht aus einem internationalem Geflecht von Messen, City-Reisen, Flughafenanbindungen, Ferienzeiten oder Geschäftszeiten usw. Im Einkauf haben wir eine ähnliche Situation, die Waren kommen aus der ganzen Welt, Fleisch aus Südamerika, Fisch aus der Südsee und Non-Food häufig aus Asien – bei gleichzeitiger Zunahme der Konzentration auf wenige Anbieter und Lieferanten.

Einkauf – Preisnachlässe bei größeren Einkaufsmengen?

Ein wichtiger Faktor für den Erfolg sind die Wareneinsatzkosten in allen Bereichen. Je größer die nachgefragte Menge ist, desto niedriger sind in der Regel auch die Einstandspreise. Einkaufskooperationen verdanken daher ihr Entstehen dem Wunsch der zusammengeschlossenen Kleinbetriebe, den Vorsprung des Großbetriebs durch Bündelung der Nachfrage auszugleichen und vielleicht noch günstiger einzukaufen. Wirkliche Vorteile kann dieser Zusammenschluss allerdings nur bringen, wenn der einzelne Mitgliedsbetrieb bereit ist, sich einem vorgegebenen Gesamtsortiment stark unterzuordnen, ansonsten kommt es zu einer starken Zersplitterung der Marken, Lieferanten und Artikel. Dies führt zu weniger günstigen Einkaufsabschlüssen.

Marketing – Einzigartiges Angebot oder Massenangebot?

Hat der Einzelbetrieb ein starkes Alleinstellungsmerkmal (USP) wird sich dieser Betrieb eher nicht in eine Kooperation einbinden. In einer Gruppe von Anbietern würde dieses Merkmal abgeschwächt werden, und gleichzeitig wird vom USP-Betrieb erwartet, sich allgemeinen Vereinbarungen aller unterzuordnen. Das Alleinstellungsmerkmal sollte für den Einzelbetrieb ausgeprägt, saisonunabhängig und dauerhaft angelegt sein. Als typische Beispiele sind hier z. B. die Hotels im Europapark Rust zu nennen oder ein Flughafenhotel an einem internationalen stark frequentierten Airport. Ansonsten gelten nur noch weltberühmte Sehenswürdigkeiten oder Städte als Garanten (Venedig, Rom, Paris).

Selbst geschaffene Alleinstellungsmerkmale durch Einrichtungen, Design oder Leistungsdetails können dem Einzelbetrieb innerhalb einer starken Kooperation behilflich sein, sind aber im weltweiten Markt kaum von Relevanz für die Kaufentscheidung. Die Grundleistungen eines Hotels sind Beherbergung und Verpflegung: Ein Massenangebot, von dem jederzeit nachfragegerecht weitere Angebote geschaffen werden können. Auch die Welt-Tophotels sind zumeist in Kooperationen (Leading hotels of the World, Worldhotels) oder Konzernen eingebunden.

Marketing – Machtverhältnisse zwischen Anbieter – Nachfrager – Vermittler?

Ist der Markt aller Nachfrager für den Einzelbetrieb überhaupt noch erreichbar? Ende der 1970er-Jahre begannen die Fluggesellschaften große EDV-gestützte Reservierungssysteme aufzubauen und über diese auch internationale Hotelreservierungen abzuwickeln. Diese Reservierungen waren für Einzelbetriebe zu jener Zeit überhaupt nicht erreichbar. So kam es auch in Deutschland zur Entstehung weiterer Marketingkooperationen, die auch den Einzelbetrieben den Anschluss an die GDS-Systeme (weltweiten Vertriebssysteme) ermöglichte. Das war aber nur der Anfang, in den 1990er-Jahren begannen auch die Hauptnachfrager, die großen deutschen Industriekonzerne, ihre Nachfrage innerhalb des eigenen Konzerns zu bündeln und gestatten den Mitarbeitern nur noch Buchungen in Hotels mit ausgehandelten Raten oder über bestimmte Buchungskanäle (HRS/hotel.de). In der Ferienhotellerie waren Hotels in entfernten Regionen zumeist nur über Reiseveranstalter buchbar, da Flüge nicht unbegrenzt angeboten wurden und gemeinsam mit der Hotelbuchung erfolgten. Gebündelte Nachfrage aufseiten der Käufer verlangt danach, aufseiten der Anbieter ebenfalls auf ein gebündeltes Angebot zu treffen – weil die Abschlusskosten wesentlich günstiger sind und die Machtverhältnisse ausgeglichen werden.

Rationalisierungspotenzial an der gesamten Wertschöpfungskette?

Jeder Betrieb sollte stets an einer Optimierung aller umsatzsteigernden und kostensenkenden Maßnahmen arbeiten. Sollte es möglich sein, dass ein Mitbewerber in der Großregion wesentlich günstiger einkaufen kann oder geringere Kosten des Vertriebs hat oder mehr Umsatz erreicht, kann das auch einen selbstständigen Einzelhotelier nicht unberührt lassen. Wenn die Ursache darin liegt, dass der Mitbewerber sich anders organisiert hat, indem er Teile der Unternehmensleistung und Leitung an Spezialisten übergeben hat, kann der Einzelunternehmer nicht tatenlos zu sehen. Er kann eigene Wege suchen, Gleiches zu erreichen oder dem bekannten Weg folgen.

Die Einsatzbereitschaft der Unternehmensleitung

Als weit verbreitete Meinung gilt, dass der Erfolg von klein- und mittelständischen Betrieben darin besteht, dass diese von den Eigentümern selbst geleitet werden, deren private und wirtschaftliche Existenz vom Erfolg des Unternehmens abhängt. Im Vergleich zum angestellten Manager wird angenommen, dass der Eigentümer eine höhere Einsatzbereitschaft zeigt und sich besser dem lokalen Markt anpassen kann. Dem angestellten Manager wird häufig eine umfassendere Ausbildung und höhere Innovationsbereitschaft zugerechnet. In Kooperationen mit rechtlich selbstständigen Unternehmern und angestellten Managern in der Systemzentrale werden diese Vorteile häufig kumuliert. Bei Manager-geführten Unternehmen wünschen häufig die Investoren die Kooperation wegen der vergleichenden Berichte.

Vorhandenes Management-Know-how

Aber nicht nur die Märkte sind immer komplexer geworden. Der Einzelunternehmer sollte heute ein wahrer „Tausendsassa" sein: Marktforscher, Organisator, EDV-Profi, Architekt, Energieberater, PR-Agent, Haustechniker, Werbefachmann, Verkaufspsychologe, Buchhalter, Jurist, Koch oder Restaurantfachmann, Finanzexperte, Internetdesigner, Einrichter und meist auch noch ein guter Familienvater. Das alles sollte der Einzelhotelier leisten, nicht nur nebenbei oder unprofessionell. Einiges davon kann er leider gar nicht mehr selbst leisten, da es so komplex geworden ist, dass dies nur noch Spezialisten können. In einer Kooperation kann sich der Unternehmer frei machen von diesem Ballast und seine Kernkompetenz entwickeln. Je nach Angebot der Kooperation können viele Bausteine an Leistungen erworben werden.

Exklusivität des Angebots

Bei einem Hotelunikat (z. B. Hotel Adlon, Sonnenalp, Bühlerhöhe) mit wirklich hoher Bekanntheit und einem starken Alleinstellungsmerkmal stellt sich die Frage, ob durch das Anschließen an eine Kooperation Vorteile erreichbar sind. Zum einen büßt der Eigenname eines Traditionshauses durch die fremde Marke ein und zum anderen kann dies zu einer Verfälschung der Dachmarke führen. Im Idealfall ergänzen sich beide Marken und stärken sich wechselseitig.

Eigene Grundeinstellung

Steht das Wohl meines Unternehmens an erster Stelle? Steht meine Familie an erster Stelle? Steht meine persönliche Anerkennung an erster Stelle? Eine der wichtigsten Fragen bei der Entscheidung für den Anschluss an eine Kooperation ist die eigene Grundeinstellung. Der Unternehmer sollte bereit sein, das Wohl seines Unternehmens seinen eigenen Macht- und Entscheidungsansprüchen unterzuordnen. In einer Kooperation werden Entscheidungen zum Allgemeinwohl getroffen, trotz konträrer Meinungen innerhalb der Kooperation. Mittelfristige Ziele sollten Vorrang vor kurzfristigem Vorteil erhalten. Es kann gerade bei Einkaufskooperationen vorkommen, dass der Handel mit günstigeren Einzelkonditionen auftritt, um den Verbund in seiner Geschlossenheit zu unterwandern. Der Wankelmut Einzelner kann in solchen Fällen den großen Erfolg der Kooperation verhindern oder zumindest verzögern.

Kann die Mitgliedschaft in einer Kooperation dazu beitragen, dass der klein- und mittelständische Hotelier im Wettbewerb der Großen bestehen kann?

Diese Frage wird natürlich ungern beantwortet, wenn, dann aber zumeist doch positiv. Es wäre aber zu einfach, zu sagen: Kooperationen sind die einzige oder beste Chance, mit den Problemen der Zukunft fertig zu werden. Viele Leistungen der Kooperationen könnte der Einzelunternehmer alleine nicht erbringen oder nur unter enormen Kosten für den Einzelbetrieb. Der große Vorteil der Einzelunternehmer in einer starken Kooperation scheint zu sein, dass der Unternehmer engagierter ist als ein angestellter Manager, langfristiger denkt und im lokalen Markt besser integriert ist als der reine Hotelmanager. Auch Kooperationen benötigen neben möglichst vielen erfolgreichen Kooperationspartnern eine klare und saubere Strategie – für sich selber als Systemzentrale wie auch für alle angeschlossenen Partner, um einen erfolgreichen Vertrieb der Dienstleistungen und Waren zu gewährleisten und den Erfolg zu sichern.

Tabelle 2: Entscheidungsraster zur Bestimmung der eigenen Position

Fragestellung		Kooperation oder Einzeln	
Einkauf lokal	Einzelhandel	nein	ja
Einkauf überregional	Großhandel	ja	nein
Preisnachlässe bei größeren Mengen		ja	nein
Marketing lokal	regionale Nachfrage	nein	ja
Marketing überregional	internationale Nachfrage	ja	nein
einzigartiges Angebot		nein	ja
Massenangebot		ja	nein
Individualnachfrage		nein	ja
gebündelte Nachfrage		ja	nein
Rationalisierungspotenzial in der Organisation	vorhanden	ja	nein
	nicht vorhanden	nein	ja
Eigentümer als Unternehmer		ja	nein
Manager als Unternehmer		ja	nein
Management Know-how outgesourct		nein	ja
„Tausendsassa"		ja	nein
Exklusivität – seltenes Hotelunikat		nein	ja
Grundeinstellung – Einzelkämpfer		nein	ja
Grundeinstellung – Teamplayer		ja	nein

3 Strategie – Marketingkooperation und/oder Markenkooperation

Marketingkooperationen sind zunächst eine Vielzahl von Hotels mit gleichen Vertriebszielen in ähnlichen Absatzmärkten, die gebündelt auftreten, um die Organisation zu optimieren, die Kosten zu minimieren und die Nachfrage zu steigern. Hierzu sollte zunächst eine Strategie entwickelt werden. Bei Marketingkooperationen sollte sich die Managementmethode am Marketing orientieren. Marketing ist ein dauerhafter Prozess der Analyse sich verändernder Daten des Marktes – vor-

wiegend von Bedürfnissen. Aus den „Bedürfnisdaten und weiteren Daten" ergeben sich Kommunikations- und Vertriebskonzepte für Waren und Dienstleistungen.

Die Strategien können ganz unterschiedlich sein. Zunächst kann die Kooperation
als Vertriebsplattform aufgebaut werden, derartige Kooperationen sind vorhanden und haben einen festen Platz im internationalen Hotelmarkt. Einige der be-
kanntesten sind: Best Western, Top International, Worldhotels, Ringhotels und
Golden Tulip. Diese Kooperationen verstehen sich häufig als eine eigenständige
Marke, da sie eine einheitliche Kommunikation, das Corporate Design, fest vorgeben. Es kann aber auch die Strategie der Marke nur für eine oder mehrere eng
begrenzte Zielgruppen geben, welche dann wiederum passend auf die Zielgruppen in einer passenden Art und Weise vertrieben und kommuniziert werden sollte. Romantikhotels, Verband Christlicher Hotels oder Familotel, um auch hier einige zu nennen, haben neben der gemeinsamen Vertriebsplattform auch eine
möglichst einheitliche Kommunikationspolitik. Was sie von anderen unterscheidet, ist zusätzlich eine Vision über den Charakter der Hotels, über die Positionierung der Leistungen für ganz bestimmte Zielgruppen und Bedürfnisse. Auf den
folgenden Seiten werde ich dies am Beispiel der Familotel AG verdeutlichen, da
hier die Gemeinsamkeiten nicht zunächst aus dem Vertrieb oder der Klassifizierung entstammen, sondern der gemeinsamen Philosophie, welcher sich der Kooperationspartner unterordnet und welche er auch mit Leben erfüllen und vertreten können sollte.

Vorab jedoch noch einige Meinungen, Definitionen und Anmerkungen zu einzelnen für das Thema Kooperation relevanten Punkten.

Eine Meinung aus der Branche:

Peter A. Bletschacher, Geschäftsführer der Hotour Unternehmensberatung,
2002 in der Fachzeitschrift Cost & Logis: *„Es gibt schrecklich viele Kooperationen ohne ausreichend klar definiertes Erscheinungsbild. Dies ist zum Teil
auf profillose „Basisanbieter-Hotels" zurückzuführen und zu einem ebenso
großen Teil aber auf völlig undefinierbare Erscheinungsbilder der Kooperationen selbst. Eine Legion von Allerweltsbegriffen wie City, Country, Top oder
Herz verwässern das Erscheinungsbild eines Hotels oft weit mehr, als sie den
vertretenen Betrieb identifizierbar und attraktiv machen. Gäste werden, ähnlich wie dies bereits bei älteren Hotelketten zu beobachten ist, von solchen*

Marketing-Kooperationen eher abgestoßen als angezogen. Dabei funktionieren insbesondere auf große Entfernungen, also vor allem im Auslandsgeschäft, nur Angebote, die deutlich identifizierbar sind (wie zum Beispiel Romantikhotel oder Relais et Chateau).

Hotelier und Kunde: In den folgenden Ausführungen ist stets vom Kunden die Rede. Mir ist bekannt, dass in der Hotelbranche gerne und fast immer von Gästen gesprochen wird. Doch der Gast wird unterbewusst auch gerne als Gast verstanden, der auf eine private Feier eingeladen wird und nicht dafür bezahlt. Im Umkehrschluss bedeutet es, dass der Gast nicht zahlt und für die erbrachte Leistung dankbar sein müsse. Der Kunde muss dagegen niemals dankbar sein – er bezahlt für Waren und Dienstleistungen und erwartet, dass diese einwandfrei und ordentlich erbracht werden.

Definition der Marke (aus: Deichsel/Meyer (2006), Jahrbuch Markentechnik 2006/2007, S. 328):

„Idealtypisch sollte von Marke erst dann gesprochen werden, wenn die gesamte Kommunikation über ein bestimmtes Produkt, aus Sicht der Verbraucher in sich stimmig, also frei von Widersprüchen erscheint. Denn nur wenn es gelingt, auf eine möglichst konsequente Art und Weise über ein bestimmtes Produkt zu kommunizieren, fassen die Verbraucher Vertrauen in dieses Produkt, und erst dann hat man es soziologisch betrachtet mit einer Marke zu tun. Weshalb ist Vertrauen hier ausschlaggebend?"

Diese Frage kann dahingehend beantwortet werden, dass Vertrauen die Funktion der Risikobegrenzung hat. Indem ein Kunde den Hotelier persönlich kennt und ihm deswegen vertraut, lässt sich das Risiko relativ einfach handhaben. In kleinen abgeschlossenen Märkten konnte sich früher ein Hotelier oder Gastronom rufschädigendes Gerede nicht leisten. Auch deshalb war er bemüht, seine Kunden nicht zu enttäuschen, indem er ihnen unzureichende Qualität abgab. Das ökonomische und moralische Risiko war für den Hotelier viel zu groß, um hier nachlässig zu sein. In den heutigen anonymen Märkten nehmen die Marken diese Funktion der Risikobegrenzung wahr, sie ersetzen das persönliche Vertrauen in den Hotelier.

Die Marke erzeugt das Vertrauen in eine gleichbleibend gute Qualität eines Produkts oder eine Dienstleistung, welche in einer wiedererkennbaren Aufmachung angeboten wird. Werbliche Leistungsversprechen und deren konkrete Erfüllung sollten sich stets ohne Lücken decken. Die gesamte Kommunikation sollte darauf bauen, dass keinerlei Anlass geboten wird, den Aussagen zu misstrauen.

Definition des Preises: Der Preis hat für den Kunden Indikatorfunktion. Er informiert über das Qualitätsniveau eines Produkts. Der Preis löst im Vergleich Erwartungen auf ein Leistungsversprechen aus, welches man selbst eventuell gar nicht gegeben hat, evtl. auf ein Preis-Leistungs-Verhältnis wie beim letzten Kauf, ohne Berücksichtigung der Umstände.

Rigorose Kundenorientierung erfordert Spezialisierung: Marke erfordert Vertrauen, daher benötigt Marke auch eine rigorose Kundenorientierung. Spezialisten erbringen für die gewählte Zielgruppe bessere Leistungen als Alleskönner, weil sie sich auf ein kleines Segment konzentrieren können. Als Spezialist haben sie eine höhere Produktivität und Effektivität, weil sie alle Energie auf wenige Punkte konzentrieren können, die Organisation vereinfacht sich, und die Kosten sinken. Vielfach wird über den Erfolg von Aldi gerätselt, und die meisten Antworten dazu lauten: der günstige Preis sei Ursache des großen Erfolgs. Die logische Antwort gab aber ein ehemaliger Manager, der sagte: Aldi ist einfach nur einfach, deshalb sind wir so erfolgreich. Da stellt sich mir die Frage, wieso ist Aldi einfach? Und wenn Sie das Warenangebot genau untersuchen, werden Sie feststellen – Aldi ist ein Spezialist mit einem sehr begrenzten Warensortiment. Die Artikelanzahl bei Aldi liegt unter 1.000, der normale Lebensmitteleinzelhandel kommt in der Regel auf über 10.000 Artikel. Im Marketing wird es mit einem spezialisierten Angebot wesentlich einfacher. Mit Fachwissen zu einem Thema wecken sie hierzu Erwartungen hoher Kompetenz und entwickeln eine hohe Anziehungskraft für Kunden, die genau diese Fachkompetenz suchen. Die wichtigste Frage bei einer strengen Spezialisierung: Gibt es ausreichend Kunden, die meine spezialisierten Leistungen nachfragen werden?

4 Strategieentwicklung am Beispiel der Familotel AG in Amerang

Festlegung des Ziels

Wir lösen alle Probleme von deutschsprachigen Familien mit Kindern im Urlaub. Die Urlaubswünsche von Familien sollen bei uns Wirklichkeit werden.

Festlegung der Zielgruppe und Potenzialschätzung

Je heterogener die angestrebte Zielgruppe, umso schwieriger wird es, eine optimale Qualität zu gewährleisten. Kernzielgruppe der Familotels sind Erwachsene mit mindestens einem Kind unter 18 Jahren. Eine Zielgruppenuntersuchung in Bezug auf die Größe und Nachhaltigkeit dieser Zielgruppe hat gemäß dem Mikrozensus für Deutschland aus dem Jahr 2000 Folgendes ergeben:

Tabelle 3: Anzahl der Familien mit Kindern in Deutschland (Mikrozensus 2000)

insgesamt	ca. 9,3 Mio. Familien mit minderjährigen Kindern
davon	ca. 4,5 Mio. Familien mit zwei und mehr Kindern ca. 3,6 Mio. mit Kindern unter sechs Jahren ca. 5,7 Mio. mit Kindern unter 18 Jahren

Aus dem Gesamtmarkt der Familien wurde wiederum eine Auswahl getroffen, die Hauptzielgruppe: 3,6 Mio. Familien mit Kindern unter sechs Jahren und 4,5 Millionen Familien mit mehr als zwei Kindern. Da es hier auch Überschneidungen gibt, wurde als planbare Größe 6,0 Mio. Familien mit jeweils etwa 1,5 Kindern eingesetzt. Seit über zehn Jahren mit Schwankungen, aber relativ konstant, unternehmen rund 60 % der Familien Urlaubsreisen über insgesamt ca. 21 Tage im Jahr. Von 1995 bis 2004 sind die Zahlen für das ausgewählte Reiseziel ebenfalls schwankend, aber im Schnitt auch ziemlich konstant um die 40 % für das Reiseziel Deutschland und ca. 10 % für das Reiseziel Österreich und die Schweiz (Quelle: Reiseanalysen – Freizeitforschungsinstitut der B.A.T. in Hamburg).

Für die Familotels wurden das Potenzial und die Gesamtgröße der Zielgruppe folgendermaßen eingeschätzt: rund 60 % der 6,0 Mill. Familien mit etwa 3,5 Personen reisen jährlich 21 Tage, davon 50% in die Zielgebiete Deutschland, Österreich, Schweiz und Südtirol = 1,8 Millionen Familien, 37,8 Millionen mögliche Roomnights oder 132,3 Millionen Übernachtungen, d.h., 3% aller möglichen Übernachtungen würden 100% aller Betten der Familotels füllen.

Positionierung als Herzstück für die Alleinstellung im Wettbewerb

Sie definiert denjenigen Nutzen, der die ermittelten Bedürfnisse der Zielgruppe bestmöglich erfüllt. Nutzen sind für die Zielgruppe besonders wichtige rationale oder emotionale Vorteile von Waren oder Dienstleistungen. Die Positionierung bestimmt die Inhalte der Kommunikation, die Produkte, den Vertrieb und die Preispolitik:

- **Grundnutzen:** schneller und freundlicher Service, gutes Essen mit viel Auswahl und komfortable Zimmer, von überall in Deutschland schnell erreichbar
- **Zusatznutzen:** Baby- und Kinderbetreuung, separates Kinderschlafzimmer, großes Indoor-Spielzimmer für die Kinder, hohes Freizeitpotenzial, mit wenig Gepäck sorglos anreisen
- **Emotionaler Nutzen:** ungezwungene Atmosphäre, Sicherheit für Kinder, kein Stress bei schlechtem Wetter, Möglichkeit zum Sex im Urlaub, Gleichgesinnte treffen, Spaß haben, keine Langeweile, Geborgenheit

Marketing-Mix Familotels

- **Die Produkte**
  Ferienhotels im Grünen mit viel Platz, Ruhe und hohem Freizeitwert in möglichst allen deutschsprachigen Ferienregionen, mit eigenem Restaurant.
- **Preispolitik**
  Erwachsenenpreise, Kinderpreise als Festpreise zu allen Saisonzeiten gleich und mit umfassenden Leistungen speziell für die Kinder, es gibt günstige Kinderfestpreise, aber keine Gratisaufenthalte. Die Erwachsenenpreise orientieren sich an Komfort und Größe der Zimmer und sind saisonal gestaffelt, es gibt mindestens drei Saisonzeiten. Da keine oder kaum Vertriebsprovisionen anfallen, können die Hotels durch ein gutes Preis-Leistungs-Verhältnis überzeugen.
- **Vertriebspolitik**
  Grundsätzlich erfolgt der Vertrieb direkt durch das Hotel. Es können bei großen Hotelanlagen zusätzliche Vertriebskanäle wie Reiseveranstalter, beschritten werden. Die Einbindung des Markennamens bei Vertrieb durch sonstige

Kanäle bedarf der jeweiligen vorherigen Zustimmung durch die Systemzentrale. Die Präsenz in der Onlinebuchungsplattform ist verpflichtend, und die Buchung erfolgt direkt im Hotel.

- **Kommunikationspolitik**
  Imagewerbung für die Marke, Anzeigenwerbung für buchbare Angebote in sogenannten Kollektiv-Anzeigen. Verkaufsförderung in den Hotels durch eine Infowand und Auslage von Gesamtprospekten. Messen und Ausstellungen, an denen die Zielgruppe stark anzutreffen ist. Direktmarketing mittels Postmailing und Newslettern mit konkreten Angeboten der Hotels. Public Relations durch eine beauftragte Presseagentur innerhalb der Fachpresse und den Konsumentenmedien. Product Placement durch Gratisgewinne. Cross Marketing gemeinsam mit zur Zielgruppe affinen Produkten, wie Spielzeug, Ferienparks, Babynahrung usw.

5 Rigorose Kundenorientierung – Kundennutzen vor Gewinnmaximierung

Wenn sie langfristig erfolgreich am Markt bestehen wollen, müssen Sie einen höheren Nutzen für Ihre Kunden bieten als die Mitbewerber. Dieses Dienen auf hohem Niveau muss verbunden sein mit Verdienen auf hohem Niveau – aber als Folge der herausragenden Kundenvorteile und des Kundennutzens, und nicht umgekehrt. Es geht um die Gewinnung des Vertrauens der ausgewählten Zielgruppe. Um den optimalen Kundennutzen zu ergründen, bedarf es intensiver Untersuchungen der Zielgruppe. Diese braucht man nicht selber anzustellen, sondern diese Untersuchungen liegen sehr häufig bereits ausreichend vor. Weiterentwicklung an unserem Beispiel, der Familotel AG.

5.1 Probleme in der Wahrnehmung von Familien im Familienurlaub

Schon seit Jahrzehnten bestehen Probleme beim Urlaub von Familien. Auf die Frage: „Wo ergeben sich bei Ihnen Probleme im Zusammenhang mit Ihrer Freizeit?", antworteten Verheiratete mit mindestens einem Kind:

Tabelle 4: Probleme von Familien in der Freizeit

39%	Familienprobleme
22%	Zeitprobleme
20%	Geldprobleme
17%	Persönliche Probleme
15%	Verpflichtungen in der Freizeit

Es bestehen innerhalb der Familie starke negative Assoziationen zur Freizeit: Forderungen, Vorwürfe, Unverständnis, Kompromisse, Rücksichtnahme, Disharmonie, Koordinationsprobleme, Sich-auf-die-Nerven-gehen, gespanntes Verhältnis, Ehekrach. Es ist nicht zu erwarten, dass sich im Urlaub allein schon durch den Ortswechsel Probleme lösen lassen. Für familiäre Schwierigkeiten in den Ferien gibt es verschiedene Gründe:

- Das Wetter ist schlecht. „Langeweile bei schlechtem Wetter" steht unter den möglichen Urlaubsproblemen – vor allem bei Urlaub in Deutschland – an erster Stelle.
- Der Urlaubsort, das Urlaubsquartier entsprechen nicht den Erwartungen. So wie für die Umgebung der „freie und sichere Auslauf für Kinder" maßgebend ist, ist es im Urlaubshotel vor allem die „Ungezwungenheit", sie kann durch viele kleine Einschränkungen gestört werden.
- Familienurlaub ist nicht nur Gemeinschaftsurlaub. „Endlich einmal alle zusammen", „Zeit füreinander", diese Erwartungen sind nur vordergründig von Bedeutung und decken das „Klischee Familie" ab. Heute steht der Aspekt „zusammen reisen – getrennt aktiv sein" stärker im Vordergrund. Jedes Familienmitglied darf in einer anderen Umgebung tun, was es mag. Man trifft sich zu den Mahlzeiten zum Austausch der Erlebnisse, oder nicht.

Eine besondere Berücksichtigung dieser Grundprobleme in der Angebotsgestaltung, der Unterkünfte und beim Service für Kinder und Eltern kann viel dazu beitragen, dass es im Urlaub nicht zu Familienproblemen kommt. Ein derart gelungener Urlaub führt bei den Familien zu Begeisterung und hoher Bereitschaft, genau dieses Angebot auch beim nächsten Urlaub erneut zu wählen. Familotel setzt auf Garantieleistungen als Wettbewerbsvorteil, Schneegarantie oder Sonnenscheingarantie usw., mit Leistungsgarantien lassen sich viele Ängste der Familien optimal lösen, „Regen im Urlaub wird als persönliche Niederlage empfunden".

5.2 Erwartungen der Zielgruppe „Deutsche Familienurlauber"

In einer Umfrage der Zeitschrift Eltern wurde ermittelt, welche Erwartungen Familien im Urlaub haben und welche Wünsche tatsächlich am Urlaubsort erfüllt wurden (Angaben in Klammern):

Tabelle 5: Wünsche von Familien im Urlaub (alle Angaben in Prozent, Basis: 3000 Befragte) (Quelle: Eltern)

Kriterien	1990	1996	1999
Spielprogramme mit Betreuung	67/(28)	50/(23)	74/(25)
getrennte Zimmer für Eltern und Kind	58/(37)	49/(39)	68/(39)
Spielzimmer für freies Spielen	49/(24)	44/(15)	43/(13)
babygerechte Zimmerausstattung	56/(29)	59/(25)	55/(20)
Kindergarten	39/(25)	50/(23)	52/(22)
Babysitting	41/(20)	41/(13)	48/(19)
Buggys zum Ausleihen	31/(13)	28/(18)	45/(15)
Kinderprogramm mit Animateuren	61/(25)	52/(24)	62/(22)

Laut Untersuchungen des Instituts für Freizeitwirtschaft, München, haben deutsche Familien folgende Erwartungen an ihren Urlaub (Quelle: Der Tourismus der Familien bis 2005, Institut für Freizeitwirtschaft, München, 2000):

1. Verpflegung

Bevorzugt werden Halbpension oder All-inclusive-Angebote, Buffets sind für Familien die Ideallösung, da

- Kinder nicht gezwungen sind, brav am Tisch zu sitzen
- das Angebot vielfältig ist
- je nach Appetit Portionen klein oder groß gewählt werden können

Wichtig ist ferner:

• freundliches Personal	73 %
• Wahlmöglichkeit	54 %
• Kinder dürfen sich vom Büffet etwas für später mitnehmen	49 %
• spezielle Kinderangebote	45 %
• freie Tischgetränke	43 %

2. Auswahl des Zielgebiets

• Hinweis von Freunden und Bekannten	56 %
• Kataloge von Reisebüros und Mittlern	34 %
• Werbung von den Verkehrsämtern	14 %
• Empfehlung durch RB-Mitarbeiter	6 %
• Berichte aus Zeitschriften	7 %
• Anzeigen	6 %

Die Profilierung bei Familien wird also besonders durch ein gut abgestimmtes Produkt sowie gute Kommunikation und Kataloge beeinflusst.

3. Bedeutung des Zielgebiets

Für nur 45 % der Familien ist das Urlaubsziel von entscheidender Bedeutung. Im Gegensatz hierzu spielt bei 60 bis 70 % der Gruppe aller Urlauber das Zielgebiet eine wichtige Rolle. Etwa 55 % halten das Urlaubsziel für eher unwichtig, dafür steht die Erfüllung gewünschter Qualitäten/Erwartungen im Vordergrund:

- Sonne, Wasser und Strand – steht für Ungezwungenheit und Wetterunabhängigkeit
- angenehme Unterkunft, Spiel und Spaß für die Kinder
- gute Freizeit- und Ausflugsmöglichkeiten
- gutes Preis-Leistungs-Verhältnis
- stressfreie und kurze Anreisemöglichkeiten
- generell sehr wichtig sind die Wohnsituation/Räumlichkeiten
- Sicherheit und eine altersgerechte Kinderbetreuung

Das Angebot und die Erfüllung von Erwartungen sind meist wichtiger als das Zielgebiet.

5.3 Problemlösung – Rigoroser Kundennutzen

Mit den Augen des Kunden

Garantieleistungen bei Familotel, die im Zimmerpreis enthalten sind:

- **Sicherheit**
  - abseits vom Verkehr (sicherer Auslauf für die Kinder auch im Freien)
  - zusätzliche Sicherungsvorkehrungen für Kinder (z.B. Steckdosen, Treppengeländer etc)
  - besonders sichere Spielgeräte, -räume etc.
  - ab dem dritten Jahr TÜV Service-Check „OK für Kids"
- **besondere Leistungen für Kinder und Familien**
  - Babykost (Gläschen und Brei) zur gebuchten Verpflegung der Eltern
  - Babyphon, Spiele-Bibliothek, Spiele zum Ausleihen im Hotel
  - wetterunabhängiges Spielen möglich (z.B. Spiele und Spielzeug zum Ausleihen)
  - geräumiges Spielzimmer im Haus (pro Zimmer 1 m², jedoch mindestens 40 m²)
  - Kinderspielplatz am Haus mit Schaukel, Rutsche, Wippe und Sandkasten in Profi-Qualität (maximal 200 m entfernt)
- **besondere Einrichtungen für Babys und Kleinkinder (im Zimmerpreis enthalten)**
  - Kinderbetten, Wickeltisch oder Wickelauflagen
  - Windeleimer, Baby-Badewanne, Topferl oder Einsatz für Toilettenbrille
  - Hocker/Schemel vor dem Waschbecken
  - Fläschchenwärmer und Vaporisator (Desinfektions-Gerät für Fläschchen etc.)
  - Möglichkeit zum selbstständigen Erwärmen von Babynahrung (auch nachts)
  - Kinderwagen und Buggys, Rückentragen, Laufstall im Schwimmbad
- **besondere Einrichtungen für größere Kinder (im Zimmerpreis enthalten)**
  - Tischtennisplatte, Fußballkicker, Billardtisch einfach, Minigolf-mobil,
  - Trampolinanlage, Kricketset, Federball-/Badminton-Netz
  - Kleinfußballtor oder Torwand
- **Restaurant (Mindestangebot: Frühstück)**
  - Kinderstuhl und Sitzverkleinerer, Lätzchen
  - Malsets oder Malbücher mit Stiften
  - Kindergeschirr
  - kindergerechtes Essen (z.B. Portionsgröße, Preis, Rezeptur etc.)
  - kinderfreundliches und sicheres Umfeld, kinderfreundliche Mitarbeiter
  - Kinder werden schnellstmöglich bedient

- **Unterkunft**
  - Familienzimmer (3- bis 4-Bett-Zimmer)
  - Familienappartements (zwei Schlafräume in einer Wohneinheit)
  - Küche im Zimmer oder auch nachts zugängliche Gemeinschaftsküche
  - Kinderfestpreise
  - Waschservice innerhalb 24 Stunden oder Gästewaschküche
  - Nichtraucherzimmer
- **Kinder-Betreuung/-Animation**
  - an fünf Tagen pro Woche (mindestens 35 Stunden/Woche) im Zimmerpreis enthalten
  - speziell für die Betreuung ausgebildete Mitarbeiter im Betrieb
  - Betreuung während der gesamten Öffnungszeit des Betriebs (nicht nur zu bestimmten Saisonzeiten)
  - Babysitting: Organisation bis 18:00 Uhr (auf Wunsch innerhalb zwei Stunden) an jedem Tag
- **Babyhotels**
  - mindestens 18 Stunden Babybetreuung, separater Raum für Babys
  - Babynahrung und Pflegeprodukte (Stilltee, Milchbrei, Gläschenkost)

Qualität ist ein Unternehmensziel

Alle Familotels müssen sich nach zwei Jahren vertraglicher „Probezeit" durch den TÜV-Nord im stichprobenartigen Turnus prüfen und zertifizieren lassen. Der TÜV-Service-Check „OK für Kids" wird mindestens alle drei Jahre wiederholt. Im Rahmen dieser Zertifizierung werden auch Gästemeinungsfragebögen der Hotels ausgewertet – die Hotels müssen hierbei mindestens einen Rücklauf von 10 % erreichen. Seit 2008 beteiligen sich alle Familotels an der Q-Zertifizierung der Bundesländer oder am Schweizer-Q-Zertifikat und müssen bis 2010 die Stufe 2 erreicht haben. Die Hotels werden außerdem alle drei Jahre durch ein externes Unternehmen auf die Qualität der Hotel- und Verpflegungsleistungen geprüft.

Daneben gibt es noch die Einstufung in drei verschiedene Qualitätsstufen in Form von Kronen als Signal für die Gäste. Dies funktioniert einmal anhand einer Familotel-Checkliste und zum anderen mittels einer Onlinebewertung durch die Hotelgäste mit dem System Godisy. Beide Bewertungsergebnisse sind für den Gast online auf der Internetplattform bei jedem Hotel jederzeit einsehbar.

Der Kunde bleibt immer der Kunde, ein Leben lang

Es kostet zehnmal so viel, einen neuen Gast zu gewinnen, als einen bestehenden zu halten. Der geschätzte potenzielle Lebensumsatz für die Urlaubsregion Inland beträgt etwa 75.000 €, der einzelne Beherbergungsbetrieb kann davon evtl. nur 25.000 realisieren, die gesamte Gruppe hat aber Interesse am ganzen Lebensumsatz. Daher gibt es eine käuflich zu erwerbende Kundenkarte.

Die Kosten betragen für die ersten drei Jahre 59 €, für die zweite Karte dann 39 € und für die dritte Karte ab dem 7. Jahr nochmals 19 €. Die letzte Karte ist dann lebenslang gültig und kann auch auf ein eigenes Kind vererbt werden. Karteninhaber erhalten auf alle veröffentlichten Preise immer 5 % Preisnachlass. Darüber hinaus werden in den Familotels keine Nachlässe gewährt. Das Ziel lautet, Hansi als 3-, 6- und 10-jährigen Kunden zu gewinnen, Papa Hans als 30-, 35- und 45-Jährigen und Opa Hans als 63-Jährigen und älter mit seinen Enkeln immer noch als Kunden zu haben.

Durchgängig innen und außen

Fehlende Durchgängigkeit und Unterbewertung der Mitarbeiter mit direktem Kundenkontakt führen zur Kundenunzufriedenheit und nicht vollkommener Ausschöpfung von Umsatzpotenzialen. Trotz richtig wahrgenommener Kundenerwartungen achten die Unternehmen häufig einseitig auf die Produktqualität und vernachlässigen dabei die Servicequalität. Zwei von drei Kunden verlieren wir wegen Differenzen mit einem Mitarbeiter. Sieben von zehn enttäuschten Kunden kommen nicht wieder. Dienstleistung ist kein Null-Fehlergeschäft, aber Wiedergutmachung zahlt sich aus: zufriedengestellte Beschwerde-Führer kommen zu 90 % wieder. Mitarbeiter sind der direkteste Ansatzpunkt für Serviceverbesserungen. Die Mitarbeiter sollten die Ziele des Unternehmens kennen und vor allem über ausreichend Kompetenz verfügen, um diese Ziele auch ohne Rückfrage umsetzen zu können. „Wenn ein Servicemitarbeiter einen Gast mit Sauce beschmutzt, sollte er auch mit der Kompetenz ausgestattet sein, diesen Fehler auszugleichen oder ein Schadensformular für die Versicherung ausfüllen können." Die Familotel AG schult die Mitarbeiter der Hotels auf allen Leistungsstufen, verpflichtend mehrmals im

Jahr mit dem Ziel als Leitlinie zu veröffentlichen: „Wir haben die freundlichsten Mitarbeiter", getreu dem Firmenslogan „ ... we make you smile".

Ohne Wenn und Aber – Erfolg mit garantierten Versprechen

Übertriebene Versprechungen von Werbung und Verkauf führen zur Unzufriedenheit beim Kunden, es entsteht eine Kommunikationslücke. Der Kunde wurde in der heutigen Zeit bereits vielfach enttäuscht und es ist daher nicht leicht, das Vertrauen des Kunden zurückzugewinnen. Einklagbare Versprechen, als Garantien deklariert, die das von Kunden wahrgenommene Risiko mindern, schaffen Vertrauen und sichern das gewünschte Ergebnis. Tritt ein Schadenfall auf, ist die Qualität unzureichend, werden Leistungen nur teilweise erbracht, kann der Kunde den Leistungsgeber direkt haftbar machen und Schadenersatz verlangen. Merkmale von erfolgversprechenden Garantien müssen für den Kunden wichtig und vom Anbieter erfüllbar sein; des Weiteren dürfen sie keine einschränkenden Bedingungen enthalten, sollten einfach kommunizierbar und schnell und unkompliziert vom Kunden einlösbar sein. Bestes Beispiel dafür und gut funktionierend sind die Best Price-Garantien in den Online-Buchungsportalen. Aber es gibt auch Firmen, die Garantien schon sehr lange erfolgreich praktizieren, wie z. B. Tupperware oder Lands' End, welche eine lebenslange Produktgarantie ausloben.

6 Fazit: Markenbildung als Herausforderung – Vertrauen ist der Anfang von allem

Wenn der Kunde nur begrenzt Zeit hat, um Kaufentscheidungen zu treffen, und das Risiko von Fehlentscheidungen vermeiden will, greift er zu bekannten und bewährten Marken. Wenn der Kunde seine Einkaufsentscheidungen aktiv betreibt und die Konkurrenz nur einen Mausklick oder eine E-Mail entfernt ist, ist der Markenname als Such- und Wiedererkennungshilfe mitentscheidend. Die Innenphilosophie der Familotels spiegelt die Veränderungen am Markt sehr gut wider und wurde in zwei Kernaussagen zusammengefasst:

- „People never forget what you make them feel."
- Eine gute Produktqualität ist heutzutage kaum der Rede wert. Fast alle Produkte sind innerhalb von Wochen oder Monaten kopierbar, Preise oft innerhalb

von Sekunden. Am schwierigsten ist es, kompetente, freundliche Team-Mitarbeiter und gewachsene, dauerhafte Kundenbeziehungen zu kopieren – und das Wissen, wie man das erreicht.

Marke ermöglicht die Realisierung höherer Preise, weil ein Markenprodukt sorgfältiger agiert und seine Qualitätsschwankungen kontiunierlich minimiert. Marke erreicht eine höhere Menge, weil sie Vertrauensverluste mit allen Mitteln vermeidet. Der Erfolg eines Unternehmens bestimmt sich aus der Formel: Verkaufte Menge mal erzielter Preis abzüglich der Kosten. Und die Kosten sind heute leider sehr schwer und wenn, dann nur unwesentlich, zu beinflussen. Von daher tun wir gut daran, uns mit sehr viel Aufmerksamkeit unserer Marke zu widmen. Die Marke erarbeitet sich das Vertrauen des Kunden, deshalb verdient sie sich einen höheren Preis, und der Kunde ist bereit, dafür den verdienten Preis zu bezahlen.

Strategische Globalisierungspfade von Hotelketten: Theoretische Fundierung und empirische Erkenntnisse

Jörg Frehse

1 Daten und Fakten zum Globalisierungsprozess in der Hotellerie

Im Gegensatz zu seinen amerikanischen und asiatischen Mitbewerbern ist der europäische Hotelmarkt insgesamt durch ein fragmentiertes Angebot charakterisiert (vgl. Fenelon 1990; Gee 1994). Und auch im europäischen Schlüsselmarkt Deutschland sind 91 % aller Hotelbetriebe Einzelunternehmen bzw. Personengesellschaften (vgl. IHA – Hotelverband Deutschland 2007). Anders ausgedrückt verfügen die Markenhotelunternehmen derzeit über einen Marktanteil von unter 10 %. In den USA liegt dieser Wert hingegen bei beachtlichen 70 % (vgl. KPMG 2002). Doch gemessen am Umsatz sank der Marktanteil der individuell geführten Hotels in Deutschland in den letzten Jahren geradezu dramatisch. Während er sich zu Beginn der 1990er-Jahre noch auf 90 % belief, ist er inzwischen auf aktuell nur noch 50 % geschmolzen, wie Abbildung 1 veranschaulicht.

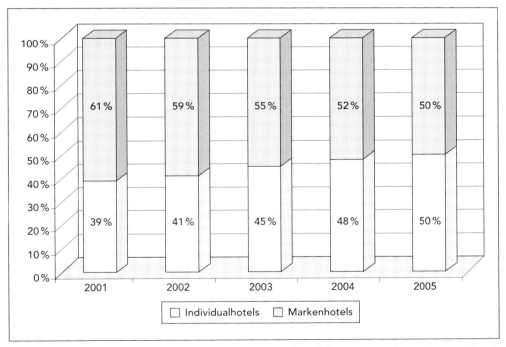

Abbildung 1: Umsatzmarktanteil der individuell geführten Hotels in Deutschland (Quelle: IHA – Hotelverband Deutschland, verschiedene Jahrgänge)

Diametral entwickelt sich die Globalisierung internationaler Hotelketten. Erst jüngst ließen die Globalplayer ihre anhaltend ehrgeizigen Wachstumsstrategien verlauten. InterContinental kündigte an, ihr Label „Express by Holiday Inn" solle sich in den nächsten zwei Jahren zur am schnellsten wachsenden Hotelmarke in Europa entwickeln. Hilton plant die insgesamt größte Expansion in der Geschichte der Kette. In Kooperation mit dem US-amerikanischen Finanzinvestor Blackstone will das Unternehmen in den nächsten zehn Jahren weltweit 1.000 neue Hotels eröffnen. Und auch die spanische Gruppe NH Hoteles will bis 2009 die Anzahl ihrer Hotelzimmer vorrangig in Europa von derzeit 38.990 auf 71.387 erhöhen, während das Zimmerkontingent der französischen Accor-Gruppe allein in den letzten fünf Jahren um 28 % gewachsen ist (vgl. Härle/Haller 2007). Wie Abbildung 2 zeigt, ist das Ergebnis dieser ambitionierten Expansionsbestrebungen imposant. Während die weltweit zehn größten Hotelketten 1970 über 4.987 Hotels mit 502.502 Zimmern verfügten, waren es 2006 bereits 32.207 Hotels mit 3.903.050 Zimmern.

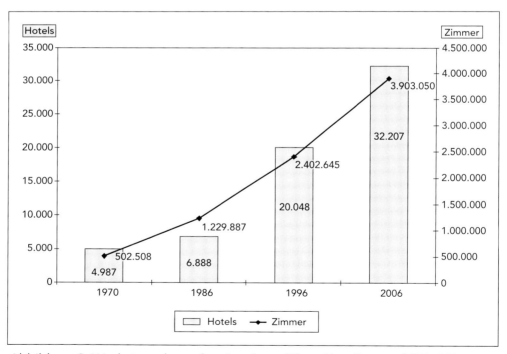

Abbildung 2: Wachstum der weltweit zehn größten Hotelketten 1970–2006 (Quelle: Hotels, verschiedene Jahrgänge)

Dieser empirischen Praxisentwicklung folgend, existiert mittlerweile auch im deutschsprachigen Schriftgut eine ganze Fülle von theoretischen, konzeptionellen und empirischen Beiträgen, die eine Umsetzung der als notwendig angesehenen Internationalisierung auch von Hotelunternehmen unterstützen sollen (vgl. Klien 1994; Lingenfelder/Reis 1998; Reis 1999; Weiermair/Peters 1999; Vorlaufer 2000; Peters 2001). Alle dort vorgestellten Überlegungen versuchen relativ aktuelle, unmittelbar praxisrelevante Phänomene zu identifizieren, die eine große Rolle für die Gestaltung und Erklärung der strategischen Globalisierungspfade auch von Hotelunternehmen spielen. In der Literatur liefern dazu häufig das EPRG-Konzept von Perlmutter (vgl. Perlmutter 1969, Wind/Douglas/Perlmutter 1973; Chakravarthy/Perlmutter 1985) sowie das eklektische Paradigma von Dunning (vgl. Dunning 1977) die theoretische Basis. Die Fokussierung auf diese beiden Denkmodelle erscheint unter dem vorliegenden Beitragstitel auch an dieser Stelle äußerst erkenntnisfördernd.

Denn in der Literatur dienen häufig Internationalisierungs-Portfolios zur Abgrenzung der Vielzahl an Grundtypen strategischer Globalisierungspfade. Darin werden die einzelnen Strategietypen den dichtomisierten Ausprägungen einer globalen versus einer lokalen Orientierung der Unternehmensführung zugeordnet (vgl. Welge/Böttcher 1991). Der Ursprung sämtlicher Internationalisierungs-Portfolios liegt in dem EPRG-Konzept von Perlmutter, das sich vereinfacht auch als Entwicklungsprozess der Internationalisierung – und somit auch als Globalisierungspfad – interpretieren lässt. Zudem fand das EPRG-Konzept, wie erwähnt, bereits Anwendung auch bei der Untersuchung des Internationalisierungsverhaltens von Hotelunternehmen (vgl. Peters/Frehse 2003).

Darüber hinaus erscheint auch eine genauere Betrachtung des eklektischen Paradigmas von Dunning an dieser Stelle interessant, da der eklektische Ansatz in der theoretischen Diskussion oftmals als integratives Konzept zur Erklärung der Internationalisierung von Hotelunternehmen dient (vgl. Vorlaufer 2000). Ferner haben Dunning und seine verschiedenen Rezipienten die eklektische Theorie für die Herleitung des institutionellen Arrangements von internationalen Hotelketten bereits wiederholt empirisch bestätigt gefunden (vgl. Dunning/McQueen 1981; Dunning/Kundu 1995; Kundu 1994).

2 Das EPRG-Konzept

Um die internationale Tätigkeit von Unternehmen beschreiben und klassifizieren zu können, hat Perlmutter bereits Ende der 1960er-Jahre das EPRG-Konzept entwickelt (vgl. Perlmutter 1969). Hierin stellt er auf die grenzüberschreitende Führungsphilosophie von Unternehmen ab, welche die Bearbeitung von Auslandsmärkten prägt. Wie Abbildung 3 zusammenfassend dokumentiert, unterscheidet das EPRG-Konzept in eine ethnozentrische (Stammlandorientierung), eine polyzentrische (Gastlandorientierung) und eine geozentrische (Weltorientierung) Führungsphilosophie. Zehn Jahre später wurde das Schema noch um die regiozentrische (Regionenorientierung) Führungsphilosophie ergänzt. Obwohl sie in der nachfolgenden Abbildung 3 kurz vorgestellt wird, spielt die Regionenorientierung aufgrund ihrer reduzierten Diskussion in der Literatur zur Erklärung von Globalisierungspfaden auch im Rahmen dieses Beitrags keine weitere Rolle.

Das EPRG-Konzept basiert überwiegend auf einer Analyse der Einflüsse von unterschiedlichen Führungskonzepten. Damit wird zwar ein Konzept für die Internationalisierung auch von Hotelunternehmen vorgestellt, das „top-down" alle Strategie-, Organisations- und Funktionsbereiche eines Unternehmens beeinflusst, jedoch werden die Bestimmungsfaktoren, die den Globalisierungsprozess tatsächlich einleiten, nur aus der Einstellung des Top-Managements abgeleitet. Insofern erscheint das Anwendungsspektrum des EPRG-Konzepts auf eine eng umrissene heuristische Funktion beschränkt, da die Erkenntnisse wenig konkrete Rückschlüsse auf Länderauswahl, Form des institutionellen Engagements und die Art der Marktbearbeitung sowie keinen Bezug zu bestehenden Branchengegebenheiten zulassen (vgl. Perlitz 2004). Einen weiteren, in der Literatur häufig gegenüber dem EPRG-Konzept wiederkehrenden Vorwurf bildet die Vernachlässigung interkultureller Aspekte innerhalb eines Unternehmens (vgl. Dülfer 1999).

Im Rahmen der hier vorliegenden Thematik ist jedoch von großem Interesse, dass Perlmutter einen typischen Entwicklungspfad von Unternehmen postuliert, den auch eine Vielzahl von Hotelketten in der Vergangenheit bei der Umsetzung ihrer internationalen Aktivitäten empirisch beschritten haben. In Abhängigkeit von der vorhandenen Erfahrung bzw. der Intensität der grenzüberschreitenden Betätigung reicht dieser Pfad von einer ethnozentrischen bis zu einer geozentrischen Phase. Abbildung 4 verdeutlicht diesen Zusammenhang am Beispiel der Ausbreitung US-

Orientierung Merkmal der Organisationsstruktur	Ethnozentrisch	Polyzentrisch	Regiozentrisch	Geozentrisch
Komplexität – Stammland – Ausland	hoch niedrig	unterschiedlich; voneinander unabhängig	unterschiedlich; gegenseitige Abhängigkeit auf regionaler Ebenen	hoch; weltweit hohe gegenseitige Abhängigkeit
Entscheidungskompetenz	Muttergesellschaft	Tochtergesellschaft; geringer Einfluss durch Stammlandzentrale	Zentrale einer Ländergruppe	Muttergesellschaft und Tochtergesellschaft
Herkunft von Kontrollstandards	Zentrale	Niederlassung vor Ort	Zentrale einer Ländergruppe	inländische Zentrale in Verbindung mit Zentralen von Ländergruppen und lokalen Niederlassungen
Anreizsystem	hohe Anreize in Zentrale; niedrige Anreize in Tochtergesellschaft	unterschiedlich	Anreize für Erreichung regionaler Ziele	globale Bedeutung für nationale und internationale Führungskräfte
Intensität und Richtung der Kommunikation	Vielzahl von Direktiven aus der Zentrale	wenig ausgeprägter Informationsfluss	innerhalb der Region intensive Kommunikation	Informationsfluss zwischen allen Einheiten
Basis der Identität	Kultur der Muttergesellschaft	Kultur der Tochtergesellschaft	Kultur der Zentrale der Ländergruppe	Weltkultur und Wahrung nationaler Identität
Wahrnehmung von Personalmanagementfunktionen	Muttergesellschaft	Tochtergesellschaft	Zentrale der Ländergruppe	weltweite Zuständigkeit

Abbildung 3: Das EPRG-Konzept (Quelle: in Anlehnung an Heenan/Perlmutter 1979, S. 18)

amerikanischer Hotelketten. Auch wenn dabei in der empirischen Praxis sicherlich nicht immer ein einheitliches Ablaufschema zu entdecken ist, sehen auch Heenan/ Perlmutter die Zukunft grenzüberschreitend agierender Unternehmen ausschließlich durch eine geozentrische – und damit globale – Grundorientierung gesichert (vgl. Heenan/Perlmutter 1979).

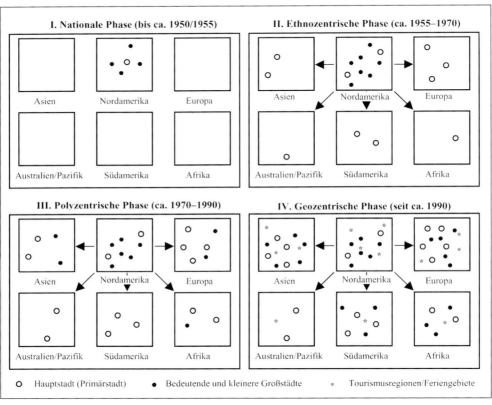

Abbildung 4: Globalisierungspfade auf Basis des EPRG-Konzepts am Beispiel US-amerikanischer Hotelketten (Quelle: in Anlehnung an Vorlaufer (2000))

3   Das Eklektische Paradigma

Die internationalisierungstheoretische Diskussion wurde wesentlich durch das von Dunning zunächst generell für international tätige Unternehmen formulierte Eklektische Paradigma erweitert. Aufbauend auf den drei Theoriesträngen der monopolistischen Theorie (vgl. Hymer 1976), der Standorttheorie (vgl. Ohlin 1933) und der Internalisierungstheorie (vgl. Coase 1937) hilft das Eklektische Paradigma die von Land zu Land unterschiedlichen Formen der Internationalisierung zu erklären. Die Betrachtung des Modells erscheint für diesen Beitrag vor allem deshalb erkenntnisfördernd, weil es von Dunning und seinen Rezipienten nicht nur für die Erklärung der Internationalisierung von Dienstleistungsunternehmen im Allgemeinen, sondern für internationale Hotelketten im Speziellen angewendet wurde (vgl. Dunning/McQueen 1981; Dunning/Kundu 1995; Kundu 1994).

Da nach seinem eigenen Anspruch das Eklektische Paradigma ein zeitgemäßer Erklärungsansatz sein muss, entwickelte Dunning neben dem ursprünglichen Modell auch noch eine erneuerte Version der eklektischen Theorie sowie ein interdisziplinäres Erklärungsmodell, das die Struktur und das Wachstum der internationalen Unternehmenstätigkeit erklärt und dessen Aussagen auf der eklektischen Theorie beruhen (vgl. Dunning 1993). Insgesamt ist das Paradigma als ein Versuch zu werten, die wichtigsten Stränge bestehender Internationalisierungstheorien in einem allgemeinen Erklärungsansatz zusammenzufassen und in einer Art und Weise untereinander zu verbinden, dass sie auch in der internationalen Hotellerie die von Land zu Land unterschiedliche Form der Internationalisierung erklären, wobei diese von folgenden drei Faktoren abhängt:

1. Eigentums- und/oder Wettbewerbsvorteile (Ownership-advantages (O))
2. Standortvorteile (Location-specific-advantages (L))
3. Internalisierungsvorteile (Internalisation-advantages (I))

Das Eklektische Paradigma wird in der Literatur zur Erklärung der Art des institutionellen Arrangements in Auslandsmärkten auch von Hotelketten herangezogen (vgl. Kundu 1994; Reis 1999; Vorlaufer 2000). Demnach muss ein Hotelunternehmen im Falle des grenzüberschreitenden Wachstums zunächst auf jeden Fall über Eigentumsvorteile verfügen. Ist es darüber hinaus vorteilhaft, etwaige Standortvorteile im Zielland wahrzunehmen, kommt es zu einer Verlagerung der Produktion, was bei internationalen Hotelgesellschaften der Multiplikation des jeweiligen

Hotelbetriebstyps bzw. der Hotelmarke entspricht. Schließlich sind auch die erzielbaren Internalisierungsvorteile von den Bedingungen in den einzelnen Ländern abhängig. Von Bedeutung ist hier vor allem der unterschiedliche Grad der Unvollkommenheit der Faktormärkte, in denen internationale Unternehmen tätig sind (vgl. Dunning 1977).

Mit zunehmendem Grad der Internationalisierung tritt die Bedeutung der Ziellandcharakteristika jedoch in den Hintergrund, da ein Hotelunternehmen ab einem gewissen Stadium in der Lage ist, die einzelnen Vorteilsarten der bearbeiteten Einzelmärkte zu kombinieren. Vertragliche Vereinbarungen scheiden in einer solchen Situation als Form des internationalen Markteintritts aus, und es kommt zu Direktinvestitionen in eigenbetriebene Hotels (vgl. Dunning/Kundu 1995; Reis 1999; Weiermair/Peters 1999). Das in der nachfolgenden Abbildung 5 dargestellte Flussdiagramm fasst die Zusammenhänge noch einmal übersichtlich zusammen.

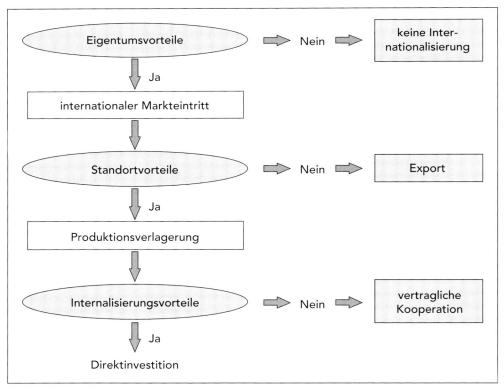

Abbildung 5: Interpretation des Eklektischen Paradigmas (Quelle: Wesnitzer (1993))

Dunnings eklektisches Paradigma gilt gegenwärtig als umfassendste Theorie der internationalen Unternehmenstätigkeit (vgl. Peters 2001). Die erwähnte Erneuerung der eklektischen Theorie – das Factor-Endowment/Market-Failure-Paradigma – nimmt später als Weiterentwicklung stärker Bezug auf die Interdependenzen bzw. das Zusammenwirken der einzelnen Vorteilskategorien im Rahmen des Internationalisierungsprozesses. Diese holistischere Sichtweise beruht auf zwei weiteren ökonomischen Theoriesträngen, die eine wechselseitig kommunizierende Beziehung besitzen und stärker Bezug auf die Interdependenzen der drei Vorteilsarten nehmen. Der erste Strang umfasst die neoklassische Theorie der Produktionsfaktoren, deren Erklärungsbreite auch Zwischenprodukte einbezieht und sich auf die internationale Mobilität der Produktionsfaktoren ausdehnt. Der zweite Strang bezieht sich auf die Theorie der Marktunvollkommenheit, die neben der internationalen Standortwahl von multinationalen Unternehmen auch die Aufgabenteilung zwischen multinationalen und nationalen Unternehmen erklärt. Dunning zufolge besitzt dieses theoretische Gebilde nun einen selbsterklärenden Charakter und bedarf daher keiner weiteren Ausführungen (vgl. Dunning 1988).

Die zentralen Elemente sind dabei aber noch immer O, L und I, und deren Zusammenspiel ist es auch, das nach wie vor für die Erklärung der strategischen Globalisierungspfade auch von internationalen Hotelketten eine entscheidende Rolle spielt. Infolgedessen haben Dunning und seine Rezipienten im Rahmen ihrer empirischen Analysen das eklektische Paradigma bis Mitte der 1990er-Jahre zugleich empirisch bestätigt gefunden (vgl. Dunning/McQueen 1982; Dunning/Kundu 1995; Kundu 1994). Demnach tätigen internationale Hotelgesellschaften dann Direktinvestitionen – sozusagen als Königsweg der Globalisierung – in einem Zielland, sobald alle drei OLI-Bedingungen vorliegen.

4 Kritische Würdigung und empirische Relevanz

Sowohl das EPRG-Konzept als auch der eklektische Ansatz können für die Erklärung der strategischen Globalisierungspfade von internationalen Hotelketten eine vielversprechende theoretische Basis bieten. Die bisherigen Ausführungen lassen zudem die Vermutung zu, dass sich die Globalisierungspfade auf Basis des EPRG-Konzepts nicht nur nachzeichnen, sondern auch prognostizieren lassen. Denn vielen mittlerweile grenzüberschreitend tätigen Hotelketten steht der in

Abbildung 4 aufgezeigte grenzüberschreitende Entwicklungspfad erst noch bevor. So haben beispielsweise asiatische Hotelketten wie etwa Mandarin Oriental, Raffles, Shangri-La, Oberoi oder auch die Aman Resorts gerade erst damit begonnen, Hotels außerhalb ihrer angestammten Heimatmärkte zu etablieren.

Kritisch ist jedoch anzumerken, dass Perlmutter und seine variierenden Rezipienten bei ihren Überlegungen ausschließlich den industriellen Sektor im Auge hatten. Meffert hat zudem versucht, die Grundgedanken des EPRG-Konzepts auch auf andere unternehmerische Funktionsbereiche zu übertragen (vgl. Meffert 1990). Eine umfassende Analyse, wie sich die vorgestellten Grundorientierungen in ein durchgängiges Konzept zur Ausgestaltung von Globalisierungsstrategien umsetzen lassen, fehlt jedoch nach wie vor.

Obwohl die Nichtberücksichtigung der genannten Aspekte sicherlich zu einer Einschränkung der Aussagekraft des EPRG-Konzepts im Hinblick auf die hier zugrundeliegende Fragestellung führt, kann mithilfe des vorgestellten strategischen Ansatzes dennoch dokumentiert werden, dass – gemessen an den aktuellen Cross-Border-Aktivitäten von Hotelketten in der empirischen Praxis – völlig unterschiedliche Orientierungen verankert sind.

In Bezug auf die Einzelunternehmen und Personengesellschaften aus dem deutschsprachigen Raum offenbaren beispielsweise empirische Untersuchungen, dass die Anzahl von eigentümerbetriebenen Hotelunternehmen, die mit weiteren Eigentumsbetrieben grenzüberschreitend vertreten sind, als nahezu nicht existent einzustufen ist (vgl. Weiermair/Peters 1999; Frehse/Peters 2002; Peters/Frehse 2003).

Augenscheinlich sind die Führungskonzepte der ganz überwiegenden Mehrheit der hiesigen Hotelunternehmen ausschließlich auf Destinationsebene ausgerichtet. Eine Philosophie, die unter dem gegenwärtigen Wettbewerbsdruck zwangsläufig zu Nachteilen gegenüber den Globalplayern führen muss, die ihrerseits mit einer globalen Orientierung und aggressiven Marktanteilsstrategien immer stärker in die heimischen, aus Sicht der Individualhotelunternehmen einst sicheren Märkte eindringen.

Hinsichtlich der eklektischen Theorie bleibt kritisch anzumerken, dass sich zwar sämtliche Formen des internationalen Engagements eindeutig durch die Verknüpfung der OLI-Advantages erklären lassen, dies aber nur für funktionale Dienstleistungen Geltung besitzt, da nur hier sämtliche Basisformen der Internationalisierung umgesetzt werden können. Für standortgebundene Dienstleistungen („location bound services"), wie die Hoteldienstleistung, scheidet dagegen der Export aus, da hier die Leistungserstellung einen zeitlich und räumlich synchronen Kontakt zwischen Leistungsgeber und Leistungsnehmer erfordert. Hotelanbieter können den Auslandsmarkteintritt daher nur über eine Multiplikation ihrer Produktionseinheit Hotel realisieren (vgl. Nussbaumer 1987).

Diese für die Übertragbarkeit bzw. Erklärungsmächtigkeit des eklektischen Paradigmas wesentliche dienstleistungs- bzw. branchenspezifische Einschränkung (vgl. Mößlang 1995) hat in der Literatur zu einer kritischen Auseinandersetzung mit Dunnings Beiträgen geführt. So wird etwa vorgebracht, dass es sich bei den vorgestellten Einflussfaktoren um keine geschlossene Theorie, sondern eher um einen umfangreichen Katalog relevanter Determinanten handelt (vgl. Macharzina/Engelhard 1991) und der Erklärungswert des Paradigmas unter begrifflichen Überschneidungen zwischen den drei Vorteilsarten leidet (vgl. Rugman/Verbeke 1992). Zudem liefert der OLI-Ansatz von Dunning für die betriebliche Umweltanalyse eine solche Vielzahl von Variablen, dass die Gefahr besteht, keine eindeutigen Aussagen und Handlungsempfehlungen mehr formulieren zu können (vgl. Perlitz 2004).

Um derartiger Kritik zu begegnen und seiner eigenen Zielsetzung der Entwicklung einer „general theory" auch weiterhin gerecht zu werden, erneuerte Dunning wie bereits erwähnt seine eklektische Theorie. Des Weiteren plädiert Dunning für eine interdisziplinäre, nichtökonomische Aspekte integrierende Ausrichtung seines Paradigmas (vgl. Dunning 1988). Bei einer intensiven Betrachtung der in dieser interdisziplinären Ausrichtung des Paradigmas einbezogenen Theorieansätze offenbart sich allerdings die ganze Problematik bei Dunnings Vorgehen. Denn die Auseinandersetzung mit den verschiedensten Forschergruppen erscheint allzu oberflächlich und die Einordnung von deren Erkenntnissen recht willkürlich (vgl. Roxin 1992).

Obwohl die Zusammenführung einer Vielzahl von Einflussfaktoren zu einem theoretischen Gesamtgebäude sicherlich einen umfassenden und systematischen Einblick in die Internationalisierung auch von Dienstleistungs- bzw. Hotelunternehmen gewährleistet, kann die Gefahr von Überschneidungen sowie des Verlustes an analytischer Aussagekraft in der interdisziplinären Ausrichtung des Paradigmas nicht völlig ausgeräumt werden (vgl. Köhler 1991). Die Möglichkeit, mit Dunnings Denkmodell auch konkrete Probleme und Aufgaben in der empirischen Praxis bewältigen zu können, wird mit der Erweiterung sogar eher eingeschränkt.

Dennoch ist es zweifelsohne Dunnings Verdienst, die eingeschränkte Aussagekraft partialanalytischer Ansätze durch eine systematische Integration in ein theoretisches Gesamtmuster vergrößert zu haben. Als problematisch erweist sich allerdings der statische Charakter der eklektischen Theorie in ihrer ursprünglichen Fassung. Dunning selbst erkennt an, dass auch Hotelunternehmen unterschiedlich auf identische Konstellationen der Ownership-, Location- und Internalisation-Parameter reagieren (vgl. Dunning 1988). Rugman konnte dies bestätigen, indem er eine unterschiedliche Beurteilung von identischen Markteintrittsoptionen durch differierende Portfolio- und Risikoüberlegungen nachwies (vgl. Rugman 1997).

Doch trotz dieser kritischen Auseinandersetzung muss festgehalten werden, dass Dunnings Idee der Zusammenführung einzelner Ansätze zu einem theoretischen Bezugsrahmen einen umfassenden und systematischen Beitrag zur Erklärung von strategischen Globalisierungspfaden leistet. So konnten Dunning/Kundu empirisch belegen, dass die Eigentumsvorteile von Hotelketten nach Ansicht befragter Hotelmanager auf der Kenntnis von Marktbedürfnissen und auf ihren weltweit einheitlichen Markennamen basieren. Internationale Erfahrung, Zugang zu einem globalen unternehmenseigenen Reservierungssystem oder vom Head Office getragene Personalakquisitionen und -auswahlverfahren, die zudem das Potenzial eines globalen Arbeitsmarkts berücksichtigen, stellen weitere Vorteile dar.

Bezüglich der internationalen Standortwahl von Hotelketten haben die beiden Autoren ferner nachgewiesen, dass als wichtigstes Umfeldkriterium – noch vor der touristischen Attraktivität eines Landes – die Größe und Wachstumsdynamik der jeweiligen Volkswirtschaften sowie für Entwicklungsländer vor allem die generelle Infrastruktur sowie politische, soziale und ökonomische Stabilität des Gastlandes bedeutsam sind (vgl. Dunning/Kundu 1995).

Abschließend muss konstatiert werden, dass sowohl das EPRG-Konzept von Perlmutter als auch der eklektische Ansatz von Dunning – trotz der aufgezeigten Schwächen – wichtige Mosaiksteine einer theoretischen Fundierung auch zur Erklärung strategischer Globalisierungspfade von Hotelketten sind. Vor diesem Hintergrund erscheint es im Rahmen weiterführender Forschungsaktivitäten notwendig, die hier vorgestellten theoretischen Erörterungen mit den aktuellen Praxisentwicklungen empirisch zu spiegeln. Damit wäre auch der Hotellerie mit ihrem hohen Internationalisierungsgrad sowie ihrer soziokulturellen und ökonomischen Bedeutung zumindest ansatzweise Rechnung getragen.

Literatur

Chakravarthy, B. S./Perlmutter, H. V. (1985): Strategic Planning for a Global Business, in: Columbia Journal of World Business, Vol. 20, S. 3–10.

Coase, R. H. (1937): The nature of the firm, Economia, New Series, S. 386–405.

Dülfer, E. (1999): Internationales Management in unterschiedlichen Kulturbereichen, München.

Dunning, J. H. (1977): Trade, Location of Economic Activity and Multinational Enterprise: A Search for an Eclectic Approach, in: Ohlin, B. (Hrsg.): The International Allocation of Economic Activity, London.

Dunning, J. H. (1988): Explaining International Production, London.

Dunning, J. H. (1993): Multinational Enterprise and the Global Economy, Wokingham.

Dunning, J. H./Kundu S. K. (1995): The Internalization of the Hotel Industry – Some New Findings from a Field Study, in: Management International Review, Vol. 35, No. 2, S. 101–133.

Dunning, J. H./McQueen, M. (1982): The Eclectic Theory of the Multinational Enterprise and the International Hotel Industry, in: Rugmann, A. M. (Hrsg.): New Theories of the Multinational Enterprise, London, S. 79–106.

Fenelon, R. (1990): The European and International Hotel Industry, in: Quest, M. (Hrsg.): Handbook of Tourism, London, S. 185–193.

Frehse, J./Peters, M. (2002): Das Internationalisierungsverhalten von Klein- und Mittelunternehmen in der alpinen Urlaubshotellerie, in: Internationales Gewerbearchiv – Zeitschrift für Klein- und Mittelunternehmen, Vol. 50, H. 4, S. 254–272.

Gee, Ch. Y. (1994): International Hotels, Michigan.

Härle, Ch./Haller, T. (2007): Veränderte Rahmenbedingungen auf den europäischen Hotelinvestmentmärkten, in: Frehse, J./Weiermair, K. (Hrsg.): Hotel Real Estate Management, Berlin, S. 191–205.

Hotels. The Magazine of the Worldwide Hotel Industry (verschiedene Jahrgänge): Hotels' Giants, Oak Brook.

Hymer, S. H. (1976): The International Operations of National Firms: A Study of Direct Investment, PhD Thesis MIT.

IHA – Hotelverband Deutschland (2007): Hotelmarkt Deutschland, Berlin

Klien, I. (1991): Wettbewerbsvorteile von Groß- und Kettenhotels und deren Kompensierbarkeit durch Hotelkooperationen, Wien.

Köhler, L. (1991): Die Internationalisierung produzentenorientierter Dienstleistungen, Hamburg.

KPMG's Travel, Leisure & Tourism (2002): The performance of management agreements and franchise contracts in the European hotel market, London.

Kundu, S. K. (1994): Explaining the Globalization of Service Industries: The Case of Multinational Hotels, Newark.

Lingenfelder, M./Reis, Th. (1998): Wettbewerbsvorteile internationaler Hotelunternehmen aus Sicht des ressourcenorientierten Ansatzes, in: Tourismus Journal, Vol. 2, H. 2, S. 189–209.

Macharzina, K./Engelhard, J. (1991): Paradigm Shift in International Business Research: From Partist and Eclectic Approaches to GAINS Paradigm, in: Macharzina, K. (Hrsg.): Frontiers of International Business Research, Management International Review, Vol. 31, Special Issue, S. 23–43.

Meffert, H. (1990): Implementierungsprobleme globaler Strategien, in: Welge, M. K. (Hrsg.): Globales Management, Stuttgart, S. 93–115.

Mößlang, A. (1995): Internationalisierung von Dienstleistungsunternehmen. Empirische Relevanz – Systematisierung – Gestaltung, Wiesbaden.

Nussbaumer, J. (1987): Services in the Global Market, Boston.

Ohlin, B. (1933): Interregional and International Trade, Cambridge, Mass.

Perlitz, M. (2004): Internationales Management, Stuttgart.

Perlmutter, H. V. (1969): The Tortuous Evolution of the Multinational Corporation, in: Columbia Journal of World Business, Vol. 4., No. 1, S. 9–22.

Peters, M. (2001) Wachstum und Internationalisierung. Überlebenschancen für touristische Klein- und Mittelbetriebe, Wien.

Peters, M./Frehse, J. (2003): Internationalisierungshemmnisse einzelbetrieblich organisierter Hotelunternehmen, in: Tourismus Journal, Vol. 7, H. 4, S. 421–437.

Reis, Th. (1999): Globales Marketing im Dienstleistungssektor, Wiesbaden.

Roxin, J. (1992): Internationale Wettbewerbsanalyse und Wettbewerbsstrategie, Wiesbaden.

Rugman, A. M. (1997): International Diversification and Multinational Enterprise, Farnborough.

Rugman, A. M./Verbeke, A. (1992): A Note of the Transnational Solution and the Transaction Cost Theory of Multinational Strategic Management, in: Journal of International Business Studies, Vol. 23, No. 4, S. 761–771.

Vorlaufer, K. (2000): Die Internationalisierung der Hotellerie: Determinanten, Strukturen, Strategien, in: Landgrebe, S. (Hrsg.): Internationaler Tourismus, München, S. 51–80.

Weiermair, K./Peters, M. (1999): Internationalisierung der Hotellerie – Unternehmerische Barrieren; Hemmnisse und Chancen von Klein- und Mittelbetrieben, in: Zeitschrift für Fremdenverkehr, Vol. 1, H. 1, S. 14–30.

Welge, M. K./Böttcher, R. (1991): Globale Strategien und Probleme ihrer Implementierung, in: Die Betriebswirtschaft, Vol. 51, H. 4, S. 435–454.

Wesnitzer, M. (1993): Markteintrittstrategien in Osteuropa, Wiesbaden.

Wind, Y./Douglas, S. P./Perlmutter, H. V. (1973): Guidelines for Developing International Marketing Strategies, in: Journal of Marketing, Vol. 37, No. 4, S. 14–23.

Multiplikation von Dienstleistungskonzepten: Internationalisierung am Beispiel des Restaurantunternehmens Vapiano AG

Mirko Silz

1 Einführung

Ein altes chinesisches Sprichwort besagt:

„Wer ein hohes Haus bauen will, der muss lange am Fundament verweilen."

Die Multiplikation von Dienstleistungskonzepten, insbesondere Restaurantkonzepten, setzt, wenn sie gleichermaßen schnell und nachhaltig sein soll, stabile organisatorische Grundlagen voraus. Diese Grundlagen sind zum Teil restaurantspezifisch, zum Teil aber auch generell auf Dienstleistungskonzepte übertragbar.

Um eine bessere Einordnung der hier relevanten Aspekte zu gewährleisten, soll der Einzeldarstellung ein kurzes Portrait des Unternehmens Vapiano AG vorangestellt werden (siehe Abschnitt 2).

Wachstum voranzutreiben und gleichzeitig die Notwendigkeit anzuerkennen, stabile Grundlagen für weiteres nachhaltiges Wachstum zu schaffen, birgt Herausforderungen, denen sich Vapiano schwerpunktmäßig im Jahr 2007 zu stellen hatte. Hier galt es, neben der Expansionsstrategie selbst Bereichen wie Finanzierung, IT-Warenwirtschaft und Logistik besondere Aufmerksamkeit zu schenken (siehe Abschnitt 3).

Über die Schaffung eigener organisatorischer Kapazitäten hinausgehend, birgt die Internationalisierung eine Reihe weiterer Herausforderungen auf unterschiedlichen Ebenen. Dies beginnt mit der grundsätzliche Frage, in welchen Ländern das eigene System grundsätzlich überhaupt vertreten sein möchte und führt zu Überlegungen, ob dies mit eigenen Betrieben oder mit Partnern geschehen soll und welche sonstigen betrieblichen Fragestellungen geklärt sein müssen, bevor das eigene System an den Start gehen kann. Naturgemäß spielen in diesem Zusammenhang – etwa auf der Seite des Beschaffungswesens – auch systemspezifische Aspekte eine Rolle. So wird etwa der Bereich der Warenwirtschaft und Logistik bei einem gastronomischen Konzept wie Vapiano eine erheblich größere Rolle spielen, als bei Dienstleistungssystemen, deren Tätigkeit sich etwa in der reinen Beratung erschöpft. Welche Felder für Vapiano in diesem speziell internationalen Zusammenhang eine große Rolle gespielt haben, ist nachfolgend in Abschnitt 4 skizziert.

In einer Schlussbemerkung (siehe Abschnitt 5) soll ein kurzer Ausblick über die nähere Zukunft von Vapiano erfolgen.

255

2 Vapiano AG – Fakten und Zahlen zum Vapiano-System

2.1 Vapiano 2002–2007

Das erste Vapiano-Restaurant wurde am 22. Oktober 2002 in Hamburg eröffnet; Vapiano hat also kürzlich das fünfte Lebensjahr vollendet und ist damit ein vergleichsweise junges System in der Gastronomielandschaft. In den Folgejahren sah die Entwicklung wie folgt aus:

2004: **1. Lizenzgeschäft** (Düsseldorf)
2005: 7 Restaurants (Frankfurt am Main 1, Hamburg 2, München, Nürnberg, Wiesbaden)
2006: 1. Internationale Eröffnung (Antwerpen, später Istanbul und Wien); 17 Restaurants (Berlin 1, Stuttgart, Berlin 2, Bonn, Köln, Dortmund, Frankfurt 2)
2007: 1. Restaurant in den USA (Washington 1); 27 Restaurants (Münster, Den Haag, Washington 2, Zürich, Essen, Budapest, Dresden, Stockholm, Hamburg 3)
Stand 12/2007: 30 Restaurants (Kiel, Mannheim, Bremen)

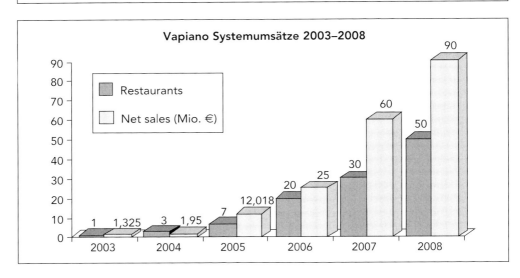

Vapiano Systemumsätze 2003–2008

2.2 Wofür Vapiano steht

Vapiano ist ein mediterran geprägtes Restaurantkonzept im Fresh-Casual-Bereich, in dem – nach den Produktgruppen Pasta-Pizza-Salat geordnet – eine ausschließlich aus frischen Zutaten bestehende mediterrane Küche getreu dem Motto „frisch, schnell, schön" angeboten wird. Dies geschieht bei den Produktgruppen Pasta und Pizza zu Preisen zwischen 5,50 € und 8,50 € – je nach der Produktgruppe, die aus den vier Preiskategorien gewählt wird. Ein wesentliches Merkmal ist das *front cooking*, also die Zubereitung der Speisen vor den Augen des Gastes. Die Inneneinrichtung vermittelt durch die räumliche Gestaltung und die Verwendung ausschließlich hochwertiger Naturmaterialien (Holz, Leder, Marmor) ein mediterranes Flair.

Kennzeichnend für das Vapiano-Konzept sind eine hohe Mitarbeiteridentifikation und eine hohe Akzeptanz bei Gästen und Systempartnern, namentlich Lieferanten und Franchisenehmern.

3 Die Säulen nachhaltigen Wachstums bei Vapiano

3.1 Die Multiplikationsfähigkeit des Systems: Eckpunkte der Vapiano-Expansionsstrategie

Ein wesentlicher Faktor für die Expansionsgeschwindigkeit ist die Multiplikationsfähigkeit des Systems. Die systematische Erfassung und Dokumentation der operativen Arbeitsabläufe sind nicht nur für die eigene Analyse von Stärken, Schwächen und der Ermittlung von Verbesserungspotenzialen zwingende Voraussetzung, sondern auch *conditions sine qua non* für die Franchisierbarkeit des Restaurantkonzepts. Diesen Weg der systematischen Erfassung und Dokumentation hat die Vapiano AG frühzeitig eingeschlagen und bereits den ersten Betrieb als Pilotbetrieb konzipiert sowie die Arbeitsabläufe in einem Betriebshandbuch dokumentiert, sodass seit dem Jahr 2004 mit der Expansion durch Franchising begonnen werden konnte.

Die Vapiano AG verfügt über ein vollständig strukturiertes Franchisesystem, sodass das Wachstum alternativ über eigene Betriebe und Franchisebetriebe erfolgen kann. Als dritte Kooperationsform sieht das Vapiano-System die Betriebsform eines Joint Ventures mit unterschiedlicher Beteiligung der Vapiano AG vor. In aller Regel ist das Joint Venture so konzipiert, dass dem Joint-Venture-Partner – ähnlich wie einem Franchisepartner – die operative Führung des Betriebs obliegt, während sich die Funktion der Vapiano AG in der Mitfinanzierung des Restaurants und der Mitwirkung bei Entscheidungen erschöpft, die über das bloße Tagesgeschäft hinausgehen.

Das inländische Wachstum geschieht in allen drei vorgenannten Organisationsformen, wobei die Vapiano AG in den großen Metropolen, wie etwa Berlin, Hamburg, Frankfurt am Main und Düsseldorf, unter Verzicht auf Franchising entweder eigene Betriebe oder Joint-Venture-Betriebe etabliert hat und etablieren wird. Eine einmal gewählte Organisationsform wird – auch dies ist Bestandteil der Strategie – in identischer Weise für künftige Standortentwicklung in der jeweiligen Stadt oder Region beibehalten. Dies ist nicht zuletzt der Überlegung geschuldet, die aus anderen Gastronomiesystemen häufig geschilderte Problematik der Kannibalisierung bestehender Betriebe durch Neustandorte bereits im Ansatz zu vermeiden.

In anderen Städten, bei denen es stärker als in den Metropolen auf die lokale Vernetzung und die spezifische Kenntnis der lokalen Gastronomiebranche ankommt, setzt die Vapiano AG im Inland auf das Franchising. Hierbei werden entweder Einzelfranchisen zum Betrieb eines einzelnen Restaurants vergeben oder bei einem größeren Potenzial im Einzelfall auch Entwicklungsverträge für eine definierte Region vereinbart.

Die Expansion des Vapiano-Systems im Ausland konzentriert sich derzeit vorwiegend auf die USA, Europa und den Nahen und Mittleren Osten. Ähnlich wie in Deutschland ist auch in den USA Franchising nur dann möglich und erlaubt, wenn der prospektive Franchisegeber die Funktionsfähigkeit seines Konzepts durch mindestens einen Pilotbetrieb nachgewiesen hat. Vapiano hat nicht zuletzt deshalb bereits eigene Betriebe durch die Vapiano International LLC, einer US-amerikanischen Schwestergesellschaft der Vapiano AG, eröffnet.

In Europa sowie im Nahen und Mittleren Osten geschieht die Expansion regelmäßig durch die Vergabe von Länderfranchisen, bei der im Rahmen eines Entwicklungsvertrages mit dem jeweiligen Partner Entwicklungszeiträume und Anzahl von Vapiano-Restaurants vereinbart werden, um auf diese Weise Systemwachstum zu schaffen. In Einzelfällen werden auch Joint-Venture-Beteiligungen mit der operativen Führung durch den Joint-Venture-Partner vereinbart.

3.2 Die Finanzierung des Wachstums

Es ist ein bekanntes Phänomen, dass die Kreditfinanzierung von Restaurantbetrieben von Bankenseite entweder prinzipiell abgelehnt oder zumindest von einem erfolgreichen *track record* abhängig gemacht wird und auch dann in der Regel Sicherheiten zu stellen sind, die über das Anlagevermögen des Restaurants deutlich hinausgehen. Dies folgt den traditionellen Grundsätzen des besicherten Kredits und damit der Überlegung, dass das auf den Betrieb zugeschnittene Anlagevermögen oftmals überhaupt nicht oder nur mit hohen Abschlägen verwertbar ist. Es wird gerade in der Startphase eines Konzepts – die Vapiano AG bildete hier keine Ausnahme – unvermeidlich sein, über das Anlagevermögen hinausgehende Sicherheiten zu stellen – in der Regel aus dem Gesellschafterkreis.

Erst mit zunehmender Größe (und Profitabilität) des Systems und dem hiermit einhergehenden *track record* werden Kreditinstitute bereit sein, über Finanzierung eines einzelnen Restaurantprojekts hinausgehend, Fremdmittel auf der Grundlage der Bonität des Unternehmens selbst zur Verfügung zu stellen, um das Wachstum über einen mindestens mittelfristigen Zeitraum finanziell abzusichern.

Ähnlich wie bei eigenem Wachstum, verfolgt die Vapiano AG bei dem Wachstum durch Franchising im Inland einen Ansatz, der über die Finanzierung eines Einzelprojekts des betreffenden Franchisenehmers hinausgeht. Die systematische Finanzierung von Franchisesystemen ist ein noch recht junges Geschäftsfeld im Kreditgewerbe und wird von nur wenigen Banken praktiziert. Dabei wird das System zunächst detailliert analysiert; dies betrifft nicht nur das Geschäftsmodell in Theorie und Praxis, sondern auch und vor allem die Frage, wie das Franchisesystem des betreffenden Unternehmens konzipiert ist. Im Erfolgsfall wird dem System dann eine prinzipielle Finanzierungswürdigkeit attestiert. Zwar bleibt der Franchisenehmer im Kern für die Finanzierung „seines" Restaurants (und damit auch für die Beschaffung der notwendigen Kreditunterlagen) verantwortlich, und auch die individuelle Bonitätsprüfung ist selbstverständlich zu durchlaufen; er erspart sich aber im Rahmen seines Finanzierungsvorhabens die detaillierten Erläuterungen des Vapiano-Systems und kann darauf verweisen, dass das System bei dem betreffenden Kreditinstitut positiv gelistet ist.

3.3 Andere Aspekte des Systemwachstums

Standortpolitik

Das Wachstum und seine Geschwindigkeit hängen naturgemäß von der Verfügbarkeit geeigneter Standorte ab. Es haben sich im Zuge der bisherigen Unternehmenshistorie der Vapiano AG und ihrer Franchisenehmer bestimmte Faktoren herauskristallisiert, die in einem Standortanalysedokument niedergelegt sind und bei jedem neuen Standort systematisch geprüft und bewertet werden. Erst wenn alle an der Entscheidung Beteiligten, zu denen übrigens auch mindestens ein Gesellschafter der Vapiano AG gehört, dem Standort zustimmen und die Konditionen akzeptabel sind, wird der Standort realisiert. Es wird kein Standort realisiert, der in der Prognose nicht aus sich selbst heraus profitabel erscheint. Es wird also anders als in manchen Retailkonzepten bewusst keine Politik der zwingenden Präsenz mit *flagship stores* in möglichst prominenter Lage unter Inkaufnahme auch unterdurchschnittlicher Performance angestrebt.

Warenwirtschaft, IT und Logistik

Ein wesentlicher Bestandteil eines stabilen Systems bildet die Ausgestaltung der Warenwirtschaft und eine solide IT-Architektur mit der Möglichkeit einer zentralen Stammdatenverwaltung.

Es liegt auf der Hand, dass in einem Restaurantgeschäft mit über 500 Artikeln und einem jährlichen Warenvolumen von mehr als € 15 Mio. (Inland) ein zuverlässiges und effektives Warenwirtschaftssystem von großer Bedeutung ist. Hier gilt es, frühzeitig die IT-Systeme hierauf abzustimmen und für eine Vernetzung mit dem Logistikunternehmen zu sorgen. Hier hat es sich bewährt, auch um den Preis zunächst etwas höherer Systemkosten, frühzeitig mit solchen Partnern der Industrie zusammenzuarbeiten, die auf ihrem jeweiligen Gebiet zu den Besten gehören. Nur eine solchermaßen frühzeitig geschaffene organisatorische Infrastruktur ermöglicht späteres organisches Wachstum und die bruchlose Integration neuer Betriebe in bestehende Systeme.

People Management und Nachwuchsförderung

Ein schnell wachsendes System bietet den Mitarbeitern und Führungskräften im Restaurant und in der Verwaltung gleichermaßen eine reizvolle berufliche Entwicklungsperspektive. Eine besondere Herausforderung bleibt es aber, bei Rekrutierung und Ausbildung des Managementnachwuchses im Restaurant mit der Expansionsgeschwindigkeit Schritt zu halten, ohne hierbei die Qualität der Ausbildung zu vernachlässigen.

4 Spezifische Fragen der Internationalisierung

Die Expansion ins Ausland bringt einige spezifische Aufgabenstellungen mit sich. Die nachfolgenden Aspekte haben sich in der Praxis als häufig relevant oder zumindest diskussionswürdig erwiesen.

4.1 Der politische/volkswirtschaftliche/regulatorische Check

Bereits im Frühstadium, also lange, bevor konkrete Verhandlungen mit einem möglichen Partner geführt werden, sind möglichst viele Daten über das Zielland zu erheben. Dies beginnt mit Untersuchungen zur politischen Stabilität des Ziellands sowie der Analyse des Investitionsklimas und dem Schutzniveau für Investitionen. Relevant sind in diesem Zusammenhang naturgemäß auch Erhebungen über die Inflationsrate, Währungsrisiken und die Wirtschaftskraft des Ziellands (Bruttosozialprodukt, Pro-Kopf-Einkommen, Einkommensverteilung pro Altersgruppe) und schließlich bestimmte demografische Daten, wie Gesamteinwohnerzahl, Einwohnerzahl bestimmter Städte sowie allgemeine Prognosen für das Wirtschaftwachstum.

Die Quellen für die vorgenannten – naturgemäß nicht abschließenden – Erkenntnisse über die allgemeine politische und volkswirtschaftliche Situation sind vielfältig. Zunächst sind hier allgemein zugängliche Quellen wie Internet, Wirtschaftsinformationsdienste, OECD-Informationen auszuwerten; oftmals erweist es sich aber auch als hilfreich, Daten von befreundeten Firmen, wie etwa Lieferanten, abzufragen, die bereits im Zielland tätig sind, um auf diese Weise Informationen aus erster Hand zu erhalten.

Schließlich ist auch das Rechtssystem des Ziellands einem Check im Hinblick auf mehrere Aspekte zu unterziehen: Es ist zu klären, ob dort die Vertriebsform des Franchisings überhaupt existiert, welche gesetzlichen oder sonstigen das Geschäft beeinflussende Regelungen vorhanden sind und wie in der Gerichtspraxis Ansprüche eines Franchisegebers durchgesetzt werden können. Auch die Frage des Markenschutzes ist nunmehr abschließend zu klären, und erforderliche Markenanmeldungen sind vorzunehmen. Spätestens in diesem Stadium wird es Zeit, anwaltliche Berater vor Ort – und zwar möglichst frühzeitig – einzuschalten, um die Situation im Zielland vor Ort sorgfältig zu recherchieren.

4.2 Die wettbewerbliche Situation

Mit den vorgenannten Recherchen eng verbunden und davon kaum zu trennen ist die Analyse des wettbewerblichen Umfelds. In diesem Stadium wird üblicherweise auch die Entscheidung darüber getroffen, ob statt der eigenen Expansion der Erwerb eines bestehenden Unternehmens derselben Branche mit anschließender Umwandlung in die eigene Marke *(brand conversion)* in Betracht zu ziehen ist. Die damit verbundene, fast schlagartige Markenpräsenz kann im Einzelfall beachtlich sein. Allerdings setzt die Realisierung einer solchen Strategie voraus, dass dem Zielunternehmen ein Geschäftsmodell angeboten werden kann, das auch unter Einbeziehung der zu leistenden Abgaben, wie Royalties und Werbekosten, attraktiver als das bislang in Eigenregie betriebene Konzept ist. Hieran scheitern viele Verhandlungen. Im Übrigen ist die Strategie eher für „*multi unit*"-Konzepte geeignet, als für die gängige Schnellgastronomie (McDonald's, Burger King, KFC etc). Vapiano ist diesen Weg bewusst nicht gegangen und setzt wie bisher im Inland auf kontinuierliches Wachstum aus eigener Kraft.

Bestandteil der wettbewerblichen Analyse ist auch eine sorgfältige Recherche des Immobilienmarkts im Zielland, die etwa Aspekte wie Verfügbarkeit von hochwertigen Lagen, Kosten der baulichen Entwicklung von Standorten oder Verfügbarkeit von geeigneten Bauunternehmen vor Ort umfasst. Der Katalog der insoweit zu recherchierenden Informationen hängt vom Einzelfall und auch davon ab, inwieweit die geplante Expansion durch Eigenbetriebe oder durch Franchisepartner realisiert werden soll. Aber auch im letzteren Fall ist der Franchisegeber der Aufgabe einer sorgfältigen Recherche nicht enthoben, denn wenn er einem Franchisenehmer ein erfolgversprechendes Geschäftsmodell anbieten will, muss er einen detaillierten Überblick über die Kostenseite des Geschäfts haben und einem Franchisenehmer auch belegbar anbieten können.

4.3 Eigenbetriebe, Franchisebetriebe oder Kombination beider Systeme

Hier gibt es keine für alle oder auch nur für viele Sachverhalte gültige Erfolgsformel. Die Entscheidung, ob in einem Zielland zunächst oder gar ausschließlich mit Eigenbetrieben der Markteintritt gewählt wird oder bereits frühzeitig oder gar ausschließlich die Expansion durch Franchisebetriebe erfolgt, folgt strategischen und nicht verallgemeinerungsfähigen Überlegungen des einzelnen Unternehmens.

Die Vapiano AG setzt in diesem Zusammenhang in weitgehendem Umfang auf die lokale Kompetenz und die unmittelbare operative Einbindung eines Partners vor Ort. Daraus ergeben sich im Wesentlichen zwei Konsequenzen:

1. Nur in den Ländern, mit deren Sprache und Kultur sich die Vapiano AG vertraut fühlt, erfolgt die Etablierung von Eigenbetrieben. Für alle anderen Länder erfolgt die Markterschließung mit oder durch Partner vor Ort – entweder in der Form einer Länderfranchise mit Exklusivität oder eines Joint Ventures. Die Expansion im Ausland durch die Vergabe von Einzelfranchisen ist wegen des damit verbundenen, signifikant erhöhten Betreuungsaufwands als Franchisegeber nicht effektiv.
2. Dem Gebot der unmittelbaren operativen Einbindung läuft die Vergabe von Masterfranchisen zuwider, die schon strukturell keinen unmittelbaren Zugriff des Franchisegebers auf den Subfranchisenehmer erlauben, der in letzter Konsequenz für die Umsetzung des Konzepts vor Ort verantwortlich zeichnet. Vapiano vergibt daher keine Masterfranchisen, sondern nur direkte Franchisen.

Ob die Umsetzung der Kooperation im Zielland nun im Wege des reinen Franchisings oder durch ein Joint Venture geschieht, folgt der Entscheidung im Einzelfall, die nicht zuletzt auch davon abhängt, wie hoch das Potenzial und die damit verbundenen Investitionen veranschlagt werden und ob der vorgesehene Kooperationspartner in der Lage ist, diese Investitionen selbst zu bestreiten.

4.4 Das Profil des Franchisenehmers/Expansionspartners

Die Erfahrung lehrt, dass im Falle eines Marktzutritts auch bei bereits bestehender Markenbekanntheit in möglichst kurzer Zeit eine gewisse selbst definierte und von den Marktgegebenheiten abhängige Mindestanzahl von Standorten angestrebt werden sollte. Ein wichtiger Vorteil dieser sogenannten „kritischen Masse" ist die leichtere Umsetzbarkeit der eigenen Markenstrategie, die umso effektiver erfolgen kann, je mehr Standorte vorhanden sind, die die mit der Marke assoziierten Botschaften transportieren können.

Die Prüfung eines als Expansionspartner in Betracht kommenden Franchisenehmers ist in der Situation eines bevorstehenden Markteintritts schon deshalb besonders wichtig und sorgfältig zu handhaben, weil diesem eine Pionierrolle zugedacht ist und er gerade in dem Fall, in dem der Franchisegeber auf eine eigene Präsenz im Zielland (zunächst) verzichten möchte, als „Aushängeschild" des Franchisenehmers fungieren wird. Gerade die Start-up-Situation im Zielland hat schon in einigen Fällen mehr Kapital des Franchisenehmers verschlungen, als dieser ursprünglich eingeplant hatte und stellt schon im Frühstadium die Geschäftsbeziehung zwischen Franchisegeber und Franchisenehmer zuweilen auf eine harte Probe.

Neben der natürlich stets durchzuführenden *financial due diligence* des betreffenden Franchisenehmers sollte der Franchisegeber sehr gründlich nach den Motiven des Franchisenehmers forschen, dem betreffenden Franchisesystem beizutreten. Der Franchisegeber sollte es tunlichst vermeiden, dem oft geäußerten und regelmäßig mit der Pionierrolle gerechtfertigen Verlangen des Franchisenehmers nach Exklusivität im Zielland nachzugeben, ohne dies an bestimmte Voraussetzungen zu knüpfen. Dadurch würde er sich der Möglichkeit berauben, die Marke durch andere Systempartner vertreten zu lassen, sollte es mit dem als Pionier gedachten Franchisenehmer zu Schwierigkeiten finanzieller oder juristischer Natur kommen. Es ist bei Vapiano Standard, die Exklusivität des Franchisenehmers an die Einhaltung der Vorgaben der Entwicklungspläne zu knüpfen, denn mit jeder Exklusivität begibt sich der Franchisegeber der Möglichkeit, die Markterschließung in eigener Verantwortung voranzutreiben. Ein solcher Verzicht lässt sich aber nur rechtfertigen, sofern und solange die Markterschließung mit dem Partner plangemäß erfolgt.

Schon im Vorfeld und sogar als Teil des Rekrutierungsprozesses empfiehlt es sich für den Franchisegeber, über seinen eigenen Businessplan hinausgehend auch dem Franchisenehmer einen Businessplan nicht nur abzuverlangen, sondern einen solchen im kritischen Dialog zu begleiten und in diesem Sinne auch am Entstehungsprozess mitzuwirken. Je intensiver der Austausch im Planungsstadium ist, desto besser sind die wechselseitige Erwartungshaltungen von Franchisegeber und Franchisenehmer aufeinander abgestimmt. Dies erleichtert im Falle einer Planabweichung den Dialog erheblich.

Wo immer es möglich ist, wird bei Vapiano im Übrigen das Prinzip des personalisierten Franchisings verfolgt. Daraus folgt, dass, sofern dies im Einzelfall überhaupt möglich ist, immer einer natürlichen Person als Vertragspartner der Vorzug vor einem Unternehmen gegeben wird. Die Erfahrung lehrt, dass Gastronomieunternehmen mit einem Mehrmarkenkonzept in der Regel nicht den operativen Fokus aufbringen können oder wollen, der für eine erfolgreiche Umsetzung des Vapiano-Systems zwingend erforderlich ist.

4.5 Der Aufbau des Systems im Zielland

Der Businessplan des Franchisegebers für das Zielland muss sich auch mit der Frage auseinandersetzen, wie der Aufbau des Franchisesystems logistisch zu organisieren ist. Im Bereich der Gastronomie ist bei der Beschaffungsseite schon frühzeitig die Verfügbarkeit von Food- und Non-Food-Lieferanten zu eruieren. Es ist zu entscheiden, ob bisherige Lieferanten mit dem Franchisegeber in das Zielland expandieren wollen oder ob lokale Beschaffungsalternativen zu organisieren sind. Preise, Produktverfügbarkeit und etwaige Importbeschränkungen oder -zölle sind Kriterien, die bei dieser Entscheidung eine Rolle spielen. Auch die Logistik, also die Frage, wie die benötigen Food- und Non-Food-Artikel bedarfs- und zeitgerecht in die jeweiligen Restaurants gelangen, ist sorgfältig zu prüfen und zu organisieren.

Schulungsmaßnahmen im Rahmen des Franchisesystems werden, zumindest wenn es sich um Erstschulungen handelt, regelmäßig in bestehenden Schulungseinrichtungen des Franchisegebers durchgeführt. Der Aufbau entsprechender Ressourcen vor Ort ist regelmäßig einem späteren Zeitraum vorbehalten.

Die Frage, ob der Franchisegeber zur Expansion des Geschäfts im Zielland eigene Ressourcen bereitstellt, hängt vom Einzelfall und maßgeblich davon ab, wie der Franchisenehmer im Zielland diesbezüglich aufgestellt ist. Oftmals wird sich eine Aufgabenverteilung des Inhalts ergeben, dass der Franchisenehmer unter Ausnutzung seiner lokalen Kontakte und Ressourcen bestimmte Zielstandorte ausfindig macht und der Franchisegeber durch eigene fachkundige Development-Manager die entsprechenden Standortvorschläge prüft und darüber entscheidet. Auch die Zusammenarbeit mit externen Immobilienpartnern kann die Expansion signifikant beschleunigen.

5 Schlussbemerkung

Die Nachhaltigkeit und damit der Erfolg der internationalen Expansion wird davon abhängen, dass das Vapiano-System mit der gleichen Konsistenz und Qualität umgesetzt wird, auf den sich der bisherige Erfolg im Inland gründet. Diese Aufgabe ist einfach und schwierig zugleich: Einfach deshalb, weil es bereits hinreichend Beispiele im Inland dafür gibt, dass das Vapiano-Restaurantkonzept als solches operativ funktioniert und profitabel ist und daher ein kopierfähiges *role model* zur Verfügung steht. Schwierig aber auch deshalb, weil gerade die korrekte und nachhaltige Umsetzung des Vapiano-Konzepts neben der emotionalen Hingabe ein außerordentlich sorgfältiges und detailgenaues Arbeiten verlangt und bereits kleinere Fehler und operative Ungenauigkeiten sich schnell negativ auf die Profitabilität auswirken können.

Schließlich ist immer im Auge zu behalten, dass die Expansionsgeschwindigkeit niemals zu Lasten der Qualität des Systems gehen kann. Es ist insbesondere wichtig darauf zu achten, dass die Anzahl der gleichzeitig entwickelten Regionen in einem angemessenen Verhältnis zu den Personalressourcen stehen, die Vapiano AG als Franchisegeber oder Joint-Venture-Partner bereitstellen kann, um eine hohe Umsetzungsqualität zu gewährleisten. Dies kann im Einzelfall auch dazu führen, eine vielleicht interessant erscheinende Expansionsmöglichkeit zumindest für einen gewissen Zeitraum zu verschieben, um trotz hoher Expansionsgeschwindigkeit der Devise „Qualität geht vor Quantität" treu bleiben zu können.

Erfolgsfaktoren der Hotelprojektentwicklung

Sandra Rainer-Pöselt

1 Einleitung

Hotels gehören zu den komplexesten Gewerbeimmobilien und werden in der Immobilienwirtschaft generell unter dem Thema „Spezialimmobilien" abgehandelt. Einer der grundlegendsten Unterschiede zwischen typischen Gewerbeimmobilien wie Büros und der Spezialimmobilie Hotel ist, dass der Büronutzer seine Immobilie lediglich als „Hülle" für seine Arbeit benötigt, während der Hotelier sein Geschäft mit und durch die Immobilie erwirtschaftet. Dies führt zu der – in der Hotelliteratur einschlägig diskutierten – Eigenschaft der Standortgebundenheit der Hotelleistung. Eine weitere, früher diskutierte Eigenschaft ist die hohe Anlageintensität des Hotelbetriebs, resultierend aus der Zeit, in denen Hotels noch überwiegend in Eigenbesitz geführt wurden und das Hotel als Immobilie weder in der Immobilienwirtschaft noch auf internationalen Finanzmärkten berücksichtigt wurde.

Im Zuge der zunehmenden Globalisierung von Märkten und Reiseströmen einerseits und dem wachsenden Wettbewerbsdruck internationaler Hotelketten andererseits hat sich jedoch auch in Europa der Trend zur Trennung von Eigentum und Betrieb in der Hotellerie durchgesetzt. So lässt sich für die städtische Großhotellerie eine deutliche Verdichtung international bekannter Hotelketten feststellen, die nur selten auch tatsächlich Eigentümer der Immobilie sind. Vielmehr zählen die großen internationalen Hotelketten heutzutage die reine Verwaltung und Vermarktung der Hotelleistung als ihr Kerngeschäft und bilden Schnittstellen mit der Immobilien- und Finanzwirtschaft für die Anlagenverwaltung.

Die Verwaltung dieser Schnittstellen wird dabei immer häufiger von spezialisierten Hotelprojektentwicklern übernommen, die einerseits zwischen den Entwicklungsabteilungen der Hotelketten und der Immobilien- und Finanzwirtschaft beraten und vermitteln. Andererseits initiieren und entwickeln sie aber auch eigenständig Hotelprojekte. Während die Thematik der Hotelprojektentwicklung im internationalen und insbesondere im angelsächsischen Bereich bereits seit Jahren in der wissenschaftlichen Diskussion und der entsprechenden Literatur Einzug gehalten hat, ist sie in Kontinentaleuropa immer noch Neuland und weitestgehend von der akademischen Lehre ausgeschlossen. So mehren sich zwar in den letzten Jahren die Vortragsreihen in der immobilienorientierten Lehre, in der Hotellehre wird die Thematik jedoch weiterhin klar vernachlässigt. Grund ist der faktisch nicht existente akademische Austausch zwischen Hotellerie und Immobilienwirtschaft und die mangelnde Verfügbarkeit qualifizierter Lehrkörper.

Die Feuring-Gruppe ist bereits seit den späten 1950er-Jahren in der Hotelprojekt-entwicklung tätig. Als Sohn eines Mainzer Gastronomen lernte Berno-H. Feuring früh die Anforderungen in der Serviceindustrie kennen. Sein Vater bewirtschafte-te mehrere Restaurants. 1958 machte sich Berno-H. Feuring mit nur 21 Jahren selbstständig – und war damals der jüngste Hoteldirektor Deutschlands. Sein Europahotel Mainz – später wurde daraus eine Kette mit 16 Häusern – bewirtschaf-tete auch das Gästehaus der rheinland-pfälzischen Landesregierung. 25 Jahre später, Anfang der 1970er-Jahre, vertiefte das Unternehmen die in den vergange-nen Jahrzehnten gesammelten Erfahrungen in der Projektentwicklung vornehm-lich eigener Hotels und stellte das Know-how zunehmend auch externen Kunden zur Verfügung. Hierbei konzentrierte man sich fortan auf die Entwicklung von Vier- und Fünf-Sterne-Hotels in aller Welt. In den vergangenen annähernd fünf Jahrzehnten entwickelten und begleiteten Berno-H. Feuring und sein Team über 400 Hotelprojekte im In- und Ausland. Die Eckpfeiler des Erfolgs der Feuring-Gruppe sind die langjährige Erfahrung des Firmengründers in der Hotellerie, Im-mobilien- und Finanzwirtschaft, die kontinuierlich gewachsenen Beziehungen mit den Akteuren der verschiedenen Branchen sowie die projektbezogene Zusam-menstellung der Teams, die sich gezielt an den Bedürfnissen des jeweiligen Pro-jekts ausrichtet.

Oberste Maxime der Hotelentwicklungen ist der Anspruch, eine nachhaltig er-folgreiche Hotelimmobilie zu entwickeln, die sowohl den Qualitätsansprüchen der jeweiligen Gästezielgruppe als auch den Anforderungen des Hotelbetreibers und des Eigentümers beziehungsweise Investors entspricht. Dem Thema Nachhaltig-keit wird hierbei ein besonders hoher Wert zugemessen, denn der langfristige Er-folg der Immobilie erfordert einerseits einen hohen Qualitätsanspruch bei der Verwendung und Verarbeitung von Materialien. Andererseits müssen ein Hotel-konzept und somit auch die Immobilie zwei maßgebliche Kriterien erfüllen:

- Marktadäquatheit
- effiziente Gebäudekonfiguration

Die nachfolgenden Erläuterungen sollen daher einen Einblick in den von der Feu-ring-Gruppe praktizierten Ansatz für die Entwicklung erfolgreicher Hotelprojekte geben.

2 Erfolgsfaktor Marktadäquatheit

Eine einzelne Hotelunternehmung ist aufgrund ihrer Standortgebundenheit nur in der Lage, einen Teil des Marktes zu bearbeiten. Der jeweilige Marktanteil, den sich ein Hotelbetrieb an der Gesamtnachfrage nach Beherbergung letztendlich sichern kann, ist unter anderem davon abhängig, inwiefern das zugrunde liegende Hotelkonzept auf die charakteristischen Merkmale der Nachfrage abgestimmt ist. Die „goldene" Immobilienregel „Lage, Lage, Lage" ist für die Hotellerie insofern in „Lage & Konzept" umzubenennen. Denn eine noch so gute Lage kann mit einem falschen Konzept schnell zu einer wirtschaftlichen Katastrophe führen.

Um das passende Konzept für einen Standort zu finden ist zunächst eine fundierte Markt- und Standortanalyse durchzuführen. Diese dient als Grundlage für die Erstellung eines Standortprofils, das eventuelle Marktlücken oder Marktchancen aufdeckt und somit Potenzial für ein neues Hotel birgt.

2.1 Positionierung anhand eines Standortprofils

Das Marktpotenzial kann durch einen Angebotsmangel am Standort entstehen, der aus verschiedenen Marktanalysen resultieren kann:

- konzeptionelle Positionierung
- qualitative Positionierung
- quantitative Positionierung

Konzeptionelle Positionierung

Die Markt- und Standortanalyse untersucht neben der historischen Entwicklung des für den Standort relevanten Umfelds auch die spezifische Ausprägung des Umfelds hinsichtlich ihres aktuellen und zukünftigen Potenzials zur Generierung von Beherbergungsnachfrage.

Je nach Standort haben die jeweiligen Standortfaktoren eine stärkere oder schwächere Gewichtung. So gehören in der Städtehotellerie beispielsweise ein stabiles und wachstumsorientiertes makro- und mikroökonomisches Umfeld und eine hinreichende Verkehrs- und touristische Infrastruktur zu den erfolgsbestimmenden Standortfaktoren.

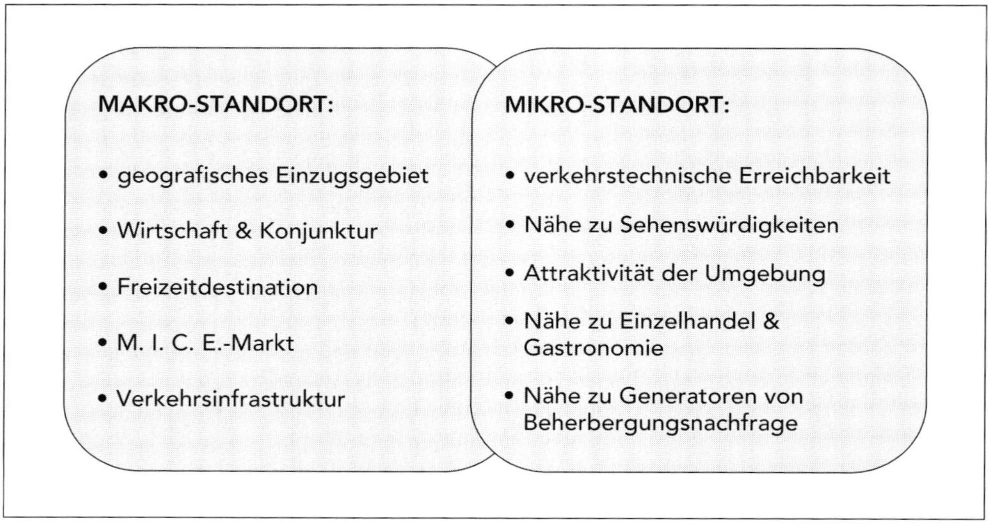

MAKRO-STANDORT:	MIKRO-STANDORT:
• geografisches Einzugsgebiet	• verkehrstechnische Erreichbarkeit
• Wirtschaft & Konjunktur	• Nähe zu Sehenswürdigkeiten
• Freizeitdestination	• Attraktivität der Umgebung
• M. I. C. E.-Markt	• Nähe zu Einzelhandel & Gastronomie
• Verkehrsinfrastruktur	• Nähe zu Generatoren von Beherbergungsnachfrage

Abbildung 1: Ausgewählte Makro-/Mikro-Standortfaktoren

Je stärker ein Hotelbetrieb freizeittouristisch orientiert ist, desto stärker ist der Einfluss überregionaler Faktoren auf die Beherbergungsnachfrage und desto weniger Bedeutung haben Faktoren wie die lokale Wirtschaftskraft. Eine Ausnahme stellen solche „Resorts" dar, die neben dem Freizeitwert auch Tagungs- und Konferenzmöglichkeiten anbieten, da solche Veranstaltungen häufig von im Umkreis befindlichen Veranstaltern organisiert werden.

Sowohl Freizeit- als auch Geschäftsreiseverkehr oder Messe-, Incentives-, Conferences- und Events- (MICE)-Reiseverkehr benötigen eine entsprechende Infrastruktur am Zielort, die einen Reisenden dazu bewegt, die Reise anzutreten, sowie ein Übernachtungsangebot, welches die Leistungen anbietet, die dem Zweck der jeweiligen Reise entsprechen.

Im Fall von freizeitorientiertem Reiseverkehr gehören zu einer entsprechenden Infrastruktur z. B. die Themen Sonne, Strand, Meer oder im Fall von Städtetourismus vielleicht die Themen Geschichte, Kultur und Gastronomie. Das Hotelangebot sollte den Bedürfnissen des Freizeitreisenden angepasst sein und beispielsweise einen je nach Standard qualifizierten Wellness- und Fitnessbereich enthalten.

Im Fall von geschäftsorientiertem Reiseverkehr sind es vor allem die lokalen Betriebe, die von Geschäftsreisenden aufgesucht werden. Dabei sind es hauptsächlich Großbetriebe aus dem tertiären Sektor (Dienstleistungen) mit internationaler beziehungsweise Export-Orientierung und der Hauptniederlassung am Standort, die bedeutenden Geschäftsreiseverkehr für den Standort generieren. Weniger von Bedeutung sind produktionsorientierte und Industrieunternehmen mit nationaler Ausrichtung, da hier aufgrund der kürzeren Anreise nur selten Übernachtungsbedarf entsteht. Das Hotelangebot sollte den Bedürfnissen des Geschäftsreisenden angepasst sein und beispielsweise Internetanschluss in den Zimmern oder ein Business Center enthalten.

Weiter segmentieren lässt sich die Hotelkundschaft in Bezug auf den MICE-Reiseverkehr, der eine entsprechende Infrastruktur am Zielort benötigt, wie etwa Messeorte, Veranstaltungseinrichtungen wie Event-Hallen, Hoteltagungsbereiche oder Konferenzzentren. Dabei kann das Hotelangebot auf diese Bedürfnisse angepasst und mit professionellen Tagungseinrichtungen ausgestattet werden.

Quantitative Positionierung

Die Bestimmung der Größe eines Hotels ist ein weiterer ausschlaggebender Aspekt bei der Entwicklung einer marktadäquaten Hotelimmobilie. Ein für den Markt zu großes Hotel hinsichtlich der Zimmeranzahl kann dazu führen, dass überschüssige Kapazitäten (Angebotsüberhang) zu Discountpreisen angeboten werden müssen. Dies reduziert nicht nur den durchschnittlichen Zimmerpreis, sondern auch unweigerlich die Servicequalität des Betriebs, da operative Einsparungen meistens die Folge sind. Andererseits können zu geringe Kapazitäten, beispielsweise bei Tagungshotels, zur Abwanderung größerer Tagungsgruppen führen. Während im innerstädtischen Bereich ein im Verhältnis zu der Zimmeranzahl großer Tagungsbereich normalerweise kein Problem darstellt, da Gäste auch in Nachbarhotels untergebracht werden können, ist die Auslastung eines größeren Ballsaals bei geringen Zimmerkapazitäten in einem eher abgelegenen Tagungsresort durchaus problematisch.

Auch hier gilt es, die richtige Größe mit den Marktchancen abzuwägen. Häufiger Fehler in der Hotelprojektentwicklung ist die Überbewertung der Kennzahl „Grundstückspreis je Zimmer". Ziel ist, die Kennzahl so gering wie möglich zu halten und somit den Index „Investitionskosten je Zimmer" möglichst zu minimieren. Dies erfordert die maximal zulässige Bebauung des Grundstücks und somit die Entwicklung der größtmöglichen Zimmeranzahl. Rein rechnerisch lässt sich aus einer höheren Zimmeranzahl auch ein höherer Ertrag für das Hotel generieren.

Tatsächlich kann die Anzahl der Zimmer jedoch ausschließlich aus der Markt- und Standortanalyse eruiert werden und somit aus einer objektiven Einschätzung der Marktbedürfnisse. In letzter Konsequenz kann dies auch bedeuten, dass sich ein Grundstück aufgrund seiner Größe – und dies gilt sowohl für zu große als auch für zu kleine Grundstücke – nicht für die Hotelentwicklung eignet.

Welche Größe sich optimal für den Markt gestaltet, ist häufig nicht leicht zu erkennen. Abgesehen von abgelegenen Standorten oder noch nicht entwickelten, unberührten Regionen ist ein abstrakter, also rein quantitativer Mangel an Hotelbetten in der Regel nicht auszumachen. Undifferenziert betrachtet, verfügen beispielsweise die meisten deutschen Städte über ausreichend Hotelkapazitäten. In diesen Städten ist allerdings häufig der Anteil sonstiger Beherbergungsbetriebe, Hotel garnis, Gasthöfe und Pensionen dominierend und der Anteil renommierter Hotelmarken eher gering. Ein Mangel besteht somit vielmals auf qualitativer Ebene. Dies führt dazu, dass einzelne Zielgruppen durch das am Standort bestehende Angebot gar nicht erst angesprochen werden und ein Bedarf an beispielsweise höherwertigen Hotelprodukten aus den laufenden Beherbergungsstatistiken überhaupt nicht ablesbar ist. Dieser Bedarf lässt sich jedoch meistens aus anderen Standortfaktoren ableiten.

Qualitative Positionierung

Die Identifizierung der qualitativen Marktlücke erfordert neben der Analyse der Nachfrageeigenschaften eine detaillierte Analyse des bestehenden Angebots. Ergibt sich bei einem Vergleich der Nachfrage- mit der Angebotsentwicklung eine steigende Kapazitätsauslastung in einem bestimmten Segment, so lässt sich leicht ein Marktpotenzial prognostizieren. Meistens sind jedoch solche spezifischen Informationen über den Standort entweder nicht verfügbar oder auch mangels einheitlichen Bewertungsstandards wenig aussagekräftig. Je internationaler ein Standort hinsichtlich seiner Nachfrage ausgerichtet ist, desto wichtiger ist die Bewertung der am Standort verfügbaren Hotelangebote nach international gängigen Bewertungskriterien. Diese weichen allerdings oftmals erheblich von den lokalen Klassifizierungsmerkmalen (einen bis fünf Sterne) ab. Diese Abweichung führt dazu, dass Hotels lokal teilweise bis zu zwei Sterne höher klassifiziert werden. Leider hilft selbst eine Orientierung an Marken wenig, da sich sogar innerhalb einer Hotelmarke gravierende Qualitätsunterschiede finden lassen.

Eine Orientierungshilfe liefert in verlässlicher Form oftmals nur der vom Hotel erreichte durchschnittliche Zimmerpreis, der die „Wertschätzung" durch die Gäste wiedergibt, wobei jedoch auch hier Unterschiede berücksichtigt werden müssen. Dazu gehören zum einen die regionalen Preisunterschiede, die sich durch den jeweiligen Standort des Hotels oder den Quellmarkt der Nachfrage ergeben. Beispielsweise kann ein Hotel, das in der Lage ist, in größerem Umfang Auslandsnachfrage auf sich zu ziehen, nicht selten mit signifikant höheren Zimmerpreisen aufwarten, da der ausländische Gast (bspw. aus Großbritannien oder Frankreich) es „gewohnt" ist, höhere Preise zu zahlen. In Deutschland ist das vergleichsweise niedrigere Preisniveau der polyzentralen Struktur des Landes geschuldet (wiederum bedingt durch den Föderalismus), was viele Zentren zur Folge hat statt zentralen Strukturen, wie sie bspw. in Frankreich und Großbritannien vorzufinden sind. Andererseits müssen gestalterische Aspekte und beispielsweise das Preisphänomen der Designhotels berücksichtigt werden. So erzielen designorientierte Hotels mit vergleichsweise schlechterer Ausstattung und kleineren Zimmern zum Teil deutlich höhere Preise als qualitativ gleichwertige, aber weniger designorientierte Betriebe.

Eine Neu-Positionierung eines Hotels führt auf einem Hotelmarkt häufig zu mehr Wettbewerb und zu einer Korrektur der Marktpreise. Nicht immer muss jedoch ein Verdrängungswettbewerb einsetzen, bei dem die „Kleineren" oder alteingesessenen Hotelbetriebe aus dem Markt gedrängt werden. Vielmals führt ein gesteigerter Wettbewerb zu einer Verbesserung der Qualität und der Entwicklung von individuellen Nischenprodukten. Für den Gesamtmarkt kann es aufgrund qualitativer Positionierung auch zu einer Anhebung der durchschnittlichen Zimmerpreise kommen. Letztendlich führt zunehmende Wettbewerbsverdichtung zu einer Trennung von Spreu und Weizen beziehungsweise von gut und schlecht geführten Hotels. Nur Hotelbetriebe, die sich dann langfristig auf die Bedürfnisse der Gäste eingestellt haben, werden dem gestiegenen Wettbewerb standhalten können. Nutznießer dieser Entwicklung ist in der Regel der Hotelgast, der lokal zwischen verschiedenen Angeboten wählen kann und – verschärft ausgedrückt – nicht mehr 4-Sterne-Preise für 3-Sterne-Qualität bezahlen muss. Weiterer Nutznießer ist der Standort an sich, der sich mit einem vielseitigeren Angebot an Hotelangeboten präsentieren kann und vielmals allein durch die Darstellung in den internationalen Hotelkatalogen der Hotelbetreiber auf die Landkarte ausländischer Reisender setzt.

2.2 Erschließung neuer Märkte

Nicht immer lässt sich jedoch aus einem Standortprofil eine klare Positionierung ablesen. Ist für ein bestimmtes Segment gar kein Angebot am Standort vorhanden, lässt sich beispielsweise ein Nachfrage- und Angebotsvergleich nicht durchführen. Dies muss jedoch nicht bedeuten, dass für dieses Segment kein Potenzial besteht beziehungsweise, dass nur die bereits existierenden Zielgruppen für den Standort relevant sind. Es bedeutet lediglich, dass der Standort auf sein Potenzial zur Generierung von Beherbergungsnachfrage in einem neuen Segment hin überprüft werden muss.

Bei der Erschließung neuer Märkte – sowohl in innerstädtischen als auch in abgelegenen Gebieten – ist eine oftmals visionäre Herangehensweise erforderlich. In erster Linie besteht hier die Schwierigkeit in der Bewertung des Marktpotenzials, welches sich anhand empirischer Daten für den Standort nicht nachweisen lässt. Das Marktpotenzial lässt sich lediglich mittels eines überregionalen Standortvergleichs andeuten. Sind zwei Standorte beispielsweise hinsichtlich ihrer makro- und mikroökonomischen Standortgegebenheiten grundsätzlich vergleichbar, so können Erfahrungswerte aus dem einen Standort auf den anderen übertragen werden. Dies gilt sowohl für die qualitative als auch für die konzeptionelle Positionierung. Während bei der konzeptionellen Positionierung in der Hotellerie häufig von Standort zu Standort regionale Anpassungen vorgenommen werden, wie beispielsweise die Berücksichtigung lokaler Einflüsse im gastronomischen Angebot des Hotels, lässt die qualitative Positionierung in aller Regel keine Abweichungen zu.

Am leichtesten lässt sich die „Vision" für die Positionierung eines Hotelkonzepts in einem neuen Segment argumentieren, wenn neben der Vergleichbarkeit der Standorte und des Hotelkonzepts auch noch dieselbe Hotelmarke beziehungsweise derselbe Hotelbetreiber verwendet wird. Deutlich schwieriger ist es, wenn ein Hotelbetreiber beispielsweise für ein Ferien-Resort an einem bisher unerschlossenen Standort eingeworben wird, dessen Portfolio bis dato ausschließlich Stadthotels umfasst.

2.3 Auswahl des geeigneten Betriebskonzepts

Ob und welche Hotelkette für den Betrieb (Pacht oder Management) oder lediglich für die Vermarktung (Franchise oder Lizenz) der Hotelimmobilie gewonnen wird, ist stark abhängig vom Konzept und vom Standort. Daneben sind auch der Vermarktungsaspekt und insbesondere der Aufbau eines Markennamens von entscheidender Bedeutung für den Erfolg. Da der Aufbau einer eigenständigen Marke generell mit hohem Aufwand verbunden ist, verzeichnen größere Hotelketten mit entsprechendem Markenangebot seit Jahrzehnten einen regen Zuwachs. In Europa ist die Konzentration von Kettenhotels jedoch noch nicht so hoch wie in den USA, wie nachfolgende Tabelle zeigt.

Tabelle 1: Anteil kettengebundener Hotels in Prozent (Quelle: Otus & Co, 2002)

Land	Hotelzimmer	Anteil in %
US & Kanada		70 %
EU	3,6 Mio.	26 %
Großbritannien	379.890	52 %
Finnland	54.600	39 %
Frankreich	592.330	36 %
Spanien	597.320	33 %
Schweden	95.920	29 %
Holland	77.070	29 %
Dänemark	39.350	28 %
Belgien	61.330	27 %
Deutschland	609.000	24 %
Irland	50.550	23 %
Luxemburg	7.550	23 %
Portugal	97.310	16 %
Österreich	91.350	16 %
Griechenland	204.000	7 %
Italien	707.000	6 %

In Europa gibt es in etwa 370 Hotelmarken mit rund 1,1 Millionen Hotelzimmern. Lediglich eine Marke, die Ibis-Hotels, haben mehr als 50.000 Zimmer. Ein großer Anteil dieser Hotelmarken sind kleinere Hotelketten mit durchschnittlich 460 Hotelzimmern je Marke. Die Erreichung eines hohen überregionalen Bekanntheitsgrads ist bei den meisten dieser Ketten daher nicht möglich. Dies hat wiederum Auswirkungen auf die erfolgreiche Vermarktung der Hotelimmobilie und erfordert die gezielte Auswahl einer Hotelmarke für das geplante Hotelkonzept.

Nicht jeder Betreiber ist für jeden Standort beziehungsweise für jedes Konzept geeignet, und umgekehrt wird nicht jeder Standort in das Konzept oder in die strategische Expansionsplanung einer Hotelkette passen. Standorte mit einem hohen Anteil internationaler Gäste passen in der Regel besser zu einer international bekannten Hotelmarke als Standorte, die überwiegend nationale Touristenströme verbuchen. Dies führt auch dazu, dass sich in den städtischen Gebieten zunehmend die Kettenhotellerie konzentriert, während eher ländliche Gebiete von kleineren Hotelketten oder inhabergeführten Betrieben dominiert werden.

Die richtige Projektkonzeption besteht somit immer aus Betriebskonzept und Betriebsform und deren gegenseitiger Feinabstimmung zur Erreichung des größtmöglichen Marktpotenzials. Fehlt diese Feinabstimmung, so wird die Realisierung des Projekts aufgrund mangelnder Finanzierungsmöglichkeiten in aller Regel verhindert. Problematisch wird es allerdings dann, wenn die Bewertung dieser „Feinabstimmung" lediglich nach Normwerten oder ohne hotelfachliche Expertise erfolgt. Schnell können so Fehlentscheidungen getroffen werden, die dazu führen, dass Pionierprojekte mit eher visionärem Charakter abgelehnt werden zugunsten von Standardhotelprodukten mit einem vermeintlich geringeren Risiko. Die Fehlentscheidung wird in der Hotellerie allerdings meist erst nach einigen Jahren deutlich und schlimmstenfalls erst dann, wenn die vertraglich fixierten Pachten nicht mehr gezahlt werden oder die Hoteleinnahmen den Kapitaldienst nicht mehr leisten können.

3 Erfolgsfaktor Gebäudekonfiguration

Der Grundstein für den langfristigen Erfolg von Hotelimmobilien wird, wie auch jener anderer Immobilien, schon während der Projektvorbereitung gelegt. Dies fängt mit der Einschätzung des Marktes an, führt über die richtige Marktpositionierung zum geeigneten Immobilien- und Betriebskonzept und gipfelt in einer effizienten und wirtschaftlichen Gebäudekonfiguration. In der Regel wird diese Projektvorbereitung mittels eines Konzeptgutachtens durchgeführt, welches die Projektvorgaben für die architektonische Umsetzung auf Basis der Erkenntnisse des Standortprofils definiert. Die hotelfachliche Beratung bei der architektonischen Umsetzung ist von ausschlaggebender Bedeutung; von Vorteil ist ebenfalls die Auswahl eines erfahrenen Architekten für die Entwicklung eines effizienten Flächenkonzepts. Ein Hotel lässt sich in drei Flächentypen aufteilen:

- Gästebereiche: hierzu zählen die Gästezimmer und Suiten
- öffentliche Bereiche: dies sind alle für den Gast zugänglichen und nutzbaren Flächen wie Restaurant, Wellness & Fitness, Tagungsbereiche, Empfang und Flure
- Servicebereiche: dies sind alle für den Gast möglichst unsichtbaren Flächen wie Küche, Lager, Anlieferung, Housekeeping, Verwaltung, Personalräume und Technik

Die richtige Gebäudekonfiguration beinhaltet im Wesentlichen drei Kriterien:

- Flächeneffizienz
- Funktionalität
- Drittverwendbarkeit

3.1 Flächeneffizienz

Die effiziente Planung von Flächen ist Grundvoraussetzung für den wirtschaftlichen Betrieb eines Hotels. Demgegenüber steht die allgemeine Auffassung, dass Größe und Raum gleichbedeutend mit Luxus sind. Je nach Standard des Hotels variieren demnach die geforderte Größe und somit die Effizienz der Flächen.

In der Praxis wird die Flächeneffizienz mit der Kennzahl Bruttogeschossfläche je Zimmer bewertet. Die Bruttogeschossfläche ist, vereinfacht gesagt, die Summe aller überbauten Flächen über alle Etagen der Immobilie. Die Kennzahl steigt überproportional mit abnehmender Zimmerzahl, da zum Beispiel öffentliche und Service-Bereiche nicht proportional zur Zimmerzahl reduziert werden können und bestimmte Maße auch bei geringer Zimmerzahl beibehalten werden müssen. Je großzügiger die Flächen des Hotels geplant sind, desto höher ist demnach die Kennzahl und desto teurer wird die Immobilie sowohl hinsichtlich ihrer Investitionskosten als auch hinsichtlich ihrer Betriebskosten wie beispielsweise für Heizung und Reinigung.

Wie hoch oder niedrig die Kennzahl für ein bestimmtes Hotelprojekt letztendlich sein darf, lässt sich nicht pauschal festlegen. Die Vielfalt von Hotelkonzepten und deren mangelnde Vergleichbarkeit erschwert hier eine klare Aussage. So haben Tagungshotels mit großen Tagungsbereichen oder Luxushotels mit großen Zimmern und großzügigen Wellness-Bereichen meistens eine hohe Bruttogeschossfläche je Zimmer. Deren großes Bauvolumen muss sich dann automatisch in der Zimmerrate oder Auslastung beziehungsweise in den Einnahmen des Hotels widerspiegeln.

Während jedoch Restaurants, Tagungsbereiche und der Fitnessbereich eigene Einnahmen hinzusteuern, sind Flächen wie Flure, Lobby oder auch Servicebereiche faktisch „tote" Flächen und generieren keine eigenen Einnahmen. Solange die Funktionalität des Gebäudes nicht beeinträchtigt wird, ist die Größe dieser „toten" Bereiche ausschließlich davon abhängig, wie viel Luxus geboten und geleistet werden kann oder soll.

Ferner muss beachtet werden, dass die Margen im Logis-Bereich (Zimmerverkauf) in der Regel deutlich höher sind als die Margen in den meisten sonstigen Abteilungen wie Gastronomie, Tagung oder Wellness. Ein unverhältnismäßig großes Gastronomieangebot lässt sich daher meistens nur dann wirtschaftlich darstellen, wenn die Einrichtungen auch von dem lokalen Markt genutzt werden. Eine weitere Ausnahme bilden Resorts, deren Angebot als Gesamtpaket inklusive Gastronomie gilt. Neben dem Luxus-Aspekt ist jedoch zu beachten, dass unterdimensionierte Flächen wie zu kleine Serviceflächen in Küchen- oder Lagerbereichen, zu wenige Aufzüge, zu kleine Restaurantflächen, zu hohe oder zu niedrige Geschosshöhen, zu breite oder zu enge Flure etc. bedeutende Kostentreiber sein können.

Die Abwägungen zwischen dem Bau von Zimmern und dem Bau von öffentlichen Flächen ist demnach ein wichtiger Aspekt der Flächeneffizienz. Letztendlich muss der Entwickler einschätzen, ob die Kosten für zusätzliches Bauvolumen später auch vom Hotelgast getragen werden. Meistens stehen jedoch die Mehrkosten in keinem angemessenen Verhältnis zu den Mehreinnahmen, was sich unmittelbar auf die Rendite des Investors auswirkt. An dieser Stelle wird der Wert eines spezialisierten Hotelprojektentwicklers besonders deutlich. Denn wo der Hotelbetreiber tendenziell dazu neigt, Mehrleistungen vom Eigentümer zu fordern, was die Immobilie und ihre Qualität angeht, wird ein Investor versuchen, die Investitionskosten so gering wie möglich zu halten. Die Erwartungshaltung beider Parteien läuft folglich zumindest teilweise diametral auseinander. Der Hotelprojektentwickler übernimmt hier die Aufgabe des Vermittlers für das Projekt und passt die Flächen auf ihre realistischen und marktadäquaten Flächenbedürfnisse an.

3.2 Funktionalität

Die Spezialimmobilie Hotel gilt nach der Spezialimmobilie Krankenhaus als komplexeste aller Immobilienarten. Hauptgrund hierfür ist die anspruchsvolle Wegelogistik innerhalb des Gebäudes. Diese sogenannte Funktionsplanung erfordert ein tiefes Verständnis des Hotelbetriebs und der technischen Aspekte, wie beispielsweise die Anforderungen an die Haustechnik. In der Praxis wird die Funktionsplanung zumeist von einem Team unterschiedlichster Spezialisten durchgeführt, um eine optimale Entwicklung zu gewährleisten. Fehler in diesem Planungsstadium können einen erheblichen Einfluss auf die Servicequalität und somit auf die Wirtschaftlichkeit der Immobilie haben. Die zwei wichtigsten Aspekte für die Gewährleistung hoher Funktionalität sind:

- die klare Trennung zwischen öffentlichen Flächen und Serviceflächen
- die schnelle Verbindung zwischen den Bereichen, d.h. kurze Wege

Die Funktionsplanung eines Hotels fängt nicht selten mit der Frage an: Wie gelangt die Cola-Flasche von der Anlieferung zum Gast und vom Gast zum Müll, ohne den Weg des Gastes zu kreuzen? Genauso wichtig ist die Frage, wie der Hotelgast im Bademantel von seinem Hotelzimmer zum Spa gelangt, ohne beispielsweise die Lobby durchqueren zu müssen. Jede öffentliche Einrichtung im Hotel besteht aus der angebotenen öffentlichen Fläche, die für den Gast zugänglich und sichtbar ist und aus teilweise zahlreichen logistischen Flächen, die für den Betrieb der Einrichtung mit der öffentlichen Fläche verknüpft sein müssen. So gehören zur Gastronomie eines Hotels nicht nur die Küche, sondern auch die zahlreichen Lagerflächen, die wiederum über eine schnelle Verbindung zur Anlieferung verfügen müssen. Auch der Tagungs- oder Bankettbereich benötigt in aller Regel eine kurze und direkte Verbindung zur Küche.

Generell gilt, je weniger der Hotelgast vom Service und der Logistik mitbekommt, desto angenehmer wird der Service empfunden. Schnell kann bei hoher Auslastung des Betriebs Stress aufkommen, von dem der Gast möglichst wenig bemerken sollte. Die Trennung dieser Flächen ist somit ein absolutes Qualitätskriterium bei der Hotelentwicklung.

Die Komplexität dieser Trennung steigt mit der Größe des Hotels beziehungsweise mit der Anzahl der öffentlichen Einrichtungen wie Gastronomie, Tagungs- oder Fitnessbereich und natürlich der Qualität (je höher dieselbe, desto mehr Servicedienstleistungen (= Funktionen) werden angeboten). Je mehr öffentliche Einrichtungen und je verstreuter diese Einrichtungen im Gebäude angeboten werden, desto aufwändiger wird die Logistik dahinter und desto stärker steigen die Investitionskosten. So sind beispielsweise Sky-Bars oder Fitness-Bereiche im obersten Geschoss einer Hotelimmobilie zwar ein gutes Verkaufsargument, erfordern jedoch meistens sehr hohe Zusatzinvestitionen für eine eigene Logistik (bspw. separater Serviceaufzug und Kücheneinrichtungen) und bedürfen somit einer genauen Nutzen-Kosten-Analyse.

Eine besondere Herausforderung stellt die Umnutzung bestehender Gebäude, wie beispielsweise der Umbau eines ehemaligen Bürogebäudes in ein Hotel, für diesen Aspekt dar. Doch auch im Neubau ergeben sich immer wieder Probleme durch bestimmte Bebauungsrichtlinien oder Grundstücksgegebenheiten, die eine optimale Anordnung der Flächen nur durch hohe Zusatzkosten ermöglichen, die beispielsweise durch zusätzliche unterirdische Servicegänge entstehen. Im Resort-Bereich, bei dem das Hotel häufig aus mehreren unabhängigen Gebäudekörpern besteht, die über öffentliche Gänge miteinander verbunden sind, ist die gänzliche Trennung der Flächen fast unmöglich.

3.3 Drittverwendbarkeit

Das Thema Drittverwendbarkeit (Betreiberkompatibilität) ist in der Hotelprojektentwicklung noch immer ein zu wenig beachteter Aspekt. Hintergrund für die trotzdem hohe Bedeutung dieses Aspekts ist der Trend zu kürzeren Hotelbetreiberverträgen, die darüber hinaus immer weniger die Anpachtung der Immobilie (Pachtvertrag) durch eine Hotelkette, sondern vielmehr die reine Verwaltungstätigkeit (Managementvertrag) einer Hotelkette vorsehen. Wird der Hotelbetreibervertrag gekündigt oder läuft aus, erfolgt in der Regel ein Betreiberwechsel, der häufig mit hohen Repositionierungskosten einhergeht. Je „neutraler" beziehungsweise drittverwendbarer die Gebäudekonfiguration allerdings geplant wurde, desto leichter lässt sich ein solcher Betreiberwechsel durchführen. Demgegenüber steht allerdings der gleichlaufende Trend zu individuellen Betriebs- und Designkonzepten, die sich aus der Menge hervorheben. Die Abwägung zwischen

Neutralität und Individualität ist ebenfalls Aufgabe des Projektentwicklers und bedeutet die Vermittlung zwischen Hotelbetreiber und Investor.

Die Drittverwendbarkeit beziehungsweise Betreiberkompatibilität wird in zunehmendem Maße von Finanzmärkten gefordert, da eine höhere Individualität häufig auch mit einem erhöhten Risiko assoziiert wird. Dies macht zwar die Umsetzung solcher Projekte schwieriger, aber nicht unmöglich, was sich durch stetige Zuwächse im Bereich der Designhotels nachweisen lässt. Oftmals handelt es sich jedoch bei den Investoren von Designhotels nicht um institutionelle Einrichtungen, sondern um Privatpersonen oder -konsortien.

4 Erfolgsfaktor Projektmanagement

Während die Überprüfung der Marktadäquatheit, die Konzeption und die Gebäudekonfiguration die erste Phase der Hotelprojektentwicklung (Projektvorbereitung) umfassen, ist das Projektmanagement die Phase der Umsetzung bis zur Übergabe der fertig gestellten Hotelimmobilie an den Hotelbetreiber.

4.1 Festlegung des Projektteams

Die Zusammenstellung des Projektteams wird in der Regel vom Projektinitiator in Beratung mit dem beziehungsweise vom Hotelprojektentwickler übernommen. Je nach Projekt können sich zahlreiche verschiedene Konstellationen ergeben. Grundsätzlich besteht ein Team jedoch aus den folgenden Teilnehmern:

- Projektinitiator, Eigentümer, Projektentwickler
- Hotelbetreiber, Pächter, Franchisor etc.
- Architekten, Innenarchitekten
- Generalunter-/-Übernehmer
- Finanzierungspartner/Investor
- sonstiger Fachplaner, Projektsteuerer, Berater

Das Projektteam wird nach Projektfortschritt zusammengestellt. Für die Projektvorbereitung beziehungsweise Konzeption besteht das Team generell aus dem Projektinitiator oder Eigentümer, dem Projektentwickler, dem potenziellen Hotelbetreiber und dem potenziellen Architekten. Ist das Konzept bestimmt, können erste Kostenschätzungen für die Realisierung eingeholt werden. Diese dienen als Basis für eventuelle Verhandlungen mit einem Finanzierungspartner oder potenziellem Investor. Sonstige Spezialisten und Fachplaner sowie Innenarchitekten sind erst im Anschluss festzulegen.

Die Auswahl des geeigneten Teams bestimmt grundlegend den Erfolg des Projekts. Ein Investor, ein Architekt und ein Hoteldirektor sind in den seltensten Fällen ausreichend für die erfolgreiche Entwicklung eines Hotelprojekts. Spezialisten und Fachleute werden zwar häufig als lästige Kostentreiber verstanden, rentieren sich jedoch spätestens dann, wenn sich der „vielgereiste" Investor als hotelerfahren wähnt und persönliche Eitelkeiten und Interessen in das Projekt einfließen lassen möchte. Nicht selten ist so an einem 2-Sterne-Standort schon ein 4-Sterne-Hotel entstanden, welches später seine Zimmer zu 3-Sterne-Preisen verkaufen muss und auch nach der Anlaufphase keine angemessene Rendite erwirtschaftet.

4.2 Projektorganisation

Nach Auswahl und Festlegung des Projektteams gilt es, eine Organisation zu finden, die alle Entscheidungsträger in regelmäßigen Abständen im Rahmen von Projektbesprechungen an einen Tisch bringt und die Projektentscheidungen festhält. Die von der Feuring-Gruppe entwickelte sogenannte „Bauregie" dient diesem Zweck und findet je nach Projektfortschritt mindestens alle vier Wochen statt. Die dort getroffenen Entscheidungen werden schriftlich fixiert und sind bindend. Ziel ist es, am Ende eine reibungslose Übergabe der Immobilie zu gewährleisten, ohne nachträgliche Änderungen vornehmen zu müssen.

Die stringente Abarbeitung von Themen und die Einhaltung der Kosten- und Zeitpläne sind dabei in der Hotelprojektentwicklung genauso wichtig wie bei allen anderen Projekten.

5 Erfolgsfaktor Finanzierung

Die Finanzierung eines Hotelprojekts ist in Deutschland sowie in den meisten europäischen Ländern weiterhin ein schwieriges Unterfangen, und dies umso mehr, als sich die großen internationalen Hotelketten zunehmend von langfristigen Pachtverhältnissen lösen beziehungsweise diese gar nicht mehr eingehen. Der größte Teil des Investitionsrisikos geht somit auf den Hoteleigentümer beziehungsweise den Investor über. Da die Hotelentwicklung hinsichtlich der Finanzierung grundsätzlich im Wettbewerb mit anderen Anlagemöglichkeiten steht, muss dieses Risiko bewertet werden und sich in einer dementsprechenden Rendite ausdrücken.

Je nach Betriebsform (Pachtbetrieb, Managementbetrieb, Franchise, inhabergeführt) oder je nach Risikoverteilung variieren die Rendite- beziehungsweise die Sicherungsanforderungen der finanzierenden Projektpartner. Da die größeren internationalen Hotelketten das vermeintlich geringste Risiko darstellen, was die Erfolgsaussichten des Projekts angeht, werden hier die geringsten Anforderungen gestellt. So werden in den letzten Jahren auch in Zentraleuropa zunehmend reine Managementverträge ohne jegliche Garantien auch von deutschen Banken finanziert und auch Finanzierungsstrukturen mit über 70%iger Fremdkapitalfinanzierung ermöglicht. Voraussetzung ist, dass das Hotel über einen ausgezeichneten Standort mit renommierter Hotelmarke und ein entsprechend hohes Marktpotenzial verfügt. Je kleiner die Hotelkette, oder im Falle von inhabergeführten Betrieben, steigen diese Anforderungen hingegen deutlich an. In letzter Konsequenz führt auch dieser Aspekt zu der beschriebenen zunehmenden Konzentration von kettengebundenen Hotels, deren Entwicklung durch diese Finanzierungsbedingungen erleichtert wird.

Problematisch wird der Finanzierungsfaktor, wenn im Rahmen der Projektvorbereitung keine oder eine unqualifizierte Marktanalyse für die Berechnung der Renditeerwartungen herangezogen wurde. Die meisten finanziellen Engpässe im Hotelbetrieb basieren auf fehlerhaften Markteinschätzungen und überzogenen Renditeerwartungen. Dies kann dazu führen, dass Hotels zu teuer für das jeweilige Marktpotenzial gebaut werden und die Hoteleinnahmen später den Kapitaldienst nicht decken können. Oftmals wird auch bei der Berechnung vergessen, dass Hotels generell eine Anlaufphase von bis zu vier Jahren benötigen, um vollständig am Markt präsent zu sein. Diese niedrige Anfangsrendite muss bei der Renditeberechnung berücksichtigt werden.

Real Estate Investment Trusts (REITs) als Anlagealternative des deutschen Immobilienmarkts und deren Bedeutung für die Hotellerie

Carsten K. Rath

1 Investmentalternativen des deutschen Immobilienmarkts

Der Immobilienmarkt ist eine wesentliche Bestimmungsgröße jeder Volkswirtschaft; so auch in Deutschland.[1] Bis heute ist die Immobilie eines der bevorzugten Kapitalanlagegüter der Deutschen, da mit ihr Erwartungshaltungen, wie Substanzstärke, Gegenständlichkeit, Stabilität, Sicherheit der Investition, Inflationsschutz, langfristig gesicherte Rendite und Wertsteigerung, verbunden sind.[2]

Immobilieninvestitionen können über verschiedene Konstrukte und Rechtskleider getätigt werden, die man grundsätzlich in direkte und indirekte Investitionen einteilen kann. Obwohl die Direktanlage Vorteile wie eine unmittelbare Kontrolle über das Objekt und den Zeitpunkt von Erwerb und Verkauf besitzt, sieht sie sich einer Reihe von Problemen wie eingeschränkter Flexibilität, beträchtlichem Verwaltungsaufwand und hohen Transaktionskosten gegenüber.[3]

Diesen Nachteilen kann mit der indirekten Anlage begegnet werden. Derzeit existieren auf dem deutschen Immobilienmarkt drei Anlagemöglichkeiten, deren Spektrum durch die Einführung von Real Estate Investment Trusts erweitert werden soll. Dies sind *offene Immobilienfonds und geschlossene Immobilienfonds sowie Immobilienaktiengesellschaften.*[4] Auch bei der Spezialimmobilie Hotel sind die angeführten Investmentalternativen anwendbar, die nachfolgend kurz beschrieben werden:

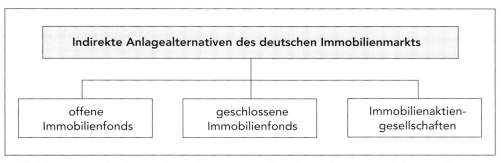

Abbildung 1: Indirekte Anlagealternativen des deutschen Immobilienmarkts

---

1 vgl. Bulwien (2005), S. 47
2 vgl. Bankhaus Ellwanger & Geiger (2000), S. 36
3 vgl. Schulte/Holzmann (2005), S. 37
4 vgl. Hamburgisches WeltWirtschaftsInstitut (2006), S. 53

1.1 Offene Immobilienfonds

Der Begriff „Fonds" bezeichnet im juristischen Sprachgebrauch eine bestimmte Vermögensmasse. Die wörtliche Bedeutung des französischen Wortes „Fond" ist Geldmittel bzw. Geldvorrat. Der Zweck eines Fonds ist das Sammeln von Geldern vieler Investoren, um ein oder mehrere Güter zusammen zu finanzieren.

Grundsätzlich handelt es sich bei Investmentfonds um ein von einer Kapitalanlage-gesellschaft gegründetes und verwaltetes Sondervermögen.[5] Setzt sich dieses überwiegend aus Immobilien zusammen, spricht man von einem Immobilienfonds. Investmentfonds existieren in Deutschland schon seit Ende der 1950er-Jahre. Die Fonds kaufen hauptsächlich Gewerbeimmobilien, mit dem Ziel, Erträge durch Mieteinnahmen und Wertsteigerung der Objekte zu erhalten. Die Anleger erwer-ben Anteile an dem Fonds und bekommen hierfür Zertifikate ausgestellt.

Als „offen" werden solche Fonds bezeichnet, die keine Begrenzung hinsichtlich Kapital, Anlegerzahl, Anzahl der Liegenschaften und Laufzeiten besitzen.[6] Dabei wird die Immobilie, eigentlich eine illiquide und langfristige Anlage, für den Anle-ger börsentäglich verfügbar. Offene Immobilienfonds müssen mindestens 51% des Fondsvermögens in Immobilien investieren und werden durch die Bundesan-stalt für Finanzdienstleistungsaufsicht (BaFin) beaufsichtigt. Das Volumen der deutschen offenen Immobilienfonds belief sich im Mai 2007 auf etwa 80 Mrd. € bei den Publikumsfonds und fast 20 Mrd. € bei den Spezialfonds.[7]

Im Hinblick auf die Hotellerie zählen offene Immobilienfonds zu den wichtigsten Investorengruppen, da sich Hotels aufgrund der langfristigen Pachtverträge und Marktzyklen gut zur Risikostreuung eignen.[8] Ihr Marktanteil am deutschen Hotel-investmentmarkt beläuft sich derzeit auf über 50%. Mit einer durchschnittlichen Rendite von 6–9% ist eine Investition in Hotels profitabler als bei Büro- und Wohn-immobilien, jedoch grundsätzlich auch risikoreicher, da der Standort und die Be-treiberqualität für den Erfolg entscheidend sind.[9] Aus diesem Grund beschränken die Fondsgesellschaften die Anteile der Hotelimmobilien an ihren Portfolios auf maximal 10%. Die nachfolgende Tabelle listet diejenigen deutschen offenen Im-mobilienfonds auf, deren Portfolios Hotelimmobilien erhalten.

---

5 vgl. Fink (2006), S. 102
6 vgl. Alda/Lassen (2005), S. 99
7 vgl. Deutsche Bundesbank (05/2007), S. 56
8 vgl. Lübke (2005), S. 11
9 vgl. Just/Weltermann (2002), S. 508

Fonds	Gesellschaft	Anteil der Hotelimmobilien am Gesamtportfolio
DIFA-Fonds Nr. 1	Deutsche Immobilienfonds AG	8,0%
Grundbesitz-Global	DB Real Estate Investment GmbH	5,6%
Grundbesitz-Invest	DB Real Estate Investment GmbH	4,0%
Grundwert-Fonds	DEGI Deutsche Gesellschaft für Immobilienfonds	2,6%
SEB Immoinvest	SEB Immobilien-Invest/SEB AG	1,9%
Haus-Invest	CGI Commerz Grundbesitz Investmentgesellschaft mbH	1,4%
Aachener Grundfonds	Aachener Grundvermögen Kapitalanlagegesellschaft	1,0%
Deka	Deka Immobilien Investment GmbH	0,6%
WestInvest 1	West Invest Gesellschaft für Investmentfonds mbH	k.A.

Abbildung 2: Deutsche offene Immobilienfonds mit ihren Hotelanteilen im Portfolio[10]

Die DIFA Deutsche Immobilienfonds AG, ein Unternehmen der Union-Investment-Gruppe, die zum Finanzbund der Volksbanken-Raiffeisenbanken gehört, besitzt demnach die größten Hotelanteile. Sie managt unter anderem den offenen Immobilien-Publikumsfonds DIFA-Fonds Nr. 1.

1.2 Geschlossene Immobilienfonds

Geschlossene Immobilienfonds werden zur Entwicklung oder zum Erwerb einer oder mehrerer definierter Immobilien aufgelegt.[11] Im Gegensatz zu den offenen

---

10 vgl. IHA (2005), S. 105
11 vgl. Dugel/Grabener (2000), S. 135

Fonds sind die geschlossenen Fonds nach Zahl der Anleger und Höhe des Fondsvermögens begrenzt.[12] Vorrangig fungieren sie als Kapitalsammelstelle für Groß-
projekte, bei denen die Finanzierung durch einen einzelnen Investor aus Risiko-
oder Kapitalaufbringungsgründen nicht realisierbar ist.[13]

Geschlossene Immobilienfonds agieren unter der Rechtsform Kommanditgesell-
schaft oder einer Gesellschaft bürgerlichen Rechts. Die Objekte innerhalb des geschlossenen Fonds sind bekannt und nicht austauschbar. Des Weiteren ist der In-
vestitions- und Finanzierungsplan bereits fixiert sowie das Investitionsvolumen
grundsätzlich begrenzt. Sobald die determinierte Summe erreicht ist, wird der
Fonds geschlossen, und die Anteilsscheine können im Normalfall nicht mehr zu-
rückgegeben werden. Im Vordergrund steht die Erzielung von Steuervorteilen für
den Anleger, der wirtschaftlich und steuerlich wie ein direkter Immobilieneigentü-
mer behandelt wird.[14]

Erfahrungsgemäß ist die Lebensdauer geschlossener Fonds auf 20 bis 30 Jahre
begrenzt. Die Beteiligungssumme des Anlegers beträgt in der Regel mindestens
10.000 €,[15] wobei die Transaktionskosten mit bis zu 15 % der Anteilskaufpreise
erheblich sind.[16] Ferner besteht für den geschlossenen Fonds keine Rücknahme-
pflicht, und eine Anteilsveräußerung des Anlegers ist nur auf dem sekundären
Markt möglich.[17] Hier treten vor allem Fondsbörsen, freie Finanzbetriebe und die
Fondsinitiatoren als Vermittlungsinstitutionen auf. Die Veräußerungsmöglichkei-
ten sind jedoch sehr eingeschränkt, da es sich bei den Anteilen an geschlossenen
Fonds um individuelle Verträge handelt und ein liquider Handel nur bei fungiblen
Wertpapieren stattfindet.[18]

Die geringe Transparenz der deutschen geschlossenen Immobilienfonds zeigt
sich bei den Schätzungen hinsichtlich ihres Volumens. Die Bandbreite liegt hier
zwischen 120 Mrd. € bis hin zu etwa 190 Mrd. €.[19] Hinzu kommt die Abhängigkeit von nur wenigen oder gar nur einer Immobilie, weshalb für den Investor die
Qualität des Fondsinitiators entscheidend ist.[20]

---

12 vgl. Bulwien (2005), S. 60
13 vgl. Gondring (2004), S. 747
14 vgl. Dugel/Grabener (2000), S. 135
15 vgl. Rebitzer (2005), S. 22
16 vgl. ZEW/ebs (2005), S. 115
17 vgl. Stock/Teske (2005), S. 187
18 vgl. Richter (2005), S. 20
19 vgl. Zitelmann (2006), S. 10
20 vgl. Bankhaus Ellwanger & Geiger (2000), S. 46

Im Hotelsektor engagierten sich in den vergangenen Jahren ebenfalls einige geschlossene Immobilienfonds, die eine langfristige Anlagestrategie mit einer Haltedauer verfolgen, die sich in der Regel an der Laufzeit der Hotelpachtverträge orientiert.[21] So enthalten beispielsweise die Portfolios der Dr. Ebertz & Partner-Gruppe, die seit mehr als 20 Jahren in Hotels investiert, bis zu 40 % Hotelanteile. Ferner betreibt die Fundus-Gruppe einige geschlossene Fonds mit sehr hohen Anteilen an Hotelimmobilien.[22] Allerdings konnten diese Fondsgesellschaften in den letzten Jahren die hohen Renditeversprechungen bei den jeweiligen Hotels nicht erfüllen, was sich vermutlich negativ auf die Nachfrage nach geschlossenen Immobilienfonds auswirken wird.[23]

Da in Zukunft die interessanten Steuersparmöglichkeiten stark eingeschränkt werden, rücken bei geschlossenen Immobilienfonds Wertsteigerung und Renditeerwartungen stärker in den Vordergrund der Anlagestrategie.[24]

1.3 Immobilienaktiengesellschaften

Eine Immobilienaktiengesellschaft (Immobilien-AG) stellt keine gesondert geregelte Rechtsform dar. Vielmehr ist sie eine dem Aktiengesetz unterliegende Aktiengesellschaft[25], deren Unternehmenszweck in der Entwicklung und/oder Verwaltung von Immobilien sowie dazu gehörender Dienstleistungen besteht.[26] Ein Großteil der deutschen Immobilien AGs ist nicht als solche gegründet worden, sondern als Industriebetrieb, bei dem die Tätigkeit eingestellt oder das Immobilienvermögen abgespalten wurde.[27]

Aus steuerlicher Sicht hat die Immobilien-AG im Vergleich zu anderen Aktiengesellschaften keinen Sonderstatus und unterliegt mit ihren Einkünften der Körperschafts- und Gewerbesteuer.[28] Die den Aktionären als Dividende zufließenden Einkünfte werden als Einkünfte aus Kapitalvermögen gemäß Einkommensteuer-

---

21 vgl. Lübke (2005), S. 12
22 vgl. Lübke (2005), S. 12
23 vgl. Treugast (2006), S.126
24 vgl. Lübke (2005), S. 12
25 vgl. Pluskat/Rogall (2005), S. 254
26 vgl. Rehkugler (2000), S. 231
27 vgl. Bankhaus Ellwanger & Geiger (2000), S. 62
28 vgl. Pluskat/Rogall (2005), S. 254

gesetz versteuert. Dies wiederum verhindert sonst wirtschaftlich sinnvolle Ausschüttungen, wodurch eine effiziente Kapitalverwendung ausgeschlossen wird.[29]

In den meisten Fällen ist die Transparenz hinsichtlich der Werthaltigkeit von Immobilien- und Unternehmenswert als gering anzusehen, da sich die Publizitätspflichten auf gesetzlich geforderte Mindestangaben beschränken.[30] Dies ist mitunter ein Grund, weshalb sich Immobilien-AGs als Anlageform nicht dauerhaft durchsetzen konnten. Ferner handelt es sich bei den Immobilien-AGs um Unternehmen mit geringem Volumen, kaum Streubesitz und wenig Handelsliquidität.[31] So betrug die Marktkapitalisierung der rund 70 Immobilien-AGs, die im Deutschen Immobilienaktien-Index DIMAX[32] enthalten sind, im April 2007 etwa 21 Mrd. €. Sie bleiben damit deutlich hinter den beiden Fondsanlageformen zurück.

Die bedeutendsten Gesellschaften sind die Gagfah mit 22,09 % Indexgewichtung und die IVG mit 19,75 % Indexgewichtung. Nachfolgende Abbildung 3 zeigt die fünf wichtigsten Immobilienaktiengesellschaften des DIMAX im April 2007 mit ihrer Marktkapitalisierung und Indexgewichtung.

Titel	Markt- kapitalisierung	Index- gewichtung	Links
Gagfah	4.644,00 Mio. €	22,09 %	www.gagfah.de
IVG Immobilien AG	4.151,64 Mio. €	19,75 %	www.ivg.de
Deutsche Euroshop AG	1.029,87 Mio. €	4,90 %	www.deutsche-euroshop.de
DIC Asset AG	921,41 Mio. €	4,38 %	www.dic-ag.de
Deutsche Wohnen AG	914,80 Mio. €	4,36 %	www.deutsche-wohnen.de

Abbildung 3: Auszug aus dem Deutschen Immobilienaktien-Index (DIMAX)
Stand April 2007[33]

---

29 vgl. Voigtländer (2006), S. 8
30 vgl. ZEW/ebs (2005), S. 98
31 vgl. Cadmus/von Bodecker (2005), S. 145
32 Zu Indexaufbau und -kriterien vgl. Bankhaus Ellwanger & Geiger, DIMAX, http://privatbank.de/web/cmseug.nsf/frameset?ReadForm&content=CB75AB7CE8ADE9E4C1256FCB0047A032 (Abrufdatum: 02. Juni 2007)
33 vgl. Bankhaus Ellwanger & Geiger, www.privatbank.de/web/cmseug.nsf/0/D4A6C0884E7F5B7BC12571E20047089F/$file/DIMLIST0.pdf?OpenElement (Datum 02. Juni 2007)

1.4 Fazit zu den Investmentalternativen

Die dargestellten Anlagealternativen haben gezeigt, dass sie bestimmte, für den Investor relevante Kriterien nicht erfüllen. Jedoch besteht die Möglichkeit seitens des Investors, unterschiedliche Anlagevehikel zu einem nutzensteigernden Portfolio mit optimierter Rendite-/Risikostruktur zu konstruieren.[34] Forciert wird dieser Gedanke durch die steigende Mobilität des Kapitals, verbunden mit der ermöglichten Mobilisierung der Immobilien über indirekte Anlageformen.

Die vorhandenen Anlagevehikel des deutschen Immobilienmarkts fanden international kaum Anklang aufgrund ihrer fehlenden internationalen Vergleichbarkeit, der hohen Regelungsdichte und mangelnden Fungibilität sowie der geringen Marktkapitalisierung der bestehenden Produkte.[35]

Unter Berücksichtigung der Bedürfnisse der Anleger wurde daher zu Beginn des Jahres 2007 das Spektrum der indirekten Immobilienanlagen in Deutschland erweitert. Das international anerkannte Anlagevehikel „Real Estate Investment Trust" (REIT) wurde in Deutschland durch das „Gesetz zur Einführung von Immobilienfonds mit börsennotierten Anteilen" eingeführt und wird im Folgenden dargestellt.

2 Grundlagen der Real Estate Investment Trusts (REITs)

Real Estate Investment Trusts (REITs) werden oft als steuerbegünstigte Immobilienaktiengesellschaft bezeichnet[36], jedoch muss die Definition bei einer internationalen Betrachtung weiter gefasst werden. REITs sind unternehmerisch tätige Immobiliengesellschaften, die auf einer international gemeinsamen Grundkonzeption beruhen, jedoch eine landesspezifische Rechtsform besitzen.[37]

Den größten Teil ihres Einkommens erzielen REITs aus Immobilientätigkeiten, und auch ihr Vermögen besteht zum überwiegenden Teil aus Immobilien. Unter bestimmten nationalen Bedingungen wird es ihnen ermöglicht, eine Besteuerung

---

34 vgl. Rehkugler (2000), S. 232
35 vgl. Kiethe (2005), S. 746
36 vgl. Pluskat/Rogall (2005), S. 253
37 vgl. Bundesministerium für Finanzen (2005), S. 1

auf Gesellschaftsebene zu vermeiden. Voraussetzung hierfür ist, dass der Gewinn zu einem Großteil (80 % bis 100 %) an die Anteilseigner ausgeschüttet wird und diese ihn versteuern. Es handelt sich bei REITs demnach um eine steuerlich transparente Anlageform. Die ebenfalls charakteristische REIT-Eigenschaft der Marktbewertung wird dadurch ermöglicht, dass REITs als Rechtsform ein börsennotiertes Vehikel haben.[38]

Durch REITs wird der Immobilienmarkt um ein international anerkanntes Anlageinstrument erweitert und somit der weltweite Handel mit Immobilien erleichtert. Sie ermöglichen den Zugang für Beteiligungen an Immobilienbeständen in einer Vielzahl von Ländern, ohne dass hierfür eine Immobilie direkt erworben werden muss.[39]

Mit dem in mehr als 20 Ländern gängigen Finanzmarkt-Instrument soll es vor allem Unternehmen erleichtert werden, ihre stillen Immobilien-Reserven zu heben. REITs sind besonders für institutionelle Investoren interessant, die kein übermäßig großes Risiko eingehen, aber dennoch das in eigenen Immobilien vorhandene Kapital freisetzen möchten. Dies geschieht durch die Veräußerung und somit Umwandlung der Immobilien in Investitionsobjekte an der Börse.

REITs haben sich bereits heute zu dem internationalen Standardprodukt für die indirekte Immobilienanlage entwickelt und ermöglichen es, gezielt in einzelne Segmente oder Regionen des Immobilienmarkts bzw. sogar in bestimmte Immobilienarten wie Hotels oder Shoppingcenter zu investieren.[40] Nachfolgende Abbildung verdeutlicht die Erfolgsgeschichte der REITs weltweit.

Während im Jahr 1990 nur rund 100 REITs weltweit aktiv waren, stieg die Anzahl in den vergangenen Jahren deutlich auf rund 200 Stück in 2005. Die kumulierte Marktkapitalisierung betrug im Jahr 2005 rund 330 Mrd. US-Dollar. Der sprunghafte Anstieg Anfang der 1990er-Jahre ist auf den „Tax Reform Act" von 1986 und den „Omnibus Budget Reallocation Act" 1993 zurückzuführen. Diese Gesetzesänderungen eröffneten REITs in den USA neue Geschäftsfelder und erlaubten es Pensionsfonds in größerem Umfang, in REITs zu investieren.[41]

---

38 vgl. ZEW/ebs (2005), S. 1
39 vgl. Cadmus/von Bodecker (2005), S. 134
40 vgl. Bundesministerium für Finanzen (2007), S. 65
41 vgl. NordLB (2005), S. 10

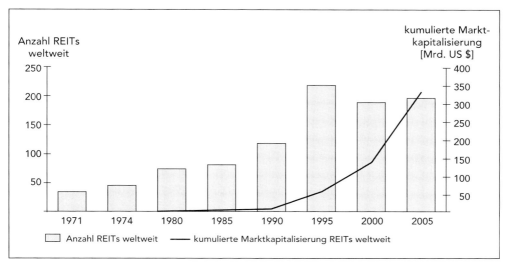

Abbildung 4: Anzahl bestehender REITs weltweit im Vergleich zur Marktkapitalisierung[42]

Den Real Estate Investment Trust gibt es nicht. In den Ländern, in denen REITs existieren, hat sich mit der Zeit eine Vielzahl unterschiedlicher Geschäftsmodelle entwickelt, die ständig weiter verfeinert werden. REITs lassen sich in Hinblick auf Fungibilität, Anlagestruktur- und -schwerpunkt unterscheiden. Ferner besteht die Möglichkeit, REITs nach ihren Lebensphasen zu gliedern.

Da beispielsweise in den USA eine Börsennotierung nicht verpflichtend ist, wird aufgrund ihrer Fungibilität zwischen börsennotierten (engl.: public REITs), privaten (engl.: private REITs) und bei der Börsenaufsichtsbehörde SEC (Securities and Exchange Commission) registrierten, aber nicht börsengehandelten REITs (engl. non-exchange traded REITs) unterschieden. Derzeit werden etwa 190 registrierte REITs mit einem Anlagevolumen von über 400 Mrd. US-Dollar an den US-Börsen gehandelt. Weitere 800 REITs besitzen als sogenannte „private REITs" weder eine SEC-Registrierung noch eine Börsennotierung. Rund 20 REITs sind bei der SEC registriert, werden jedoch nicht an der Börse gehandelt.[43]

Eine zweite Unterscheidungsmöglichkeit ergibt sich durch die Anlagestruktur. Hier wird zwischen Eigenkapital-REITs (engl.: Equity REITs), Hypotheken-REITs

42 vgl. Roland Berger Strategy Consultants (2006), S. 16
43 vgl. www.usreitinfodesk.com/introduction/faq-g.cfm#4 (Abrufdatum 16.06.2007)

(engl.: Mortgage REITs) und Zwischenformen (engl.: Hybrid REITs) unterschieden.[44] Erstere erzielen ihre Erträge aus der Vermietung und Verpachtung eigener Immobilien, der Projektentwicklung und aus Mieterserviceleistungen. Hypotheken-REITs stellen Hypothekenkredite bereit und erwirtschaften ihre Erträge aus den anfallenden Zinsen. Die hybriden REITs schließlich stellen eine Mischform aus den beiden Erstgenannten dar.[45] Die weit überwiegende Anzahl stellen hier die in Immobilien investierenden Equity REITs dar, die einen hohen Spezialisierungsgrad hinsichtlich bestimmter Märkte und Nutzungsarten erreicht haben.[46] Nachfolgende Abbildung 5 zeigt die Marktkapitalisierung der unterschiedlichen REIT-Arten und deren Marktanteile in den USA.

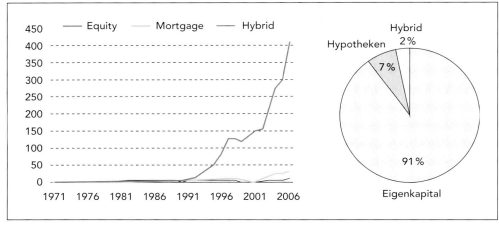

Abbildung 5: Marktkapitalisierung in Mrd. US-Dollar und Marktanteile in den USA[47]

Die Abbildung verdeutlicht den Trend zu immer größer werdenden Eigenkapital-REITs, deren Marktkapitalisierung zwischen 2001 und 2006 um 250 Mrd. US-Dollar stieg (+267%). Im Hinblick auf die Marktanteile der unterschiedlichen Arten lässt sich eindeutig die Dominanz der Eigenkapital-REITs erkennen (91%).

---

44 vgl. King (1999), S. 6
45 vgl. NordLB (2005), S. 7
46 vgl. Pluskat/Rogall (2005), S. 254
47 vgl. Just (2007), S. 9 und Roland Berger Strategy Consultants (2006), S. 9

2.1 Risiko-Rendite-Betrachtung REITs

Um das Risiko-Rendite-Profil eines Real Estate Investment Trusts zu analysieren, muss man sich zunächst klar machen, dass REITs eine Doppelnatur haben. Zum einen sind sie eine Form der Aktienanlage, zum anderen handelt es sich aber auch um eine Form der indirekten Immobilienanlage. Hier vermischen sich also zwei sehr gegensätzliche Dinge: die stabile und traditionell als sicher angesehene Immobilieninvestition und die volatile Aktienanlage, die vor allem seit dem Börsencrash von vielen Anlegern als unsicher oder sogar riskant eingestuft wird.[48]

Als indirekte Immobilienanlage stehen REITs in erster Linie neben offenen und geschlossenen Immobilienfonds. Als Aktienanlage konkurrieren sie hingegen mit jeder anderen Aktie am Markt, mit Aktienfonds und natürlich auch mit den Immobilien-AGs. Letztere sind derzeit die einzigen Aktienprodukte mit Immobilienbezug. Die Immobilien-AGs haben sich jedoch entgegen den Erwartungen nicht zu einer wirklich bedeutenden Assetklasse entwickeln können.[49]

Ein entscheidender Faktor in Bezug auf die Sicherheit und Langlebigkeit eines REITs ist die Erzielung eines regelmäßigen Cashflows. REITs generieren den Großteil ihrer Einkünfte durch Mieteinnahmen, die in der Regel auf langfristigen Mietverträgen beruhen.[50]

Aufgrund von Ausschüttungsverpflichtungen verbleibt dem REIT nur eine begrenzte Innenfinanzierungskraft, und somit fehlt eine wesentliche Finanzierungsquelle organischen Wachstums. REITs werden als Investmentklasse mit einem Risikoprofil betrachtet, das zwischen Bonds und einem direkten Investment in Immobilien liegt. Wesentlich für die Investmententscheidung ist die Sicherheit eines konstanten Cashflows mit vergleichsweise schnellem und preiswertem Exit. Demzufolge sind REITs für institutionelle Investoren mit gemäßigtem Risiko/Rendite-Profil geeignet; in „entwickelten" REITs-Ländern sind sie zu zwei Drittel Eigentümer der REITs. Dieses Profil entspricht auch dem vieler privater Investoren.

Nachfolgende Grafik verdeutlicht die Positionierung der REITs im Rahmen eines historischen Risiko/Rendite-Profils von 1992 bis 2006 und zeigt zudem die Zielposition für den deutschen Real Estate Investment Trust, dem G-REIT.

---

48 vgl. Pörschke (2006), S. 518
49 vgl.Ebenda, S. 519
50 vgl. http://arbeitsgemeinschaft-finanzen.de/fonds/reits/rendite.php (Abrufdatum 12. Juni 2007)

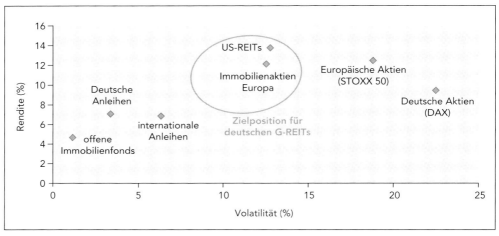

Abbildung 6: Historisches Risiko/Rendite-Profil des Anlagespektrums[51]

Aus der Abbildung geht hervor, dass die (amerikanischen) Real Estate Investment Trusts im Betrachtungszeitraum 1992 bis 2006 mit durchschnittlich 14% eine deutlich höhere Rendite erzielt haben als deutsche und internationale Anleihen, deutsche Aktien und offene Immobilienfonds. Im Hinblick auf die Volatilität befanden sich die REITs im mittleren Bereich des Anlagespektrums bei rund 13%.

REITs erzielen eine hohe Rendite durch die hohe Ausschüttungsquote sowie durch Spezialisierung und Professionalisierung der Immobilienverwaltung. Zudem kombinieren sie die Vorteile indirekter Immobilienanlagen mit denen der Aktien. Anleger profitieren von den geringen Transaktionskosten und der guten Handelbarkeit ohne Gefahr von Liquiditätsproblemen. Gegenüber offenen und geschlossenen Immobilienfonds weisen REITs ein alternatives Rendite-Risiko-Profil aus und ermöglichen den Anlegern damit eine Optimierung ihrer Portfolios durch Beimischung von REITs. Insgesamt können REITs damit einen wichtigen Beitrag zur Erhöhung der Attraktivität und Stabilität des Kapitalmarkts leisten.[52]

---

51 vgl. Just (2007), S. 25
52 vgl. Bundesministerium für Finanzen (2007c), S. 21

2.2 Ausländische REITs

REITs wurden in den USA mit dem Real Estate Investment Act im Jahr 1960 eingeführt. Eine Zielsetzung war hierbei, auch Kleinanlegern eine effiziente Möglichkeit für Immobilieninvestments zu geben und zusätzliche Kapitalquellen für den dortigen Immobilienmarkt zu erschließen.[53] Nach zunächst schleppender Entwicklung wurden REITs durch den wachsenden Kapitalbedarf der Immobilienbranche Ende der 1960er-Jahre immer bedeutender.[54] Real Estate Investment Trusts als ein eigenes Anlageinstrument blicken in einigen Ländern auf eine lange Tradition zurück. Nachfolgende Abbildung 7 zeigt weltweit die Länder mit entsprechenden Anlagevehikeln und dem Jahr der Einführung.

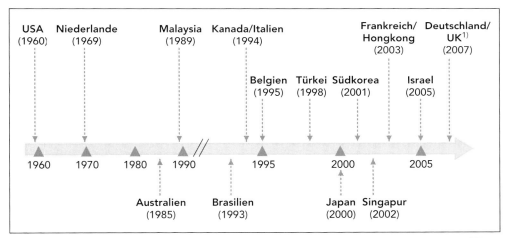

Abbildung 7: Länder mit REITs als Anlagevehikel und deren Einführungsjahr[55]

Als erfolgreiches Anlageinstrument gelten REITs erst seit den 1990-Jahren. Weltweit gibt es mittlerweile in über 20 Staaten REITs, darunter auch in den Benelux-Staaten, Großbritannien und Frankreich. REITs haben sich damit zu dem internationalen Standardprodukt für indirekte Immobilienanlagen entwickelt.[56]

---

53 vgl. Fahrenschon (2007), S. 4
54 vgl. NordLB (2005), S. 10
55 vgl. Roland Berger Strategy Consultants (2006), S. 15
56 vgl. Fahrenschon (2007), S. 2

3 Bedeutung von REITs für die Hotellerie

Um die Bedeutung der Real Estate Investment Trusts für die Hotellerie zu erörtern, wird nachfolgend der etablierte REIT-Markt in den USA fokussiert. Die Vereinigten Staaten stellen mit einer Marktkapitalisierung von über 417 Mrd. US-Dollar den weltweit größten REIT-Markt dar. Nach Untersuchungen der National Association of Real Estate Investment Trusts (NAREIT), ist das Segment der Hotellerie (engl.: Lodging/Resorts) bereits das viertwichtigste des Markts. Im April 2007 betrug ihr Anteil an den börsennotierten Equity REITs bereits 8,2%.

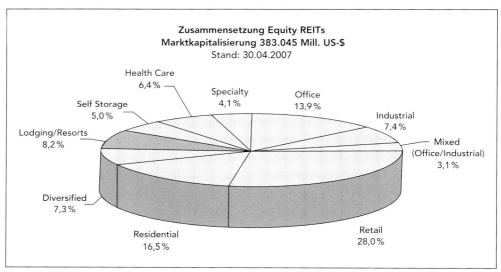

Abbildung 8: Zusammensetzung der Equity REITs in den USA[57]

Damit stellt die Hotellerie eines der bedeutendsten Segmente nach dem Einzelhandel (28,0%), den Wohnungsimmobilien (16,5%) und den Büroimmobilien (13,9%) dar. Im Vergleich zu den Vorjahren konnte die Hotellerie ihren Marktanteil bei den Equity REITs stets ausbauen. Lag ihr Anteil im Jahr 2000 lediglich bei 5,6%, so stieg er im Jahr 2005 auf 6,0% und im vergangenen Jahr auf 7,2%.[58]

---

57 vgl. National Association of Real Estate Investment Trusts (NAREIT), (Stand: April 2007)
58 vgl. Ebenda

Der amerikanische Markt für Hotel-REITs wird dabei insbesondere durch zwei Gesellschaften dominiert, die zusammen mehr als die Hälfte der Marktkapitalisierung auf sich vereinen.

Unternehmen	Markt-kapitalisierung	Markt-anteil	Links
Host Hotels & Resorts	13.269,5 Mio. US-$	42,1%	www.hosthotels.com
Hospitality Properties Trust	4.192,7 Mio. US-$	13,3%	www.hptreit.com
LaSalle Hotel Properties	1.854,9 Mio. US-$	5,9%	www.lasallehotels.com
Diamondrock Hospitality	1.667,2 Mio. US-$	5,3%	www.diamondrock.com
Sunstone Hotel Investors	1.645,3 Mio. US-$	5,2%	www.sunstonehotels.com

Abbildung 9: Die größten börsennotierten Hotel-REITs der USA[59]

Mit einem Marktanteil von 42,1% stellen die „Host Hotels & Resorts" den mit Abstand größten Hotel-REIT dar. Er setzt sich derzeit aus 121 Hotels mit über 64.000 Zimmern in den USA zusammen. Zu dem Portfolio zählen Hotels der weltweit renommiertesten Luxus-Marken wie Marriott, Ritz-Carlton, Westin, Sheraton, St. Regis, The Luxury Collection, Hyatt, Fairmont, Four Seasons, Hilton und Swissôtel.[60]

Der „Hospitality Properties Trust" ist mit 310 Hotels und 146 Travel Center der zweitgrößte Hotel-REIT in den USA. Neben Luxus-Marken, wie Intercontinental, Marriott und Radisson, vereint er auch Hotels im mittleren Preissegment wie Holiday Inns und Courtyards sowie Travel Center.[61]

Da der Anteil der Equity REITs in den USA mehr als 91% der gesamten REITs-Marktkapitalisierung beträgt und das Segment der Hotellerie wiederum das viertwichtigste der Equity REITs darstellt, ist den Hotel-REITs in den USA eine große

---

59 vgl. National Association of Real Estate Investment Trusts (NAREIT), (Stand: April 2007)
60 vgl. http://www.hosthotels.com/ourProperties.asp (Abrufdatum 05.07.2007)
61 vgl. http://www.hptreit.com/properties/index.aspx (Abrufdatum 05.07.2007)

Bedeutung beizumessen. Nach einer Untersuchung des weltweit führenden Beratungsunternehmens für den Hotelimmobilienmarkt, Jones Lang LaSalle, erwiesen sich in Europa-Private-Equity Investoren als wichtigste Kapitalquelle des Hotelinvestmentmarkts. Sie verzeichneten im Jahr 2006 rund 43 % des Hotelinvestvolumens in Europa, gefolgt von den Hotelgesellschaften mit 20 %.[62]

Im Segment der Private-Equity-Investoren ist die angelsächsische Blackstone-Gruppe führend. Neben Prestigeobjekten wie dem Hotel Esplanade in Berlin und dem Sheraton Frankfurt Hotel & Towers, erwarben die Amerikaner für ihre Opportunity Fonds in Deutschland neun Hotels der Accor-Gruppe. Ferner wurde ein aus sieben Hotels bestehendes Portfolio von „Hospitality Europe" übernommen, darunter Renommee-Objekte wie das Hyatt Regency Charles de Gaulle in Paris, das Four Points Hotel in Brüssel und das Publitzer in Amsterdam. Im Juli 2006 kamen sieben Center Parcs der französischen Pierre & Vacances-Gruppe hinzu.[63]

Die größte Hotelaquisition aller Zeiten gab die Blackstone-Gruppe am 3. Juli 2007 bekannt. Für umgerechnet 19 Mrd. € kaufte die Investmentfirma den amerikanischen Hotelkonzern Hilton Group Corporation. Mit 2.800 Hotels in 76 Ländern zählt der Hotelkonzern zu den weltgrößten Hotelgruppen.[64]

Die Bedeutung von REITs ist am europäischen Hotelmarkt hingegen noch marginal und lag im Jahr 2006 bei einem Marktanteil von 6 %. Dennoch erhöhte sich ihr Anteil deutlich im Vergleich zu 2 % im Vorjahr. Der bedeutendste europäische REIT ist hierbei der französische „Foncière des Murs". Im vergangenen Jahr akquirierte er von der französischen Hotelgesellschaft Accor ein Portfolio von 76 Hotels in Frankreich und Belgien für 583 Mio. €.[65]

In Deutschland stehen mit der Einführung der Real Estate Investment Trusts auch Hotelimmobilien im Fokus der Investoren. Nach Untersuchungen von Feri Rating & Research zeigen 80 % aller deutschen Investoren Interesse an REIT-Investments. Damit rücken die Hotelketten und ihre Performance in das Interesse der Öffentlichkeit. Da Hotelimmobilien durch eine Vielfalt an Eigentümerstrukturen charak-

---

62 vgl. Jones Lang LaSalle Deutschland (2007), S. 2
63 vgl. http://www.ahgz.de/maerkte-und-unternehmen/Auslaendische-Fonds-Kaufrausch,382006, 609223128.html (Abrufdatum 13. Juni 2007)
64 vgl. http://www.sueddeutsche.de/wirtschaft/artikel/843/121683/print.html (Abrufdatum 04. Juli 2007)
65 vgl. Jones Lang LaSalle Deuschland (2007), S. 1 ff.

terisiert sind, könnten Hotel-REITs für Investoren sowohl die Transparenz erhöhen als auch die Liquidität dieses Anlagesegments verbessern.[66]

Durch die Bündelung mehrerer – auch renditeschwacher – Hotels und die Platzierung am Kapitalmarkt als Real Estate Investment Trust erhöht sich die Wertschöpfung. Dieser Trend könnte auch die Börsenkurse europäischer Hotelaktien beflügeln, sofern Immobilien erfolgreich an den Markt gebracht werden und durch neue Hotelkonstellation Synergieeffekte entstehen.[67] Auffällig ist hierbei vor allem die vergleichsweise kurze Haltedauer der Investoren, die die Immobilien wesentlich kürzer halten als Pensionsfonds oder offene und geschlossene Immobilienfonds. Statt zehn Jahre verweilen die Anleger bei einzelnen Objekten inzwischen oftmals weniger als drei Jahre.[68]

Das Scheitern des britischen Hotel-REITs „Vector" führte bei den Investoren jedoch zur Verunsicherung, weshalb laut Immobilienexperten in Deutschland nur wenige REITs im Jahr 2007 an die Börse gegangen sind und Immobilienaktien weiter an Wert verlieren.[69]

4   Fazit und Ausblick

Real Estate Investment Trusts als neue Investitionsmöglichkeit sind als Mischform zwischen Immobilien-AG und offenem Fonds angesiedelt und ermöglichen es so, die Vorteile beider Investitionsmöglichkeiten in einem Produkt zu vereinen.

Dabei wird im REIT in erster Linie eine Ergänzung und kein Substitut für die derzeit bestehenden Anlageformen gesehen.[70] Es ist davon auszugehen, dass die Zielgruppe des deutschen REIT (G-REIT) primär aus institutionellen Investoren und weniger aus risikoaversen Kleinanlegern bestehen wird.[71]

---

66 vgl. ttp://www.hospitalityinside.com/content.jsp?jsessionid=E6!2E40822DDD44421EBFC1E9DF480B6&auswahl= 8891&kontext=Kontaext_88 (Abrufdatum 07. Mai 2007)
67 vgl. PricewaterhouseCoopers (2007), S. 17
68 vgl. http://www.welt.deprint-elt/article147902/Europaeische_Hotelaktien_stehen_vor_einem_Boom.html (Abrufdatum 25. April 2007)
69 vgl. http://www.welt.de_print/articel814367/Milliarden-Deal_wird_Nagelprobe_fuer_Reits.html (Abrufdatum: 25. April 2007)
70 vgl. Zitelmann (2006), S. 11
71 vgl. ZEW/ebs (2005), S. 167

Nach der Einführung der G-REITs ist mit zunehmender Konsolidierung und Integration im Immobiliensektor zu rechnen. REITs erlangen durch die in Deutschland vorgeschriebene Börsennotierung frei verfügbares Eigenkapital, das für Akquisitionen eingesetzt werden kann. Größere REIT-Gesellschaften werden zudem ihr Dienstleistungsangebot ausweiten, um ihre Ertragsbasis zu vergrößern. Diese vertikale Integration erfasst beispielsweise das Objektmanagement, indem Instandhaltung, Mieterverwaltung und Budgetierung übernommen werden.[72]

Da nationale Immobilienmärkte zunehmend um internationales Kapital konkurrieren, werden die Verbreitung und Harmonisierung der REIT-Konzepte weiter voranschreiten. Denn perspektivisch ist es unverzichtbar, die unterschiedlichen Lösungen in einzelnen europäischen Ländern in absehbarer Zeit zu einem pan-europäischen REIT mit einheitlichen Regeln zusammenzuführen.

Literatur

Alda, Lassen (2005): Kapitalanlagegesellschaft, in: Schulte; Bone-Winkel; Thomas (Hrsg.): Handbuch Immobilien-Investition, 2. Auflage, Köln.

Bankhaus Ellwanger & Geiger (2000): Immobilien-Aktien, Stuttgart.

Bulwien (2005): Überblick über Immobilieninvestoren und -anlageprodukte in Deutschland, in: Bone-Winkel; Thomas (Hrsg.): Handbuch Immobilien-Investition, S. 45–66, 2. Auflage, Köln.

Bundesministerium für Finanzen (2005): Offen für die Einführung von Real Estate Investment Trusts (REITs), Pressemitteilung vom 19.01.2005, Berlin.

Bundesministerium für Finanzen (2007): Gesetz zur Schaffung deutscher Immobilien-Aktiengesellschaften mit börsennotierten Anteilen: Ein international anerkanntes Finanzprodukt für Deutschland, in: Monatsbericht des Bundesministeriums für Finanzen, Mai 2007, S. 65–68, Berlin.

Bundesministerium für Finanzen (2007c): REITs – Was ist das eigentlich?, Berlin.

Cadmus, von Bodecker (2005): Immobilien-Aktiengesellschaften und REITs, in: Bone-Winkel; Thomas (Hrsg.): Handbuch Immobilien-Investition, S. 123–150, 2. Auflage, Köln.

---

72 vgl. Roland Berger Strategy Consultants (2006), S. 7

Deutsche Bundesbank (05/2007): Monatsbericht der Deutschen Bundesbank, Mai 2007, Frankfurt am Main.

Dugel, Grabener (2000): Das schnelle Immobilien ABC, 1. Auflage, Schwedeneck.

Fahrenschon (2007): Real Estate Investment Trusts (REITs) – Auswirkungen auf den deutschen Immobilienmarkt, München.

Fink (2006): Investmentfonds eröffnen weltweit Anlagechancen, in: DSWR 2006, S. 102–104.

Gondring (2004): Immobilienwirtschaft – Handbuch für Studium und Praxis, München.

Hamburgisches WeltWirtschaftsInstitut (2006): Investition in Immobilien, Hamburg.

IHA (2005): Hotelverband Deutschland e.V.: Hotelmarkt Deutschland 2005, Bonn.

Jones Lang LaSalle Deutschland (2007): Rekordvolumen auf europäischem Hotel-investmentmarkt, Pressemitteilungen vom 5. März 2007, Frankfurt am Main.

Just (2007): Einführung von REITs in Deutschland, Offenbach.

Just, Weltermann (2002): Hotelimmobilien in Deutschland und Europa, in: Der langfristige Kredit, S. 508–510.

Kiethe (2005): Der G-REIT – sinnvolle Konkurrenz zu Immobilienfonds und Immo-bilienaktiengesellschaften?, in: ZfIR 2005, S. 745–751.

King (1999): Real Estate Investment Trusts, offene und geschlossene deutsche Im-mobilienfonds: Eine rechtsvergleichende Untersuchung zur Zukunft der Immo-bilienfonds, München.

Lübke (2005): Hotelimmobilien in Deutschland, Frankfurt am Main.

National Association of Real Estate Investment Trusts (NAREIT), Real Estate In-vestment Trusts (2007).

NordLB (2005): Real Estate Investment Trusts, Hannover.

Pluskat/Rogall (2005): Steuerbegünstigte Immobilienaktiengesellschaften (REITs) in Deutschland – Anmerkungen zu ersten Vorschlägen aus gesellschaftsrecht-licher und steuerlicher Sicht, in: RIW 2005, S. 253–259.

Pörschke (2006): REITs: Sinnvolle Ergänzung der Produktpalette indirekter Im-mobilienanlagen, in: Zeitschrift für das gesamte Kreditwesen Nr. 10/2006, S. 518–520, Frankfurt am Main.

PricewaterhouseCoopers (2007): Einführung von Real Estate Investment Trusts in Deutschland – Chancen und Risiken gegenüber ausländischen REITs, Eschborn.

Rebitzer (2005): Anlageformen, generelle Aspekte der Immobilieninvestition sowie Immobilieninvestoren, in: Schäfer; Jürgen; Conzen; Georg (Hrsg.): Praxishandbuch der Immobilien-Investitionen, S. 1–38, München.

Rehkugler (2000): Die Immobilien-AG als attraktive Kapitalanlage – Chancen für Unternehmen und Investoren, in: FB 2000, S. 230–239.

Richter (2005): Handel mit geschlossenen Fonds – Markt im Aufwind, in: die bank 10/2005, S. 20–23.

Roland Berger Strategy Consultants (2006): REITs – Chancen für den deutschen Immobilien- und Finanzmarkt, Frankfurt am Main.

Schulte/Holzmann (2005): Investition in Immobilien, in: Schulte; Bone-Winkel; Thomas (Hrsg.): Handbuch Immobilien-Investition, S. 21–44, 2. Auflage, Köln.

Stock/Teske (2005): Einführung des REIT in Deutschland – Ein allgemeiner Überblick über den Stand der Diskussion, in: DB 2005, S. 187–194.

Treugast (2006): Trendgutachten Hospitality 2006/2007, Treugast Institute of Applied Hospitality Sciences, München.

Voigtländer (2006): Der deutsche REIT: Grundzüge und steuerpolitischer Anpassungsbedarf, in: IW-Trends 2006 – Vierteljahresschrift zur empirischen Wirtschaftsforschung aus dem Institut der deutschen Wirtschaft, S. 1–16, Köln.

ZEW/ebs (2005): Real Estate Investment Trusts (REITs): Internationale Erfahrungen und Best Practice für Deutschland, Mannheim.

Zitelmann (2006): Positionierung der G-REITs – Standortbestimmung im Spektrum der indirekten Immobilienanlage, in: Going Public 03/2006, Sonderbeilage „G-REITs", S. 10–12.

Internetquellen

http://arbeitsgemeinschaft-finanzen.de/fonds/reits/rendite.php (Abrufdatum 12. Juni 2007)

http://privatbank.de/web/cmseug.nsf/frameset?ReadForm&content= CB75AB7CE8ADE9E4C1256FCB0047A032 (Abrufdatum: 2. Juni 2007)

http://www.ahgz.de/maerkte-und-unternehmen/Auslaendische-Fonds-Kaufrausch,
382006,609223128.html (Abrufdatum 13. Juni 2007)

http://www.hospitalityinside.com/content.jsp?jsessionid=E6!2E40822DDD
44421EBFC1E9DF480B6&uswahl=8891&kontext=Kontaext_88
(Abrufdatum 7. Mai 2007)

http://www.hosthotels.com/ourProperties.asp (Abrufdatum 5. Juli 2007)

http://www.hptreit.com/properties/index.aspx (Abrufdatum 5. Juli 2007)

http://www.privatbank.de/web/cmseug.nsf/0/D4A6C0884E7F5B7BC12571E
20047089F/$file/DIMLIST0.pdf?OpenElement (Datum 2. Juni 2007)

http://www.sueddeutsche.de/wirtschaft/artikel/843/121683/print.html
(Abrufdatum 4. Juli 2007)

http://www.usreitinfodesk.com/introduction/faq-g.cfm#4
(Abrufdatum 16. Juni 2007)

http://www.welt.deprint-welt/article147902/Europaeische_Hotelaktien_stehen_
vor_einem_Boom.html (Abrufdatum 25. April 2007)

http://www.welt.de_print/articel814367/Milliarden-Deal_wird_Nagelprobe_fuer_
Reits.html (Abrufdatum: 25. April 2007)

Zur Rolle der Berater in der Hotellerie

Stephanie Zarges

1 Unternehmensberatung in der Hotellerie

1.1 Begriffsdefinition

Für den Begriff der Unternehmensberatung gibt es keine allgemeingültige Definition. Quiring beschreibt Unternehmensberatung „ ... *im weitesten Wortsinn als Oberbegriff für sämtliche Arten einer beratenden Tätigkeit für Unternehmen ...* "[1]. In Meyers Großem Taschenlexikon wird Unternehmensberatung wie folgt erläutert: „ ... *von unabhängigen Unternehmen oder Einzelpersonen (Unternehmensberatern, Betriebsberatern, Consultants) durchgeführte Beratung von Unternehmen in betriebswirtschaftlichen Fragen. Sie besteht in der Identifizierung von Problemen sowie der Unterstützung der Problemlösung durch Erarbeitung und Umsetzung von Lösungskonzepten.* "[2] Niedereichholz definiert Unternehmensberatung differenzierter: „ ... *als höherwertige, persönliche Dienstleistung, die durch eine oder mehrere unabhängige und qualifizierte Person(en) erbracht wird. Sie hat zum Inhalt, Probleme zu identifizieren, zu definieren und zu analysieren, welche die Kultur, Strategien, Organisation, Prozesse, Verfahren und Methoden des Unternehmens des Auftraggebers betreffen. Es sind Problemlösungen (Sollkonzepte) zu erarbeiten, zu planen und im Unternehmen umzusetzen. Dabei bringt der Berater seine branchenübergreifende Erfahrung und sein Expertenwissen ein.* "[3] Letztere Charakterisierung berücksichtigt alle wichtigen Aspekte der Unternehmensberatung und lässt sich auch auf die Hotellerie übertragen. Allerdings setzt die Beratungsdienstleistung hier zusätzlich hotelspezifisches Fachwissen voraus.

1.2 Hotelberatungsunternehmen

Der deutsche Hotelberatungsmarkt ist geprägt von zahlreichen kleinen, regional und national agierenden Unternehmen, die sich auf Marktsegmente (Tagungshotels, Wellnesshotels etc.), auf Produkte und Methoden (Betriebsanalysen, Machbarkeitsanalysen, Bewertungen etc.) und/oder auf einzelne Themen bzw. Abteilungen (Marketing, Controlling, Personal etc.) spezialisieren. Große, international aufgestellte Beratungsunternehmen gibt es in der Hotellerie nur wenige. Hauptgrund dafür ist, dass diese ihre üblichen, hohen Beratungshonorare hier nicht durchsetzen

---

1 Quiring, A. (2005): Rechtshandbuch für Unternehmensberater, S. 1
2 Meyers Großes Taschenlexikon (2006), S. 8001
3 Niedereichholz, C. (2001): Unternehmensberatung. Beratungsmarketing und Auftragsakquisition, S. 1

können. Außerdem verfügen nur wenige über das notwendige, hotelspezifische Know-how. Die Praxis zeigt, dass größere Hotelberatungsunternehmen stärker in neue Hotelentwicklungen involviert sind, während kleinere Anbieter häufiger bestehende Hotelbetriebe betreuen. Dabei spielen sowohl die beschriebenen Honorarstrukturen als auch die angebotenen Beratungsinhalte eine Rolle.

Die folgende Tabelle 1 bietet einen Überblick über wichtige Unternehmen im deutschen Hotelberatungsmarkt[4]:

Tabelle 1: Deutsche Hotelberatungsunternehmen

Beratungsunternehmen	Spezialisierung/Bereiche/Themen
BBG Consulting Kanig GmbH, Düsseldorf	u.a. strategische und operative Beratung, Analyse, Bewertung und Rating, Gestaltung und Konzeption, Sanierung und Management
Feuring Hotelconsulting GmbH, Geisenheim-Johannisberg	u.a. strategische und operative Beratung, Standort- und Marktanalyse, Konzeptentwicklung, Vertragsberatung, Finanzierungskonzepte, Architekturberatung
GHH Consult GmbH, Wiesbaden	u.a. Messe- & Kongressmarkt, Wellness & Medical Spa, Regional- und Stadtmarketing
Hoga Hotel- und Gaststättenberatungsgesellschaft mbH, München	u.a. strategische und operative Beratung, Existenzgründungsberatung, Management und Coaching, externes Controlling
Hotour GmbH, Frankfurt am Main	u.a. strategische und operative Beratung, Hotelentwicklung und -konzeption, Hotelplanung, Bau und Umbau von Hotelimmobilien, Hotelfinanzierung, Rating und Vorbereitung auf bankinterne oder externe Ratings, Sanierung
K & P Consulting GmbH, Düsseldorf	u.a. strategische und operative Beratung, Planung und Beschaffung in Gastronomie, Hotellerie und Gemeinschaftsverpflegung
Steinkogler Management, Rosenheim	u.a. strategische und operative Beratung, Analyse, Konzeption, Rentabilitätsrechnung, Bewertung, strategisches Controlling, Sanierung, Interims- oder Langzeitmanagement
Treugast Solutions Group, München	u.a. strategische und operative Beratung, Analyse, Konzeption, Wirtschaftlichkeitsberechnung, Bewertung und Rating, Controlling, Sanierung, Interims- und Turnaround-Management, Transaktionsberatung, Forschung
Zarges von Freyberg Hotel Consulting, München	u.a. strategische und operative Beratung, ganzheitlicher Beratungsansatz (Analyse & Strategie, Umsetzung, Controlling), Fokussierung auf die gehobene Individualhotellerie sowie auf Positionierungs- und Marketingstrategien

---

4 Zu den Angaben der einzelnen Beratungsunternehmen vgl. jeweils deren eigene Internetseite

Tabelle 2: Internationale Beratungsunternehmen, die auch in der Hotellerie in Deutschland tätig sind

Beratungsunternehmen	Spezialisierung/Bereiche/Themen
Deloitte	u. a. strategische und operative Beratung, Wirtschaftsprüfung und Steuerberatung, Marktanalyse und Trendprognose, Wirtschaftlichkeitsanalyse und Feasibility-Studie, Transaktions- und Finanzierungsberatung, Bewertung, Due-Diligence-Prüfungen, konzeptionelle Gestaltung von Betreiberverträgen für Hotels, Unterstützung bei der Suche und Auswahl von Investoren bzw. Hotelbetreibern
HVS	u. a. Consulting & Valuation, Investment Banking, Asset Management & Advisory, Hotel Management, Executive Search, Food & Beverage Services, Convention, Sports & Entertainment, Facilities Consulting, Gaming Services, Interior Design, Sales & Marketing Services, Shared Ownership Services, Golf Services
Jones Lang LaSalle	u. a. Investor Services, Asset Management, Hotels, Investment Management
PKF	u. a. Wirtschaftsprüfung, betriebswirtschaftliche Beratung und Gutachten, Beratung im Wirtschafts- und Steuerrecht, IT-Prüfung und -Beratung, Hotel Consulting

1.3 Entwicklungstrends der Hotelberatung

Da die Rolle der Berater direkt mit den Entwicklungstrends der Hotelberatung verbunden ist, werden diese hier kurz skizziert. Folgende signifikante Trends der Unternehmensberatung im Allgemeinen, die allerdings direkt auf die Hotellerie übertragbar sind, lassen sich beobachten:

Zuwachs an Beratungsunternehmen und -leistungen

Aufgrund der Tatsache, dass die Berufsbezeichnung Unternehmensberater in Deutschland nicht gesetzlich geschützt ist und der Berater kein Berufsrecht[5] hat, steigt die Anzahl der Anbieter stetig. Darüber hinaus holen sich auch Manager „gesunder" Unternehmen vermehrt die objektive Meinung externer Berater ein, häufig, um sich der Richtigkeit ihrer Strategie zu vergewissern und/oder sich

---

5 Vgl. Niedereichholz, C. (2001): Unternehmensberatung. Beratungsmarketing und Auftragsakquisition, S. 17; unter Berufsrecht werden diejenigen Rechtsvorschriften verstanden, die Zugang und Berufsausübung der freien Berufe regeln.

gegenüber ihren Stakeholders abzusichern. Die zunehmende Komplexität der Beratungsinhalte fordert außerdem ein breiteres Leistungsspektrum.

Qualitätsmanagement

Angesichts der stetig wachsenden Anzahl an Beratungsunternehmen und des höheren Leistungs- und Qualitätsanspruchs der Klienten wird ein professionelles Qualitätsmanagement für Beratungsunternehmen unabdingbar.

Spezialisierung

Basierend auf den beiden vorangegangen Trends und bedingt durch die Tatsache, dass sich Unternehmen im Zuge der Globalisierung spezialisierter aufstellen müssen, nimmt auch der Spezialisierungsgrad von Beratungsunternehmen zu.

Universalanbieter

Entgegen des Trends zur Spezialisierung fordert der Markt allerdings weiterhin Berater mit ganzheitlichen Ansätzen. Die Praxis zeigt, dass Beratungsunternehmen, die generalistisch aufgestellt sind und gleichzeitig in unterschiedlichen Bereichen (z. B. Marketing, Controlling) über Spezialwissen verfügen, hohe Erfolgsaussichten haben.

Internationalisierung

Durch die Auswirkungen der Globalisierung sind Unternehmen zunehmend gefordert, sich international aufzustellen. Aus diesem Grund ist es vor allem für größere Beratungsunternehmen sinnvoll, die Standortverteilung ihrer Niederlassungen international auszurichten. Zudem sollten Berater ihr Leistungsspektrum dahingehend ausbauen bzw. ergänzen, dass sie ihre Klienten hinsichtlich der veränderten Marktbedingungen beraten können.

Umsetzungsbegleitung

Die Beratungspraxis zeigt, dass der Trend weg geht von reinen gutachtlichen Tätigkeiten. Klienten fordern verstärkt die Mitgestaltung der Umsetzung der vorgeschlagenen Strategien und Konzepte. Erst durch die Realisierung der Beratungsvorschläge und den damit einhergehenden Erfolgen werden Beratungshonorare messbar.

Verfolgung ethischer Werte

Ein erfolgreiches Beratungsverhältnis baut immer auf einer Vertrauensbasis zwischen Berater und Klient auf. Durch die Einhaltung ethischer und moralischer Standards[6] können Berater Vertrauen aufbauen und langfristig sichern.

1.4 Beratungsgegenstand und Beratungsinhalt

Grundsätzlich ist in der Hotellerie hinsichtlich des Beratungsgegenstands zwischen der Beratung von neuen Hotelentwicklungen und der Beratung von bestehenden Hotelbetrieben zu differenzieren.[7]

Die Beratung wird in der Regel entweder in schriftlicher Form im Rahmen von Gutachten und Studien präsentiert oder erfolgt direkt beim Klienten. Bei der Vor-Ort-Beratung werden die Beratungsinhalte im Rahmen von Einzel- und Gruppengesprächen, Präsentationen, Workshops oder auch Seminaren dargelegt.

Wie bereits dargestellt, ist der Beratungsgegenstand nicht nur von der Ausrichtung des beauftragenden Unternehmens, sondern auch von der Positionierung des Beratungsunternehmens abhängig. Im Allgemeinen stellt sich die Verbindung zwischen Klient, Beratungsgegenstand und Beratungsinhalt wie folgt dar:

Tabelle 3: Zusammenhänge zwischen Klient, Beratungsgegenstand und Beratungsinhalt

Klient	Beratungsgegenstand	Beratungsinhalt
Privathoteliers	bestehender Hotelbetrieb, einzelne Hotelbereiche	u. a. strategische und operative Beratung, Optimierung, Umstrukturierung, Umbau, Erweiterung
Hotelgesellschaften	bestehendes Hotelportfolio oder einzelner Hotelbetrieb, Hotelentwicklung	u. a. strategische und operative Beratung, Optimierung, Umstrukturierung, Umbau, Erweiterung, Neuentwicklung
Projektentwickler	Hotelentwicklung	u. a. Neuentwicklung
Investoren/Finanzierende (Kapital)	Hoteltransaktionen, Hotelentwicklung	u. a. Kauf und Verkauf, Neuentwicklung

---

6 Vgl. Redley, R. (2005): Ansätze in der Unternehmensberatung, in: Sommerlatte, T. et al. (Hrsg.): Handbuch der Unternehmensberatung, S. 14

7 Hierbei kann es sich auch bei einem bestehenden Hotel, das umgebaut oder um neue Bereiche erweitert wird, um eine Neu- bzw. Weiterentwicklung handeln.

Anzumerken ist allerdings, dass hier die Grenzen fließend sein können, da beispielsweise ein Privathotelier sowohl Betreiber als auch Investor sein kann. Auch ein klassischer Investor, der inhaltlich nichts mit der Hotellerie zu tun hat, kann einen bestehenden Hotelbetrieb in seinem Immobilienportfolio haben und eine operative Beratung beauftragen.

Der Beratungsinhalt ist immer direkt mit dem Beratungsgegenstand verbunden. Er kann sich sowohl auf die Art der Aufgaben als auch auf die einzelnen Bereiche und Abteilungen eines Hotels beziehen. Grundsätzlich wird zwischen strategischen und operativen Aufgaben unterschieden. Im Rahmen neuer Hotelentwicklungen steht die strategische Komponente in der Regel im Vordergrund. Bei Bestandsbetrieben hingegen werden erfahrungsgemäß sowohl strategische als auch operative Problemstellungen behandelt. Dabei baut die operative Beratung meistens auf einer zuvor entwickelten Strategie auf.

Unabhängig vom Beratungsgegenstand werden die unterschiedlichen Bereiche eines Hotels (z. B. Logis, F&B, Tagung, Wellness) beleuchtet. Je nach Ausrichtung des Beratungsunternehmens stehen verschiedene Themen bzw. Abteilungen (z. B. Marketing, Controlling, Mitarbeiter, Servicestruktur) im Beratungsfokus. Bei neuen Hotelentwicklungen wird in der Regel in einem ersten Schritt eine Machbarkeitsanalyse zur Beurteilung der Erfolgschancen des Entwicklungsvorhabens erstellt. Folgende Teilbereiche werden behandelt:

- Markt- und Wettbewerberanalyse
- Analyse des Makro- und Mikrostandorts (inkl. Entwicklung des Hotelmarkts, Angebot und Nachfrage etc.)
- Analyse und Bewertung des Projektstandorts
- Positionierungsstrategie, im Rahmen derer potenzielle Zielgruppen, Alleinstellungsmerkmale sowie Standard und Kategorie des geplanten Hotels definiert werden
- Erarbeitung einer zielführenden Konzeption für die einzelnen Bereiche
- Wirtschaftlichkeitsberechnung

Je nachdem, wie das Beratungsunternehmen aufgestellt ist, begleiten die Berater den Prozess der Bauplanung, teilweise sogar bis zum Pre-Opening und zur Eröffnung. Einige Berater helfen ihren Klienten auch bei der Suche nach Investoren oder einer geeigneten Betreibergesellschaft. Dabei gehören häufig die Vertragsgestaltung und -verhandlung zu den Beratungsleistungen.

Bei der Beratung von bestehenden Hotelbetrieben ist der Beratungsinhalt schwer abzugrenzen, da er häufig direkt mit den vorhandenen Problemstellungen verbunden ist und diese mannigfach sein können. Grundsätzlich beginnt die Beratung von Bestandsbetrieben mit einer Analyse der Strukturen und Leistungen sowie der wirtschaftlichen Performance, um mögliche Problemfelder zu identifizieren. Darauf aufbauend wird gegebenenfalls eine modifizierte oder neue Positionierung festgelegt. Außerdem werden Umstrukturierungs- und/oder Optimierungsmaßnahmen für die einzelnen Bereiche und Abteilungen empfohlen. Danach erfolgt die Berechnung der Wirtschaftlichkeit unter Berücksichtigung der Umsetzung dieser Maßnahmen. Dabei ist von zentraler Bedeutung, dass die zukünftige Situation realitätsgetreu dargestellt wird.

Im Rahmen einer begleitenden Beratung (häufig auch als „Coaching" bezeichnet), die sich in der Regel über einen längeren Zeitraum erstreckt, unterstützen Berater ihre Klienten bei der Umsetzung der erarbeiteten Maßnahmen.

1.5 Beratungsziele

Grundsätzlich stehen in der (Hotel-)Beratung die Entwicklung und Umsetzung von Lösungen für unterschiedliche Problemstellungen im Vordergrund. In der Regel wird entweder die Realisierung von neuen Hotelentwicklungen oder die Optimierung von bestehenden Hotelbetrieben angestrebt. Abhängig vom Beratungsgegenstand und -inhalt lassen sich folgende Beratungsziele definieren:

Tabelle 4: Ausgewählte Beratungsziele in der Hotellerie

neue Hotelentwicklungen	bestehende Hotelbetriebe
übergeordnete Ziele (auszugsweise)	**übergeordnete Ziele** (auszugsweise)
Realisierung des Entwicklungsvorhabens;	Optimierung
	Umstrukturierung
professioneller Markteintritt und Vermarktung	Umsatzsteigerung
	Gewinnmaximierung

Tabelle 4: Ausgewählte Beratungsziele in der Hotellerie (Fortsetzung)

neue Hotelentwicklungen	bestehende Hotelbetriebe
Teilziele (auszugsweise)	**Teilziele** (auszugsweise)
Entwicklung einer erfolgversprechenden Positionierung	Neu- oder Um-Positionierung
	Prozessoptimierung
Erarbeitung einer zielführenden Konzeption	Steigerung des Bekanntheitsgrads/Images
Erarbeitung von klaren Aussagen hinsichtlich der Wirtschaftlichkeit des Vorhabens	Steigerung der Qualität in Hard- und Software (neue Angebote, optimierter Service etc.)
Schaffung einer Grundlage für nachfolgende Investoren- und Betreiberakquisition	Steigerung des Buchungsaufkommens
	Optimierung der Kostenstruktur

1.6 Erfolgsfaktoren der Beratung

Grundsätzlich kann man von einer erfolgreichen Beratung sprechen, wenn die von Berater und Klient gesetzten bzw. vereinbarten Ziele erreicht sind. Darüber hinaus kann der Erfolg einer Beratungsdienstleistung mit der Zufriedenheit des Klienten hinsichtlich der Kriterien Qualität, Zeit, Ergebnis und Projektkosten gleichgesetzt werden.[8]

Die „Qualität" der Beratung bezieht sich auf den Inhalt und die Erreichung der im Vorhinein festgelegten Beratungsziele. Das Kriterium „Zeit" beinhaltet unter anderem die Einhaltung von Zeitfenstern zur Abgabe eines Beratungsgutachtens oder zur Zielerreichung. Ob eine Beratung erfolgreich ist oder nicht, ist immer von einem positiven bzw. negativen „Beratungsergebnis" abhängig. „Projektkosten" können sich sowohl auf die Kosten der Beratung als auch auf die tatsächlichen Kosten einer Hotelentwicklung oder der vorgeschlagenen Optimierungsmaßnahmen beziehen. Der höchstmögliche Beratungserfolg wird dann erzielt, wenn alle Kriterien gleichermaßen erfüllt sind.

Die Praxis zeigt, dass im Rahmen der Beratung zwischenmenschliche Faktoren erfolgsentscheidend sind. Dabei spielen sowohl persönliche Sympathie als auch fachliche Kongruenz zwischen Berater und Klient eine bedeutende Rolle. Kommt es auf der zwischenmenschlichen oder auf der professionellen Ebene zu Konflikten, die nicht gelöst werden können, ist die Wahrscheinlichkeit hoch, dass die Beratung ohne eine produktive Lösung bleibt.

---

8 Vgl. Hillemanns, R. M. (1995): Kritische Erfolgsfaktoren der Unternehmensberatung, S. 11

In der Hotellerie spielt das Beziehungsgeflecht zwischen Berater und Klient eine große Rolle, da es sich um eine personalintensive Branche handelt und ein Großteil der Beratungsinhalte direkt mit der Leistung der involvierten Menschen zusammenhängt.

Grundsätzlich haben die Beratungsunternehmen den größten Erfolg, die zum einen maßgeschneiderte Lösungen für unterschiedliche Problemstellungen liefern und zum anderen ihren Klienten nicht nur eine Entscheidungsunterstützung bieten, sondern sie auch bei der Umsetzung der Lösungsvorschläge begleiten.

2 Die Rolle der Berater in der Hotellerie

Der Einsatz von Beratern bei neuen Hotelentwicklungen und bei der Beratung bestehender Hotelbetriebe kann von folgenden, unterschiedlichen Motivationen bestimmt sein:

- Nutzung der Erfahrungen und des Know-hows der Berater
- Nutzung neuer Managementansätze, Methoden und Konzepte
- Vermeidung von Betriebsblindheit (Nutzung der Objektivität und Neutralität der Berater)
- Nutzung der Moderatorenfunktion in kritischen Bewertungs- und Entscheidungssituationen
- Nutzung von innovativen Impulsen und Ideen – dadurch Erhöhung der Kreativität im Unternehmen[9]

2.1 Anforderungen an Berater

Die Anforderungen an Berater sind in den vergangenen Jahren immer größer bzw. spezieller geworden. Aufgrund der steigenden Anzahl an Beratungsunternehmen sowie deren wachsender Professionalisierung und Spezialisierung ist der Qualitätsanspruch seitens der Klienten deutlich gestiegen. Deshalb gewinnen vor allem soziale und zwischenmenschliche Kompetenzen zunehmend an Bedeutung.

---

9 In Anlehnung an Sommerlatte, T. (2005): Gründe für den Einsatz von Unternehmensberatern, in: Sommerlatte, T. et al. (Hrsg.): Handbuch der Unternehmensberatung, S. 4 ff.

Dies trifft auch auf die Hotellerie zu. Hier spielt allerdings auch die praktische Erfahrung bzw. das operative Know-how des Beraters eine entscheidende Rolle.

Fest steht, dass Beratungsexperten in allen Branchen konstant hohe Leistungen erbringen müssen. Außerdem müssen sie sich kontinuierlich den Markt- und Technologieveränderungen anpassen.[10] Häufig wird erwartet, dass sie auf jede Frage eine geeignete Antwort haben und sich in allen Bereichen eines Unternehmens auskennen.

Es gibt Qualitäten und Qualifikationen, die jeder Berater benötigt. Bei Hotelberatern wird fachspezifisches Wissen vorausgesetzt. Grundsätzlich ist zwischen persönlichen und fachlichen Eigenschaften zu unterscheiden.

Zu den **persönlichen Qualitäten** gehören folgende Eigenschaften:

- Charisma
- Diplomatie
- Durchsetzungsvermögen
- Einfühlungsvermögen
- Erfahrung
- Innovationskraft
- Kreativität
- Menschenkenntnis
- Objektivität
- Präzision
- Trendbewusstsein
- Umsetzungsvermögen
- Vertrauenswürdigkeit
- Weltoffenheit

Hinsichtlich der **fachlichen Qualifikationen** von Hotelberatern wird ein fundiertes strategisches und operatives Fachwissen in den unterschiedlichen Bereichen vorausgesetzt, das abhängig vom Beratungsinhalt eingesetzt wird. Handelt es sich um neue Hotelentwicklungen, die begleitet werden, stehen strategisches Planungsvermögen, Kreativität, operatives Ablaufwissen, Immobilien-Know-how und vor allem finanzpolitische Fähigkeiten im Vordergrund. Bei der Beratung von bestehenden Hotels erfordert es ein eingängiges Verständnis der operativen Abläufe, der Unter-

---

10 Vgl. Bredl, K. (2005): Kompetenz von Beratern, S. 11, 37

nehmenskultur, der Unternehmerpersönlichkeit sowie der Wertestrukturen. Dabei werden ebenfalls analytische Fähigkeiten, betriebswirtschaftliches Hintergrundwissen, Kreativität und strategisches Planungsvermögen vorausgesetzt.

2.2 Zusammenspiel zwischen Beratern und Klienten

Grundsätzlich können Berater maßgeblich zum Erfolg, aber auch zum Misserfolg von Hotelentwicklungen oder bestehenden Hotelbetrieben beitragen. Der Mitwirkungs- und damit auch der Verantwortungsgrad sind stark von dem Vertrauensverhältnis zwischen Berater und Klient abhängig. Bei Hotelentwicklungen hat der Berater grundsätzlich mehr Einfluss auf die Positionierung, Konzeption und das Leistungsspektrum, allerdings in Abhängigkeit von den Standortgegebenheiten.

Im Allgemeinen ist die Beratung von Bestandsbetrieben hinsichtlich der persönlichen Beraterqualitäten anspruchsvoller, da der Berater in ein bestehendes Gefüge eintritt, in dem ein Unternehmer wirkt. Unternehmer haben aufgrund gewachsener Strukturen häufig eine starke Bindung zu ihren Betrieben und klare Vorstellungen hinsichtlich der Gestaltung, Ausrichtung und Qualität ihrer Produkte und Dienstleistungen. Betriebsblindheit ist in diesen Fällen ein weit verbreitetes Phänomen.

Darüber hinaus kann es sein, dass Berater auf beratungsresistente Klienten stoßen, die der Auffassung sind, ihr Unternehmen besser beurteilen zu können als andere und deshalb keinen externen Rat annehmen. Häufig wird die eigene Betriebsblindheit unterschätzt. Dann steht der Berater vor der Herausforderung, den Klienten auf seine Seite zu ziehen und von seinen Qualitäten zu überzeugen. Hier spielen Vertrauen und persönliche Sympathien sowie Einfühlungsvermögen und Diplomatie eine entscheidende Rolle. Hinzu kommt, dass im Rahmen der Beratung von Bestandsbetrieben auch Existenzen auf dem Spiel stehen können. Dabei ist die emotionale Verbundenheit selbstverständlich größer als bei Beratungsaufträgen, bei denen es „nur" um Umstrukturierung oder Optimierung geht.

Im Rahmen von Umstrukturierungs- bzw. Optimierungsberatungen muss der Berater über das notwendige Feingefühl verfügen, um zu spüren, wann und in welchem Maße Kritik geübt werden kann, ohne das Vertrauensverhältnis zu beeinträchtigen. Im Rahmen von begleitenden Beratungen ist der Berater von der Umsetzungsfreudigkeit der Hoteliers abhängig. In der Regel können es sich Hoteliers

nicht leisten, den Berater in alle Belange einzubeziehen und müssen angestoße-
ne Dinge alleine umsetzen. Dadurch hat der Berater weniger Handlungsspiel-
raum, bzw. die Beratung ist immer abhängig von der Motivation des Klienten. Bei
der Beratung von bestehenden Hotels steht die Kontrolle der Umsetzung der vorgeschlagenen Maßnahmen im Vordergrund. Dadurch wird auch der Beratungserfolg messbar.

Die Verfasserin ist der Meinung, dass eine produktive bzw. zielführende Beratung
nur gewährleistet ist, wenn Berater und Klient eine gemeinsame persönliche und
fachliche Ebene der Zusammenarbeit finden. Je nach Dauer und Intensität der Beratung können sehr enge und fruchtbare „Beziehungen" entstehen.

3 Fallbeispiele

Nachfolgend werden Beispiele für die Beratung einer Hotelentwicklung und eines
bestehenden Hotelbetriebs dargestellt, anhand derer zusammenfassend erfolgs-
entscheidende Faktoren der Hotelberatung aufgezeigt werden und die Rolle der
Berater in der Hotellerie verdeutlicht wird.

3.1 Strategische Entwicklung eines Hideaway-Resorts auf Sizilien

Anhand des ersten Fallbeispiels wird deutlich, dass neue Hotelentwicklungen
häufig schneller vorangetrieben werden können, wenn von Beginn an ein Berater
eingesetzt wird.

Beratungsgegenstand und Beratungsinhalt

Ein deutscher Unternehmer besitzt ein Anwesen auf Sizilien und möchte dort ein
kleines, luxurioses Hideaway-Resort aufbauen und betreiben. Das 162 Hektar
große Anwesen liegt im Osten Siziliens, etwa eine halbe Fahrstunde von Catania
entfernt, und bietet einen spektakulären Ausblick auf den etwa 60 Kilometer Luft-
linie entfernten Ätna. Zurzeit wird das Anwesen zum Großteil (151 Hektar) als
Plantage für den Anbau von Zitrusfrüchten genutzt. Der zur Hotelnutzung zur

Verfügung stehende Grund befindet sich inmitten der Plantage und ist von Orangen- und Zitronenbäumen gesäumt. Hauptbauwerk auf dem Anwesen ist das ehemalige „Herrenhaus".

Herausforderung

Der Klient hat mit dem Bau des Zimmertrakts des geplanten Hideaway-Resorts begonnen, ohne vorher die anzusprechenden Zielgruppen und eine klare Positionierung festzulegen. Dadurch entsteht ein zusätzlicher Aufwand (Zeit, Kosten etc.), der hätte vermieden werden können, wenn er diese vor Baubeginn definiert oder sich einen externen Rat eingeholt hätte.

Beratungsziele

Zielsetzung des Beratungsauftrags ist es, aufbauend auf einer Analyse der Rahmenbedingungen vor Ort, eine Positionierung und Konzeption für das geplante Resort zu erarbeiten. Darüber hinaus sollen Empfehlungen zur Vermarktung abgegeben werden.

Vorgehensweise bei der Beratung

Im ersten Schritt wird eine **Analyse der Markt- und Wettbewerbsstrukturen** vor Ort durchgeführt. Diese ergibt, dass Sizilien nur wenige hochwertige kleine Resorts in ruhiger und idyllischer Lage bietet. Im zweiten Schritt erfolgt die **Definition der potenziellen Zielgruppen** des zukünftigen Hideaways und eine Untersuchung der jeweiligen Bedürfnisstruktur sowie des Entwicklungspotenzials. Dabei werden Urlaubsreisende als Hauptzielgruppe identifiziert, mit der Unterscheidung in „Individualreisende", „Familien" und „Gruppen". Auch Incentive-Gäste bzw. -Gruppen sollen angesprochen werden.

Darauf aufbauend wird die **Positionierung** festgelegt. Die Orangenplantage ist der ideale Ort für ein Refugium der Ruhe, Erholung und Besinnung auf das Wesentliche und bietet viel Raum, um dem Alltag zu entfliehen. Hinzu kommt, dass das Areal zu landwirtschaftlichen Zwecken genutzt wird und es geplant ist, Produkte aus eigener Herstellung sowie von regionalen Zulieferern zu verwenden. Basierend auf diesen Rahmenbedingungen wird eine Positionierung als Agriturismo-Hideaway, auf im Vergleich zu anderen Betrieben auf Sizilien hohem bis sehr hohem Niveau, empfohlen. Auch der immer größer werdende Trend des „Green

Tourism" (Nachhaltigkeit, einheimische Produkte, Energie sparend etc.) wird bei der Wahl der Positionierung berücksichtigt.

Auf dieser Basis wird die **Konzeption** für die Bereiche Logis, F&B sowie Wellness und Freizeit festgelegt. Dabei werden Empfehlungen zur Ausstattung und Dekoration sowie zum Leistungsangebot (Produkte, Service, Speisen und Getränke, Massagetypen etc.) abgegeben. Als wichtig wird erachtet, dass die langjährige Historie des Anwesens sowie regionale, ländlich geprägte Elemente in allen Bereichen Berücksichtigung finden.

Auch im Rahmen der **Marketingstrategie** wird empfohlen, die standortbezogenen Gegebenheiten (Orangenplantage, Historie, Kultur etc.) als Alleinstellungsmerkmale für den Markenaufbau zu berücksichtigen, was sich insbesondere im Namen des Resorts widerspiegeln wird.

Erfolgsfaktoren der Beratung

Die erfolgsentscheidenden Faktoren der Beratung im Rahmen dieses Beratungsprojekts werden hier stichpunktartig aufgelistet:

- Aufbau eines Vertrauensverhältnisses zum Klienten durch Präsentation der Vorgehensweise bei der Beratung im Vorhinein sowie durch intensive Gespräche vor Ort
- Angebot zur gemeinsamen Umsetzung der erarbeiteten Positionierung – dadurch wird symbolisiert, dass die Berater nicht nur strategische Empfehlungen abgeben, sondern diese auch umsetzen können
- Verfolgung eines ganzheitlichen Beratungsansatzes, der alle Bereiche und Abteilungen des zukünftigen Hideaway-Resorts berücksichtigt – dadurch wird ein ganzheitlicher Imageaufbau möglich
- Entwicklung eines auf die anzusprechenden Zielgruppen zugeschnittenen, innovativen und stringent umgesetzten Konzepts und Etablierung von Alleinstellungsmerkmalen zur Abgrenzung vom nationalen und internationalen Wettbewerb
- Empfehlung von maßgeschneiderten Kommunikations- und Vertriebsmaßnahmen zur internationalen Vermarktung
- Integration der bereits vorhandenen Strukturen (Anzahl, Größe und Gestaltung der Zimmer) in die vorgeschlagene Positionierung

3.2 Begleitende Beratung eines ehemaligen Kurhotels in Süddeutschland bei der Um-Positionierung zum Wellness- und Gesundheitshotel

Anhand des zweiten Fallbeispiels werden die fachlichen und zwischenmenschlichen Herausforderungen, die im Rahmen einer begleitenden Beratung eines Privathotels auftreten können, dargestellt.

Beratungsgegenstand und Beratungsinhalt

Ein ehemaliges Kurhotel in Bad Tölz, das sich seit Jahrzenten in Familienbesitz befindet, ist aufgrund der Gesundheitsreform und den daraus resultierenden Belegungs- und Umsatzeinbrüchen mit betriebswirtschaftlichen Problemen konfrontiert. Aufbauend auf einer schriftlichen Betriebsanalyse der vorhandenen Strukturen wird eine Um-Positionierung zum Wellness- und Gesundheitshotel empfohlen. Neben der Festlegung und Begleitung der Umbau-, Renovierungs- und Verschönerungsmaßnahmen erfolgen die Schaffung neuer Produkte und Dienstleistungen und die Entwicklung einer neuen Corporate Identity, inklusive der inhaltlichen Konzeption aller Werbemittel. Darüber hinaus werden Mitarbeiterschulungen und das betriebswirtschaftliche Controlling durchgeführt und regelmäßige Controlling-Berichte erstellt.

Herausforderung

Basierend auf dem Erfolg oder Misserfolg der Beratung wird über die Weiterführung oder den Verkauf des Hotels entschieden. Dadurch spielt die emotionale Komponente, sowohl für die Unternehmer als auch für die Berater, eine große Rolle. Hinsichtlich der Tatsache, dass die Hausbank der Unternehmer den Einsatz der Berater empfohlen hat, erhöht sich der Druck. Anfangs gibt es Schwierigkeiten in der Kommunikation zwischen den Beratern und den Unternehmern, da diese klare eigene Vorstellungen hinsichtlich der zukünftigen Gestaltung ihres Hotels haben. Außerdem nehmen sie viele der vorgeschlagenen Optimierungsmaßnahmen als persönliche Kritik auf.

Beratungsziele

Zielsetzung des Beratungsauftrags ist es, eine Strategie zur Optimierung des Hotelbetriebs zu entwickeln und konkrete Maßnahmen zu empfehlen. Darüber hinaus muss ein neues Image aufgebaut und darauf basierend der Bekanntheits-grad gesteigert werden. Hauptziel ist die Steigerung der Umsätze in den einzel-nen Bereichen des Hotels bei gleichzeitiger Reduzierung der Kosten. Damit ver-bunden ist die Erzielung eines höheren Gewinns, der ausreicht, um den durch die getätigte Investition gestiegenen Kapitaldienst zu bedienen.

Vorgehensweise bei der Beratung

Aufbauend auf einer schriftlichen Betriebsanalyse der bestehenden Angebots- und Leistungsstruktur wird eine zukunftsträchtige Neu-Positionierung und erfolg-versprechende Konzeption für das Hotel erarbeitet. Darüber hinaus unterstützen die Berater die Unternehmer im Rahmen monatlicher Meetings im Hotel bei der Umsetzung aller für die Um-Positionierung relevanten Maßnahmen in allen Berei-chen und Abteilungen des Hotels.

Erfolgsfaktoren der Beratung

- Aufbau eines Vertrauensverhältnisses zum Klienten durch monatliche Präsenz und überdurchschnittlichen persönlichen Einsatz der Berater
- Sicherung des Vertrauensverhältnisses durch kontinuierlichen Kontakt zu den Unternehmern und hohe persönliche Anteilnahme an den bestehenden Prob-lemen
- alle positiven Dinge werden beibehalten, lediglich die wirklich „schlechten" Bereiche werden optimiert – dadurch wird den Auftraggebern vermittelt, dass sie nicht alles falsch gemacht haben
- Optimierungsmaßnahmen werden nicht nur vorgeschlagen, sondern auch ge-meinsam mit den Unternehmern umgesetzt
- Verfolgung eines ganzheitlichen Beratungsansatzes, der alle Bereiche und Ab-teilungen des Hotels berücksichtigt – dadurch kann das Image ganzheitlich neu aufgebaut werden
- Entwicklung einer integrierten Kommunikations- und Designstrategie, die sich nicht nur auf neue Werbemittel (Broschüre, Internetseite etc.) bezieht, sondern auch auf die Dekoration und Einrichtung im Hotel
- Entwicklung eines auf die anzusprechenden Zielgruppen zugeschnittenen, in-novativen und stringent umgesetzten Konzepts und Etablierung von Alleinstel-lungsmerkmalen zur Abgrenzung vom Wettbewerb

4 Fazit

Abschließend lässt sich zusammenfassen, dass Berater in der Hotellerie grundsätzlich eine wichtige Rolle spielen. Abhängig vom Beratungsgegenstand und -inhalt können sie dazu beitragen, dass neue Hotelentwicklungen realisiert werden und die Situation bestehender Hotels optimiert wird. Häufig helfen sie sogar Existenzen zu retten. Aufgrund veränderter Marktbedingungen steigt die Anzahl der Hotelberatungsunternehmen in Deutschland stetig. Viele kleine, regional agierende Anbieter dominieren den Markt. Die Anforderungen an Berater sind in den vergangenen Jahren immer größer bzw. spezifischer geworden. Der Trend weist in Richtung Spezialisierung. Vor allem Beratungsunternehmen, die individuelle Lösungen bieten und ihre Klienten nicht nur bei Entscheidungen unterstützen, sondern sie auch bei der Umsetzung der Lösungsvorschläge begleiten, haben große Erfolgschancen.

Darüber hinaus bauen fruchtbare „Beziehungen" zwischen Beratern und Klienten immer auf einer Vertrauensbasis auf. Aus diesem Grund gewinnen persönliche und zwischenmenschliche Qualitäten der Berater an Relevanz. Vor allem bei begleitenden Beratungen ist ein harmonisches Beziehungsgeflecht zwischen den involvierten Personen essenziell, da sich diese häufig über einen längeren Zeitraum erstrecken und die Beratungsinhalte detaillierter behandelt werden. „Ein Problem zu lösen heißt: sich vom Problem zu lösen."[11] Mit der Beauftragung eines Beraters löst ein Unternehmer sich in gewisser Weise von einem Problem, da er es mit einer neutralen, objektiven Person teilt und versucht, es gemeinsam mit ihr zu beseitigen. Für viele Unternehmer sind Berater deshalb von großer Bedeutung.

Literatur

Bredl, K. (2005): Kompetenz von Beratern. Analyse des Kompetenzerwerbs bei Unternehmensberatern im Kontext der Expertiseforschung, Regensburg.

Hillemanns, R. M. (1995): Kritische Erfolgsfaktoren der Unternehmensberatung, Bamberg.

Lampe, R. (1991): Unternehmensberatung für Klein- und Mittelbetriebe, Wien.

---

11 J. W. von Goethe

Meyers Großes Taschenlexikon (2006), Leipzig/Mannheim.

Niedereichholz, C. (2001): Unternehmensberatung. Beratungsmarketing und Auftragsakquisition, 3. Aufl., München/Wien.

Quiring, A. (2005): Rechtshandbuch für Unternehmensberater, München.

Redley, R. (2005): Entwicklung der Beratung in Deutschland, in: Sommerlatte, T./ Mirow, M./Niedereichholz, C./Wiedau, von P. (Hrsg.): Handbuch der Unternehmensberatung. Organisationen führen und entwickeln, Berlin.

Scharl, H. P. (1992): Erfolgsfaktoren der betriebswirtschaftlichen Beratung mittelständischer Unternehmen durch die steuerberatenden Berufe, Köln.

Sommerlatte, T., Mirow, M., Niedereichholz, C., Wiedau, von P. (2005): Handbuch der Unternehmensberatung. Organisationen führen und entwickeln, Berlin.

IV

Operatives Management: Funktionen und Methoden

1 Operations Management

Integrierte Businessplanung und -steuerung als kritischer Erfolgsfaktor für Hotelleriebetriebe

Oliver Haas und Burkhard von Freyberg

1 Status quo der Businessplanung und -steuerung in der Hotellerie

Vor dem Hintergrund von Basel II, dem Überkapazitätenproblem sowie der Macht von (inter-)nationalen Wettbewerbern tun sich insbesondere Privathoteliers nicht nur an B-Standorten zunehmend schwer, sich am Hotelmarkt Deutschland erfolgreich zu behaupten.[1] Grundvoraussetzung neben einem profilierten Angebot und genauer Marktkenntnis ist insbesondere das Vermögen des Managements, das Hotel betriebswirtschaftlich richtig zu führen. Gerade aber in diesem Punkt scheint es Probleme zu geben. Bei genauerer Marktbeobachtung und Analyse drohender Insolvenzen im Gastgewerbe fällt auf, dass der ein oder andere Hotelbetreiber seinen Betrieb ähnlich steuert „wie seinerzeit die tollkühnen Männer ihre fliegenden Kisten. Alles, was die Piloten außer einem Kompass benötigten, waren ein Schal, eine Krawatte und eine Brille. An der Art, wie der Schal flatterte, konnten sie Geschwindigkeit und Seitenwind abschätzen. Hing die Krawatte schief, musste die Kurvenlage korrigiert werden. Und beschlug die Brille, so zeigte alles baldigen Regen oder Nebel an – und es bestand die Notwendigkeit, schleunigst zu landen. Denn fliegen konnte man eigentlich nur bei schönem Wetter; aber dann war es wunderbar."[2]

Sucht man nach Gründen für dieses verbildlichte Verhalten, fällt auf, dass sich zum einen Verantwortliche aufgrund vielfältiger anderer beruflicher alltäglicher Aufgaben dem Thema der Businessplanung und -steuerung nur dann widmen, wenn es unvermeidlich dringlich erscheint. Die Folge hiervon sind dann meist „Brandlöschaktionen". Zum anderen befasst man sich mit Planen und Steuern auch deshalb wenig zeitnah und -intensiv, da mitunter das fachliche Verständnis für die komplexen betriebswirtschaftlichen Zusammenhänge fehlt bzw. man auf die Fähigkeiten des externen Steuerberaters vertraut. Folge sind dann oftmals falsche Entscheidungen, basierend auf suboptimalen Planungs- und Steuerungsprämissen.

Die Probleme, die durch eine fehlende bzw. falsche Planung und Steuerung auftreten, können sich bekanntlich so gravierend auswirken, dass ein Geschäftsbetrieb beispielsweise aufgrund von Gläubigerdruck eingestellt werden muss. Meist

---

1 Vgl. o. V., Treugast: Trendgutachten Hospitality, München 2007, S. 6; auch von Freyberg, B.: Gute Ideen werden belohnt, in: AHGZ Nr. 2-2007 vom 13. Januar 2007, S. 9.
2 In Anlehnung an Kirsch, W.: Entscheidungsprozesse, Band 3: Entscheidungen in Organisationen, Wiesbaden 1971, S. 5 ff.

wird dann – leider zu spät – Gewissheit, dass man in eine funktionierende und aus-
sagekräftige Businessplanung und -steuerung mehr zeitliche Ressourcen hätte investieren sollen.

Abbildung 1:
Ansicht eines
Flugzeugcockpits

2 Kennzeichnung der integrierten Businessplanung und -steuerung in Hotelleriebetrieben

2.1 Konzept der integrierten Businessplanung und -steuerung

Die Kernaufgabe der integrierten Businessplanung und -steuerung liegt in der Unterstützung des Managements eines Hotelbetriebs bei seiner Entscheidungsfindung sowie der Anleitung der konsequenten Umsetzung dieser Entscheidungen.
Da es in der betriebswirtschaftlichen Praxis z.B. aufgrund der Vielfalt an verschiedenen Zielsystemen, der großen Unsicherheit oder der Komplexität der Umwelt
keine übergeordnete theoretisch fundierte Unternehmensführungskennzahl gibt,

muss das Hotelmanagement zum einen die betriebswirtschaftlichen Auswirkungen seiner Entscheidungen und den Einfluss der prognostizierten Rahmenbedingungen durch verschiedene „Brillen" begutachten, da dabei jeweils unterschiedliche Teilzusammenhänge des Unternehmensprozesses tangiert sind.[3] Diese Brillen stellen die einzelnen Rechnungssysteme der Unternehmensrechnung dar, die sachlich und zeitlich voneinander abhängen. „Wenn man Rechnungssysteme, die auf denselben Rechnungszweck und übereinstimmende Entscheidungsziele ausgerichtet sind, nicht weitgehend integriert, können die aus ihnen abgeleiteten Informationen zu konfliktären Entscheidungen und Handlungen verleiten."[4]

Zum anderen muss das Management durch Abwägen der durch die einzelnen Brillen erlangten betriebswirtschaftlichen Einblicke eine Entscheidung treffen. Die integrierte Businessplanung und -steuerung transformiert de facto das dem Hotel zugrunde liegende Geschäftsmodell sowie die einzelnen Geschäftsfelder und Projekte mit ihren jeweiligen relevanten Rahmenbedingungen in betriebswirtschaftliche Basisgrößen. Durch diese Transformation in eine einheitliche entscheidungsorientierte „Sprache" werden eine Vergleichbarkeit und damit auch eine gegenseitige Bewertbarkeit hergestellt.

2.2 Instrumente der integrierten Businessplanung und -steuerung

Die Verknüpfung in der integrierten Businessplanung und -steuerung erfolgt über die Finanz-, Ergebnis- und Bilanzrechnung.[5] Die drei Rechnungssysteme hängen fest definiert zusammen, obwohl sie jeweils andere Teilzusammenhänge abbilden. Wichtige Bestandspositionen der stichtagsbezogenen Bilanzrechnung ergeben sich hierbei aus dem zeitlichen Auseinanderfallen der Abbildung von Geschäftsvorfällen in den beiden zeitraumbezogenen Finanz- und Ergebnisrechnungssystemen.[6]

---

3 Vgl. Schweitzer, M./Küpper, H.-U.: Systeme der Kosten- und Erlösrechnung, München 2003, S. 49
4 Küpper, H.-U.: Controlling, Stuttgart 2005, S. 131
5 Die anderen Rechnungssysteme, wie z.B. die Investitionsrechnung, der Anlage- oder der Verbindlichkeitenspiegel, stellen Unterrechnungen der eben genannten drei Rechnungssysteme dar.
6 Vgl. Gewald, St.: Hotel-Controlling, München 2001, S. 20 ff. Hinter diesen Rechnungssystemen können noch weitere Unterrechnungen geführt werden wie z.B. eine Anlagenrechnung oder ein Rückstellungsspiegel. Diese werden aber für Zwecke der integrierten Businessplanung und -steuerung nur aus Gründen der Transparenz eigenständig geführt. Da diese aber Bestandteile der einzelnen Rechnungssysteme darstellen und direkt in diesen geführt werden könnten, wird auf eine weitergehende Darstellung von Unterrechnungen verzichtet.

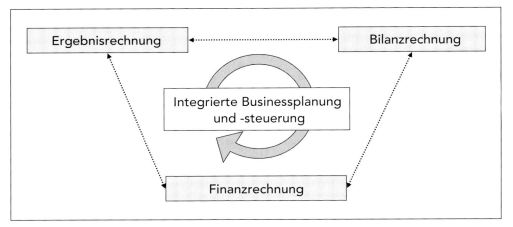

Abbildung 2: Instrumente der integrierten Businessplanung und -steuerung

Die **Finanzrechnung** bildet hierbei die finanziellen Auswirkungen der Entscheidungen des Hotelbetriebs zeitraumbezogen in Zahlungsströmen ab. Mit ihrer Hilfe wird das finanzielle Ergebnis sowie der Liquiditätssaldo des Hotelbetriebs in einer Periode geplant und abgebildet.

Die **Ergebnisrechnung** gibt dagegen Aufschluss über den aus dem Leistungsbereich (z. B. F&B-Abteilung, Einzelhotel im Konzernverbund etc.) resultierenden Erfolg einer Periode. Für die Erfolgswirksamkeit ist im Gegensatz zur Finanzrechnung nicht der konkrete Zahlungstermin, sondern der Zeitpunkt der Leistungserstellung und -verwertung relevant.

Die **Bilanzrechnung** bildet stichtagsbezogen die Vermögenslage (z. B. eines Hotelbetriebs, eines Hotelkonzerns) ab. Sämtliche Geschäftsvorfälle eines Jahres werden an die Bilanz „abgeschlossen".[7]

Der nachfolgende Vergleich stellt im Überblick den Rechnungszweck, die Entscheidungs- und Rechnungsziele sowie die Rechengrößen der Finanz-, Ergebnis- und Bilanzrechnung gegenüber.[8]

---

7 So wird die Finanzrechnung an den Bestand an liquiden Mitteln, die Ergebnisrechnung an das Eigenkapital abgeschlossen.
8 Vgl. hierzu und im Folgenden Küpper, H.-U.: Controlling, Stuttgart 2005, S. 131 ff.

Tabelle 1: Gegenüberstellung von Finanz-, Ergebnis- und Bilanzrechnung[9]

	Finanzrechnung	**Ergebnisrechnung**	**Bilanzrechnung**
Rechnungs-zwecke	Dokumentations-, Planungs-, Steuerungs- und Kontrollfunktion des finanziellen Hotel-betriebsprozesses	Dokumentations-, Planungs-, Steuerungs- und Kontrollfunktion des leistungsbezo-genen Hotelbetriebs-prozesses	Informations- und Gläubigerschutz-funktion
Entscheidungs-ziele	Erfolgsziel/Finanzziel	Erfolgsziel	Erfolgsziel/Finanzziel
Rechnungs-ziele	finanzielles Monats- bzw. Jahresergebnis bzw. Liquiditätssaldo	Monats- bzw. Jahres-ergebnis	Bilanzgewinn
Rechnungs-größen	Ein- und Auszahlungen	Erlöse/Kosten bzw. Erträge/Aufwendungen	Vermögensgegen-stände/Eigenkapital/ Schulden

Bildlich gesprochen definieren die Rechnungszwecke die Lichtspektren, mit denen man ein Objekt beleuchtet. Das Entscheidungsziel gibt die Sehstärke der Brille an, mit der man das Objekt betrachten möchte, wobei die Maßeinheit der Sehstärke der einzelnen Brillen die Rechnungsgrößen darstellen. Die Rechnungsziele hingegen geben Aufschluss über die Form und Farbe des Objekts und stellen somit das Ergebnis der Betrachtung dar.

Der Aspekt der Integration zeigt sich in sachlicher und zeitlicher Sicht. Sachliche Integration bedeutet, dass ein Geschäftsvorfall in zumindest zwei Rechnungssystemen Eingang findet und damit diese verknüpft. Die zeitliche Integration erweitert die sachliche Integration dahingehend, dass einzelne Geschäftsvorfälle entweder in derselben Periode oder zeitlich verschoben in den einzelnen Rechnungssystemen eingehen. Nachfolgende Tabelle kennzeichnet beispielhaft, wie geplante Geschäftsvorfälle im Hotelbetrieb alle drei Rechnungssysteme tangieren.

---

9 Vgl. Küpper, H.-U.: Controlling, Stuttgart 2005, S. 131. Rechnungszwecke stellen hierbei die Wissenswünsche der Rechnungsempfänger dar, wohingegen Entscheidungsziele Größen angeben, welche durch die zu treffenden Entscheidungen erreicht werden sollen. Rechnungszwecke und Entscheidungsziele stellen damit wichtige Ansatzpunkte für die Bestimmung der Rechnungsziele dar. Die Rechnungsgrößen stellen die Basisgrößen der einzelnen Rechnungen dar. Vgl. hierzu auch Schneider, D.: Betriebswirtschaftslehre – Band 1: Grundlagen, München und Wien 1993, S. 194 ff.

Tabelle 2: Ausgewählte Planungsprämissen eines Hotelbetriebs und deren Auswirkung auf die Unternehmensrechnung

Änderung der Planungsprämissen	Auswirkung auf die GuV	Auswirkung auf den Finanzplan	Auswirkung auf die Bilanz
Einkauf von Waren	Warenaufwand	gemäß dem mit dem Lieferanten vereinbarten Zahlungsplan der Ware	neue Bestände zu Umlaufvermögen, Verbindlichkeiten, Bank, Eigenkapital, Vorräte usw.
Verkauf von Zimmerkapazitäten	Logisertrag	gemäß der mit dem Gast vereinbarten Zahlungsmodalität	neue Bestände zu Umlaufvermögen, Forderungen, Bank, Eigenkapital usw.
Verkauf eines gebrauchten Convectomaten	außerordentlicher Ertrag	gemäß der mit dem Abnehmer vereinbarten Zahlungsmodalität	neue Bestände zu Anlagevermögen, Forderungen, Bank, Eigenkapital usw.
Anbau eines neuen Tagungsraums	Abschreibungen über die komplette Nutzungsdauer	gemäß dem mit der Bank/Lieferanten vereinbarten Zahlungsplan	neue Bestände zu Anlagevermögen, Verbindlichkeiten, Bank, Eigenkapital usw.
Generelle Auswirkungen der genannten Planungsänderungen			
	• Deckungsbeiträge • Ertragsteuern • Haben- bzw. Sollzinsen • Ergebnis vor und nach Steuern	• Bestandsveränderungen der Bilanzkonten • Haben- bzw. Sollzinsen • Cashflow	• Forderungen Vorsteuer • Verbindlichkeiten Umsatzsteuer • Steuerrückstellungen • Eigenkapital • Bank

Die Salden der Finanz- und Ergebnisrechnung werden am Bilanzstichtag an die Bilanzrechnung abgeschlossen. Diese Beziehung besteht allerdings nicht nur zum Bilanzstichtag, sondern aufgrund des Systems der doppelten Buchführung auch im laufenden Jahr. Dabei kann es bei der Verbuchung von Geschäftsvorfällen vorkommen, dass dadurch lediglich ein Rechnungssystem, zwei oder alle drei Rechnungssysteme betroffen sind. Aus diesem Grund ist es für das Management eines Hotelbetriebs unentbehrlich, die Auswirkungen einer Entscheidung laufend und nicht nur durch eine Brille, sondern durch alle drei Brillen gleichzeitig zu betrachten.

Um die Erfolge in der Umsetzung an sich zu sichern sowie die zeitlichen Erfolgswirkungen dieser Entscheidungen abschätzen und nachverfolgen zu können, müssen vom Management des Hotelbetriebs laufend Plan-, Ist- und Forecast-Werte miteinander verglichen werden. Nach verabschiedeter Businessplanung besteht deshalb die Grundvoraussetzung zur zielorientierten Businesssteuerung in der Identifikation von Abweichungen. Erst dann wird unternehmerisches Handeln ausgelöst.

2.3 Vorteile einer integrierten Businessplanung und -steuerung

Eine integrierte Businessplanung und -steuerung vereint diverse Vorteile für das Management von Hotelbetrieben.

In Bezug auf die **Planung**:

1. Prämissen der Entscheidungsfindung werden im Detail offengelegt, die Einflussgrößen auf die Entscheidung werden herausgearbeitet.
2. Auf Grundlage der integrierten Businessplanung besteht für das Management eines Hotelbetriebs die Möglichkeit, umfassende Simulationen durchzuführen und sich damit an die unsichere Unternehmensumwelt „heranzutasten". Hier können bedingte Entscheidungsbäume mit ihrer jeweiligen Wirkung auf die Finanz-, Ergebnis- und Bilanzrechnung auf strukturierte Art und Weise abgeleitet werden.[10]
3. Die integrierte Businessplanung gibt dem Management eines Hotelbetriebs auch die Möglichkeit, den hohen betriebswirtschaftlichen Anwendungsstand auch nach extern zu kommunizieren. So können z.B. Investoren oder Banken fundierte Finanz- und Ergebnisplanungen vorgelegt werden.

---

10 Vgl. zu Entscheidungsbäumen z.B. Ballwieser, W.: Aggregation, Komplexion und Komplexitätsreduktion, in: W. Wittmann et al. (Hrsg.) Handwörterbuch der Betriebswirtschaftslehre. Band 1; Stuttgart 1993, Sp. 49–57

In Bezug auf die **Steuerung**:

1. Durch den ständigen Abgleich der Prämissen der Ex-ante-Entscheidung mit neuen Informationsständen wird das Management eines Hotelbetriebs zeitnah auf neue Entwicklungen aufmerksam gemacht. Auf Grundlage eines Basisplans werden Abweichungen rechtzeitig aufgedeckt und eingehend analysiert. Bei beispielsweise einer reinen Ist-Berichterstattung werden Abweichungen hingegen erst erkannt, wenn es schon zu spät ist.
2. Das Management eines Hotelbetriebs gewinnt die für den wirtschaftlichen Erfolg notwendigen Handlungsspielräume wieder zurück. Sachverhalte werden über verschiedene Brillen integriert und damit umfassend begutachtet und bewertet.

3 Anforderungen an eine Software zur Unterstützung der integrierten Businessplanung und -steuerung in Hotelleriebetrieben

Will das Hotelmanagement die Betriebsführung über eine integrierte Businessplanung und -steuerung professionell unterstützen, ist eine zweckmäßige IT-Unterstützung zwingend nötig. Die Einführung einer umfassenden EDV-Lösung hilft ferner auch die internen Prozesse zu optimieren. Hierbei lassen sich insbesondere folgende Anforderungen aus Sicht des Hoteliers definieren, die eine EDV-Lösung erfüllen muss:

Tabelle 3: Anforderungen an eine EDV-Lösung in Hotelbetrieben[11]

Anforderungen des Hotelmanagements	Auswirkungen/Vereinfachungen
Arbeitserleichterung und Zeitersparnis	Die Integration zwischen GuV, Finanzplan und Bilanz muss vollständig und untrennbar in der Software abgebildet sein. Die Daten müssen zentral in einer Datenbank gehalten werden. Die Veränderung einer Planungsprämisse muss nach der Eingabe in allen Berichten automatisch aktualisiert zur Verfügung stehen.

---

11 Vgl. o. V., Treugast: Trendgutachten Hospitality, München 2007, S. 128; auch hotellerieunspezifisch Haas, O. et al.: Controlling in der Champions League, in: Bilanzbuchhalter und Controller H. 6/2006, S. 140

Tabelle 3: Anforderungen an eine EDV-Lösung in Hotelbetrieben (Fortsetzung)

Anforderungen des Hotelmanagements	Auswirkungen/Vereinfachungen
einfacher Import von Ist-Daten aus der Finanzbuchhaltung für Soll-Ist-Vergleiche	Die Software soll keine bestehenden Systeme wie die Finanzbuchhaltung ersetzen, sondern konkret auf die Planung ausgerichtet sein. Dennoch sollen Ist-Daten – unabhängig vom konkreten Vorsystem – täglich, wöchentlich, monatlich per Knopfdruck in die Software übernommen werden.
Erleichterung des Reportings	Reports sollen einmalig inhaltlich definiert und erstellt werden (z. B. hotelspezifischer GuV-Bericht). Diese sollen dann für alle möglichen Geschäftsperioden (nächstes Geschäftsjahr auf Monatsbasis, kumulierte Ansichten, Mehrjahresvergleiche) sowie für alle Unternehmensgesellschaften/-bereiche (Hotelkonzern, Hotelbetriebsgesellschaften, Profitcenter usw.) ohne einen Mehraufwand zur Verfügung stehen.
Datensicherheit	Die Daten müssen transparent gehalten werden, damit sich auch neue Mitarbeiter innerhalb kurzer Zeit dort zurechtfinden können. Es muss die Möglichkeit von Berechtigungssystemen geben, um mitarbeiterspezifisch gezielte Lese- und Schreibzugriffsrechte vergeben zu können.
geringer Schulungsaufwand und laufende Kosten	Die Oberflächengestaltung muss sich an MS-Excel orientieren, damit der Einarbeitungsaufwand für Controller überschaubar bleibt. Alle Berichte müssen sich durch die Verantwortlichen vor Ort selbst ändern lassen (Beraterunabhängigkeit).

4 Case Study einer integrierten software-basierten Businessplanung und -steuerung in Hotelleriebetrieben

4.1 Budgeterstellung

Im Rahmen der Budgeterstellung soll eine komplette Planung auf GuV-, Finanzplan und Planbilanzbasis für ein mittelständisches Hotel erfolgen. Im gewählten Beispiel wird die Planung für ein Geschäftsjahr abgebildet, die – nachdem sie von den dafür zuständigen Kontrollorganen (z. B. Inhaber, Investoren etc.) verabschiedet wurde – im weiteren Zeitablauf der Leistungsmaßstab für das Management sein soll.

Es ist hierbei bewusst zwischen Prämissen der Planung und deren betriebswirtschaftlichen Auswirkungen zu unterscheiden. Können Prämissen nur vom Management selbst ausreichend gut bestimmt werden, sind die daraus abgeleiteten betriebswirtschaftlichen Auswirkungen dieser Prämissen dagegen hinreichend bestimmt. Diese „Rechnungen" können dem Hotelier durch Softwareprogramme abgenommen werden. So sind die monatsgenaue Planung der belegten Zimmer in den einzelnen Zielgruppen – verbunden mit der jeweiligen durchschnittlichen Nettozimmerrate (Average Room Rate, ARR) sowie des Zahlungsverhaltens je Zielgruppe – Prämissen, die daraus resultierenden Bank- oder Forderungsbestände mit den wiederum abgeleiteten Zinsauswirkungen reine Rechenoperationen im Sinne der allgemeinen Betriebswirtschaft. Am Beispiel der hotelspezifischen Controllingsoftware SoluMIS kann dieses Vorgehen für einige Prämissen veranschaulicht werden.

1. Festlegen der Planungsstruktur

Alle zu planenden Geschäftsbereiche und die jeweils segmentierten Erlös- und Aufwandsbereiche sowie die Bilanzkonten auf den jeweiligen Unternehmensebenen bilden das Planungsgerüst. Hier ist auf die Definition aussagekräftiger Aggregationsstufen im Sinne einer Profit-Center-Betrachtung (USALI-Struktur) ebenso zu achten wie auf eine nicht zu detaillierte unterste Planungsebene.[12]

---

12 Bei vielen Hotelleriebetrieben kann in manchen Bereichen die Planung auf Basis der Einzelkonten der Finanzbuchhaltung als zu detailliert angesehen werden.

Abbildung 3: Ausschnitt des Planungsgerüsts

2. Sequenzielle Planung aller Umsätze und Aufwendungen und deren Zahlungsverhalten (Beispiel: Logiserträge Freizeitreisende)

Im Folgenden soll die Logik der integrierten Businessplanung und -steuerung am Beispiel des Drei-Sterne-Ferienhotels Burkhausen veranschaulicht werden. Das beliebte mittelständische Hotel verfügt über 100 Zimmer und eine geplante ehrgeizige Zimmerauslastung von 90% über alle Zielgruppen bei 365 Öffnungstagen. 50% der Gäste sind Freizeitreisende bei einer durchschnittlichen Nettozimmerrate (Average Room Rate, ARR) von 55 €.

Freizeitreisende	2008	Januar 08	Februar 08	März 08	April 08
Anzahl belegte Zimmer	16.425	1.237	1.306	1.237	1.374
ARR	55,00	55,00	55,00	55,00	55,00
Umsatz Logis	903.375,00	68.036,61	71.816,42	68.036,61	75.596,23
Doppelbelegungsfaktor	1,8	1,8	1,8	1,8	1,8
Belegte Betten	29.565	2.227	2.350	2.227	2.474
Revpar	24,75	21,95	25,65	21,95	25,20
Umsatzsteuer Logisumsatz (%)	19,0	19,0	19,0	19,0	19,0

Abbildung 4: Planung des Logisertrags für die Zielgruppe Freizeitreisende

Entscheidend neben der jeweiligen GuV-Wirkung und des dazugehörigen Um-satzsteuersatzes ist die Zahlungswirksamkeit, die je GuV-Position individuell fest-gelegt werden muss. So kann ein Ertrag oder Aufwand gleich fällig sein (Zah-lungsziel 0 Tage, z.B. Bankeinzug) oder nach einer gewissen Fälligkeit in Tagen. Auch die Hinterlegung von Vertragsdaten mit festen Zahlungszielen oder Zah-lungsspektren müssen möglich sein.

Forderungen LuL für Frei-zeitreisende	Anfangs-bestand	Zuord-nungen	Barzahler %	Z-Ziel Barzahler	Zahlung Barzahler	Kreditkarten-zahler %	Z-Ziel Kredit-karten	Zahlung Kreditkarten-zahler	End-bestand
2008	0	1.075. 016	70,00	0	752.511	30,00	30	292.818	29.687
Januar 08	0	80.964	70,00	0	56.674	30,00	30	0	24.289
Februar 08	24.289	85.462	70,00	0	59.823	30,00	30	24.289	25.638
März 08	25.638	80.964	70,00	0	56.674	30,00	30	25.638	24.289
April 08	24.289	89.960	70,00	0	62.972	30,00	30	24.289	26.988
Mai 08	26.988	89.960	70,00	0	62.972	30,00	30	26.988	26.988
Juni 08	26.988	89.960	70,00	0	62.972	30,00	30	26.988	26.988
Juli 08	26.988	98.955	70,00	0	69.269	30,00	30	26.988	29.687
August 08	29.687	98.955	70,00	0	69.269	30,00	30	29.687	29.687
September 08	29.687	89.960	70,00	0	62.972	30,00	30	29.687	26.988
Oktober 08	26.988	80.964	70,00	0	56.674	30,00	30	26.988	24.289
November 08	24.289	89.960	70,00	0	62.972	30,00	30	24.289	26.988
Dezember 08	26.988	98.955	70,00	0	69.269	30,00	30	26.988	29.687

Abbildung 5: Zahlungswirksamkeit Freizeitreisende

Im gewählten Beispiel zahlen 70% der Freizeitreisenden ihr Hotelzimmer sofort (Bargeschäft), 30% nach vier Wochen (Kreditkartengeschäft). Durch diese Infor-mationen können neben der GuV-Wirkung (automatisch) auch die dazugehörigen Bilanzbestände abgeleitet werden (z.B. Auf- und Abbau von Forderungen bzw. Bankkonten), und es besteht die Möglichkeit, jede GuV-Position mit ihren dazu-gehörigen Werten und Zahlungsinformationen zu planen (z.B. Umsätze Speisen und Getränke mit den dazugehörenden Wareneinsätzen).

3. Erwartungsbildung von Planungsprämissen auf Unternehmensebene

Um alle GuV- und cashflowwirksamen Berechnungen durchführen zu können, sind noch zusätzliche unternehmensweite Planungsprämissen zu treffen. So müssen die Umsatz- und Vorsteuerbeträge unter Berücksichtigung ihres entsprechenden Zahlungsziels (hier 60 Tage) mit dem Finanzamt verrechnet, automatische Steuern errechnet bzw. Steuerrückstellungen aufgebaut sowie die sich je nach planerischem Bankbestand ergebenden Haben- und Sollzinsen korrekt in GuV und Finanzplan ausgewiesen werden.

Budget	2008	Januar 08	Februar 08	März 08	April 08
Durchschnittssteuersatz Ertragsteuern (%)	40	40	40	40	40
Zinssatz Habenzinsen (%)	2	2	2	2	2
Zinssatz Sollzinsen (%)	0	8	8	8	8
Zahlungsziel Vorsteuer (Tage)	60	60	60	60	60
Zahlungsziel Umsatzsteuer (Tage)	60	60	60	60	60

Abbildung 6: Planungsprämissen auf Unternehmensebene

4.2 Forecasting und Reporting

Der erstellte Basisplan (Budget) soll für das ganze Geschäftsjahr als Benchmark dienen. Die Abweichungen, die im Laufe des Jahres durch Ist-Daten bzw. neue Annahmen für die Restplanung entstehen, müssen immer in Relation zum verabschiedeten Budget gesehen werden. Sind die Abweichungen in operativen Nachlässigkeiten begründet, müssen Maßnahmen ergriffen werden, um der negativen Entwicklung gegenzusteuern. Äußerst hilfreich ist hierbei, wenn die Abweichungen im Rahmen des Soll-Ist Vergleichs in einem IT-System bedarfsgerecht bis auf die Belegebene (Einzelbuchung) analysiert werden können. So können operative Fehlentwicklungen von Fehlbuchungen oder zeitlichen Verschiebungen von Rechnungen mit geringem Zeitaufwand unterschieden werden.

Neben der reinen Abweichungsanalyse sind Veränderungen der Planungserwartungen unbedingt zeitnah nachzupflegen und deren Auswirkungen auf die Jahresplanung zu analysieren (Anpassung Forecast). Im Fall des Ferienhotels Burkhausen hat sich die Geschäftsleitung aufgrund der hohen Auslastungszahlen während des Geschäftsjahrs (Änderung zum Budget!) zu einer kreditfinanzierten Erweiterungsinvestition entschieden.

In den nachfolgenden Beispielsberichten wird der Forecast mit dem Budget für das Geschäftsjahr 2008 verglichen. Die Unterschiede im Jahreswert ergeben sich hier einerseits aus den eingelesenen Ist-Daten für Januar bis Februar sowie der Überarbeitung der Restplanung (Forecast) durch die nachfolgenden neuen Geschäftsvorfälle:

Investition:
Erweiterung des Hotels um ein Nebengebäude mit 20 zusätzlichen Zimmern und Nebenräumen (Lager, Abstellkammer, Technik etc.)

(1) Investitionssumme: 1.200.000 € (60 T€ pro Zimmer)
(2) Investitionszeitpunkt: Mai 2008
(3) Zahlungsziel: 30 Tage
(4) Nutzungsdauer: 50 Jahre
(5) Abschreibung: linear

Erfolgswirkung:
(6) Zusätzlich jeden Monat – beginnend mit Oktober 2008 – eine Zimmermehrbelegung durch die 20 zusätzlichen Zimmer (vereinfachend wird von einer gleichbleibenden Gesamtauslastung ausgegangen). Von den anderen Erfolgswirkungen, die es zweifelsohne gibt, wird im Folgenden abgesehen (Mehrerlöse durch Restaurant- und Barbesucher, Mehraufwendungen durch Personal, Wareneinsatz etc.)

Finanzierung:
(7) Dazu notwendige Kreditaufnahme[13]: 2.000.000 €
(8) Kreditaufnahmezeitpunkt: Juni 2008
(9) Kreditart: Annuität, Zinsen vor Tilgung, nachschüssig, monatliche Tilgung und Zinszahlungen für zwei Monate
(10) Zinssatz: 6 %

---

13 In einem integrierten System kann die notwendige Kreditaufnahme für eine Kreditart durch Zielwertsuche bestimmt werden. In Simulationen können darüber hinaus auch mehrere Kreditangebote von Banken im Sinne von Variantenrechnungen nebeneinander gestellt werden.

Diese Investition und gleichzeitige Finanzierung beruht lediglich auf zehn Prämissen, die rechnerischen Auswirkungen hingegen sind vielfältig und komplex zu berechnen. Für die Investition ergeben sich Bestandserhöhungen im Anlagevermögen, welche durch die Abschreibungen über die Nutzungsdauer abgebaut werden. Zudem entstehen Verbindlichkeiten für das Zahlungsziel von 30 Tagen und die Vorsteuerverrechnung in Höhe von 19 % nach 60 Tagen mit dem Finanzamt. Die Kreditaufnahme bedeutet eine Erhöhung des Darlehensbestands, welche sich durch die entsprechenden Tilgungen Monat für Monat abbaut. Die Zinsaufwendungen sind in der GuV abzubilden mit den entsprechenden Zinsen, bezogen auf den jeweils geltenden monatlichen Darlehensanfangsbestand. Zusätzlich ist zu berücksichtigen, dass Zinszahlung und Tilgung im Sinne der Annuität gleichbleibende monatliche Zahlungen bedeuten.

Budget	Forecast	in %	Budget	in %	Abweichung
PC Logis	1.897.830,00	66,4 %	1.806.750,00	65,3 %	−91.080,00
PC Restaurant	745.038,00	26,1 %	745.038,00	26,9 %	0,00
PC Bar	106.434,00	3,7 %	106.434,00	3,8 %	0,00
PC sonstige	107.250,00	3,8 %	107.250,00	3,9 %	0,00
GESAMTERTRAG	2.856.552,00	100,00 %	2.765.472,00	100,00 %	−91.080,00
Ware	255.441,60	8,9 %	255.441,60	9,2 %	0,00
Personal	900.000,00	31,5 %	900.000,00	32,5 %	0,00
Gas, Wasser, Energie	170.000,00	6,0 %	170.000,00	6,1 %	0,00
Steuern, Versicherungen, Beiträge	30.000,00	1,1 %	30.000,00	1,1 %	0,00
Betriebs- und Verwaltungsaufwand	450.000,00	15,8 %	450.000,00	16,3 %	0,00
BETRIEBSBEDINGTER AUFWAND	1.805.441,60	63,2 %	1.805.441,60	65,3 %	0,00
BETRIEBSERGEBNIS I	1.051.110,40	36,8 %	960.030,40	34,7 %	−91.080,00
Instandhaltung	150.000,00	5,3 %	150.000,00	5,4 %	0,00
Leasing/Mietkauf	40.000,00	1,4 %	40.000,00	1,4 %	0,00
Afa	66.000,00	2,3 %	50.000,00	1,8 %	−16.000,00
Zinsaufwand	285.558,91	10,0 %	234.219,34	8,5 %	−51.339,57
ANLAGEBEDINGTER AUFWAND	541.558,91	19,0 %	474.219,34	17,1 %	−67.339,57
BETRIEBSERGEBNIS II vor Steuern	509.551,50	17,8 %	485.811,07	17,6 %	−23.740,43
Ertragssteuern	203.820,60	7,1 %	194.324,43	7,0 %	−9.496,17
Ergebnis nach Steuern	305.730,90	10,7 %	291.486,64	10,5 %	−14.244,26
Vorläufiges Ergebnis nach Steuern	305.730,90	10,7 %	291.486,64	10,5 %	−14.244,26

Abbildung 7: Vergleich Budget und Forecast 2008 im Sonderkontenrahmen der Hotellerie (SKR 70)

	Budget 2008	Forecast 2008	Differenz	in %	
I. CASH FLOW					
Bilanzergebnis nach Steuern	291.487	305.731	14.244	4,89 %	⇧
+/– Afa/Zuschreibung	50.000	66.000	16.000	32,00 %	⇧
+/– Steuerrückstellungen	194.324	203.821	9.496	4,89 %	⇧
+/– Rückstellungen	0	0	0		⇔
+/– SoPo Rücklagen	0	0	0		⇔
Saldo Cash Flow	535.811	575.551	39.740	7,42 %	⇧
II. WORKING CAPITAL					
+/– Lager	0	0	0		⇔
+/– Produktionslager	0	0	0		⇔
+/– Forderungen LuL	–29.687	–40.525	–10.839	–36,51 %	⇩
+/– So Forderungen	0	0	0		⇔
+/– So Umlaufvermögen	0	0	0		⇔
+/– ARAP	0	0	0		⇔
+/– Verbindlichkeiten LuL	0	0	0		⇔
+/– So Verbindlichkeiten	85.202	96.739	11.537	13,54 %	⇧
+/– PRAP	0	0	0		⇔
Saldo Working Capital	55.515	56.214	698	1,26 %	⇧
III. LANGFRISTBEREICH					
+/– Investitionen	0	–1.200.000	–1.200.000		⇧
+/– Darlehen	0	847.903	847.903		⇧
Saldo Langfristbereich	0	–352.097	–352.097		⇩
IV. EIGENTÜMERSPHÄRE					
+/– Eigenkapital	0	0	0		⇔
Saldo Eigentümersphäre	0	0	0		⇔
Bedarf/Überschuss	591.326	279.669	–311.658	–52,70 %	⇩
Sollzinsen BKK	0	0	0		⇔
Habenzinsen BKK	5.781	7.275	1.494	25,84 %	⇧
Bankkontokorrent	591.326	279.669	–311.658	–52,70 %	⇩

Abbildung 8: Vergleich Budget und Forecast 2008 im Finanzplan

	Budget 2008	Forecast 2008	Differenz	in %	
A. Anlagevermögen					
Anlagevermögen	–50.000	1.134.000	1.184.000	2368,00 %	⇧
B. Umlaufvermögen					
Lager	0	0	0		⇔
Produktionslager	0	0	0		⇔
Forderungen LuL	29.687	40.525	10.839	36,51 %	⇧
So Forderungen	0	0	0		⇔
Forderungen Vorsteuer	0	0	0		⇔
Forderungen BKK-Zinsen	0	0	0		⇔
BKK aktiv	591.326	279.669	–311.658	–52,70 %	⇩
So Umlaufvermögen	0	0	0		⇔
C. Aktive Rechnungsabgrenzung					
ARAP	0	0	0		⇔
Summe Aktiva	571.013	1.454.194	883.181	154,67 %	⇧

Abbildung 9: Vergleich Budget und Forecast 2008 in der Bilanz

	Budget 2008	Forecast 2008	Differenz	in %	
A. Eigenkapital					
Eigenkapital	0	0	0		⇔
SoPo Rücklagen	0	0	0		⇔
Bilanzergebnis	291.487	305.731	14.244	4,89 %	⇧
B. Rückstellungen					
Rückstellungen	0	0	0		⇔
Steuerrückstellungen	194.324	203.821	9.496	4,89 %	⇧
C. Verbindlichkeiten					
Verbindlichkeiten LuL	0	0	0		⇔
So Verbindlichkeiten	0	0	0		⇔
Verbindlichkeiten Umsatzsteuer	85.202	96.739	11.537	13,54 %	⇧
Verbindlichkeiten BKK-Zinsen	0	0	0		⇔
BKK passiv	0	0	0		⇔
Darlehen	0	847.903	847.903		⇧
D. Passive Rechnungsabgrenzung					
PRAP	0	0	0		⇔
Summe Passiva	571.013	1.454.194	883.181	154,67 %	⇧

Abbildung 9: Vergleich Budget und Forecast 2008 in der Bilanz (Fortsetzung)

5 Zusammenfassung der Ergebnisse

Durch die immer neuartigeren technologischen Möglichkeiten kann das Controlling in der Hotellerie enorm entlastet werden. Der Controller kann beim Zahlensammeln und Kontrollieren von Excel-Verknüpfungen Arbeitszeit einsparen und diese in wesentlich wertschöpfendere Controllingprozesse wie Simulationen, Variantenrechnungen, „Was wäre wenn"-Analysen investieren.

Neben der reinen Rechenlogik entlasten Systeme wie SoluMIS den Hotelier zudem in der komfortablen und zentralen Speicherung ihrer Daten in Datenbankform sowie den verschiedensten Auswertungsarten, welche die Software zur Verfügung stellt. Beispielsweise sind eine Vielzahl von nichtmonetären Daten, z. B. aus Reservierungssystemen im Managementcockpit, integriert mit den Finanzzahlen analysierbar (horizontale Integration der Unternehmensplanung). So kann das Management auf einer allzeit validen Datenbasis entscheiden und spart zugleich noch Arbeitskraft bei erhöhter Datensicherheit (z. B. keine Datenredundanzen).

Literatur

Ballwieser, W.: Aggregation, Komplexion und Komplexitätsreduktion, in: W. Witt-mann et al. (Hrsg.) Handwörterbuch der Betriebswirtschaftslehre. Band 1; Stuttgart 1993, Sp. 49–57

Gewald, S.: Hotel-Controlling, München 1999

Haas, O. et al.: Controlling in der Champions League, in: Bilanzbuchhalter und Controller H. 6/2006, S. 137–141

Schneider, D.: Betriebswirtschaftslehre – Band 1: Grundlagen, München und Wien 1993

Schweitzer, M./Küpper, H.-U.: Systeme der Kosten- und Erlösrechnung, München 2003

Kirsch, W.: Entscheidungsprozesse, Band 3: Entscheidungen in Organisationen, Wiesbaden 1971

Küpper, H.-U.: Controlling, Stuttgart 2005

o. V., Treugast: Trendgutachten Hospitality, München 2007

von Freyberg, B.: Gute Ideen werden belohnt, in: AHGZ Nr. 2-2007 vom 13. Januar 2007, S. 9

Wir danken Herrn David Lummer für die exzellente Unterstützung bei der Erstellung dieses Artikels.

Prozessmanagement und Prozesscontrolling in der Hotellerie

Joachim Sandt

1 Ausgangssituation

Das Denken und Handeln in Prozessen ist elementar für die operative Exzellenz in Unternehmen, unabhängig von der Branche. Das Denken und Handeln in organisatorischen Einheiten bzw. Abteilungen ist vor allem durch die Kostenstellenrechnung und entsprechende Budgetierung mit Soll-Ist-Vergleichen in (mittleren und großen) Unternehmen verankert (die Frage nach der mehrstelligen Kostenstellennummer kann fast jeder Mitarbeiter ad hoc beantworten). Im Gegensatz dazu ist das Denken und Handeln in Prozessen weniger stark ausgeprägt. Fragt man Mitarbeiter nach den Prozessen, in denen sie arbeiten, deren Ziele, Zielgrößen (Plan- und Istwerte), Prozessverbesserungen und deren Methoden, erhält man in der Regel weniger klare Antworten als auf die erwähnte Frage nach den Kostenstellennummern. Umfrageergebnisse bestätigen den Eindruck, dass Prozessmanagement wichtig für den Unternehmenserfolg ist: In einer Umfrage zur Bedeutung von Managementkonzepten und -methoden wurde Prozessmanagement an zweiter Stelle genannt (hinter Strategischer Planung, vgl. Matzler et al. 2004, S. 83). Eine andere Umfrage ergab, dass für 95 % der befragten Manager Prozessmanagement sehr wichtig oder wichtig ist, und 66 % sehen dafür eine zunehmende Bedeutung (vgl. Gadatsch/Knuppertz/Schnägelberger 2005, S. 2). Gerade in Dienstleistungsbranchen wie der Hotellerie sind das erfolgreiche Prozessmanagement und ein unterstützendes Prozesscontrolling ein kritischer Erfolgsfaktor: Durch die unmittelbare Dienstleistungserbringung durch Mitarbeiter wird eine mangelnde Prozessbeherrschung direkt vom Kunden erfahren.

Der vorliegende Beitrag führt aus, welche Aspekte des Prozessmanagements und Prozesscontrollings in der Hotellerie zu beachten sind. Dazu werden in Abschnitt 2 Entwicklungsstufen des Prozessmanagements und Elemente eines unterstützenden Prozesscontrollings eingeführt. Die folgenden Abschnitte detaillieren diese Entwicklungsstufen, indem u. a. Beispiele für Instrumente und Methoden, mit denen sie erfolgreich umgesetzt werden können (ISO 9000 f., EFQM, Six Sigma, BPR) aufgeführt und entsprechend eingeordnet werden.

Themen wie Fremdvergabe von Prozessen (Outsourcing) und systematische Prozessvergleiche im Rahmen eines Benchmarkings sind nicht Bestandteil dieses Beitrags, gleichwohl sind sie im Rahmen eines Prozessmanagements von Bedeutung. Ziel dieses Beitrags ist es, einen Überblick und eine Einordnung für das Thema Prozessmanagement und Prozesscontrolling in der Hotellerie zu geben.

2 Entwicklungsstufen des Prozessmanagements und Prozesscontrollings

Das Prozessmanagement bezieht sich darauf, sicherzustellen, dass Prozesse zur effektiven und effizienten Erfüllung der (externen oder internen) Kundenbedürfnisse umgesetzt werden. Das Prozesscontrolling wirkt dabei unterstützend: Es stellt zum einen sicher, dass die Prozessziele mithilfe von Kennzahlen (hier wird mittlerweile auch im Deutschen der englische Begriff *KPI – key performance indicator* benutzt) messbar gemacht und damit spezifiziert werden, zum anderen dass diese Kennzahlen in einem Controllingzyklus geplant, kontrolliert und damit einer Abweichungsanalyse erst zugänglich gemacht werden (vgl. z. B. Weber/Schäffer 2007, S. 16 ff.). Das Fehlen von Prozesskennzahlen ist ein Hinweis auf ein nicht ausgereiftes Prozessmanagement in Unternehmen bzw. Hotels. Soll-Ist-Werte für Prozesskennzahlen bilden die Basis für daraus abgeleitete Maßnahmen zur Prozessverbesserung. Für das Prozessmanagement, das wie geschildert durch ein entsprechendes Prozesscontrolling unterstützt wird, gibt es im Wesentlichen drei Entwicklungsstufen, die in Abbildung 1 dargestellt sind (vgl. dazu ähnlich auch Bond 1999, S. 1327).

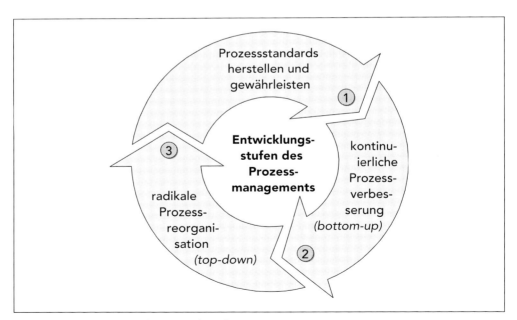

Abbildung 1: Entwicklungsstufen des Prozessmanagements

Im ersten Schritt gilt es, einen Prozessstandard für insbesondere häufig durchzuführende Prozesse, z.B. Check-in/Check-out, Zimmerreinigung, herzustellen. Wenn ein Prozessstandard definiert ist, muss dessen Einhaltung gewährleistet sein. In der zweiten Stufe geht es nunmehr darum, basierend auf dem Prozessstandard Prozessverbesserungen zu initiieren. Hier steht die Frage im Vordergrund, das Know-how und Ideenpotenzial der Mitarbeiter und Führungskräfte, die den Prozess durchführen und dafür verantwortlich sind, zu aktivieren und zu nutzen für in der Regel kleinere, inkrementelle Verbesserungen. Die dritte Entwicklungsstufe des Prozessmanagements ist ein Top-down-Ansatz: In größeren Zeitabständen sollte ein Prozess unabhängig vom Status quo grundsätzlich und radikal nur von den Kundenbedürfnissen ausgehend überdacht und ggf. reorganisiert werden. Ziel ist es, eine wesentliche Verbesserung der Prozessleistung mit geringeren Kosten und schnelleren Durchlaufzeiten bei gleicher oder sogar gesteigerter Kundenzufriedenheit zu erreichen. Dieser Ansatz ist seit den 1990er-Jahren auch unter dem Begriff *Business (Process) Reengineering (BPR)* bekannt (vgl. Hammer/Champy 1994).

Nach einer radikalen Prozessreorganisation mit entsprechenden Leistungssteigerungen gilt es, diesen neuartigen Prozess als Standard zu etablieren. Damit ist man wiederum in Stufe 1 des Schemas: den Prozessstandard herstellen und gewährleisten. Natürlich kann auch direkt nach Stufe 1 ein Projekt zur radikalen Prozessreorganisation durchgeführt werden. Diese Projekte finden aber seltener statt als die kontinuierlichen Verbesserungen, die daher in dem vorliegenden Schema an zweiter Stelle aufgeführt werden.

In den folgenden Abschnitten werden diese drei Entwicklungsstufen ausführlicher dargestellt, vorhandene Instrumente und Methoden in dieses Entwicklungsschema eingeordnet sowie mit Beispielen aus der Hotellerie erläutert.

3 Prozessstandards herstellen und gewährleisten

3.1 Prozessdefinitionen und Prozesshierarchien

Das Denken und Handeln in Prozessen setzt voraus, dass zunächst Prozesse in einem Hotel definiert sind. Diese auch als Prozesslandkarte bezeichnete Übersicht muss für verschiedene Detaillierungsstufen in einer Prozesshierarchie spezifiziert werden. Das heißt, auf Prozessebene II werden die einzelnen Prozesse der Ebene I detailliert usw. Auf der obersten Stufe kann man in Anlehnung an die Wertkettenanalyse von Porter (vgl. Porter 1985) primäre, direkt an der Wertschöpfung beteiligte Prozesse und sekundäre, indirekt und die Wertschöpfung unterstützende Prozesse unterscheiden.

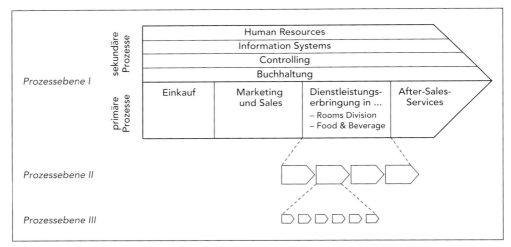

Abbildung 2: Prozessstruktur und -hierarchie für Hotels – beispielhaft

Diese hoch aggregierte Prozessstruktur kann auf weiteren Ebenen detailliert werden bis hin zu spezifischen Tätigkeiten (siehe Abbildung 2). Bei Vorliegen einer vollständigen (oder zumindest die wesentlichen Prozesse abbildenden) Prozesslandkarte hat man den Ausgangspunkt für ein erfolgreiches Prozessmanagement. In Abbildung 3 ist ein Beispiel für eine Prozesslandkarte eines Hotelrestaurants für die primären Serviceprozesse gegeben (vgl. Stierand/Sandt 2007, S. 32). Fünf Prozesse können im Wesentlichen auf einer ersten Ebene unterschieden werden:

- der Reservierungsprozess *(reservation process)*
- der Empfangsprozess *(reception process)*
- der Bedienungsprozess *(treatment process)*
- der Abrechnungsprozess *(payment process)*
- der Verabschiedungsprozess *(leave-taking process)*

Diese fünf Prozesse auf der Ebene I können nun jeweils auf einer zweiten Prozessebene weiter detailliert werden.

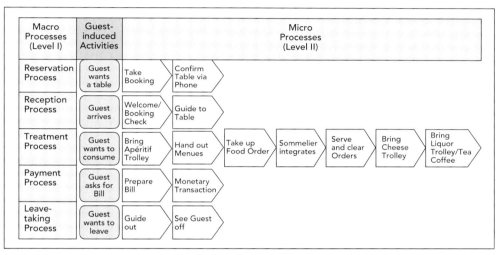

Abbildung 3: Prozesslandkarte für primäre Serviceprozesse für ein Hotelrestaurant im Haute-Cuisine-Bereich (Stierand/Sandt 2007, S. 32)

Die Prozesslandkarte mit entsprechenden Standards auf unterschiedlichen Detaillierungsebenen ermöglicht sowohl Managern als auch Mitarbeitern ein systematisches Prozessmanagement.

3.2 SOP im Rahmen von *Prozessstandards herstellen und gewährleisten*

Auf Tätigkeitsebene sind es die sogenannten *Standard Operating Procedures (SOP)*, die Prozessschritte auf dieser sehr detaillierten Ebene definieren. Oftmals sind sie für verschiedene Prozesse in Hotels definiert, aber manchmal nicht zu einer übergeordneten Prozesslandkarte aggregiert. Während SOP insbesondere für die operativen Mitarbeiter und deren unmittelbaren Vorgesetzten bedeutend sind, sind die übergeordneten Prozesse und die Prozesslandkarte für das Top-Management relevant: Mithilfe von Priorisierungsmatrizen (Einteilung der einzelnen Prozesse z. B. anhand der zwei Dimensionen *Bedeutung für den Kundennutzen* und *Derzeitige Prozessleistung* – jeweils mit den Ausprägungen hoch bzw. niedrig) können Prozesse identifiziert werden, die im Fokus der nächsten Stufen des Prozessmanagements stehen – Prozessverbesserung oder radikale Prozessreorganisation – bzw. stehen sollten. Die SOP sind in der Hotellerie vor allem vor dem Hintergrund einer oftmals nicht geringen Personalfluktuation hilfreich. Sie unterstützen als Checklisten die Einarbeitung neuer Mitarbeiter sowie auch die spätere Durchführung durch die Mitarbeiter. In Abbildung 4 ist ein beispielhafter SOP für den Reinigungsprozess eines Hotelzimmers, bestehend aus 22 Punkten, gegeben.

1.	Wagen und Geräte prüfen
2.	Raum betreten und Vorhänge sowie Fenster öffnen
3.	Toilette spülen und Toilettenreiniger verteilen
4.	Abfälle und ggf. zurückgelassene Gegenstände einsammeln
5.	Sichtprüfung der Standards durchführen
6.	Geschirr und Gläser einsammeln
7.	Bett abziehen
8.	schmutzige Wäsche entfernen
9.	Betten machen
10.	Gläser, Aschenbecher, Abfalleimer reinigen und platzieren
11.	Ablagen, Becken, Fliesen und Wände reinigen
12.	Dusche, Bad, Armaturen und Spiegel reinigen
13.	Toilette reinigen
14.	frische Handtücher und Badeutensilien bereitstellen
15.	Badezimmerboden reinigen
16.	Möbel reinigen
17.	Spiegel und Bilder reinigen
18.	Fenster reinigen
19.	Vorräte auffüllen
20.	Böden staubsaugen
21.	Lampen ausschalten und Tür schließen
22.	Zimmer als *fertig* melden

Abbildung 4: SOP Reinigung Hotelzimmer – beispielhaft

Die SOP sind hervorragend geeignet, die aufgezeigte Entwicklungsstufe 1 des Prozessmanagements zu erfüllen. Das alleinige Vorhandensein von SOP ist zwar eine notwendige, aber keine hinreichende Voraussetzung für stabile Prozesse. Es muss gewährleistet sein, dass die in den SOP dargelegten Prozessstandards nicht nur als Dokumentationen in Aktenordnern und im Intranet existieren, sondern auch tatsächlich im Hotelbetrieb angewendet werden (z. B. der oben dargestellte SOP für die Reinigung von Hotelzimmern).

3.3 Die Normenreihe ISO 9000 f. im Rahmen von *Prozessstandards herstellen und gewährleisten*

Die Normenreihe ISO 9000 f. (International Organisation for Standardisation) definiert Grundlagen, Begriffe und Anforderungen an ein prozessorientiertes Qualitätsmanagement (vgl. z. B. Campell/Scheibeler/Brückner 2006). Die Erfüllung der Normen wird von unabhängigen Auditoren überprüft und zertifiziert. In einem Qualitätsmanagementhandbuch (QM-Handbuch) müssen zunächst Prozesse dokumentiert und dann entsprechend in die betriebliche Praxis umgesetzt werden. Obwohl die Normenreihe ursprünglich in Hinblick auf produzierende Unternehmen konzipiert wurde, wenden mittlerweile auch viele Unternehmen aus dem Dienstleistungsbereich die Normen an (vgl. Dick/Gallimore/Brown 2002, S. 30). Damit kann eine Anwendung der ISO 9000 f. die Entwicklungsstufe 1 – Prozessstandards herstellen und gewährleisten – unterstützen. Insbesondere für Hotels, in denen das Denken und Handeln in Prozessen noch nicht ausreichend vorhanden ist, kann es ein hilfreiches Instrument sein. Sind weitgehend SOP definiert und umgesetzt, ist der zusätzliche Nutzen einer Umsetzung der ISO 9000 f. begrenzt (abgesehen von einer Zertifizierung aus Gründen des Marketings und Unternehmensimages). Das erklärt, dass insbesondere Kettenhotels mit eigenen systematischen SOP in der Regel nicht nach ISO 9000 f. zertifiziert sind. Das Potenzial hinsichtlich des Prozessmanagements ergibt sich vor allem für unabhängige, kleinere und mittlere Hotels ohne systematisches Prozessverständnis und -management. In einer Studie der Internationalen Fachhochschule Bad Honnef – Bonn wurden 30 kleine und mittlere Hotels in Deutschland identifiziert, die nach ISO 9000 f. zertifiziert sind. In einer Befragung gaben die General Manager an, mit dem Nutzen aus der Zertifizierung zufrieden zu sein (vgl. Böckle 2006, S. 50). Allerdings haftet der Zertifizierung nach ISO 9000 f. der Makel der übermäßigen „Bürokratie" an. Hierbei ist zu bedenken, ob dies nicht nur eine Ausrede für mangelhaftes

(Prozess-)Management ist (vgl. dazu auch den Inhaber und Manager des Hotels Schindlerhof bei Nürnberg – das Hotel ist nach ISO 9000 f. zertifiziert: „Und ich kann auch nicht verstehen, dass es immer noch Dienstleister gibt, die der Meinung sind, die Zertifizierung hätte etwas mit Bürokratie zu tun." Kobjoll 2001, S. 28)

3.4 Identifikation von Prozesskennzahlen als Basis für ein Prozesscontrolling

Das die Entwicklungsstufe 1 – Prozessstandards herstellen und gewährleisten – unterstützende Prozesscontrolling besteht im ersten Schritt in der Bestimmung von Kennzahlen für die definierten Prozesse. Dabei kann man sich grundsätzlich an den drei Basisdimensionen für Prozesskennzahlen orientieren: Qualität – Kosten – (Durchlauf-)Zeit (vgl. Gaitanides 2007, S. 205 ff.). Beispielsweise können für den Check-in-Prozess (mit den Unterprozessen Gast begrüßen, Gastdaten in System eingeben, Zimmer zuteilen, Gast Informationen geben) folgende Prozesskennzahlen benutzt werden:

- Kundenzufriedenheit mit Check-in gemäß Kundenzufriedenheitsbefragung
- Anzahl Fehler bei Systemeingabe
- Zeit für Check-in

Auf der Basis identifizierter Prozesskennzahlen können nun Zielwerte festgelegt, später mit den Istwerten verglichen und Abweichungen analysiert werden. Dabei geben die konkreten Prozesskennzahlen mit Zielwerten den Mitarbeitern Klarheit über das erwünschte Prozessergebnis und unterstützen damit ein Selbst-Controlling.

4 Kontinuierliche Prozessverbesserung

Prozessstandards für die wichtigsten und sehr häufig auszuführenden Prozesse herzustellen und zu gewährleisten, ist die erste Entwicklungsstufe eines Prozessmanagements. Idealerweise ermöglichen identifizierte Prozesskennzahlen mit Zielwertplanung, Erhebung der Ist-Werte und eine Soll-Ist-Abweichungsanalyse das Prozesscontrolling und die Identifikation von problematischen Prozessen. Um die Leistung dieser Prozesse zu verbessern, stellt sich im nächsten Schritt die Frage, wie man das Know-how und Ideenpotenzial der Mitarbeiter aktivieren und nutzen kann. Dieser Bottom-up-Ansatz kann unterschiedlich stark strukturiert werden. Im (negativen) Extremfall werden vom Management keine Strukturen für eine kontinuierliche Prozessverbesserung vorgegeben. Hier herrscht, einfach ausgedrückt, das „Prinzip Hoffnung". In den nächsten Abschnitten werden verschieden stark strukturierte Instrumente und Konzepte zur kontinuierlichen Prozessverbesserung vorgestellt und eingeordnet.

4.1 Ideenmanagement zur kontinuierlichen Prozessverbesserung

Ein Strukturelement, um Mitarbeiter zur kontinuierlichen Verbesserung zu aktivieren, stellt das Betriebliche Vorschlagswesen dar. Es wird auch Ideenmanagement genannt (vgl. z. B. Deutsches Institut für Betriebswirtschaft GmbH 2003) und belohnt Verbesserungsvorschläge von einzelnen Mitarbeitern mit einer finanziellen Beteiligung an entsprechenden Ergebnisverbesserungen. Allerdings besteht neben einer unzureichenden Beteiligung der Mitarbeiter das Problem darin, dass individuell geäußerte Ideen nicht alle wesentlichen Aspekte berücksichtigen, dass die Qualität der geäußerten Ideen gering ist und dass diese nicht umgesetzt werden können.

4.2 Qualitätszirkel zur kontinuierlichen Prozessverbesserung

Im Gegensatz zu diesem individuellen Ansatz sind Qualitätszirkel ein team- und workshopbasierter Ansatz (vgl. grundsätzlich und einordnend dazu Lawler/Mohrman 1985). Im Rahmen von Qualitätszirkeln treffen sich Mitarbeiter (in der Regel auf freiwilliger Basis), um identifizierte Probleme in den Abläufen zu besprechen und zu lösen. Trotz positiver Erfahrungen mit Qualitätszirkeln, insbesondere hinsichtlich der Einbindung der Mitarbeiter, besteht deren Problematik darin, dass oftmals keine weiteren Strukturen für den Ablauf von Qualitätszirkeln systematisch zur Verfügung gestellt werden. Konsequenz kann sein, dass ähnlich wie bei dem Ideenmanagement die Qualität, die Umsetzbarkeit und der Ergebnisbeitrag der geäußerten Verbesserungsvorschläge gering sind.

4.3 Kontinuierliche Verbesserungsprozesse (KVP)

Team- und workshopbasierte Prozessverbesserungsansätze bergen die Gefahr eines unstrukturierten und unsystematischen Vorgehens mit Vorschlägen zur Prozessverbesserung, die keine oder nur geringe Effekte zeigen. Um dieser Gefahr zu begegnen, kann man weitere Strukturen und Strukturelemente vorgeben, d. h., der Prozess zur Prozessverbesserung wird (vor-)strukturiert und mit weiteren Instrumenten unterstützt. Diese Strukturierungen geschehen im Rahmen von sogenannten Kontinuierlichen Verbesserungsprozessen (KVP – manchmal auch Kontinuierliche Verbesserungsprogramme genannt; vgl. z. B. Sandt 2006).

Im weiteren Sinne können in diesem Zusammenhang auch Qualitätsmanagementsysteme genannt werden, wie z. B. das Business-Excellence-Modell (2003) der European Foundation of Quality Management (EFQM) und dessen Vorläufer und US-amerikanisches Pendant der Malcolm Baldridge National Quality Award (vgl. Heaphy/Gruska 1995). Diese generellen Systeme sind allerdings umfassender als unternehmensspezifische KVP, beinhalten selbstverständlich auch jeweils eine Prozesskomponente (im Business-Excellence-Modell der EFQM gehört die Prozesskategorie zu den am stärksten gewichteten Kriterien, vgl. EFQM 2003). Sie können mit ihren detaillierten Kriterienlisten Hinweise geben, welche Aspekte die Organisation in Richtung Exzellenz umzusetzen hat, sie geben aber hinsichtlich der spezifischen Gestaltung von team- und workshopbasierten Prozessverbesserungen keine konkreten Hinweise. Beispielsweise wird im Rahmen des EFQM Business Excellence-Modells hinsichtlich der Prozessverbesserung lediglich überprüft, ob ein Prozess dafür vorhanden ist („Is there continuous improvement of processes based on positively identifying opportunities and needs through analysing customer data, operational data and external benchmarks?", EFQM 1999, S. 23). Es werden keine Hinweise für die Ausgestaltung des Verbesserungsprozesses gegeben. Qualitätsmanagementprogramme sind in der Regel weniger stark (vor-)strukturiert und fokussieren nicht so stark auf Prozesse („Six Sigma focuses more on the process elements than TQM. … Six Sigma is more structured and profit oriented than TQM because as opposed to TQM Six Sigma looks at the impact of a process improvement on profit and competitiveness.", Huq 2006, S. 279). Firmenspezifische KVP setzen hier an und geben eine Prozessstruktur mit entsprechenden Instrumenten vor.

Als sehr stark (vor-)strukturierter und inzwischen verbreiteter KVP kann Six Sigma exemplarisch angeführt werden (vgl. z. B. Pande/Neuman/Cavanagh 2000). Ursprünglich von Motorola entwickelt, von General Electric übernommen und populär gemacht, wird es mittlerweile nicht nur im produzierenden Sektor, sondern auch im Dienstleistungssektor angewendet. Seit 2001 setzt in der Hotelbranche beispielsweise die Starwood-Hotelgruppe Six Sigma erfolgreich ein (vgl. Ante 2007). Sigma ist eine statistische Größe für eine Fehlerrate. Ein Six-Sigma-Niveau bedeutet, 3,4 Fehler pro eine Million Fehlermöglichkeiten. Ursprüngliches Ziel für diesen KVP ist dieses Fehlerniveau für verbesserte Prozesse. Es entspricht einer fehlerfreien Quote von 99,99966 %. Obwohl dieses Sigmaniveau namensgebend war, ist es in den betrieblichen Verbesserungsprojekten mehr eine Leitidee als eine harte Zielvorgabe. Wichtiger ist die strukturierte Vorgehensweise dieses Ansatzes mit der Einordnung vieler einzelner Instrumente. Elementares Strukturelement ist der sogenannte DMAIC-Zyklus (siehe Abbildung 5).

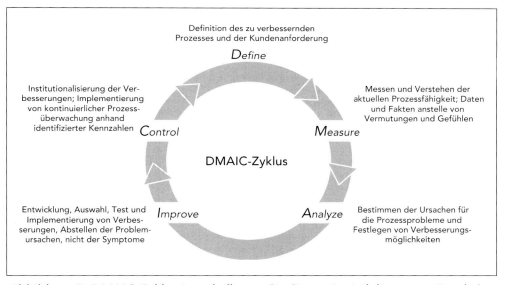

Abbildung 5: DMAIC-Zyklus innerhalb von Six Sigma (in Anlehnung an Pande/ Neuman/Cavanagh 2000, S. 38)

Nach der Auswahl des zu verbessernden Prozesses werden die Kundenanforderungen definiert. In der zweiten Phase werden Messgrößen bzw. Kennzahlen erhoben. Hier können die in Entwicklungsstufe 1 identifizierten Prozesskennzahlen als Ausgangsgrößen verwendet und durch weitere Daten ergänzt werden. In der Analysephase geht es darum, basierend auf den Daten und Fakten der Phase 2 die Ursachen für die Prozessprobleme zu identifizieren. In der Verbesserungsphase geht es um Lösungsansätze, die in der letzten Phase mithilfe der Kennzahlen überwacht und gesteuert werden. Dieser alles andere als komplizierte DMAIC-Zyklus wird um viele weitere Instrumente ergänzt. Beispielsweise unterstützt das Strukturierungselement *Voice of the Customer (VOC)* für die Kundenanforderungen kritische Elemente *(Critical To Quality – CTQ)*. Ein SIPOC-Konzept *(Supplier – Input – Process – Output – Customer)* unterstützt die systematische Analyse in Phase 3 ebenso wie das bekannte Ishikawa- oder Fischgrätendiagramm. Six Sigma beinhaltet sehr viele Instrumente und Konzepte, die bereits vor seiner Entwicklung existierten und auch ohne Existenz eines Six-Sigma-Programms eingesetzt werden können.

Der Vorteil von Six Sigma besteht darin, die Vielzahl von Instrumenten zu ordnen und entsprechend des dargelegten Zyklusses für Prozessverbesserungen phasengenau anzuwenden. Ausgebildete Six-Sigma-Experten – sogenannte Green Belts, Black Belts und Master Black Belts – gewährleisten die strukturierte und systematische Vorgehensweise anhand des DMAIC-Zyklusses und die phasenspezifische Anwendung der einzelnen Instrumente.

4.4 Einordnungschema für Instrumente und Konzepte zur kontinuierlichen Prozessverbesserung

Six Sigma ist ein sehr stark strukturierter KVP. Er erfordert demzufolge hohe Investitionen in Ausbildung der Experten, Information der Mitarbeiter etc. Daher ist dieser Ansatz aufgrund der Multiplikationsmöglichkeiten bzw. der Skaleneffekte in erster Linie für größere Hotels und Hotelgruppen geeignet. Jedoch kann der allgemeingültige DMAIC-Zyklus mit den entsprechend zugeordneten Instrumenten als Struktur für kleinere und mittlere Hotels dienen. Das in Abbildung 6 dargestellte Einordnungsschema für Instrumente und Konzepte zur kontinuierlichen Prozessverbesserung (Sandt 2008) verdeutlicht die unterschiedlichen Möglichkeiten.

Ausgehend von der Entwicklungsstufe des Prozessmanagements können Prozessverbesserungen unterschiedlich stark (vor-)strukturiert werden. Im Extremfall – linke Seite des Kontinuums der Abbildung – gibt das Management keine Strukturierung für kontinuierliche Prozessverbesserung vor (sozusagen „Prinzip Hoffnung":

Das Management hofft, dass Mitarbeiter sich mit Vorschlägen zur Verbesserung von Prozessen melden). Ein in geringem Ausmaß strukturiertes Instrument für die kontinuierliche Prozessverbesserung ist wie gezeigt das Ideenmanagement. Demgegenüber sind Qualitätszirkel aufgrund ihres team- und workshopbasierten Ansatzes stärker strukturiert. KVP gehen hier weiter: Sie geben für ein strukturiertes und systematisches Bearbeiten von problembehafteten Prozessen Phasenstrukturen (z. B. der DMAIC-Zyklus innerhalb von Six Sigma als ein mögliches KVP) und entsprechende Instrumente (z. B. SIPOC, Ishikawa-Diagramme) vor. Hinsichtlich des Ausmaßes der Strukturierung ist Six Sigma einer der umfassendsten KVP.

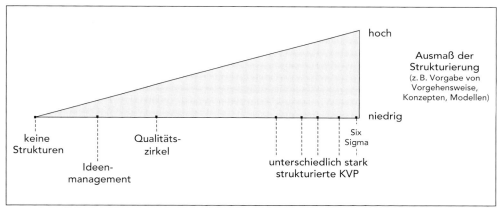

Abbildung 6: Einordnungsschema für Instrumente und Konzepte der kontinuierlichen Prozessverbesserung (Sandt 2008, S. 4)

Neben der Entscheidung, Six Sigma in einem Hotel oder einer Hotelgruppe einzuführen, besteht die Alternative, aufbauend auf team- und workshopbasierten Ansätzen, diese um einige Strukturelemente (z. B. DMAIC-Zyklus ergänzt um einige phasenspezifische Instrumente) anzureichern. Hier können auch bestehende Qualitätsmanagementprogramme entsprechend spezifiziert werden. Bildlich gesprochen bewegt man sich in dem aufgezeigten Kontinuum von Qualitätszirkeln in Richtung KVP und gestaltet einen dem eigenen Hotel angepassten KVP.

5 Radikale Prozessreorganisation

In der Entwicklungsstufe 2 geht es darum, für Verbesserungen das Know-how und Ideenpotenzial der Mitarbeiter für eingeführte und stabile Prozesse zu aktivieren. Dieser Bottom-up-Ansatz kann viele Verbesserungen hervorbringen, die allerdings in ihrem Ergebnisbeitrag jeweils relativ gering sind. Im Gegensatz dazu steht der Ansatz der radikalen Prozessreorganisation (*Business Process Reengineering – BPR*, vgl. grundlegend z. B. Hammer/Champy 1994).

Im Rahmen eines BPR-Projekts geht es darum, einen ausgewählten Prozess fundamental infrage zu stellen. Im Rahmen von KVP geschieht dies in der Regel nicht. Ausgangspunkt hierfür sind lediglich die Kundenbedürfnisse. Unabhängig vom Status quo des Prozesses wird darauf aufbauend überlegt, wie man diese Anforderungen effektiv und effizient lösen kann. Dabei sollten zunächst bestehende Einschränkungen nicht beachtet werden. Man startet sozusagen (gedanklich) auf der grünen Wiese („Wenn wir diesen Prozess neu gestalten könnten, wie sollte er aussehen?"). Das soll gedankliche Barrieren, die durch das Arbeiten in einem bestimmten, ausgestalteten Prozess sich oft automatisch und unbewusst ergeben, überwinden („Der Check-out-Prozess muss an der Rezeption ablaufen!"). Nach der Neugestaltung wird dann geprüft, wie man die grundlegend neue Prozessstruktur implementieren kann.

Aufgrund der beabsichtigten Radikalität des Prozesswandels erfordert BPR ein Top-down-Vorgehen, da ansonsten die Gefahr des Scheiterns besteht (vgl. Gaitanides 2007, S. 60). Es handelt sich „um eine Gestaltung ‚von null weg', die im Gegensatz zu inkrementeller Weiterentwicklung von Prozessen [Bestandteil der Entwicklungsstufe 2, Anmerkung des Autors] vom Management einen Top-down-Ansatz in ihrer Realisierung verlangt". (Hess/Schuller 2005, S. 357). Dieser Top-down-Ansatz wird oftmals durch externe (Berater-)Unterstützung begleitet, um beispielsweise sicherzustellen, neueste technologische Möglichkeiten nutzen zu können. BPR-Projekte zielen auf große Ergebnisverbesserungen.

Beispielhaft kann ein unter Beteiligung des General Managers durchgeführtes BPR-Projekt für die Zimmerreinigung genannt werden. Ziel war es allgemein, die Kosten in dem Hotel erheblich zu reduzieren. Ein fundamentales Infragestellen aller Prozessschritte führte u. a. dazu, dass zwei Vollzeit-Kräfte für das Überprüfen der Reinigungsqualität in diesem Prozess ersetzt wurden durch stichprobenweise Überprüfung und sogenanntes Empowerment der Reinigungskräfte. Damit wurden allein 1,8 Mitarbeiterkapazitäten (0,2 Mitarbeiterkapazitäten werden noch für die Überprüfungen für kleine Stichproben benötigt) und die entsprechenden Gehälter dauerhaft eingespart.

Allerdings ist kritisch anzumerken, dass die Resultate von BPR-Projekten oft hinter den hohen Erwartungen zurückbleiben. Allerdings werden unter dem Begriff BPR bzw. radikale Reorganisation nicht selten Projekte aufgeführt, die bei genauerem Hinsehen lediglich eine Optimierung bestehender Abläufe darstellen (d.h. in dem vorgestellten Entwicklungsmodell in Stufe 2 fallen; vgl. Osterloh/ Frost 2006, S. 224). Nach einem BPR-Projekt geht es darum, den neu organisierten Prozess als Standard zu etablieren. Damit ist man wieder bei Entwicklungsstufe 1 – Prozessstandard herstellen und gewährleisten.

6   Zusammenfassung

Das Denken und Handeln in Prozessen ist elementar für operative Exzellenz und den Erfolg eines Hotels. Die drei Entwicklungsstufen verdeutlichen die Herausforderungen für das Hotelmanagement: Zunächst gilt es, Prozessstandards herzustellen und zu gewährleisten. Ein unterstützendes Prozesscontrolling stellt Prozesskennzahlen mit Ziel-, Ist-Werten und Abweichungen zur Verfügung. Dann gilt es, die Prozesse zu verbessern: ein kontinuierliches Verbessern der Prozesse sollte zunächst bottom-up von den Prozessmitarbeitern selbst geleistet werden. Hier kann das Management unterschiedlich ausgeprägt Strukturen vorgeben, z.B. mit Ideenmanagement und Qualitätszirkeln. Aber auch der Verbesserungsprozess selbst kann (z.B. für Qualitätszirkel) (vor-)strukturiert werden in sogenannten KVP. Hier gibt es wiederum unterschiedlich stark ausgeprägte Prozessstrukturen. Six Sigma ist eines der umfassendsten KVP. Aus diesem geordneten und strukturierten Ansatz können sich auch Hotels bedienen, die Six Sigma nicht ganzheitlich anwenden (möchten). Darüber hinaus sollten von Zeit zu Zeit unabhängig vom Tagesgeschäft und dem bestehenden Status quo ausgewählte Prozesse einmal fundamental infrage gestellt werden mit dem Ziel einer radikalen Reorganisation mit entsprechend hohen Leistungssteigerungen.

Abschließend können folgende Fragen Führungskräften in der Hotellerie helfen, Handlungsbedarfe in puncto Prozessmanagement und Prozesscontrolling in ihren Bereichen zu identifizieren:

- Sind für häufig zu wiederholende Prozesse Standards identifiziert?
- Werden diese Standards umgesetzt?
- Gibt es eine übergreifende Prozesslandkarte mit einer Prozesshierarchie?
- Gibt es für die wichtigsten Prozesse Prozesskennzahlen, die mit ihren Ziel-, Istwerten und Abweichungen Teil des regelmäßigen Management-Berichtswesens sind?
- Werden kontinuierliche Prozessverbesserungen durch Strukturen gefördert?
- Werden zentrale Prozesse ab und an einmal grundlegend infrage gestellt?

Literatur

Ante, S. E. (2007): Six Sigma Kick-Stars Starwood, in: Business Week, 30. August 2007.

Bond, T. C. (1999): The role of performance measurement in continuous improvement, in: International Journal of Operations & Production Management, 19. Jg., Nr. 12, S. 1318–1334.

Campell, I./Scheibeler, A./Brückner, C. (2006): Prozessorientiertes Qualitätsmanagement nach ISO 9000:2000, Kissing.

Böckle, S. (2006): ISO 9000 in the German Hotel Industry – Additional Red Tape without Use? An Empirical Analysis of the Applicability of ISO 9000 in the German Hotel Industry – Motivation, Costs, Benefits, and Success Factors, Unveröffentlichte Diplomarbeit, Internationale Fachhochschule Bad Honnef – Bonn.

Deutsches Institut für Betriebswirtschaft GmbH (Hrsg.) (2003): Erfolgsfaktor Ideenmanagement. Kreativität im Vorschlagswesen, 4., vollständig neu überarbeitete erweiterte Auflage, Berlin.

Dick, G./Gallimore, K./Brown, J. C. (2002): Does ISO 9000 accreditation make a difference to the way service quality is measured?, in: Managing Service Quality, 12. Jg., Nr. 1, S. 30–42.

EFQM (2003): The Fundamental Concept of Business Excellence, Brüssel.

EFQM (1999): Determining Excellence. Taking the First Steps – A Questionnaire Approach, Brüssel.

Gadatsch, A./Knuppert, T./Schnägelberger, S. (2005): Geschäftsprozessmanagement – Umfrage zur aktuellen Situation in Deutschland, Österreich und der Schweiz, Schriftenreihe des Fachbereichs Wirtschaft der Fachhochschule Bonn-Rhein-Sieg, Band 14, Sankt Augustin.

Gaitanides, M. (2007): Prozessorganisation. Entwicklung, Ansätze und Programme des Managements von Geschäftsprozessen, 2., vollständig überarbeitete Auflage, München.

Hammer, M./Champy, J. (1994): Business Reengineering. Die Radikalkur für das Unternehmen, Frankfurt am Main.

Heaphy, M. S./Gruska, G. F. (1995): The Malcolm Baldrige National Quality Award. A Yardstick for Quality Growth, Reading.

Hess, T./Schuller, D. (2005): Business Process Reengineering als nachhaltiger Trend? Eine Analyse der Praxis in deutschen Großunternehmen nach einer Dekade, in: zfbf – Schmalenbachs Zeitschrift für betriebswirtschaftliche Forschung, 57. Jahrgang (Juni 2005), S. 355–373.

Huq, Z. (2006): Six Sigma Implementation through Competency Based Perspective (CBP), in: Journal of Change Management, 6. Jg., Nr. 3, S. 277–289.

Kobjoll, K. (2001): Abenteuer European Quality Award, 3. Auflage, Zürich.

Lawler, E. E./Mohrmann (1985): Quality Circles after the Fad, in: Harvard Business Review, Januar–Februar 1985, S. 58–75.

Matzler, K./Rier, M./Renzl, B./Hinterhuber, H. H. (2004): Die wichtigsten Managementkonzepte und -methoden: Die Sicht der Unternehmensberater, in: ZfCM – Zeitschrift für Controlling und Management, 48. Jg., H. 2, S. 82–85.

Osterloh, M./Frost, J. (2006): Prozessmanagement als Kernkomptenz. Wie Sie Business Reengineering strategisch nutzen können, 5., überarbeitete Auflage, Wiesbaden.

Pande, P. S./Neuman, R. P./Cavanagh R. R. (2000): The Six Sigma Way. How GE, Motorola, and other top companies are honing their performance, New York et al.

Porter, M. E. (1985): Competitive Advantage. Creating and Sustaining Superior Performance, New York.

Sandt, J. (2008): The Management and Control of Continuous Change, unveröffentlichtes Arbeitspapier, Bonn.

Sandt, J. (2006): Prozesskostenmanagement und KVP – Verankerung des Prozess-(kosten)gedankens mit Hilfe von kontinuierlichen Verbesserungsprogrammen (KVP), in: ZfCM – Zeitschrift für Controlling und Management, 49. Jg., Sonderheft 1, S. 46–51.

Stierand, M./Sandt, J. (2007): Organising Haute-Cuisine Service Processes: A Case Study, in: Journal of Hospitality and Tourism Management, 14. Jg., Nr. 1, S. 24–36.

Weber, J./Schäffer, U. (2006): Einführung in das Controlling, 11., vollständig überarbeitete Auflage, Stuttgart.

Strategisches Einkaufsmanagement: Kostenoptimierung – Gewinnsteigerung – Qualitätssicherung

Jochen Oehler

1 Einführung

Eine Umsatzsteigerung von 12% bringt gerade einmal so viel Gewinn wie eine Senkung der Einkaufskosten von „nur" 2% – Berechnung am Beispiel eines Hotels, das einen NOP (Net Operating Profit; Gewinn vor Steuern) von 5% erzielt! Im Einkauf steckt also ein extrem wirkungsvoller Rendite-Turbo. Zudem setzt eine optimale Einkaufsorganisation erhebliche Zeitreserven durch schlankere Prozessabläufe frei. Zeit, die gewonnen wird und die man verwenden kann, sich auf die eigentlichen Kernkompetenzen zu konzentrieren: Die bestmögliche Dienstleistung für die Gäste.

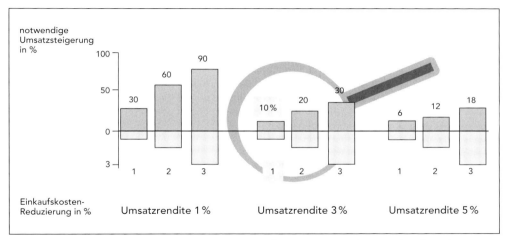

Abbildung 1: Gewinnwirkung durch Einkauf (Quelle: Studie „Einkauf in der Hotellerie")

Da die Einkaufskosten – wie im Jahr 2008 deutlich gesehen – für die Hotellerie weiter steigen werden, gewinnt die Rendite-Wirkung durch professionellen Einkauf eine doppelt sinnvolle Bedeutung. Es gibt viele Gründe, die – ob wir wollen oder nicht – zu Erhöhungen der Einkaufskosten führen werden:

- knapper werdende Erträge bei Ernten durch Ernteausfälle
- knapper werdende Angebotsmengen durch anderweitige Verwendungen der Rohstoffe (Stichwort Biodiesel, Pellets etc.) oder einem Nachfrageüberhang (Stichwort Bio-Produkte)

- steigende Energiekosten und damit Verteuerung nahezu aller Produkte, die die Hotellerie einsetzt, da die meisten Produkte, mit denen die Hotellerie arbeitet, energieabhängig sind – von der Porzellantasse bis hin zur Frischhaltefolie
- erhöhte Logistikkosten durch steigende Energiekosten und Verkehrsabgaben und damit Verteuerung der Lieferkostenanteile
- steigende Markenstandards und damit der „Druck" auf die Hotellerie generell, zur Erhaltung der eigenen Wettbewerbsfähigkeit mitzuziehen und ebenfalls „aufzurüsten"
- Zusatzkosten/Abgaben im Zusammenhang mit der Klimasituation, die sich ebenfalls auf die Produktionskosten unmittelbar auswirken

Neben diesen „externen" Faktoren spielt die abnehmende Wertschöpfungstiefe in der Hotellerie eine Rolle. Immer mehr Leistungen und Produkte werden von Dritten bezogen, anstatt sie selbst zu erbringen. Dazu zählen neben dem seit vielen Jahren oft schon „outgesourcten" Housekeeping neue Bereiche wie die Auslagerung der Buchhaltung, des Einkaufs oder der Haustechnik. Jedes Hotel muss für sich die Entscheidung treffen, wie weit es das Outsourcing „treibt". Es gibt kein Patentrezept, da für jeden Betrieb komplett unterschiedliche Voraussetzungen gelten können.

Für strategischen Einkauf spricht neben der Kostenentwicklung auch die Umsatzentwicklung in der Hotellerie: Seit Jahren wachsen die Umsätze der Hotellerie durchschnittlich – meist sogar nur im niedrigen, einstelligen Prozentbereich. Der

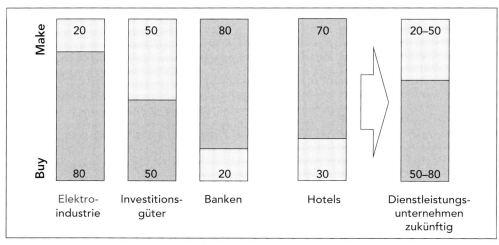

Abbildung 2: Wertschöpfungstiefe in Dienstleistungsunternehmen (Quelle: Jahns, Gerdes (2003), S. 97)

Gewinnmaximierung durch reine Umsatzsteigerung sind also schlichtweg natürliche Grenzen gesetzt.

In anderen Branchen und in der Industrie gilt Ähnliches. Daher ist in den meisten der Top-30-Dax-Unternehmen in Deutschland der strategische Einkauf bereits auf Vorstandsebene angesiedelt. Die ersten Hotelketten verfahren ähnlich. Motive: Kostenoptimierung, Abfedern von Kostensteigerungen, Erhöhung der Transparenz, mehr Zeit durch bessere Prozessabläufe – kurzum: Optimierung des Gewinns und Erhöhung der Wettbewerbsfähigkeit.

In Zukunft wird daher das strategische Einkaufsmanagement neben dem Marketing zu einer Pflichtdisziplin von Hoteliers und Managern werden müssen. Hotelfachschulen, Berufsakademien, Berufsschulen müssen sich darauf einstellen und entsprechende Ausbildungen anbieten.

Nur die gleichgewichtige Behandlung beider Bereiche – Verkauf und Einkauf – sichert die bestmögliche Gewinnentwicklung.

2 Supply Management steht für strategischen Einkauf

Als Platzhalter für das gesamte Themenfeld strategischer Einkauf wird international der Begriff „Supply Management" verwendet. Supply Management gilt also als Terminus für die strategische Managementdimension und das gesamte Gebiet des „Einkaufs". Dabei ist „Supply Management" neben dem Themenfeld Logistics ein Unterbereich des sogenannten Supply Chain Managements.

Die Praxis zeigt, dass ausschließlich durch die professionelle Anwendung der Regeln des Supply Managements, also den strategischen, geplanten und durchdachten Ansatz, die langfristige und damit nachhaltige Optimierung der Einkaufskosten funktioniert. Durch kurzfristig angelegte Maßnahmen im Einkauf, wie zum Beispiel das Lieferantensqueezing oder Schnäppchenjagen, werden maximale Cost Savings von rund 5 bis 10 % erzielt. Langfristig ausgerichtete Strategien mit Planung und Konzept bewirken 40 % Cost Savings und mehr. Zudem werden erhebliche Prozessvorteile und damit weitere einhergehende Kostenreduzierungen erzielt.

Supply Management bietet weitreichende Vorteile wie zum Beispiel:

- Kostensenkung durch bessere Konditionen und damit optimierte Gewinn-situation
- Vermeidung, Vorbeugung oder Abfederung von zukünftigen Kostensteige-rungen
- Optimierung der eingekauften Produktqualitäten
- kein Schnäppchenjagen nötig
- Vermeidung Einkauf Billigstprodukte/Fehleinkäufe
- bessere Verhandlungsposition
- bessere Dokumentations-, Kontroll- und Steuerungsmöglichkeiten
- bessere Prozessabläufe für eine spürbare Entlastung aller Mitarbeiter und da-mit bessere Konzentration auf die Kernkompetenzen

Dabei beinhaltet die strategische Ausrichtung des Einkaufs, also das Supply Ma-nagement, sehr viele Unterbereiche, die in der Hotellerie mal mehr und mal we-niger bereits angewendet werden, so zum Beispiel:

- Strategieentwicklung
- Lieferantenmanagement (Purchasing)
- Einkaufsprozessoptimierung
- Vertragsmanagement
- Benchmarking (Vergleich der Einkaufsperformance mit anderen Hotels)
- Beschaffungsdurchführung (Procurement)
- Einkaufscontrolling
- Optimierung der „internen Kundenbeziehungen" – Kommunikation und „Ver-kauf" der strategischen Einkaufsergebnisse nach innen
- Human Resources (Aus- und Weiterbildung des Einkaufs)

Die Auflistung zeigt, dass Supply Management mehr ist als nur die häufig fokus-sierte Beschaffungsdurchführung (Procurement).

2.1 Einkauf wandert in Führungsetage

Die Behauptung, wie oben schon getroffen, dass Einkauf in die Führungsetage wandert, bestätigt auch folgendes Studienergebnis:

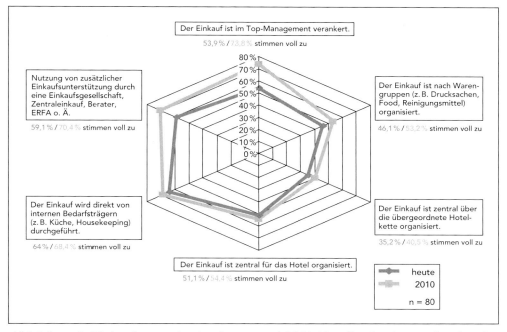

Abbildung 3: Einkaufsorganisation heute und 2010 (Quelle: Studie „Einkauf in der Hotellerie")

Im Jahr 2010, so die Einschätzung der Befragten der auch vom Hotelverband Deutschland unterstützten Studie „Einkauf in der Hotellerie" des Supply Management Instituts, wird der Einkauf zu 73,8 % im Top-Management verankert sein (2006 etwa 54 %). Dies untermauert die wachsende Bedeutung und die strategische Ausrichtung des Einkaufs auch aus dem Blickwinkel der Hoteliers. (1)

2.2 Strategische Ausrichtung Einkauf

Um den Hoteleinkauf strategisch aufzubauen und auszurichten und somit alle Vorteile herauszuholen, sind zwei Dinge unverzichtbar: Die Bestandsaufnahme, wie der Einkauf heute im Hotel funktioniert sowie die Definition der Ziele. Was soll mit dem strategischen Einkauf erzielt werden?

Ist-Analyse für gnadenlose Bestandsaufnahme

Bei der Ist-Analyse wird eine Bestandsaufnahme im Hotel vorgenommen. Es werden die „Sechs W's im Einkauf" ermittelt: Wer, was, wann, wo, wie, wie viel einkauft. Überprüft werden vor allem:

- Bestellabläufe
- Warenannahme
- Warenausgabe
- Inventur
- Lieferantenzahl
- Lieferantenart
- Einkaufsvolumen total und pro Sortiment

Die Ist-Analyse kann nur in Zusammenarbeit mit dem Hotelteam durchgeführt werden. Insbesondere dann, wenn der Einkauf dezentralisiert ist und die Abteilungsleiter Einkaufsverantwortung tragen. Vielfach haben diese Führungskräfte ihre Kompetenzen in anderen Bereichen als dem Einkauf. Daher wird es keine einzige Ist-Analyse geben, bei der nicht teilweise erhebliche Potenziale entdeckt werden, die bis dato geschlummert haben. Da die Führungskräfte es in der Regel aber stets „gut gemeint" haben, darf ihnen das Aufdecken von Schwachstellen nicht zum Nachteil geraten, da sie sonst das komplette Projekt blockieren könnten. Die Führungskräfte müssen mitgenommen werden, das heißt, die Kommunikation muss offen und transparent sein. Sonst scheitert das Unterfangen.

Zielsetzungen sind der Treibstoff für Erfolg

Die Definition der Ziele des Hoteleinkaufs helfen zum einen ein klares Bild von der Mission zu bekommen, Mitarbeiter optimal anweisen und führen zu können als auch Ergebnisse am Jahresende zu überprüfen. Das ist der Treibstoff für das Team! Die Zielsetzungen können verschiedenartig sein und auch zusammenhängen. Es kann hierbei mehrere Ziele geben wie:

- Kostensenkung
- Qualitätsverbesserung bei gleichen Kosten
- Reduzierung des Arbeitsaufwands
- Marketingunterstützung
- bessere Transparenz und Kontrolle
- Risikoreduzierung (zum Beispiel in Bezug auf HACCP, Fremdreinigung)

Die Ziele und Vorgaben müssen messbar sein, damit die Ergebnisse kontrolliert und gegebenenfalls steuernd eingegriffen werden kann. Zudem müssen die Ziele kommuniziert und idealerweise auch in den Businessplan integriert werden, so wie die Marketingziele ja auch. Aus der Ist-Analyse und der Definition der Zielsetzungen leiten sich die Maßnahmen ab, von denen einige ausgesuchte nachfolgend beschrieben werden.

2.3 Strategisches Lieferantenmanagement

Ein gutes Lieferantenmanagement, das entscheidende strategische sowie operative Aufgaben beinhaltet, kann zu einer Steigerung des Einkaufserfolgs und des Gewinns sowie zu einer Freisetzung von Ressourcenkapazitäten des Personals führen. Die Zahl der Lieferanten kann in der Hotelbranche noch erheblich reduziert werden. Der immense Zeitaufwand, der dem Personal mit logistischen Tätigkeiten aufgrund des teilweise doch sehr unstrukturierten Lieferantenmanagements und der mangelnden Regelungen wie beispielsweise festen Warenannahmezeiten entsteht, könnte sehr gut minimiert werden.

Im Durchschnitt hat ein 3- bis 5-Sterne-Hotel 112 Lieferanten. Dies bedeutet, dass Hotels durchschnittlich mit 112 Lieferanten verhandeln, vergleichen, Bestellprozesse abwickeln, Rechnungen buchen, Kontrollaufgaben wahrnehmen etc. – und die meisten bestellen bei einem Lieferanten mehrmals. Hochgerechnet auf ein Jahr kommt eine sehr große Menge an Bestellvorgängen, Buchungsabwicklungen oder Warenanlieferungen zusammen.

Aufgrund der hohen Lieferantenanzahl besteht oftmals kein genauer Überblick über die einzelnen Lieferanten. Daher können Einkäufer nicht die gewünschte starke Verhandlungsposition gegenüber ihrem Lieferanten in Gesprächen einnehmen, da oftmals eine genaue Lieferantenanalyse sowie Basisinformationen wegen der Menge der Zulieferer fehlen.

Ein Hotel sollte bei der Zahl der Lieferanten, mit denen es zusammen arbeitet, sparsam sein und das Prinzip der Lieferantenkonzentration verfolgen, da diese viele Vorteile hat:

- Erzielung bestmöglicher Preise und Konditionen
- höhere Aufmerksamkeit und Wahrnehmung beim Lieferanten

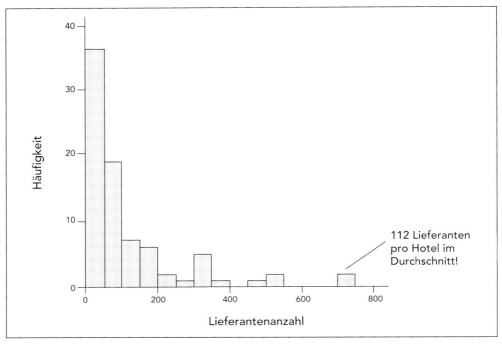

Abbildung 4: Anzahl Lieferanten pro Hotel (Quelle: Studie „Einkauf in der Hotellerie")

- bessere Einkaufsprozesse – geringerer Aufwand Bestellwesen, Verringerung Aufwand Warenannahme
- weniger Verwaltungsaufwand – Verringerung Belegflut/Rechnungen/Inventuraufwand
- Zeitersparnis bei allen einkaufsverantwortlichen Mitarbeitern
- leichtere Einarbeitung neuer Mitarbeiter
- bessere Steuerung und Kontrolle seitens des Hotelmanagements

Des Weiteren existieren oftmals keine festen Warenannahme- und Warenausgabezeiten. Bei einer Zusammenarbeit mit einer Vielzahl von Lieferanten ist die benötigte Zeit für die Warenannahme und -ausgabe, Bestands- und Lagerkontrolle, Ein- und Auslagerung sowie Rechnungsbearbeitung wesentlich höher, als wenn dies gebündelt in Zusammenarbeit mit wenigen Lieferanten durchgeführt wird. Standardisierungsvorteile könnten derartig ermöglicht und der Personalaufwand verringert werden.

Die Konzentration auf wenige Hauptlieferanten sowie einige Zusatzlieferanten für spezielle, spontane Sonderwünsche der Kunden wird der Trend in den kommenden Jahren sein. Durch eine gezielte Lieferantenauswahl können neben der Prozessstandardisierung ebenso Differenzierungs- und Qualitätsvorteile erlangt werden.

Zehn Lieferantengespräche pro Monat pro Abteilung!

Pro Monat werden derzeit von 79,6 % der Hotels bis zu zehn Gespräche mit Lieferanten geführt. Die durchschnittliche Dauer des Gesprächs mit Lieferanten beträgt bei 75,8 % der Hotels 30 Minuten und mehr. Dies bedeutet einen sehr hohen Zeitaufwand, der für die Lieferantenführung und -steuerung sowie Absprachen und Vergleiche gebraucht wird. In dieser Zeit stehen Direktion und Personal nicht den eigentlichen Aufgaben wie dem Service am Kunden zur Verfügung.

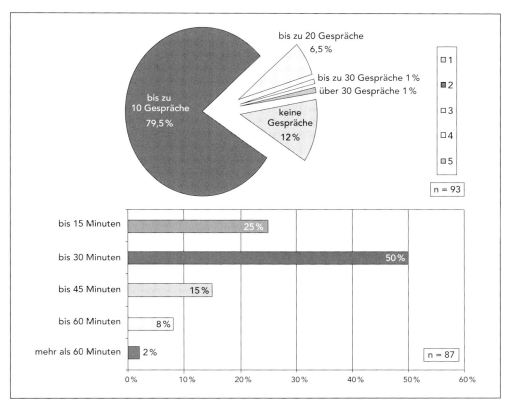

Abbildung 5: Anzahl Lieferantengespräche pro Monat und durchschnittliche Gesprächsdauer (Quelle: Studie „Einkauf in der Hotellerie")

Des Weiteren werden fast zwei Drittel der Lieferantengespräche selten bis nie schriftlich fixiert, sodass die genauen Gesprächsinhalte nicht nachgeprüft werden können.

Zuverlässigkeit ist Hauptgrund für Lieferantenauswahl

Zur Auswahl von Lieferanten spielen verschiedene Kriterien eine unterschiedlich wichtige Rolle. Vielfach sind es:

- Zuverlässigkeit
- Warenverfügbarkeit
- Preis

Das wichtigste Auswahlkriterium – die Zuverlässigkeit – umfasst hierbei Eigenschaften wie unter anderem Liefertermintreue oder gleichbleibend hohe Qualität. Die Priorität, die Hoteliers diesem Merkmal zur Lieferantenauswahl zuerkennen, wird künftig noch steigen, da dies ein Differenzierungsmerkmal auch für Hotels gegenüber dem Kunden ist. Damit ist die Zuverlässigkeit ein dominierendes Auswahlkriterium für Lieferanten. Folglich spielt nicht immer die schnellstmögliche Lieferung die wesentliche Rolle, sondern die Lieferung auf Termingenauigkeit, sodass einerseits Lagerungsprozesse seitens der Hotels vermieden und andererseits Kundenwünsche exakt erfüllt werden können. Ebenso werden die beiden anderen Eigenschaften – Preis und Warenverfügbarkeit – bis 2010 an Bedeutung gewinnen und stellen für Hotels zentrale Differenzierungsmerkmale für Lieferanten dar.

Logistische Leistungsfähigkeit, Dienstleistung und Sortimentsbreite des Lieferanten entscheiden heute und morgen stark darüber, ob Lieferanten in die engere Auswahl kommen und zu einem strategischen Lieferanten für das Hotel werden können. Die Marke als Auswahlkriterium gewinnt an Bedeutung, ebenso wie das Angebot an Schulungen durch den Lieferanten.

Anderes wie Rückvergütung, Promotion oder Warensponsoring sind zusätzliche Merkmale, die jedoch keine ausgeprägte Entscheidungsgewichtung aufzeigen.

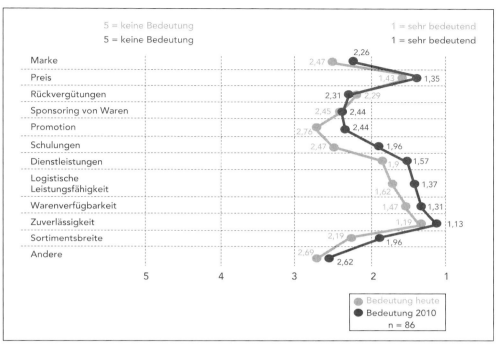

Abbildung 6: Merkmale zur Lieferantenauswahl mit ihrer Bedeutung heute und 2010 (Quelle: Studie „Einkauf in der Hotellerie")

Bestellformen – Selbstabholung auf dem Rückzug – Online wächst

Mit der Bestellung bei einem Lieferanten wird im Idealfall die Belieferung des Hotels mit benötigten Waren und Leistungen ausgelöst. Zu den gängigen Bestellformen zählen:

- Telefon
- Brief
- Fax
- Selbstabholung
- E-Mail
- Web Shop
- Internet/Portal
- Bestellabholung durch Lieferanten

Das Telefon ist nach wie vor eines der wichtigsten Bestellmedien. Der „berühmte Griff zum Telefon" wird auch weiterhin eine starke Bestellvariante sein. Die Bestellform „Hotel holt selbst ab" spielt dagegen zukünftig nur eine untergeordnete Rolle im Rahmen der Einkaufsstrategie und kann als Auslaufmodell bezeichnet werden. Die Bestellformen E-Mail, Internet/Portal, Web-Shop gewinnen in einigen dafür geeigneten Sortimentsbereichen (Reinigungsmittel, Beverages in Teilen, Büromaterial etc.) an Bedeutung und werden in wenigen Jahren dort die Hauptbestellwege darstellen. Web Shops oder Internet/Portale sind jedoch nicht für alle Sortimente beschaffungsoptimal: Je erklärungsbedürftiger ein Produkt ist (Investitionsgüter etc.) und je mehr Servicekomponenten damit verbunden sind, umso ungeeigneter ist der elektronische Bestellweg. Hier dienen Internet und Portale vielmehr als Informationswerkzeuge.

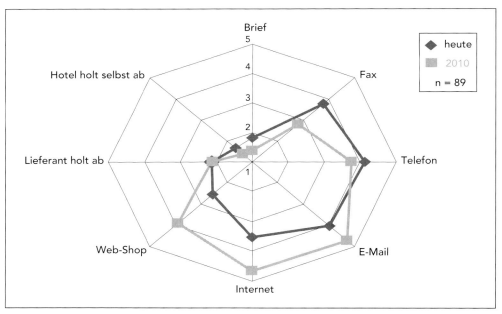

Abbildung 7: Bestellformen heute und 2010 (Quelle: Studie „Einkauf in der Hotellerie")

Wie welche Bestellformen wann und in welchen Fällen eingesetzt werden, richtet sich klar nach der Einkaufstrategie des Hotels als auch nach den zu beschaffenden Sortimenten und Produktgruppen. Die Bestellformen müssen in jeder Hinsicht effizient, transparent und damit wirtschaftlich sein sowie die Ziele der

Einkaufskonzentration unterstützen. Die Abstimmung der Bestellformen sollte bei Kernlieferanten durchaus mit dem Lieferpartner zusammen erfolgen, um bestmögliche Beschaffungskosten zu erzielen.

Eine der Bestellformen, die immer häufiger genannt wird, ist das sogenannte E-Procurement oder auch elektronische Bestellwesen (to procure = bestellen). Es beschreibt die im Rahmen der Beschaffungsabwicklung nötige Bestellabwicklung auf elektronischem Wege. Dafür gibt es eine sehr große Auswahl an Software-Lösungen, die entweder vor Ort auf dem jeweiligen PC (Personal Computer) des Bestellers oder im Netzwerk installiert werden oder auf die der Besteller online über das Internet passwortgeschützt zugreifen kann. Durch die Bestellabwicklung über E-Procurement-Systeme werden diese Bestellungen schriftlich festgehalten, sodass die Kontrolle als auch die Auswertung wesentlich erleichtert und beschleunigt werden. Zudem lassen sich sehr einfach Warenkörbe auf Basis von Vergangenheitswerten für lieferantenübergreifende Ausschreibungen erstellen. Lieferanten haben den Vorteil, wenn es eine elektronische Schnittstelle zu dem E-Procurement-System gibt, dass die Auftragserfassung effizienter abläuft und somit Kosten gespart werden könnten, was sich wiederum preisreduzierend auswirken könnte. Besteht keine Schnittstelle, entstehen Medienbrüche, die zu erhöhtem Bearbeitungsaufwand führen und vermeintliche Vorteile umgehend vernichten. Vor jeder Einführung eines E-Procurement-Systems steht zwingend die Organisation/Reorganisation und Strukturierung des gesamten Einkaufs eines Betriebs, da sich ansonsten die Gesamtkosten für den Einkauf erhöhen, statt wie angestrebt sinken. Es muss sichergestellt werden, dass komplette Sortimente bestellbar sind, da anderenfalls „Bestellbrüche" entstehen, die sich negativ auf die Einkaufs- und Prozesskosten auswirken. Sichergestellt werden muss ferner, dass die Artikeldaten und Preise stets aktuell sind, da sonst Mehraufwand bei der Bestellung, beim Lieferanten oder bei der Steuerung, Kontrolle und Auswertung betriebswirtschaftliche Nachteile verursacht werden.

Kommunikation und Schulung

Rund Zwei Drittel der 3- bis 5-Sterne-Hotels in Deutschland bieten keine Aus- und Weiterbildung im Einkauf an. Der Verkaufsleiter aus der Zulieferindustrie hingegen bekommt acht Tage pro Jahr. Dies bedeutet, dass Verkäufer und Einkäufer in Bezug auf die Ausbildung nicht auf Augenhöhe agieren und somit erhebliche Nachteile für den Einkäufer bestehen. Diese Nachteile wirken sich umgehend auf das betriebswirtschaftliche Ergebnis eines Hotels aus, wie die Praxis zeigt. Geschult werden sollten daher regelmäßig

- Verhandlungsmethoden
- Analysemethoden/Ermittlung Cost Savings
- Vertragsmanagement und Dokumentation
- Projektführung und -steuerung
- Kommunikation

Ein weiterer Schlüssel für erfolgreiches Supply Management liegt in der Kommunikation. In einem Hotel werden selten bis gar nicht Einkaufserfolge kommuniziert. Sie sollten jedoch gleichermaßen kommuniziert werden wie Umsatzergebnisse, da Einkaufsergebnisse betriebswirtschaftlich und bezogen auf die Gewinnwirkung mindestens ebenbürtig sein können. Kommuniziert werden kann unter anderem:

- Welche Ziele wurden erreicht?
- Welche Kosten konnten reduziert, vermieden oder abgefedert werden?
- Welche Umsatzäquivalenz besteht zu den Einkaufserfolgen?
- Welche Abläufe haben sich verändert und verbessert?
- Welche Ziele stehen als nächstes an?
- Welche Lieferanten haben sich am besten entwickelt?

3 Einkaufsgesellschaften und Berater zur Unterstützung

Eine Möglichkeit, den Einkauf, die Kosten und die Prozessabläufe spürbar zu optimieren, kann unter Umständen der Anschluss an eine Einkaufsgesellschaft oder -genossenschaft sowie die Unterstützung durch Beratungsunternehmen sein.

In Deutschland gibt es rund eine Handvoll Einkaufsgesellschaften und -Genossenschaften und nochmals etwa so viele Beratungsunternehmen, die Dienstleistungen im Bereich des Einkaufs anbieten. Etwa 350 Übernachtungsbetriebe (Hochrechnung) schließen sich jährlich neu diesen Gesellschaften an oder nutzen deren Beratungshilfen.

Grundsätzlich gibt es zwei Varianten am Markt: Zum einen die sogenannten reinen Einkaufsverbünde oder auch Pools. Und zum anderen reine Einkaufsberater. Selten gibt es auch Anbieter, die sowohl Poollösungen als auch Beratung aus einer Hand anbieten.

Allerdings sind Einkaufsverbünde, Einkaufsgesellschaften und Einkaufsberater nicht für jedes Hotel gleichermaßen geeignet, was man bei der Auswahl berücksichtigen muss. Jeder Hotelier muss für sich entscheiden, wie viel „Einkaufsqualität und -tiefe" er haben möchte. Zu den Auswahlkriterien zählen unter anderen:

- Wie ist die Einkaufskompetenz generell?
- Wie ist die Lieferantenstrategie gestaltet?
- Welche Qualitätskriterien gibt es bei der Lieferantenauswahl?
- Wie sieht die Preisstrategie aus?
- Wie umfangreich ist die Sortimentsbreite und -tiefe
- Welche Art von Lieferanten sind gelistet und wie viele?
- Wie stark sind die Leistungsfelder ausgebaut?
- Wie sieht die Transparenz in Bezug auf Kosten/Nutzen aus?
- Welche Einkaufsservices und -beratungen gibt es?
- Wie ist die Kommunikation gestaltet?
- Welche Einkaufsunterlagen werden geboten?
- Gibt es ein Regulierungsmanagement oder Zentralregulierungssystem (Online/ Offline)?
- Wie sind Rückvergütungssysteme aufgebaut?
- Wie ist die Mitarbeiterzahl und -qualifikation des Anbieters?
- Wie sieht die Betreuung vor Ort aus?
- Gibt es eine Einarbeitung, Integration oder Schulung auf das System, und wie umfangreich ist sie?
- Gibt es bei Bedarf Einkaufsberatungen über den Standard hinaus?
- Welche Referenzen liefert der Anbieter?

Bei den Einkaufsverbünden oder Pools handelt es sich um standardisierte Systeme. Für die Zusammenarbeit mit Einkaufsgesellschaften und auf Einkauf spezialisierte Beratungsunternehmen sprechen in der Regel im optimalen Fall:

- Kostenoptimierung durch den Zugang zu allen zentral verhandelten Preisen und Konditionen
- Laufende Optimierung und zentrale Kontrolle der Konditionsentwicklung
- Vorbeugung oder Abfederung von Preissteigerungen
- laufender Ausbau der Lieferantenabkommen
- relative Kostensicherheit durch Volumenwachstum
- schneller Zugriff auf Lieferantenportfolio
- Vorbeugung von Fehlkäufen durch gezielte Vorauswahl und Beratung
- Einkaufsverzeichnisse (Online/Offline)

- Arbeitserleichterung durch Angebots-Services
- Erleichterung der Abrechnungen/Sammelrechnungen
- Erhöhung der Transparenz
- Verbesserung der Kontrolle

Im Gegenzug dazu kann der Einkauf im Hotel durch den Anschluss an eine Einkaufsgesellschaft oder Nutzung eines Beraters nur dann Erfolg haben, wenn das Hotel das System und die Lösungen auch konsequent nutzt und die empfohlenen Maßnahmen umsetzt.

Um sich einem Einkaufspool oder Einkaufsverbund anzuschließen, werden entweder Dienstleistungsverträge unterschrieben oder es müssen Genossenschaftsanteile erworben werden. In einigen Fällen gibt es Mindesteinkaufsvolumen, die erbracht werden müssen. Was alle Einkaufsverbünde eint, ist, dass die angeschlossenen Hotels keinen Kaufzwang im eigentlichen Sinne haben. Sie können wählen, bei welchen Lieferanten des Pools eingekauft wird. Ausnahmen gibt es dann, wenn es gezielte Bündelungsmaßnahmen gibt, bei denen sich der Hotelier aus freien Stücken verpflichtet, über einen gewissen Zeitraum ein bestimmtes Sortiment bei einem ausgesuchten Lieferanten zu beschaffen.

Wer anstrebt, dass im eigenen Haus mithilfe Dritter auch die individuellen Einkaufsprozesse und -regeln überprüft und erneuert werden oder sogar das gesamte Vertragsmanagement oder der Zentral-Einkauf outgesourct werden soll, dem reicht in der Regel der Anschluss an einen Einkaufspool oder einen Verbund nicht. Hierzu muss man sich weiterführend an Komplettanbieter im Einkauf oder an Berater wenden.

Der Zusammenarbeit mit Beratungsunternehmen im Einkauf liegt in der Regel ein Beratungsvertrag zugrunde. Dieser regelt die Leistungen. Die Leistungen sind individuell abgestimmt und komplett zugeschnitten auf das jeweilige Hotel. Dazu können unter anderen zählen:

- Bestandsaufnahmen durch Ist-Analysen und Audits
- Erstellung von Dokumentationen und Handlungsempfehlungen
- Coaching und Training
- Entwicklung von Einkaufspolicies (Einkaufsregeln) für das jeweilige Hotel
- Erstellung von Ordersätzen, Transferbelegen, Bestellvorlagen
- Einführung eines E-Procurement Systems und/oder einer Warenwirtschaft
- Durchführung von Ausschreibungen

- Verhandlungsführung und Kostenoptimierung
- Vertragsverwaltung und -kontrolle
- Komplettübernahme Zentraleinkauf (Outsourcing)

Die Honorierung erfolgt aufwandsbezogen oder nach Erfolg. Nach Erfolg bedeutet, dass der Berater zum Beispiel 50 % der erzielten Kosteneinsparungen für sich einstreicht. Bei der erfolgsorientierten Variante ist jedoch sehr sorgfältig auf die Formulierungen zu achten. Allein an den Cost Savings (Kosteneinsparungen) den Vertrag festzumachen, kann schon deswegen riskant sein, weil der Berater natürlich versucht sein wird, das Maximale an Kosteneinsparungen zu erzielen, um somit ein Maximum an Honorar zu bekommen. Daher sollte zum einen das Honorar auf jeden Fall nach oben hin „gedeckelt", also fixiert sein. Zum anderen muss bereits im Vorfeld durch ein Pflichtenheft festgelegt werden, welchen Bedarf das Hotel hat und welche Qualitätsanforderungen prinzipiell nicht zu unterschreiten sind.

4 Fazit

Der strategische Einkaufsansatz hilft einem Hotel und einer Hotelkette bei stellenweise nachfrageschwachen Märkten optimal, die Wettbewerbsfähigkeit nicht nur zu halten, sondern deutlich auszubauen und vor allem dem harten Druck, dem die Sales- und Marketingabteilungen in der Hotellerie ausgesetzt ist, positiv entgegenzuwirken und direkt Einfluss zu nehmen auf die Verbesserung der Gewinnsituation.

Literatur

Beschaffung aktuell, 8/2004, Prof. Dr. Christopher Jahns, Supply Management Institute St. Gallen/European Business School Oestrich-Winkel.

Einkauf in der Hotellerie – Status und Perspektiven in der 3- bis 5-Sterne-Hotellerie 2006, Executive Report, SMG Publishing AG.

Hotelmarkt Deutschland 2008, Hotelverband Deutschland (IHA) e.V., Berlin.

A Snapshot of Sustainable Management Systems in the Hospitality Industry

Willy Legrand und Philip Sloan

1 Introduction

The latest report from the United Nations Intergovernmental Panel on Climate Change in Davos builds upon its earlier predictions and forecasts a very different Tourism and Hospitality Industry within the next 20 years. With ever increasing threats to biodiversity, melting glaciers, higher seawater levels, more droughts, storms, global hunger and disease, it insists there will be substantial changes in the Industry.

With the global tourism industry accounting for a $ 6.5 trillion yearly turnover, and projecting a decade of strong 4.2 percent annualized growth, the global economic, social, and environmental impact of the Industry is enormous (International Tourism Partnerhip, 2006). The choice is simple: to practice or not to practice responsible, sustainable business? The hotel sector is under pressure to face up to its environmental and corporate social responsibility as never before. In response, the Industry itself along with private and public organizations are launching initiatives that help hotels focus on sustainability and achieve goals for better environmental management.

Shareholders, employees and customers all have higher expectations of a Hospitality Industry that is increasingly expected to demonstrate responsible behaviour across the triple bottom line of economic, social, and environmental management. The integration of responsible business at every operational level goes a long way to enhancing reputations, market share and position. It provides better risk management, contributes to the ability of a company to attract and retain the best employees, and ultimately reduces costs.

An outcome of the U. N. conference in 2007 was the Davos Declaration. It requires action from hotels and the tourism sector at large to:

- mitigate its Greenhouse Gas GHG emissions, derived especially from transport and accommodation activities
- adapt hotels, tourism businesses and destinations to changing climate conditions
- apply existing and new technology to improve energy efficiency and
- secure financial resources to help poor regions and countries
  (World Tourism Organisation, 2007)

2 Available Guidance and Self Help Manuals

During the past decade there has been a flurry of information made available by governmental organisations, hotel groups and scholars for hoteliers wishing to improve their environmental performance. One of the publications set up as a response to Agenda 21 is the Environmental Action Pack for Hotels created by the United Nation Environmental Programme (UNEP). The Action Pack aims to help hotel managers and owners improve their approach to environmental management. It encourages the use of action checklists for all hotel departments, self-audits and concrete guidelines for development. The Action Pack is the result of a collaboration between UNEP, the International Hotel & Restaurant Association (IH & RA) and the International Hotels Environmental Initiative (IHEI). The IHEI's Charter for Environmental Action in the International Hotel and Catering Industry also provides practical guidance for the Industry on how to improve environmental performance while contributing to successful business operations. The IH & RA, together with the UNEP and The International Association of Hotel Schools (EUHOFA International) produced a complete information pack for developing and expanding the environmental curriculum in hotel schools. This teaching pack is designed to raise environmental awareness, to support in developing and implementing Environment Management Systems (EMS) and to serve as a resource handbook.

Even though international legislation concerning pollution has been strengthened and accreditation for improved environmental performance such as Viabono (created in Germany in 2002 and supported by the *Bundesamt für Naturschutz, by the Bundesministerium für Umwelt, Naturschutz und Reaktorsicherheit* and the *Bundesministerium für Wirtschaft und Arbeit*), has expanded only a few examples can readily be found of hotels using significant environmental management systems, particularly in the sector covering privately owned and operated hotel properties. The best way forward for such hotels is to start with a checklist system as mentioned above. In turn, a self-audit of all operational practices will produce a corrective action plan that can lead to environmental certification. Certification is not an end in itself but it is often considered an important promotional tool for sustainable hotels.

3   A Hospitality Industry Action Plan

Hotels that integrate responsible practices benefit in different ways. They generally have greater facility in attracting investment, greater guest loyalty and increased retention of motivated employees. In addition, resource efficiency as a result of eliminating wasteful practices leads to a lighter environmental footprint and an improved bottom line. In practical terms, measures that lead to environmentally friendly and ethical business practices need to be embodied in a sustainable management system that cover six key areas:

1. Policy and framework
2. Staff training and awareness
3. Environmental management
4. Purchasing
5. People and communities
6. Destination protection

Each area of the sustainable management system is shortly reviewed.

Sustainable management policy and framework

A senior member of staff should be appointed to develop the policy and be able to put into practice best international practice. Key objectives must be defined such as energy and water use per guest per night. This person should lead a "green team" consisting of motivated individuals from each department who can generate enthusiasm throughout the organization. The support from everyone in the organization from the CEO to the stewards is essential for success.

Staff training

Part of the key to success is communication. The personnel should know what is being achieved and feedback should be encouraged. Inventive use of competitions amongst staff such as rewards for the "greenest" member of staff can motivate. Regular meetings are necessary and interest can be developed through information on notice boards and support from qualified trainers.

Environmental Management

Measurement is essential in a successful sustainable management system. Before commencement a thorough assessment must be made of all primary, secondary and tertiary impacts, in addition, management should list alternatives and short and long term targets should be set. Corrective action should be taken if objectives are not met.

Purchasing

The sourcing of products should be based on the level of sustainability in their manufacture, use and disposal. Supplier selection should be based on an analysis of the sustainability level of the supply chain. Product sustainability is involved with reducing reliance on fossil fuels, in purchasing local and seasonal products where possible and integrate sustainable criteria into purchasing policy and procedures. Preference should be given to "fair trade" products (such as coffee and tea) or eco-labelled goods where possible and bulk buying should also be considered to reduce packaging. On a regional scale, local culture should be showcased while conservation and heritage is supported through produce and art from the local community. In sensitive environmental areas, guests should be provided with lists of products and souvenirs to avoid. Guests should be made aware about different cultures and acceptable behaviours.

People and communities

Honesty and transparency is essential in all operations with customers, employees and suppliers and respect of the human rights at all times. Local community should be supported with development projects while employing local people where possible.

Destination protection

For many hotels, the carbon footprint left by the business starts with the mode of transport guests use to arrive at the hotel. The use of efficient modes of transport, such as buses and trains, should be encouraged to decrease energy consumption and emissions. The use of non-motorised transportation and electric motors should be considered to decrease pollution and noise around the hotel grounds. The hotel could design an interpretive guest education programme to revolve around specific themes, with clear messages relating to local environmental, cultural issues and conservation programmes set up in the hotel.

4 Accreditation Systems

Adherence to an eco labelling scheme such as EMAS, Green Globe, ISO 14000 or Green Key aims to reduce costs in such areas as energy consumption, waste production and resource conservation. New "green" customers are attracted to the hotels since participants are encouraged to boast better environmental performance by displaying their ecolabels in the hotel literature and on web sites.

In addition, the following environmental benefits can also be achieved:

Eco labelling programmes assist organisations to address the major environmental challenges that face the planet today. It specifically addresses the key performance areas of:

- Reduction in green house gas emissions
- Energy efficiency, conservation and management
- Reduction in the consumption of fresh water and resources
- Ecosystem conservation and management
- Support for local community development
- Improved management of social and cultural issues
- Improved land use planning and management
- Improved air quality and noise reduction
- Improved waste water management
- Waste minimisation, reuse and recycling

Monitoring these key performance areas organisations can reduce carbon footprint; increase operational efficiencies and boost staff commitment to the organisation's sustainability policy.

There are around 40 regional, national and international ecolabels for all tourism and hospitality outlets operating in Europe. As a consequence, the proliferation of labelling may result in some confusion amongst consumers. In addition, some opponents claim ecolabels to be expensive and time consuming and tend to attract customers only interested in eco-tourism and thus having limited marketing power. Ideally, local and regional certification programmes should be linked to an international accreditation system. The Voluntary Initiatives for Sustainability in Tourism (VISIT) is an example of such a scheme whereby various ecolabels can be promoted via VISITS only if they meet a particular requirement level. An advisory board including the UNEP, the World Tourism Organisation

(WTO) and the European Hotel and Restaurant Association (HOTREC) to name a few support VISIT. Certification tends to fall into two categories. The "process" led certification approach, such as ISO 14001, which identifies the elements necessary for setting up and implementing an environmental management system. Alternatively, the "performance" based method is another type where certification is only attained by adhering to certain performance criteria. Certification schemes, which involve a combination of minimum performance benchmark requirements and the implementation of management systems are amongst the strongest labels. Hotels around the world have made the first steps and have implemented environmental management systems in accordance with ISO 14001 or ISO 14004 (Environmental Management Systems) and European Commission EMAS (Eco-Management and Audit Scheme).

Although these publications or environmental management systems prescribe different approaches to address the problem one of their shortcomings is the lack of information on how to quantify environmental impacts resulting from hotel operations. Until now, very few specific studies on environmental protection in the Hotel Industry have been carried out, despite the multiplicity of research work available on the specific nature of environmental issues.

5 Case Studies: Eco-friendly hotels

One of the greatest barriers preventing hoteliers from promoting "greener" establishments is a widespread (and equally misleading) belief that environmental measures are prohibitively expensive. While the necessary modifications in technology may require substantial investments, behavioural and operational changes can often be achieved at no or minimal costs. Moreover, it has been previously shown that environmentally responsible behaviour can be profitable in the long run (Enz & Siguaw 1999; Martinac et al. 2001; SSCC 2003).

5.1 The Savoy, Central London

A true destination hotel which fully lives up to its century long tradition, The Savoy is located between the City (financial district) and the West End. In January

2005 The Savoy became the first Fairmont Hotel in Europe. As a Fairmont Hotel, The Savoy was keen to participate in Fairmont's Green Partnership Programme. The programme sets out a number of ecological and environmental principles, which encourage its hotels worldwide to follow and develop. The programme's objective is to become a leader and pace-setter in establishing responsible environmental practices for the hotel industry, based on four operational areas: waste management, energy conservation, water conservation and purchasing policy. The Savoy's Green Team helps to coordinate an extensive environmental programme and continues to respond to demands by enhancing, researching, investing and developing new practices and initiatives across all departments.

Waste

By reducing, reusing and recycling throughout the hotel, all the employees have impacted the waste management programme, diverting approx. 370 tonnes of waste per annum from landfill.

Recycling initiatives include: paper, newspapers, cardboard, glass, aluminium cans, slippers, fax & printer cartridges, corks, coat hangers, postage stamps, books, spectacles, mobilephones, packaging, polystyrene cups, crockery, soft furnishings, towels, bathmats, linen, crockery, toiletries, staff uniforms and lost property items including clothes and redundant computer and kitchen equipment; 100% of kitchen oils are recycled into bio-diesel …

Supporting local and overseas charities: Redundant computer and kitchen equipment, soft furnishings, towels, bathmats, linen, crockery, toiletries, uniforms and lost property items are regularly recycled to benefit local and overseas community projects such as St. Mungo's Homeless Shelters, The Simon Community, The Connection at St Martin-in-the-Fields, Tommy's Baby Charity, Crisis, Battersea Dogs & Cats Home, Shelter, Crisis, Royal National Institute for the Blind, Children's Scrap Project, Apaada Catering College in Ghana, Hope Alive Foundation in Nigeria, Vision Aid Overseas and, last but not least, animals at Battersea Children's Zoo have enjoyed some leftover pastries! (Testimonials in supporting material)

Ethical Purchasing Policy: The hotel continually looks to purchase eco-friendly products and use organic, local and seasonal produce, building relationships with companies endorsing similar environmental practices.

Water

The hotel has significantly reduced annual consumption levels by approximately 960,000 gallons per annum (4354 cubic meters) by the following initiatives:

- Heavy investment in a new refrigeration plant and other water saving equipment
- A "Switch Off Taps" campaign
- Extensive use of "Save A Flush" bags
- Housekeeping's use of environmentally-friendly microfibre products to help reduce water usage
- Infrared taps in the kitchens

The Hotel also encourages guests to choose Belu Water – using UK's first compostable bottle with all their profits going to help clean water projects overseas.

Energy

Consumption levels are monitored daily for both water and energy and the hotel's consumption of both gas and electricity has been reduced by approx. 15% per annum through:

- Investment in new plant equipment (such as new chillers)
- Conservation initiatives such as use of low energy lighting
- "Switch Off Switch" Campaign
- An energy efficient HVAC System establishing temperature set-points in guest rooms
- Using natural light where possible to minimise energy usage
- Responsible disposal of refrigeration and other electrical equipment

Guests & Communities

As environmental practices evolve, the Green Team listens to guests and tries to remain "in-tune" with their changing expectations. As part of this process they have introduced a number of initiatives. Guests who stay in-house and guests who have functions at The Savoy can relax in the knowledge that almost all items from their room and function rooms are recycled or donated upon departure, including the toiletries, newspapers, notepads, etc. The Concierge team is on hand to offer information on Nature Trails, Cycle Routes, Walks, Wildlife, Green Spaces and parks around London. They have also prepared maps for walking and jogging tours. Guests are also advised when The Savoy is taking part in a River Thames Foreshore Clean-up in order that they can come along and join in. For the Fitness Gallery The Savoy has chosen products from the Elemis range to ensure only organic extracts and natural emulsifiers are used, thus avoiding use on animals, genetically modified crops, any synthetic perfumes or colouring, detergents or preservatives.

"Eco-Meet" Meeting and Conferencing: To respond to the meeting and conferencing business, The Savoy offers a special "Eco-Meet" Programme. The Savoy promotes Green Meetings to help minimise negative impacts on the environment through such features as meeting room recycling bins, disposable-free food and beverage service, etc.

Sense of Community: The Savoy supports many worthy charities during each year, and in addition they also support environmental charities such as Thames21, The Rainforest Foundation and The London Wildlife Trust.

The Savoy's Community Signature Project: In 2006 the Green Team decided The Savoy needed a "Signature Project" to really capture the imagination of management and staff and reinforce the message of "getting involved to make a difference as individuals in ecological and environmental issues". Fairmont's guidelines stipulated that the project had to be authentically local, relevant to the community and the environment, be sustainable and involve both our staff and guests. The "Adopt-A-River" scheme, operated by the charity "Thames21", perfectly complements their aim for good environmental practices both in-house and in the locality. The first River Thames foreshore clean-up in April 2006 marked a turning point in the hotel's history when staff were allowed off the premises during their working day to spend several hours concentrating on a project that was not guest services related.

International Celebrations: The hotel continues to participate in the International "Earth Day" celebrations. Themed cocktails and menus are created for both guests and employees to enjoy – staff can choose a special menu prepared from "Fairtrade" produce. They also celebrate "World Water Day" and have put together a team to join in with the "Lights Out London" event on 21st June 2008.

The Savoy's Green Team Message

"Environmental stewardship is a journey, not a destination and we strive everyday to improve our environmental performance." Upon reopening in 2009, the Savoy will be equipped to reduce energy costs, usage and carbon emissions and be prepared to tackle the challenges of maintaining its energy efficiency and sustainability. Significantly lessening its environmental impact is a goal the Savoy has worked towards since January 2005. The Savoy will also be renewing all major energy consuming equipment within the Savoy. All equipment is being carefully selected to deliver maximum energy efficiency and carbon reductions. The systems are responsible for the cooling, heating, hot water production and some electrical power generation within the hotel.
(Case permission: D. Patterson, Personal Assistant to General Manager, The Savoy, London, February 2008)

5.2 The TYF Eco Hotel, St. Davids, Pembrokeshire in Wales

Converted from an 18th century windmill TYF Eco Hotel is only a few minutes' walk from the beach, the Pembrokeshire Coast Path and the centre of St. David's, the ancient spiritual capital of Wales. The hotel is a driving force behind the plan for St. Davids to become Britain's first carbon neutral city. It has 12 no-frills single, twin, double and family bedrooms. None has a mini-bar or TV. Instead guests are urged to relax in the lounge bar and sitting room, which has comfy sofas and a TV, or just enjoy some peace and quiet. Alternatively there are adventure activities which set this hotel apart. These include rock climbing, surfing, kayaking and coasteering (getting around the coastline in a range of exciting ways). Breakfast, lunch and dinner are served in the organic restaurant. Lacto-ovo vegetarians are catered for as the hotel is a member of the Vegetarian Society's Food and Drink Guild.

Green Credentials

Following an eco-audit in 2006 a number of energy saving measures were introduced: insulating loft spaces, lagging pipes and draught proofing and installing more low energy light bulbs. Its electricity is from renewable green supplies. All the hotel's remaining CO_2 emissions are offset through renewable energy projects abroad.

The hotel recycles as much as possible with the aim of recycling all glass, tins, plastic bottles and paper. Food waste is composted. Old beds, chairs and carpets are recycled and replaced with carefully selected alternatives. To ensure that the hotel's environmental performance is continually improving, it is externally audited by the "Green Dragon" environmental management system. Under Green Dragon, the hotel is required to improve its environmental performance on a continual basis.

Local goods and services are bought extensively. All main suppliers are regularly audited. Fairtrade products are also purchased whenever possible. Garden pesticides are banned. TYF Eco Hotel supports the work of several charities and 5% of staff time is donated to local community projects.
(Case Permission: P. Nlemand, TYF Eco Hotel, Pembrokeshire, Wales, February 2008)

5.3 City Hotels

A growing number of city centre hotels are facing up to their environmental and social responsibilities, according to the Green Hotelier magazine. City hotels are uniquely positioned to enhance their green credentials. Public transport hubs ensure customers minimise their journey's carbon footprint, restaurants can tap into local sources of food, and it is far easier for a city hotel to access new environmental technologies than it is for a rural hotel. The four key environmental concerns for city hotels are: minimising their use of energy and water, better waste management and improved indoor air quality. A growing number of urban hotels have not only installed appropriate technologies to tackle these issues, but are also continually monitoring and improving their environmental performance.

Among the examples of best practice highlighted are:

- The Radisson SAS Hotel Tallinn, Estonia, which has been designed to minimise wastage and maximise resource efficiency
- Hilton Prague, Czech Republic, which has installed an innovative hot water recovery system, which has reduced over 40% of the energy required to meet the hotels domestic hot water needs
- Scandic Linkoping City, Sweden, which has been built according to Scandics Standard for Environmental Refurbishment, Equipment and Construction (SEREC)

- Apex Hotels, United Kingdom, which has a dedicated architect in charge of sustainable hotel design to ensure that its five city hotels aim to meet low carbon standards.

6 Primary Research

In general, privately owned and operated hotels do not benefit from the planning expertise that hotel chains can count on from head office. It can be burdensome for owners and managers to set up environmental management systems that necessitate various control systems, performance reviews and reports. Environmental issues often become a priority once it is already too late instead of being part of the overall business strategy. Given the current deficiencies of environmental research in the field of hospitality management, a study undertaken by Sloan et al. (2004) initiates an exploratory research assessing the general attitudes of hoteliers from independently owned properties towards environmental management issues and determines the facilitators motivating them to adopting environmental management policies as well as the inhibitors hindering adoption.

Further research variables analysed in this study are (1) the factors motivating hotel managers to adopting environmental management techniques (2) the factors hindering environmental practices. For the first type of variables, the study operationally defined them as facilitators while the second as inhibitors. Accordingly, the facilitators comprise five attributes and the inhibitors consist of five indicators. All attributes are based on a five-point, Likert-type scale.

The study objective is to present a snapshot assessment of German hoteliers' efforts in preventing environmental degradation. In particular, the practices of individual properties go on to be appraised in relation to the presence or not of accreditation or certification schemes. Consequently, hotels are divided in two categories; accredited and non-accredited properties. It is argued that environmentally-certified properties, being the ones which might not only demonstrate a greater understanding of environmental impact but also have worked through the process of auditing and perhaps benchmarking, would be much more inclined to revise their daily operations to ensure environmentally sound practices. The non-accredited would consequently follow general environmental trends in the Hospitality Industry, often considered as end-of-pipe measures, (e.g. offering guests the choice of not having the sheets and towels washed on a daily basis) without greater involvement in taking corrective action on other environmentally damaging operations.

6.1 Method

This study was conducted using email surveys to gather the necessary data while structured questionnaires were used as the instrument of assessing the opinions of hotel managers in regard to environmental practices. Regarding questionnaire development, a two-stage approach entailing qualitative and quantitative research techniques was implemented. Several personal interviews were first conducted with a group of hoteliers in order to solicit general opinions pertaining to practices friendly to the environment. As for the sample selection for the email survey, the top managers from 250 medium-sized hotels in Germany were included. At the onset of the survey, the questionnaires along with a cover letter were emailed to the hoteliers. A week after the emailing, follow-up telephone calls to those having not replied to the survey were made. The research team made a second follow-up call to those who promised to reply to the questionnaire during the first follow-up call and had failed to do so. In total 41 questionnaires were returned following a pilot test with a small group of hoteliers in the cities of Bonn and Cologne in Germany.

Hoteliers were asked to give information on their efforts to develop environmental management policies. There were a range of dichotomous questions (Yes vs. No) on how environmental performance is controlled by both governmental and non-government organizations that perform environmental audits, certification, and accreditation. Detailed information was requested on which systems had been put into place designed to reduce energy and water consumption, waste reduction and air and water pollution. Information was gathered on specific initiatives and a series of hotel inter-departmental comparisons were made.

Regarding the environmental management issues, this study analyses the similarities and differences in the environmental initiatives of purchasing policies, recycling programs, housekeeping operations, restaurant operations, staffing management, and guest management between the hotels with environmental accreditation and those without accreditation.

6.2 Results and Suggestions I:
General awareness and facilitating/hindering factors

This study finds that most hoteliers are not aware of the Agenda 21 Rio Declaration on the Environment and Development and only a small proportion of respondents belong to a number of environmental organizations. The correlation between the awareness of environment-related issues and the membership of environmental organizations is low. It implies that joining environmental organizations is not likely to enhance hoteliers' awareness towards new initiatives and the process of environmental stewardship. The findings seem to suggest that the communication of new environmental initiatives between hoteliers and environmental organizations is rather ineffective.

The results show that hoteliers view the support for local conservation schemes as critical in enhancing the awareness of environmental issues (see Table 1). However, they do not think that hotels create much negative impact on the environment. The study also reveals that hoteliers demonstrate a positive attitude to the incorporation of environmental policies into company management philosophy. Most hoteliers agree that concern for the environment is more important than improving profitability. Additionally, the results indicate that the Industry has some reservations concerning improved profitability resulting from the implementation of environmental management systems.

Table 1: Hoteliers' Environmental Awareness and Attitude (Source: Sloan et al. 2004)

Items	Mean
Hotels should support conservation scheme	4.05
Environmental impact should be considered when deciding company policy	4.05
Environmental report is as important as the concern for environment	3.10
Improving profitability is more important than concern for environment	2.51
Hotel activities have a negative effect on the environment	2.02

The above findings show that hoteliers have a positive attitude towards environmental protection, regardless of their level of awareness of environmental initiatives. This is certainly welcome news to environmental organizations; however, hoteliers often need assistance in implementing environmental management systems that are not being effectively applied. Future research might further identify the particular areas of hotel operations that require assistance with regard to environmental management. The study finds that the respondents viewed the necessity to obtain information and expertise in environmental management as the most significant burden in implementing such policy (see Table 2: The inhibitors hindering sound environmental practice).

Furthermore, the hoteliers regarded the potential cost of introducing new environmental management schemes as another major factor hindering progress towards sustainable management.

Table 2: The inhibitors hindering sound environmental practice (Source: Sloan et al. 2004)

Items	Mean
Requiring too much training	2.83
Being too costly	2.59
Being too complicated	2.51
Frightening away customers	1.80
Being unnecessary	1.46

Retrospectively, the respondents agreed that environmental policy is necessary and they considered that environmental management systems, beside the cost saving advantages, would have a positive effect on customers (see Table 3).

Table 3: The facilitators promoting sound environmental practice (Source: Sloan et al. 2004)

Items	Mean
Producing cost saving through energy consumption	4.22
Producing cost saving through water consumption	4.17
Producing cost saving through waste management	4.12
Improving community relationship	3.56
Attracting additional market segment	3.34
Improving hotel revenue due to a better image	3.29
Improving hotel revenue due to guest satisfaction	3.15
Improving staff morale	3.00

6.3 Results and Suggestions II: Hotel Environmental Initiatives

The key findings regarding the hotels' initiatives are categorised in three areas: the laundry and housekeeping services, the kitchen and restaurant operations and the guest and training issues. As for the environmental management programs of housekeeping, accredited hotels appear to have more policies than non-accredited operations although the difference in initiatives is rather minimal (see Table 4). Initiatives such as providing soap and shampoo in dispensers, using eco-labelled detergents or offering guests the options of not laundering sheets and towels every day are now considered common practices throughout the hospitality industry. The accreditation system in itself tends to dictate behaviour whereby non-accredited hotels tend to either follow trends or respond to increasing demand from guests. Non-accredited hotels will prefer taking on initiatives, which demand minimal effort and save considerable costs. Separating in-room waste requires guest and staff education and training as well as an efficient operational system to deal with the separated amount of waste. It is not a surprise to find that non-accredited hotels are less inclined to adopting such initiatives. However, in reference to brown water recycling programs, most respondents do not have an initiative on such an issue, regardless of the accreditation status.

Table 4: Hotels having environmental initiatives pertaining to Laundry and Housekeeping Services (Source: Chen et al. 2005)

Initiatives	Accredited Hotels	Non-accredited Hotels
Recycling brown water	25%	16%
Offering guest the options of not laundering sheets and towel every day	100%	84%
Providing soap and shampoo in dispensers	100%	90%
Separating in-room waste	100%	63%
Using eco-labelled detergents and cleaning materials	100%	90%

Regarding environmental initiatives of kitchen and restaurant operations, not surprisingly, accredited hotel groups tend to be involved in more initiatives than non-accredited hotels (see Table 5). However, the variations in implementing such initiatives between the two types of hotels are not so considerable. The major initiatives concerning restaurant operations implemented in both types of hotels are: (1) making organic dishes available to customers, (2) purchasing fresh produce, and (3) using reusable items such as ceramics.

Table 5: Hotels having environmental initiatives pertaining to Kitchen and Restaurant Operations (Source: Chen et al. 2005)

Initiatives	Accredited Hotels	Non-accredited Hotels
Checking that suppliers have an environmental policy	75%	42%
Making organic dishes available to customers	100%	74%
Purchasing fresh produce as opposed to convenience food	100%	90%
Using reusable items such as cloth, glass and ceramic	100%	100%

The notable difference between accredited and non-accredited hotels is the management of the supply chain. Accredited operations will make more of an effort to check whether suppliers have an environmental policy. The concept of environmental sustainability can only function when taking a holistic view of the business. A growing number of hotels have realised that there is a need to look beyond their four walls to achieve environmental goals and meet stakeholders' expectations. The supplier, by its activities, has an intricate role in ensuring environmentally friendly practices in the complex system of making food available to hotels and ultimately to guests. Offering organic products and produce in itself does not say much about the commitment of a hotel toward sustainable environmental practices. Particularly, if the products and produce have been flown in from thousands of kilometers away or shipped using intense road transport in order to make them available to customers. The same customers will hold the hotels accountable for the destructive practices of suppliers. Non-accredited hotels are more reluctant to check whether suppliers have an environmental policy or not. The availability of products and produce, the quality of service offered and the price quoted are generally the key elements guiding the relationship between suppliers and hotels. There is a need for non-accredited properties to work with suppliers on environmental issues in order to generate not only environmental benefits but also improve risk management and enhance the quality and brand image.

Developing a co-operative, long-term relationship offers opportunities for the players involved. As for guest issues (See Table 6), the majority of accredited hotels (1) inform guests about the hotel environmental practices and (2) mention environmental policy in promotional materials, (3) provide an alternative energy shuttle service vehicle, and (4) encourage use of mass transportation by providing information and maps. However, the majority of non-accredited hotels only focuse on transportation issues, such as providing an alternative energy shuttle service vehicle. Training on environmental practices is crucial in promoting employee awareness and to learn about the environmental initiatives and activities. Interestingly, 50% of environmentally accredited hotels are apt to offer relevant training (see Table 6) while none encourage staff to join environmental organisations and programmes. The situation for non-accredited hotels is very similar.

Table 6: Hotels having environmental initiatives pertaining to Guest and Training Issues (Source: Chen et al. 2005)

Initiatives	Accredited Hotels	Non-accredited Hotels
Informing guests about the hotel environmental practices and/or policies	75%	47%
Mentioning environmental policy in promotional material	75%	21%
Providing an alternative energy shuttle service vehicle	100%	94%
Encouraging usage of mass transportation by providing information and maps	75%	58%
Providing trainings on environmental practices	50%	42%
Encouraging staff to join environmental organizations and programs	0%	0%

Moreover, despite the accreditation, German hotels appear to be lagging behind in providing necessary training to improve environmental practices and encouraging their staff to join environmental organizations.

7 Primary Research: Conclusions

In conclusion, this research finds that environmentally accredited hotels are inclined to be taking environmental initiatives; however, the differences in the likelihood of adopting environmental practices is not so significant in most operational matters such as housekeeping and kitchen/restaurant management. The results seem to suggest that German hotels have strived to excel in the effort of tackling environmental issues regardless of whether the hotels participate in accreditation programs or not. The fact may be attributed to a strong social norm friendly to environmental stewardship and forward thinking that promotes innovative costing-cutting methods. For future studies, it may be plausible to assess the real financial benefits in the relationship to the cost-cutting strategies in environmental management.

The fact that accredited and non-accredited hotel properties show only a few differences in environmentally-sound practices supports the concept that there are too many various and eclectic certification schemes (Font, 2002); they make hoteliers feel very much like the general public i. e. confused over what to choose and the relative importance of one eco-label over another. Nevertheless, for many hotels promoting a greener image they are undoubtedly seen as a means to increasing market segment. Effective strategic or tactical "green" marketing must involve extensive coordination across functional areas with the ultimate goal of creating value (Polonsky and Rosenberg 2001). The current study demonstrates that privately owned and operated hotels make an effort to create value in the customer's mind by undertaking environmental schemes at a departmental level. Apparently, many of these initiatives are uncoordinated and disproportionate across departments. Consequently, managers and leaders of individual properties seem to be many steps away from an integrated plan moving green operations into the overall organisation's business strategy. With the above observations, it is plausible to further conduct studies addressing the issues concerning green image building in relation to certification programmes as well as to investigate underlying problems hindering the progress of environmental programs in the context of human resource management.

Finally, incorporating the concept of sustainable development as advocated by the United Nations, this research also attempts to delineate the problems and issues hindering sustainable development in the context of hotel management.

This study illustrates that the problem in part lies in ineffective communication of environmental concern by governments and NGO's. The sheer amount of various eco-label, certification and accreditation programmes does work as a counter-informative instrument. Hotel managers and owners find themselves confronted with many different alternatives, without effectively being able to distinguish the differentiating benefits. A regrouping of eco-labelling would certainly facilitate the communication and ease the process of choosing the appropriate certification scheme by decision-makers. Additionally, hotel profitability might later be found to be a critical consideration in determining the adoption of new environmental practices. Hotels which are privately owned and operated do not benefit from headquarter planning and support in setting up environmental schemes, usually involving auditing, data analysis, corrective action that finally lead to certification. Hence, private hoteliers must utilise their own resources to obtain eco-labelling, which appears to be too costly in terms of investment needed. Further investigation of the costs associated with the adoption of environmental policy would shed light on the level of initial investment required.

However, it is rather enlightening to discover that most hoteliers in the sample have positive attitudes towards environmental stewardship, independently of certification of, or membership in an environmental organisation. It appears that the German hotel industry is making efforts towards gradually moving in line with other sections of its society. In conclusion, the dissemination of updated information and the development of environmental benchmarks will be vital tasks to address in the years to come.

Literature

Chen, J. S., Legrand, W., Sloan, P., Zhou, J. (2005). Evaluating environmental initiatives of German hotels. Tourism Review International, 9(1), 61–68.

Enz, C. A., Siguaw, J. A. (1999). Best Hotel Environmental Practices. Cornell Hotel and Restaurant Administration Quarterly, 40, 5, 72–77.

Font, X. (2002). Environmental certification in tourism and hospitality: Progress, process and prospects. Tourism Management, 23, 197–205.

International Tourism Partnership (2006). The real impact of responsible business practice. http://www.tourismpartnership.org/pages07/News.html [Accessed the 22nd of November 2007, 17:33].

Martinac, I., Murman, H., Lind af Hageby, A. (2001). Energy-efficiency and environmental management in a Swedish conference facility – case study: Sånga-Säby Courses & Conferences. The 18th Conference on Passive and Low Energy Architecture – PLEA 2001, November 7-9, 2001, Florianópolis, Brazil, 325–329.

Polonsky, M., Rosenberg III, P. (2001). Reevaluating green marketing: A strategic approach. Business Horizon, September–October 2001, 21–30.

Sloan, P., Legrand, W. & Chen, J. S. (2004). Factors influencing German hoteliers' attitudes toward environmental management. In J. Chen (ed.) Advances in Hospitality and Leisure, 1, 179–188.

SSCC (2003). Sånga Säby Miljö redovisning 2002. Sånga Säby Kurs och Konference, Svårtsjö, Sweden.

World Tourism Organisation (2007). Davos Declaration: Climate change and tourism – responding to global challenges. http://www.unwto.org/media/news [Accessed the 15th of January 2008, 19:34].

Modernes Beschaffungsmanagement und Entwicklung des Broker-Konzepts in der Hotelbranche: Erkenntnisse aus einer vergleichenden Studie in der HoReCa-Branche

Carl B. Welker

1 Einführung

In der Hotellerie ist das Interesse am Beschaffungsmanagement vor allem auf klassische A-Sortimente gerichtet. So beansprucht beispielsweise F&B erstens im Vergleich zu anderen signifikante Jahresverbrauchswerte. Zweitens hat die Kategorie F&B einen direkten und großen Einfluss auf die Qualitätswahrnehmung des Kunden, hat also einen strategischen Wert. Drittens liegen mit Food aufgrund des Verfallsdatums kritische Artikel vor, die unsere Aufmerksamkeit beanspruchen. In anderen Produktkategorien, B- oder C-Sortiment, besteht dagegen traditionell wenig Muße, sich systematisch und methodenbasiert mit der Optimierung der Beschaffung von Rührstäbchen, Staubsaugerbeuteln, Kochmützen oder Putzmitteln zu befassen – von den üblichen Preisgesprächen mit den Lieferanten einmal abgesehen.

Nun finden in der Hotelbranche dieselben Veränderungen statt, die wir generell auch in anderen Branchen feststellen können:

- Der Wettbewerbsdruck internationaler Konzerne führt allmählich in vielen Dienstleistungsbranchen dazu, bislang vernachlässigte Rationalisierungsreserven zu nutzen, zum Beispiel indem professionelle Organisation, Methodik und Verfahrensweisen aus Schlüsselindustrien adoptiert werden.
- Gerade der Beschaffungsbereich – Einkauf, Bestellwesen und Materialwirtschaft einschließend – bietet erhebliche Optimierungsreserven.

In der Folge können Phänomene und Trends der industriellen Schlüsselindustrien auch in der Hotel-, Restaurant- und Gemeinschaftsverpflegungsbranche beobachtet werden. Zu den wichtigsten methodischen Errungenschaften der vergangenen 20 Jahre zählen vor allem die folgenden:

- **Separierung von Einkauf und Bestellung** durch die „Erfindung" des Sukzessivliefervertrags und resultierend die Auflösung des uralten Entscheidungsproblems zwischen großen Einkaufsmengen (Mengenrabatt!) und kleinen Zuliefermengen (geringe Kapitalbindung und resultierenden Zinskosten!)
- ein **Outsourcing** komplexer Teilbereiche mit folgenden Effekten:
  - Konzentration von Wissen und Kapital auf das Kerngeschäft
  - Nutzung von Innovation und Spezialisierungsvorteilen der Lieferanten
  - Steigerung der Anpassungsfähigkeit an veränderte Bedarfe und Rahmenbedingungen
  - Verlagerung des Ergebnisrisikos auf den Lieferanten

- Vergabe umfänglicher sekundärer Geschäftsprozesse (Funktionen) wie Logistik, Sortimentsauswahl sowie Vergabe ganzer Sortimente an einen Dienstleister als (Zwischen-)Lieferant
- Gestaltung moderner Lieferbeziehungen zu Vorlieferanten, bestehend aus den Elementen
  - Langfristigkeit
  - Single Sourcing
  - hohe technische und organisatorische Spezifität und Investitionen in IT und Logistik
  - Nutzung des Expertenwissens des Lieferanten (intelligentes Outsourcing)
- das Bestreben, **Komplexität zu reduzieren**, insbesondere durch
  - Reduzierung der unternehmerischen Verantwortlichkeit (für sekundäre Aktivitäten)
  - Reduzierung der Lieferantenzahl
  - Standardisierung der Beschaffungskategorien und Artikel
  - Standardisierung von Prozessabläufen
  - Standardisierung von Geschäftsmodellen und Vertragstypen
  - in der Folge Reduzierung von versteckten Kosten (Overheadkosten, Komplexitätskosten).

Vor diesem Hintergrund entstand am Institut für Industrielles Service-Management (SM-I) im Dialog mit Hersteller- und Dienstleistungsunternehmen der folgende Fragenkomplex:

- Verändern sich die Einkaufssortimente?
- Nimmt der „Kauf aus einer Hand" (One-stop-Shopping) zu?
- Wie sehen einzelne Supply Chains für C-Artikel aus?
- Welchen kritischen Anforderungen müssen Lieferanten genügen?

Hierbei wurden für die HoReCa-Branchen exemplarisch die Sortimente **„Tabletop-Produkte"** (Einweg-Produkte wie Papier-Servietten, Kerzen, Tisch-Dekoration, Tischtücher u.a.) sowie **„Hygienepapiere"** (Papierhandtücher, Toilettenpapier, Küchenrolle u.a.) in eine vergleichende Praxis-Studie zum Thema Beschaffung von Einweg-Verbrauchsmaterialien einbezogen.[1] An der Studie beteiligten sich etwa 40 überwiegend große Unternehmen aus Hotellerie, Restaurant-Ketten sowie Catering-Unternehmen.

---

[1] Die Studie behandelte u.a. auch Aspekte wie Markenwahrnehmung oder Entscheidungsverhalten.

2 Sortimentsbündelung

Die zentrale Entscheidungsfrage im Beschaffungsmanagement lautet: Kauf ausgewählter, für ihre Verwendung besonders geeigneter spezieller Artikel, jeweils von spezialisierten Lieferanten bzw. Herstellern stammend, oder aber Kauf des gesamten Sortiments gebündelt und komplett aus einer Hand. Im ersten Falle geht es um die jeweils auszumachenden Best Solutions mit der Folge einer fragmentierten Beschaffung. Im anderen Falle werden auch durchschnittliche Second-Best-Produkte akzeptiert, und man realisiert den Vorteil der Bündelung, der Lieferung „aus einer Hand". In diesen Zusammenhang gehören Fachbegriffe wie „One-stop-Shopping" und „Single Sourcing".

Auch in der Hotellerie wirken sich weitere generelle Entwicklungstendenzen aus wie beispielsweise folgende:

- Zunahme der Komplexität (z. B. in Form von Artikelvielfalt), die nach Möglichkeit zu begrenzen ist
- Kostensteigerungen bei den zugekauften Produkten und zusätzlich bei der Entsorgung, sodass anderweitig Kosteneinsparungen erforderlich werden
- Bündelung von internen Dienstleistungen in „Kompetenzzentren" oder „Shared-Service"-Geschäftseinheiten, vor allem konzernintern und unternehmensübergreifend
- potenziell sinkende Beschaffungskosten durch E-Procurement und das Internet (wobei die Umsetzung noch aussteht).

Alle diese Entwicklungen zeigen in Richtung Sortimentsbündelung. Dies gilt vor allem für C-Artikel und wirft im Einzelfall in der Praxis die Frage nach den einzelnen Pro's und Con's der Bündelung von Beschaffungssortimenten auf. Für eine **Fragmentierung der Sortimente**, d.h. den Zukauf von einzelnen Lieferanten (bzw. direkt vom Hersteller), sprechen folgende Situationen und Motive:

- der Zukauf von Spezialanbietern erlaubt die Beschaffung des jeweils optimalen Produkts (Best Solution); darüber hinaus können hochspezifische Anforderungen die Konsultation des Spezialisten unumgänglich machen
- es wird ohnehin nur eine geringe Vielfalt an Artikeln benötigt, sodass ohnehin nur relativ geringe Komplexitätskosten der Beschaffung und geringe Beschaffungsprozesskosten entstehen

- ohnehin große Einkaufsmengen je Lieferant, sodass eine weitere Bündelung des Einkaufsvolumens nur marginale Vorteile brächte
- zentrale Logistik-Strukturen (Zentrallager-Lösung), möglicherweise durch einen Logistik-Dienstleister bewirtschaftet, in die einzelne Produktarten direkt vom Hersteller hineingeliefert werden.

Für eine **Zusammenfassung der Sortimente** und gleichbedeutend mit der Einbindung von Zwischenhändlern sprechen folgende Argumente:

- Eine große Artikelvielfalt, die sich bei kundenspezifisch ausgerichteter Produktion ergibt (Beispiel: Catering). Eine Reduzierung der Lieferantenzahl, im Extrem bis auf einen Zwischenhändler, reduziert den Gesamtaufwand in Vertragswesen, Listung, Bestellwesen, Rechnungsabwicklung und Zahlungsverkehr. Die eingesparten Geschäftsprozesskosten können dann einzelne höhere Einstandspreise überkompensieren.
- Nur kleine Abnahmemengen verwehren den Bezug vom Hersteller (Mindestmengenproblem), sodass bei Bezug vom Zwischenhändler dessen (Second Best-)Sortiment in den Fokus rückt.
- Die Bündelung des Einkaufsvolumens durch Zusammenfassung von Sortimenten erhöht in der einzelnen Verhandlungssituation die Marktmacht.
- Übernahme der Lagerhaltung beim Zwischenhändler und logistische Bündelung in der Belieferung der einzelnen Filiale senkt Distributionskosten; außerdem reduziert es administrativ aufwändigere Zulieferverkehre in schwer zugängliche Areale wie Sicherheitsbereiche, Krankenhausbereiche oder Fußgängerzonen. Hinzu kommen hohe Anforderungen an Lieferbereitschaft bei großer Artikelbandbreite, hohe Belieferungsfrequenz (geringe Lagerfähigkeit), sodass der Zwischenhandel vor allem in seiner Logistikfunktion unentbehrlich wird.
- Last but not least: Ein neuer „Broker-Typus" von Zwischenhändlern geht flexibel auf Produkt- und Sortimentswünsche ein, statt nur ein „Kernsortiment" zu vertreten, sodass Best Solutions ebenfalls möglich werden.

In unserer Studie wurde für die Produktsortimente „Tabletop" und „Hygienepapiere" erfragt, als wie wichtig eine Bündelung erachtet wird und welche Trenderwartungen zur Bündelung der Sortimente vorliegen.

Hinsichtlich der **Wichtigkeit** einer Sortimentsbündelung wurden von den Gesprächspartnern folgende Bewertungen vorgenommen, wobei zwischen 0 = unwichtig und 10 Punkte = sehr wichtig galt:

- Tabletop komplett   7,5 Punkte (davon 36 % mit 10 Punkten)
- Hygienepapiere komplett   8,2 Punkte (davon 38 % mit 10 Punkten)

Generell wurde die Wichtigkeit auch für alle arrondierenden Sortimente, also generell alles Einweg-/Verbrauchsmaterial und alle Non-Food-Artikel, ebenfalls bestätigt. Etwa ein Viertel aller Gesprächspartner lässt aber keinen Zweifel daran, dass ihnen Preistransparenz wichtig ist, um das zugrundeliegende Rechenkalkül weiter kontrollieren zu können; eine Zusammenfassung des Sortiments um jeden Preis würde es nicht geben. In mehreren Gesprächen wurde daher geäußert, dass eine Zusammenfassung möglich gewesen, aber die Preisdiskrepanz zu groß gewesen sei. Insofern ist derzeit doch der Einstandspreis als „Bauchgefühl" ausschlaggebend, eine fachlich versierte Evaluation der oben angesprochenen Einsparungen an Beschaffungsprozesskosten bzw. Gemeinkosten wird nicht praktiziert. Offenkundig wird so, dass betriebswirtschaftliche Total-Cost-Betrachtungen, die Einsparungen im Gemeinkostenbereich mitberücksichtigen, nicht durchgängig angewendet werden und offenkundig manche Optimierungsoption verschenkt wird.

3   Gibt es einen Trend zum „Kauf aus einer Hand"?

Hinsichtlich der Teilsortimente „Tabletop" beziehungsweise „Einwegmaterial" äußerten etwa 80 %, dass ein „unabwendbarer" Trend zur Zusammenfassung der Einkaufssortimente hin zum „One-stop-Shopping" gegeben sei.

Neu und von strategischer Bedeutung ist hierbei, dass sich eine neue **„Broker-Konzeption"** abzeichnet, die eine **Entkopplung von Produktauswahl und Lieferantenwahl** erlaubt: Geschäftspartner wird derjenige Broker, der die Lieferanten-Funktionen (insbesondere Bevorratung und Lieferservice, Vorfinanzierung, Produktberatung) am besten erfüllt und dabei auch flexibel hinsichtlich der vom Kunden vorgegebenen Artikel und Hersteller ist, sodass auch vom Produkt her die **Best Solution** gewährleistet ist.

423

4 Sortimentsgestaltung im HoReCa-Vergleich

Die Sortimente S0 bis S5 stellen in unserer Studie Tabletop-Einzelartikel, Tabletop, HoReCa-bezogene Papierprodukte, Hygienepapiere und Reinigungsmittel dar. K1 bis K5 stellen zunehmend aus S0 bis S5 aggregierte Sortimentskombinationen dar (siehe Abbildung 1).

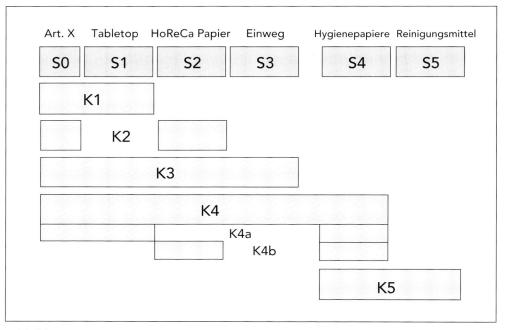

Abbildung 1: Sortimentsdefinitionen

Vergleicht man die vorgefundenen Sortimentsdefinitionen, so stellt man fest, dass Hotellerie, Restaurants und Catering unterschiedliche Sortimentsstrukturen aufweisen (siehe Abbildung 2).

Fasst man die Sortimente weiter zusammen, so wird noch deutlicher, dass bestimmte Sortimentskombinationen dominieren. In Cateringunternehmen beispielsweise findet man *keine* singulären Tabletop- oder Einwegsortimente einzeln für sich (lediglich S4 Hygienepapiere und S5 Reinigungsmittel), sondern mit K1 bis K5 ausnahmslos kombinierte Sortimentsgruppen (siehe Abbildung 3).

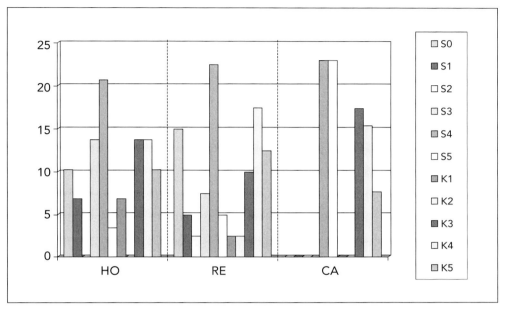

Abbildung 2: Fragmentierung einzelner Sortimente (% der Teilsortimente)

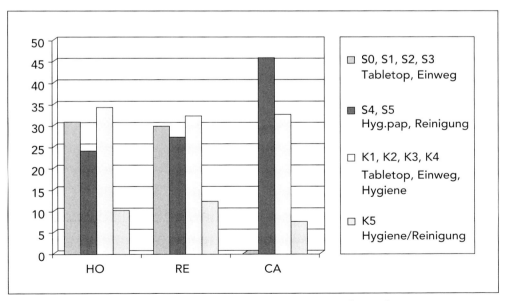

Abbildung 3: Fragmentierung einzelner Sortimente (% der Teilsortimente)

Im Ergebnis lassen sich hinsichtlich der Teilbranchen Hotellerie, Restaurant und Catering folgende Tendenzen beobachten (siehe Abbildung 4):

- **eher fragmentiert** (d.h. überwiegend Einzelsortiment und > zwei Teilsortimente) sind 50% der Hotelunternehmen, 32% der Restaurantunternehmen und der geringere Teil der Cateringunternehmen
- **eher kombiniert** (d.h. K-Sortiment, insbesondere K3, K4) sind rund 25% der Hotelunternehmen, etwa 63% der Restaurants und 75% der Cateringunternehmen

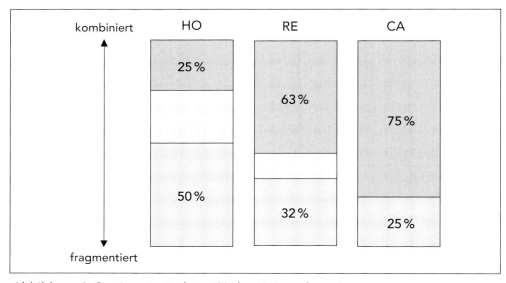

Abbildung 4: Sortimentsstruktur (% der Unternehmen)

Die Restaurant- und insbesondere die Hotelbranche zeugen von breiter Diversität. Spezielle lokale Servicekonzepte, Designs und Layouts führen zu einer Vielfalt von Produktanforderungen, die dann von Hotel zu Hotel und von Restaurant zu Restaurant spezielle Ausstattungen rechtfertigen. Hier liegen dann hinsichtlich Sortimentsauswahl, Logistik und Zulieferer auch tendenziell dezentrale Entscheidungsstrukturen vor. Es resultiert in der Branche eine breite Diversität an Sortimentskombinationen.

Der deutlich höhere Standardisierungsgrad der Cateringbranche resultiert unzweifelhaft aus der größeren Einheitlichkeit des Serviceangebots, der größeren Massenleistungsfähigkeit und Simplizität der Anmutung des Kantinengeschäfts –

sowie nicht zuletzt aus dem Kostendruck. Dies erlaubt bzw. erzwingt eine zentralisierte Entscheidungsbefugnis hinsichtlich Sortimentsauswahl, Logistik, Zulieferer. Entsprechend gestrafft ist die Sortimentsstruktur – mit erheblichen Vorteilen hinsichtlich der zuvor erwähnten Beschaffungskomplexität.

5 Vier Basis-Typen der Beschaffungslogistik und Lieferanten

Als logische Folge der Struktur des Einkaufssortiments können vier Typen der Supply Chain und der Lieferanten unterschieden werden (siehe Abbildung 5).

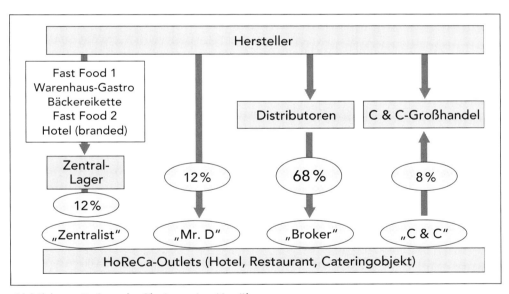

Abbildung 5: Supply Chain – vier Kanäle

Mit Blick auf die Sortimente fällt auf, dass die Mehrheit der Fälle, nämlich zwei Drittel aller Beschaffungssituationen im Bereich C-Artikel/Einwegartikel, durch Zwischenhandel (Fach-Großhandel, Broker) bedient wird, der sortimentstechnisch den Integrator darstellt. Hier werden die klassischen Handelsfunktionen Sortimentsfunktion und Logistik durch einen Serviceanbieter abgedeckt. In allen anderen Fällen wurden folgende drei Grundsituationen vorgefunden:

- „Zentralist": Großunternehmen (Fast Food, Warenhaus-Gastronomie, Bäckerei-Kette, Hotel-Kette), die in großen Mengen **fragmentiert** beschaffen. Hier wird die Feindistribution vom Zentrallager aus bewältigt. Direktbezug vom Hersteller, zum Teil aufgrund von abnehmerspezifischen Produktspezifikationen.
- „Mr. D": In einem Achtel aller Fälle wird das gesamte Tabletop-Sortiment (kombiniert) von einem Hersteller geliefert, der für seine Angebotsbreite bekannt ist.
- „C & C": Kleinere Unternehmen kaufen das breite Sortiment (kombiniert) in Kleinstmengen im Cash & Carry-Großhandel.

6 Resultierende Anforderungen an die Lieferanten

An die Lieferanten werden Anforderungen unterschiedlicher Bedeutung gestellt. Hier wurden die Gesprächspartner gebeten, elf einzelne Kriterien nach ihrer Wichtigkeit zu beurteilen (sehr wichtig: 10 Punkte bis 0 Punkte völlig unwichtig) (siehe Abbildung 6):

Tabelle 1: Wichtigkeit der Kriterien für Lieferantenbeurteilung

Kriterium	Bedeutung (P.)
Lieferant liefert hohe Produktqualität	8,5
Produkt ist anpassbar (z. B. Logodruck, Verpackung)	7,0
breites/tiefes/komplettes Sortiment	8,1
Zahlungskonditionen entsprechen unseren Wünschen	7,0
Lieferservice: Pünktlichkeit	8,8
Lieferservice: mengenmäßige Verfügbarkeit (Lieferbereitschaft)	9,0
Lieferservice: kurze Lieferzeit	8,7
Bestellwesen: Electronic Procurement	5,5
Rahmenvertrag und Sukzessivlieferungen sind möglich	7,7
günstiges Preis-Leistungs-Verhältnis	9,1
bekannte Hersteller-Marke ist lieferbar	3,6

Dabei steht in allen HoReCa-Teilbranchen an erster Stelle das Preis-Leistungs-Verhältnis. Den zweiten und dritten Rangplatz nehmen Lieferservice-Merkmale ein. Es lässt sich klar unterscheiden, dass in der Hotellerie – diese mit Blick auf Qualität – und im Catering – hier eher mit Blick auf die Kosteneffizienz – das Preis-Leistungs-Verhältnis vor dem Lieferservice steht. Ansonsten werden die Lieferanten bei C-Artikeln, die via Zwischenlieferant bereitgestellt werden, vornehmlich anhand ihrer Lieferservice-Merkmale (Lieferfähigkeit, Pünktlichkeit, Schnelligkeit) beurteilt. Für die Cateringbranche ist zusätzlich die Sortimentsbreite von zentraler Bedeutung, um C-Artikel möglichst aus einer Hand zu beschaffen und gezielt Beschaffungskomplexität zu reduzieren. Eher unwichtig für eine Lieferantenbeurteilung bei C-Artikeln/Einweg-Sortimenten ist das Anbieten namhafter Herstellermarken und gelabelter Produkte.

Zentrale Elemente moderner Beschaffungssysteme in der Industrie, hier als Rahmenvertrag bzw. Sukzessivliefervertrag abgefragt, oder etwa die Nutzung der Internet-Technologie (E-Procurement), also organisatorische Standardisierung und Automation von Geschäftsprozessen, stehen erst am Anfang oder einfach nicht im Vordergrund des Interesses. Insofern können den HoReCa-Branchen, besonders deutlich in der Hotellerie, noch erhebliche Potenziale für eine „Industrialisierung" ihrer Dienstleistungsprozesse attestiert werden.

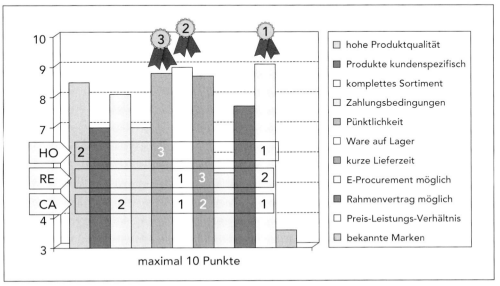

Abbildung 6: Relevante Kriterien der Lieferantenauswahl

7   Fazit

Wie festgestellt werden konnte, wirken sich die „großen Entwicklungslinien" des modernen Managements aktuell auch auf die Hotellerie und das dortige Beschaffungsmanagement aus. Neben Preis-Leistungs-Aspekten sind es vor allem Lieferserviceanforderungen, die bei der Beurteilung von Lieferanten ins Gewicht fallen; erst an fünfter Stelle stehen Breite, Tiefe und Vollständigkeit des angebotenen C-Artikel-Sortiments. Die Bündelung von Beschaffungssortimenten stellt deshalb gerade für die traditionell sehr fragmentierte Hotellerie eine wichtige Rationalisierungsoption dar. Für manche Hersteller mit Cross-Selling-Ambitionen und natürlich für den Fachgroßhandel der Branche bieten sich damit neue Service-Ansatzpunkte.

Genau an dieser Stelle setzt ein neuer, brokerähnlicher Typus des Zwischenhandels an, der die Sortimentsbündelung mit allen ihren Vorteilen des „One-stop-Shopping" *und gleichzeitig* das Angebot spezieller Best-Solution-Artikel ermöglicht – und so in der Hotelbranche einen klassischen gordischen Knoten der gegenwärtig praktizierten Beschaffung durchschlägt.

Praxisorientiertes Qualitätsmanagement in der Hotellerie

Hartwig Bohne

1 Einleitung

> *Qualität beginnt beim Menschen, nicht bei den Dingen.*
> *Wer hier einen Wandel herbeiführen will, muss zuallererst*
> *auf die innere Einstellung aller Mitarbeiter abzielen.*
> *Philip B. Crosby*

„Ich brauche kein Qualitätsmanagement – unsere Leistungen waren schon immer gut", so lautet nicht selten die stereotype Antwort eines mittelständischen Privathoteliers, der auf mögliche Qualitätsverbesserungen angesprochen wird.

Qualitätsmanagement wurde lange Zeit als schnell verblassende Modeerscheinung verstanden, und erst in den letzten Jahren wurden auch im deutschen Tourismus und damit auch in der Hotellerie Qualitätspreise ausgelobt, -wettbewerbe ausgeschrieben und -siegel verliehen. Angesichts der im europäischen Vergleich niedrigen Durchschnittsraten und -erträge der deutschen Hotellerie war und ist es umso dringender, Mittel und Wege zu suchen, um die Gästezahlen und die -bindung zu erhöhen, und ein effektives Qualitätsmanagement kann ein brauchbares Mittel dazu sein.

Die Ausstattung und Einrichtung der Hotels bietet dabei eine immer geringer werdende Differenzierungsmöglichkeit, denn die Erwartungen der Gäste steigen stetig, und die Ketten und Kooperationen machen eine darauf fußende Herausstellung der Individualität eines Hotels zunehmend schwieriger. Folglich wird der heutige Wettbewerb zwischen den Hotels durch ein breit gefächertes Angebot bestimmt, das die Begeisterungsanforderungen der Gäste anspricht. Die Prozess- und Erlebnisqualität rückt dadurch in den Vordergrund: der Service – die Menschlichkeit der Leistung – entscheidet.

Ein erfolgreiches Qualitätsmanagement muss genau hier ansetzen. Die als selbstverständlich vorausgesetzte herausragende Qualität der technischen und räumlichen Ausstattung wird durch die stetig zu sichernde und weiter zu entwickelnde emotionale Qualität der menschlichen und authentischen Serviceleistung bereichert und perfektioniert.

2 Charakterisierung von Hoteldienstleistungen

Diese Serviceleistungen werden dadurch charakterisiert, dass Leistungserstellung und -absatz gleichzeitig stattfinden. Dieses sogenannte Uno-actu-Prinzip ist die Folge der Kundenpräsenzgebundenheit der Dienstleistung, die bedeutet, dass die Leistung nur im unmittelbaren Gästekontakt ausgelöst und ausgeführt werden kann. In dieser bilateralen Personenbeziehung sind sowohl die leistungserbringende Person wie auch der auftraggebende Gast durch eine beidseitige Interaktion in den Erstellungsprozess eingebunden.

Mangelnde Standardisierung bzw. Konkretisierung stellt zudem eine weitere Eigenschaft der Dienstleistungen dar. Sie resultiert einerseits aus dem hohen Anteil menschlichen Mitwirkens am Entstehungsprozess und andererseits aus der Tatsache, dass die Dienstleistungserstellung in erster Linie ein Leistungsversprechen darstellt, das von der Individualität des Produzenten und des Empfängers abhängt. Hinzu kommt das Auftreten spontaner und damit schwerlich einplanbarer Gästewünsche, die sowohl zu einer Unsicherheit über den Ablauf des Erstellungsprozesses wie auch zur Einschränkung des kalkulatorischen Spielraums des Herstellers führen, da der Gast die Anpassungsbereitschaft als „im Preis inbegriffen" versteht.

Eine weitere Eigenheit besteht darin, dass eine nachträgliche Kontrolle der Dienstleistungsqualität nicht realisierbar wäre, denn der Gast beurteilt, nutzt und überprüft die individuell auf ihn abgestimmte Leistung selbst erst während des Konsums (beispielsweise während einer Übernachtung im Hotelzimmer). Ihm bleibt nur die Möglichkeit, die im Nutzungsprozess befindliche Leistung verbessern zu lassen. Dabei kommt dem Beschwerdemanagement und dem Umgang mit Reklamationen und Änderungswünschen eine entscheidende Bedeutung im Rahmen eines umfassenden Qualitätsmanagements zu.

Außerdem grenzt sich die Qualität einer Dienstleistung von der Qualität eines Produkts auch dadurch ab, dass eine Dienstleistung von Menschen erbracht wird und sie damit individuellen Schwankungen unterliegen kann. Zudem ist die Qualität sowohl seitens des Unternehmens wie auch des Gastes kein starres Bild einer immer gleichen Leistung:

- Aus Sicht des Gastgebers ist die Qualität „das Anspruchsniveau, das vom Unternehmen gewählt wurde, um seine Kundschaft zu befriedigen, und andererseits der Maßstab, inwieweit es dieses Niveau tatsächlich erreicht". Für das Hotel ist damit oftmals eine fehlerlose auch eine qualitativ hochwertige Leistung, weil alles „wie geplant" abgelaufen ist. Entscheidend ist dabei, dass das Qualitätsniveau durch die Einhaltung interner Leistungsstandards, trotz starker Personalfluktuation und unabhängig vom individuellen Mitarbeiter, immer gleich hoch ist.

- Für den Gast beschreibt der Begriff Qualität eine individuell anspruchsvolle, subjektive, regional und kulturell beeinflusste Erfahrungs- und Vertrauensbasis und damit mehr als nur die Differenz zwischen Erwartetem und tatsächlich Erbrachtem, er verbindet damit Hochwertigkeit und vor allem auch die Preiswürdigkeit der Dienstleistung.

Hieraus folgt, dass dieser umfassende Begriff dabei die Bereiche Nachhaltigkeit, Gast-, Mitarbeiter- und auch Produzentenzufriedenheit umfassen und vor allem ganzheitlich aufgefasst und umgesetzt werden sollte. Als Konsequenz bezeichnet die Qualität damit vor allem eine ausgeprägte Verantwortungs- und Vorbildfunktion des Managements. Die unter diesem Eindruck zu erbringende Qualitätsleistung kann dabei sowohl aus Sicht des Gastgebers als auch des Gastes aus weiteren Blickwinkeln beurteilt werden.

Der **punktbezogene Qualitätsbegriff** bezeichnet die Summe der anbieterseitigen Erstellungseigenschaften. Entscheidend sind dabei die Leistungsbreite (beispielsweise eine aufwändige Zimmerausstattung, die ein Standard- von einem Luxus-Hotel unterscheidet) und die Leistungshöhe (beispielsweise durch das Angebot eines Getränks beim Check-in). Die Messung wird dementsprechend nach objektiven Kriterien vorgenommen.

Hinzu kommt der **kundenbezogene Qualitätsbegriff**, bei dem die Wahrnehmung der Produkteigenschaften durch den Gast im Vordergrund steht. Dabei werden nicht alle Qualitätsmerkmale gleich stark bewertet, es erfolgt vielmehr eine Qualitätspositionierung nach dem persönlichen Präferenzmuster des Gastes. Die Messung der Qualität wird, im Gegensatz zum produktorientierten Ansatz, hierbei nach subjektiven Kriterien durchgeführt.

Der **absolute Qualitätsbegriff** spiegelt den umgangssprachlichen Wortgebrauch wider und kann in verschiedene Klassen (beispielsweise „gut", „mittel", „schlecht") eingeteilt werden. Die Güte einer Leistung wird als Bewertungsgrundlage genutzt, wobei eine Vermischung aus subjektiven Kundenmeinungen mit objektiven Produktqualitäten sowie erstellungsbedingten Schwierigkeiten erfolgt, sodass ein einheitlicher Maßstab nicht erreicht wird. Nach diesem Ansatz kann die Qualitätsführerschaft eines Unternehmens festgestellt werden (Hotel A ist besser als Hotel B), zur Durchführung und Implementierung von Qualitätsverbesserungsmaßnahmen ist er jedoch nicht zu verwenden.

Die Einhaltung betrieblicher Standards ist die Grundlage für die **erstellungsorientierte Qualitätsauffassung**. Sowohl subjektive als auch objektive Maßstäbe führen zur Festlegung von Qualitätsstandards, durch deren Anwendung die Qualität der Leistung bewertet wird. Beispielsweise können im Hausdamenbereich durch die Festlegung und eindeutige Beschreibung aller notwendigen Handgriffe in Handbüchern die Arbeitszeit für die Reinigung eines Hotelzimmers deutlich gesenkt und damit Kosten eingespart werden. Solche Standards werden im Vorfeld durch Untersuchung der Kundenbedürfnisse festgestellt und dann entsprechend der betrieblichen Möglichkeiten angepasst.

Ein weiterer, stark kundenorientierter Qualitätsbegriff bezieht sich auf die Beurteilung der Dienstleistungsqualität anhand des Preis-Leistungs-Verhältnisses. Diese **wertorientierte Qualitätsdefinition** beschreibt, ob eine Leistung einen spezifischen Preis „wert" ist und folglich ein entsprechendes Niveau der durch die Leistungserstellung erzielten Dienstleistungsqualität erreicht. Ebenso wie der Ansatz der absoluten Qualität ist diese Interpretationsweise allerdings nicht zur Messung der Qualität und nur begrenzt zur Entwicklung von Verbesserungsvorschlägen nutzbar, weil sie subjektive Kundeneinschätzungen zugrunde legt.

Nach der Beurteilung, *wie* Qualität entstehen kann, ist die Bestimmung dessen erforderlich, *was* als Qualität einzuschätzen ist. Als Grundlage gelten dafür folgende fünf Schlüsselfaktoren:

- Mit der **Annehmlichkeit des materiellen Umfelds** wird das äußere Erscheinungsbild des Dienstleistungsortes (z. B. moderne Ausstattung, ansprechende Gestaltung von Drucksachen) und vor allem der Mitarbeiter (bspw. ansehnliche Arbeitskleidung) zur Bewertung herangezogen.
- Die **Zuverlässigkeit** beschreibt die Fähigkeit des Dienstleistungsgebers, das vereinbarte Leistungsversprechen auf angestrebtem Niveau und im zugesagten Umfang zu erfüllen (z. B. Termintreue, Fehlerlosigkeit).
- Mit der **Reaktionsfähigkeit** kann verdeutlicht werden, ob und wie das Unternehmen fähig ist, flexibel, hilfsbereit, zeitnah, individuell und zuverlässig auf spezifische Gästewünsche einzugehen.
- Die **Leistungskompetenz** umschreibt die fachliche Ausbildung, die Leistungsbreite, das Wissen und die Höflichkeit der Mitarbeiter, vertrauensvoll mit Gästeanliegen umzugehen.

- Mit dem **Einfühlungsvermögen** wird das Wohlgefühl des Gastes angesprochen, das er in einem qualitativ hochwertigen Dienstleistungsunternehmen erwarten kann. *„Denke wie der Gast"* soll dabei das Leitmotiv sein.

Die Besonderheiten der Qualität in einem Hotel ergeben sich folglich aus den
Grundlagen der Dienstleistungsqualität und den spezifischen Anforderungen an
einen Beherbergungsbetrieb. Dabei stehen neben der materiellen Ebene *(tech
dimension)* vor allem die immateriellen Faktoren wie Höflichkeit und Hilfsbereitschaft im Vordergrund *(touch dimension)*. Diese weitaus schwieriger kontrollier-
und steuerbaren Eigenschaften bleiben dem Gast meist länger im Gedächtnis als
die technische Qualität.

Teilqualitäten	Qualitätsdimensionen	
	Tech Dimension	**Touch Dimension**
Qualitätsaspekte vor dem Hotelaufenthalt (Potenzialqualität)	• Erreichbarkeit • Hotelarchitektur • Kommunikationsmedien • technische Ausstattung	• Persönlichkeit und äußeres Erscheinungsbild der Mitarbeiter
Qualitätsaspekte während des Hotelaufenthalts (Prozessqualität)	• Anzahl der Mitarbeiter • Ausschilderung innerhalb des Hotelgebäudes • Freizeiteinrichtungen • Gastronomieangebot • Lage der Zimmer • allgemeine Sauberkeit • Serviceangebot • Tagungseinrichtungen • technischer Zustand • Zimmerangebot und -einrichtung	• Betriebsklima • Hotel-Atmosphäre (bspw. Stimmung in der Lobby) • Einstellung, Serviceorientierung, Hilfsbereitschaft, Diskretion und Freundlichkeit der Mitarbeiter • Verlässlichkeit, Kompetenz, Reaktionsfähigkeit, Einfühlungsvermögen der Mitarbeiter • Wiedererkennungsfaktor durch langjährige Mitarbeiter • Zimmeratmosphäre (Farbgestaltung, Duft etc.)
Qualitätsaspekte nach dem Hotelaufenthalt (Ergebnisqualität)	• Check-out • Transfer zum Bahnhof/ Flughafen etc. • Folgebuchungen etc.	• Beschwerdemanagement • Gästezufriedenheit (Übereinstimmung von Erwartung und Realität, Preis/Leistungsverhältnis etc.) • kommunikative Nachbetreuung

*Abbildung 1: Dimensionen der Hotelqualität (Quelle: In Anlehnung an Dreyer,
Axel: Kundenzufriedenheit im Tourismus, München 1998, S. 43 und Gewald,
Stefan: Hotel-Controlling, München 1999, S. 13)*

Gerade durch die teilweise starke körperliche Beanspruchung und eine trotzdem vergleichsweise niedrige Entlohnung bei vielen Tätigkeiten im Hotel ist nicht nur eine gute Organisation der Arbeitsabläufe für den Erfolg des Unternehmens wichtig, sondern auch, dass zwischen den Mitarbeitern und dem Betrieb, bspw. durch flache Hierarchien und das tatkräftige Mitarbeiten der Vorgesetzten, im Idealfall eine enge Beziehung entsteht. Abteilungsleiter und Direktionsmitglieder haben dadurch auch die Aufgabe, aktive Vorbilder im täglichen Arbeitsalltag darzustellen und sowohl dem Auszubildenden wie dem langjährigen Facharbeiter zu verdeutlichen, dass eine perfekte Dienstleistung nur in einem produktiven Miteinander entstehen kann. Mehr noch als in anderen Dienstleistungsunternehmen wie z. B. in Banken oder Versicherungen und in starker Abgrenzung zu produzierenden Betrieben muss das Management in Hotels einen Ausgleich zwischen klassischen Managementaufgaben des Gestaltens bzw. Kontrollierens und den sozialen Aufgaben des Motivierens sowie des Entwickelns einer positiven, serviceorientierten Grundstimmung bei allen Mitarbeitern herstellen.

2.1 Gastorientierte Dienstleistungen

Der Bereich der gastorientierten Dienstleistungen wird zur besseren Abgrenzung in drei Segmente unterteilt und umfasst darin verschiedene Einzelleistungen.

Unter dem Oberbegriff der *Hauptleistungen* werden alle Tätigkeiten zusammengefasst, die mit den üblichen Aufgaben der Beherbergung und Bewirtung in direktem Zusammenhang stehen. Darunter fallen alle vorbereitenden Arbeiten im und am Gastzimmer, die Vorgänge des Check-ins und des Check-outs, der Rechnungslegung für Großkunden sowie auf der gastronomischen Ebene eine allumfassende Bewirtung der Gäste inklusive Catering. Ergänzt wird dieser Kern der Hoteldienstleistung durch ein Angebot von *Nebenleistungen*, die in einem unmittelbaren Zusammenhang mit der Hauptleistung stehen. Dazu zählen bspw. Weckdienste, kostenlose Morgenzeitungen, der abendliche Bettaufdeckservice oder kleine Botengänge. Die Hauptleistung kann auch ohne diese Zusätze erbracht werden, allerdings verbessern sie den Eindruck des flexiblen und vielseitig bemühten Hotels und vermitteln ein höheres Detailinteresse, um die Gäste zufriedenzustellen. Die *Zusatzleistungen* bedeuten einen großen Komfortzuwachs für den Gast. Sie ermöglichen z. B. die Nutzung von Fitnessgeräten, Pool und Sauna sowie einer hoteleigenen Garage. Ein Concierge übernimmt die Reservierung von Karten oder die Planung von Ausflügen, und im Hotel finden sich kleine Geschäfte wie bspw. ein Frisör oder ein Blumenladen.

Die Zusatzleistungen werden vor allem in der Luxushotellerie als Differenzierungsmerkmal genutzt, weil sich die Hotels durch die Ausstattung in den unterschiedlichen Segmenten nicht mehr gravierend voneinander abheben. Vor allem in den höheren Sternekategorien entscheidet immer mehr die persönliche Individualität der Dienstleistung. Gerade hier setzt ein erfolgreiches Qualitätsmanagement an, indem die Mitarbeiter für die Feinheiten und die hohen Erwartungen an das gastorientierte Leistungsspektrum sensibilisiert werden.

2.2 Back-of-the-house-Dienstleistungen

Neben den vom Gast direkt erlebten und wahrgenommenen Dienstleistungen ist es zur kompletten Beurteilung des Themas Qualität unerlässlich, dass auch jene Dienste, die im vom Gast nicht einsehbaren Bereich erbracht werden, Beachtung finden. Dabei liegt hier, im sogenannten „Back-of-the-house-Bereich", der Grundstein für das Entstehen einer perfekten Hotelleistung. Die tägliche Reinigung von Einrichtung und Gebrauchsgegenständen sowie die technische Bereitschaft und alle Verwaltungsbereiche tragen ebenso zum Wohlbefinden der Gäste bei wie das offensichtliche Bemühen an Rezeption, Bar oder im Restaurant. Ohne eine gut strukturierte Verkaufsabteilung, die zeitgenaue und anforderungsgemäße Bereitstellung aller Geschirre, Bestecke oder Lebensmittel kann ein Hotelbetrieb keine Höchstleistungen erbringen.

Nur im Zusammenspiel zwischen den sichtbaren und den verdeckten Dienstleistungen in einem Hotelbetrieb ist es möglich, der hohen Erwartung an die gebotene Qualität auch wirklich gerecht zu werden. Die Unternehmensleitung ist dabei angehalten, die von den Mitarbeitern erbrachten und von den Gästen unbemerkten und nicht bewerteten Tätigkeiten angemessen zu würdigen. Denn nur professionell und standardgemäß im Hintergrund ablaufende Prozesse können einen positiven Beitrag zu einer qualitativen Höchstleistung beisteuern. Diesen hohen Anspruch langfristig aufrechtzuerhalten und damit die tatsächlich erbrachte Leistungsqualität nachhaltig zu sichern, ist die Aufgabe eines Qualitätsmanagementsystems.

Bereich	Leistungen
Beherbergung	• Reinigung der allgemein zugänglichen Bereiche • Blumendekoration/Pflege der Außenanlagen • Grundreinigung der Zimmer • Müllentsorgung • Vorbereitung der Zimmer bei Sonderwünschen (Allergikerbettwäsche, Rückenbretter) • Sicherheitsleistungen/Zugangskontrolle • Wäscherei/Bereitstellung der Wäsche für Mitarbeiter, Zimmer und Banketträume
Bewirtung	• Spülleistungen • Vorbereiten von Geschirr und Besteck („mise-en-place") • Bereitstellung sämtlicher Materialien („Stewarding") • sämtliche Küchenleistungen
Zusatzleistungen	• Reinigung der Einrichtungen • Mobiliar bei Veranstaltungen vorbereiten • Technikbereitschaft • Botendienste
Verwaltung	• Personal (Kantine, Personalwäsche, Personalverwaltung, Lohnbuchhaltung) • Controlling • Buchhaltung • Einkauf und Lagerhaltung
Verkauf/PR	• Werbung • Marketing • Öffentlichkeitsarbeit • Verkaufsförderung

Abbildung 2: Back-of-the-house-Dienstleistungen (Quelle: Eigene Darstellung)

3 Instrumente des Qualitätsmanagements in der Hotellerie

Entsprechend der Vielfalt der deutschen Hotellerie sind in den letzten Jahren viele Preise, Wettbewerbe und Siegel entstanden und verliehen worden, die das Qualitätsmanagement in den Betrieben bewerten und das Ergebnis transparent darstellen sollen. Entscheidend sind dabei allerdings nicht die herausgebenden Verbände und Institutionen, sondern vielmehr die Instrumente, Methoden und Techniken, mit deren Hilfe das Qualitätsmanagement in den Betrieben angeregt und optimiert werden kann.

Der Hotelverband Deutschland (IHA) hat im Herbst 2007 eine Unternehmensbefragung zum Thema „Qualitätsmanagement" bei den Betrieben der deutschen Markenhotellerie durchgeführt, deren Ergebnisse Grundlage dieses Kapitels sind. Dabei nahmen zwischen September und November 2007 24 Ketten und Kooperationen mit insgesamt rund 1.400 Hotels aller Kategorien in Deutschland teil. Die Ergebnisse der diesjährigen Erhebung machen deutlich, dass die Nachfrage nach standardisierten Qualitätssiegeln/-programmen oder -wettbewerben in der deutschen Hotellerie noch immer sehr schwach ausgeprägt ist. Andererseits stellt die Zahl von mehr als 6.500 qualitätssichernden Maßnahmen und Instrumenten ein eindrucksvolles Zeichen dafür dar, dass das Bewusstsein für die Notwendigkeit eines nachhaltigen Qualitätsmanagements weitverbreitet ist.

3.1 Qualitätsgrundsätze und -leitlinien

Als inhaltliche Grundlage seines Qualitätsmanagements formuliert und nutzt rund ein Drittel der Hotels schriftlich fixierte Grundsätze und Leitlinien. Die Erarbeitung erfolgt zum Großteil zentral durch die zuständigen Abteilungen in Ketten und Kooperationen. Auch in Individualhotels werden solche Grundlagendokumente zunehmend verfasst und den Mitarbeitern als elementare Basis ihrer Tätigkeit vermittelt. Einhergehend damit ist zumeist das Festlegen eines „Qualitätsslogans", der im Personalbereich eines Hotels gut sichtbar angebracht wird, um die Mitarbeiter stetig darauf hinzuweisen.

3.2 Qualitätshandbücher

13% der Betriebe legen ihrem Qualitätsmanagement Qualitätshandbücher zugrunde, die sehr detailliert und umfangreich Qualitätsregeln festlegen und -standards beschreiben. Hierbei entsteht mitunter das Risiko, dass die Mitarbeiter aufgrund der Fülle an Inhalten sowie der Darstellung in Buch- oder Broschürenform davon Abstand nehmen, sich dem gesamten Qualitätshandbuch zu widmen. Andererseits bieten sie die Möglichkeit, verbindliche Standards ausformuliert zu fixieren und dadurch, beispielsweise auch unabhängig von Mitarbeiterfluktuation, langfristig zu sichern.

3.3 Gästebefragungen

Mit 16% sind die Gästebefragungen der „Klassiker" unter den praktischen Anwenderinstrumenten eines gästeorientierten Qualitätsmanagements. Dabei wird diese Methode überwiegend schriftlich, entweder mittels Fragebögen auf den Hotelzimmern oder mit entsprechenden „Meinungskarten" an der Rezeption, durchgeführt, wobei darauf geachtet werden sollte, dass

- die Fragen leicht verständlich formuliert sind
- der Anteil geschlossener Fragen (ja/nein oder maximal fünf vorgegebene Antwortkategorien bzw. Schulnoten oder „Smileys") überwiegt
- insgesamt nicht mehr als zehn Fragen gestellt werden
- dem Gast auf Wunsch Anonymität ermöglicht wird
- der Fragebogen abwechslungsreich gestaltet und evt. jahreszeitlich und/oder zielgruppenspezifisch angepasst wird (im Herbst z. B. als Laubblatt oder im Halloweendesign)

Alternativ lassen sich die Reaktionen bzw. die Meinungen der Gäste auch mittels einer indirekten Befragung durch speziell geschulte Mitarbeiter ermitteln. Diese kann bspw. an der Hotelbar, an der Poolbar oder während eines Shuttledienstes erfolgen, wobei darauf geachtet werden muss, dass sich der Gast nicht als Befragter fühlt, sondern auf einen Mitarbeiter trifft, der sich für die Wünsche, Sorgen und Nöte der Gäste tatsächlich interessiert. Daher ist die Auswahl des Orts einer solchen Befragung, die der Gast als angenehmes Gespräch wahrnehmen sollte, ebenso wichtig wie die fundierte Schulung der Mitarbeiter, die verschiedene Fragen situationsabhängig und gästespezifisch angepasst anzuwenden haben, um die gewünschten Informationen zu erhalten. Aufgrund der gelockerten Stimmung z. B. an einer Bar, ist davon auszugehen, dass die Ergebnisse umfangreicher und detaillierter sind, als dies mit einem Fragebogen erreicht werden kann. Andererseits muss darauf geachtet werden, dass die Gäste nicht den Eindruck eines standardisierten Interviews erhalten, da die Bereitschaft zur Information sonst in eine offene Verweigerungshaltung umschlagen könnte.

Weitere Möglichkeiten bieten sich durch eine direkte Gästeansprache im Hotel, mittels eines Briefs des Direktors an zufällig ausgewählte Gäste oder anhand einer Telefonbefragung durch die Zentrale der Hotelkette bzw. ein beauftragtes Dienstleistungsunternehmen. Anhand der gesammelten Daten können die Wünsche bei einem erneuten Besuch genauer beachtet, Beschwerden vermieden und die Gäste zu einem aktiven Mitgestalten „ihres" Hotels angeregt werden. Die Resonanz der Gäste auf solche Befragungen ist sehr positiv, und viele Gäste kehren wegen dieser Nachfrage gern in „ihr" Hotel zurück, weil sie das Interesse an ihrer „Mitarbeit" hoch einzuschätzen wissen.

3.4 Mitarbeiterbefragungen

Das Mittel der anonymen Mitarbeiterbefragung nutzen derzeit erst 3 % der befragten Hotelbetriebe der deutschen Markenhotellerie. Dies macht deutlich, dass die Vorteile dieses Instruments branchenweit noch nicht ausreichend Anerkennung erfahren haben und die Möglichkeit konstruktiver Hinweise oder hilfreicher Verbesserungsvorschläge offenbar als gering eingeschätzt wird. Auch die positiven Auswirkungen durch die erhöhte Mitarbeitermotivation und die Optimierung von Prozessen innerhalb eines Hotels ist nicht Anreiz genug, um dieses Instrument zu gebrauchen.

Betriebe, die ihre Mitarbeiter einbinden, können jedoch dadurch mit relativ geringem Mitteleinsatz Informationen über Betriebsabläufe erhalten, die sonst nur über externes Auditing ermittelt würden, sodass Mitarbeiterbefragungen ein kostengünstiges Mittel zur Unternehmensentwicklung darstellen, deren Bedeutung in den kommenden Jahren noch zunehmen wird.

3.5 Lieferantenbefragungen

Neben den Gäste- und Mitarbeiterbefragungen sind auch Gespräche mit Liefe-ranten ein geeignetes Mittel, um Prozesse zu optimieren und damit die Qualität der Leistungen zu verbessern. Die Bedeutung der Lieferantenzufriedenheit wird dabei aktuell nur selten als ein Element eines ganzheitlichen Qualitätsmanage-ments verstanden. Ausgehend aber von der Wichtigkeit flexibler und reaktions-starker Partner, die durch ihre Lieferungen und Leistungen maßgeblich den Er-folg und die Angebotsvielfalt eines Hotels ermöglichen und absichern, ist es wichtig, zu erfahren, ob die Liefer-, Bestell- und Zahlungsbedingungen bzw. de-ren Abwicklung professionell und reibungslos erfolgt oder ob auch bei diesen Beziehungen verbesserte Rahmenbedingungen zu mehr Effizienz und dadurch langfristig zur Gewinnsteigerung führen könnten. Gerade vor dem Hintergrund der vielen Lieferantenbeziehungen der meisten deutschen Hotels kommt diesem Instrument in den kommenden Jahren eine wachsende Bedeutung zu, da da-durch die Zusammenarbeit gestärkt und die betriebliche Verbundenheit intensi-viert wird.

3.6 Mystery Men Checks und externe Audits

Fast 15 % der befragten Betriebe verlassen sich auf das Urteil externer Kontrol-leure. Den Großteil machen dabei sogenannte Mystery Men Checks (Testgäste) aus, die während eines mehrtägigen Aufenthalts alle relevanten Leistungen eines Hotels in Anspruch nehmen und darüber einen ausführlichen Bericht verfassen. Dieses Instrument hat mittlerweile auch Einzug in die Systematik der Deutschen Hotelklassifizierung gefunden, wobei es viele Anbieter europaweit gibt, die sich auf diese Dienstleistung spezialisiert haben und auch mehrere Ketten und Koope-rationen selbst dazu übergehen, ihre Betriebe durch eigene Mystery Guests be-suchen zu lassen.

Eine solche externe Kontrolle kann auch mittels Mystery Men Checks per Telefon – zumindest in Teilbereichen – abgedeckt werden. Dabei ist zu beachten, dass die-se professionellen Angebote sehr effizient gestaltet sind und sehr detaillierte Ergebnisse liefern, andererseits aber auch zu den kostenintensivsten Instrumen-ten gehören, die für ein Qualitätsmanagement ausgewählt werden können.

3.7 QM-Manager

Seit wenigen Jahren gehen einige Hotelketten dazu über, in der Kettenverwaltung oder sogar in jedem Hotel einen Qualitätsmanager einzustellen. Kempinski Hotels & Resorts, ArabellaStarwood Hotels & Resorts, The Rocco Forte Collection sind nur drei Beispiele für Unternehmen, die sich der Qualitätsorientierung mit eigenen Abteilungen und darauf spezialisierten Mitarbeitern widmen. Dabei kann ein Qualitätsmanager Programme und Instrumente der Hotels entwickeln und gestalten und durch Schulungen zur Verbreitung des Qualitätswissens und der -philosophie des Unternehmens beitragen. Außerdem besteht dadurch die Möglichkeit, das hotelinterne Beschwerdemanagement zu optimieren, zu standardisieren und anhand entsprechender Auswertungen mehr Verständnis für gästeorientierte Arbeitsweisen und qualitätsichernde Maßnahmen zu erwirken.

Gleichwohl ist ein eigener Qualitätsmanager nicht als Ersatz für eine lebendige Qualitätsorientierung aller Mitarbeiter zu verstehen. Er darf nicht als „Feigenblatt" dienen, sondern sollte vielmehr als Impulsgeber und Vorbildfunktion agieren.

3.8 Qualitätsteams

Qualitätsteams dienen dazu, mehrere Mitarbeiter aus verschiedenen Abteilungen zusammenzuführen und sie mit dem Auftrag auszustatten, unterschiedliche Prozesse und Abläufe zu überprüfen und ihrerseits Verbesserungsvorschläge einzubringen. Die Arbeit eines Qualitätsteams wird zeitlich begrenzt, um es zielgerichtet und aufgabenkonzentriert zu einem Ergebnis zu führen. Nur 5 % der Unternehmen nutzen die Chance, auf diesem Wege ihre Mitarbeiter einzubinden und sie direkt an der Entwicklung von Qualitätsstandards zu beteiligen. Und dies, obwohl „Motivation durch Verantwortung" zu einem der wichtigsten Grundsätze für die Aufrechterhaltung eines guten Betriebsklimas gehört. Damit zollt der Betrieb dem Mitarbeiter Wertschätzung für seine Arbeit und seinen Einsatz, und gleichzeitig werden die Gäste von verantwortlichen Mitarbeitern üblicherweise beherzter und professioneller bedient, als wenn die Angestellten keine Verantwortung tragen dürften.

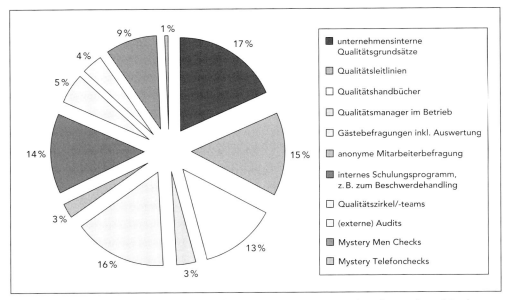

Abbildung 3: Anwendung von Qualitätsinstrumenten in der deutschen Markenhotellerie (Quelle: Hotelverband Deutschland (IHA): Unternehmensbefragung
Qualitätsmanagement, Berlin, Dezember 2007)

4 Auswirkungen des Qualitätsmanagements

Sowohl die Einführung als auch die praktische Anwendung verschiedener Qualitätsinstrumente hat Auswirkungen auf vier Ebenen in der Hotellerie:

4.1 Auswirkungen auf die Mitarbeiter

Ein gelungenes Qualitätsmanagement schafft ein stärkeres Bewusstsein für den
schonenden Umgang mit Material und Ressourcen, wodurch unnötige Kosten reduziert werden können. Die Mitarbeiter erkennen anhand der Unternehmens-
daten, welche Auswirkungen ihre Verantwortlichkeit hat und werden dadurch
vermehrt für ein unternehmensbewusstes Handeln sensibilisiert. Gerade auch regelmäßige Mitarbeiterbefragungen, Direktionsgespräche oder die Einführung fla-
cher Hierarchien führen zu mehr Transparenz und Verständnis für Unternehmer-

entscheidungen. Dadurch entstehen auch ein besseres Arbeitsklima und eine höhere Zufriedenheit, die Identifikation mit dem Unternehmen steigt und auch dadurch arbeiten Mitarbeiter motivierter und strukturierter. Für jeden Einzelnen führt das Qualitätsmanagement zudem zur Erhöhung der persönlichen Qualifikation, eines erweiterten Fachwissens und zu mehr Selbstsicherheit und -vertrauen.

Andererseits ist bei der Anwendung unterschiedlicher Instrumente und Verfahren auch zu beachten, dass sich Mitarbeiter überfordert, kontrolliert und eingeschränkt fühlen können und dadurch den Sinn der Maßnahmen nach und nach aus den Augen verlieren. Kreativität und Ideenreichtum der Mitarbeiter dürfen nicht durch ein Übermaß an bürokratisch geregelter Qualitätsorientierung beeinträchtigt, sondern sollten im Idealfall durch qualitätsstiftende Maßnahmen angeregt und erhöht werden.

4.2 Auswirkungen auf die Gäste

Auch für Gäste ist eine verstärkte Qualitätsorientierung wahrnehmbar. Sie be- und vermerken, dass Leistungen routiniert und professionell erbracht werden, und dadurch steigen Sicherheit, Verlässlichkeit und Transparenz, die wiederum für eine positive Beurteilung sorgen. Hierdurch kann die Gästezufriedenheit erheblich gesteigert werden, und ein höherer Anteil an Stammgästen entsteht. Sobald die Interaktion zwischen Gästen und Mitarbeitern intensiver und herzlicher wird, steigen sowohl die Akzeptanz für höhere Zimmerpreise wie auch das Renommee des Hauses.

Bei der Wirkung auf die Gäste ist jedoch zu beachten, dass die Vielzahl angebotener Zertifikate die Intransparenz steigern und die Glaubwürdigkeit derselben sinken lassen, sodass es entscheidend ist, dass die tatsächlichen Qualitätsinstrumente konsequent und mit Leidenschaft angewendet und nicht um eines Zertifikats Willen unrealistische Maßnahmen und zu hoch angesetzte Ziele formuliert werden.

Als ein elementarer Baustein gehört ein aktives Beschwerdemanagement zur konsequenten Gästeorientierung. Dabei kommt es darauf an, dass der Gast ernst genommen wird, damit ihm kompetent und erschöpfend geholfen werden kann. Beschwerden sollen positiv verstanden werden. Zu einer professionellen Aufnahme einer Reklamation gehört letztendlich auch ein zügiger Umgang mit dem Problem. Wichtig dabei sind eine klare Kompetenzzuordnung sowie eine eindeutige

Antwort, um den Gast über die Behandlung seiner Eingabe zu informieren. Anschließend muss auch die Bearbeitung in internen Gremien des Hotels folgen, um etwaige Schlüsse daraus zu ziehen.

Gerade durch ein effizientes Beschwerdemanagement können viele Gäste gehalten oder auch wieder gewonnen werden, selbst wenn ihnen bei ihrem ersten Aufenthalt negative Aspekte aufgefallen sind. Denn konstruktive Kritik und eine optimale Behandlung eines Mangels oder einer Missstimmung können langfristig zu stärkerer Gästetreue führen, weil der Gast das ehrliche Bemühen schätzt und die Verbesserung anerkennt.

4.3 Auswirkungen auf Lieferanten

Auch wenn die Gruppe der Lieferanten bisher wenig Beachtung in der Diskussion um qualitätssichernde Maßnahmen gefunden hat, spielt sie für den wirtschaftlichen und operativen Erfolg eines Hotels eine große Rolle. Daher ist es auch nicht unerheblich, dass durch ein professionelles Qualitätsmanagement Lieferbeziehungen gestärkt werden und dadurch die Verbundenheit zum Hotel steigt. Das Mehr an Vertrauen und die größere Verlässlichkeit führen dazu, dass der Lieferant das Hotel als Referenz nutzt und umgekehrt. Zudem sollten auch bessere Konditionen, eventuell sogar Privilegien und Sonderrabatte, aufgrund dieser intensivierten Kooperation nicht unterschätzt werden.

4.4 Auswirkungen auf Sonstige (Banken, Presse)

Ein konsequentes Qualitätsmanagement kann sich auch sehr positiv auf Geschäftspartner und Bereiche auswirken, die nicht sofort erkennbar sind. Heute bereits werden vielfach QM-Zertifikate und -Auszeichnungen vorausgesetzt, um Kredite und/oder Fördermittel von Banken und anderen Institutionen zu erhalten. Somit steigt das Renommee des Unternehmens bei potenziellen Finanzpartnern ebenso wie bei Gästen und Lieferanten und lässt dadurch größeren wirtschaftlichen Spielraum zu. Dadurch ergeben sich wiederum neue Kooperationsmöglichkeiten, und Arbeitsplätze werden abgesichert. Zudem kommt dem Hotel eine Vorbildfunktion zu, die sich auch in imagestärkenden Presseberichten niederschlägt und dadurch die Position des Hauses innerhalb einer Stadt bzw. einer Region stark positiv beeinflusst.

5 Qualitätscontrolling

Bei der Betrachtung des Bereichs Qualitätsmanagement sollte trotz der vielen positiven Auswirkungen und Möglichkeiten dem Hotelier und seinen Mitarbeitern ebenso bewusst sein, dass Qualitätsmanagement als alleiniges Vermarktungsinstrument keinesfalls ausreichend ist. Die Individualität eines Hotels muss erkennbar bleiben, und die Instrumente und Maßnahmen dürfen nicht zur Nivellierung von Alleinstellungsmerkmalen führen. Das Bewusstsein aller muss dazu führen, dass das Qualitätsmanagement gelebt und nicht verordnet wird. Dazu gehören der Einbau von Innovationen, die Nutzung von Benchmarks und die klare Formulierung von Strategien und Zielen.

Auch das Qualitätscontrolling sowie die Qualitätskosten sollten angemessene Beachtung finden, wobei die beiden entscheidenden Teilbereiche durch das Qualitäts-Auditing und die Qualitätskontrolle abgedeckt werden. Ein Qualitäts-Auditing setzt auf der strategischen Ebene an und wird dabei immer von externen Personen in Zusammenarbeit mit Mitarbeitern des zu beurteilenden Hotels durchgeführt. Die Zielsetzung besteht darin, einzelne Strukturen und Prozesse oder das Qualitätsmanagement als Ganzes auf Effizienz und Effektivität zu überprüfen. Unter der Voraussetzung, dass klare Anforderungen für die Beurteilung vorhanden sind, soll damit offengelegt werden, wie das erreichte Qualitätsniveau tatsächlich entstanden ist und ob es mögliche Optimierungspotenziale gibt. Gerade eine regelmäßige Überprüfung der Standards durch Firmenfremde ist dabei sehr hilfreich, damit sich die eigenen Mitarbeiter nicht gegenseitig beurteilen müssen und es außerdem durch die Sicht von Außen immer wieder zu positiven Weiterentwicklungen kommt, die bei einem rein internen Auditing wahrscheinlich nicht stattfinden.

Im zweiten Bereich, der Qualitätskontrolle, werden die Unterschiede zwischen der angestrebten und der tatsächlichen Qualität analysiert und anschließend der Versuch unternommen, Strategien für Verbesserungsmaßnahmen zu entwickeln. Diese auf der operativen Ebene ansetzende Vorgehensweise soll sicherstellen, dass Kundenerwartungen erfüllt und folglich der aktuelle Gästestamm erhalten und wenn möglich ausgebaut werden kann. Außerdem wird angestrebt, anfallende Qualitätsprobleme zügig zu erfassen und zu beheben. Durch das Aufzeigen von Qualitätsverbesserungen und -verschlechterungen in den einzelnen Hotelabteilungen wird dadurch das einheitliche Verständnis für Qualitätsanforderungen gestärkt, anhand dessen eine qualitätsbewusste betriebliche Mitarbeiteraus- und

-fortbildung entwickelt werden kann. Als Datengrundlage werden dazu Gäste- und Personalfragebögen, Checklisten und Gästekommentare genutzt.

Der gründliche Umgang mit dem Thema Qualitätsmanagement und damit auch mit einem wirkungsvollen Controlling lässt die Frage nach den Qualitätskosten aufkommen. Sie ergeben sich sowohl aus **Präventivkosten**, die zur Fehlervermeidung eingesetzt werden, aus Verwaltungs-, Dokumentations-, **Inspektions- und Kontrollkosten** sowie den **Aufwendungen für internes Versagen** aufgrund von Verspätungen oder Verschwendung. Hinzu kommen **Kosten für externes Versagen**, beispielsweise bei schlechtem Image oder Kosten für die Neukundenwerbung. In der Praxis wird vor allem der Bereich der internen Schulungen sowie Aufwendungen für externe Auditoren und anschließend erforderliche Anpassungsmaßnahmen hervorgehoben. Hinzugerechnet werden auch die durch umgesetzte Verbesserungsvorschläge entstehenden Kosten.

6 Fazit

Es bleibt festzuhalten, dass die Qualitätsorientierung in der deutschen Hotellerie unvermindert hoch ist und viele Instrumente Anwendung finden. Auch die Zunahme an Zertifikaten bzw. an Institutionen, Verbänden und Vereinen, die entsprechende Siegel ausgeben, hat das Bewusstsein für dieses Thema geschärft. Gleichzeitig werden durch die Gäste die „weichen" Faktoren immer stärker nachgefragt. Dadurch sind alle Unternehmer mit diesem Thema konfrontiert und vor die Wahl gestellt, in welcher Weise sie reagieren. Viele Ketten und Kooperationen haben frühzeitig entsprechende Regeln verfasst, Standards definiert und Systeme entwickelt. Auch die Individualhotellerie hat in den letzten Jahren aufgeholt, um den Anschluss nicht zu verlieren. Politische Einflüsse, die zunehmende Konkurrenz sowie die gestiegenen Fachkenntnisse der Gäste sind weitere Auslöser für eine Qualitätsorientierung der Branche. Sicherlich wird sich dieser Trend noch weiter fortsetzen und die Angebote der deutschen Hotellerie interessanter und höherwertiger machen.

Literatur

Avelini – Holjevac, Ivanka: Total Quality Management for the Hotel-Industry and tourism, in: Internationale Vereinigung wissenschaftlicher Fremdenverkehrsexperten AIEST (Hrsg.): Qualitätsmanagement im Tourismus, Zusammenfassung des 47. AIEST-Kongresses, Sankt Gallen 1997.

Bauer, Hans/Keller, Thomas: Management von Kundenzufriedenheit in der Hotelbranche, in: Homburg, Christian: Kundenzufriedenheit, Mannheim 2003.

Beinlich, Martin: Qualitätsmanagement im Dienstleistungssektor, Jena 2000.

Benkenstein, Martin/Holtz, Michael: Qualitätsmanagement von Dienstleistungen, in: Bruhn, Manfred/Meffert, Heribert: Handbuch Dienstleistungsmanagement, Wiesbaden 2001.

Bohne, Hartwig: Qualitätsmanagement in der Luxushotellerie, Trier 2004.

Bruhn, Manfred: Wirtschaftlichkeit des Qualitätsmanagements, Heidelberg 1998.

Bruhn, Manfred: Qualitätssicherung im Dienstleistungsmarketing – eine Einführung in die theoretischen und praktischen Probleme, in: Bruhn, Manfred/Meffert, Heribert: Handbuch Dienstleistungsmanagement, Wiesbaden 2001.

Bühner, Rolf: Mitarbeiterführung in Dienstleistungsunternehmen, in: Bruhn, Manfred/ Meffert, Heribert: Handbuch Dienstleistungsmanagement, Wiesbaden 2001.

Dreyer, Axel: Kundenzufriedenheit im Tourismus, München 1998.

Dreyer, Axel: Qualität durch Kundenintegration, in: Pompl, Wilhelm/Lieb, Manfred: Qualitätsmanagement im Tourismus, München 1997.

Frehr, Hans-Ulrich: Die Qualität des Unternehmens – eine neue Dimension der Qualität, in: Zink, Klaus: Qualität als Managementaufgabe, Landsberg/Lech 1989.

Gardini, M. A.: Qualitätsmanagement in Dienstleistungsunternehmungen – dargestellt am Beispiel der Hotellerie, Frankfurt am Main 1997.

Henselek, Hilmar: Hotelmanagement, München 1999.

Hentschel, Bert: Dienstleistungsqualität aus Kundensicht, Wiesbaden 1992.

Homburg, Christian/Faßnacht, Martin: Kundennähe, Kundenzufriedenheit und Kundenbindung bei Dienstleistungsunternehmen, in: Bruhn, Manfred/Meffert, Heribert: Handbuch Dienstleistungsmanagement, Wiesbaden 2001.

Horovitz, Jacques: Service entscheidet: Im Wettbewerb um den Kunden, Frankfurt am Main 1992.

Keller, Peter: Qualitätsmanagement im Tourismus: Fragestellungen, in: Internationale Vereinigung wissenschaftlicher Fremdenverkehrsexperten AIEST (Hrsg.): Qualitätsmanagement im Tourismus, Zusammenfassung des 47. AIEST-Kongresses, Sankt Gallen 1997.

Lieb, Manfred: Strategien des Qualitätsmanagements, in: Pompl, Wilhelm/Lieb, Manfred: Qualitätsmanagement im Tourismus, München 1997.

Pechlaner, Harald/Fischer, Elisabeth: Qualitätsmanagement im Tourismus, Wien 2006.

Pircher-Friedrich, Annemarie: Strategisches Management in der Hotellerie, Frankfurt am Main 2000.

Pompl, Wilhelm: Qualität touristischer Dienstleistungen, in: Pompl, Wilhelm/Lieb, Manfred: Qualitätsmanagement im Tourismus, München 1997.

Rothlauf, Jürgen: Total Quality Management in Theorie und Praxis, München 2004.

Schaetzing, Edgar: Management in Hotellerie und Gastronomie, Frankfurt am Main 2004.

Scharitzer, Dieter: Methoden der Qualitätsmessung, in: Pompl, Wilhelm/Lieb, Manfred: Qualitätsmanagement im Tourismus, München 1997.

Schertler, Walter: Unternehmensorganisation, München 1998.

Seitz, Georg: Internationale Expansionsstrategien in der Hotelbranche, in: Pompl, Wilhelm/Lieb, Manfred: Internationales Tourismus-Management, München 2002.

Stauss, Bernd: Die Bedeutung von Qualitätspreisen für Dienstleistungsunternehmen, in: Bruhn, Manfred/Meffert, Heribert: Handbuch Dienstleistungsmanagement, Wiesbaden 2001.

Wimmer, Frank/Roleff, René: Beschwerdepolitik als Instrument des Dienstleistungsmanagement, in: Bruhn, Manfred/Meffert, Heribert: Handbuch Dienstleistungsmanagement, Wiesbaden 2001.

Operatives Management: Funktionen und Methoden

2 Marketing-Management

Nutzen und Anforderungen von hotelspezifischen CRM-Systemen

Michael Toedt

1 Die steigende Bedeutung der Kundenbindung für den Unternehmenserfolg

Die Steigerung der Kundenbindung steht seit Jahren bei vielen Unternehmen ganz oben auf den Zielvorgaben. Der gesättigte Markt, der ständige Ausbau von Überkapazitäten, die uniformen Produkte, die größtenteils vorherrschen, die Überflutung des Markts mit immer neuen Marken, die ständige Abnahme der Werbewirksamkeit, die horrenden Kosten bei der Neukundengewinnung, die Überschüttung des Kunden mit Tausenden von Werbebotschaften und vieles mehr zwingen das Management, sich verstärkt mit dem Thema auseinanderzusetzen.

Trotz dieser Vorgaben ist das Know-how, was dieses Thema anbelangt, gering. Laut einer Studie von KPMG haben 40 % des Managements kein umfassendes Verständnis für Customer Relationship Management, kurz CRM genannt. Und so verwundert es nicht, dass bis zu drei Viertel der Projekte nicht die Erwartungen erfüllen.

Das Thema Kundenbindung wird heute in aller Regel mit den Themen Serviceverbesserung, Investition in Hardware und Software, Mitarbeiterschulung, Kundenkarten oder Marketing gleichgesetzt. Allein schon diese Aufzählung zeigt die Komplexität des Themas, denn alle Punkte können einen Einfluss auf die Kundenbindung haben. Dieser Beitrag soll helfen, die wichtigsten Grundlagen der Kundenbindung zu vermitteln, sowie die steigende Bedeutung von CRM-Systemen für die Hotellerie aufzeigen. Viele der im Nachfolgenden verwendeten Zahlen beziehen sich auf Analysen von Toedt, Dr. Selk & Coll. Der Grund hierfür ist, dass TS & C seit Jahren in diesem Bereich tätig ist und Vergleichszahlen so gut wie nicht vorhanden sind. Dort, wo diese vorlagen, wurden sie natürlich berücksichtigt.

2 Grundlagen der Kundenbindung

2.1 Definition

Laut Bruhn/Homburg wird Kundenbindung folgendermaßen definiert: *„Kundenbindung umfasst sämtliche Maßnahmen eines Unternehmens, die darauf abzielen, sowohl die bisherigen als auch die zukünftigen Verhaltensabsichten eines*

Kunden gegenüber einem Anbieter oder dessen Leistungen positiv zu gestalten, um die Beziehung zu diesem Kunden für die Zukunft zu stabilisieren bzw. auszuweiten." [1]

Diese Definition ist sehr umfassend, allerdings wenig greifbar. Es fehlen wichtige Determinanten, wie z. B. an wen sich Kundenbindung richten soll. Aus diesem Grund definiert TS & C Kundenbindung folgendermaßen:
„CRM ist die Pflege bzw. der Aufbau von Kundenbeziehungen mit dem Ziel, die Kundenausgaben beim eigenen Unternehmen zu erhöhen und somit den Lifetime Value zu steigern. CRM ist dabei kein einzelnes Projekt, sondern eine Unternehmens-Strategie, in dessen Mittelpunkt der Kunde und die Steigerung der Rendite stehen. Ganzheitliches CRM ist eine moderne Form der Unternehmensführung." [2]

Laut dieser Definition sollte das Thema Kundenbindung somit umfassend und ganzheitlich verstanden werden und sich primär auf die gewinnträchtigen Kunden-Beziehungen fokussieren.

Untersuchungen von Toedt, Dr. Selk & Coll. haben ergeben, dass in der Regel 65 % der Kunden für ein Unternehmen keinen nachhaltigen finanziellen Wert darstellen und somit deren Bindung an das Unternehmen nicht notwendig bzw. negativ zu bewerten ist. Die Aufgabe des Managements ist somit, die verbleibenden 35 % zu loyalen Kunden zu transformieren bzw. sie loyal zu halten.

In der von TS & C entwickelten CRM-Pyramide bilden die „Best Customers" die Basiszielgruppe von CRM, gefolgt von den abgewanderten „Best Customers", den sogenannten „Defektoren", die es gilt, wieder für das Unternehmen zu begeistern und sie als Kunden zurückzugewinnen. Als dritte Zielgruppe innerhalb der CRM-Pyramide werden die entwicklungsfähigen Erstkäufer aufgeführt. Diese drei Gruppen stellen den Kern eines erfolgreichen und effizienten Kundenbindungssystems dar, und alle Maßnahmen sollten im Wesentlichen auf sie fokussiert sein.

1 Bruhn/Homburg (2005), „Handbuch Kundenbindungsmanagement", S. 8
2 Definition CRM nach Toedt, Dr. Selk & Coll. GmbH

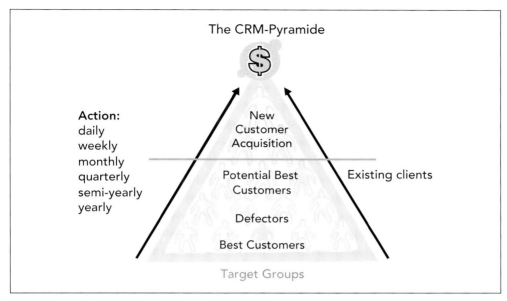

The CRM-Pyramide

Action:
daily
weekly
monthly
quarterly
semi-yearly
yearly

New
Customer
Acquisition

Potential Best
Customers

Existing clients

Defectors

Best Customers

Target Groups

Abbildung 1: CRM-Pyramide nach TS & C

Im Falle des Vielflieger-Programms der Lufthansa „Miles & More" erwirtschaften 2% der Passagiere 50% des Gesamtumsatzes.[3] Diese Kunden versucht die Lufthansa durch umfassende Serviceleistungen nachhaltig an das Unternehmen zu binden. Innerhalb der Hotellerie erwirtschaften je nach Art und Qualität des Hotels 4 bis 8% der Gäste zwischen 35 und 45% des Gesamtumsatzes.

Im Vergleich zu anderen Branchen weist die Hotellerie zwei Besonderheiten auf, die es im Rahmen des Customer Relationship-Managements zu beachten gilt: zum einen die geringe Kauffrequenz des Kunden und zum anderen die Ortsgebundenheit der Leistungserbringung. Abgesehen von Geschäftsreisenden mit einem hohen Buchungsaufkommen, tätigt der Kunde im Allgemeinen zwischen ein und drei Buchungen pro Jahr.

Diese Ortsgebundenheit und dieses geringe Kaufintervall führen dazu, dass der Kommunikation eine sehr starke Bedeutung innerhalb der Hotellerie beigemessen werden muss. Es ist wichtig, den Gast permanent an die Marke und an seine positiven Hotel-Erlebnisse zu erinnern, wenn die Wahrscheinlichkeit von Folge-

---

3 Vgl. Lufthansa Information Management Passage (2005): CRM

buchungen gesteigert werden soll. Das Unternehmen muss also über eine gezielte Kommunikation fest im Evoked Set[4] des Gastes verankert werden.

2.2 Grundfaktoren der Kundenbindung

Die Grundfaktoren der Kundenbindung sind die Servicequalität, das Design, die Lage, die Produktqualität, das Service-Angebot und der Preis. Sie stellen die verschiedenen Bereiche dar, die ein Kunde bewusst oder unbewusst evaluiert und die zu einer Konfirmation oder einer positiven wie auch negativen Diskonfirmation führen. Diese sechs Faktoren müssen ein stimmiges Ganzes bilden und den Anforderungen der Kernzielgruppen entsprechen, wenn das Management zufriedene und loyale Kunden für das Unternehmen anstrebt. Das Ziel muss sein, dem Gast möglichst viele positive Diskonfirmationen zu bieten, ihn also zu überraschen und zu begeistern. Das Geleistete sollte demnach besser sein als die Erwartung des Gastes bzw. besser als die individuellen Vergleichswerte. Diese positive Zufriedenheit ist die Grundvoraussetzung für Loyalität.[5]

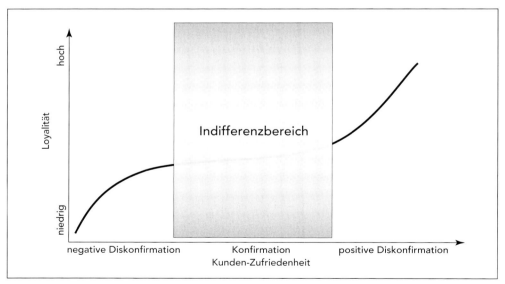

Abbildung 2: Zusammenhang zwischen Kundenzufriedenheit und Kundenbindung

---

4 Evoked Set: Menge der dem Käufer bekannten Alternativen, aus denen er seine Kaufentscheidung trifft, vgl. http://www.univie.ac.at/marketing/Lexikon/beg/evokeds.htm, Einsehdatum 30.10.2007
5 Vgl. Cornell Quarterly (02/1998), „Loyalty: A strategic commitment", S. 14

Zufriedenheit mit einem Produkt ist aber nicht gleichbedeutend mit Loyalität. 60 bis 80 % der zufriedenen Kunden wandern ab[6], laut Cornell University aber nur 10 % der begeisterten Kunden.[7] Gastdatenanalysen der von Toedt, Dr. Selk & Coll. für die Hotellerie ermittelten Churn-Rates (Abwanderungsrate von Einmalgästen) von bis zu 80 % und Defektor-Raten (Abwanderungsrate von Wiederholungsgästen) von 20 %.

2.3 Wege zur Kundenbindung

Warum Kunden ein touristisches Produkt kaufen, beruht auf faktischen und/oder emotionalen Gründen. Faktische Bindungsursachen sind z. B. die perfekte Lage eines Hotels gleich neben der Messe oder exklusive Firmenverträge. Gerade im Geschäftsreisemarkt spielen faktische Bindungsursachen eine wichtige Rolle. Firmenverträge mit den Hotelanbietern, zentrale Reisestellen und strenge Reise-Richtlinien schränken die freie Wahl des Mitarbeiters bei der Buchung eines bestimmten Hotels je nach Unternehmen stark oder weniger stark ein. Laut einer Studie von Austrian Airlines haben 40 % der Geschäftsreisenden keinen Einfluss auf die Wahl der Airline. Da der Fokus der meisten Kundenbindungsprogramme von Hotelgesellschaften genau auf dieser Zielgruppe liegt, ist deren Ausrichtung höchst problematisch.

Neben den faktischen Bindungsursachen spielen in besonderer Weise die emotionalen Gründe eine Rolle bei der Loyalitätsbildung. Eine emotionale Bindung zu einem Unternehmen ist weit höher zu bewerten als eine rein faktische. Faktische Bindungsursachen können sich schnell ändern, z. B. durch den Abschluss neuer Rahmenverträge. Emotionale Banden dagegen sind nachhaltig. Doch auch emotional gebundene Gäste sind nicht unbedingt Kunden mit einer hohen Kauffrequenz und einem hohen finanziellen Wert für das Unternehmen. Die Kaufrate wird neben den finanziellen Möglichkeiten maßgeblich von folgenden weiteren Faktoren beeinflusst:

- Risk Aversion[8]
- Vertrauen zum Produkt

---

6 Vgl. Reichheld (1996), „The Loyalty Effect"
7 Vgl. Cornell Quarterly (02/1998) „Loyalty: A strategic commitment", S. 14 ff.
8 Risk Aversion: das Bestreben, Ungewisses und Risiken zu vermeiden

- Variety Seeking[9] und hybrides Kaufverhalten[10]
- Personal Linking[11]

Je nach Zielgruppe, Alter der Gäste und Produkt spielen diese Faktoren in verschiedenen Gewichtungen eine Rolle.

3 CRM-Systeme in der Hotellerie

3.1 Von der Karteikarte in die Neuzeit

Kundenbindung ist etwas, das viele erfolgreiche Hoteliers und Gastronomen seit jeher betreiben. Ein passionierter Gastronom spricht seine Gäste mit Namen an, kennt die Vorlieben und Gewohnheiten seiner Stammkundschaft und bietet entsprechende individuelle Leistungen an, die der Gast woanders nicht erhält. Dieser besondere Serviceaspekt, oftmals gar nicht bewusst umgesetzt, begeistert. Speziell bei inhabergeführten, kleinen und mittelständischen Betrieben entwickelt sich hieraus häufig eine persönliche Beziehung zwischen Gast und Gastgeber.

Neben diesem „Personal Linking", also der persönlichen Beziehung zwischen Kunde und Unternehmer, ist es primär der individuelle Service, der zu einer emotionalen Verbindung führt. Bereits 1920 setzte das Hotel Vier Jahreszeiten in Hamburg ein spezielles Karteikartensystem ein. Auf über 20.000 Karten waren die Vorlieben der Gäste notiert und alle entsprechenden Mitarbeiter konnten mit diesem Wissen einen individuellen, besseren Service bieten.[12] Diese persönliche Betreuung wird im Einzelhandel mit dem „Tante-Emma-Prinzip" gleichgesetzt. Es endet aber zumeist dort, wo nicht alles durch eine Person gemacht werden kann, wo wechselnde Mitarbeiter tätig sind, speziell aber dann, wenn mehrere Betriebsstätten vorhanden sind. Heute ersetzen moderne IT-Systeme die Karteikarten und ermöglichen einen individualisierten Service an allen Touch-Points, ob im Internet, im Hotel, der Telefonzentrale oder im Wellness-Bereich.

---

9 Variety Seeking: abwechslungsorientiertes Kaufverhalten, d.h. die Suche des Gastes nach Abwechslung, vgl. http://www.univie.ac.at/marketing/Lexikon/beg/artenkaufprozesse.htm, Einsehdatum: 30.10.2007
10 Hybrides Kaufverhalten: Konsumverhalten, bei dem sich der Kunde in einer Situation preisorientiert verhält und bei einer anderen erlebnis- und luxusorientiert, vgl. http://www.markenlexikon.com/glossar_h.html, Einsehdatum: 30.10.2007
11 Personal Linking: persönliche Beziehung zwischen Kunde und Unternehmer
12 Vgl. www.hotel-online.com, „How we built the most famous hotels? – Raffles Hotel Vier Jahreszeiten Hamburg", Einsehdatum: 31.10.2007

3.2 Daten – Zentrale Voraussetzung für CRM

Im Gegensatz zu anderen Branchen sitzen Hotels auf einem gut gehüteten, aber fast ungenutzten Schatz: ihren Gastdaten. Während in anderen Branchen Kundendaten erst mühsam gesammelt werden müssen, z. B. mittels kostspieliger Kartenprogramme (Payback, Happy Digits etc.), hinterlässt der Gast bei seinem Aufenthalt eine Vielzahl von Daten. Von der Adresse über die Vorlieben und Interessen bis hin zu den finanziellen Möglichkeiten lässt sich fast alles aus den gespeicherten Daten interpretieren. Ein modernes Management sollte dieses Potenzial und die damit einhergehenden Möglichkeiten kennen.

Bei der Übernahme von Mannesmann durch Vodafone im Jahr 1999 wurde neben der Infrastruktur primär der Kundenstamm und dessen Umsatzpotenzial bewertet. Die Kaufsumme pro Kunden betrug rund 10.000 €. Bei der Übernahme von OneToOne durch die Deutsche Telekom wurden 3.750 € pro Kunden bezahlt.[13]

Welche Bedeutung den Gastdaten in der Hotellerie heute beigemessen wird, zeigt die Bewertung von Hotelimmobilien. Bei der Übernahme bestehender Betriebe erhalten die neuen Betreiber die Gastdaten oftmals gratis. Eine Gaststammbewertung ist bis heute nicht üblich. Diese Tatsache belegt in hohem Maße das mangelnde Verständnis der meisten Manager für die Bedeutung der vorhandenen Gastdaten.

Erfolgreiche Kundenbindung korreliert in hohem Maße mit der Qualität der Kundendaten und den daraus gewonnenen Informationen. Demnach gehören Tourismusbetriebe zu jenen Unternehmen, deren Erfolg maßgeblich von der Sammlung, Speicherung und Verarbeitung relevanter Daten und deren Aufbereitung zu Informationen abhängt.[14] Das Management der meisten Hotels nutzt das vorhandene Kapital der Kundendaten jedoch nicht. Diesem Missstand gilt es nachhaltig zu begegnen und ein Bewusstsein für die Wichtigkeit der Gastdaten zu schaffen.

---

13 Vgl. Tschermak von Seysenegg (2002), „Bestimmungsfaktoren des Kundenstammwerts", S. 1
14 Vgl. Pechlaner (2005), „Erfolg durch Innovation", S. 296

3.3 Arten von CRM-Systemen

CRM-System ist nicht gleich CRM-System. Im Grundsatz gibt es vier verschiedene Ausprägungen von technischen CRM-Lösungen (siehe Abbildung 3).

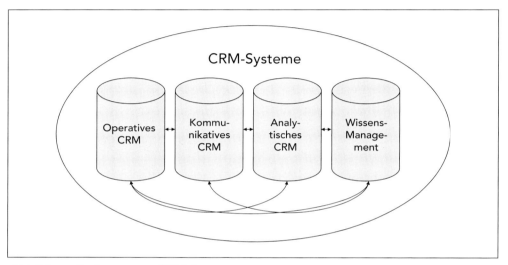

Abbildung 3: Arten von CRM-Systemen

Die Bereiche des operativen und kommunikativen CRMs werden nachfolgend ein-
gehender behandelt. Wichtig in diesem Zusammenhang ist, den jeweiligen Fokus
eines CRM-Systems mit den definierten Zielen des Managements in Einklang zu
bringen. Eine Lösung, die alle Bereiche abdeckt, ist in den meisten Fällen nicht
umsetzbar. Eine ganzheitliche CRM-Lösung ist vielmehr durch das Zusammenspiel
verschiedener Systeme zu erreichen. Hier ist das Management gefordert, ein Gesamtkonzept nachhaltig und zukunftsorientiert aufzustellen und zu verfolgen.

Grundsätzlich sollten bei jedem IT/CRM-Investment drei grundlegende Fragen
beantwortet werden können:

1. Können Kosten reduziert werden und, wenn ja, wie hoch ist die Einsparung?
2. Kann der Umsatz gesteigert werden und, wenn ja, um wie viel?
3. Können neue Erkenntnisse gewonnen werden und, wenn ja, wofür können diese eingesetzt werden?[15]

---

15 Vgl. Piccoli (11/2004), „Making IT Matter", CHR Report

Diese Fragen sollten vor jedem Projekt beantwortet und mit Zielgrößen versehen werden. Denn auch im CRM gilt der allgemeingültige Management-Grundsatz „You can only manage, what you can measure." Wie schwierig das Thema IT und CRM ist, zeigt eine Studie von McKinsey. Demnach werden jedes Jahr über 3,5 Milliarden US $ in IT-Projekte investiert. Es konnte jedoch weitgehend keine nachhaltige Umsatzsteigerung bzw. Effizienzverbesserung registriert werden.[16]

3.4 Operatives CRM

Property Management-Systeme (PMS)

Im operativen CRM-Bereich spielen die sogenannten Property Management-Systeme (PMS) oder Front-Office-Systeme die zentrale Rolle. Einst entwickelt als Verwaltungssystem für Hotelzimmer und zur Abwicklung von Reservierungen sowie des An- und Abreiseprozesses, sollen diese Systeme heute auch den CRM-Ansprüchen des Managements nach einem individuellen und personalisierten Service gerecht werden. Dies bedeutet, dass jeder Mitarbeiter nach der Identifikation des Gastes alle relevanten Informationen präsent haben sollte, um den Service und die Leistungen entsprechend individuell anpassen und reagieren zu können.

Neben den rein technischen Hürden sind es aber vor allem organisatorische und mitarbeiterbezogene Probleme, die es zu bewältigen gilt. Eine IT-Lösung sollte deshalb immer im Kontext mit der Organisation, den Prozessen und den Mitarbeitern gesehen werden.

Die Implementierung eines modernen PMS stellt ein signifikantes Investment für den Hotelbetreiber dar. Die Komplexität dieser Systeme erfordert nach der technischen Implementierung eine intensive Schulung der Mitarbeiter, die Definition neuer Prozesse und unter Umständen die Anpassung der Organisation. Diese entscheidenden Punkte werden in der Praxis aber in aller Regel vernachlässigt. Ein Indikator, der diese Aussage belegt, ist die Datenqualität innerhalb der PMS Systeme. Diese liegt laut Analysen von TS & C bei etwa 30 bis 40%, was bedeutet, dass auf der anderen Seite 60 bis 70% der Gastdaten fehlerhaft sind. Zwar können diese für den operativen Einsatz genutzt werden, saubere Analysen oder gar ein effizientes Marketing sind hierdurch aber unmöglich. Das Europäische Institut

---

16 Vgl. McKinsey Quarterly (12/2002), „How to rescue CRM", S. 1

für angewandtes Kundenmanagement in München geht davon aus, dass 30 bis 50 % der Adressdaten in deutschen Unternehmen fehlerhaft sind.[17]

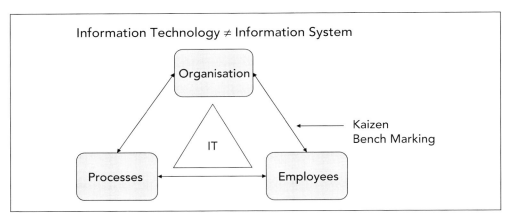

Abbildung 4: Information Systems

Multi-Property-Lösungen

Aufgrund des Wunsches vieler Hotelgesellschaften, die Gastdaten nicht nur in einem Hotel lokal vorrätig zu haben, sondern diese gruppenweit zur Verfügung zu stellen, wurden in den letzten Jahren zunehmend zentrale Kundendatenbanken (Multi-Property-Systeme) erstellt. Hierdurch sollen Stammgäste des Hotels A den gleichen Service in Hotel B erhalten, auch wenn der Gast dort vorher noch nie war.

Diese Serviceverbesserung richtet sich auf die Cross-Stayer, d. h. die markentreuen Kunden einer Hotelgesellschaft. Diese Zielgruppe repräsentiert etwa 2 bis 3 % der Gäste eines Hotels. So hoch ist der Cross-Stay Anteil laut Analysen von TS & C in der Hotellerie.

Kunden sind heute in aller Regel loyal zu einem Hotel, nicht aber zu einer Marke oder einer Gruppe. Sogenannte „Heavy Sleepers", Kunden, die mehr als 23 Nächte pro Jahr im Hotel übernachten, tätigen nur knapp 50 % der Aufenthalte in ihrer bevorzugten Kette. Im Durchschnitt bucht diese wichtige Zielgruppe, die immerhin 2002 für 44 % aller Übernachtungen in den USA verantwortlich war, in 3,6 verschiedenen Hotelmarken pro Jahr.[18]

---

17 Vgl. „Direkt Marketing" (05/2006), S. 25
18 Vgl. McKinseyQuarterly (09/2004), „Better rewards for hotel loyalty", S. 1

Der operative Nutzen von Multi-Property-Lösungen in Bezug auf die Loyalitäts-steigerung darf somit infrage gestellt werden. Hinzu kommt der menschliche Fak-tor. Die betreffenden Mitarbeiter müssen richtig geschult sein, willig sein und die notwendige Zeit haben, um die vorliegenden Daten entsprechend zielgerichtet einsetzen zu können. So kann man davon ausgehen, dass wohl nur knapp 1 % der Gäste von solchen Systemen profitieren.

Daneben sprechen rechtliche Probleme speziell im Bereich der Datenübermittlung und die nach wie vor beschränkte Rechnerkapazität, gerade bei größeren, interna-tionalen Gesellschaften, gegen eine Multi-Property-Installation. Man stelle sich bei-spielsweise die Datenmengen vor, die Hilton zentral verwalten müsste, wenn alle Gastdaten der 4.200 Hotels in einer zentralen Datenbank vorliegen würden. Ein Da-ten-Management in solchen Ausmaßen ist heute noch nicht umsetzbar. Die Gren-zen liegen nach dem jetzigen Stand der Technik und je nach eingesetzter Software-lösung, Buchungsfrequenz und Größe der Hotels in der Regel bei 20 bis 40 Hotels.

Eine Lösung stellen gruppenweite Kartenprogramme dar. Diese bieten neben dem zumeist vorhandenen Bonusprogramm vor allem eine Ausweis- und Daten-trägerfunktion. Hierdurch lassen sich Serviceverbesserungen auch ohne Multi-Property-Systeme erreichen. Um zukunfts- und entwicklungsfähig zu sein, sollte das Management darauf achten, dass die eingesetzten Systeme offen program-miert sind. Der Zugriff auf die Daten und die Erstellung von Schnittstellen sollten unproblematisch und kostengünstig möglich sein. Betrachtet man die aktuellen Entwicklungen, so ist diese Voraussetzung nur bei Wenigen gegeben. Die Syste-me sind zumeist in sich geschlossen, was zu hohen Kosten und zumeist zu unver-hältnismäßig langen Umsetzungsphasen führt.

Weitere Systeme

Neben den PMS sind es vor allem Sales-Systeme (auch als Account Management, Vertriebssystem oder SFA bekannt), die bei vielen Hotels im Einsatz sind. Deren Fokus liegt nicht in der Ansprache und der Kommunikation mit dem Gast, son-dern im Abwickeln und Korrespondieren mit Firmen- und Volumenkunden. Kalen-derfunktion, Aufgabenlisten und Gesprächsprotokolle sollen den Vertrieb trans-parent, messbar und professionell machen.

Daneben ist die Hotellerie aber noch mit einer Vielzahl von IT-Lösungen konfron-tiert, die das Thema Kundenbindung in irgendeiner Art und Weise tangieren bzw.

tangieren sollen: Concierge-Systeme, Wellness-Systeme, F&B-Kassen, Entertainment-Lösungen, Beschwerde-Management-Systeme, Schlüsselkarten, Check-in-Kioske, RFID, CRS, Revenue Management und das Internet, um nur einige wenige zu nennen.

Um Fehlentscheidungen zu vermeiden, ist es heute unumgänglich, dass sich das Management mit den Möglichkeiten der Systeme nachhaltig beschäftigt. Entscheidungen sollten nicht allein in den IT-Departments getroffen werden, sondern von Managern, die in der Lage sind, eine umfassende CRM-Strategie auch IT-technisch zu betreuen. Da dies nur selten der Fall ist, sollte sich das Hotelmanagement einer professionellen Beratung nicht verschließen.

Die Herausforderungen, die es generell zu lösen gilt, sind, Kennzahlen für eine Softwareimplementierung zu entwickeln, um den Erfolg zu messen, sowie sicherzustellen, dass der notwendige Datentransfer zwischen den Systemen und deren sinnvolle Integration in ein Gesamtkonzept möglich ist.

3.5 Kommunikatives CRM – Zentrale Marketingdatenbanken

Während Lösungen im operativen Bereich sich zumeist auf den eigentlichen Gastaufenthalt fokussieren, also auf die Interaktion zwischen Mitarbeiter und Gast am Point of Sale, liegt der Fokus des kommunikativen CRM auf der Gastkommunikation in der Pre- und Post-Stayphase sowie auf dem gezielten Einsatz der Gastdaten im Marketing. In aller Regel ist dies keine 1:1-Situation, sondern eine 1:n-Situation. Das Unternehmen spricht gleichzeitig mehrere Hundert, Tausend oder Zehntausend Kontakte an. Diese Tatsache macht deutlich, dass kommunikative CRM-Lösungen andere technische und funktionale Anforderungen erfüllen müssen als operative.

Während es im Operativen neben dem Serviceaspekt primär darum geht, die Prozesse schnell abzuarbeiten und die erforderlichen Gastdaten dem Mitarbeiter zur Verfügung zu stellen, geht es im kommunikativen Bereich um die Gastdaten als solches. Nicht die Schnelligkeit eines Systems steht im Mittelpunkt, sondern die Qualität des Outputs. Beim kommunikativen CRM geht es somit primär um den Einsatz der Gastdaten für ein effizientes Beziehungsmarketing.

Grundvoraussetzung für eine effiziente Kundenbindung ist die Schaffung einer zentralen Marketingdatenbank. Die Basis hierfür stellen Daten aus den PMS oder

Multi-Property-Systeme dar. Hinzu kommen alle Quellen, die marketingrelevante Informationen liefern können. Dies sind unter anderem: Wellness-Programme, Golfsysteme, Onlinedatenbanken, Gewinnspiele, F&B-Listen, Beschwerde-Management-Systeme und Umfragen.

Marketingdatenbanken sollen drei Bereiche abdecken: die Bereinigung der Daten, die Analyse und Selektion sowie die Kommunikation und deren Auswertung. Die hierfür notwendigen Prozesse sind zum Teil mit einer hohen Auslastung der Rechnerkapazitäten verbunden, was den Einsatz entsprechender Hardware nötig macht.

Eine Integration der notwendigen Kernfunktionalitäten in ein operativ genutztes System würde zu Anforderungskonflikten führen. Es würde beispielsweise beim Check-in oder Check-out zu Verzögerungen kommen, oder bestimmte Arbeiten könnten nur in ganz bestimmten Zeitkorridoren getätigt werden. Die notwendige Flexibilität bezüglich der zu verwendenden Datenquellen würde leiden. Die Grundsätze der ordnungsgemäßen Buchführung, denen eine PMS unterliegt, würden verletzt. Aus diesen Gründen ist es sinnvoll, eine zentrale Marketingdatenbank aufzubauen, selbst wenn ein sogenanntes Multi-Property-System im Einsatz ist.

4 Die Rolle der Kommunikation für die Kundenbindung

Die nachfolgende Grafik gibt einen Überblick über die wichtigsten Zielgruppen, mit denen ein Unternehmen, je nach Größe und Situation, kontinuierlich kommunizieren sollte. Jede dieser Zielgruppen benötigt eine individuelle und auf seine Bedürfnisse zugeschnittene Ansprache, damit ein Verhältnis zwischen den Parteien entstehen kann. Im Nachfolgenden wird nun die Zielgruppe der Hotelgäste näher erläutert.

Ein guter Service allein ist für die Generierung einer nachhaltig loyalen und breiten Kundenbasis zumeist nicht mehr ausreichend. Zu wenige Hotels weisen herausragende Marktpositionen oder USPs (Unique Selling Propositions[19]) auf, wie eine besondere Lage, eine außergewöhnliche Architektur oder charismatische Mitarbeiter.

---

19 Unique Selling Proposition: zentrales und einzigartiges Nutzenversprechen eines Produkts, vgl. Dichtl/Issing (1994), „Vahlens großes Wirtschaftslexikon", S. 2159

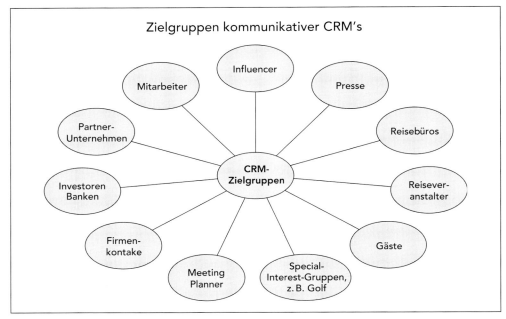

Abbildung 5: Zielgruppen eines Hotels

Der Verbraucher wird heute mit einer Werbeflut von bis zu 3.500 Botschaften[20] pro Tag überschüttet, die aus den verschiedenen Kanälen wie Zeitungen, Radio, TV, Plakatwänden, Briefen oder E-Mails kommen. Dieser mediale Overload führt beim Verbraucher dazu, dass die Erinnerungen an ein Produkterlebnis, z.B. einen Hotelaufenthalt, immer schneller verblassen. Will ein Unternehmen diesem Trend entgegensteuern, muss der Gast alle vier bis sechs Wochen an sein Kauferlebnis erinnert werden. Anderenfalls besteht die Gefahr, dass das Hotel aus dem Evoked Set des Kunden gelöscht wird.

Anders als bei vielen Konsumgütern oder auch bei einer großen Anzahl von Luxusgütern, mit denen der Verbraucher tagtäglich konfrontiert wird, wie z.B. Coca-Cola oder Porsche, ist das Hotelprodukt ortsgebunden und die Kauffrequenz im Allgemeinen gering. Diese zwei Aspekte stellen eine grundsätzliche Unterscheidung zu vielen anderen Gütern dar und heben die Bedeutung einer kontinuierlichen und gezielten Gastkommunikation für die Kundenbindung im Tourismus hervor.

---

20 Präsentation Weidemann (2005), HSMA Veranstaltung München

Analysen von Toedt, Dr. Selk & Coll. belegen, dass die Kauffrequenz in einer klaren Korrelation zur Anzahl der getätigten Kommunikationsmaßnahmen steht. Die nachfolgende Grafik zeigt den steigenden durchschnittlichen Gesamtumsatz je Kunde, im Verhältnis zu der Anzahl der getätigten Kommunikationsmaßnahmen.

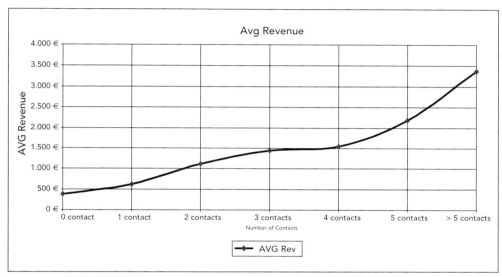

Abbildung 6: Verhältnis Umsatz und Kommunikationsmaßnahmen

Durch den Einsatz von Kontrollgruppen[21] kann diese These weiter belegt werden. Bei von TS & C durchgeführten Aktionen wurden jeweils 5% der selektierten Zielgruppe durch ein Zufallsverfahren von den Kommunikationen ausgeschlossen. Anschließend wurde mittels der Marketing-Technologie dailypoint[22] der Umsatz der Kommunikationsempfänger mit dem der Kontrollgruppe über einen Zeitraum von drei Monaten verglichen. Kunden, die angeschrieben wurden, zeigten dabei eine um 100% höhere Kauffrequenz als die Kontrollgruppe. Dies beweist den hohen Einfluss einer gezielten Kommunikation auf das Setzen von Kaufimpulsen und unterstreicht die wichtige Rolle der Kommunikation bei der Loyalitätsbildung.

---

21 Kontrollgruppe: Gruppe von Gästen, die die gleichen Merkmale hinsichtlich dem Buchungsverhalten wie die Gruppe, die im Zuge der Marketing Aktion kontaktiert wurde, aufweisen, vgl. Hughes (2000), „Strategic Database Marketing", S. 212
22 Marketing-Datenbank-Software-System von Toedt, Dr. Selk & Coll. GmbH

4.1 Die Kommunikationspyramide – Ein Überblick über die strategische Gastkommunikation

Die von TS & C entwickelte Kommunikationspyramide verdeutlicht, welche Kontaktphasen zwischen Unternehmen und Kunden bestehen und welche primären Gastzielgruppen und Maßnahmen in einer strategischen Gastkommunikation integriert werden sollten. Neben der operativen Kommunikation in der Pre-Stay, Stay- und Post-Stay-Phase sind es eine Vielzahl von individuellen Einzelmaßnahmen, die letztlich zu einem Gesamtkonzept geformt werden müssen, wenn ein Unternehmen sich nachhaltig um eine gezielte Kundenbindung bemühen will. Das Setzen von Kaufimpulsen und Loyalität steht somit in einem direkten Verhältnis.

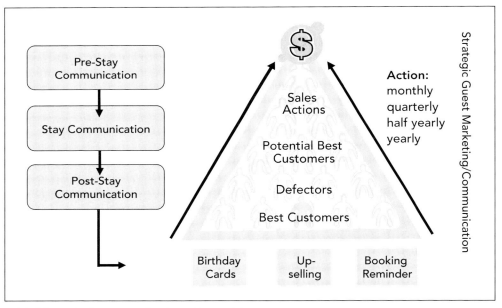

Abbildung 7: Kommunikations-Pyramide

Eine ganzheitliche und strategische Gastkommunikation in der Hotellerie umfasst Aktionen, die kontinuierlich in vorab definierten Intervallen wiederholt, personalisiert und individualisiert über die primären Kommunikationskanäle Brief- und E-Mail-Versand an die verschiedenen Zielgruppen versandt werden sollten. Nachfolgend eine kurze Zusammenfassung der in der Kommunikations-Pyramide aufgeführten Aktionen:

- Geburtstagskarten für wertvolle Kunden
- Upselling-Aktionen für Erstkunden mit hohem wirtschaftlichen Wert
- Booking-Reminder, um Kunden an die im letzten Jahr getätigte Buchung zu erinnern
- Best-Customer-Aktionen
- Wiedergewinnungs-Aktionen für abgewanderte Gäste
- Upselling-Aktionen für Kunden mit hohem Potenzial
- Bewerbung von Events und speziellen Perioden

4.2 Die verschiedenen Kontaktphasen im CRM

Generell kann aufbauend auf der Kommunikations-Pyramide die Gastkommunikation in zwei Bereiche eingeteilt werden: eine operative, die direkt mit der Buchung und der Inanspruchnahme der touristischen Leistung in Zusammenhang steht, und eine strategische, die auch mit dem Begriff Loyalitätsmarketing umschrieben werden kann.

Kommunikation in der Operations

Ab dem Zeitpunkt einer Buchung bis zur unmittelbaren Phase nach Abreise, gibt es eine Vielzahl von Möglichkeiten, mit dem Gast in Kontakt zu treten. Nachfolgend aufgezählt sind die signifikantesten Gelegenheiten, die sich im operativen Ablauf eines Buchungszyklusses für eine Kommunikationsaufnahme anbieten:

- Reservierungsbestätigung – wenn möglich per MIME-Multi-part-E-Mail[23] in einem grafisch ansprechenden Format
- Pre-Arrival-Kommunikation – kurz vor Ankunft mit Informationen zur Anreise, Cross-Selling-Angeboten und Wissenswertem zum Aufenthalt
- Aufenthaltsphase – von Check-in bis Check-out gibt es eine Vielzahl von Möglichkeiten für die direkte Gastansprache. In diesem Zusammenhang ist die sogenannte „Recognition" des Gastes, also das Erkennen des Gastes und die persönliche Ansprache mit Namen, hervorzuheben.
- Post-Stay-Kommunikation – Dankesschreiben für besonders wertvolle Gäste oder die Zusendung eines Online-Fragebogens mit anschließendem Follow-up.

---

23 MIME: Multipurpose Internet Mail Extensions, universeller Standard zum Austausch multimedialer Daten, z.B. Bilder, vgl. http://www.tu-chemnitz.de/urz/mail/mime.html, Einsehdatum: 30.10.2007

Der Fokus der meisten Hotel-Manager liegt heute primär im operativen Bereich und hier vor allem auf der Aufenthaltsphase des Gastes. Einzig automatisierte Reservierungsbestätigungen und leider oftmals anonymisierte Beschwerdebefragungen, wie etwa bei Starwood, werden genutzt. Hierbei wird in aller Regel allerdings keine Verbindung zwischen Gastprofil und Bewertung hergestellt. Welches Marktsegment, welche Zielgruppe oder welchen Wert der Teilnehmer darstellt, bleibt unbekannt.

Strategische Gastkommunikation – Loyalitätsmarketing

Wie jede Strategie sollte auch die strategische Gastkommunikation auf einer umfassenden Datenanalyse basieren. Dabei ist auf die unterschiedlichen Marktsegmente zu achten, wie Gruppen, Firmenkunden, Airline Crews oder Individualreisende. Die strategische Gastkommunikation sollte sich primär an Gäste wenden, die für das Unternehmen einen finanziellen Wert darstellen, entwicklungsfähig sind und bei ihrer Kaufentscheidung frei handeln können. Eine moderne Gastkommunikation sollte folgerichtig auf klaren Zahlen basieren und nur wenig Spielraum für Interpretationsmöglichkeiten und subjektive Beurteilungen bieten. Je mehr Entscheidungen auf Fakten basierend getroffen werden können, desto höher sind die Erfolgsaussichten. Hier ist das Management gefordert. Es muss fähig sein, die richtigen Fragen zu stellen, die notwendigen Auswertungen zu entwickeln und die Ergebnisse korrekt zu interpretieren und hieraus zu lernen.

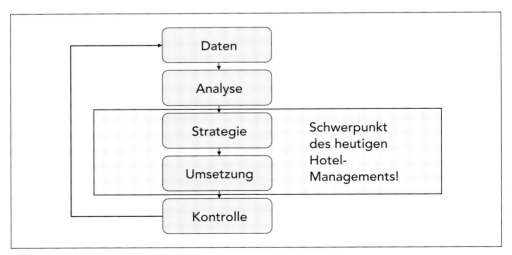

Abbildung 8: Entwicklung der Gastkommunikations-Strategie

Die Praxis zeigt, dass es bis dato kaum Unternehmen in der Hotellerie gibt, die eine strategische Gastkommunikation außerhalb der Kundenkartenprogramme implementiert haben. Das Marketing beschäftigt sich primär mit der klassischen Werbung und den immer wiederkehrenden gleichen Mailing-Aktionen oder Ad-hoc-Maßnahmen zur kurzfristigen Verbesserung der Buchungssituation.

Die acht Kundentypen eines Unternehmens

Generell lassen sich Kunden in acht Typen unterteilen:

- Suspects – jeder potenzielle Gast, der kaufen könnte
- Prospects – jeder der kaufen möchte
- Disqualified Prospects – kein Bedarf bzw. keine Möglichkeit zum Kauf
- First-Time Customer – Upselling, ab einem gewissen Wert
- Repeat Customer – mit zwei Buchungen und mit einem gewissen Wert
- Client – mit mehr als zwei Buchungen
- Advocate – Client, der aber auch noch als aktiver Empfehler fungiert
- Inactive Client[24]

Die Einteilung der Gäste in Kundentypen und eine entsprechende Kommunikationsstrategie pro Kundentyp stellen eine wichtige Grundlage für die strategische Gastkommunikation dar.

Analyseverfahren zur Gastsegmentierung

Das in der Praxis dominierende Gast-Analyseverfahren ist die sogenannte ABC-Analyse.[25] Diese teilt Kunden zumeist nach der Höhe des getätigten Gesamtumsatzes von A sehr wichtig bis C unwichtig ein. Faktoren, wie die Kauffrequenz und die Lebensdauer werden bei diesem Verfahren vernachlässigt.

Aussagekräftiger ist die in der Hotellerie fast gänzlich unbekannte RFM-Analyse. Diese basiert auf der Basis der in 4.2.2.1 erklärten Kundentypen. Hier wird der Gästestamm nach den Kriterien Recency (Aktualität des letzten Aufenthalts), Frequency (Häufigkeit der Aufenthalte) und Monetary (Umsatzvolumen) in acht Segmente unterteilt.[26] Auf diese Weise ist z. B. eine Bestimmung der für das Unter-

---

24 Vgl. Shoemaker (1998), Harrah College of Hotel Administration
25 ABC Analyse: Ordnungsverfahren zur Klassifizierung von Daten nach absteigender Bedeutung anhand von z. B. Umsatz, vgl. http://www.4managers.de/themen/abc-analyse/, Einsehdatum: 31.10.2007
26 Vgl. http://www.dbmarketing.com/articles/Art149.htm, Einsehdatum: 31.10.2007

nehmen wertvollsten Gäste (Best Customers), aber auch der wertlosen Gäste (Worst Customer) möglich. Darüber hinaus können auch abwanderungsgefährdete Gäste, oder Gäste, die für Upselling-Maßnahmen infrage kommen, identifiziert werden.

Es kann davon ausgegangen werden, dass 99 % der Manager in der Hotellerie dieses Analyseverfahren nicht kennen.[27] Hierbei werden acht Kundengruppen anhand der Kauffrequenz, des Umsatzes und des letzten Kaufdatums ermittelt. Toedt, Dr. Selk & Coll. hat dieses Segmentationsmodell an die Besonderheiten der Hotellerie angepasst und wendet es seit Jahren erfolgreich an.[28]

5 Kundenkarten als Mittel der Kundenbindung

Fast jede Hotelgruppe betreibt ein eigenes Kundenkartensystem. Durch den Preisverfall bei der Implementierung solcher Systeme bieten vermehrt auch mittelständische Gruppen und zum Teil sogar Einzelbetriebe ihren Kunden eigene Kartenprogramme an.

Die Hauptzielgruppe sind vor allem die vielreisenden Geschäftskunden, eine höchst volatile Zielgruppe mit geringer Loyalität. So besitzen beispielsweise die Karteninhaber bei Hilton durchschnittlich 3,6 verschiedene Kundenkarten[29]. Andere Analysen gehen sogar von bis zu 10 aus.[30] Gesamt gesehen verbringen Geschäftsreisende lediglich 50 % des jährlichen Übernachtungsaufkommens in der jeweils präferierten Hotelkette[31], und viele haben persönlich gar keinen Einfluss bei der Buchung auf die Wahl des Hotels. Die Gäste dieses Kundensegments sind somit oftmals nicht loyal zu einer Marke bzw. können es gar nicht sein. Die Reiserichtlinien und die Lage des Hotels sind demnach die Hauptkriterien bei der Buchung.

Ob eine Kundenkarte zur Loyalitätssteigerung beiträgt, hängt stark vom Produkt, vom Markt und von der umworbenen Zielgruppe ab und ist von Fall zu Fall einzeln zu bewerten. Das kritische Hinterfragen vieler Programme ist jedoch durchaus be-

---

27 Vgl. Seminarunterlagen „CRM im Tourismus", FH-München, WS 2007, 4. Vorlesung
28 Auszug aus Kundenliste der Toedt, Dr. Selk & Coll. GmbH, Stand Oktober 2007
29 Vgl. http://www.customerthink.com/interview/know_your_guest_hilton_hotels, Einsehdatum: 31.10.2007
30 Vgl. http://www.usatoday.com/travel/news/2007-05-08-hotel-loyalty-usat_N.htm, Einsehdatum: 31.10.2007
31 Vgl. McKinseyQuarterly (09/2004), „Better rewards for hotel loyalty", S. 1

rechtigt. Soll die Karte neben dem Sammeln von Bonuspunkten auch zu einer Serviceverbesserung beim Kunden führen, was fast immer der Fall ist, so kann die Karte auch eine Ausweis- und Datenträgerfunktion übernehmen. Wie im Abschnitt über Multi-Property-Systeme beschrieben, sind zentrale Datenbanken heutzutage nur bis zu einer bestimmten Größe umsetzbar. Deshalb ist der Einsatz von Kundenkarten zur Serviceverbesserung in vielen Fällen aus technischer Sicht notwendig.

Eine eingehendere Behandlung des hochkomplexen Themas Kundenkarten soll im Rahmen dieser Arbeit jedoch nicht erfolgen. Nachfolgend wird nur noch kurz auf die sogenannte RFID-Technologie (Radio Frequency Identification) eingegangen, die in den nächsten Jahren verstärkt den Markt der Kundenkarten beeinflussen wird. Ein kleiner beschreibbarer Chip wird dabei in die Kundenkarte integriert, der mittels eines Magnetfelds aktiviert wird und ausgelesen bzw. beschrieben werden kann. Diese Technologie hat den Vorteil, dass der Gast seine Karte nicht mehr vorzeigen muss. Eine Identifikation ist somit auch dann möglich, wenn die Karte noch im Geldbeutel des Kunden steckt. Das Durchziehen der Karte, wie heute durch ein Kartenlesegerät, entfällt.

Diese Technologie bietet aus Servicesicht eine Vielzahl von Einsatzmöglichkeiten. Heute wird sie mancherorts schon für Zugangskontrollen, z.B. in Form von Schließsystemen, genutzt. Die RFID-Technologie könnte aber auch dazu genutzt werden, dass beispielsweise dem Kellner im Restaurant automatisch das Profil des Gastes auf den Handheld-Computer angezeigt oder festgehalten wird, in welchen Hotelbereichen der Gast war und welche Einrichtungen wie oft genutzt wurden. Problematisch in diesem Zusammenhang ist, dass der Gast von alldem gar nichts merkt und das Auslesen und Erfassen seiner Daten nicht verhindern kann. Der Weg zum vollkommen gläsernen Gast steht somit offen. Da der Servicegedanke bei Hoteliers in aller Regel im Mittelpunkt steht, wird diese Technologie höchstwahrscheinlich in den nächsten Jahren vermehrt genutzt werden.

6 Datenschutz versus CRM

Nicht alles, was heute oder zukünftig technisch möglich oder aus betriebswirtschaftlicher oder operativer Sicht wünschenswert ist, wäre aus Sicht des Datenschutzes ohne Weiteres umsetzbar. Der Datenschutz wird im Allgemeinen mit dem Thema Datensicherheit verwechselt. Während es bei dem einen z. B. um sichere Passwörter, Zugangskontrollen und Back-up-Prozesse geht, befasst sich der eigentliche Datenschutz mit den rechtlichen Voraussetzungen und soll die „Verdatung" des Bürgers verhindern.

Bevor ein Unternehmen mit der Umsetzung eines CRM-Projekts beginnt, Softwaresysteme entwickelt oder implementiert, sollte vorab immer eine rechtliche Prüfung erfolgen. Eine Vielzahl verschiedener Gesetze, Unternehmensstrukturen und internationaler Geschäftsverbindungen bilden die Grundlage für einen sehr komplexen Sachverhalt, der von Fall zu Fall unterschiedlich zu bewerten ist. Ohne juristische Ausbildung und langjährige Erfahrung im Spezialbereich Datenschutz ist eine eingehende und rechtssichere Prüfung aus Sicht des Verfassers nicht möglich.

Eine zentrale Bedeutung beim Aufbau von Kundendatenbanken spielt die schriftliche Einwilligung des Gastes, in der er umfassend informiert wird und den klar definierten Maßnahmen zustimmen muss. In diesem Zusammenhang ist festzustellen, dass eine nachträgliche Genehmigung nicht rechtens ist. Einmal unrechtmäßig erhobene Daten bleiben unrechtmäßig und müssen unter Umständen gelöscht bzw. dürfen nicht mehr genutzt werden.[32] Diese Tatsache kann das Scheitern ganzer CRM-Programme zur Folge haben bzw. die Rechtmäßigkeit bestehender Systeme in Frage stellen. Laut einer Studie von TS & C aus dem Jahr 2006 konnte lediglich eine deutsche Hotelgruppe, die Lindner Hotels & Resorts aus Düsseldorf, beim Thema Datenschutz überzeugen.[33]

7 Fazit

Zusammengefasst lässt sich an folgenden Punkten nochmals aufzeigen, warum gerade heute das Thema Kundenbindung so wichtig ist. Weil:

- es zehnmal so teuer ist, einen neuen Kunden zu gewinnen, als einen bestehenden zu halten
- die Wirksamkeit der Werbung stetig abnimmt und somit die Werbekosten für die Neukunden-Akquise ständig erhöht werden müssten
- Ritz-Carlton mit einem Kundenwert von 100.000 US $ rechnet

---

32 Vgl. § 183 I BGB, 57. Auflage 2006
33 Vgl. Pressemeldung „Studie zum Datenschutz in der deutschen Hotellerie", 16. Juni 2006, S. 1

- sogar der Lifetime-Value eines loyalen Pizzakunden bei über 8.000 US $ liegt[34]
- die Gewinnung eines neuen Kunden bis zu 150 US $ kostet[35]
- man mit 5 % mehr loyalen Kunden seinen Gewinn um bis zu 85 % steigern kann
- wir in einer Mediengesellschaft leben und ohne kontinuierliche Kommunikation der Kunde einem Unternehmen zunehmend schneller den Rücken zukehrt

Diverse Studien belegen, dass eine verbesserte Kundenbindung die Gewinnsituation eines Unternehmens maßgeblich beeinflusst. CRM führt somit neben besseren Zahlen zu einer besseren Planbarkeit und unterstützt hierdurch eine nachhaltige Unternehmensentwicklung.

Customer-Relationship-Management ist äußerst komplex und wurde in dieser Arbeit auch nur von zwei Seiten beleuchtet, der der IT und der Kommunikation, und dort auch nur in Teilbereichen. Um diese Komplexität meistern zu können, muss sich das Management ständig weiterbilden. Hochschulen und Unternehmen sind gefordert, auch wissenschaftlich verstärkt das Thema und die Zusammenhänge und Auswirkungen einzelner Maßnahmen zu evaluieren.

Kundenbindung kann dabei kein einzelnes Projekt sein oder Aufgabe einer einzelnen Fachabteilung. Kundenbindung muss als ganzheitliches Konzept verstanden werden, in dessen Mittelpunkt der Kunde und natürlich die Steigerung der Rendite des Unternehmens stehen. Die Einführung und Umsetzung ist ein schwieriger und langfristiger Prozess, der niemals abgeschlossen ist und dessen Strategie ständig den Marktanforderungen angepasst werden muss.

Das Management sollte sich im Klaren sein, dass Kundenbindung bereits vor der Anreise beginnt und nicht beim Verlassen des Hotels endet. Die Kommunikation spielt eine immer wesentlichere Rolle und trägt maßgeblich dazu bei, loyale Kunden zu bekommen bzw. sie loyal zu halten. Die Rolle der Gastdaten im CRM ist dabei ein wesentlicher Punkt. Dieses vorhandene Kapital, das zumeist ungenutzt in den Systemen liegt, muss als Kapital verstanden und besser genutzt werden.

Ein modernes Management muss sich heute verstärkt mit den Themen IT, Betriebswirtschaft und statistische Verfahren beschäftigen, will es den zunehmend schwierigeren Anforderungen gewachsen sein.

---

34 Vgl. Harvard Business Review (07/2000) „Putting the Service-Profit Chain to Work", S. 1
35 Vgl. Harvard Business Review (06/2007), „Rosewood Hotels & Resorts: Branding to Increase Customer Profitability and Lifetime Value", S. 13

Abschließend lässt sich zum Thema „Nutzen und Anforderungen von hotelspezifischen CRM-Systemen" festhalten, dass es keine intelligente IT gibt, sondern nur intelligente Mitarbeiter, die die vorhandenen Möglichkeiten zielgerichtet und effizient (intelligent) einsetzen.

Literatur

Bowen J. T., Shoemaker S.: „Loyalty: A Strategic Commitment", in: Center for Hospitality Research Report Vol. 39 No. 1, Cornell University School of Hotel Administration, Ithaka NY Februar 1998.

Brown P: „Better rewards for hotel loyalty", in: The McKinsey Quarterly, September 2004.

Bruhn M., Homburg C.: „Handbuch Kundenbindungsmanagement", 5. Auflage, Wiesbaden 2005.

Bürgerliches Gesetzbuch, 57. Auflage, München 2006.

Chekitan S. D. u. a.: „Rosewood Hotels & Resorts: Branding to Increase Customer Profitability and Lifetime Value", in: Harvard Business Review, Harvard Business School, Boston Juni 2007.

Dichtl, Issing: „Vahlens großes Wirtschaftslexikon", München 1994.

Direktmarketing Praxis, Tipps für erfolgreiche Kundenbindung, Ettlingen, Mai 2006.

Ebner M., Hu A., Levitt D., McCrory J.: „How to rescue CRM", in: The McKinsey Quarterly, Dezember 2002.

Heskett J. L. u. a.: „Putting the Service-Profit Chain to Work", in: Harvard Business Review, Harvard Business School, Boston Juli 2000.

Hughes A. M.: „Strategic Database Marketing: The Masterplan for Starting and Managing a Profitable Customer-Based Program", New York 2000.

Lufthansa Information Management Passage: „CRM", Power-Point-Präsentation, Frankfurt am Main 2005.

Pechlaner H., Tschurtschenthaler P., Peters M. u. a.: „Erfolg durch Innovation", Wiesbaden 2005.

Piccoli G.: „Making IT Matter: A Manager's Guide to Creating and Sustaining Competitive Advantage with Information Systems", in: Center for Hospitality Research Report Vol. 4 No. 9, Cornell University School of Hotel Administration, Ithaka NY 2004.

Reichheld F.: „The Loyalty Effect: The Hidden Force Behind Growth, Profits, and Lasting Value", Harvard Business School Press 1996.

Shoemaker S.: Harrah College of Hotel Administration, University of Nevada, Las Vegas 1998.

Tschermak von Seysenegg M.: „Bestimmungsfaktoren des Kundenstammwerts", Eichstätt 2002.

Toedt M.: Seminarunterlagen „CRM im Tourismus", Fachhochschule München, 4. Vorlesung Wintersemester 2007, München.

Toedt, Dr. Selk, Coll.: Pressemeldung „Studie zum Datenschutz in der deutschen Hotellerie", München Juni 2006.

Weidemann S.: „Integriertes Marketing", Roland Berger Strategy Consultants, HSMA Veranstaltung, München 2005.

Quellen aus dem World Wide Web

Augustin A.: „How we built the most famous hotels? – Raffles Hotel Vier Jahreszeiten Hamburg", in: Hotel Online Special Report, http://www.hotel-online.com/News/PR2006_3rd/Sep06_VierJahreszeiten.html, September 2006, Einsehdatum: 31.10.2007

Customer Think, „You can get to know your guest: An Interview with Hilton Hotels Jim Von Derheide", in: Customer Think Mastery Webcast, http://www.customerthink.com/interview/know_your_guest_hilton_hotels, Einsehdatum: 31.10.2007

4managers, http://www.4managers.de/themen/abc-analyse/, Einsehdatum: 31.10.2007

Kilian K.: „Markenlexikon", http://www.markenlexikon.com/glossar_h.html, Einsehdatum: 30.10.2007

Middleton Hughes A.: „Quick Profits with RFM Analysis", Data Base Marketing Institut, http://www.dbmarketing.com/articles/Art149.htm, Einsehdatum: 31.10.2007

Stoller G.: „Checking in on hotel loyalty", in: USA today vom 18.05.2007, http://www.usatoday.com/travel/news/2007-05-08-hotel-loyalty-usat_N.htm, Einsehdatum: 31.10.2007

Technische Universität Chemnitz, http://www.tu-chemnitz.de/urz/mail/mime.html, Einsehdatum: 30.10.2007

Universität Wien, http://www.univie.ac.at/marketing/Lexikon/beg/evokeds.htm, Einsehdatum: 30.10.2007 und http://www.univie.ac.at/marketing/Lexikon/beg/artenkaufprozesse.htm, Einsehdatum: 30.10.2007

Die Gästebeschwerde als Beziehungskonflikt – Individual- und organisationspsychologische Anforderungen an das Beschwerdemanagement in der Hotellerie

Kurt Jeschke

1 Problemstellung

Nahezu jedes Hotel bekennt sich heute zur Gästezufriedenheit als dem obersten Unternehmensziel, und die große Bedeutung dauerhafter Gästebeziehungen für den unternehmerischen Erfolg in der Hotellerie und Gastronomie wird von keinem Kenner der Branche infrage gestellt. Trotz eines − im Vergleich zu anderen Serviceindustrien − hohen Performance Levels im Umgang mit Gästebeschwerden zeigen Erfahrungen aus der Hotelpraxis, dass Gäste trotz einer sachlichen Lösung ihrer reservierungs- oder aufenthaltsbedingten Probleme häufig nicht wieder vollkommen zufriedengestellt werden können. Die Konsequenz: eine sinkende Wiederbuchungs- und Weiterempfehlungsbereitschaft mit negativen Auswirkungen auf den customer life time value des Gastes. Was sind die Ursachen dafür?

Gästebeschwerden stellen Konflikte in den Beziehungen zwischen Hotel, Hotelmitarbeiter und dem Gast dar. Beziehungskonflikte, die das Ende einer erfolgreichen Gäste- oder Geschäftsbeziehung einleiten können. Wie alle Interaktionsprozesse im Bereich personalintensiver Dienstleistungen weisen Gästebeschwerden eine Sach- sowie eine Gefühlsebene auf. Die Sachebene ist Ausdruck der so genannten Objekt- bzw. Zielfokussierung einer Gästebeschwerde. So geht es z. B. bei vielen Gästebeschwerden um sachbezogene Qualitätsmängel, die während des Hotelaufenthalts wahrgenommen werden (z. B. eine nicht funktionierende TV-Fernbedienung, eine nicht aufgefüllte Mini-Bar etc.). Daraus resultieren Lösungsansprüche des Gastes, die je nach Problemursache und Intensität durch sofortige Problembehebung, im Fall der Nicht-Lösbarkeit durch Preisnachlässe, Ersatzleistungen (z. B. Gästegutschein) oder spezifische Servicegarantieansprüche geregelt werden. Auf der Gefühlsebene hingegen stehen objekt- bzw. zielunabhängige Faktoren im Mittelpunkt. Der Gast ist verärgert, frustriert und enttäuscht. Wie Praxiserfahrungen zeigen, treten besonders positive oder negative Gefühle des Gastes häufig erst im Rahmen der Annahme und Bearbeitung von Gästebeschwerden auf. Auslöser für negative Gefühle des Gastes sind u. a. abweisendes Verhalten oder falsche Aussagen der Hotelmitarbeiter, nicht eingehaltene Versprechungen sowie fehlende Lösungskompetenzen. In dieser Situation stehen für die Gäste nicht die Sachprobleme, sondern ihre schlechten Gefühle im Vordergrund. Gästebeschwerden können eskalieren.

Obwohl die Literatur zum Hotelmarketing umfangreiche Empfehlungen zur effektiven Organisation und Gestaltung des Beschwerdemanagements diskutiert (vgl. Gardini, 2004), wurden die psychologischen Aspekte der Gästebeschwerde bislang nur im Ansatz diskutiert. Die Frage nach den psychologischen „Stellgrößen" für eine gästeorientierte Sach- und Beziehungsqualität des Beschwerdemanagements in der Hotellerie ist jedoch in zweierlei Hinsicht von Bedeutung. Zum einen, weil es darum geht, den beschwerdeführenden Gast wieder voll und ganz zufriedenzustellen und seinen Aufenthalt zu einem gänzlich positiven Erlebnis zu machen. Zum anderen, um sicherzustellen, dass das Hotel und seine Mitarbeiter auch in kritischen Kontaktsituationen ein Höchstmaß an Gästeorientierung zeigen. Nur diese sichert eine dauerhafte Gästeloyalität.

2 Beschwerdemanagement als Ausdruck eines gast- und mitarbeiterorientierten Hotelmarketings

2.1 Hintergrund und Ziele eines aktiven Beschwerdemanagements in der Hotellerie

Das aktive Beschwerdemanagement umfasst die zielorientierte Planung, Durchführung und Kontrolle aller Maßnahmen, die ein Hotel im Zusammenhang mit Gästebeschwerden ergreifen kann (vgl. Jeschke, 2000). Die zentrale Aufgabe eines beziehungsorientierten Beschwerdemanagements ist die Stabilisierung gefährdeter Geschäftsbeziehungen zu unzufriedenen Gästen. Hotelunternehmen erfassen die potenzielle sowie die akute Unzufriedenheit ihrer Gäste, analysieren diese im Dialog mit dem Gast und kehren sie unter Anwendung spezieller Instrumente wieder in dauerhafte Gästezufriedenheit um.

In der Marketingliteratur liegen mittlerweile umfangreiche Kataloge zu den Vorteilen des Beschwerdemanagements vor (vgl. Stauss, 1998; Jeschke, 2005).

Der pro-aktive Umgang mit Gästebeschwerden

- unterstützt ein gästeorientiertes Unternehmensimage
- stärkt die Vertrauensbasis des Gastes in die Geschäftsbeziehung

- vermeidet die Abwanderung von Gästen und damit die Wiedergewinnungs-kosten für verlorene Gäste
- nutzt zufriedengestellte Gäste als Akquisiteure durch positive Mund-zu-Mund-Werbung und verhindert damit den Verlust potenzieller Gäste durch negative Mund-zu-Mund-Werbung
- verschafft dem Hotel gästenahe Informationen zur dauerhaften Qualitätssicherung des Hotelangebots

Maßnahmen zum Aufbau und zur Verbesserung eines Beschwerdemanagements in der Hotellerie sind eine Investition in dauerhafte Gästebeziehungen. Jeder in den professionellen Umgang mit unzufriedenen Gästen investierte Euro fließt kurz- oder mittelfristig in das Hotel zurück. Dies erklärt, warum im Bereich des Beschwerdemanagements ausgezeichnete Hotels wie das Ritz Carlton, der Schindlerhof in Nürnberg oder das Hotel Bareiss im Schwarzwald überdurchschnittlich in die Ausbildung und das Empowerment ihrer Mitarbeiter im Gästekontakt investieren. Der „Return on Complaint Management" ist positiv. Voraussetzung ist jedoch, dass sowohl sach- als auch beziehungsorientierte Gestaltungsanforderungen das Beschwerdemanagement des Hotels, insbesondere den Umgang mit unzufriedenen Hotelgästen, bestimmen.

Im Hinblick auf die Ziele eines Beschwerdemanagements in der Hotellerie kann zwischen markt- bzw. gästeorientierten sowie mitarbeiterorientierten Zielen unterschieden werden. So werden markt- bzw. gästeorientierte Ziele durch die Eigenschaft des Beschwerdemanagements als Kern einer Kundenbindungsstrategie bestimmt (vgl. Mirzwa, 2002). Zufriedene und loyale Gäste sind im Hinblick auf die Aktivitäten des Wettbewerbs weniger sensibel und nur mit erhöhtem akquisitorischen Aufwand abzuwerben. Sie weisen eine potenziell höhere Gästeloyalität auf und generieren über Folgereservierungen sowie durch positive Mund-zu-Mund-Werbung in Familie, Freundeskreis und Arbeitsumfeld messbare positive Umsatz- und Auslastungseffekte.

Hotelunternehmen bieten personalintensive Dienstleistungen an. Der Hotelaufenthalt kann als eine interaktionsabhängige Dienstleistung charakterisiert werden (vgl. Kandampully/Mok/Sparks, 2001). Das bedeutet, dass die Sach- und Beziehungsqualität während des Hotelaufenthalts in erheblichem Maße durch individual- und organisationspsychologische Faktoren bestimmt werden. Vor diesem Hintergrund kommt den mitarbeiterorientierten Zielen des Beschwerdemanagements eine erhebliche Bedeutung zu (vgl. Jeschke/Schulze/Bauersachs, 2000). Im Mittelpunkt stehen dabei Mitarbeiterinformationen zur Bedeutung eines aktiven Beschwerdemanagements für den Unternehmenserfolg, die interne Akzeptanz beschwerdepolitischer Aufgaben durch Mitarbeiter im direkten Gästekontakt sowie im Back-Office-Bereich, die Vermittlung von fachlicher Kompetenz, Motivation und Hinleitung zur Gästeorientierung sowie die Vermittlung psychosozialer Kompetenzen der Mitarbeiter, um in Beziehungskonflikten wie der Gästebeschwerde mit sich selbst und dem Gast positiv umgehen zu können. Nicht zuletzt spielt auch die Implementierung eines organisationsinternen Umfelds, das ein aktives Beschwerdemanagement als Ausdruck der Gästeorientierung im Hotel begreift, eine wichtige Rolle.

gästeorientierte Ziele	mitarbeiterorientierte Ziele
• Gästezufriedenheit wieder herstellen und Gästeloyalität stärken • akquisitorische Nutzung positiver Mund-zu-Mund-Werbung durch zufriedene Gäste • Beschwerdemanagementprozesse dauerhaft optimieren • Nutzung von Beschwerdeinformationen zur Verbesserung der Serviceleistungen gegenüber dem Gast • Vermeidung eines negativen Hotel-Images	• gästeorientierte Beschwerdekultur bzw. organisationsinternes Umfeld im Hotel sicherstellen (Werte, Normen, Verhaltenskodex) • Mitarbeiter über die strategischen und operativen Nutzen des Beschwerdemanagements informieren • Mitarbeiter im Gästekontakt für Gästebeschwerden qualifizieren und mit Kompetenzen ausstatten (complaint ownership) • Mitarbeiterzufriedenheit im Zusammenhang mit Gästebeschwerden sicherstellen

Abbildung 1: Gäste- und mitarbeiterorientierte Ziele des Beschwerdemanagements in der Hotellerie (Quelle: in Anlehnung an Jeschke/Schulze/ Bauersachs (2000, S. 196))

Die gästeorientierten Ziele eines Beschwerdemanagements sind ohne die Realisierung der mitarbeiterorientierten Ziele nicht erreichbar. Insofern kann auch von einer direkten Abhängigkeit beider Zieldimensionen gesprochen werden. Empirische Untersuchungsergebnisse zu den Wirkungen eines aktiven Beschwerdemanagements auf den finanziellen Erfolg von Dienstleistungsunternehmen können auch auf die Hotellerie übertragen werden. Kundenzufriedenheit und -bindung sowie Mitarbeiterzufriedenheit und -bindung sowie deren Einfluss auf den Unternehmenserfolg sind in personalorientierten Dienstleistungsbranchen eng korreliert (vgl. Abbildung 2).

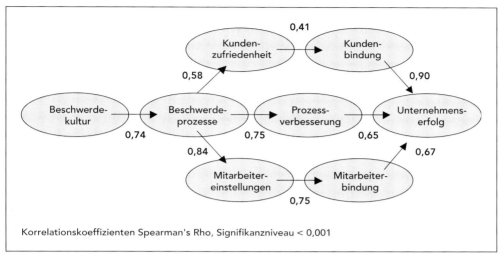

Abbildung 2: Einfluss des Beschwerdemanagements auf den Erfolg von Dienstleistungsunternehmen (Quelle: Johnston (2002, S. 66))

Abbildung 2 verdeutlicht, dass, ausgehend von einer kundenorientierten Beschwerdemanagementkultur, sowohl mitarbeiterbezogene interne als auch kundenbezogene Erfolgsfaktoren des Dienstleistungsunternehmens positiv beeinflusst werden. Die Definition interner und externer Beschwerdemanagementziele greift diese Zusammenhänge auf.

Die Realisierung der internen Ziele des Beschwerdemanagements wird wesentlich dadurch bestimmt, inwieweit es einem Hotel gelingt, die Prozesse und Funktionen des Beschwerdemanagements entsprechend der sach- und beziehungsorientierten Anforderungen einer Gästebeschwerde zu gestalten.

2.2 Prozesse und Funktionen des Beschwerdemanagements

In der heutigen Literatur zum Beschwerdemanagement dominiert eine prozessorientierte Problemsicht (vgl. Stauss/Seidel, 2004; Jeschke, 2005). Dabei wird in Abhängigkeit von der Beteiligung des Gastes zwischen dem direkten Beschwerdemanagementprozess mit einer unmittelbare Gästebeteiligung und dem indirekten Beschwerdemanagementprozess mit einer nur mittelbaren Gästebeteiligung unterschieden (vgl. Abbildung 3).

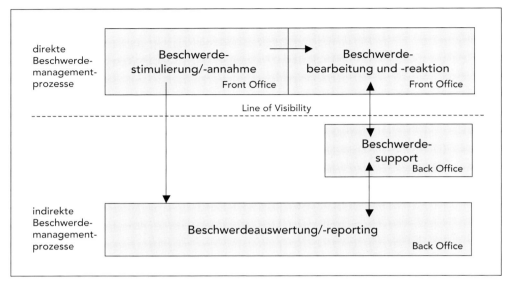

Abbildung 3: Direkte und indirekte Prozesse des Beschwerdemanagements (Quelle: in Anlehnung an Jeschke (2007, S. 330))

Wie die Abbildung 3 verdeutlicht, werden den beiden Kernprozessen wiederum bestimmte Beschwerdemanagement-Funktionen zugeordnet. So umfasst der direkte Beschwerdemanagementprozess die Teilaufgaben der Beschwerdestimulierung, Beschwerdeannahme sowie Beschwerdebearbeitung und -reaktion. Der indirekte Beschwerdemanagementprozess bildet die Aufgaben der Beschwerdeauswertung und -nutzung sowie des Beschwerdemanagement-Controllings ab. An diesen internen Aufgaben sind die Gäste nur mittelbar beteiligt.

Die prozessorientierte Sichtweise sowie die Unterscheidung zwischen dem direkten und indirekten Beschwerdemanagementprozess sind für die Diskussion der individual- und organisationspsychologischen Bestimmungsfaktoren eines effizienten Beschwerdemanagements sehr hilfreich. Beschwerdemanagement ist der systematische Umgang eines Hotels mit Gäste- bzw. Beziehungskonflikten. Diese Beziehungskonflikte spiegeln sich nicht nur unternehmensextern im Rahmen artikulierter Gästebeschwerden wider. Sie treten auch unternehmensintern, z.B. in Form von Team- oder Interabteilungskonflikten, bei der Suche nach den Verantwortlichen für eine Gästebeschwerde auf. Vor diesem Hintergrund spielen neben der Festlegung individualpsychologischer Rahmenbedingungen für den direkten Umgang mit Gästebeschwerden auch organisationspsychologische Rahmenbedingungen für die innerbetriebliche Handhabung von Gästebeschwerden eine wichtige Rolle (vgl. Schulze/Jeschke, 2005). Dazu zählen vor allem:

- die Identifikation der Hotelmitarbeiter mit ihren beschwerdepolitischen Aufgaben im kritischen Gästekontakt
- die hotelinterne Akzeptanz des Beschwerdemanagements als Katalysator für Beziehungskonflikte mit dem Gast
- das Wissen um die Bedeutung eines aktiven Beschwerdemanagements für die dauerhafte Gästezufriedenheit und -bindung im Hotel
- ein gästeorientiertes Denken und Handeln aller Führungskräfte und Mitarbeiter im Hotel

Ein für das aktive Beschwerdemanagement förderliches individual- und organisationspsychologisches Umfeld wird vor allem durch gästeorientierte Verhaltensstandards im Konfliktfall, durch Anreiz- und Motivationssysteme zur Förderung des Gästedialogs, durch umfangreiche Trainings- und Schulungsangebote sowie durch ein mitarbeiterorientiertes Führungsverhalten des Hotelmanagements sichergestellt. In all den genannten Bereichen spielt jedoch die Berücksichtigung beziehungsorientierter Anforderungen, resultierend aus dem Verständnis der Gästebeschwerde als einem Beziehungskonflikt, eine wichtige Rolle. Es sind vor allem die psychologischen Aspekte der Gästebeschwerde, die über den Erfolg oder Misserfolg der Beschwerdebehandlung im Hotel entscheiden.

3 Psychologische Aspekte der Gästebeschwerde

3.1 Traditioneller vs. beziehungsorientierter Beschwerdebegriff

In der Literatur zum Beschwerdemanagement wird traditionellerweise von einem zielbezogenen Beschwerdeverständnis ausgegangen (vgl. Wimmer/Roleff, 1998). Gästebeschwerden sind demnach Ausdruck von Gästeunzufriedenheit, die auf subjektiv vom Gast wahrgenommene Qualitätsprobleme vor, während oder nach dem Hotelaufenthalt zurückzuführen sind und darauf abzielen, ein subjektiv wahrgenommenes Gästeproblem zu beseitigen. Das zielbezogene Beschwerdeverständnis trägt dazu bei, das Gästeproblem im Sinne der Beschwerdeursache und dessen Lösung in den Mittelpunkt der Betrachtung zu stellen. Beziehungsrelevante Dimensionen der Gästebeschwerde werden tendenziell vernachlässigt. Im Hinblick auf die Hotellerie als Anbieter personalintensiver Serviceleistungen ist dies insofern problematisch, als der Umgang mit Gästebeschwerden in erster Linie ein Problem der sachlichen sowie emotionalen Beziehungssituation zwischen dem Gast und dem Hotel bzw. dessen Kontaktmitarbeitern darstellt.

Die psychosoziale Dimension der Gästebeschwerde wird sowohl durch die Persönlichkeitsstrukturen der Interaktionspartner als auch durch ihre Einbindung in soziale Gruppen und Milieus bestimmt (vgl. Schulze/Jeschke, 2005). Der Verlauf und das Ergebnis direkter Beschwerdemanagementprozesse werden wesentlich durch individual-psychologische Merkmale der Gäste und Mitarbeiter sowie durch soziale Umfeldbedingungen beeinflusst. Diese Merkmale sind für die beziehungsorientierte Interpretation von Gästebeschwerden und die lösungsorientierte Gestaltung der Beschwerdeinteraktion zwischen Mitarbeitern und Gästen von wesentlicher Bedeutung.

Gästebeschwerden sind weitaus mehr als vom Gast initiierte Unzufriedenheitsartikulationen zu Reservierungsproblemen, einer mangelhaften Zimmerausstattung, der Unfreundlichkeit von Zimmermädchen oder Abrechnungsfehlern beim Check-out. Es handelt sich vielmehr um komplexe psychosoziale Prozesse der Konfliktbearbeitung innerhalb der Beziehungen von Gästen und Hotelmitarbeitern. Im Rahmen dieser Prozesse sind Qualifikationserfordernisse des Gästekontaktpersonals, z. B. in Form eines kompetenten und problemadäquaten Interaktionsverhaltens, von zentraler Bedeutung. Darüber hinaus ist aber auch die Kompetenz des Hotelmanagements gefordert, systematisch mit dem Konfliktstoff von Gästebeschwerden umzugehen, hotelinterne Schuldzuweisungen im Zusammenhang mit der Fehleranalyse und Qualitätsoptimierung zu vermeiden und ein aktives Beschwerdemanagement als notwendigen Katalysator für Beziehungskonflikte zum Gast zu akzeptieren. All dies setzt jedoch voraus, dass das Hotelmanagement und die Hotelmitarbeiter in der Lage sind, zwischen verschiedenen Beziehungsformen und ihren Wirkungen auf die Beschwerdehandhabung zu unterscheiden und dies in eine beziehungsorientierte Form der Beschwerdehandhabung umzusetzen.

3.2 Beschwerdeprofile und ihre Bedeutung für eine gästeorientierte Beschwerdeinteraktion

Die beziehungsorientierte Interpretation der Gästebeschwerde setzt voraus, dass die Beschwerdeinteraktion zwischen Hotelmitarbeiter und Gast auf Basis eines sozial-psychologischen Verständnisses diskutiert wird, das die Sach- und Beziehungsebene von Gästebeschwerden und deren Auswirkungen auf das beobachtbare Gästeverhalten in den Mittelpunkt stellt. Im Folgenden werden dazu vier Beziehungsformen vorgeschlagen, die für eine beziehungsorientierte Analyse und Gestaltung von Gästebeschwerden sehr hilfreich sein können (vgl. Abbildung 4).

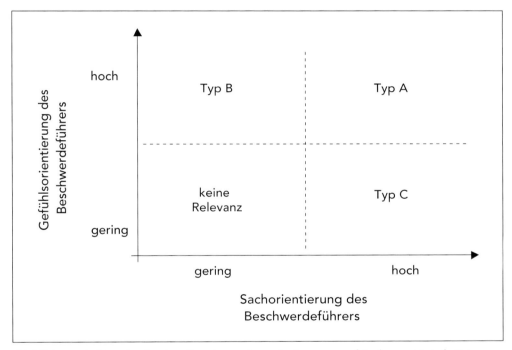

Abbildung 4: Typologie des Beschwerdeverhaltens unzufriedener Hotelgäste

Unzufriedene Gäste mit einer hohen Sach- und einer hohen Beziehungsorientierung (Typ A) stellen die größte Herausforderung für Hotelmitarbeiter im Kundenkontakt dar. Diese müssen in der Lage sein, sowohl die subjektiven emotionalen Anforderungen des Gastes zu verstehen als auch dessen sehr klare und in der Regel präzise formulierten Erwartungen an eine sachliche Lösung des bestehenden

Problems zu erfassen und in die Beschwerdebehandlung aufzunehmen. Die Anforderung besteht darin, dass Mitarbeiter und Gast nicht übereinander oder nur über das Sachproblem sprechen, sondern miteinander reden, um gemeinsam das bestehende Gästeproblem aus sachlicher und emotionaler Sicht zu verstehen und zu lösen. Anliegen und Wünsche werden offen ausgeprochen. Der offene Dialog bildet die Basis für eine konstruktive Auseinandersetzung mit sach- sowie beziehungsorientierten Aspekten der Beschwerdelösung.

Die **geringe Sach-, aber hohe Beziehungsorientierung** im Beschwerdeverhalten eines unzufriedenen Gastes (Typ B) stellt Hotelmitarbeiter vor besonders hohe Anforderungen. Gäste dieses Verhaltenstypus sind ausgesprochen impulsiv und neigen dazu, sich gegenüber dem Hotelpersonal rücksichtslos und persönlich angreifend zu verhalten. Beschimpfungen und Verleumdungen der Mitarbeiter oder des Hotels sind durchaus beabsichtigt. Ihre destruktiven Wirkungen sollen die Beschwerdelösung zugunsten des Gastes beeinflussen. Aus Sicht der Mitarbeiter geht es vor allem darum, auch im Fall der emotionalen Beschwerdeeskalation freundlich und gästeorientiert zu sein und den Gast zu deeskalieren. Für den Verlauf des Gästekontakts wäre es kontraproduktiv, mit dem sich beschwerenden Gast in Konkurrenz zu treten, d.h. eine ablehnende Haltung gegenüber dem Gast einzunehmen, abwertende Kommunikation zu betreiben oder aber die Problemursache beim Gast zu suchen. Abwehrreaktionen der Mitarbeiter sind aus psychologischer Sicht zwar verständlich, für die Beschwerdebearbeitung jedoch gefährlich. Sie bergen das Risiko eskalierender Beschwerdekonflikte und können damit Ursache für weitere Gästeunzufriedenheit und dauerhaften Gästeverlust sein.

Im Fall einer **hohen Sach- und eher geringen Beziehungsorientierung** (Typ C) stellt der unzufriedene Gast das ursächliche Problem der Gästeunzufriedenheit in den Vordergrund und strebt nach einer schnellen und ursächlichen Problemlösung. Gäste, die dieses Verhaltensprofil aufweisen, sind in der Regel gut auf die Gästebeschwerde vorbereitet, ihre Argumentation ist sehr faktenorientiert. Sie wirken sehr kontrolliert und emotional eher unbeteiligt. Im Mittelpunkt der Beschwerdeinteraktion steht nicht der Gast, sondern die sachliche Diskussion der Beschwerdeursache oder des Gästeverhaltens. Aus Sicht des Hotelmitarbeiters ist dieses Verhaltensprofil sehr hilfreich, da es eine sachorientierte Diskussion und Lösung des Gästeproblems fördert.

Hotelmitarbeiter müssen in die Lage versetzt werden, zwischen den verschiedenen Beziehungsformen zu unterscheiden und die Hotelgäste entsprechend der oben genannten Kriterien einzuordnen. Nur so können kontraproduktive Interaktionsmuster verhindert und die Anwendung einer gästeprofilorientierten Beschwerdehandhabung gewährleistet werden. Diese Voraussetzungen können durch ein beziehungsorientiertes Personaltraining geschaffen werden.

4 Beziehungsorientierte Trainings und Workshops für Mitarbeiter und Führungskräfte

Obwohl jede Gästebeschwerde anders verläuft und zu unterschiedlichen Ergebnissen führen kann, lassen sich grundsätzliche Konflikt- und Interaktionsmuster für den Verlauf von Gästebeschwerden und deren Lösung feststellen. Ein sachorientierter Umgang mit Gästebeschwerden kann Probleme auf der emotionalen Beziehungsebene zwischen Gast und Hotel verursachen. Konsequenterweise sollten Personaltrainings zum Beschwerdemanagement neben der Problem- und Sachorientierung auch eine konsequente Beziehungsorientierung aufweisen. Darüber hinaus sind Beschwerdemanagement-Trainings als Angebot von Unternehmen bzw. Führungskräften an ihre Mitarbeiter mit Beschwerdekontakten zu verstehen. Dies erfordert, auch das Umfeld von Beschwerdemanagement-Trainings in Form der Führungskultur und des Führungsverhaltens und damit die Gestaltung interner Beziehungen zu würdigen. Ohne diese internen Dimensionen der Beziehungsqualität, die sich auch in der Wahrnehmung und Gestaltung unternehmensinterner Beziehungskonflikte niederschlagen kann, können Beschwerdemanagement-Trainings ihren Erfolgsbeitrag für das Management von Geschäftsbeziehungen nicht voll entfalten. Vor diesem Hintergrund ist zwischen den Anforderungen und Perspektiven der operativ mit Gästebeschwerden umgehenden Hotelmitarbeiter und den Anforderungen und Perspektiven des eher rahmensetzenden Hotelmanagements zu unterscheiden, das darüber hinaus natürlich auch in die Bearbeitung von Gästebeschwerden involviert ist.

4.1 Trainingskonzepte für Mitarbeiter im Gästekontakt

Die Perspektive des Hotelpersonals

Mitarbeiter mit direktem Gästekontakt haben für den Erfolg des Beschwerdemanagements im Hotel eine zentrale Bedeutung. Gästebeschwerden werden in der Regel persönlich, weniger häufig telefonisch oder schriftlich vorgetragen (vgl. Jeschke, 2005). Die wohl wichtigsten Voraussetzungen für ein gutes Beschwerdemanagement sind die Vermittlung fachlicher Kompetenzen, die Motivation der Hotelmitarbeiter zur Gästeorientierung sowie der Aufbau psychosozialer Kompetenzen, um im Rahmen der Beschwerdebehandlung mit sich selbst und den beschwerdeführenden Gästen in einem für beide Seiten als positiv empfundenen Kontakt zu sein. Nur so werden Beschwerdekontakte erfolgreich gehandhabt und die gefährdete Gästebeziehung aufrechterhalten.

Als erste Voraussetzung muss gelten, dass die Mitarbeiter die sachlichen Dimensionen des Beschwerdemanagements, d.h. die Beschwerdestimulierung und -annahme sowie die Beschwerdebearbeitung, -reaktion und -auswertung (vgl. Stauss/Seidel, 2004), kennen und sich sicher in ihnen bewegen können. Im Rahmen der persönlichen Interaktion mit dem Mitarbeiter bleibt es in den meisten Fällen nicht bei der rein sachlichen Schilderung des Zusammenhangs oder Umstands, über den die Gästebeschwerde geführt wird. In vielen Fällen tritt der unzufriedene Gast bereits emotionalisiert in die Interaktion ein: Er bringt seinen Ärger mit über das nicht eingehaltene Leistungsversprechen des Hotels, seine Angst, vom Hotelmitarbeiter nicht verstanden oder ernstgenommen zu werden und/oder seine Enttäuschung über nicht erfüllte Qualitätserwartungen. Eine nicht adäquate Reaktion der Mitarbeiter in Form der oben beschriebenen Beziehungstypen können dabei zu einer Eskalation der Gästebeschwerde beitragen (vgl. Schulze, 2005). Die durch Trainings vermittelten fachlichen sowie psychosozialen Fähigkeiten tragen dazu bei, dass Hotelmitarbeiter im Gästekontakt

- ihre eigenen Gefühle im Zusammenhang mit der Entgegennahme und Lösung von Gästebeschwerden bewusst wahrnehmen können
- sich, den Gast und die spezifische Beschwerdesituation aus unterschiedlichen Perspektiven betrachten können
- Wahlmöglichkeiten haben, positive oder negative Gefühle im Verlauf der Beschwerdekommunikation auszudrücken und unterschiedliche Gedanken, Gefühle und Verhaltensmuster im Umgang mit unzufriedenen Gästen zu aktualisieren

- sich in den beschwerdeführenden Gast, dessen Motive, Erwartungen und Gefühle hineinversetzen können
- die Gefühle und Erwartungen, die sich im Rahmen des Beschwerdemanagementprozesses einstellen können, sich selbst, dem Gast und anderen (z. B. dem vorgesetzten Manager on Duty) offen mitteilen können

Ziele, Aufgaben und Struktur beschwerdebezogener Personaltrainings in der Hotellerie

Beschwerdebezogene Personaltrainings dienen der Schulung spezifischer Methoden zur Identifikation von Gästebeziehungstypen und deren individueller Behandlung. Darüber hinaus schaffen sie die Voraussetzungen, dass die Mitarbeiter die Belastungen im Umgang mit unzufriedenen Gästen gut strukturieren und verarbeiten können. Damit wird deutlich, dass Personaltrainings sowohl gästebezogene (externe) als auch mitarbeiterbezogene (interne) *Ziele* eines aktiven Beschwerdemanagements abbilden müssen. Im Mittelpunkt der gästebezogenen Ziele steht die schnellstmögliche und – soweit möglich – umfassende Wiederherstellung von Gästezufriedenheit und Gästebindung durch eine problem- und kundenorientierte Beschwerdehandhabung. Dies setzt jedoch voraus, dass den Mitarbeitern im Rahmen unternehmensindividuell gestalteter Trainingsmodule

- **Informationen** zur Bedeutung eines aktiven Beschwerdemanagements für den Unternehmenserfolg zur Verfügung gestellt werden
- **fachliche und psycho-soziale Kompetenzen** für eine kundenorientierte Beschwerdekommunikation und -lösung vermittelt werden
- **die interne Akzeptanz beschwerdepolitischer Aufgaben** durch Mitarbeiter im direkten Kundenkontakt sowie im Back-Office-Bereich sichergestellt wird

Das Personaltraining hat aus der hier gewählten beziehungsorientierten Perspektive zwei Hauptaufgaben. Zum einen sollen die Mitarbeiter über ihre Funktionen im Beziehungsprozess des direkten Beschwerdemanagementprozesses informiert werden. Zum anderen sollten Methoden der kundenzentrierten Beschwerdekommunikation und Deeskalation im Konfliktfall sowie das Fachwissen für eine ursachenorientierte Problemlösung vermittelt werden. Durch den gezielten Auf- und Ausbau der psychosozialen Kompetenzen von Hotelmitarbeitern im Gästekontakt werden diese für die wichtigsten psycho-sozialen Anforderungen des direkten Beschwerdemanagementprozesses qualifiziert (z.B. die Fähigkeit, auf verärgerte Gäste offen und freundlich einzugehen, Sensibilität für Beschwerdeführertypen und deren Anforderungen, Konfliktlösungskompetenz, Selbstwahrnehmung). Das beschwerdebezogene Personaltraining zielt dabei sowohl auf die Schulung spezifischer Methoden zur Identifikation der oben diskutierten Beziehungsformen und deren individueller Behandlung als auch auf die Vermittlung der notwendigen Fachkompetenzen (z. B. die Deeskalation von Beschwerdekonflikten im direkten Gästekontakt, die problemgerechte Lösung von Gästebeschwerden etc.).

Neben dem Erlernen spezifischer Fähigkeiten für die Beschwerdeannahme und -bearbeitung dient das Personaltraining auch dazu, die Hotelmitarbeiter mit den Methoden der konflikfreien Interaktion vertraut zu machen. Dies ist die unternehmensinterne Voraussetzung, um auch in der Interaktion mit dem unzufriedenen Gast ein kundenorientiertes Mitarbeiterverhalten zu gewährleisten. Abbildung 5 beschreibt den idealtypischen Aufbau eines beschwerdebezogenen Personaltrainings:

Modul 1: Einführungstraining – „Mehr als nur ein erster Blick"	**Modul 2:** Kollegiale Beratung – „Lernen und Lösen"
Setting: 1. Tag	**Setting:** 1. Tag
Ziel: Mitarbeiter lernen Interaktions- und Konfliktprozesse mit unzufriedenen Gästen kennen und reflektieren. Sie schaffen eine Wissens- und Vertrauensbasis zur Bearbeitung eigener Praxisfälle.	**Ziel:** Mitarbeiter lernen die Methode der „kollegialen Beratung" als Instrument der internen Kommunikation und des Erfahrungsaustauschs. Sie vertiefen ihre Fähigkeiten mithilfe der „kollegialen Beratung"
Inhalte (Auszug): • Identifikation von Beschwerdeprofilen und Gästekonflikten • ganzheitliche Konfliktbearbeitung und Lösung • Grundeinstellungen zum beschwerdeführenden Gast • konstruktive Gesprächs- und Fragetechniken etc.	**Inhalte (Auszug):** • Reflexion des persönlichen Lernprozesses und -transfers • Benennung von aktuellen Fragestellungen der Mitarbeiter • persönliches Verhalten als Einflussfaktor • Fallanalyse und Bearbeitung in der Gruppe etc.

Abbildung 5: Struktureller Aufbau beschwerdebezogener Personaltrainings (Quelle: Jeschke/Schulze/Lohkamp (2005))

Die wiederholte Durchführung von Beschwerdemanagement-Trainings sowie ihre Einbindung in die Führungsarbeit des Managements ist ein unverzichtbarer Beitrag, um in dem Hotel ein organisationsinternes Umfeld zu schaffen, das ein aktives Beschwerdemanagement als Ausdruck der Gästeorientierung nachhaltig unterstützt.

4.2 Führungskräfte-Workshops

Die Perspektive des Hotelmanagements

Wie die bisherigen Ausführungen zeigen konnten, sind für das Beschwerdemanagement Qualifikationserfordernisse des Kundenkontaktpersonals, vor allem in Form eines beziehungs- und konfliktlösungsorientierten Interaktionsverhaltens, von zentraler Bedeutung. Eine wichtige Voraussetzung hierfür ist die Bereitschaft und Kompetenz des Hotelmanagements, seine Mitarbeiter auf den systematischen Umgang mit unzufriedenen Gästen vorzubereiten und im Fall von eskalierten Gästebeschwerden aktiv zu unterstützen. Hierzu gehört zum einen eine konfliktoffene Führungskultur mit den notwendigen technischen, finanziellen und personellen Ressourcen sowie Aus- und Weiterbildungsmaßnahmen zur Vorbereitung und Unterstützung der Mitarbeiter im Umgang mit beschwerdeführenden Gästen. Zum anderen ist die Verfügbarkeit der Führungskräfte im Sinne eines sich für den Mitarbeiter und Gast Zeitnehmens von Bedeutung. Nur so ist die Basis für ein aktives Beschwerdemanagement gegeben, das als Katalysator für Beziehungskonflikte zwischen Hotel, Mitarbeiter und Gast und deren Lösung erfolgreich eingesetzt werden kann.

Ziele, Aufgaben und Methoden von Beschwerdemanagement-Workshops

Der wichtigste Erfolgsfaktor für ein konstruktives Beschwerdemanagement im Hotel ist die Bewusstheit des Managements für die Bedeutsamkeit von positiven und dauerhaften, stabilen Gästebeziehungen. Hierfür gilt es, die Wechselwirkungen der strategischen, strukturellen und kulturellen Ausrichtungen des Hotels in Beziehung zu Positionierung und Gestaltung des Beschwerdemanagements zu verstehen und zu integrieren. Vor diesem Hintergrund erarbeiten die Führungskräfte ein unternehmensspezifisches Konzept für ihr Beschwerdemanagement. Im Mittelpunkt stehen dabei die folgende(n) Fragen:

- Warum braucht das Hotel ein Beschwerdemanagement?
- Welche unternehmens-, mitarbeiter- und gästeorientierten Ziele sollen mit einem erfolgreichen Beschwerdemanagement erreicht werden?
- Was braucht ein Beschwerdemanagementsystem, um funktionsfähig zu sein?
- Wie kann eine sinnvolle Struktur unseres Beschwerdemanagements aussehen?
- Wie können wir das Beschwerdemanagement erfolgreich in unsere Kultur integrieren?
- Welche Risiken und Hindernisse müssen beachtet werden?

- Welche Rahmenbedingungen müssen ggf. neu geschaffen werden?
- Wie sollten Beschwerdeprozesse gestaltet werden?
- Welche Entscheidungskompetenzen erhalten die Mitarbeiter im Gästekontakt im Fall der Gästebeschwerde?
- Welche Ressourcen sind erforderlich?

Diese und weitere unternehmensspezifische Fragestellungen können im Rahmen eines moderierten Führungsworkshops bearbeitet werden, um eine systematische Grundlage für eine erfolgreiche Planung und Umsetzung wirksamer Beschwerdemanagementkonzepte im Hotel zu gewährleisten. Es ist zu empfehlen, Führungskräfte aus verschiedenen Funktionsbereichen des Hotels gemeinsam an Entwicklungsmaßnahmen zum Beschwerdemanagement teilnehmen zu lassen. Das gesamte Management ist herausgefordert, in einer sich schnell wandelnden Welt vor allem die Fähigkeit des Hotels, auf Gästebedürfnisse auch im Beziehungskonflikt aktiv eingehen zu können, sicherzustellen.

Eine zusätzliche hilfreiche Qualifizierung für Führungskräfte im Beschwerdemanagement ist der Ansatz der Führungskraft als Coach (vgl. Loos, 2002; Backhausen/ Thommen, 2003). Hier lernen Führungskräfte, ihre Mitarbeiter im Einstellungs- und Verhaltensbereich, wertschätzend und ressourcenorientiert zu unterstützen sowie zu beraten (vgl. Schulze, 2005). Der sich daraus ergebende Nutzen für das Hotel liegt in der Stärkung und Förderung der eigenverantwortlichen Arbeit der Mitarbeiter im Gästekontakt. Durch eine Stärkung der Mitarbeiter als „complaint owner" mit hohen Entscheidungskompetenzen können kontraproduktive Rückdelegationen von Gästebeschwerden an das Hotelmanagement vermieden werden. Eine wichtige Voraussetzung für das Gelingen dieses Ansatzes ist jedoch eine gereifte Feedback-, Fehler- und Vertrauenskultur im Unternehmen.

5 Resümee

Gästebeschwerden sind Konfliktsituationen, die zur Beendigung von Gästebeziehungen führen können. Ihre Chance für das Hotel besteht darin, sich gegenüber dem Gast zu profilieren und die Ernsthaftigkeit der Gästeorientierung des Hotels unter Beweis zu stellen. Die Art und Weise, wie Hotels bzw. Mitarbeiter mit Gästebeschwerden verfahren, trägt entscheidend zur Beziehungsqualität zwischen

Hotel und Gast und damit zu der wahrgenommenen Gesamtqualität des Hotels aus Sicht des Gastes bei. Der Schlüssel für ein sach- und beziehungsorientiertes Beschwerdemanagement liegt beim Hotelmanagement und den Mitarbeitern. Mit ihnen und ihrer psycho-sozialen Kompetenz, sich im konfliktär aufgeladenen Umfeld des Beschwerdemanagements zu bewegen, steht und fällt der Erfolg des Beschwerdemanagements. Diese Kompetenzen sind durch beziehungsorientierte Input-Trainings aufzubauen. Daneben wird die Frage nach dem Erfolg des Beschwerdemanagements am Ende vor allem auf der „Kulturseite" des Hotels entschieden. Eine der großen Herausforderungen an das Hotelmanagement liegt in diesem Zusammenhang darin, die sach- und beziehungsorientierten Dimensionen der Gästebeschwerde und ihre Relevanz für den Erhalt dauerhafter Gästebeschwerden zu erkennen und deren hotelinterne Gestaltungsanforderungen wahrzunehmen. Spezifische Führungskräfte-Workshops können dazu sehr hilfreich sein.

Literatur

Backhausen, W.; Thommen, J.-P. (2003): Coaching: durch systemisches Denken zu innovativer Personalentwicklung. Wiesbaden.

Gardini, M. A. (2004): Marketing-Management in der Hotellerie, München.

Gamber, P. (1997): Kundenbeschwerden und Reklamationen konfliktfrei behandeln: Methoden, Tipps und Übungen für einen besseren Umgang mit schwierigen Kunden, Wien.

Hansen, U./Jeschke, K. (2000): Beschwerdemanagement für Dienstleistungsunternehmen: Beispiel des Kfz-Handels, in: Bruhn, M./Stauss, B. (Hrsg.); Dienstleistungsqualität: Konzepte, Methoden, Erfahrungen, 3. Aufl., Wiesbaden, S. 433–460.

Hennig-Thurau, T./Hansen, U. (eds.) (2000): Relationship Marketing. Gaining Competitive Advantage through Customer Satisfaction and Customer Retention, Heidelberg.

Jeschke, K./Schulze, H. S./Bauersachs, J. (2000): Internal Marketing and it's Consequences for Complaint Handling Effectiveness, in: Hennig-Thurau, T./Hansen, U. (eds.): Relationship Marketing. Gaining Competitive Advantage through Customer Satisfaction and Customer Retention, Heidelberg, S. 193–216.

Jeschke, K. (2000): Beschwerdemanagement, in: Albers, S./Hassmann, V./Somm, F./ Tomczak, T. (Hrsg.): Gabler Loseblattwerk Verkauf: „Kundenmanagement, Vertriebssteuerung, E-Commerce", Stuttgart, S. 1–21.

Jeschke, K. (2007): Beschwerdemanagement – Grundlagen und Konzepte, in: Pepels, W. (Hrsg.); After Sales Service, Düsseldorf, S. 327–362.

Jeschke, K./Schulze, H. S./Lohkamp, L. (2005): Beschwerdemanagement-Trainingskonzepte, in: Kukat, F. (Hrsg.); Beschwerdemanagement in der Praxis, Düsseldorf, S. 191–207.

Johnston, R. (2002): Linking complaint management to profit, in: International Journal of Service Industry Management, Vol. 12, No. 1, S. 60–69.

Kandampully, J./Mok, C./Sparks, B. (2001): Service quality management in hospitality, tourism and leisure, Binghampton NY.

Kukat, F. (Hrsg.) (2005); Beschwerdemanagement in der Praxis, Düsseldorf.

Loos, W. (2002): Unter vier Augen: Coaching für Manager. 5. Auflage. Landsberg am Lech.

Mirzwa, M. (2002): Mit Beschwerden richtig umgehen – Beschwerdemanagement als Kernelement des Kundenbindungsmanagements, in: Direkt Marketing, 6/2002, S. 20–24.

Pepels, W. (Hrsg.); After Sales Service, Geschäftsbeziehungen profitabel gestalten, 2., erw. Aufl., Düsseldorf.

Schulze, H. S./Jeschke, K. (2005): Beschwerdemanagement und Internes Marketing, in: Kukat, F. (Hrsg.); Beschwerdemanagement in der Praxis, Düsseldorf, S. 167–190.

Schulze, H. S. (2005): Die „Gedrehte Abwertungstabelle": von der Theorieorientierung zur Anwendungsorientierung des Konzeptes von Melor und Sigmund. In Zeitschrift für Transaktionsanalyse, ZTA, 23. Jg. (2005).

Stauss, B. (1998); Beschwerdemanagement, in: Mayer, A. (Hrsg.): Handbuch Dienstleistungsmarketing, Bd. 2, Stuttgart, S. 1255–1271.

Stauss, B./Seidel, W. (2004): Complaint Management – The Heart of CRM, Ohio.

Wimmer, F./Roleff, R. (1998): Beschwerdepolitik als Instrument des Dienstleistungsmanagements, in: Bruhn, M.; Meffert, H. (Hrsg.): Handbuch Dienstleistungsmanagement, Wiesbaden, S. 265–285.

Feedbacksysteme in der deutschen Hotellerie: Gästebewertungen treten in den Vordergrund

Rolf W. Schmidt

1 Einleitung

Gästebefragungen nach ihrer persönlichen Hotelkritik – seit dem Start von zahlreichen Internetplattformen ist das Thema „Bewertungen" immer öfter in den Schlagzeilen. Dennoch haben interne Feedbacksysteme als fester Bestandteil des Qualitätsmanagements, also gezielte Befragungen der Gäste per Flugblatt oder E-Mail, in der deutschen Hotellerie noch keinen besonders hohen Stellenwert. Nur 43 % der 3- bis 5-Sterne-Hotels setzen bislang ein eigenes Feedbacksystem ein. Die Vorteile für Marketingkontrolle und Gästebindung und somit eine kontinuierliche Messung und Verbesserung der Servicequalität werden von vielen Hotelbetreibern bisher anscheinend deutlich unterschätzt. Eine exklusiv für diese Publikation erstellte Studie macht den aktuellen Status von Feedbacksystemen in der Hotellerie deutlich.

Hotelkritiken im Internet haben schon heute eine bislang ungeahnte Machtfülle. Der Fall eines mallorquinischen Ferienhotels, dessen Inhaber gegen die vernichtende Onlinekritik einer Urlauberin aus Dortmund klagte, schlug hohe Wellen in den Medien. Als der Hotelier erkannte, dass das Gericht seiner Argumentation, nach der die Rezension geschäftsschädigend sei, nicht folgen würde, bot er dem ehemaligen Gast eine Woche kostenlose Unterkunft an, wenn sie ihre Onlinekritik denn wieder lösche. Die Urlauberin blieb stur. Der Hotelier zog seine Klage zurück und die verheerende Kritik ist heute noch im Internet zu lesen.

2 Feedbacksysteme in der Hotellerie: Ergebnisse einer Branchenstudie

Der Fall zeigt: Soweit hätte es nicht kommen müssen. Durch eine proaktive, regelmäßige Befragung der Gäste nach ihrer Zufriedenheit mit dem Hotel sowie den einzelnen Servicebereichen lassen sich unter Umständen medienwirksame Schlagzeilen wie im genannten Fall von Mallorca vermeiden. Nur 43 % der 3- bis 5-Sterne-Hotels in Deutschland – sowohl Privathotels als auch Kettenbetriebe und Konzernverwaltungen – vertrauen jedoch auf die Vorteile eines eigenen Feedbacksystems. Dies haben wir in einer eigens für diese Publikation erstellten Branchenstudie festgestellt, bei der wir 284 Betriebe (davon: 192 Privathotels, 67 Kettenhotels und 25 Ketten- und Kooperationszentralen) repräsentativ befragt haben. Allerdings ist der hohe Anteil der Hotels, die bislang kein Feedbacksystem einsetzen – und die meisten planen dies auch nicht –, ein Zeichen dafür, dass der Nutzen einer Gästebefragung in den Chefetagen ungenügend Beachtung findet. Der Boom von Hotelkritikportalen im Internet zeigt hingegen, dass aber die Gäste ihre persönliche Einschätzung mitteilen wollen. Im schlechtesten Fall erfährt der uninteressierte Hotelier erst spät, meist zu spät, von der Unzufriedenheit seiner Gäste.

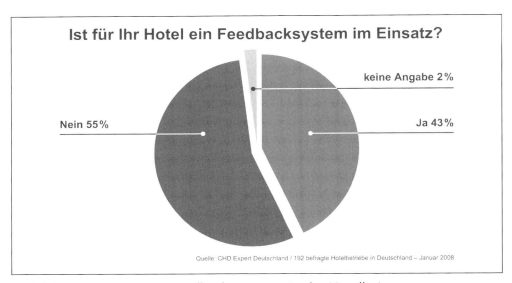

Abbildung 1: Einsatz von Feedbacksystemen in der Hotellerie

Bei den Betrieben, die ein Feedbacksystem nutzen, setzen die meisten Hotelbetreiber (87%) auf einen Print-Fragebogen. Lediglich 10% nutzen interaktive Tools wie Onlinebefragungen oder Korrespondenz per E-Mail. Das persönliche Gespräch mit Gästen – zumindest zum Thema Zufriedenheit – wird unserer Studie zufolge nur informell, nicht jedoch strukturiert und dokumentiert, gesucht.

Bei den Gästebefragungen stehen die Meinungen über Ausstattung und Sauberkeit der Hotelzimmer (jeweils 39%) klar im Vordergrund. Aber auch die Gästemeinung zu Preis-Leistungs-Verhältnis, F&B-Qualität im Restaurant und an der Bar und zur Servicequalität allgemein interessiert die Hoteldirektoren stark. Die Ergebnisse werden sorgfältig behandelt: 86% der Hotels, die ein Feedbacksystem einsetzen, nehmen die Auswertung intern vor. Hierbei muss natürlich die Frage gestellt werden, wie selbstkritisch und analytisch dabei vorgegangen wird. Eine externe Analyse, wie sie von lediglich 12 % der Häuser vorgenommen wird, ist hier vermutlich neutraler, kritischer und effizienter.

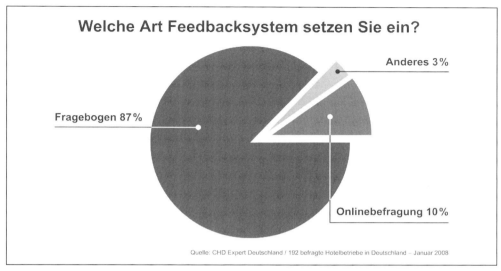

Abbildung 2: Arten von Feedbacksystemen in der Hotellerie

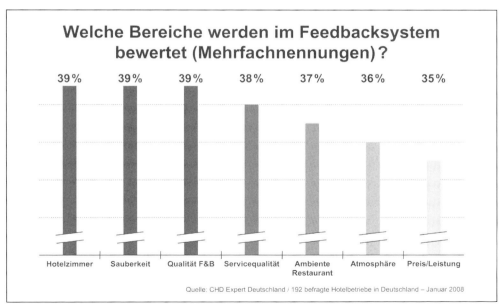

Abbildung 3: Bewertungskriterien im Rahmen von Feedbacksystemen

Wer ein Feedbacksystem einsetzt, weiß zumindest die Vorteile zu schätzen. Daher nehmen sich 47 % der hier aktiven Hoteliers mindestens einmal pro Monat genügend Zeit zur Auswertung und Analyse der Gästekritiken. 26 % setzen sich sogar einmal in der Woche an den Schreibtisch zur Datenauswertung.

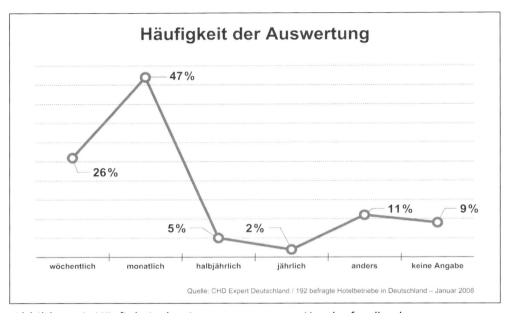

Häufigkeit der Auswertung

47 %

26 %

5 % 2 % 11 % 9 %

wöchentlich monatlich halbjährlich jährlich anders keine Angabe

Quelle: CHD Expert Deutschland / 192 befragte Hotelbetriebe in Deutschland – Januar 2008

Abbildung 4: Häufigkeit der Auswertungen von Kundenfeedbacks

Auf die Analyse folgt die Umsetzung: was muss besser werden, wo liegen Stärken und Schwächen? Zwar obliegt es meist dem Hotelmanagement, aus den Gästekritiken Folgerungen zu ziehen, doch wird dies häufig teamgerecht umgesetzt. Über 36 % erörtern die Gästemeinungen in Gruppenbesprechungen. Bei kniffligen Fällen setzen über 35 % der Hotels auf Einzelbesprechungen mit Mitarbeitern. Und immerhin noch 28 % der Hotels lassen die Ergebnisse in professionelle Qualitätssicherungsprogramme einfließen, um den Nutzungsgrad ihrer Management-Tools zu erhöhen. Auch wenn dieser Wert hoch erscheinen mag, umgerechnet sind das nur geringe 12 % aller Hotels.

Über 40 % der Anwender eines Feedbacksystems setzen zudem auf einen Vergleich der Gästekritiken mit (eigenen) historischen Daten, entweder von Jahr zu Jahr (15 %) oder sogar von Monat zu Monat (26 %). Dagegen ist der Vergleich der eigenen Ergebnisse mit anonymisierten Daten anderer Hotels, das sogenannte Benchmarking, bei der überwiegenden Anzahl der Betriebe nicht wichtig – über die Hälfte verzichten bewusst darauf. Dabei zeichnet gerade in einem wettbewerbsintensiven und vor allem preissensiblen Umfeld erst dieser Vergleich ein reales Bild in Relation zu Auslastung, Durchschnittsrate und RevPAR. Es reicht nicht, selber festzustellen, dass man gut ist oder besser als im Vormonat, erst der Vergleich zu den besten seiner vergleichbaren Klasse gibt ein reales Bild. Es ist schwer nachvollziehbar, dass dies nicht erkannt und umgesetzt wird.

So lässt sich als Zwischenfazit ziehen: Weit mehr als die Hälfte der Hotels vernachlässigen einen wichtigen Baustein der Unternehmensführung. Wer ein eigenes Feedbacksystem zur Messung der Gästezufriedenheit einsetzt, bemüht sich auch um eine regelmäßige und bisweilen professionelle Auswertung und Analyse, dünstet dabei aber im eigenen Beurteilungssaft ohne Vergleich zu den im Umfeld relevanten Qualitätsführern.

3 Online-Hotelkritiken sind eher lästig ...

Ein interessanter Umstand, der durch unsere Befragung der Hotellerie hervorging, ist die deutliche Ablehnung der Onlineportale für Hotelkritiken, wie z.B. Tripadvisor.com, HolidayCheck.de oder Hotelkritiken.de, durch die Hoteliers. Nur 30 % der Hotelmanager klicken auf die mittlerweile zahlreichen Internetplattformen, um neue Gästekritiken über ihr Haus zu lesen. Über die Hälfte (54 %) verzichten darauf und ignorierten die international veröffentlichten Gästerezensionen. Zahlreiche Hoteliers beklagen die oft unsachliche Kritik der Gäste und damit scheinbar ungerechtfertigte Bewertung des Hauses. Der Vorwurf, die Hotelkritiken würden zu selten auf Plausibilität geprüft, wird immer wieder laut – auch wenn dies führende Portalbetreiber wie die Schweizer HolidayCheck AG zurückweisen.

Jedoch nutzen immerhin bereits 30 % der Hotels die Onlinekritikportale zur Messung der Gästezufriedenheit. Die tägliche Auswertung (37 %) steht dabei im Vordergrund – eine mühselige Angelegenheit. Immerhin 20 % der Hotels klicken wöchentlich herum und 24 % der Betriebe surfen monatlich im Internet, um bei den schnell wachsenden Kritikportalen am Ball zu bleiben.

Bei der Auswertung steht für die meisten Hotels (63 %) die Glaubwürdigkeit der Kritik – Stimmt der angegebene Zeitpunkt? Welchen Vorfall betrifft es? – im Vordergrund. In über der Hälfte der Fälle (51 %) nehmen die Hotelmanager Kontakt mit dem Gast/Kritiker auf, und bei 39 % der Fälle versuchen die Direktoren, Einfluss auf die veröffentlichten Kritiken zu nehmen, beispielsweise durch eigene Kommentierungen. In besonders harten Fällen – bei harscher oder vernichtender Kritik – sind die Bemühungen natürlich stärker: Fast 50 % der Fälle werden nicht tatenlos hingenommen. Aus der Bewertung der Ergebnisse drängt sich der Eindruck auf, es gehe mehr um Rechtfertigung und Korrektur statt einer professionellen, dauerhaften Verbesserung. Natürlich sind Einzelfälle niemals auszuschließen, wo Menschen mit Menschen kommunizieren und arbeiten, aber die essenziellen Hausaufgaben eines Serviceanbieters in Sachen Qualitätsmanagement scheinen in großem Umfang noch nicht erledigt.

Es zeigt sich auch, dass immer noch die Hälfte der online-affinen Hoteldirektoren die Kritiken schulterzuckend zur Kenntnis nehmen. Ist eine Onlinekritik einmal publiziert, erfordert es viel Zeit und etliche Korrespondenz, den Gast zu einer Korrektur zu bewegen. Zu aufwändig, meinen die meisten Hoteliers, die dabei die Auswirkungen meines Erachtens deutlich unterschätzen. Wer bei vergleichbarer Lage, Ausstattung und Preis die Wahl zwischen verschiedenen Hotels hat, wird sich logischer- und vernünftigerweise für das Hotel mit den besseren Bewertungen entscheiden. Denn Hoteliers, die solche Bewertungen ignorieren, werden das Resultat spüren, zeitverzögert und in aller Regel zu spät. Schade!

In manchen 5-Sterne-Hotels vertraut man stark auf die meinungsbildende Kraft von Profikritikern und erfahrenen Restauranttestern, deren fundiertes Urteil nicht selten im Gegensatz zu den laienhaften Gästekritiken steht. Und so gehören auch Profirezensenten aus Deutschland, wie zum Beispiel der Berliner Publizist und Journalist Heinz Horrmann, zu den weltweit gefragten Kritikern. Autoren wie Horrmann erreichen mit ihren Kolumnen ein Millionenpublikum. Allerdings fällt eine harte Kritik beispielsweise an Hotelservice oder Küchenqualität dann auch besonders schwerwiegend aus.

Aber auch die Riege der Luxusherbergen kommt nicht an den Basisaufgaben vorbei, zu flüchtig sind die Veröffentlichungen, zu dynamisch und aktuell das Internet. Dabei sollte beachtet werden, dass dies auch Einfluss auf klassische Buchungswege hat – die Führungskraft informiert sich im Web und lässt dann buchen, der erweiterte Wirkungskreis von Beurteilungen geht deutlich über die Onlinebuchungen hinaus.

4 Feedbacksysteme eröffnen Chancen für jedes Hotel

Regelmäßige und professionelle Gästebefragungen sind ein Grundpfeiler im Servicemanagement aller Serviceanbieter. Erst die Auswertung und teamgerechte Analyse der Gästezufriedenheit ermöglichen dem Hotelmanagement eine Feinsteuerung ihrer Leistungen. Erfolgshoteliers wie der Nürnberger Klaus Kobjoll (Schindlerhof) haben so aus einem mittelständischen Hotel einen Musterbetrieb für Servicequalität schaffen können – nicht nur als Imagegewinn, sondern auch wirtschaftlich erfolgreich.

Kosten und Zeitaufwand für ein eigenes Feedbacksystem sind überschaubar. Selbst bei externer Vergabe der Auswertung von Print-Fragebögen oder Onlinetools beträgt das Budget meist eine niedrige vierstellige Summe im Jahr. Im Kosten-Nutzen-Vergleich kann dies kein Gegenargument darstellen. Die Vorteile auch für Marketing und PR überwiegen ganz klar. Daher wird die Bedeutung von Feedbacksystemen in der von vielen „weichen Faktoren" geprägten Hotellerie hoffentlich deutlich zunehmen.

Wirtschaftliche Effekte von Kundenbindungsprogrammen in der Hotellerie

Hans Rück

513

1 Kundenbindungsprogramme in der Hotellerie – Ein wirtschaftlicher Flop?

Kundenbindungsmanagement (CRM[1]) ist heute in der Hotellerie weitverbreitet: Alle internationalen Hotelketten betreiben Kundenbindungsprogramme, viele nationale Ketten und Kooperationen sind inzwischen gefolgt, und selbst die Einzelhotellerie schließt sich zunehmend dem Trend an. Eine Studie von Müller (2006:33; Abbildung 1) belegt, dass das „Gastgewerbe" als eine der „kundenbindungsfreudigsten" Branchen gelten kann. An der Spitze liegen einsam die Fluggesellschaften; es ist jedoch anzunehmen, dass der Abstand geringer ausgefallen wäre, hätte man in der besagten Studie zum Gastgewerbe nicht auch die Einzelhotellerie gezählt.

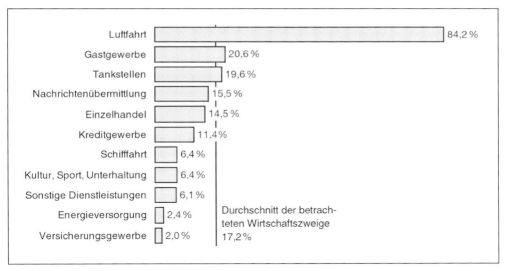

Abbildung 1: Anteile von Unternehmen mit Kundenbindungsprogrammen in ausgewählten Wirtschaftszweigen (vgl. Müller 2006:33, bereinigte Angaben)

---

1 Kundenbindungsmanagement (synonym: Kundenbeziehungsmanagement bzw. Customer Relationship Management, CRM) bezeichnet die systematische Analyse, Planung, Durchführung sowie Kontrolle aller auf Bestandskunden gerichteten Unternehmensaktivitäten mit dem Ziel, dass diese Kunden auch in Zukunft die Geschäftsbeziehung aufrechterhalten oder intensiver pflegen (Homburg/Bruhn 2003:8). Nach diesem (weiten) Begriffsverständnis ist CRM eine Querschnittsfunktion, die bewusst in die traditionellen Felder des Marketings (Produkt, Preis, Vertriebs- und Kommunikationspolitik) eingreifen und diese einheitlich auf eine Erhöhung der Kundenbindung ausrichten soll.

Angesichts der weiten Verbreitung von Kundenbindungsprogrammen in der Hotellerie ist es erstaunlich, wie wenig bisher darüber bekannt ist, ob und in welchem Maß diese Programme überhaupt ihre Ziele erreichen und ob sie wirtschaftlich sind (ihr Nutzen also ihre Kosten übersteigt). Vergleicht man typische Kundenbindungsprogramme der Konzernhotellerie, so scheint die Wirtschaftlichkeit schon von deren Konstruktion her in Frage gestellt; denn diese Programme sind alle ähnlich aufgebaut und gewähren zum Teil erhebliche finanzielle Vergünstigungen, die erst wieder verdient sein wollen. Beispiele sind das „Award Programm" (Steigenberger), „Gold Passport" (Hyatt), „Favorite Guest" (Accor) oder „HHonors" (Hilton). Das Prinzip ist von Airlines und Kaufhäusern bekannt: Der Gast sammelt bei jeder Übernachtung Punkte und erhält dafür Boni in Form von Übernachtungsgutscheinen, Upgrades und anderen Leistungen.

Nehmen wir etwa das „HHonors"-Programm von Hilton, eines der ältesten Bonusprogramme in der Hotellerie. Es bietet als Bonusleistungen (vgl. Hilton International 2008): Gratis-Übernachtungen, Zimmer-Upgrades, kostenlose Nutzung der Fitness-Einrichtungen, Eintausch von Bonuspunkten gegen Flugmeilen bei mehr als 60 Airline-Partnern („HHonors Reward Exchange"-Programm) sowie verschiedenste Prämien (z. B. Kreuzfahrten und Pauschalreisen). Die Leistungen werden nach dem erreichten Kundenstatus abgestuft: „Blue" ist die niedrigste Stufe, es folgen „Silver" und „Diamond" und schließlich „Gold Membership". Dem Programm angeschlossen sind 2.700 Hilton-Hotels in mehr als 70 Ländern.

So oder ähnlich lesen sich die Leistungsbeschreibungen fast aller Bonusprogramme der internationalen Kettenhotellerie. Übliche Bonusleistungen reichen von der kostenlosen Tageszeitung oder Flasche Wasser auf dem Zimmer über großzügigere An- und Abreisezeiten und schnelleren Check-in zu Stoßzeiten, Upgrades, ermäßigte oder kostenlose Übernachtungen, Telefongutschriften, verschiedenste Geschenke (Reiseführer, Weinglas-Sets) bis hin zu Bonuspunkten für Kundenbindungsprogramme von Partnerunternehmen (meist Fluggesellschaften und Autovermieter). Solche Bonus-Partnerschaften (in Form von Co-CRM-Promotions oder CRM-Kooperationen) spielen in der Hotellerie eine zunehmend große Rolle.

Schon dieser kurze Vergleich macht deutlich: Bonusprogramme taugen zumindest in der Konzernhotellerie kaum noch zur Differenzierung vom Wettbewerb. Auch ist zweifelhaft, ob sie noch eine Bindungswirkung entfalten, wenn inzwischen so gut wie alle Hotels ähnliche Programme mit austauschbaren Leistungen anbieten; wahrscheinlicher ist, dass Vielreisende gleichzeitig an mehreren Programmen teilnehmen und bei allen Anbietern Boni kassieren (vgl. Prellberg/Rück 2002; Rumpf 2004). Gleichwohl verzichten viele Programme auf alle Eingangshürden, damit der Kunde möglichst schnell zu Bonuspunkten kommt; so wirbt etwa Hyatt mit dem Versprechen: „Enjoy exclusive privileges and benefits starting with your very first stay" (Hyatt Hotels & Resorts 2008). Angesichts solcher Großzügigkeit steht zu befürchten, die Hotellerieunternehmen könnten sich gegenseitig überbieten mit Wertgeschenken an den Kunden, für die dieser kaum noch eine Gegenleistung zu erbringen hat, und dadurch eine Spirale der Gewinnvernichtung in Gang setzen – zumal bekannt ist, dass Preisnachlässe nicht geeignet sind, Kunden langfristig zu binden (vgl. Diller/Müllner 1998:1225), wohl aber, diese zu „Schnäppchenjägern" zu erziehen (vgl. Simon/Bilstein/Luby 2006:158–160).

Diese offensichtlichen Defizite scheinen Indizien dafür zu sein, dass bei der Gestaltung von Kundenbindungsprogrammen in der Hotellerie noch erhebliche Optimierungspotenziale bestehen, auch und gerade mit Bezug auf die Wirtschaftlichkeit. Wir wollen sehen, ob diese Vermutung einer empirischen Überprüfung standhält.

2 Status quo des Kundenbindungs-managements in der Hotellerie: Ergebnisse einer empirischen Studie

2.1 Steckbrief der Studie

Am Fachbereich Touristik/Verkehrswesen der Fachhochschule Worms wurde im Rahmen einer länder- und branchenübergreifenden Projektstudie der Status quo des Kundenbindungsmanagements in der Hotellerie, im Luftverkehr und im Handel untersucht (vgl. Backhaus 2007; Baumgärtel 2007; Siegmund 2007; Steimle 2007). Im Folgenden werden ausgewählte Untersuchungsergebnisse für die Hotellerie vorgestellt.

Die Fragebögen wurden an insgesamt 260 Hotelunternehmen in Deutschland, Österreich, der Schweiz, Italien, Spanien, Frankreich, Belgien, den Niederlanden, Großbritannien und den USA versandt, wobei zu gleichen Teilen Unternehmen der Ketten- und der Kooperationshotellerie angeschrieben wurden. Nicht befragt wurde die Einzelhotellerie. Die Rücklaufquote betrug in der Kettenhotellerie 34 %

(44 Unternehmen) und in der Kooperationshotellerie 25 % (33 Unternehmen). Von diesen hatten 41 bzw. 51 % ihren Sitz in Deutschland (vgl. Siegmund 2007:54–56).

Zum Vergleich kann lediglich eine Studie aus dem Jahr 2002 herangezogen werden (vgl. Krafft/Hoyer/Reinartz/Müller 2002). Diese Untersuchung war ebenfalls international und branchenübergreifend angelegt und erfasste insgesamt 44 Hotelunternehmen aus Deutschland, Österreich und der Schweiz, die allerdings nicht nach Ketten und Kooperationen aufgeschlüsselt wurden (vgl. Müller 2004:163 f.).

2.2 Verbreitung von Kundenbindungsprogrammen in der Hotellerie

Der Befund der Studien von Krafft et al. (2002) und Müller (2006), dass Kundenbindungsprogramme in der Hotellerie weitverbreitet sind, konnte durch die vorliegende Untersuchung sowohl für Ketten als auch für Kooperationen bestätigt werden: 73 % der teilnehmenden Ketten und 60 % der teilnehmenden Kooperationen betreiben Kundenbindungsprogramme (vgl. Siegmund 2007:56). Die Differenz ist vermutlich auf die unterschiedliche Organisation von Ketten und Kooperationen zurückzuführen: Kundenbindungsprogramme lassen sich in zentral geführten Organisationen, wie Hotelketten es sind, leichter implementieren als in dezentral geführten wie Kooperationen.

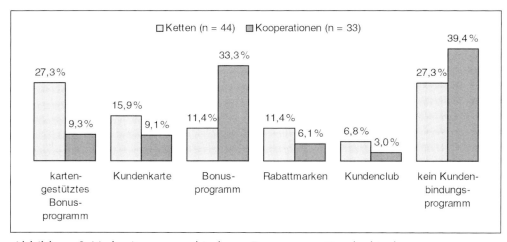

Abbildung 2: Verbreitung verschiedener Formen von Kundenbindungsprogrammen in der Hotellerie

Weitere Unterschiede zwischen Ketten und Kooperationen ergeben sich mit Blick auf die Art der eingesetzten Kundenbindungsprogramme: Zwar setzen beide mehrheitlich auf Bonusprogramme; jedoch bevorzugen Hotelketten kartengestützte, Kooperationen hingegen „einfache", nicht-kartengestützte (vgl. Siegmund 2007:57; Abbildung 2). Der Informationswert kartengestützter Bonusprogramme ist natürlich weit größer; denn Kundenkarten ermöglichen die Sammlung und Auswertung von Kundendaten und liefern damit die Grundlage für eine zielgruppengenaue oder (im Extrem) sogar kundenindividuelle Angebots- und Preispolitik (1:1-Marketing). Allerdings erfordert eine Kundenkarte einheitliche IT-Systeme in den einzelnen Betrieben, um die Kundendaten betriebsübergreifend erfassen, verwalten und auswerten zu können, und diese Voraussetzung ist in Kooperationen oft nicht gegeben. So ist es zwar kritisch zu sehen, aber gleichwohl verständlich, dass zahlreiche Kooperationen auf eine Ausgabe von Kundenkarten verzichten.

2.3 Motive für die Einführung von Kundenbindungsprogrammen in der Hotellerie

Auf die Frage, weshalb sie ein Kundenbindungsprogramm eingeführt hätten, antworten Hotelketten und Kooperationen übereinstimmend, das wichtigste Motiv sei der wirtschaftliche Erfolg dieser Programme („weil es sich rechnet"), wobei Kooperationen (80%) von der Rentabilität überzeugter sind als Ketten (62,5%) (vgl. Siegmund 2007:80; Abbildung 3). Als zweitwichtigsten Treiber nennen beide die Orientierung an den Kundenwünschen („weil die Kunden es erwarten"). Erst dann folgt die Orientierung am Wettbewerb („weil der Wettbewerb auch ein Kundenbindungsprogramm hat") und zum Schluss das Motivieren der eigenen Mitarbeiter.

2.4 Zielgruppen

Sowohl Hotelketten als auch Kooperationen zielen mit ihren Kundenbindungsprogrammen nicht auf ihre jeweils wichtigste Kundengruppe, die Geschäftsreisenden, sondern mehrheitlich auf ihre jeweils zweitwichtigste, die privaten Endkunden (vgl. Siegmund 2007:59, 61; Abbildung 4). Die Priorisierung der privaten Endkunden ist insofern folgerichtig, als diese in ihrer Buchungsentscheidung autonom sind, während die Masse der Geschäftsreisenden an die Reiserichtlinie ihres Unternehmens gebunden ist, die ihnen bei der Wahl des Hotels bestenfalls einen kleinen

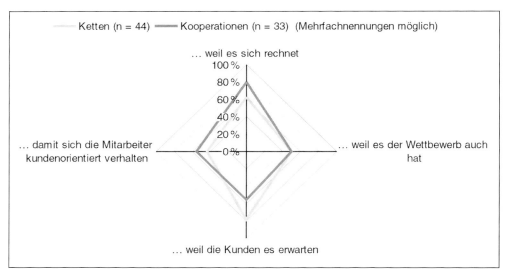

Abbildung 3: Motive für die Einführung von Kundenbindungsprogrammen in der Hotellerie

Spielraum lässt, weshalb eine Bonifizierung dieser Zielgruppe zumeist fehlgeleitet wäre. (Zudem erhalten Großkunden ohnehin schon reduzierte Konditionen.) Als drittwichtigste Zielgruppe definieren sowohl Ketten (zu rund einem Drittel) als auch Kooperationen (zu einem Fünftel) die Assistenten und Sekretärinnen als Beeinflusser von Buchungsentscheidungen auf der Unternehmenskundenseite.

Die meisten Bonusprogramme zielen also darauf, die Kundenstruktur in Richtung Privatkunden zu verschieben. Es fügt sich in dieses Bild, dass Hotels mit Kundenbindungsprogramm in der Regel einen höheren Geschäftskundenanteil haben als Hotels ohne Kundenbindungsprogramm. Allerdings wird der Schwerpunkt in der Regel nicht klar genug gesetzt: Immerhin 63 % der Ketten- bzw. 70 % der Kooperationshotels zielen mit ihren Programmen auch auf Geschäftskunden. Sie riskieren damit einen wirtschaftlichen Doppelschaden, weil eine Kundengruppe mit Boni bedacht wird, die auf die Buchungsentscheidung überwiegend nur geringen Einfluss hat, und später, als Privatreisende, die geschäftlich eingestrichenen Bonuspunkte einlöst, statt den normalen Endkundenpreis zu entrichten. Die hohe Zahl der Mehrfachnennungen zeigt die Gefahr an, dass ein und dieselbe Buchung wegen Unkenntnis des tatsächlichen Entscheidungsprozesses mehrfach bonifiziert wird (man spricht hier auch von „double" oder „triple dipping"): Weil unklar ist, wer die Kaufentscheidung fällt, bekommen alle etwas – Firma, Reisebüro und Reisender.

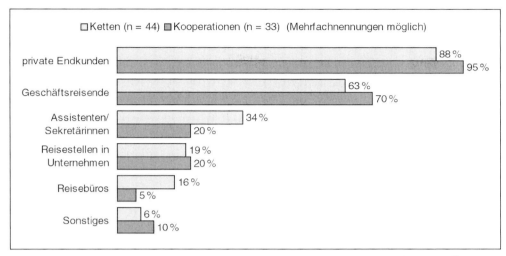

Abbildung 4: Zielgruppen von Kundenbindungsprogrammen in der Hotellerie

2.5 Ziele, Zielerreichung und Erfolgsmessung

Die an der Studie teilnehmenden Unternehmen wurden sowohl nach den Zielen ihrer Kundenbindungsmaßnahmen befragt als auch nach dem Grad, zu dem diese Ziele gegenwärtig erreicht werden (vgl. Steimle 2007:63–66; Abbildung 5). Das mit Abstand wichtigste Ziel besteht sowohl für Ketten- als auch für Kooperationshotels in der Etablierung „langfristig profitabler Kundenbeziehungen" (dies gilt übrigens auch für die anderen untersuchten Branchen: Fluggesellschaften und Einzelhandel). Als zweitwichtigstes Ziel definieren die Kettenhotels die Steigerung des Umsatzes, die Kooperationshotels hingegen die Steigerung der Kundenzufriedenheit. Eine Erhöhung der Deckungsbeiträge hingegen wird von beiden für weit weniger wichtig gehalten, obwohl dieses Ziel tatsächlich weit wichtiger wäre. Auch die Gewinnung von Neukunden fällt deutlich ab, kann allerdings auch nicht als prioritäre Aufgabe eines Kundenbindungsprogramms gelten.

Mit den Zielen korrespondiert die Wahl der Messgrößen: Ketten wie Kooperationen messen den Erfolg ihrer Kundenbindungsprogramme am häufigsten an der Anzahl der aktiven Nutzer und an der Kundenzufriedenheit (vgl. Siegmund 2007:76 f.; Abbildung 6). Dazu ist kritisch anzumerken, dass Kundenzufriedenheit als Maß für die Kundenbindung nur bedingt geeignet ist: Zwar erhöht die Zufriedenheit eines Kunden die Wahrscheinlichkeit seines loyalen Verhaltens; gleich-

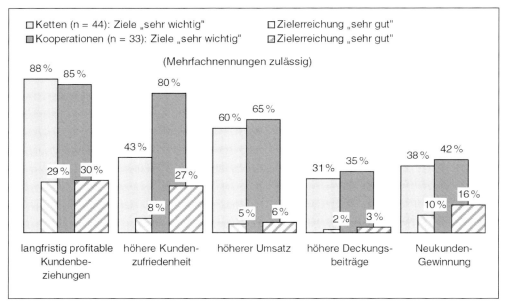

Abbildung 5: Verhältnis von Zielen (Kategorie „sehr wichtig") und Zielerreichung (Kategorie „sehr gut") bei Kundenbindungsprogrammen in der Hotellerie (Auszug)

wohl wechseln auch zufriedene Kunden den Anbieter (manchmal freiwillig, etwa auf der Suche nach Abwechslung, manchmal unfreiwillig, etwa weil eine bestimmte Hotelkette in der Reisedestination nicht vertreten ist), wie es umgekehrt unzufriedene Kunden gibt, die einem Anbieter trotzdem treu bleiben.

Viel naheliegender wäre es, den Erfolg eines Kundenbindungsprogramms daran zu messen, wie sich Umsätze und Deckungsbeiträge von Teilnehmern und Nichtteilnehmern dieses Programms entwickeln. Doch diese Messgröße belegt nur den vorletzten Platz, hinter der Analyse der Buchungskurve, des Cross-Selling-/Up-Selling-Erfolgs und des Kundenwerts. Am seltensten wird die Churn-Analyse[2] als Messinstrument eingesetzt – möglicherweise, weil die typischerweise stochastische Natur der Nachfrage in der Hotellerie es nicht zulässt, einen Kunden, der das Hotel seit einigen Wochen nicht mehr aufgesucht hat, bereits als abwanderungsgefährdet einzustufen.

---

2 Churn-Analyse, auch Abwanderungsanalyse: Prognoseinstrument, das bestehenden Kunden Wahrscheinlichkeiten zuordnet, mit denen diese abwandern werden. Dieses Vorgehen entspricht einer Kundensegmentierung nach Abwanderungsneigung oder Gefährdungsgrad.

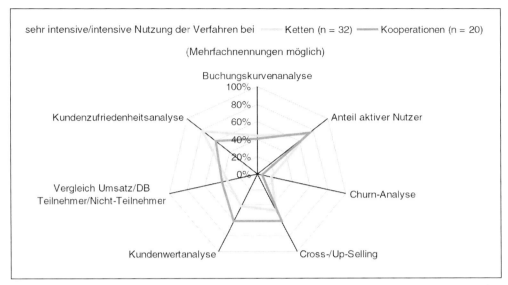

sehr intensive/intensive Nutzung der Verfahren bei ····· Ketten (n = 32) ══ Kooperationen (n = 20)

(Mehrfachnennungen möglich)

Abbildung 6: Messgrößen für den Erfolg von Kundenbindungsprogrammen in der Hotellerie

Der Grad der Zielerreichung bleibt durchweg deutlich hinter der jeweiligen Bedeutung der Ziele zurück (vgl. Abbildung 5): Nur jeweils rund 30 % der Ketten- und Kooperationshotels gaben an, ihr wichtigstes Ziel (langfristig profitable Kundenbeziehungen) werde auch „sehr gut" erreicht. Noch schlechter steht es um die angestrebte Steigerung der Kundenzufriedenheit, besonders Ketten sehen dieses Ziel kaum als „sehr gut" erreicht an (das Bild hellt sich allerdings auf, wenn man nach einer „guten bis sehr guten" Zielerreichung fragt). Besonders groß ist die Unzufriedenheit mit den Umsatz- und Deckungsbeitragswirkungen der Kundenbindungsprogramme; hier werden die Erwartungen bislang kaum erfüllt.

2.6 Kundenbewertung

Wie eben gesehen, strebt die Hotellerie mit ihren Kundenbindungsprogrammen langfristig profitable Kundenbeziehungen an. Doch wie ermittelt sie die Profitabilität einer Kundenbeziehung bzw. den Wert eines Kunden?

Der Kundenwert setzt sich zusammen aus finanziellen Größen (Umsätze, Deckungsbeiträge) und nicht-finanziellen Größen (dem Informationswert und dem

Referenzwert[3]). Bei der Ermittlung des Kundenwerts sollen grundsätzlich nicht nur Daten aus der Vergangenheit (getätigte Umsätze, abgegebene Empfehlungen etc.) berücksichtigt werden, sondern vor allem die zukünftig zu erwartenden Größen. Zur Berechnung des Kundenwerts kann eine Vielzahl von Verfahren angewendet werden; als das aussagekräftigste, aber auch anspruchsvollste Verfahren gilt nach übereinstimmender Literaturmeinung die Kunden-Kapitalwertanalyse.

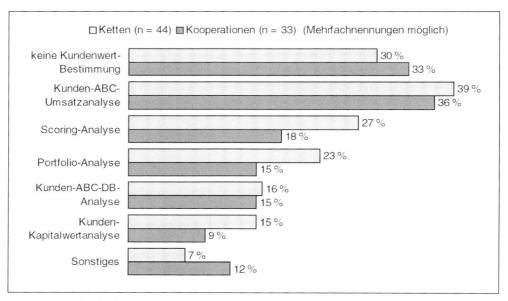

Abbildung 7: Verfahren der Kundenwertanalyse in der Hotellerie

Zwei Drittel der Befragungsteilnehmer wenden nach eigener Aussage eines oder mehrere dieser Verfahren an (vgl. Siegmund 2007:65–67; Abbildung 7). Ein Drittel berechnet den Kundenwert überhaupt nicht (vielleicht begnügt man sich dort mit dem Auszählen der erreichten Bonuspunkte). Bei den angewendeten Verfahren dominiert die Kunden-ABC-Umsatzanalyse. Eine Deckungsbeitrags-(DB-)Analyse wäre zweckmäßiger, wird aber nur halb so oft angewendet. Am seltensten bedient man sich der Kunden-Kapitalwertanalyse; doch mit Blick auf deren Komplexität könnten einem Branchenkenner sogar Zweifel beschleichen, ob eine An-

---

3 Der Informationswert ist definiert als das Maß dafür, wie stark der Anbieter von der Qualität, Quantität und Häufigkeit der Informationen eines Kunden profitiert, z.B. in der Gestalt von Neuproduktideen, Verbesserungsvorschlägen oder Kenntnissen über Wettbewerber; der Referenzwert ist definiert als das Maß für die Fähigkeit eines Kunden, Kaufentscheidungen anderer Marktteilnehmer durch seine Weiterempfehlung oder durch seine Reputation zugunsten des Anbieters zu beeinflussen: Rück 2005:84 f.

wendungsquote von 15 bzw. 9% den Tatsachen entsprechen kann. Wie dem auch sei: Die Studienergebnisse bestätigen in der Tendenz jene von Krafft et al. (2002). Auch ist u.E. deren Einschätzung zuzustimmen, dass der „gesamte Kundenlebenszyklus selten betrachtet" wird (Krafft/Reinartz/Müller 2002:6).

2.7 Budget

Bonusprogramme verusachen potenziell erhebliche Kosten. Hierzu zählen zunächst die direkten Kosten – das sind im Wesentlichen die Kosten für Mailings, Internetauftritt, Callcenter, Prämienabwicklung und Partnermanagement sowie die Kosten für die Kundendaten- und Kontenverwaltung (IT). Doch darüber hinaus sind einem Bonusprogramm nach dem Verursachungsprinzip auch seine indirekten Kosten zuzurechnen; diese bestehen im Wesentlichen aus Erlösschmälerungen durch Preisnachlässe und Gratisleistungen und dürften regelmäßig ein Mehrfaches der direkten Kosten betragen.

Obwohl in der vorliegenden Untersuchung nicht nach der absoluten, sondern nur nach der relativen Budgethöhe gefragt wurde (nämlich in Prozent vom Umsatz), hat ein Großteil der Befragten mit Hinweis auf die Vertraulichkeit der Daten die Antwort verweigert (50% bei Ketten, 40% bei Kooperationen). Hinzu kommt ein irritierend hoher Prozentsatz Befragter, die angaben, keine Informationen über die Höhe des Budgets zu besitzen (19% bei Ketten, 25% bei Kooperationen).

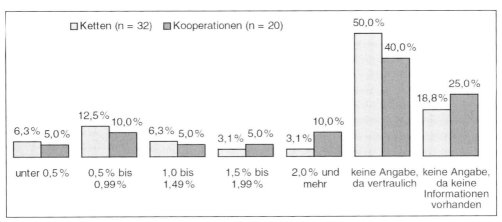

Abbildung 8: Höhe des Budgets für Kundenbindungsmaßnahmen in der Hotellerie (in Prozent vom Umsatz)

Die vorliegenden Antworten lassen den Schluss zu, dass das Kundenbindungs-
budget in den meisten Unternehmen bis zu einem Prozent vom Umsatz ausmacht
(Abbildung 8). Das deckt sich mit den Befunden aus den anderen untersuchten
Branchen (vgl. Steimle 2007:78 f.). Die meisten Unternehmen ziehen für die nähere Zukunft keine Erhöhung ihres Budgets in Erwägung. Die Größe „ein Prozent
vom Umsatz" scheint sich dabei als „Daumenregel" für die Bemessung des Kun-
denbindungsbudgets branchenübergreifend etabliert zu haben. In ähnlicher Weise wird in vielen Unternehmen auch die Höhe des Kommunikationsbudgets regu-
liert; man spricht hier von der „Percentage of Turnover"-Methode.

Allerdings sind in diesem einen Umsatzprozentpunkt mit an Sicherheit grenzen-
der Wahrscheinlichkeit nur die direkten Kosten der Kundenbindungsprogramme
berücksichtigt, nicht aber deren indirekte Kosten. Die tatsächlichen Gesamtkosten eines Hotel-Bonusprogramms dürften deshalb ein Mehrfaches dieses einen
Umsatzprozents betragen. Doch muss man sich diesbezüglich noch mit Schätzungen und Plausibilitätsüberlegungen begnügen, auch aufgrund der eingeschränkten Auskunftsbereitschaft der Unternehmen.

2.8 Partner

Bei der Einführung eines Kundenbindungsprogramms hat das Unternehmen die
grundlegende Entscheidung zu treffen, ob es das Programm alleine („stand alone")
oder zusammen mit Partnern (Multiplikatoren) betreiben möchte. Bei den untersuchten Hotelketten betrug das Verhältnis zwischen Stand-alone- und Multi-Partner-
programmen 1:1, bei den Kooperationen hingegen waren die Stand-alone-Programme im Verhältnis 2:1 in der Überzahl (vgl. Siegmund 2007: 95–99; Abbildung 9).

Ketten und Kooperationen, die Stand-alone-Programme betreiben, wollen je zur
Hälfte diese Grundausrichtung beibehalten, während die andere Hälfte eine Aufnahme von Partnern plant. Dieser hohe Prozentsatz kann als Indiz dafür betrachtet
werden, dass zahlreiche Unternehmen unter dem Druck stehen, die Kosten ihrer
Kundenbindungsprogramme zu senken. Als Vorteile eines Stand-alone-Programms
werden genannt: Bewahrung der Eigenständigkeit und Flexibilität, bessere Kontroll-
möglichkeiten, Gewährleistung einheitlicher Standards, Wahrung der Vertraulichkeit.
Als Vorteile eines Partnerprogramms werden angeführt: Kostensenkung, Schaffung
von Synergien durch Cross-Selling-Möglichkeiten sowie ein höherer Kundennutzen
durch erweiterte Möglichkeiten der Bonifizierung und Prämieneinlösung.

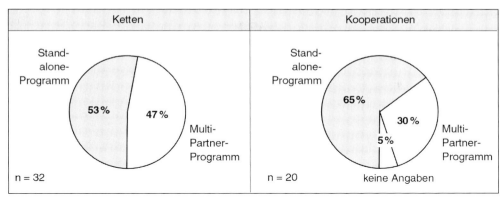

Abbildung 9: Verbreitung von Stand-alone- bzw. Multi-Partner-Programmen in der Hotellerie

Die attraktivsten Partner sind aus Sicht der Hotelketten mit weitem Abstand Autovermieter und Fluggesellschaften; aus Sicht der Kooperationen, ebenfalls mit weitem Abstand, andere Hotels und Fluggesellschaften (vgl. Steimle 2007:85; Abbildung 10). Die Auswahl geeigneter Partnersegmente und Partnerunternehmen muss sich insbesondere nach den Interessen der Zielgruppen des Kundenbindungsprogramms richten. Dass Kooperationshotels bevorzugt andere Hotels als Partner in Betracht ziehen, entspricht natürlich der inneren Logik von Kooperationen.

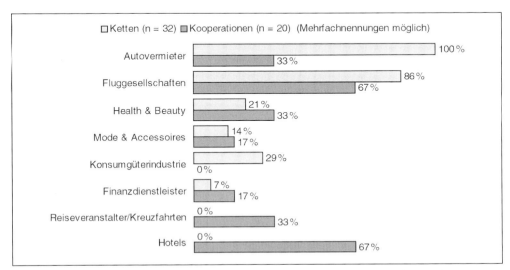

Abbildung 10: Bevorzugte Partnerunternehmen bzw. -branchen für Multi-Partner-Programme (Top-3-Nennungen) in der Hotellerie

2.9 Erfolgsfaktoren

Die abschließende Frage, welche Faktoren für ein erfolgreiches Kundenbindungs-management ausschlaggebend seien, beantworten Hotelketten und -kooperatio-nen durchaus unterschiedlich (vgl. Siegmund 2007:101 f.; Abbildung 11): Gerade-zu lehrbuchmäßig nennen die Ketten die „Integration von Kundenbindung in die strategischen Unternehmensziele" als wichtigsten Erfolgsfaktor. Kooperationsho-tels hingegen bevorzugen offenbar eine operativere Perspektive und messen der Integration der Kundenbindungsmaßnahmen in den gesamten Marketingmix ei-nen höheren Stellenwert bei. Einig ist man sich indes, dass die Orientierung an den Kundenbedürfnissen ein Schlüsselfaktor für den Erfolg von Kundenbindungs-programmen darstellt.

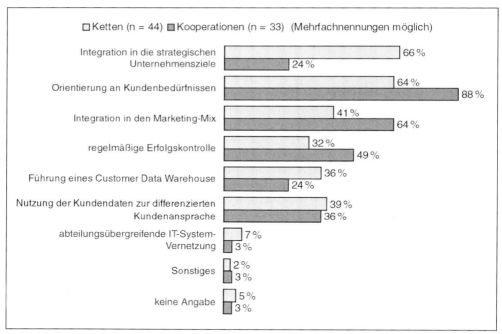

Abbildung 11: Erfolgsfaktoren für Kundenbindungsprogramme in der Hotellerie

Einer regelmäßigen Erfolgskontrolle jedoch messen die Kooperationen, beson-ders aber die Ketten, einen geradezu abenteuerlich geringen Stellenwert bei. Die-ser Sachverhalt offenbart eine elementare Unkenntnis grundlegender Zusammen-hänge der Unternehmensführung: Wie soll sich Erfolg einstellen, wenn man ihn nicht regelmäßig misst? Ständiges Controlling der Zielerreichung hätte vielmehr als ein Schlüssel-Erfolgsfaktor von Kundenbindungsprogrammen eingestuft werden müssen, gerade angesichts der hohen Kosten, die diese verursachen können.

Auch die Bedeutung der Informationstechnologie für das Kundenbindungsmanagement wird offenbar noch nicht hinreichend erkannt. Es ist höchst problematisch, dass nur etwas mehr als ein Drittel der Kettenhotels die Nutzung von Kundendaten zur gezielten und differenzierten Ansprache als Erfolgsfaktor betrachtet; denn in der Sammlung von Kundendaten besteht der eigentliche Zweck kartengestützter Kundenbindungsprogramme, wie Ketten sie bevorzugen: Die Erfassung und Auswertung der Kundendaten des Kaufverhaltens ermöglicht es, dem Kunden „maßgeschneiderte" Angebote zu unterbreiten, die ihm einen höheren Nutzen stiften, auf diese Weise Kundenbindung erzeugen und zugleich durch höhere Zahlungsbereitschaft die Kundenprofitabilität steigern. (Dass Kooperationen diesem Aspekt eine geringere Bedeutung beimessen als Ketten, ist zwar gleichfalls kritikwürdig, doch immerhin konsistent, weil Kooperationen überwiegend keine kartengestützten Kundenbindungsprogramme betreiben.)

3 Zusammenfassende Interpretation der Ergebnisse und Ausblick

Um die Frage der Wirtschaftlichkeit der untersuchten Kundenbindungsprogramme angemessen beurteilen zu können, reicht die bisher vorhandene Datengrundlage nicht aus, was auch auf die mangelnde Antwortbereitschaft vieler Unternehmen zurückzuführen ist. Hier zu einer umfassenderen Datenbasis zu gelangen, dürfte eine der großen Herausforderungen für zukünftige Forschungsaktivitäten darstellen. Die vorliegende Untersuchung hat jedoch zumindest einen deutlichen Mangel an Wirtschaftlichkeitsorientierung bei den teilnehmenden Unternehmen aufgezeigt (und insofern bleibt auch der Verdacht mangelnder Wirtschaftlichkeit bestehen). Dies beginnt schon mit den Zielen der Kundenbindungsprogramme, die mit Vorliebe qualitativ gefasst werden, statt die Steigerung der kumulierten Deckungsbeiträge der Teilnehmer in den Mittelpunkt zu stellen. Und es setzt sich fort bei der Erfolgsmessung, der grundsätzlich ein zu geringer Stellenwert beigemessen wird und für die man bevorzugt „weiche" Erfolgskriterien verwendet, während die „harten" finanziellen Kriterien wiederum auf den hinteren Plätzen landen.

Umsatz wird offenbar für wichtiger gehalten als Deckungsbeitrag, Auslastung für wichtiger als Gewinn. Weil aus dieser Perspektive jeder Kunde als guter Kunde gelten muss, mangelt es vielen Bonusprogrammen der Hotellerie an Fokussierung. Bei den Zielgruppen wäre unter Kostengesichtspunkten eine klarere Schwerpunktsetzung anzuraten; eine Bonifizierung von Geschäftskunden scheint grundsätzlich bedenklich, überlegenswert wäre hingegen eine stärkere Konzentration auf die Entscheider und Beeinflusser in den Unternehmen.

Kundenbindungsprogramme sollten nicht darauf zielen, alle Kunden unterschiedslos zu binden, sondern nur die wertvollen. Kundenbindung ist schließlich kein Selbstzweck. Die Hotellerie setzt zwar Kundenwertanalysen ein, und der Studie von Krafft et al. zufolge sogar intensiverer als andere Branchen; nichtsdestotrotz hat die vorliegende Untersuchung diesbezüglich Optimierungspotenziale aufgezeigt, vor allem in Bezug auf die Analyse des gesamten Kundenlebenszyklusses. Unter Wirtschaftlichkeitsaspekten wäre es beispielsweise sinnvoll, den Zugang zu den Leistungen von Bonusprogrammen stärker nach dem Kundenwert zu regulieren und bestimmten Kundenwertstufen bestimmte Leistungen exklusiv zuzuordnen. Heute jedoch gilt für die meisten Kundenbindungsprogramme der Hotellerie: „Aussortieren ist gerade nicht das Ziel" (Rumpf 2004), und so folgen viele Kundenbindungsprogramme dem unwirtschaftlichen Grundsatz „Rabatt für alle!"

Am deutlichsten zeigt sich die mangelnde Wirtschaftlichkeitsorientierung in der weitverbreiteten Unkenntnis der Kosten der eigenen Bonusprogramme; ein entsprechender Befund von Krafft et al. (2002) konnte durch die vorliegende Untersuchung tendenziell bestätigt werden. Zudem ist festzustellen, dass die Hotellerie die Kosten ihrer Bonusprogramme systematisch zu niedrig einschätzt; die Erlösschmälerungen durch Boni gelten kaum als Kosten des Bonusprogramms, obwohl sie durch dieses verursacht sind. Erlösschmälerungen wären natürlich gegen Mehrerlöse aus dem Bonusprogramm aufzurechnen, wobei nicht verhehlt werden soll, dass hier ein Zurechnungsproblem besteht, auf dessen Lösung die Forschung künftig mehr Aufmerksamkeit verwenden sollte.

Um die Frage nach der Wirtschaftlichkeit von Kundenbindungsprogrammen in der Hotellerie abschließend beantworten zu können, bedarf es ganz allgemein einer eingehenderen Analyse des Nutzens dieser Programme, um diesen den Kosten gegenüberstellen zu können (die angesprochenen Mehrerlöse sind natürlich nur ein Teil dieses Nutzens). Yi und Jeon ist uneingeschränkt zuzustimmen, wenn sie (ohne spezifischen Bezug auf die Hotellerie) feststellen: „Little empirical research has investigated whether the loyalty program is indeed perceived as valuable to the customer" (Yi/Jeon 2003:229). Die vorliegende Studie wie auch vorangehende Untersuchungen zum selben Thema haben fast ausschließlich die Unternehmensseite im Blick gehabt; künftige Forschungsaktivitäten sollten sich zusätzlich auf den Kunden und den von ihm wahrgenommenen Nutzen von Kundenbindungsprogrammen richten.

Literatur

Accor Hotels (2008): Unsere Clubkarten. Abruf von http://www.accorhotels.com/de/loyalty-program/index.shtml vom 14. Januar 2008

Backhaus, J. (2007): Best Practice des Kundenbeziehungsmanagements (CRM) im Handel und in der Konsumgüterindustrie: Eine empirische Untersuchung zu CRM und Kundenbindungsprogrammen. Diplomarbeit, eingereicht bei Prof. Dr. H. Rück, Professur für Marketing und ABWL, Fachbereich Touristik/Verkehrswesen, Fachhochschule Worms, Wintersemester 2006/07.

Baumgärtel, J. (2007): Best Practice des Kundenbeziehungsmanagements (CRM) bei Airlines. Diplomarbeit, eingereicht bei Prof. Dr. R. Conrady, Professur für Betriebswirtschaftslehre der touristischen Leistungsträger, Fachbereich Touristik/Verkehrswesen, Fachhochschule Worms, Wintersemester 2006/07.

Cornelsen, J. (2000): Kundenwertanalysen im Beziehungsmarketing: Theoretische Grundlegungen und Ergebnisse einer empirischen Studie im Automobilbereich. Diss., Schriften zum innovativen Marketing, Bd. 3, Nürnberg.

Diller, H./Müllner, M. (1998): Kundenbindungsmanagement. In: Meyer, A. (Hrsg.): Handbuch Dienstleistungs-Marketing, Bd. 2, Stuttgart, S. 1219–1240.

Hilton International (2008): Hilton HHonors. Abruf von http://www.hilton.de/AboutHHonors vom 14. Januar 2008.

Homburg, C./Bruhn, M. (2003): Kundenbindungsmanagement – Eine Einführung in die theoretischen und praktischen Problemstellungen. In: Bruhn, M./Homburg, C. (Hrsg.): Handbuch Kundenbindungsmanagement: Strategien und Instrumente für ein erfolgreiches CRM. 4., überarb. u. erw. Aufl., Wiesbaden, S. 3–37.

Hyatt Hotels & Resorts (2008): Hyatt Gold Passport. Abruf von http://goldpassport. hyatt.com und http://www.hyatt.com/gp/en/benefits/membership.jsp vom 14. Januar 2008.

Klingsporn, B. (2005): Kundenkarten machen noch keine Kundenbindung. Absatzwirtschaft, Nr. 8, S. 100–102.

Krafft, M./Hoyer, W. D./Reinartz, W. J./Müller, H. D. (2002): Einsatz von Customer Relationship Management (CRM)-Systemen – Eine internationale Studie. WHU/McCombs School of Business/INSEAD, Vallendar.

Krafft, M./Reinartz, W. J./Müller, H. D. (2002): Die Kundenbewertung ist der Schlüssel für ein erfolgreiches CRM-System in der Hotellerie. Westfälische Wilhelms-Universität Münster, Institut für Marketing. Abruf von http://www.competence-site.de/crm.nsf/81F8E568CC58F764C1256DEC0032CAA7/$File/crm_hotellerie.pdf vom 1. Januar 2008.

Müller, H. D. (2004): Einsatz von Customer Relationship Management-Systemen: Bestimmungsgrößen, Ausprägungen und Erfolgsfaktoren. Diss., Wiesbaden.

Müller, S. (2006): Bonusprogramme als Instrumente des Beziehungsmarketing: Eine theoretische und empirische Analyse. Diss., Nürnberg.

Nöcker, R. (2002): Unternehmen nur mäßig zufrieden mit CRM-Maßnahmen. Frankfurter Allgemeine Zeitung, 25. Februar, Nr. 47, S. 25.

Ploss, D./Kopatz, A./Waskönig, A./Wassel, P. (2002): Kundenbindung im Hotelgewerbe. Studie, Loyalty Management + Communications GmbH, Hamburg.

Prellberg, M./Rück, H. (2002): Rabatt ohne Kaufanreiz. Financial Times Deutschland, 9. Oktober, S. 34.

Rück, H. (2005): Kundenwertmanagement – Den richtigen Kunden das richtige Angebot machen. In: Schwarz, T. (Hrsg.): Leitfaden Permission Marketing. Waghäusel, S. 81–128.

Rumpf, F. (2004): Das bittersüße Lied der Treue. Frankfurter Allgemeine Zeitung, 2. September, Nr. 204, S. R 2.

Siegmund, A. (2007): Status quo des Kundenbindungsmanagements in der Hotellerie: Europaweite Online-Befragung von Hotelkonzernen. Diplomarbeit, eingereicht bei Prof. Dr. H. Rück, Professur für Marketing und ABWL, Fachbereich Touristik/Verkehrswesen, Fachhochschule Worms, Wintersemester 2006/07.

Simon, H./Bilstein, F./Luby, F. (2006): Der gewinnorientierte Manager: Abschied vom Marktanteilsdenken. Frankfurt am Main.

Steimle, C. (2007): Kundenloyalitätsmanagement (CRM) in der Hotellerie: Ideal-konzeption und derzeitige Praxis von Kundenloyalitätsmanagement in der Hotellerie basierend auf den Ergebnissen einer branchenübergreifenden Studie der Fachhochschule Worms. Diplomarbeit, eingereicht bei Prof. Dr. H. Rück, Professur für Marketing und ABWL, Fachbereich Touristik/Verkehrswesen, Fachhochschule Worms, Wintersemester 2006/07.

Wassel, P. (2002 a): Kundenbindung im Hotelgewerbe: Kundenkarten und mehr. Abruf von http://themanagement.de/Marketing/kundenbindung.html vom 4. August 2005.

Wassel, P. (2002 b): Kundenbindung im Hotelgewerbe. Vortrag, Internationale Hotel & Gastro, Berlin.

Yi, Y./Jeon, H. (2003): Effects of Loyalty Programs on Value Perception, Program Loyalty, and Brand Loyalty. Journal of the Academy of Marketing Science, 31. Jg., Nr. 3, S. 229–240.

Ansätze zur Kundenwertanalyse in der Hotelindustrie

Sandra Gloede und Jürgen Schneider

1 Einleitung

„Marketing is the management process that seeks to maximise returns to share-holders by developing relationships with valued customers and creating a competitive advantage."[1]

Diese Definition der Marketingfunktion von Doyle umfasst zwei wesentliche Entwicklungen des Marketings: Zum einen steht die Marketingfunktion zunehmend unter dem übergeordneten Ziel der Maximierung des Shareholder Value, sodass das Marketing-Management den Anteilseignern eines Unternehmens verstärkt rechenschaftspflichtig ist.[2] Dies ist verbunden mit der Forderung nach einer besseren Messbarkeit der Marketingprofitabilität. Zum anderen setzt sich in Theorie und Praxis ein Betrachtungswechsel hin zum Kunden als Vermögenswert durch.[3] So stehen nicht länger Produkte als Erlös- und Kostenträger im Mittelpunkt der Betrachtung, sondern Kundenbeziehungen im Sinne einer Investition, für die zunächst Auszahlungen getätigt werden müssen, bevor Einzahlungen generiert werden können.[4] Man spricht insofern auch von einer kundenzentrierten, im Gegensatz zu einer produktzentrierten Sichtweise.[5]

Dies resultiert in neuen Betätigungsfeldern wie zum Beispiel dem „Relationship Marketing" oder dem „Relationship Management". Die Kundenorientierung dient als der Gradmesser für jedes moderne Unternehmen.[6] *„There is only one valid definition of business purpose: to create a satisfied customer."*[7] Die Unternehmen haben begonnen, ihre Beziehungen zu den Kunden zu optimieren, um auf diese Weise zusätzlichen Wert für die Kunden zu schaffen. Kundenspezifische Produkte und Dienstleistungen werden als Erfolgsfaktor Nummer 1 betrachtet.[8]

---

1 Vgl. Doyle, 2000, S. 300.
2 Vgl. Doyle, 2000, S. 300; vgl. Hogan et al., 2002, S. 4 f.
3 Vgl. Jain/Singh, 2002, S. 35.
4 Vgl. Schirmeister/Kreuz, 2006, S. 313.
5 Vgl. Bruhn & Homburg, 2005, S. 5; Karadag & Kim, 2006, S. 157; Gummesson, 1997, in Bruhn & Homburg, 2005, S. 5.
6 Vgl. Meyer & Ertl, 1998.
7 Vgl. Drucker, 1954, S. 37. Diese Aussagen basieren auf der Annahme, dass zufriedene Kunden loyale Kunden sind und loyale Kunden profitable Kunden. Neuere empirische Studien zeigen, dass der Zusammenhang zwischen Loyalität und Profitabilität sehr viel schwächer ausgeprägt ist, als angenommen. Kundenzufriedenheit und Profitabilität müssen nicht Hand in Hand gehen. Zusätzliche Serviceleistungen zur Steigerung der Kundenzufriedenheit können so teuer sein, dass Kunden nicht mehr gewinnbringend bedient werden können.
8 Vgl. Michalski, 2002, S. 4.

Im Ergebnis impliziert dies Veränderungen bei den Entscheidungsprozessen im Marketing, bei der Bewertung von Marketing-Entscheidungen und bei der Erfolgs-messung im Marketing. Deshalb konzentriert sich die Marketingforschung ver-stärkt auf die Fragestellung, in welcher Form der Wert von Kundenbeziehungen gemessen und optimiert werden kann.[9] Angesichts des allgemein angenommenen Zusammenhangs zwischen Kunden- und Unternehmenswert gewinnt diese Frage-stellung zusätzlich an Bedeutung.[10]

Allerdings handelt es sich beim Kundenwert um ein komplexes Konstrukt, das In-terpretationsspielräume bietet und sämtliche Wertbeiträge des Kunden in seinen unterschiedlichen Funktionen integriert.[11] Infolge der Ermangelung einer einheit-lichen Definition, der Vielschichtigkeit des Konstrukts und der Schwierigkeit der Operationalisierung existiert heute eine Vielzahl unterschiedlicher Kundenbewer-tungsverfahren.

In dem vorliegenden Beitrag werden die wesentlichen Verfahren der Kundenwert-messung vorgestellt und vor dem Hintergrund der Besonderheiten der Hotelindust-rie einer kritischen Würdigung unterzogen. Dazu werden im Folgenden zunächst die Besonderheiten der Hotelindustrie und das Konstrukt des Kundenwerts einzeln dargestellt, um dann die generelle Eignung verschiedener Messverfahren zur Er-mittlung des Kundenwerts zu prüfen.

2   Besonderheiten der Hotelindustrie

2.1 Definition der Hotelleistung

Die Suche nach einer klaren Definition für Hotelleistungen in der Literatur gestal-tet sich schwierig. Zu groß ist die Vielfalt der Leistungen, die unter dem Oberbe-griff „Hotel" angeboten werden.[12] Eine mögliche Definition beschreibt das Hotel als *„an establishment providing for reward accommodation, food and drink for travellers and temporary residents, and usually also meals and refreshments and sometimes other facilities for other users."*[13]

---

9 Vgl. Rudolf-Sipötz/Tomczak, 2001, S. 1.
10 Vgl. Gupta/Lehmann/Stuart, 2004, S. 8; vgl. Hogan et al., 2002, S. 27.
11 Vgl. Helm/Günter, 2006, S. 7.
12 Vgl. Gardini, 2004, S. 28.
13 Vgl. Medlik & Ingram, 2000, S. 4.

Der vorwiegende Zweck von Hotels ist es demnach, Beherbergungsleistungen für Menschen anzubieten, die nicht zu Hause sind. Ergänzt wird diese Leistung um Verpflegungsangebote und anderweitige, nicht näher benannte Leistungen.

Eine weitere Definition unterstreicht die Komplexität der Hoteldienstleistung und bezeichnet sie *„als personenbezogene, kundenpräsenzbedingte Dienstleistungs- betriebe, die durch den Einsatz materieller und immaterieller interner Faktoren, direkte Leistungen an Dritte abgeben, wobei diese als externe Faktoren in den Leistungserstellungsprozess zu integrieren sind"*.[14]

Die direkte Involvierung des Kunden in den Leistungserstellungsprozess gibt ihm dabei eine besondere Rolle.

Diese Arbeit bietet nicht den Raum, um diese Diskussion fortzuführen. Festzuhal- ten ist, dass es sich bei der Hotelleitung nach allgemeiner Meinung um eine Dienstleistung handelt, was umfangreiche Implikationen für die weitere Betrach- tung hat[15]. Zudem besteht die Dienstleistung eines Hotels selten nur aus der rei- nen Beherbergungsleistung, vielmehr wird diese ergänzt durch eine Fülle von er- gänzenden Dienstleistungen, die nur schwer zu systematisieren sind.[16]

2.2 Die Hotelleistung als Dienstleistung

Die Erbringung von Dienstleistungen zeichnet sich im Vergleich zur Produktion von Sachleistungen durch einige Besonderheiten aus, die für die vorliegende Ana- lyse von großer Wichtigkeit sind, weil diese Besonderheiten unmittelbar Einfluss nehmen auf das Verhältnis zwischen dem Dienstleistungsunternehmen und dem Kunden.[17]

---

14 Vgl. Barth & Theis, 1998, S. 15 ff.
15 Vgl. Lovelock & Wright, 2001, S. 9.
16 Vgl. Zeithaml et al., 2006, S. 99; Lovelock & Wright 2001, S. 29. Einen Ansatz zur Beschreibung und Systematisie- rung findet sich bei Poggendorf, 1991, S. 98 und bei Gardini, 2004, S. 42.
17 Vgl. zu den Besonderheiten der Dienstleistungsproduktion vor allem: Rosada, 1990, S. 17 ff. Dort findet sich eine ausführliche Diskussion der Ansätze. Zur Diskussion der Dienstleistungsbesonderheiten vgl. Mengen, 1993, S. 10 ff.

Die wesentlichen Besonderheiten der Dienstleistungsproduktion lassen sich wie folgt zusammenfassen:

- **Untrennbarkeit von Produktion und Konsum**

  In der Dienstleistungsproduktion sind Produktion und Konsum unmittelbar miteinander verbunden. Ein Dienstleistungsunternehmen kann seine Leistung erst dann produzieren, wenn ein extener Faktor in den Leistungserstellungsprozess integriert ist. Bei diesem externen Faktor handelt es sich nicht selten um den Kunden selbst.[18] Ein Hotel kann die Beherbergungsleistung erst dann produzieren, wenn der Kunde im Hotel ist. Eine Airline kann die Beförderungsleistung erst dann produzieren, wenn der Passagier an Bord ist.[19] Die Involvierung des Kunden in den Produktionsprozess ist eine wichtige Voraussetzung für die Produktion einer Dienstleistung und stellt gleichzeitig besondere Anforderungen an den Umfang mit dem Kunden.[20]

- **Variabilität oder Individualität der Leistung**

  Die Qualität einer Dienstleistung wird nicht selten durch die involvierten Mitarbeiter des Unternehmens und durch die individuelle Wahrnehmung des jeweiligen Kunden geprägt. Individuelle Präferenzstrukturen spielen eine entscheidende Rolle für die Qualitätswahrnehmung und damit für die Kundenzufriedenheit. Oft ist die erfahrene Qualität allein abhängig von einem bestimmten Servicemitarbeiter oder von Umwelteinflüssen wie z. B. den Wetterverhältnissen während eines Flugs.[21] Insofern ist die Produktion einer gleichbleibenden und von allen Kunden gleich eingeschätzten Qualität für Dienstleistungsunternehmen in der Regel außerordentlich schwierig.

- **Immaterialität der Leistung**

  Eine Dienstleistung ist immateriell, im Gegensatz zu einer Sachleistung kann sie nicht angefasst werden. Dementsprechend kann sie auch nicht im Vorfeld der Kaufentscheidung begutachtet werden. Zwar beinhalten Dienstleistungen oft materielle Elemente, wie zum Beispiel das Hotelgebäude oder die Hotelzimmer, aber die eigentliche Dienstleistung, nämlich die Übernachtung in dem Gebäude, ist immateriell.[22]

---

18 Vgl. Mengen, 1993, S. 10 ff. Nicht immer ist der externe Faktor ein Kunde. Es kann auch eine Information oder ein Recht sein.
19 Vgl. Zeithaml et al., 2006, S. 396.
20 Vgl. Walker, 2006, S. 8; Henselek, 1999, S. 5.
21 Vgl. Lovelock & Wright, 2001, S. 11.
22 Vgl. Baker & Huyton, 2001, S. 19; Gardini, 2004, S. 17. Zu den aus der Immaterialität entstehenden Unsicherheiten beim Dienstleistungskauf vgl. Mengen, 1993, S. 13 ff. und die dort angegebene Literatur.

- **Nicht-Lagerbarkeit der Dienstleistung**
  Eine Dienstleistung kann aufgrund ihrer Immaterialität auch nicht gelagert werden. Ist eine Nacht und damit ein theoretisches Produktionsereignis vorbei, können die in dieser Nacht nicht verkauften Kapazitäten nie wieder verkauft werden. Eine Lagerung der Kapazität und ein Verkauf zu einem späteren Zeitpunkt sind nicht möglich.

Die genannten Besonderheiten und vor allem die besondere Rolle, die dem Kunden im Rahmen der Dienstleistungsproduktion zukommt, erklären, warum die Beschäftigung mit dem Kunden und seinen Bedürfnissen speziell im Dienstleistungsmarketing so wichtig ist.[23]

Hinzu kommt, dass die Produktion von Dienstleistungen sehr häufig durch hohe fixe Kosten und nur verhältnismäßig geringe variable Kosten gekennzeichnet ist. Mit anderen Worten, die Kosten entstehen bei der Produktion von Dienstleistungen vor allem durch die Vorhaltung von Produktionskapazitäten. Im Airlinebereich zum Beispiel durch die Bereitstellung von Flugmaterial, den Kauf der Start- und Landerechte und weiterer Dienstleistungen, die die Produktion der eigentlichen Transportleistung überhaupt erst ermöglichen. Ähnlich verhält es sich in der Hotelindustrie. Die Vorhaltung der Gebäude, aller Einrichtungen im Gebäude und die Bereitstellung von Servicepersonal verursachen hohe fixe Kosten. Die Involvierung eines Kunden und die durch ihn verursachten variablen Kosten bei der Leistungserbringung sind vergleichsweise gering.

Die Besonderheiten auf der Kostenseite spielen für die Vermarktung von Dienstleistungen eine besondere Rolle. Die geringen variablen Kosten führen zu einer kapazitätsorientierten Angebotspolitik, bei der das Preisniveau nicht selten bis auf die variablen Kosten sinkt.

---

23 Vgl. Zeithaml et al., 2006, S. 389.

3 Der Kundenwertbegriff

3.1 Definition des Kundenwertbegriffs

Der Kundenwertbegriff ist zumindest zweideutig, er wird in der marketingtheoretischen Literatur zum einen aus Kundenperspektive, zum anderen aus Anbieterperspektive verwendet.[24] Wie bereits aus der Problemstellung hervorgeht, konzentriert sich diese Arbeit auf letztere Perspektive und betrachtet den Wert des Kunden für ein Unternehmen, d.h. allgemein den „vom Anbieter wahrgenommene[n], bewertete[n] Beitrag eines Kunden [...] zur Erreichung der monetären und nicht-monetären Ziele des Anbieters".[25]

3.2 Dimensionen des Kundenwerts

In der Literatur besteht aktuell keine abschließende Klarheit bezüglich des Kundenwertbegriffs.[26] Dies liegt insbesondere daran, dass der Kundenwert vielfach als ein vielschichtiges Konstrukt mit quantitativen und qualitativen Dimensionen betrachtet wird. Diese Auffassung wird insbesondere im deutschsprachigen Raum vertreten.[27]

Im englischsprachigen Raum reduziert sich die Kundenbewertung häufig auf den rein monetären Kundenwert oder den „Kundenwert im engeren Sinne".[28] Hierbei kann es sich um Umsatz-, Deckungsbeitrags- oder Gewinngrößen handeln.[29]

Der Vorteil monetärer Größen zur Bestimmung des Kundenwerts liegt unzweifelhaft darin, dass sich ihre Analyse als vergleichsweise einfach und eindeutig darstellt, weshalb sie auch bevorzugt zur Fundierung unternehmerischer Entscheidungen herangezogen werden.[30]

---

24 Vgl. u.a. Berger et al., 2002, S. 40; vgl. auch Eggert, 2006, S. 41 ff. für eine umfassende Darstellung beider Perspektiven.
25 Vgl. Helm/Günter, 2006, S. 7.
26 Vgl. Rudolf-Sipötz/Tomczak, 2001, S. 13.
27 Vgl. Rudolf-Sipötz/Tomczak, 2001, S. 12.
28 Vgl. Günter, 2006, S. 247.
29 Vgl. Cornelsen, 2000, S. 172.
30 Vgl. Günter, 2006, S. 244.

Ein Nachteil der häufig verwendeten monetären Größen aus der Rechnungslegung ist, dass diese Informationen nur vergangenheitsbezogen vorliegen und somit nichts über den zukünftigen Wert einer Kundenbeziehung aussagen können. Um ein vollständiges Bild über den Kundenwert zu erreichen, sind die vergangenheitsbezogenen Informationen um zukunftsbezogene zu ergänzen. Dies macht Prognosen notwendig, die die Qualität der Aussagen erheblich einschränken können.

Grundsätzlich stellt die mangelnde Objektivierbarkeit der nicht-monetären Kundenwertdimensionen ein Problem dar, nichtsdestotrotz vertreten viele Autoren die Auffassung, dass qualitative Wertdimensionen in die Analyse des Werts von Kundenbeziehungen mit einbezogen werden müssen.[31] Die qualitativen Wertdimensionen werden in der Literatur auf unterschiedliche Weise kategorisiert. Rudolf-Sipötz und Tomczak (2001) beispielsweise fassen die qualitativen bzw. indirekten Determinanten des Kundenwerts unter dem Begriff Ressourcenpotenzial zusammen.[32] Dieses besteht aus dem Referenz-, Informations-, Kooperations- und Synergiepotenzial eines Kunden. Hinzu kommt das Cross-Selling-Potenzial eines Kunden, das aufgrund der Komplexität der Schätzung seiner Cashflow-Wirkungen häufig als qualitative Kundenwertdimension aufgefasst wird.[33]

Unter dem Referenzpotenzial wird die Anzahl potenzieller Kunden verstanden, die ein Kunde aufgrund seines Weiterempfehlungsverhaltens und Einflussvermögens erreichen kann; es geht um die interpersonelle Kommunikation im Marketing.[34] *„Interpersonal influence in purchase has been acknowledged as critically important in consumer decision making and choice."*[35]

Die Masse an Marketinginformationen und die zunehmende Homogenität von Leistungen führen dazu, dass die Kunden zunehmend auf interpersonelle Kommunikation zurückgreifen und den so erhaltenen Informationen eine hohe Bedeutung beimessen.[36]

---

31 Vgl. Rudolf-Sipötz/Tomczak, 2001, S. 11 f.; vgl. Günter, 2006, S. 249.
32 Vgl. Rudolf-Sipötz/Tomczak, 2001, S. 30 ff.
33 Das Cross-Selling-Potenzial ist eigentlich per se keine qualitative, d.h. indirekte Kundenwertdimension. Durch Cross- bzw. Up-Selling entstehen dem Unternehmen direkte Cashflows aus der Geschäftsbeziehung mit dem Kunden. Anders verhält sich dies z.B. mit dem Referenzpotenzial. Hier entstehen indirekte Cashflow-Wirkungen, wenn durch das Weiterempfehlungsverhalten zusätzliche Kunden gewonnen bzw. abgeschreckt werden.
34 Vgl. Rudolf-Sipötz, 2001, S. 108.
35 Vgl. Katz & Lazarsfeld, 1955, in Lee et al., 2006, S. 30.
36 Vgl. Friederichs-Schmidt, 2006, S. 119; Helm, 2000, S. 4; Rudolf-Sipötz, 2001, S. 110; McKenna, 1991, S. 89.

Das Informationspotenzial bezieht sich auf sämtliche Informationen, die das Unternehmen im Laufe einer Kundenbeziehung durch den Kunden erhält und die z. B. zur Produkt- oder Marktentwicklung genutzt werden können.[37]

Das Kooperationspotenzial umfasst sämtliche Synergien und Wertsteigerungspotenziale, die im Rahmen einer engen Zusammenarbeit von Kunde und Unternehmen oder auch durch teilweise Integration der Wertschöpfungsketten realisiert werden können.

Das Synergiepotenzial beschreibt alle Verbundwirkungen innerhalb des gesamten Kundenstamms eines Unternehmens (z. B. Economies of Scale and Scope). Günther (2006) nennt außerdem den Ausstrahlungswert eines Vorzeigekunden sowie die psychischen Wirkungen, die beim Anbieterunternehmen und seinen Mitarbeitern durch das Verhalten des Kunden entstehen.[38] Dabei wird unter anderem unterstellt, dass die Aufmerksamkeit, die ein Kunde den Mitarbeitern eines Unternehmens entgegenbringt, einen bedeutenden Motivationseffekt besitzt.[39]

Das Cross-Selling-Potenzial beschreibt, wie stark ein Kunde motiviert werden kann, andere Leistungen des Anbieters zu erwerben.[40] Cornelsen definiert Cross Selling als ein dynamisches Verkaufskonzept, welches im Rahmen einer existierenden Kundenbeziehung genutzt wird, um weitere bzw. zusätzliche Produkte und Dienstleistungen des Anbieters an den Kunden zu verkaufen.[41] Auf diese Weise wird das Umsatzvolumen, das ein Unternehmen mit dem betreffenden Kunden generiert, vergrößert.[42]

Monetäre Effekte des Cross Selling sind zusätzliche Umsätze, zusätzliche Kosten und zusätzliche Profits.[43] Der Effekt auf die Profitabilität muss dabei genau beobachtet werden, denn durch den höheren Umsatz, den ein Kunde insgesamt mit einem Anbieter tätigt, wächst auch seine Verhandlungsmacht. Dies könnte unter Umständen dazu führen, dass der Kunde beim nächsten Kauf versucht, niedrigere Preise zu verhandeln.[44]

---

37 Vgl. Rudolf-Sipötz & Tomczak, 2001, S. 34.
38 Vgl. Günter, 2006, S. 249.
39 Vgl. Günter, 2006, S. 256.
40 Vgl. Cornelsen, 2000, S. 172.
41 Vgl. Cornelsen. 2000, S. 178.
42 Vgl. Rudolf-Sipötz & Tomczak, 2001, S. 23.
43 Vgl. Cornelsen, 2000, S. 179.
44 Vgl. Cornelsen, 2000, S. 179.

4 Verfahren zur Ermittlung des Kundenwerts

4.1 Überblick über Kundenbewertungsmodelle

Für Unternehmen ist es unter ökonomischen Gesichtspunkten sinnvoll, ihre knappen Ressourcen in diejenigen Kundenbeziehungen zu investieren, die potenziell den größten Beitrag zum Unternehmenserfolg leisten. Zur Identifikation dieser wertvollen Kunden sind in Theorie und Praxis zahlreiche Kundenbewertungsverfahren und Varianten entwickelt worden. Die wesentlichen dieser Verfahren werden im Folgenden beschrieben.

In der Literatur existiert keine einheitliche Systematisierung bestehender Kundenwertmodelle.[45] Eine solche Systematisierung hängt u. a. von der Definition des Kundenwertkonstrukts ab und fällt deshalb je nach Begriffsbestimmung sehr unterschiedlich aus. Viele Autoren teilen die unterschiedlichen Verfahren nach Art und Anzahl der einfließenden Dimensionen bzw. Komponenten ein. Andere klassifizieren die Modelle in Abhängigkeit der Bezugseinheit (kundenindividuell oder kumuliert), wieder andere beziehen sich auf den zeitlichen Bezug der Kundenbewertung.

Im Rahmen dieser Arbeit werden die Kundenbewertungsmodelle anhand von drei Kriterien klassifiziert. In einem ersten Schritt werden die Verfahren nach ihrem zeitlichen Bezug typisiert und in Anlehnung an Homburg und Schnurr (1999) in periodenbezogene, periodenunabhängige sowie periodenübergreifende Ansätze unterteilt.[46] Des Weiteren erfolgt eine Typisierung nach Anzahl und Art der einfließenden Kundenwert-Dimensionen.

Periodenbezogene Ansätze legen den gleichen Betrachtungshorizont wie das Rechnungswesen zugrunde und zerschneiden eine Kundenbeziehung in einzelne Perioden, die voneinander losgelöst betrachtet werden. Es handelt sich um Rentabilitätsanalysen bzw. Kundendeckungsbeitragsrechnungen.

Gebräuchliche periodenunabhängige Bewertungsverfahren sind die ABC-Analyse, Scoringmodelle sowie Portfolioanalysen. Periodenunabhängige Verfahren lö-

---

45 Vgl. Krafft, 2002, S. 56; vgl. Rudolf-Sipötz, 2001, S. 31.
46 Vgl. Homburg/Schnurr, 1999, S. 7 ff.

sen sich formal von der zeitlichen Restriktion, indem die Beschränkung auf eine spezifische Rechnungslegungsperiode aufgehoben ist, erheben aber nicht den Anspruch, den gesamten Zeitraum einer Kundenbeziehung abzubilden.

Periodenübergreifende Verfahren verfolgen demgegenüber das Ziel, die gesamte Zeit der Kundenbeziehung in die Bestimmung des Kundenwerts einfließen zu lassen. Dabei geht es vor allem darum, auch in der Zukunft liegende Potenziale eines Kunden monetär zu erfassen und in die Bewertung aufzunehmen. Als Verfahren hat sich die Ermittlung des sogenannten Customer Lifetime Values (CLV) durchgesetzt. Dabei wird auch die zeitliche Struktur von Zahlungen berücksichtigt, sodass häufig von einer dynamischen Bewertung gesprochen wird.

In einem zweiten Schritt wird nach der Anzahl und der Art der in die Bewertung einfließenden Kundenwert-Dimensionen differenziert.[47] Rentabilitätsanalyse und ABC-Analyse sind eindimensionale Verfahren, die grundsätzlich nur eine monetäre Komponente des Kundenwerts berücksichtigen. Demgegenüber handelt es sich bei Scoringmodellen und Portfolioanalysen um mehrdimensionale Verfahren, die unterschiedliche monetäre und nicht-monetäre Komponenten des Kundenwerts integrieren können. Der Customer Lifetime Value ist eine hybride Kundenwertgröße, die sich konzeptionell zur Quantifizierung qualitativer Wertdimensionen eignet. Aufgrund der Schwierigkeiten, die hierbei jedoch zwangsläufig auftreten, berücksichtigen bekannte Customer-Lifetime-Value-Modelle häufig nur Cashflows aus der Kundenbeziehung, die sich direkt aus dem Verkauf von Produkten und Dienstleistungen ergeben. Wenn qualitativen Wertbeiträgen des Kunden eine besondere Bedeutung zugemessen wird, eignen sich mehrdimensionale Verfahren naturgemäß besser, um den Kundenwert im weitesten Sinne realistisch abzubilden.[48]

Die vorgeschlagene Typisierung nach Periodenbezug sowie nach Art und Anzahl der einbezogenen Dimensionen dient als Gliederungssystematik für die weiteren Ausführungen.

---

47 In Anlehnung an Helm/Günter, 2006, S. 8.
48 Vgl. Rudolf-Sipötz, 2001, S. 32.

Tabelle 1: Systematisierung der vorgestellten Kundenbewertungsmodelle

	Periodenbezug	Anzahl der Dimensionen	Art der Dimensionen
Rentabilitäts-analysen	perioden-bezogen	eindimensional	monetär
ABC-Analysen	perioden-unabhängig	eindimensional	monetär
Scoringmodelle	perioden-unabhängig	mehrdimensional	monetär/ nicht-monetär
Portfolioanalysen	perioden-unabhängig	mehrdimensional	monetär/ nicht-monetär
CLV	perioden-übergreifend	eindimensional/ mehrdimensional	monetär/ monetarisiert

4.2 Periodenbezogene Kundenbewertungsmodelle: Rentabilitätsanalysen

Bei kundenbezogenen Rentabilitätsanalysen handelt es sich in der Regel um Kundendeckungsbeitragsrechnungen.[49] Diese zählen zu den eindimensionalen monetären Verfahren.

Das Grundprinzip der Kundendeckungsbeitragsrechnung besteht in der Gegenüberstellung aller Erlöse und Kosten, die in der Betrachtungsperiode anfallen und dem Kunden zugerechnet werden können.[50] Einzelkosten können direkt verrechnet werden, Gemeinkosten werden über bestimmte Schlüssel auf die Bezugsobjekte (Kunden) verteilt. Dies geschieht traditionell mithilfe der (elektiven) Zuschlagskalkulation, d.h. über prozentuale Aufschläge auf die Einzelkosten. Eine solche Zurechnung ist mitunter willkürlich und nicht beanspruchungsgerecht, weshalb der Informationsgehalt derartig ermittelter Kundendeckungsbeiträge unter Umständen begrenzt ist.[51] Eine annähernd beanspruchungsgerechte Verrechnung von Gemeinkosten wird durch eine kundenbezogene Prozesskostenrechnung erreicht, bei der Kosten auf der Basis verursachter Prozesse den Kostenträgern zugerechnet werden.[52]

---

49 Vgl. Rudolf-Sipötz, 2001, S. 33.
50 Vgl. Homburg/Schnurr, 1999, S. 7 f., Cornelsen, 2000, S. 98, Plinke, 1989, S. 305 f.
51 Vgl. Homburg/Schnurr, 1999, S. 10.
52 Vgl. Rudolf-Sipötz, 2001, S. 35; vgl. Krafft, 2002, S. 58, Krakhmal & Harris, 2006, S. 3.

Die für eine Kundendeckungsbeitragsrechnung notwendigen Informationen werden durch das interne Rechnungswesen bereitgestellt, vorausgesetzt, dass Kunden eindeutig identifizierbar sind.[53] Der Vorteil von Rentabilitätsanalysen liegt in der Schaffung von Transparenz bezüglich periodenbezogener Kundendeckungsbeiträge, allerdings muss einschränkend darauf hingewiesen werden, dass Kunden zum Beispiel am Anfang ihres Lebenszyklusses negative Deckungsbeiträge aufweisen, in späteren Perioden jedoch sehr rentabel sein können und umgekehrt. Das heißt, dass die ermittelten Ist-Rentabilitäten nur bedingt Aussagen über den zukünftig zu erwartenden Kundenwert zulassen.[54]

4.3 Periodenunabhängige Kundenbewertungsmodelle

ABC-Analysen

ABC-Analysen stellen ein periodenunabhängiges, eindimensionales (monetäres) Instrument zur Bildung einer Rangordnung von Kunden auf Basis des Umsatzes oder Deckungsbeitrags dar. Diese Größen können aus dem Rechnungswesen übernommen werden.[55]

Die Kunden werden in der Regel entsprechend ihres Umsatzanteils eingestuft und dann in A-, B- und C-Kunden kategorisiert.[56] Etwa 20 % der Kunden sind oftmals verantwortlich für 80 % des Umsatzes und werden dementsprechend als A-Kunden bezeichnet. 30 % der Kunden generieren 15 % des Umsatzes und werden als B-Kunden bezeichnet (in der Zeichnung unten). Die restlichen 50 % der Kunden verantworten nur 5 % des Umsatzes und werden als C-Kunden bezeichnet.[57]

Eine ABC-Kundenanalyse lässt sich grafisch durch eine Lorenzkurve darstellen, die auf der Ordinate die kumulierten Kundenumsätze in Prozent des Gesamtumsatzes und auf der Abszisse die Kundenzahl in Prozent abträgt (siehe Abbildung 1).[58]

Jedoch sind die umsatzstärksten Kunden nicht notwendigerweise die rentabelsten Kunden, sodass eine deckungsbeitragsbezogene ABC-Analyse weit aussage-

53 Vgl. Rudolf-Sipötz, 2001, S. 33.
54 Vgl. Rudolf-Sipötz, 2001, S. 33.
55 Vgl. Krafft, 2002, S. 59.
56 Vgl. Link, 1995, S. 108.
57 Vgl. Scholl & Heinzer, 2005, S. 809.
58 Vgl. Helm/Günter, 2006, S. 16.

kräftiger ist. Rieker geht so weit und nennt die ABC-Analyse, sofern sie ausschließlich auf Umsatzzahlen basiert, ungeeignet für die Bestimmung des Kundenwerts.[59] Hinzu kommt, dass die ABC-Analyse immer eine Ex-post-Analyse ist, in die ausschließlich Werte aus der Vergangenheit einfließen. Die Ergebnisse sagen nichts über den zukünftigen Wert eines Kunden aus.[60][61]

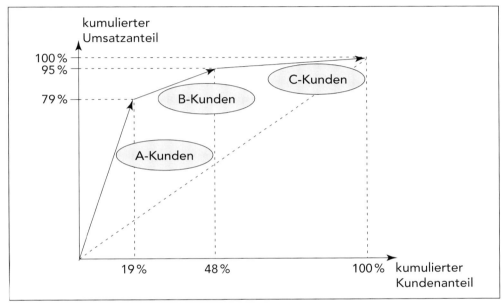

Abbildung 1: Beispiel einer umsatzbezogenen ABC-Analyse (Quelle: Helm/Günter, 2006, Seite 16)

Scoringmodelle

Im Gegensatz zur ABC-Analyse handelt es sich bei Scoringmodellen um mehrdimensionale Betrachtungen, die sowohl monetäre als auch nicht-monetäre Kriterien verarbeiten können und sich damit für eine Analyse des Kundenwerts im weitesten Sinne besonders eignen. Auch ist es möglich, das Zukunftspotenzial des Kunden in die Bewertung zu integrieren. Bei Scoringanalysen werden einzelne Kunden anhand ausgewählter Kriterien über eine einheitliche Punktbewertungsskala beurteilt.[62]

---

59 Vgl. Rieker, 1995, S. 56.
60 Vgl. Bruhn & Homburg, 2005, S. 810.
61 Vgl. Cornelsen, 2000, S. 94.
62 Vgl. Kraft, 2002, S. 60.

Die vergebenen Punkte fließen gewichtet nach der Bedeutung des jeweiligen Kriteriums für den Kundenwert in einen Gesamt-Score ein.

Scoringmodelle sind in der Praxis weit verbreitet. Besonders bekannt ist die sogenannte RFM-Methode, bei der Kunden umso besser bewertet werden, je kürzer ihr letzter Kauf zurückliegt (Recency), je häufiger sie bestellen (Frequency) und je größer der Umsatz pro Bestellung ist (Monetary Value).[63]

Ferner können Scoringanalysen als Grundlage für weitere Verfahren dienen, zum Beispiel bei der Erstellung eines Kundenportfolios, bei der die Achsenwerte häufig mithilfe von Scoring-Methoden bestimmt werden.[64] Ein großer Vorteil dieses Ansatzes ist die leichte Realisierbarkeit und die gute Nachvollziehbarkeit der Ergebnisse.[65]

Der Nachteil von Scoringmodellen liegt häufig in der Subjektivität bei der Auswahl der Kriterien sowie in der Bestimmung der Gewichtungsfaktoren und der einzelnen Punktwerte. Dies trifft insbesondere dann zu, wenn qualitative Kriterien in die Modelle einfließen.[66]

Portfolioanalysen

Wie bei den im vorigen Abschnitt vorgestellten Scoringmethoden handelt es sich bei den Portfolioanalysen um periodenunabhängige, mehrdimensionale Verfahren, die sowohl monetäre als auch nicht-monetäre Komponenten des Kundenwerts berücksichtigen können. Analog zu dem bekannten Marktwachstums-Marktanteilsportfolio, das in den 1960er-Jahren zur strategischen Ressourcen-Allokation über Geschäftseinheiten entwickelt wurde, wird ein zweidimensionaler Bewertungsraum aufgespannt.[67] Häufig werden auf der Ordinate die Kundenattraktivität und auf der Abszisse die relative Lieferantenposition abgetragen, die jeweils mithilfe eines Scoringmodells ermittelt werden.[68] Dabei beschreibt die relative Lieferantenposition die Stellung des betrachteten Unternehmens im Vergleich zu den Wettbewerbern.

---

63 Vgl. Kumar, 2005, S. 603.
64 Vgl. Rudolf-Sipötz, 2001, S. 37.
65 Vgl. Cornelsen, 2000, S. 151; Bruhn & Homburg, 2005, S. 812.
66 Vgl. Plinke, 1997, S. 140.
67 Vgl. Homburg, 2000, S. 148 f.
68 Vgl. Helm/Günter, 2006, S. 19, Krafft, 2007, S. 82; Köhler, 2005, S. 416.

Vertikale und horizontale Trennlinien zerlegen das Portfolio in vier bzw. neun Felder. Die Kunden werden meist grafisch durch Kreise dargestellt, wobei die Kreisfläche das Umsatzpotenzial widerspiegelt.

Aus der Zuordnung der Kreise in die Portfoliofelder sollen Aussagen über den Wert der Kunden für das Unternehmen abgeleitet werden. Zudem lassen sich aus der Zuordnung entsprechende Normstrategien entnehmen.[69]

Die Nachteile der Portfolioanalyse liegen insbesondere in der Subjektivität bei der Operationalisierung der Dimensionen mittels Scoringmodellen begründet. Durch die aggregierte Betrachtung im Rahmen eines zweidimensionalen Bewertungsraums ergeben sich Informationsverluste.[70] Zudem ist die Zuordnung von Normstrategien zu den Feldern immer wieder Stein des Anstoßes. Zu individuell sind die konkreten Unternehmenssituationen und deswegen einer Abdeckung durch Normstrategien nicht zugänglich.

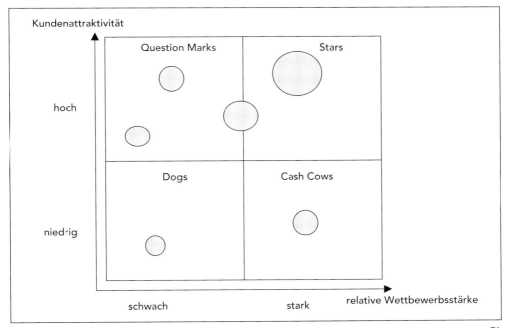

Abbildung 2: Beispiel eines Kundenattraktivitäts-Wettbewerbspositionsportfolios[71]

---

69 Vgl. Kraft, 2002, S. 63, Cornelsen, 2000, S. 156.
70 Vgl. Rudolf-Sipötz, 2001, S. 41.
71 Vgl. Köh er, 2005, S. 419.

4.4 Periodenübergreifende Kundenbewertung mit dem Customer Lifetime Value

Im Gegensatz zu den bisher vorgestellten Verfahren hat der Customer Lifetime Value (CLV) als periodenübergreifendes (prospektives) und dynamisches Verfahren in den letzten Jahren stark an Bedeutung gewonnen und dominiert die wissenschaftliche Diskussion über Kundenbewertungsverfahren. Daher soll auch im Rahmen dieser Arbeit der CLV besonders ausführlich behandelt werden.

Grundlagen

Der CLV erhebt den Anspruch, die gesamte Kundenbeziehung abzubilden und stellt eine periodenübergreifende Dynamisierung der Kundenbewertung dar, es handelt sich um eine eindimensionale monetäre Bewertung: „Customer lifetime value (CLV) is defined as the sum of cumulated cash flows – discounted using the weighted average cost of capital (WACC) – of a customer over his or her entire lifetime with the company."[72] Die CLV-Modelle bestehen im Wesentlichen also aus drei Einflussgrößen: kundenbezogene Einzahlungen, kundenbezogene Auszahlungen und einem Faktor für die Kundentreue, der in den Modellen als „Retentionrate" bezeichnet wird.[73] Für die Berechnung des CLV eines Kunden ergibt sich in der einfachsten Form der Darstellung also:[74]

$$CLV = \sum_{t=0}^{T} \frac{(p_t - c_t)\, r_t}{(1 + i)^t} - AC$$

wobei p_t den zum Zeitpunkt t gezahlten Preis, c_t die Einzelkosten zum Zeitpunkt t und i den Diskontfaktor bezeichnet. Die Variable r_t (Retentionrate) steht für die Wahrscheinlichkeit, dass der Kunde zum Zeitpunkt t noch aktiv ist, AC bezeichnet die Akquisitionskosten und T den Zeithorizont der Berechnung des CLV.

Die Ähnlichkeit des CLV-Ansatzes mit den in der Finanzwirtschaft gebräuchlichen Discounted-Cashflow(DCF-)-Methoden ist offensichtlich, allerdings berücksichtigt der CLV-Ansatz explizit die Möglichkeit, dass ein Kunde in der Zukunft inaktiv werden kann (r_t).

---

72 Vgl. Kumar, 2005, S. 602.
73 Vgl. Bauer et al., 2003, S. 49 f., Reinartz/Kumar, 2000, S. 19.
74 Vgl. Gupta et al., 2006, S. 141.

Der Übergang zu einer Investitionsrechnung ergibt sich aus der Betrachtung des Kunden als Vermögenswert des Unternehmens.[75] Unter einem Vermögenswert bzw. Asset wird nach IAS/IFRS eine Ressource verstanden, aus der dem kontrollierenden Unternehmen zukünftiger wirtschaftlicher Nutzen erwächst (F.49a des IAS/IFRS Frameworks). Der Wert eines Assets ergibt sich aus Sicht der Finanzwirtschaft als Kapitalwert der zukünftigen Cashflows bzw. als derjenige Geldbetrag, den ein Unternehmen heute zahlen würde, um diese zukünftigen Cash Flows zu besitzen. Unter der Annahme, dass eine Kundenbeziehung die konzeptionellen Voraussetzungen des Vermögenswertbegriffs erfüllt, sollte diese daher auch dynamisch bewertet werden.[76]

Im Rahmen der CLV-Methode wird der Kundenwert zukunftsorientiert ermittelt. Bei den periodenbezogenen bzw. periodenunabhängigen Kundenbewertungsmodellen hingegen wird der Wert des Kunden in der Regel retrospektiv ermittelt.[77] Dabei sind die in der Vergangenheit mit einem Kunden realisierten Wertbeiträge nicht zwangsläufig ein guter Prädiktor für die zukünftige Profitabilität des Kunden.[78] Im Gegenteil zeigen Venkatesan und Kumar (2004), dass der CLV besser geeignet ist, in der Zukunft profitable Kunden zu identifizieren, als z. B. Past Customer Revenue (der mit dem Kunden in der letzten Transaktion erzielte Umsatz) oder Past Customer Value (die Summe der in der Vergangenheit mit dem Kunden realisierten Gewinne)[79].

Aufgrund dieses Vorzugs erweist sich der CLV als besonders leistungsfähige Messgröße. Hinzu kommt, dass auch qualitative Determinanten des Kundenwerts konzeptionell ohne Weiteres in das Modell integriert werden können, obwohl dies aufgrund der Komplexität der Quantifizierung und damit verbundenen Unsicherheiten und hohen Schätzungenauigkeiten zumeist nicht geschieht. Ebenfalls werden die Wirkungen von Marketing-Maßnahmen auf das Kundenverhalten meist nicht einbezogen.[80] Ohnehin ist die Ermittlung des CLV sehr komplex und basiert auf Prognosen unsicherer zukünftiger Größen, weshalb von zum Teil erheblichen Schätzungenauigkeiten auszugehen ist.[81]

---

75 Vgl. Pfeifer/Haskins/Conroy, 2005, S. 13 ff.
76 Vgl. Pfeifer/Haskins/Conroy, 2005, S. 13.
77 Allerdings kann im Rahmen von Scoringmodellen/Portfolioanalysen das Zukunftspotenzial integriert werden.
78 Vgl. Kumar et al., 2006, S. 278.
79 Vgl. Venkatesan/Kumar, 2004, S. 118 ff.
80 Vgl. Jain/Singh, 2002, S. 44; vereinzelt existieren in der jüngeren Literatur Ansätze, die diese Schwäche aufgreifen und eine Integration der Wirkung von Marketingmaßnahmen leisten (z. B. Venkatesan/Kumar, 2004).
81 Vgl. Krafft, 2002, S. 58.

Trotz hoher Komplexität und enormem Informationsbedarf sowie Schätzungenauigkeiten hat der CLV auch in der Praxis erheblich an Bedeutung gewonnen. Dies ist insbesondere auf große Fortschritte in den Bereichen Informationstechnologie und Modellbildung zurückzuführen, die es ermöglichen, große Datenmengen zu erfassen, zu verarbeiten und zu analysieren.[82]

Die Komponenten des CLV-Konzepts

Wie oben bereits erwähnt, bestehen die CLV-Modelle alle im Wesentlichen aus den Komponenten „kundenbezogene Einzahlungen", „kundenbezogene Auszahlungen" und Kundentreue.[83]

Die Kundentreue, also die Wahrscheinlichkeit, dass der Kunde auch in Zukunft Kunde bleibt, spielt dabei eine zentrale Rolle. Ein potenziell wertvoller Kunde ist im Regelfall ein loyaler Kunde, mit dem auch in Zukunft positive Netto-Cashflows erwirtschaftet werden können. Um die Wahrscheinlichkeit abschätzen zu können, wie stark die Loyalität eines Kunden ausgeprägt ist, fließen verschiedene Determinanten von Loyalität in die Betrachtung ein. Dies sind vor allem die Kundenzufriedenheit, bestehende Wechselbarrieren, das Wechselverhalten des Kunden und die Attraktivität vorhandener Alternativen.[84]

Dabei wird in der Literatur zwischen vertraglichen und nicht-vertraglichen Kundenbeziehungen unterschieden.[85] In einer vertragsbasierten Kundenbeziehung können die Einnahmen für die Vertragslaufzeit verhältnismäßig einfach vorhergesagt werden.[86] In diesem Fall ist die Kundentreue recht einfach zu bestimmen, Determinanten wie Wechselbarrieren und Wechselverhalten des Kunden sind wegen der bestehenden Vertragsbeziehung weitgehend ohne Bedeutung.

In nicht-vertragsbasierten Kundenbeziehungen, wie dies in der Regel in der Hotelindustrie der Fall sein dürfte, muss ein Unternehmen Aufwand investieren, um eine kontinuierliche Kundenbeziehung sicherzustellen und zu verhindern, dass der Kunde sein Budget über mehrere Anbieter streut.[87] Eine nicht vertragsbasierte Kundenbeziehung macht die Kundentreue zu einem instabilen und dynami-

---

82 Vgl. Gupta et al., 2006, S. 139 f.
83 Vgl. Reinartz & Kumar, 2000, S. 19.
84 Vgl. Peter, 1999, S. 105 f.; Jones & Sasser, 1995, S. 88.
85 Vgl. Jackson, 1992, S. 45.
86 Vgl. Bolton, 1998, S. 45–65.
87 Vgl. Dwyer, 1997, S. 14.

schen Faktor, der das wechselnde Kaufverhalten eines Kunden über die Kunden-lebenszeit repräsentiert.[88]

Die Einnahmen bestehen aus den direkten Einnahmen, d.h. Basisumsatz und Ein-nahmen aus Cross- und Up-Selling-Aktivitäten, den Cashflows aus Referenz- und Informationsaktivitäten eines Kunden sowie Einzahlungen aufgrund von Koopera-tion und Synergieeffekten.

Zu Einnahmen aus Up-Selling-Aktivitäten kommt es durch die Weiterentwicklung eines Kunden hin zu höherwertigen Produkten und Dienstleistungen.[89] Diese Form der Kundenentwicklung wird bei besonders loyalen Kunden angewendet, deren Wechselbereitschaft sehr gering ausgeprägt ist und die dementsprechend nicht sehr preissensibel sind.[90]

Einnahmen aus Cross-Selling-Aktivitäten können dann erzielt werden, wenn das Unternehmen noch andere Produkte und Dienstleistungen anbietet, die im Laufe der Zeit an einen loyalen Kunden verkaufbar sind. Zu denken ist in diesem Zusam-menhang an Bewirtungsleistungen oder Reinigungsleistungen, die ein Hotel ne-ben der reinen Übernachtungsleistung verkaufen kann.[91]

Einnahmen aus Referenznennungen bezeichnen Einnahmen von neuen Kunden, die durch positive „Mundpropaganda" (word of mouth – WOM) eines loyalen Kunden erzielt werden können.[92] Die Berücksichtigung dieser Einnahmenart erscheint sinn-voll vor dem Hintergrund, dass eine Nichtbeachtung zu einer Unterbewertung ei-nes bestehenden Kunden führen würde.[93] Lee, Lee und Feick (2006) schlagen da-her vor, die durch Word-of-Mouth erzielbaren Einsparungen von Akquisitionskosten eines Unternehmens zu schätzen und die Margen bei der CLV-Kalkulation entspre-chend anzupassen. Für einen französischen Mobilfunkanbieter führen sie eine seg-mentbasierte CLV-Analyse durch und stellen beträchtliche Wirkungen auf die Höhe des CLV durch die Integration von WOM-Effekten fest. Die WOM-Effekte werden anhand von Daten aus einer Kundenbefragung bemessen, bei der die Kunden an-hand einer Skala ihre Bereitschaft zur Weiterempfehlung einschätzen sollen.[94]

---

88 Vgl. Wang & Spiegel, 1994, S. 75.
89 Vgl. Weber & Lissautzki, 2004, S. 21.
90 Vgl. Reinartz & Kumar, 2000, S. 20 f.
91 Vgl. Weber & Lissautzki, 2004, S. 22.
92 Vgl. Bauer et al., 2003, S. 52.
93 Vgl. Lee et al., 2006, S. 30, Mayer/Illmann, 2000, S. 175 f.
94 Vgl. Lee et al., 2006, S. 30.

Auf der Kostenseite der CLV-Modelle sind neben den direkten Kosten, die im Rahmen der Bedienung des Kunden entstehen, zumindest die Akquisitionskosten für einen Kunden und die Marketingkosten in das Kalkül aufzunehmen. *„The customer lifetime value (CLV) approach examines customer value over time by comparing acquisition and retention costs to revenue contribution, (…)"*[95]

Akquisitionskosten werden dabei wie Investitionen in zukünftige Kunden betrachtet. Obwohl sie nur einmal während einer Kundenbeziehung auftauchen, bestehen sie teilweise aus hohen Ausgaben für Werbung und Vertrieb zu Beginn einer Kundenbeziehung. Der getätigte Aufwand wird dann auf die gewonnenen Kunden verteilt.[96]

Marketingkosten beinhalten alle Aufwände, die getätigt warden, um die Kunden an das Unternehmen zu binden und sie zu profitableren Kunden zu entwickeln.[97]

Modellierung des CLV

Wenn auch die oben angeführte Formulierung des CLV vergleichsweise einfach erscheint, sind im Laufe der letzten zwanzig Jahre z.T. sehr unterschiedliche Modelle entwickelt worden, um den CLV bzw. dessen Komponenten (Cashflows und Kundenlebenszeit) zu schätzen. Gupta et al. (2006) bieten einen guten Überblick über die unterschiedlichen Modellierungsansätze. Im Folgenden sollen die gebräuchlichsten beiden Ansätze – Pareto/NBD-Modelle und ökonometrische Ansätze – kurz skizziert werden[98]:

1. **Das Pareto/NBD-Modell** wurde von Schmittlein, Morrison und Colombo (1987) entwickelt und basiert auf der Annahme, dass das Kaufverhalten nach einer bestimmten Wahrscheinlichkeitsverteilung über die Kundengesamtheit variiert.[99]

---

95 Lee et al., 2006, S. 29.
96 Vgl. Lee et al., 2006, S. 31.
97 Vgl. Bauer et al., 2003, S. 52.
98 Die Arbeit beschränkt sich auf die Darstellung des Pareto/NBD-Modells und der Ökonometrischen Modelle. Diese werden bisher am häufigsten zur Schätzung des CLV verwendet. Im Gegensatz dazu ist bisher nur eine Anwendung des RFM-Konzepts zur Kalkulation des CLV bekannt (vgl. Gupta et al., 2006, S. 142 sowie Fader et al., 2005, S. 415 ff.). Ebenfalls nur vereinzelt werden sogenannte Persistence-Ansätze zur Modellierung der Komponenten des CLV verwendet (vgl. Gupta et al., 2006, S. 148). Auf die Darstellung der Computer-Science-Modelle (z.B. Neural-Network-Modelle, Entscheidungsbaummodelle) wird verzichtet, da diese zwar zum Teil bessere Ergebnisse als konventionelle Methoden erzielen, in der Marketingliteratur bisher jedoch nur selten verwendet werden (vgl. Gupta et al., 2006, S.148 f.). Ferner wird von einer Darstellung der Diffusion/Growth-Modelle abgesehen; diese beziehen sich auf den Wert des gesamten Kundenstamms (Customer Equity) bzw. auf die Prognose der Anzahl der Kunden eines Unternehmens (vgl. Gupta et al., 2006, S. 149) und werden daher im Rahmen dieser Arbeit, die sich auf die Ermittlung des individuellen Kundenwerts konzentriert, nicht behandelt.
99 Vgl. Gupta et al., 2006, S. 142.

Wie die Bezeichnung bereits andeutet, handelt es sich um die Integration zweier Modelle. Das NBD-Modell bestimmt die Kundenaktivität über die Transaktionshäufigkeit, das Pareto-Modell berechnet die Wahrscheinlichkeit des Ausscheidens eines Kunden aus der Geschäftsbeziehung.[100] Um mithilfe der beiden Modelle die erwartete Anzahl der Transaktionen in einer Periode und die Wahrscheinlichkeit zu berechnen, dass ein Kunde zum Zeitpunkt t noch aktiv ist (P[Alive]), werden nur zwei Informationen benötigt: die Bestellhäufigkeit (frequency) und der Zeitpunkt der letzten Bestellung (recency) eines Kunden.[101] (Das heißt aber auch, dass zukünftige Neukunden bzw. die Akquise von Neukunden nicht berücksichtigt werden können, da diese Informationen dann nicht vorliegen.) Wird zusätzlich ein Modell zur Schätzung des jeweiligen Transaktionswerts eingeführt, kann der CLV abgeleitet werden.[102] Das Pareto/NBD-Modell eignet sich insbesondere im Falle nicht-vertraglicher Kundenbeziehungen, in denen es zu jedem beliebigen Zeitpunkt zu Transaktionen kommen kann.

2. **Ökonometrische Ansätze** modellieren Kundenakquisition (Acquisition), Kundenbindung (Retention) sowie Kundenexpansion (Cross-Selling oder Marge) einzeln und kombinieren diese Elemente zur Schätzung des CLV.[103]

* Die Kundenakquisition wird in der Regel mithilfe logistischer Regressionen oder Probit-Funktionen modelliert.[104] Im Rahmen neuerer Ansätze wird jedoch versucht, den Kundenakquiseprozess in die Berechnung der Kundenbindung bzw. Kundenlebenszeit zu integrieren, da angenommen wird, dass der Kundenakquiseprozess die Kundenlebenszeit beeinflusst. Eine Vernachlässigung dieses Zusammenhangs kann zu falschen Einschätzungen der Kundenlebenszeit und des Kundenwerts führen.[105]

* Retention- oder Kundenbindungsmodelle ermitteln eine Wahrscheinlichkeit dafür, dass der Kunde zum Zeitpunkt t (noch) aktiv ist (P[Alive]). Wird von einem permanenten Abbruch der Kundenbeziehung ausgegangen, spricht man von einer „lost for good"-Situation und verwendet Hazardfunktionen.[106] Von einer „lost for good"-Situation kann ausgegangen werden, wenn hohe Wechselkosten einen Anbieterwechsel erschweren.[107] Allerdings führt diese Annahme zu einer systematischen Unterschätzung des tatsächlichen Kundenwerts,

---

100 Vgl. Schmittlein/Morrison/Colombo, 1987, S. 5.
101 Vgl. Schmittlein/Morrison/Colombo, 1987, S. 3 f.
102 Vgl. Gupta et al., 2006, S. 143.
103 Vgl. Gupta et al., 2006, S. 143 f.
104 Vgl. Gupta et al., 2006, S. 144.
105 Vgl. Thomas, 2001, S. 262 und S. 265 ff.
106 Vgl. Gupta et al., 2006, S. 144.
107 Vgl. Dwyer, 1997, S. 8.

wenn eine Reaktivierung des Kunden grundsätzlich möglich ist.[108] Wird hingegen davon ausgegangen, dass Kunden zeitweise inaktiv sein können, da sie die Anbieter von Zeit zu Zeit wechseln, spricht man von einer „Always a share"-Situation und verwendet in der Regel sogenannte Markov-Ketten.[109]

- Die dritte Modellgruppe konzentriert sich auf die Ermittlung der zukünftigen periodenbezogenen Kundenmargen. Dabei können diese Kundenmargen direkt oder indirekt über eine Modellierung von Cross-Selling-Prozessen kalkuliert werden, die sich positiv auf die Kundenmarge auswirken.[110] Werden Kundenmargen direkt ermittelt, kommen häufig einfache Regressionsmodelle mit mehreren unabhängigen Variablen zum Einsatz. Zum Beispiel modellieren Kumar et al. (2006) die Marge in Abhängigkeit der Produktkategorie, der Nutzung verschiedener Distributionskanäle durch den Kunden sowie der Zeit zwischen zwei Transaktionen.[111] Venkatesan und Kumar (2004) modellieren die Veränderung der Kundenmarge in Abhängigkeit der Marketingaktivitäten des Unternehmens, der gekauften Produktmenge, der Größe des Unternehmens, der Industriekategorie sowie der Marge, die mit dem Kunden in der Vorperiode erzielt wurde.[112] Neben solchen Regressionsanalysen wird auch verbreitet von konstanten Margen ausgegangen.[113]

Integration qualitativer Dimensionen des Kundenwerts

Die oben bereits zitierte Studie von Lee, Lee und Feick (2006) zeigt exemplarisch, dass das Referenzpotenzial als qualitative Dimension des Kundenwerts über seine Cashflow-Wirkungen quantifiziert und als Determinante in die Berechnung des CLV einbezogen werden kann.

Informationen über Versuche, sonstige qualitative Potenzialgrößen (Informationspotenzial, Kooperationspotenzial und Synergiepotenzial) in die CLV-Analyse einzubeziehen, liegen derzeit nicht vor. Ausgehend von der Annahme, dass sich relevantes Verhalten und Eigenschaften von Kunden letztlich in Cashflows niederschlagen und niederschlagen sollten, ist dies jedoch grundsätzlich möglich. Zu bedenken ist, dass die Quantifizierung dieser qualitativen Determinanten mit zum Teil erheblichen Unsicherheiten behaftet ist und die Aussagefähigkeit des ermittelten CLV in Frage stellt oder zumindest schwächt.

---

108 Vgl. Rust et al., 2004, S. 112.
109 Vgl. Gupta et al., 2006, S. 145.
110 Vgl. Gupta et al., 2006, S. 146.
111 Vgl. Kumar et al., 2006, S. 283 f.
112 Vgl. Venkatesan/Kumar, 2004, S. 112.
113 Vgl. Gupta et al., 2006, S. 146.

5 Beurteilung der Ansätze und Anwendung in der Hotelindustrie

5.1 Grundsätzliche Beurteilung

Ökonomisch betrachtet ist ein Kundenbewertungsverfahren für den Einsatz in der Praxis geeignet, wenn es die folgenden Kriterien erfüllt:

- Der Kundenwert sollte umfassend abgebildet werden, d.h., es sollten sowohl monetäre als auch nicht-monetäre Determinanten des Kundenwerts in die Bestimmung des Kundenwerts einfließen.
- Der Kundenwert sollte ferner in Gestalt einer aussagefähigen Kennzahl vorliegen. Nicht geeignet ist die Nennung qualitativer Ausprägungen einer bestimmten Eigenschaft. Insofern sind auch die nicht-monetären Determinanten des Kundenwerts mithilfe einer Kennzahl abzubilden.
- Der Kundenwert sollte objektiv bzw. intersubjektiv nachprüfbar sein, damit der Kundenwert überhaupt als Erfolgsgröße und Entscheidungsgrundlage herangezogen werden kann. Dabei ist die Einschätzung der Objektivität mit Vorsicht zu genießen. Vor allem bei den Kundenbewertungen, bei denen eine Prognose auf die Zukunft in der Bewertung enthalten ist, ist es mit dem Kriterium der Objektivität streng genommen nicht weit her. Die Prognose unterliegt immer einer gewissen Subjektivität, völlig unabhängig von der verwendeten Prognosemethode.
- Der Kundenwert sollte die gesamte Kundenbeziehung widerspiegeln, d.h. dass ausschließlich vergangenheitsbezogene Kennzahlen keine ausreichende Basis zur Bewertung darstellen. Dies impliziert, dass auf vollständig objektive Kundenbewertungen bewusst verzichtet wird. Wie oben bereits ausgeführt, umfasst die gesamte Kundenbeziehung auch die Zukunft und geht somit mit einer stets subjektiven Prognose einher.
- Das Verfahren zur Kundenbewertung sollte nicht mehr Aufwand verursachen, als es Nutzen stiftet. Hier ist insbesondere an die möglicherweise sehr schwierige Datenbeschaffung zu denken, vor allem wenn das Rechnungswesen eines Unternehmens keine kundenbezogenen Kosten- und Erlösdaten bereitstellen kann.

Tabelle 2 bietet einen Überblick der betrachteten Kundenbewertungsverfahren in Bezug auf die Erfüllung dieser Kriterien.

Tabelle 2: Vergleichende Beurteilung der vorgestellten Kundenbewertungsmodelle

	Renta-bilitäts-analysen	ABC-Analysen	Scoring-modelle	Portfolio-analysen	CLV
Berücksichtigung monetärer und nicht-monetärer Dimensionen	nein	nein	möglich	möglich	möglich
aussagefähige Kennzahl	ja	ja	ja	schwierig	ja
Objektivierbarkeit	ja	ja	schwierig	schwierig	schwierig
Berücksichtigung der gesamten Kunden-beziehung	nein	nein	möglich	möglich	möglich
Aufwand/Kosten	mittel-hoch	gering	mittel	mittel	hoch

Rentabilitäts- und ABC-Analysen sind verhältnismäßig einfache monetäre und objektive Verfahren. Das Zukunftspotenzial der Kunden sowie nicht-monetäre Dimensionen werden jedoch nicht berücksichtigt, sodass die Aussagekraft derart ermittelter Kundenwerte begrenzt ist. Während die ABC-Analyse in der Regel mit geringem Aufwand zu implementieren ist, stellt die Implementierung einer Rentabilitätskennzahl oft ein Problem dar, weil die entsprechenden kundenbezogenen Informationen aus dem Rechnungswesen nicht bereitgestellt werden können.

Scoringmodelle und Portfolioanalysen können die gesamte Kundenbeziehung berücksichtigen, indem zukunftsbezogene Kriterien in die Betrachtung aufgenommen werden. Zudem zeichnen sie sich dadurch aus, dass sie sowohl monetäre als auch nicht-monetäre Dimensionen berücksichtigen. Die Aussagekraft von Scoring- und Portfoliomodellen ist damit sehr hoch, zumindest wenn es gelingt, das Zukunftspotenzial von Kunden sowie nicht-monetäre Wertbeiträge objektiv zu bewerten. Dies erweist sich jedoch als schwierig, da eine Transformation qualitativer Dimensionen in monetäre Größen grundsätzlich schwierig ist.[114] Dennoch kann durch eine langfristig angelegte Beobachtung der Auswirkungen von quali-

---

114 Vgl. Rudolf-Sipötz, 2001, S. 32.

tativen Determinanten des Kundenwerts eine Objektivierbarkeit durchaus erreicht werden, insbesondere vor dem Hintergrund einer konkreten Unternehmenssituation. Allerdings steigt damit die Komplexität der Scoring- und Portfoliomodelle erheblich an, was zu einem hohen Aufwand bei Implementierung, Erhebung und Auswertung führt.

Der CLV berücksichtigt per Definition die gesamte Kundenbeziehung und ermöglicht eine objektive Bewertung von Kunden über ihren monetären Wertbeitrag. Theoretisch ist es sogar denkbar, die ökonomische Gesamtbedeutung eines Kunden einschließlich qualitativer Potenziale im Rahmen von Cashflows abzubilden (vgl. auch Abschnitt 3.4.3).[115] Die Ermittlung von aussagekräftigen CLVs ist jedoch nur möglich, wenn ausreichend Daten verfügbar sind und komplexe Modellierungsansätze angewendet werden.

5.2 Anwendung in der Hotelindustrie

In der Übertragung des Kundenwertbegriffs auf die Hotelindustrie stellt sich zunächst die Frage, welche Dimensionen des Kundenwertbegriffs überhaupt eine Rolle spielen. Wie oben ausgeführt, kann in Bezug auf die monetären Dimensionen der Umsatz als Dimension des Kundenwerts aus der Betrachtung ausgenommen werden. Vielmehr ist die Rentabilität des Kunden die entscheidende Kenngröße. Die Betrachtung der Rentabilität eines Kunden ist zwingende Minimalanforderung für eine Kundenbewertung in der Hotelindustrie, da die Servicekosten wesentlich durch das Kundenverhalten beeinflusst werden. [116, 117]

Im Rahmen der nicht-monetären Kundenwertdimensionen spielen alle vorne genannten Dimensionen eine wichtige Rolle. Es sind dies das Referenz-, das Informations-, das Kooperations- und das Synergiepotenzial. Hinzu kommt das Cross-Selling-Potenzial eines Kunden.

Die Bedeutung dieser Dimensionen in der Hotelindustrie dürfte weitgehend unstrittig sein. Allein die Tatsache, dass es sich zu weiten Teilen in der Hotelindustrie um einen „Business to Consumer"-Markt handelt, impliziert dies. Die Kauf-

---

115 Vgl. Rudolf-Sipötz, 2001, S. 45.
116 Karadag/Kim, 2006, S. 155.
117 Karadag/Kim (2006, S. 158) schreiben, dass "the costs of providing a service in the lodging industry are usually determined by the customer's behaviour."

entscheidungen von „nicht-professionellen" Kunden sind beeinflusst von Refe-renzen und Empfehlungen, sodass dem Referenzpotenzial besondere Bedeutung zukommt. Hinzu kommen die Besonderheiten der Dienstleistungsproduktion, ins-besondere die Integration eines externen Faktors in Form des Kunden in den Leistungserstellungsprozess. Informations- und Kooperationspotenzial sind in be-sonderem Maße gefordert und können den Leistungserstellungsprozess erheb-lich beeinflussen.

Neben den Dimensionen des Kundenwertbegriffs kann für die Hotelindustrie die Erkenntnis bestätigt werden, dass neben der vergangenheitsbezogenen Be-trachtung der Ausblick in die Zukunft von besonderer Bedeutung ist. Das heißt, das zukünftige Potenzial eines Kunden ist in besonderem Maße zu beachten. Der Grund hierfür ist vor allem, dass es sich bei den Kundenbeziehungen in der Hotelindustrie in der Regel nicht um langfristige Vertragsbeziehungen handelt sondern um kurzfristige, nur auf den einzelnen Besuch beschränkte Vertragsbe-ziehungen. Daraus folgt, dass die Kunden bei jeder neuen Bedarfssituation auch eine neue Kaufentscheidung treffen. Deshalb spielen die Zufriedenheit und die Loyalität des Kunden in der Hotelindustrie eine besondere Rolle. Zusammenge-fasst ergeben sich für die Hotelindustrie folgende Anforderungen an ein Kun-denwertmodell:

- Das Kundenwertmodell sollte im Rahmen der monetären Dimensionen die Rentabilität eines Kunden betrachten und nicht den Umsatz.
- Das Kundenwertmodell sollte eine Integration der nicht-monetären Kunden-wertdimensionen erlauben.
- Das Kundenwertmodell muss neben der vergangenheitsbezogenen Betrach-tung auch die zukünftige Entwicklung berücksichtigen und eine periodenüber-greifende Bewertung zulassen.

Aus der Ableitung dieser Anforderungen an ein Kundenwertmodell folgt unmittel-bar, dass eine ABC-Analyse nicht ausreichend ist, selbst wenn sie auf Rentabilitäts-kennzahlen aufsetzt. Dies vor allem wegen der fehlenden Zukunftsorientierung.

In Frage kommen also ausschließlich Scoringmodelle, Portfoliomodelle und das Customer-Lifetime-Value-Konzept. Alle drei Modelle zeichnen sich durch spezifi-sche Vor- und Nachteile aus, auf die oben bereits verwiesen worden ist und die im Folgenden anhand der ebenfalls oben eingeführten Kriterien nochmals veran-schaulicht werden können.

Tabelle 3: Vergleichende Beurteilung der Kundenbewertungsmodelle für die Hotelindustrie

	Scoring-modelle	Portfolio-analysen	CLV
Berücksichtigung monetärer und nicht-monetärer Dimensionen	möglich	möglich	möglich
aussagefähige Kennzahl	ja	schwierig	ja
Objektivierbarkeit	schwierig	schwierig	schwierig
Berücksichtigung der gesamten Kundenbeziehung	möglich	möglich	möglich
Aufwand/Kosten	mittel	mittel	hoch

Die Übersicht macht deutlich, dass kein Modell in Bezug auf die relevanten Kriterien signifikante Vor- oder Nachteile gegenüber den jeweils anderen Modellen aufweist. Vor dem Hintergrund der in der Hotelindustrie oftmals vorhandenen mittelständischen Unternehmensstruktur und damit einhergehenden eingeschränkten Ressourcen im Controlling zeichnet sich allenfalls wegen des geringeren Aufwands ein leichter Vorteil für die Scoringmodelle ab. Sie stellen eine interessante Methode zur Bestimmung des Kundenwerts in der Hotelindustrie dar. Die große Flexibilität des Instruments erlaubt eine Anpassung der Scoringwerte an die konkreten Anforderungen des Unternehmens.

Unter methodischen Gesichtspunkten ist dem CLV-Konzept vermutlich die höchste Qualität beizumessen. Dies gilt auch für die Anwendung in der Hotelindustrie. Dennoch ist kritisch anzumerken, dass die Durchführung bzw. die Implementierung einer CLV-Betrachtung mit sehr hohem Aufwand verbunden ist. Insofern ist diese Methode eher ungeeignet für die kleinen und mittelständischen Unternehmen in der Hotelindustrie. Für Betriebe mit ausreichenden Ressourcen und guter Datenqualität dürfte der Erkenntnisgewinn den Aufwand rechtfertigen.

Wichtig ist, dass nach der Implementierung eines Kundenbewertungsmodells die Ergebnisse in die Erarbeitung des gesamten Marketinginstrumentariums einfließen. Insbesondere die eingangs beschriebene kapazitätsorientierte Angebots- und Preispolitik, bei der durch Preise knapp oberhalb der variablen Kosten versucht wird, Deckungsbeiträge zu erzielen, ist mit den Ergebnissen der Kundenbewertung zu vereinen.

Es bleibt einer weiteren vertiefenden Analyse vorbehalten, die Eignung der Ansätze in der Praxis zu erproben und die Ergebnisse in die Entwicklung von Strategien zu übernehmen.

Literatur

Baker, K./Huyton, J.: Hospitality Management – An Introduction, Melbourne 2001.

Barth, K./Theis, H. J.: Hotel-Marketing, 2. Aufl., Wiesbaden 1998.

Bauer, H. H./Hammerschmidt, M./Braehler, M.: The Customer Lifetime Value Concept And Its Contribution To Corporate Valuation, Yearbook of Marketing and Consumer Research, Vol. 1, 2003, pp. 47–67.

Berger, P. D./Bolton, R. N./Bowman, D./Briggs, E./Kumar, V./Parasuraman, A./Terry, C.: Marketing Actions and the Value of Customer Assets: A Framework for Customer Asset Management, Journal of Service Research, Vol. 5, 2002, Nr. 39, S. 39–54.

Bolton, R. N.: A Dynamic Model of the Duration of the Customer's Relationship with a Continuous Service Provider, Marketing Science, Vol. 17, 1998, pp. 45–65.

Bruhn, M./Homburg, C.: Handbuch Kundenbindungsmanagement, 5. Aufl., Wiesbaden 2005.

Cornelsen, J.: Kundenwertanalysen im Beziehungsmarketing, in: Diller, H. (Hrsg.): Schriften zum Innovativen Marketing, 3. Aufl., Nürnberg 2000.

Doyle, P.: Value-based marketing, Journal of Strategic Marketing, Vol. 8, 2000, S. 299–311.

Drucker, P.: The practice of management, New York 1954.

Dwyer, R. F.: Customer Lifetime Valuation to Support Marketing Decision Making, Journal of Direct Marketing, Vol. 11, 1997, Nr. 4, S. 6–13.

Eggert, A.: Die zwei Perspektiven des Kundenwerts: Darstellung und Versuch einer Integration, in: Günter, Bernd/Helm, Sabrina (Hrsg.): Kundenwert, 3., überarb. und erweit. Aufl., Wiesbaden 2006, S. 41–60.

Fader, P. S./Hardie, B. G. S./Lee, K. L.: RFM and CLV: Using Iso-Value Curves for Customer Base Analysis, Journal of Marketing Research, Vol. 42, 2005, S. 415–430.

Friedrichs-Schmidt, S.: Kundenwert aus der Sicht von Versicherungsunternehmen, Wiesbaden 2006.

Gardini, M. A.: Marketing-Management in der Hotellerie, München 2004.

Gummesson, E.: Relationship Marketing – Von 4P zu 30R, Landsberg 1997.

Günter, B.: Kundenwert – mehr als nur Erlös: Qualitative Bausteine der Kundenbewertung, in: Günter, Bernd/Helm, Sabrina (Hrsg.): Kundenwert, 3., überarb. und erweit. Aufl., Wiesbaden 2006, S. 241–268.

Gupta, S./Hanssens, D./Hardy, B./Kahn, W./Kumar, V./Lin, N./Ravishanker, N./ Sriram, S.: Modeling Customer Lifetime Value, Journal of Service Research, Vol. 9, 2006, Nr. 2, S. 139–155.

Gupta, S./Lehmann, D. R./Stuart, J. A.: Valuing Customers, Journal of Marketing Research, Vol. 41, 2004, S. 7–18.

Helm, S.: Kundenempfehlungen als Marketinginstrument, Wiesbaden 2000.

Helm, S./Günter, B.: Kundenwert – eine Einführung in die theoretischen und praktischen Herausforderungen der Bewertung von Kundenbeziehungen, in: Günter, Bernd/Helm, Sabrina (Hrsg.): Kundenwert, 3., überarb. und erweit. Aufl., Wiesbaden 2006, S. 3–38.

Henselek, H. F.: Hotelmanagement – Planung und Kontrolle, München 1999.

Hogan, J. E./Lemon, K. N./Rust, R. T.: Customer Equity Management: Charting New Directions for the Future of Marketing, Journal of Service Research, Vol. 5, 2002, Nr. 1, S. 4–12.

Homburg, Ch.: Quantitative Betriebswirtschaftslehre – Entscheidungsunterstützung durch Modelle, 3. Aufl., Wiesbaden 2000.

Homburg, Ch./Daum, D.: Die Kundenstruktur als Controlling-Herausforderung, Controlling, Jahrgang 9, 1997, Nr. 6, S. 394–405.

Homburg, Ch./Schnurr, P.: Was ist Kundenwert?, Mannheim 1999.

Jackson, D. R.: In Quest of the Grail: Breaking the Barriers to Customer Valuation, Direct Marketing, Vol. 55, 1992, No. 3, pp. 44–47.

Jain, D./Singh, S. S.: Customer Lifetime Value Research in Marketing: A Review and Future Directions, Journal of Interactive Marketing, Vol. 16, 2002, S. 34–46.

Karadag, I./Kim, W. G.: Comparing Market-segment-profitability Analysis with Department-Profitability Analysis as Hotels Marketing-decision Tools, Cornell Hotel and Restaurant Administration Quarterly, Vol. 47, 2006, No. 2, p. 157.

Katz, E./Lazarsfeld, P.: Personal Influence, The Free Press, New York 1955.

Köhler, R.: Kundenorientiertes Rechnungswesen als Voraussetzung des Kunden-bindungsmanagement, in: Bruhn, M./Homburg, C. (Hrsg.): Handbuch Kunden-bindungsmanagement, 5. Aufl., Wiesbaden 2005, S. 404–427.

Krakhmal, V./Harris, P.: Development of customer profitability analysis in the hotel environment. Paper presented at the British Accounting Association Annual Conference, Portsmouth University, April 2006.

Krafft, M.: Kundenbindung und Kundenwert, Heidelberg 2002.

Kumar, V.: Customer Lifetime Value, in: Grover, Rajiv/Vriens, Marco (Ed.): The Handbook of Marketing Research, Thousand Oaks 2005, S. 602–627.

Kumar, V./Shah, D./Venkatesan, R.: Managing retailer profitability – one customer at a time!, Journal of Retailing, Vol. 82, 2006, Nr. 4, S. 277–294.

Lee, J./Lee, J./Feick, L.: Incorporating word-of-mouth effects in estimating customer lifetime value, Database Marketing & Customer Strategy Management, Vol. 14, 2006, Nr. 1, pp. 29–39.

Link, J.: Welche Kunden rechnen sich?, Absatzwirtschaft, 38. Aufl., 1995, No. 10, S. 108–110.

Lovelock, C./Wright, L.: Principles of Service Marketing and Management, 2nd Ed., New Jersey 2002.

Mayer, H./Illmann, T.: Markt- und Werbepsychologie, 3. Aufl., Stuttgart 2000.

McKenna, R.: Relationship Marketing: Own the Market through Strategic Customer Relationships, London 1991.

Medlik, S./Ingram, H.: The Business of Hotels, 4th Ed., Oxford 2000.

Mengen, A.: Konzeptgestaltung von Dienstleistungsprodukten: eine Conjoint-Analyse im Luftfrachtmarkt unter Berücksichtigung der Qualitätsunsicherheit beim Dienstleistungskauf, Stuttgart 1993.

Meyer, A./Ertl, R.: Kundenorientierung als Wettbewerbsfaktor, in: Betsch, O./van Hoover, E./Krupp, G. (Hrsg.): Handwörterbuch Privatkundengeschäft, Frankfurt am Main 1998, S. 171–188.

Michalski, S.: Kundenabwanderungs- und Kundenrückgewinnungsprozesse, Wiesbaden 2002.

Peter, S. I.: Kundenbindung als Marketingziel: Identifikation und Analyse zentraler Determinanten, 2. Aufl., Wiesbaden 1999.

Pfeifer, P. E./Haskins, M. E./Conroy, R. M.: Customer Lifetime Value, Customer Profitability, and the Treatment of Acquisition Spending, Journal of Managerial Issues, Vol. 17, 2005, Nr. 1, S. 11–25.

Plinke, W.: Bedeutende Kunden, in: Kleinaltenkamp, Michael/Plinke, Wulff (Hrsg.): Geschäftsbeziehungsmanagement, Berlin 1997, S. 113–158.

Poggendorf, A.: Gäste bewirten – Lebensgeister restaurieren, Hamburg 1991.

Reinartz, W. J./Kumar, V.: On the Profitability of Long-Life Customers in a Non-contractual Setting: An Empirical Investigation and Implications for Marketing, Journal of Marketing, Vol. 64, October 2000, pp. 17–35.

Rieker, S. A.: Bedeutende Kunden – Analyse und Gestaltung von langfristigen Anbieter-Nachfrager-Beziehungen auf industriellen Märkten, Wiesbaden 1995.

Rosada, M.: Kundendienststrategien im Automobilsektor, Berlin 1990.

Rudolf-Sipötz, E.: Kundenwert: Konzeption – Determinanten – Management, Bamberg 2001.

Rudolf-Sipötz, E./Tomczak, T.: Kundenwert in Forschung und Praxis, St. Gallen 2001.

Rust, R. T./Lemon, K. N./Zeithaml, V. A.: Return on Marketing: Using Customer Equity to Focus Marketing Strategy, Journal of Marketing, Vol. 68, 2004, S. 109–127.

Schirmeister, R./Kreuz, C.: Der investitionsrechnerische Kundenwert, in: Günter, Bernd/Helm, Sabrina (Hrsg.): Kundenwert, 3., überarb. und erweit. Aufl., Wiesbaden 2006, S. 311–333.

Schmittlein, D. C./Morrison, D. G./Colombo, R.: Counting Your Customers: Who Are They And What Will They Do Next?, Management Science, Vol. 33, 1987, Nr. 1, S. 1–20.

Scholl, M./Heinzer, M. M.: Systematische Kundenbewertung als Methode zur Optimierung der Marktbearbeitung im Pharmamarkt, in: Bruhn, M./Homburg, C. (Hrsg.): Handbuch Kundenbindungsmanagement, 5. Aufl., Wiesbaden 2005, S. 800–817.

Thomas, J. S.: A Methodology for Linking Customer Acquisition to Customer Retention, Journal of Marketing Research, Vol. 38, 2001, S. 262–268.

Venkatesan, R./Kumar, V.: A Customer Lifetime Value Framework for Customer Selection and Resource Allocation Strategy, Journal of Marketing, Vol. 68, 2004, S. 106–125.

Walker, J. R.: Introduction to Hospitality, New Jersey 2006.

Wang, P./Spiegel, T.: Database Marketing and its Measurements of Success: Designing a Managerial Instrument to Calculate the Value of a Repeat Customer Base, Journal of Direct Marketing, Vol. 8, 1994, No. 2, pp. 73–81.

Weber, J./Lissautzki, M.: Kundenwert-Controlling, Vallendar 2004.

Zeithaml, V. A./Bitner, M. J./Gremler, D. D.: Service Marketing Integrating Customer Focus Across the Firm, 4th Ed., New York 2006.

Internetplattformen als Distributionskanal in der Hotellerie am Beispiel von hotel.de

Heinz Raufer, Wibke Garbarukow und Caroline Gassen

1 Einführung

Reisen bedeutet grenzenlose Mobilität. So sollte auch die Organisation von Übernachtungen schnell und unkompliziert funktionieren. Die Entwicklung der letzten Jahre zeigt, dass das Internet in diesem Zusammenhang stetig an Bedeutung gewinnt. Besonders Geschäftsreisende buchen zusehends online: Während in 2004 noch 31 % der Unternehmen angaben, ihre Hotelzimmer über das vergleichsweise teure Reisebüro zu buchen, waren es in 2006 nur noch 17 %. Dagegen buchten in 2006 schon ein Drittel der Unternehmen online über Internet-Portale wie hotel.de oder die hoteleigene Website, so die VDR-Geschäftsreiseanalyse 2006. Als schnelles Medium mit unmittelbaren Möglichkeiten der Aktualisierung, Pflege und des Vergleichs bietet das Internet Buchungskunden den Komfort, Preise von Hotelzimmern von zuhause oder der Firma aus zu vergleichen und direkt zu reservieren. Es entfallen Zwischenschritte wie der Gang ins Reisebüro, das Wälzen von Katalogen, auch der Griff zum Telefon ist nicht mehr nötig. Medienspezifische Services wie interaktive Karten, umfangreiches Bildmaterial und die Abfrage von Preisen verschiedener Anbieter in einer Ebene verleihen dem Buchungskunden ein Mehr an Flexibilität, Transparenz und Selbstständigkeit. Doch das Internet ist nicht nur flexibler als andere Vertriebskanäle: Es bietet den verschiedenen Partnern im Buchungsprozess vielfache und unkomplizierte Möglichkeiten der Information, der Eigendarstellung und Vergleichbarkeit. Suchmaschinen wie Google agieren als Multiplikatoren und somit neues Marketinginstrument. Vernetzung, Vergleichbarkeit und Schnelligkeit machen das Internet daher zum modernen Distributionskanal erster Wahl für die Hotellerie.

2 Zielgruppen der Online-Buchung

Die Gründer von hotel.de haben die Entwicklung des Reisemarkts über das Internet frühzeitig erkannt und vernetzen über die Buchungsplattformen www.hotel.de sowie www.hotel.info Buchungskunden (Geschäfts- und Privatkunden) und Hotels miteinander. Davon profitieren alle Partner: Hotels erhalten einen zusätzlichen, kostensparenden und unaufwändigen Vertriebs- und Vermarktungsweg. Das Angebot kann dabei binnen kürzester Zeit aktualisiert und gepflegt werden. Durch den Zugang zu einem breiteren Kundenstamm und eine zielgruppengenaue Werbung über das Internet besteht die Möglichkeit zur Vergrößerung des Umsatzes mit relativ geringem Kosten- und Personalaufwand. Der Kunde profitiert wiederum von einem breiten, weltweiten Hotelangebot und der Kostentransparenz: Er kann alle vorhandenen Raten in einem Schritt nebeneinander einsehen und prüfen. Dadurch erzielt er eine Kostenersparnis von bis zu 30% im Vergleich zur Buchung direkt im Hotel oder über das Reisebüro. Unternehmen profitieren sogar von Preisvorteilen von durchschnittlich 40% aufgrund spezieller Firmenraten.

Darüber hinaus integrieren Partner wie der Varta-Führer, Airport Nürnberg oder die Bahn das Hotelangebot von hotel.de auf ihrer Website, wodurch die Erschließung neuer Kundenkreise ermöglicht wird. Heute ist hotel.de in einem starken Partnernetzwerk von etwa 12.000 kooperierenden Reiseportalen, Städteseiten und Geschäftsreisediensten eingebunden. Somit wird hotel.de dem eigentlichen Wortsinn des „Internets" (etwa: „Verbundnetz" oder „Netzwerk") gerecht: einer Vernetzung zwischen verschiedenen Partnern und Zielgruppen und ein daraus folgendes gegenseitiges Profitieren. hotel.de bietet nicht nur an, sondern verbindet miteinander, sodass alle Seiten gewinnen.

3   Gründung und Geschichte von hotel.de

Die hotel.de AG wurde 2001 gegründet und ist seitdem im stark wachsenden Markt für Online-Hotelbuchungen tätig. Am Beginn eines guten Geschäftsmodells steht eine Idee – und eine Lösung. Das Internet bot 2001 zwar bereits Informationsseiten über Hotels, der Buchungsvorgang selbst erwies sich jedoch meist als mühsamer Umweg über Fax und Telefon. Dies machte die Buchung zeit- und kostenintensiv, und zwar sowohl für Buchungskunden- als auch für die Hotelseite. Aus diesem Bedarf heraus entstand das Geschäftsmodell von hotel.de. Als Vermittler zwischen Buchungskunden auf der Nachfrageseite und Hotels auf der Anbieterseite bietet hotel.de einen umfassenden internetbasierten Reservierungsdienst für Hotelübernachtungen. Indem hotel.de sowohl für den buchenden Kunden als auch für buchende Unternehmen sowie die anbietenden Hotels ständig neue Tools wie etwa die Business-Anwendung entwickelt, hält es mit den Entwicklungen des Online-Markts Schritt und erschließt neue Wege der Kundenbindung. hotel.de als Mittler nutzt also den Multiplikations-Effekt des Internets und kann dadurch allen am Hotelbuchungsvorgang beteiligten Parteien Kosten- und Zeitvorteile erschließen.

Geschäfts- und Privatkunden buchen über hotel.de und hotel.info weltweit schnell und kostenfrei Hotels aller Kategorien zu tagesaktuellen Vorzugspreisen. Dies geschieht insbesondere online über die Internetseiten www.hotel.de und www.hotel.info, aber auch telefonisch über das unternehmenseigene mehrsprachige 24-Stunden-Callcenter. Dabei profitieren die Buchungskunden in mehrfacher Hinsicht. Im Vergleich zu anderen Buchungswegen, z. B. Reisebüros, kann der Kunde über hotel.de erhebliche Preisvorteile erzielen. Diese resultieren insbesondere aus den vergünstigten Zimmerpreisen, die das Unternehmen aufgrund der hohen, über hotel.de abgewickelten Buchungsvolumina vermitteln kann. Zudem profitieren Kunden von der Bestpreis-Garantie bei Zimmerpreisen und dem „Freenights"-Prämienprogramm. Ferner zeigt hotel.de alle verfügbaren Zimmerpreise eines Hotels an, sodass der Kunde immer den günstigsten bzw. passenden Zimmerpreis nach dem Best-Buy-Prinzip wählen kann. Die Buchung erfolgt anschließend online oder telefonisch ebenso einfach wie komfortabel.

Auf der Anbieterseite bietet hotel.de angeschlossenen Hotels einen zusätzlichen Vertriebskanal mit hoher Reichweite und besonderer Zielgruppengenauigkeit. Neben dem hotel.de-eigenen Reservierungssystem myRES ermöglicht die Integration externer Hotelreservierungssysteme, sogenannter Central Reservation Systems (CRS), auf der hotel.de-Buchungsplattform den angeschlossenen Hotels, ihr gesamtes Zimmerkontingent je nach gegenwärtiger Verfügbarkeit automatisch bei hotel.de zu aktualisieren. So entfällt für Hotels die zeitraubende manuelle Pflege der Zimmerkontingente, welche üblicherweise einen hohen Anteil der eigenen Vertriebskosten ausmacht. hotel.de bietet gegenüber dem hoteleigenen Vertrieb, anderen Online-Reiseanbietern oder Reisebüros häufig neben einer höheren Reichweite somit auch einen kostengünstigeren Vertriebskanal. Um seinen Kunden ein möglichst individuelles Leistungspaket anzubieten, hat hotel.de ein zielgruppengenaues Provisionsmodell entwickelt:

Für die Aufnahme eines Hotels auf den Internetseiten des Anbieters, www.hotel.de und www.hotel.info, entstehen keine Fixkosten. Grundlage für die Listung bildet ein schriftlich fixierter Partnervertrag. Variable Provisionssätze für vermittelte Buchungen sind ab 10 % möglich. Die vertraglich vereinbarten Provisionssätze gelten für alle angeschlossenen Reservierungssysteme. Das Sockelmodell stellt die sogenannte Premium-Partnerschaft dar. Daneben gibt es die Preferred-Partnerschaft mit 12 % Provision. Die Wahl dieses Partnermodells gewährleistet eine bessere Positionierung in den Destinationssuchlisten und gleichzeitig eine gesteigerte

Auffindbarkeit durch die Buchungskunden. Bei dem On-Top-Modell Preferred Select können die Hotels zusätzlich mittels Bieterfunktion die Positionierung Ihres Hotels eigenständig und tagesaktuell optimieren.

Eine allgemeine Buchbarkeit des Hotels, entweder über das hotel.de-eigene Online-Reservierungssystem „myRES" oder über ein externes, angeschlossenes Reservierungssystem ist verpflichtender Bestandteil einer Listung. Der ebenfalls vertraglich vereinbarte Grundeintrag des Hotels umfasst die Hotelstammdaten, vordefinierte Standardinformationen über das Hotel, sowie die Einbindung von bis zu zehn Bildern. Die Listung eines Hotels kann aufgrund der vom Vermittler vorgegebenen Suchkriterien von der vertraglich vereinbarten Standardlistung abweichen. Das Destinationsranking auf den Internetseiten des Anbieters ist abhängig vom gewählten Partnerschaftsmodell, der Kommissionshöhe und der Buchungshäufigkeit.

Bei allen Partnermodellen ist die Einhaltung der Bestpreisgarantie obligatorisch. Das Hotel versichert, bei hotel.de und allen angeschlossenen Partnerseiten stets den günstigsten buchbaren Preis zur Verfügung zu stellen. Der Bestpreis – zumindest Preisparität am Buchungstag – gilt für alle Distributionswege, inklusive der angeschlossenen Partnerseiten und der hoteleigenen Webseite, sowie für telefonische Anfragen. Rechnungen für Buchungsprovisionen werden monatlich erstellt und dem Hotel zugesandt. Mittels Zusatzvereinbarung kann ein direkter Weblink auf der hoteleigenen Homepage integriert werden. Diese Verlinkung ist gebührenpflichtig (abhängig von der Anzahl der Zimmer im Hotel) und kann optional als Vertragsbestandteil gewählt werden. Die Präsentation des Hotels wird verbessert, und den Buchungskunden wird die Möglichkeit gegeben, das Hotel direkt oder über hotel.de zu buchen.

Bereits heute verzeichnet hotel.de jeden Monat etwa 30 Mio. Seitenaufrufe mit etwa 2,5 Mio. Besuchern und vermittelt monatlich mehr als 480.000 Übernachtungen. Zu den rund 2,5 Mio. registrierten Buchungskunden kommen derzeit täglich etwa 2.100 neue hinzu. Durch die Fokussierung auf die buchungsstarken Geschäftskunden erreichte hotel.de in 2007 ein Buchungsvolumen von 306 Mio. € (Vorjahr: 214 Mio. €). Bereits in den ersten sechs Monaten 2008 betrug das Buchungsvolumen 208,5 Mio. € im Vergleich zu 144 Mio. € im ersten Halbjahr 2007. Dies entspricht einer Steigerung von rund 44,8 %. Vor allem die Kombination der drei Stärken „Hotelangebot", „Service" und „Technik", auf denen der Erfolg des Geschäftsmodells von hotel.de beruht, verschafft dem Unternehmen nach eigener Einschätzung einen Vorsprung gegenüber Wettbewerbern und macht es auch als Kooperationspartner interessant. So hat hotel.de mit mehr als 15.000 Reise-büros und Online-Reise-Sites, wie z. B. marcopolo.de, berlin.de und bahn.de, ein ausgedehntes Kooperationsnetzwerk geschaffen.

Nach der Etablierung der Marke hotel.de im deutschsprachigen Raum fokussiert sich die Gesellschaft nun zunehmend auf die Expansion ins europäische Ausland und trägt dadurch auch der Internationalisierung des Marktes durch das Internet Rechnung. Bislang ist wettbewerbsseitig ein zu hotel.de genau vergleichbares Angebot für Firmenkunden im Ausland noch nicht etabliert. Das Unternehmen strebt daher mittel- bis langfristig auch im europäischen Ausland die Marktführerschaft bei der Vermittlung von Hotelübernachtungen insbesondere für Geschäftskunden an.

Seit dem 1. Januar 2007 vermittelt hotel.de auch Tagungen: Die Gesellschaft hat die Tagungsdatenbank, das Online-Buchungssystem sowie den Kundenstamm des Tagungsvermittlers intergerma Marketing GmbH und Co. KG, Hamm über-nommen. Durch diese Übernahme wird hotel.de zum führenden Online-Service für die Reservierung von Tagungs- bzw. Konferenzhotels. hotel.de wird in diesem Segment nicht ausschließlich Übernachtungen, sondern auch Tagungspauschalen vermitteln. Der durchschnittliche Buchungsumsatz im Tagungsbereich ist mehr als 15-mal so hoch wie bei Einzelübernachtungen. Jede dritte Hotelbuchung in Deutschland hängt mit Tagungen zusammen.

Insbesondere im Hinblick auf die Expansion des Internets ist es der hotel.de AG wichtig, mit Leistungen zu reagieren, die gleichermaßen auf seine verschiedenen Partner (also Buchungskunden und Hotels) zugeschnitten sind und diesen einen erkennbaren Vorteil bieten. Aus diesem Grund erweitert hotel.de kontinuierlich seinen Service in verschiedene Richtungen, wie etwa die Bestpreis-Garantie so-wie die Buchbarkeit von Tagungspauschalen für Firmenkunden. Der Kunde soll über hote .de ein breites Angebot einsehen können, aus dem er in logischen und einfachen Schritten das für ihn Interessanteste auswählt. Zur Unterstützung hält hotel.de einen breiten Service-Bereich bereit, der den Kunden sowohl beim Bu-chungsvorgang selbst wie auch z. B. bei Umbuchungen, Stornierungen oder mög-lichen Problematiken unterstützt. So wurde z. B. die Erreichbarkeit des Service-Centers auf 24 Stunden an sieben Tagen die Woche erhöht. Trotz der Möglichkeit der Online-Buchung bleibt hotel.de damit im wahrsten Sinn des Wortes persön-licher Ansprechpartner für seine Kunden, die eine Buchung lieber telefonisch abwickeln möchten oder bei Komplikationen in der Reiseplanung einen konkreten

Gesprächspartner wünschen. Informationen erhalten Kunden auch über den Newsletter: So versendet hotel.de nicht nur zweimal monatlich einen Buchungskunden-Newsletter an inzwischen 1,5 Mio. Empfänger im deutschsprachigen Raum, sondern bietet inzwischen auch eigene Newsletter für Business- und Luxuskunden, Travelmanager, Hotels und Affiliates, einen internationalen Newsletter, einen für britische und französische Privat- und Geschäftskunden sowie für Kunden in Italien und Spanien. Über den hotel.de-Newsletter erreicht die Hotellerie in Form von Gewinnspielen oder der Bewerbung einer speziellen Rate bzw. eines bestimmten Angebots oder Hotels ganz unaufwändig seine potenzielle Zielgruppe.

4 Spezielle Vorteile und Features

hotel.de hat in den letzten Jahren neue Anwendungen und Services auf seiner Website etabliert, von denen im Folgenden einige vorgestellt werden sollen. Wie kein anderes Medium bietet das Internet die Möglichkeiten der Vergleichbarkeit und Auswahl eines Produkts oder einer Dienstleistung. Da ist es umso wichtiger, dass ein Online-Dienstleister sein Produkt, insbesondere die Preise, transparent und auch erklärbar macht. Der Internet-Bestpreis von hotel.de garantiert dem Kunden, dass das betreffende Hotel bei hotel.de für alle Ratentypen und Zeiträume stets den im Internet günstigsten buchbaren Preis zur Verfügung stellt. Der hotel.de-Kunde erlangt hierdurch ein hohes Maß an Preissicherheit. Die zeitaufwändige Suche nach dem günstigsten Zimmerpreis über andere Kanäle oder Dienste entfällt. Bucht ein Kunde über www.hotel.de eines gekennzeichneten Hotels zum Bestpreis und findet er im Anschluss tatsächlich anderweitig eine noch günstigere Rate für denselben Zeitraum und die gleiche Leistung, übernimmt das Hotel den Differenzbetrag. Dazu haben sich die teilnehmenden Hotels verpflichtet. Wenn ein Hotel auf hotel.de mit Bestpreis gekennzeichnet ist, heißt das also, dass man es auf keiner anderen Onlinesite noch günstiger findet.

Neben der Preisübersicht bietet das Internet einen breiten Katalog an besonderen technischen Anwendungsmöglichkeiten, die für den Kunden ein Mehr an Komfort bedeuten. So ist zum Beispiel bei einigen Raten eine kostenlose Stornierung bis 18 Uhr am Anreisetag möglich. Andere Raten bieten, ähnlich der Handhabung im Reisebüro, Frühbucherrabatte und Last-Minute-Preise. Die Bezahlung erfolgt auch hier bei Abreise im Hotel.

Mobilität und Flexibilität als Schlüsselkompetenzen veranlassen die hotel.de AG zur Erschließung und Kombination neuer Vertriebswege: In Zeiten rapide zunehmender Mobilität entstehen täglich unzählige Situationen, in denen der Reisende spontan die nächstgelegene, kostengünstige Übernachtungsmöglichkeit sucht. Im Juni 2007 brachte hotel.de deshalb gemeinsam mit Elektrobit, dem führenden Softwarelieferanten für Navigationsgeräte, die Hotelreservierung „vom Auto aus" erfolgreich an den Verkaufsstart. Im Rahmen eines Initialprojekts wurden die Daten der europäischen Hotels von hotel.de in die aktuelle Verkaufsversion des Medion-Navigationsgeräts integriert und buchbar gemacht. Die Auswahl des Hotels erfolgt anhand einer vereinfachten Informationsbereitstellung und Benutzerführung, die Buchung selbst über landesspezifische Freecall-Nummern. Der Anrufer landet im hotel.de-eigenen 24-h-Servicecenter und wird dort in seiner Landessprache bedient. Die Distribution erfolgt zukünftig europaweit über die etablierten Discounter-Handelsketten von Aldi & Co.

Der Geschäftsreisemarkt als stark wachsender Sektor mit breiter Nachfrage stellt das Kerngeschäft von hotel.de dar. Die Anzahl der Geschäftsreisenden steigt mit jedem Jahr, neben Hotelzimmern werden immer mehr zusätzliche Leistungen wie etwa die Tagungsvermittlung gewünscht. Geschäftsreisekosten stellen für Großunternehmen den zweitgrößten Kostenblock nach den Personalkosten dar. Hier greift das Business-Portal von hotel.de: Neben der Zeitersparnis durch den unaufwändigen Buchungsweg ergeben sich weitere Einsparpotenziale aus den vergünstigten, eigens für Firmen verhandelten Raten. Der Geschäftskunde kann dabei sowohl die individuell zwischen Unternehmen und Hotel verhandelten Nettoraten sowie auch von hotel.de ausgehandelte Firmen-Sonderraten (sogenannte Consortia Rates) direkt buchen. Die Bereitstellung des hotel.de-Angebots erfolgt unkompliziert entweder über die Integration in das firmeneigene Intranet oder durch einen passwortgeschützten Internet-Zugang zum hotel.de-Großkunden-Bereich unter der Adresse www.hotel.de/firmenname. Das wesentliche Alleinstellungsmerkmal besteht im hotel.de-Best-Buy-Prinzip für Firmenkunden: Neben den Firmenraten werden dem Geschäftskunden gleichzeitig alle öffentlich zugänglichen hotel.de-Raten angeboten, sodass er auch dann die günstigste Hotel-Rate wählen kann, wenn (wie aktuell immer häufiger der Fall) einmal eine öffentlich zugängliche Promotion-Rate günstiger ist als eine Großkunden-Rate. Ein weiterer Vorteil von hotel.de besteht in der einzigartigen Integration mehrerer hoteleigener Reservierungssysteme (sogenannte CRS bzw. PMS) unter einer einheitlichen Benutzeroberfläche.

Die Firmenkundenanwendung von hotel.de begegnet den notwendigen Investitionen von Unternehmen in das Travel-Management mit detaillierten, leicht zu handhabenden Tools, die neben der vergünstigten Zimmerbuchung noch eine Menge mehr bieten: detaillierte Auswertung nach Personen, Hotels, Firmenstruktur, Anzeigen des Buchungsvolumens, Umkreissuche (z. B. nach Stadt, Messe), interaktive Karten, kostenfreie Integration in das Firmen-Intranet, Hinterlegung verhandelter Nettoraten, Travel-Arrange-Funktion (mit Profilverwaltung), Gesamtbuchungsübersicht, Hinterlegung von Firmenstandorten, internationale Freecall-Nummern, MIS-Online-Statistik, last room availibilty, Hinterlegung von Rechnungsadressen, Reiserichtlinien, Preisobergrenzen, einfache Stornierung und Umbuchung sowie die Hotelbewertung. Von besonderem Interesse für Unternehmen ist das Tagungstool von hotel.de: Mit diesem erweitert die Gesellschaft ihr Geschäftsmodell und forciert die Vermittlung von Tagungspauschalen, die in der Regel Verpflegung und Standardtechnik sowie entsprechende Räumlichkeiten umfassen. Mit dem „all in one"-Angebot bucht der Firmenkunde nun beide Leistungen über nur einen Account. Die Umsätze hieraus werden zudem über eine einheitliche Statistikfunktionalität abgebildet. Der Kunde findet bei der Suche nach einem für ihn geeigneten Tagungshotel über hotel.de ausführliche Hotelpräsentationen bis hin zu Skizzen und Infos der Räume. Dies und weitere wichtige Funktionen, wie z. B. ein interaktives Online-Verhandlungsmodul, ein Teilnehmer-Management, das umfassende Statistiktool und Umsatzberichte, ermöglichen es dem Buchungskunden, sowohl Hotel- als auch Prozesskosten bis zu 50 % zu reduzieren. Durch den neuen Service spart der Firmenkunde künftig bei der Tagungsbuchung Zeit und Geld, während die hotel.de-Partnerhotels hohe Tagungsumsätze erzielen können. Auch hier vernetzen sich also wiederum Interessen von Businesskunden und anbietenden Hotels zum beiderseitigen Vorteil, ermöglicht durch die vielfältigen technischen Möglichkeiten des Internets.

Das Internet als interaktives Medium offeriert aber auch erweiterte Wege der Qualitätssicherung. Dies ist insbesonders wichtig, da im Netz eine Vielzahl von Angeboten ungefiltert und scheinbar gleichwertig nebeneinander existieren. Das Qualitätssiegel von hotel.de ist der „Preferred"-Status. Hotels mit diesem Status zeichnen sich z. B. durch eine gute Verkehrsanbindung, exzellenten Service und ein hervorragendes Preis-Leistungs-Verhältnis aus. Gerade im Dienstleistungssektor ist das Feedback des Kunden richtig und wichtig; zudem hält es wach, immer wieder die Stellschrauben für den eigenen Service anzuziehen und Kundenwünsche wahrzunehmen. Hier bietet das Internet erweiterte Möglichkeiten zum Kunden-Feedback, die hotel.de nutzt:

Seit Februar 2007 steht den Buchungskunden daher mit der Hotelbewertung ein weiteres wichtiges Kriterium zur Auswahl des Wunschhotels zur Verfügung. So kann der Kunde neben den bewährten Suchkriterien nun auch auf die Erfahrungen anderer Hotelgäste zurückgreifen. Basis sind Hotelbewertungen, die die Buchungskunden bei hotel.de direkt nach ihrer Abreise für unterschiedliche Kriterien wie zum Beispiel Zimmerqualität, Lautstärke, Sauberkeit, Freundlichkeit und Kompetenz des Personals, Preis-Leistungs-Verhältnis etc. auf einer Skala von 1–5 abgeben. Der Reisende erhält nach Abreise vom Hotel eine Nachricht mit der Bitte um Bewertung. Missbrauch ist also ausgeschlossen: Hier können nur die Kunden ein Hotel bewerten, in dem sie wirklich übernachtet haben. Das internationale Portal www.hotel.info macht den Kunden mittlerweile 500.000 Hotelbewertungen zugänglich.

5 Ausblick

Dass das Online-Vertriebsmodell von hotel.de erfolgreich funktioniert und wächst, zeigt sich an den aktuellen Entwicklungen: Meilensteine wie steigende Umsatzzahlen, der erfolgreiche Börsengang und die kontinuierlichen Schritte in die Internationalisierung sind wichtige Indikatoren für Nutzen und Rentabilität der Gesellschaft. Das Unternehmen startete 2001 mit nur zwölf Mitarbeitern, im Jahr 2006 beschäftigte das Unternehmen im Durchschnitt bereits 299 Mitarbeiter, aktuell sind es knapp 500. Auch Auszeichnungen wie z. B. der Jobstar 2006, der Gründerpreis 2006, der Entrepreneur des Jahres 2006 oder der Deloitte Technology Fast 50 Award geben dem Geschäftsmodell Recht und den Machern neue Motivation.

Bedeutendster Schritt war der gelungene Gang an die Frankfurter Börse am 20. Oktober 2006, der hotel.de eine hohe Medienaufmerksamkeit als aufstrebendes Unternehmen mit glänzenden Zukunftsperspektiven im Bereich Hotelreservierungen im Internet bescherte. Damit flossen dem Unternehmen neue Mittel zu, mit denen nun vorwiegend die Auslandsexpansion deutlich intensiviert wird. Bislang ist ein zu hotel.de genau vergleichbares Angebot für Firmenkunden im fremdsprachigen Ausland noch nicht etabliert. Die Gelegenheit ist somit günstig, sich auch dort zu positionieren. Ziel ist es, mittel- bis langfristig europaweit zu einem der führenden Online-Vermittler von weltweiten Hotelübernachtungen für Geschäftskunden zu werden.

Im Zuge der Internationalisierung wurde die internationale Marke hotel.info geschaffen. International startete bereits in 2006 das Firmenkunden-Programm von hotel.de in Großbritannien und in 2007 in Frankreich. Um die Akquisition neuer Geschäftskunden und Hotels zu unterstützen, sind nun in beiden Ländern Mitarbeiter in einer Niederlassung tätig. Mit den Ländern Spanien und Italien wurde die Expansionsstrategie fortgeführt. Verglichen mit dem Start in Deutschland vor fünf Jahren war der Markteintritt im Ausland wesentlich einfacher. Hier zeigt sich, wie wichtig und wertvoll das bereits etablierte und weltweite Hotelangebot von hotel.de ist. Die starke Kundenbindung und der hohe Anteil an Geschäftskunden erleichtern den Eintritt in die neuen Märkte, da nun viele Tochter-, Schwester und Mutterunternehmen hiesiger Firmenkunden hotel.info schon mit Beginn der Freischaltung nutzen. Die Erfolge im Ausland zeigen sich auch im Zahlenwerk. So konnten die Auslandsumsätze 2007 um fast 46,5 % gesteigert werden. Damit erlöst das Unternehmen bereits rund ein Drittel seiner Umsätze im Ausland. Insgesamt steigerten sich die Umsätze im abgelaufenen Geschäftsjahr 2007 auf 25,9 Mio. € gegenüber 19,6 Mio. € im Vorjahr.

Die bisherigen Entwicklungen zeigen der Gesellschaft, dass sie mit ihrem Konzept auf dem richtigen Weg ist. Auch bei zukünftigen Planungen werden Service und die aktuellen technischen Möglichkeiten Leitgedanke sein, da die Betreiber von hotel.de der Überzeugung sind, dass die Buchung über das Internet zeitgemäß, flexibel und sicher ist.

Elektronische Distribution und Systemintegration in der Hotellerie

Peter Agel

1 Einleitung

Die Hotellerie kennt wie jedes andere Dienstleistungs- oder Produktionsgewerbe den direkten und den indirekten Vertrieb. Dabei werden die Partner des indirekten Vertriebs oftmals mehr als notwendiges Übel denn als wichtige Distributionspartner betrachtet. Kosten diese doch Geld in Form von Kommissionen, Buchungs- oder Listungsgebühren. Aber selbst im Zeitalter des Internets mit neuen, direkten Vertriebsmöglichkeiten, etwa über die eigene Hotelwebseite, behalten die Vertriebspartner ihre Stellung.

2 Direktkontakt mit dem Gast

Der klassische Hotelvertrieb setzt auf den Direktkontakt mit dem Gast und Bucher. Genau daraufhin sind die sogenannten Property Management-Systeme (PMS) konzipiert. Solche Systeme werden seit mehr als 30 Jahren vor allem im Front-Office-Bereich und in den Reservierungsstellen einzelner Hotels eingesetzt. Direktvertrieb zielte zuallererst auf den direkten Kontakt mit dem Bucher und künftigem Gast per Brief, Fax, Telefon oder einfach dem sogenannten „walk in" ohne vorherige Buchung. Erst später sind E-Mails oder neuerdings der Direktvertrieb über die hoteleigene Webseite dazugekommen.

Als Property Management-System (PMS) wird Software bezeichnet, die am Front Office von Hotels für die Verwaltung der Zimmer und Gäste eingesetzt wird. Im Einzelnen lassen sich für PMS folgende Kernfunktionen benennen:

- **Stammdatenverwaltung**, z. B. Zimmerdaten, Status, Kategorien, Preise
- **Reservierungsauftragsbearbeitung**, z. B. An-, Abreise, Gast- und Leistungsdaten
- **Gruppengeschäft**, z. B. Bearbeitung von Kontingenten
- **Gästekarteien/Gästehistorie**, z. B. vergangene und zukünftige Reservierungen
- **Ankunft, Verwaltung und Abreise der Gäste**, z. B. Check-in, Zimmerstatus
- **Housekeeping**, z. B. Zimmerstatus, Fundsachenverwaltung, Haustechnik
- **Rezeptionskassenverwaltung**, z. B. Stornierung von Posten
- **Night-Audit-Funktion**, z. B. Tagesabschluss und Übergabe an Buchhaltungssysteme
- **Berichtswesen**, z. B. diverse Statistiken und Warnmeldungen

- **Debitorenverwaltung**, z. B. offene Posten, Einnahmen/Ausgaben, Kommissionen
- **Schriftverkehr/Marketing**, z. B. Vorlagen für Nachrichten an Gäste
- **Schnittstellen**, z. B. zu Kassensystemen, Telefonanlagen, Video- und TV-Systemen, Schließkartensystemen, Minibar, aber auch zu externen Revenue Management- und Yield-Systemen sowie Back-Office-Systemen wie Finanzverwaltung, Buchhaltung usw. einschließlich großer Unternehmenslösungen (z. B. SAP, Oracle)

Insgesamt agieren etwa 60 Softwarehäuser für Hotel-PMS auf dem deutschen Markt, weltweit viele hundert und Tausende von Eigenentwicklungen. Die bedeutendsten Anbieter von PMS für Hotels in Deutschland sind Micros-Fidelio, Amadeus Hospitality (vormals Hogatex), Protel sowie Gubse. Weltweit ist Micros-Fidelio der größte Anbieter, wenngleich der Marktanteil 10 % nicht übersteigen dürfte. Andere Systeme haben sich u. a. deshalb nicht global durchsetzen können, weil diese z. B. nicht die steuerlichen und rechtlichen Rahmenbedingungen der jeweiligen Länder sowie derer Sprach- und Schrifttypen konfigurieren können.

Die technische Konzeption der heutigen PMS hat sich über die Jahre nicht grundlegend verändert. Vor allem der Sachverhalt, dass die PMS alleine nicht mit der zunehmend größer und komplexer werdenden Zahl der elektronischen Vertriebswege verbunden werden können, stellt für die Industrie eine Herausforderung dar. Deshalb stoßen reine Property Management-Systeme mehr und mehr an ihre Grenzen. Denn diese sind weitestgehend daraufhin konzipiert, den Gast von der Anreise bis zur Abreise zu „verwalten" und den traditionellen, direkten Hotelvertrieb zu steuern.

3 Indirekter Vertrieb über Hotelreservierungssysteme

Hotels können allerdings die Möglichkeiten zentraler Hotelreservierungssysteme (Hotel-CRS) nutzen. Denn im indirekten Vertrieb kennt die Hotelerie traditionell die Reisebüro- und Veranstalterwelt. Und diese Systeme sowie die täglich wachsene Zahl von Partnern und Partnersystemen können durch Hotel-CRS bedient werden: Callcenter, zentrale Verkaufsbüros von Hotelgesellschaften oder Hotelkooperationen, sogenannte Switchsysteme, die Reservierungssysteme der Fluggesellschaften (Global Distribution Systems = GDS), zahlreiche Reisebüro- und Veranstaltersysteme, Reisesysteme großer Firmen, Online-Portale, Suchmaschinen, u. v. m.

4 Die Rolle der zentralen Hotelreservierungssysteme

Aus diesen Gründen haben zum einen sogenannte zentrale Reservierungssysteme und Dienstleister Einzug in die Hotellerie gehalten. Diese können in der Regel viele der erforderlichen Vertriebskanäle einbinden und ermöglichen den Hotels und den Hauptverwaltungen der Hotelgruppen ein zentrales Management der Zimmer und deren Verfügbarkeiten.

Große Hotelgesellschaften wie z. B. Marriott („Marsha"), Hilton („Hilstar"), Accor („Tars"), Carlsson/Radisson („CurtiC") oder Best Western („Lynx") betreiben ihre eigenen Central Reservation Systems, managen deren IT-Entwicklung und verwalten diese Eigenentwicklungen. Dazu gehören auch die Verbindungen zu den Partnern der indirekten Vertriebswelt. Diese Gruppen erlauben etwa ihren Management- oder Franchisepartnern die Systemnutzung und bieten weitere Vertriebs- und Marketingaktivitäten an.

Daneben bedienen sich viele Hotelgesellschaften und Einzelhotels sogenannter Hotel-CRS-Dienstleister wie z. B. Pegasus, SynXis, TRUST, ihotelier oder myfidelio.net. Bei diesem Geschäftsmodell zahlen die Hotels und Hotelgesellschaften für die gemeinsame Nutzung der jeweiligen Hotel-CRS-Systeme und ersparen sich damit kostenintensive technische Weiterentwicklungen, Systemverwaltung, technische (Hardware, Rechenzentrum) und Kommunikationsinfrastruktur. Je nach Anbieter können neben der CRS-Dienstleistung auch Repräsentations- und verkaufsfördernde Services bezogen werden.

5 Hotelvertrieb über die internationale Reisebürowelt

Die vergangen etwa 30 Jahre waren im indirekten Vertrieb stark geprägt von den in der globalen Reisebürowelt eingesetzten Systemen. Die international operierenden Global Distribution Systems (GDS) sind aus den Computer-Reservierungssystemen (CRS) von Fluggesellschaften entstanden. Airline-CRS (bzw. GDS) sind elektronische Medien zum Vertrieb von Reiseleistungen, die den Benutzer über Leistungen, Preise und Vakanzen informieren und ihm den Kauf (Buchung, Reservierung) über ein Terminal ermöglichen. Die GDS waren ursprünglich Systeme, die für die interne Verwaltung der angebotenen Flugplätze genutzt wurden. Mit einer Verbesserung der externen Kommunikationssysteme wurden auch andere Fluglinien und Reisemittler an die GDS angeschlossen. In den 1970er-Jahren wurden erstmals ergänzende Leistungen wie Hotels und Mietwagen in die GDS integriert. Insgesamt spielen hierbei vier Systeme eine Rolle:

Das ursprünglich von American Airlines und IBM Anfang der 1960er-Jahre gegründete älteste GDS Sabre (die Abkürzung bedeutet: „semi-automated business research environment"), das Unternehmen Apollo, das durch United Airlines zu Beginn der 1970er-Jahre entstanden ist und heute Galileo heißt; dann das von Lufthansa, Air France, Iberia und SAS Mitte der 1980er-Jahre gegründete System Amadeus und schließlich das 1990 entstandene jüngste System Worldspan, als ursprüngliches CRS von Delta Airlines, Northwest Airlines und TWA.

Heute sind diese Systeme allerdings nicht mehr im direktem Eigentum von Fluggesellschaften (Ausnahme: Amadeus, wo Fluggesellschaften noch einen kleinen Anteil halten). Die neuen Eigentümer von Galileo haben 2007 Worldspan erworben, und es ist zu erwarten, dass Galileo und Worldspan verschmolzen werden.

Heute werden etwa 80 % aller Flugleistungen über GDS gebucht, während nur 15 % aller Hotelleistungen über diese Systeme gebucht werden. Die Verbindungen zu den zahlreichen Hotelreservierungssystemen werden dabei über sogenannte Switch-Systeme hergestellt. Mit dem Kauf des Switch Systems „WizCom" hat heute die amerikanische Firma Pegasus (mit deren Produkt „Ultraswitch") eine weltweite Monopolstellung.

Das ökonomische Vertriebsmodell, das hinter dem Vertrieb über GDS steht, stellt sich wie folgt dar: Der Leistungsträger (Fluggesellschaft oder Hotel) zahlt pro Buchung eine Gebühr an die GDS dafür, dass er durch diesen Vertriebsweg eine Reservierung erhalten hat. Darüber hinaus wird dem Reisebüro vielfach eine Kommission gezahlt, da es das Produkt des Leistungsträgers aus der Vielzahl der Möglichkeiten an den Endkunden verkauft hat. Voraussetzung dafür ist, dass der Leistungsträger kommissionsfähige Preise zur Verfügung stellt.

Das GDS wiederum vergütet das Reisebüro mit Incentives für die Wahl des Vertriebswegs. Dieses klassische Modell ist allerdings mit der Einführung von Nettoraten durch die in Kostendruck geratenen Fluglinien teilweise aus den Angeln gehoben worden. Bei der Vergabe von Nettoraten erhalten die Reisebüros auf ihre Buchungen keine Kommissionen, genauso wenig wie Incentives durch die GDS. Sie sind somit gezwungen, dem Kunden eigene Servicegebühren auf Nettoraten in Rechnung zu stellen oder mit den Leistungsanbietern Pauschalgebühren zu vereinbaren.

Die besonders im Ferienbereich eingesetzten Systeme der Reiseveranstalter sind bis heute sehr rudimentär – wenn überhaupt – mit zentralen Hotel-Reservierungssystemen oder mit den Property Management-Systemen einzelner Hotels vernetzt. Noch heute ist der Vertrieb in der Ferienhotellerie über Reiseveranstalter von den kurzfristig vor Anreise des Gastes zusammengestellten Ankunftslisten geprägt, die vielfach noch im Co-mail-Koffer von Reiseleitern ankommen. Damit besitzen die vom klassischen Pauschalgeschäft der Reiseveranstalter abhängigen Ferienhotels nur sehr eingeschränkte Möglichkeiten, sich auf die rasch verändernden Nachfragesituationen in den touristischen Quellgebieten einzustellen.

6 Herausforderungen für die Systemintegration

Auch die überwiegende Mehrzahl der zentralen Hotelreservierungssysteme ist nur rudimentär mit den in den Hotels eingesetzten Systemen (PMS) verbunden. Damit ergibt sich eine teilweise sehr aufwändige Doppelpflege von Systemen, einmal auf der Hotelebene, zum anderen auf der zentralen Ebene und schließlich auf den diversen Ebenen der indirekten Vertriebspartner. Dazu kommt, dass viele der Hotel-CRS nicht den vollen Umfang von direkten und indirekten Distributions-systemen bedienen können. Hotels müssen oftmals zahlreiche Kontingentverwal-tungen auf immer mehr Systemen und Extranets der jeweiligen Partner mehr oder weniger zeitgleich betreuen.

Aus diesen Gründen haben in den letzten fünf Jahren eine Reihe sogenannter „Middleware"-Anbieter einen Markt gefunden. Diese Dienstleister ermöglichen den Hotels die Pflege von relevanten Vertriebsdaten (Preise, Verfügbarkeiten) an einer Stelle (jener der entsprechenden Systemanbieter), um etwa mehrere On-line-Portale und deren Extranet mit variablen Daten gleichzeitig zu versorgen. Solche „Channel Management"-Dienstleister sind vor allem für Einzelhotels mit vielen indirekten Vertriebspartnern aus der Portalwelt von gewisser Bedeutung. Die Middleware-Systeme sind allerdings nicht mit den Hotel-PMS verbunden und ersparen es den Hotels nicht, etwa das von Portalpartnern über Fax oder E-Mail eingehende Geschäft traditionell händisch in die lokalen Hotelsysteme einzu-pflegen.

7 Lösungswege für die Hotelwelt

Angesichts der zunehmenden Bedeutung der elektronischen Distribution stellt die unzureichende Integration der Hotelsysteme mit der direkten und indirekten Vertriebswelt für die Hotelwelt eine der großen Herausforderungen dar. Derzeit ist Micros-Fidelio das einzige weltweit tätige Softwareunternehmen, das eine der-artige Systemintegration auf allen drei Ebenen gewährleisten kann. Im Idealfall können die Systeme mehrerer Einzelhotels zusammen mit den zentralen Anwen-dungen (Hotelreservierung, Kundenprofilverwaltung, zentrales Berichtswesen etc.) auf einer einzigen Datenbank eingesetzt werden. Mit der sich verbessernden glo-balen Kommunikationswelt (preislich, technisch) spielt es dabei immer weniger ei-ne Rolle, wo die Systeminfrastruktur und die Anwendungen verwaltet werden. Die Tendenz geht zu zentralen Rechenzentren, die das höchste Maß an Sicherhei-ten bieten. Micros-Fidelio ist der größte Anbieter von Informationstechnologie für die Hotellerie und Gastronomie weltweit. Das Softwareunternehmen ist aus einem Zusammenschluss der US-amerikanischen Firma Micros Systems mit der Fidelio Software GmbH aus München entstanden.

8 Wer ist Micros-Fidelio?

Micros Systems Inc. wurde 1977 in Maryland, USA gegründet und ist auf Softwarelösungen für Restaurantkassensysteme spezialisiert. Zwei Jahre nach der Gründung wurden die Restaurantkassen auch durch Schnittstellen an Hotelsysteme angeschlossen. 1990 verband Micros Systems Inc. die Kassensysteme erstmalig mittels einer Schnittstelle mit dem Front-Office-System Fidelio. Heute bietet MICROS eine Vielzahl von Kassensystemen für unterschiedliche Hotel- und Gastronomiebetriebe an.

Die Fidelio Software GmbH entstand 1987 in Deutschland mit ersten Hotelkunden in Deutschland, Österreich und der Schweiz. Der Name Fidelio gründet sich auf die gleichnamige und einzige Oper von Ludwig van Beethoven, da ursprünglich an die Entwicklung einer Software für Opernhäuser gedacht wurde. Neben deutschen und Schweizer Hotelkunden wurde der erste große Kettenkunde mit dem Hilton-Konzern gewonnen, als Fidelio noch nahezu unbekannt war. Der Erfolg von Fidelio rührte vor allem daher, dass das Unternehmen mit seinen Property Management-Systemen in einen Markt eintrat, in dem seinerzeit nur sehr wenige Hotels in Europa überhaupt über ein solches System verfügten.

Der Vereinigungsprozess der beiden Untenehmen begann 1992 und endete mit der hundertprozentigen Verschmelzung im Jahr 1995. Mit diesem Schritt wurde Micros-Fidelio Weltmarktführer für Softwarelösungen in der Hotellerie und Gastronomie. Neben PMS bietet Fidelio heute auch unterschiedliche zentrale Reservierungslösungen an, über die der elektronische Vertrieb gesteuert werden kann.

Seit Ende der 1990er-Jahre wurden viele Millionen Dollar in die Entwicklung einer integrierten Softwarelösung investiert. Diese sogenannte „Opera Suite of Products" kam im Jahr 2001 auf den Hotelmarkt und läuft heute bereits in der vierten Version. Das Produkt „Opera" besteht dabei aus einer Reihe von Softwaremodulen, die lizenzgesteuert aktiviert werden können. Dies schließt sowohl Lösungen auf der Hotelebene ein (z. B. PMS, Sales & Catering, Revenue Management) als auch wichtige Funktionen auf der zentralen Ebene (z. B. Hotel CRS, zentrale Kundendatensteuerung, Datawarehousing und mehr). Schließlich werden über Standard-Internettechnologien (z. B. xml-basierte Web-Services) integrierte Lösungen vor allem für den direkten Hotelvertrieb angeboten (Internetseiten der Hotels, Callcenter-Lösungen). In diese integrierte Opera-Systemwelt kann auch das in vielen Ländern sehr erfolgreich eingesetzte PMS-Produkt Suite 8 integriert werden.

9 Hoteldistribution und Systemintegration bis 2010

Verbindungen zu indirekten Vertiebspartnern werden zum einen nach wie vor über Schnittstellenlösungen hergestellt. Bei den zunehmend wichtiger werdenden Internet Portalen spielen standardisierte, leicht einzurichtende XML-Schnittstellen zwischen den Datenbanken der Partner eine große Rolle. Denn nur diese gewährleisten eine reibungslose Abwicklung zwischen den Hotel- und den Partnersystemen in beiden Richtungen. Schnittstellen zu den großen Online-Portalen wie expedia, opodo, travelocity, HRS, hotel.de und zahlreichen regionalen Destinationssystemen werden dabei an Bedeutung zunehmen.

Schließlich ist seit einigen Jahren eine Tendenz zu zentral betriebenen Systemlösungen zu erkennen. Große Rechenzentren mit gesicherter Infrastruktur und Mechanismen zur Datensicherung, automatischer Hardware- und Softwareoptimierung sowie gesicherten Kommunikationswegen spielen eine immer größer werdende Rolle. Derzeit befinden sich bereits ein Großteil aller Opera-Anwendungen in Europa zentral in einem von Micros-Fidelio in Verbindung mit Hewlett-Packard, Verizon und Avaya betriebenen Rechenzentrum in Frankfurt am Main. Hotels und Hotelgesellschaften greifen über Internetverbindungen auf die zentralen Rechner und Datenbanken zu.

Die Zukunft der elektronischen Distribution in der Hotellerie liegt in integrierten Systemmodulen, die es dem Hotelier erlauben, sämtliche seiner direkten und indirekten Vertriebssysteme und -partner aus seiner eigenen Systemwelt in Echtzeit zu steuern. Vor allem die Möglichkeiten des direkten Hotelvertriebs über die eigene Hotelwebseite werden an Bedeutung zunehmen.

Wie bereits in den meisten Industrie- und Dienstleistungssektoren schon geschehen, so wird auch die Hotelwelt den Wert entsprechender Softwarelösungen erkennen. Denn integrierte IT-Lösungen sichern sowohl den Vertrieb als auch den operativen Ablauf der Hotels. Schöne Anlagen, Hotelzimmer und gute Gastrono-mie sind zwar eine wesentliche Voraussetzung; sie reichen aber nicht mehr allei-ne aus, um in den globalen elektronischen Märkten bestehen zu können. Der Gast möchte heute sowohl im direkten als auch im indirekten Kontakt mit dem Hotel immer auf das für ihn beste und im Augenblick der Buchung auch tatsächlich ver-fügbare Angebot zurückgreifen können.

Das Internet im Marketing-Mix – Global ist in der kleinsten Hütte

Karin Dircks

1 Von Freud und Leid der Internet-Präsenz

Online-Marketing ist eine neue Disziplin der Vermarktung. Und keiner, der auch nur eine klitzekleine Scheibe vom Umsatzkuchen ergattern will, kann sich ihr verschließen. Herkömmliche Methoden ersetzt sie nicht, aber man darf Online-Marketing getrost als eine sehr differenzierte Ergänzung betrachten. Im Privatbereich mag so mancher heute noch auf das Medium Internet verzichten können, im Geschäftsleben dagegen wird man schnell ausgegrenzt und setzt ohne Not Marktanteile aufs Spiel. Vom Image der Rückständigkeit ganz zu schweigen. Wer also glaubt, die Zukunft auch ohne professionelle Internet-Präsenz erfolgreich bestreiten zu können, macht einen schwerwiegenden Fehler. Die Entwicklung dieses extrem schnelllebigen Mediums schreitet ungebremst voran. Ständiges Lernen ist angesagt, will man im globalen Konzert des World Wide Web nachhaltig mitspielen.

Erste – zum Teil auch teure und leidvolle Erfahrungen – haben wohl die meisten Branchenmitglieder auf die eine oder andere Art schon mit dem Internet gemacht. Als vor mehr als einem Jahrzehnt die ersten Homepages geplant und umgesetzt wurden, hatten manche von ihnen die Nase ganz weit vorn. Auch wenn nicht alle wussten, welchen Zweck ihr Auftritt im Internet in letzter Konsequenz erfüllen sollte, so galt es damals doch als modern und schick, gemeinsam mit vielen anderen im Nebel an der Internetfront zu stochern. Das hat viel Lehrgeld gekostet. Viele von ihnen befinden sich heute bereits in der zweiten oder gar dritten Generation ihrer Internet-Präsenz, und das World Wide Web ist inzwischen für nahezu jedes Unternehmen eine Selbstverständlichkeit im Marketing-Mix geworden. Denn es ist nicht mehr die Frage, eine Homepage zu haben, sondern vielmehr die, wie Darstellung und Inhalte optimiert werden können, um einen möglichst großen Nutzen für die Vermarktung daraus zu ziehen.

2 Erfolg im Internet: Realistische Ziele und Wissen um das Detail

2.1 Ziele einer Internet-Präsenz

Einziges Ziel: Weitere Umsätze

Denn seien wir doch ehrlich: Wie alle anderen Marketing-Maßnahmen auch, hat eine Internet-Präsenz in erster Linie und letzter Konsequenz nur das eine Ziel: weitere Umsätze zu generieren. Denn wer will schon langfristig in Schönheit – dazu noch kostenintensiver – sterben? Also gilt es, die Webseiten immer wieder auf den Prüfstand zu stellen und kontinuierlich den Hebel zur Verbesserung anzusetzen. Doch das kostet Zeit und Geld. Mittel, die immer nur dann ihrer Zielfindung nahe kommen, wenn sie wohl überlegt und bis ins kleinste Detail geplant werden. Denn die sehr schmale oder sehr breite Öffentlichkeit, die man sich – je nach Zielgruppen – mit einer Internet-Präsenz erschließt, ist schon sehr beeindruckend. Wie kein anderes Kommunikationsmedium schafft das Internet durch seinen globalen Anspruch – sofern professionell aufbereitet und vermarktet – starke Aufmerksamkeit und hohe Reichweiten.

Flexibilität der Nutzung

Der Vorteil des Internets aber liegt in der Flexibilität seiner Nutzung. Nicht jeder will oder muss global aktiv sein, aber jeder kann und darf, so er denn möchte. Die gewünschte Zielgruppe spielt daher eine übergeordnete Rolle bei der Planung. Wen will ich wann und wo in welcher Sprache mit welchen Informationen und Angeboten erreichen? Das ist eine der wesentlichen Fragen, die sich diejenigen unbedingt stellen müssen, die neu ins Internet einsteigen oder schon zum zweiten und dritten Mal modernisieren. Denn die Kosten, die mit einem perfekten Internet-Auftritt verbunden sind, können sich in der Tat sehen lassen.

Während die Gastronomie eher lokal und regional, im besten Fall national, um Gäste buhlt, ist es für die Hotellerie von elementarer Bedeutung, über die eigenen Standort-Grenzen hinaus wahrgenommen zu werden. Bevor es das Internet gab, war dies für ein kleines privates Hotel einer Kleinstadt in welchem Land auch immer nahezu unmöglich. Mit dem Internet aber – sofern sinnvoll für die Belegung – hält auch hier der globale Vertrieb Einzug. Natürlich gibt es Vermarktungsmöglichkeiten über Reservierungsplattformen der unterschiedlichsten Art üblicherweise nicht zum Nulltarif, aber finanzierbar sind Online-Buchungen bei geschickter Auswahl der Portale und mit zusätzlichen Reservierungen allemal. Zwar kostet das neben Gebühren auch Provisionen, aber …

Provisionsfreie Buchungen

Bei Einsatz von entsprechender Software lassen sich daneben auch die provisionsfreien Direktbuchungen auf der eigenen Homepage steigern. Vorausgesetzt, der potenzielle Gast spielt nicht „Blinde Kuh" und findet das Hotel seiner zukünftigen Wahl zu einem Preis, der unter dem der Reservierungssysteme liegt oder wenigstens gleichgeschaltet ist. Denn der geübte Bucher weiß, dass Provisionen Preise in die Höhe treiben. Direktbuchungen setzen also zum einen eine professionelle, auf das Internet ausgerichtete Preispolitik voraus, zum anderen aber auch und vor allem eine Optimierung der Such- und Auffindungsprozesse im Internet. Experten kennen die verschlungenen Wege dieses Mediums und wissen sie im Interesse ihres Auftraggebers zu nutzen. Jeder Laie ist hier schlicht überfordert.

2.2 Auseinandersetzung mit dem Thema Internet

Wichtig bei aller Aktivität rund um die Internet-Präsenz ist daher die unbedingte Auseinandersetzung mit der Materie Internet: mit den Vorzügen und Nachteilen dieses Mediums, mit seiner Technik, den optischen Möglichkeiten und inhaltlichen Bedingungen; mit den eigenen Zielen und Wünschen, mit dem zeitlichen und finanziellen Aufwand und der Umsetzung unter den gegebenen Umständen; mit Laien und vermeintlichen Fachleuten, aber auch mit Experten, die ihr Handwerk bzw. ihre Technik verstehen. Je mehr der Investor von dem Objekt seiner Begierde weiß, je besser er die einzelnen, erforderlich werdenden Schritte im Detail begreift und nachvollziehen kann, desto weniger läuft er Gefahr, gegen sein besseres – oder schlechteres – Wissen von Dingen überzeugt zu werden, die er eigentlich gar nicht will oder braucht. Mit anderen Worten: Gründliche Information im Vorfeld einer Neugestaltung oder Modernisierung der eigenen Internet-Plattform bedeutet bares Geld – gespartes.

Wissen um das Detail

Immer wieder hört man von exorbitant hohen Kosten für die Initiierung oder Erneuerung von Internet-Auftritten. So manche selbst ernannte „Experten" haben sich hier schon eine goldene Nase mit ihren oft sehr weitreichenden, gelegentlich über das eigentliche Ziel hinausschießenden Vorschlägen verdient. Warum? Ihre Gesprächspartner hatten keinen blassen Schimmer vom Internet. Ihnen konnte man leicht ein X für ein U vormachen. Schwarze Schafe gibt es in jeder Branche – in dieser auch.

Einige grundlegende Antworten müssen daher zunächst zwingend auf folgende Fragen gefunden werden – gleichgültig, ob ein neuer Auftritt geplant ist oder nur eine „Renovierung" oder Modernisierung und Optimierung:

Generelle Fragen

- Wie ist der Ist-Zustand der bestehenden Homepage?
- Ist die Domain griffig – der Name Konzept?
- Ist man mit dem Provider zufrieden? Sollte man vielleicht über einen Wechsel nachdenken?
- Ist es sinnvoll, weitere Adressen zu blockieren? Mit anderen Endungen wie .com, .biz, .net, .info, mit weiteren Länderkennungen wie .at für Österreich und .ch für die Schweiz im deutschsprachigen Raum oder auch europaweit mit .eu?
- Gibt es ausreichenden Traffic (Besucher)?
- Werden zufriedenstellende Umsätze mit der Homepage generiert?
- Lassen sie sich mit verändertem Ansatz steigern?
- Welche Zielgruppen werden angesprochen?
- Wie werden diese Zielgruppen angesprochen?
- Werden die Zielgruppen erreicht?
- Kommt entsprechende Resonanz?
- Welche Möglichkeiten gibt es, Dialoge zu führen?
- Welche Erwartungen werden zukünftig an die Internet-Präsenz gestellt?

Verantwortung und Kontrolle

- Welche Veränderungen sollen warum vorgenommen werden?
- Mit welchen Mitteln können sie erfüllt werden?
- Wie hoch ist der Zeitaufwand?
- Welche Kosten sind damit verbunden?

- Welche Technik muss eingesetzt werden?
- Gibt es im eigenen Betrieb einen Freak, der sich begeistert um das Projekt kümmern und entsprechend verantwortlich helfen kann, das „Unternehmen Internet" zu begleiten?
- Sind entsprechende Fachleute bekannt und vertraut?
- Sind sie kreativ in der Lösung von Problemen?
- Ist die Beratung und Umsetzung von gestellten Aufgaben kompetent?
- Werden Kostenfragen offen und unter Berücksichtigung des Budgets behandelt?
- Wer übernimmt das Design?
- Wird das Corporate Design konsequent berücksichtigt?
- Wer liefert die Texte?
- Wer liefert die Illustration?
- Wer kümmert sich um eine konsequente Aktualisierung?

Wichtige rechtliche Aspekte

- Passt das Konzept in den Gesamtmarketing-Mix?
- Gibt es Antworten auf FAQs – Frequently Asked Questions (häufig gestellte Fragen zum Unternehmen, zur Dienstleistung, zu den Produkten)
- Werden rechtliche Aspekte berücksichtigt – z.B. Impressum, Disclaimer, Datenschutz usw.?
- Gibt es einen Button AGB – Allgemeine Geschäftsbedingungen?
- Sind Direktbuchungen online möglich?
- Welche Links gibt es zu welchen Portalen?
- Welchen Reservierungssystemen ist die Homepage angeschlossen? Sollten weitere hinzukommen?
- Ist ein Direktbuchungsmodul vorgesehen?
- Gibt es die Möglichkeit der Buchung von Pauschalarrangements?
- Ist die Presse ausreichend mit der Möglichkeit des Downloads von Texten und Fotos berücksichtigt?
- Wird es ein Newsletter-Modul geben?
- Sind Direct Mailings als Marketing-Maßnahme vorgesehen?
- Wer übernimmt die Verantwortung für die Adress-Dateien?
- Sollte ein Gäste-Forum oder ein Gästebuch eingerichtet werden?
- Sind Gewinnspiele geplant?

Übersichtliche und einfache Navigation

- Ist ein Online-Shop in der Pipeline z. B. für Produkte aus der Küche/Geschenk-gutscheine für Beauty Treatments usw.?
- Welche Zahlungssysteme können oder sollen eingesetzt werden?
- Ist die Navigation einfach und übersichtlich?
- Und führt sie immer auch zum Ausgangspunkt zurück?
- Wird weitgehend auf technischen Schnickschnack verzichtet – wie teure Ani-mation, die der Internet-Besucher nur mit zusätzlicher Software „genießen" kann?
- Lassen sich einzelne Seiten gut ausdrucken?
- Ist der Aufbau der Seiten schnell? Die Ungeduld potenzieller Gäste ist groß.
- Sind Adresse und weitere Daten zur Kontaktaufnahme leicht zu finden?
- Gibt es die Möglichkeit zur Kontaktaufnahme per E-Mail?
- Wer kümmert sich um eine schnelle und zuverlässige Beantwortung?
- Welche lokalen, nationalen und internationalen Reservierungsportale sollen ein-gebunden werden?

Einsatz von Internet-Experten

Fragen über Fragen. Diese Liste könnte über viele Seiten weitergeführt werden, ohne je wirklich alle Details zu berücksichtigen. Doch machen sie klar, wie wichtig es ist, sich mit den Fakten rund ums Internet auseinanderzusetzen, um für alle Be-teiligten höchsten Nutzen zu generieren. Und am Ball zu bleiben, denn die Ent-wicklung schreitet dermaßen schnell voran, dass es gelegentlich selbst für Fach-leute schwierig ist, auf dem laufenden Stand der Informationen zu bleiben. Und ohne Fachleute ist der Einsatz dieses Mediums nur in den seltensten Fällen mög-lich, unter Umständen bei stark ausgeprägten autodidaktischen Fähigkeiten un-ter Rückgriff auf ordentliche und durchaus auch preiswerte, unter Umständen so-gar kostenlose Standards. Hier lohnt der Vergleich. Prominente Provider wie T-Online oder 1 & 1 haben ihre Seiten im Internet zu diesem Angebot so profes-sionell aufbereitet, dass auch der Laie mit ein bisschen gutem Willen schnell be-greift, worauf er achten muss. Und überhaupt: Das Internet ist eine Fundgrube ohnegleichen. Die Kunst liegt nur darin, gute von schlechter Information unter-scheiden zu lernen und entsprechend der angebotenen Menge sinnvoll zu selek-tieren.

3 Häufigste Fehlerquellen bei der Planung und Umsetzung einer Internet-Seite

Zusammenfassend noch einmal die Fehler, die am häufigsten bei der Planung und Umsetzung einer Internet-Seite gemacht werden:

- **Fehlende Benutzerstruktur**

  Die Angebotsstruktur der Informationen ist sehr verworren, zu viele Ebenen sorgen für Durcheinander und lassen keine gute und schnelle Orientierung zu. Der Besucher der Seite wird ungeduldig und verlässt die Homepage, bevor er das gefunden hat, was er eigentlich sucht. Also: Für Übersichtlichkeit und leichte Auffindbarkeit sorgen.

- **Überfrachtung**

  Viele Internet-Seiten sind durch ein optisches Überangebot von Fotos, Grafiken oder Animationen völlig überfrachtet, was darüber hinaus noch die Ladezeit erhöht. Der Besucher wendet sich genervt anderen Seiten zu. Der Rat von Experten: Weniger ist hier mehr.

- **Mangel an Aktualität**

  Viele Internet-Seiten leiden unter mangelnder Aktualität. Hier werden „Alte Hüte" von vor Monaten oder gar Jahren „verkauft". Diese Handhabung verärgert den Besucher und wirft darüber hinaus ein sehr schlechtes Licht auf das dargestellte Unternehmen. Die inhaltliche und optische Gestaltung sollte regelmäßig überarbeitet werden. Es empfiehlt sich, einen Verantwortungsbereich hierfür zu schaffen und entsprechende Kontrollen einzurichten. Sonst leidet das Image erheblich, und das kann und darf nicht Sinn guter Öffentlichkeitsarbeit sein.

- **Statischer Auftritt**

  Interaktivität ist einer der Vorzüge des Internets. Die reine Darstellung ist vergleichsweise uninteressant. Der Besucher möchte auf die eine oder andere Art kommunizieren, den Dialog mit dem Unternehmen, dem Hotel, dem Restaurant führen. Möglichkeiten sind hier im einfachsten Fall die Aufnahme des Kontakts per E-Mail, aber auch Foren oder Gästebücher erfüllen diesen Zweck.

- **Technischer Schnickschnack und fehlender Human Touch**

  Technischer Schnickschnack ist insbesondere dann lästig, wenn dafür so genannte Plug-Ins benötigt werden, das heißt, die Informationen können mit herkömmlicher Software nicht hochgeladen werden. Der Besucher ist frustriert und wendet sich ab. Wer selber häufig im Internet unterwegs ist, wird darauf ohnehin verzichten. Gar nicht zu reden von den Kosten, die mit dieser Art der Darstellung verbunden ist und die vergleichsweise wenig bringt.

- **Anonymität**
  Auf vielen Seiten fehlt der persönliche Ansprechpartner zu dem Angebot der Website. Man sagt dem Internet gerne Anonymität nach. Dieser jedoch kann leicht mit dem gewissen Human Touch begegnet werden, indem die Menschen gezeigt oder wenigstens genannt werden, die hinter dem Unternehmen stehen und gerne bereit sind, auf Anfragen ganz schnell zu reagieren. Also: Menschen abbilden und als Ansprechpartner für den Besucher identifizierbar machen.

- **Schnelle Reaktion**
  Das Internet ist ein schnelles Medium. Anfragen sind in Sekundenschnelle beim Empfänger. Doch die Beantwortung von E-Mails ist unverändert ein heikles Thema. Es gibt Unternehmen, die überhaupt nicht reagieren, manche nach relativ langer Zeit und nur einige wenige sofort bzw. innerhalb von 24 Stunden. Das aber sollte unbedingt die Grundlage der Zusammenarbeit mit potenziellen Kunden/Gästen sein, die über das Internet Kontakt aufnehmen. Leicht werden sonst Seriosität, Zuverlässigkeit und Umsatz infrage gestellt.

4 Pressearbeit im Internet

Auch im Internet fängt die Öffentlichkeitsarbeit im Detail an. Schnell entsteht ein guter oder ein schlechter Eindruck, werden Professionalität und Kompetenz vermittelt – oder das Gegenteil. Das ist wie im wirklichen Leben, nur schneller erfassbar. Wer hier nicht aufpasst und im Gesamtprozess Internet gravierende Fehler macht, hat schnell seine Öffentlichkeit verspielt. In vielen – ja in den meisten – Fällen sind sie auf das Medium Internet übertragbar.

Mit der Pressearbeit ist das sehr ähnlich. Wer auch im Zeitalter des Papiers seine Aufgaben im professionellen Griff hatte, wird sich leicht tun, das Konzept kompetent in den Internet-Auftritt zu integrieren. Auf die Details, wie Pressearbeit kompetent gestaltet werden kann, muss an dieser Stelle nicht mehr eingegangen werden, denn das würde den Rahmen dieses Beitrags sprengen. Im Internet gilt es lediglich ein paar kleine, aber keineswegs unbedeutende Details zu berücksichtigen.

4.1 Organisatorische Voraussetzungen

So sollte vor allem auf der ersten Seite des Internet-Auftritts sowie auf allen folgenden im Hauptmenü der Punkt „Presse" sofort für Journalisten erkennbar sein. Denn er muss den direkten Zugang haben, schnell recherchieren und Texte sowie Fotos herunterladen können.

Ein Journalist ist eigentlich immer in Eile. Muße zur Recherche hat er selten. Die Internet-Adresse liegt ihm vor, oder er ist aufgrund guter Auffindbarkeit bei dem Hotel oder Restaurant xyz gelandet. Journalisten haben sehr geschulte Augen, sind gewohnt zu suchen und schnell zu finden. Wird ihnen das verweigert, wenden sie sich ab und kommen selten wieder. Sie sind leicht verärgert, beispielsweise über lange Aufladezeiten, eine komplizierte Navigation und über mangelnde Aktualität. Das insbesondere im Pressebereich, wenn die älteste Pressemeldung ganz oben gelistet oder die jüngste schon ein halbes Jahr alt ist. Oder wenn statt Presse-Informationen Zeitungsausschnitte, sogenannte Clippings von Veröffentlichungen eingestellt wurden. Denn das versteht der Journalist nicht unter Pressearbeit. Ist es auch nicht.

Pressearbeit in seinen Augen sieht im Internet zum Beispiel wie folgt aus:

- eigener Presse-Button auf der Homepage
- schneller Zugang unter Vermeidung von Passwörtern als Hemmschuh
- eine virtuelle Pressemappe mit allen Grundsatzzahlen und Basistexten zum Unternehmen vom laufenden Jahr
- aktuelle Presse-Informationen mit leicht erkennbaren Inhalten in der Überschrift und einem kurzen Vorspann zur Orientierung – die aktuellste Meldung kommt immer zuerst
- aktuelle unternehmensbezogene Themen/Stellungnahmen/Interviews
- Fotos und Grafiken
  - von den Inhabern/der Geschäftsführung/Direktion des Unternehmens
  - von Zahlen und Fakten (Grafiken)
  - von dem Produkt Hotel/Restaurant – Innen- und Außenaufnahmen
  - von der Umgebung, der Gegend/der nahe gelegenen Stadt
  - von Themen, die in enger Beziehung zum Angebot stehen (z. B. Reiterhof, Golfplatz usw.)
  - von aktuellen Anlässen, die vor allem im regionalen Bereich eine Bedeutung für die regionale Presse haben

- Archiv für vergangene, aber unverändert interessante Beiträge
- Links für ausführlichere Hintergrund-Information zum Unternehmen und seinem Angebot
- Ansprechpartner für die Presse mit allen erforderlichen Details zur Kontaktaufnahme
- E-Mail-Formular zur direkten Anforderung von zusätzlichen Informationen

Das alles soll übersichtlich und sofort erkennbar gestaltet sein. Gängige Text-Formate (z. B. .doc oder .docx bei Word) erleichtern dem Journalisten die Bearbeitung, nachdem er Texte und Fotos/Illustrationen auf seinen Computer geladen hat. Das Format pdf ist gegenwärtig noch „out", da es zwar für konstante Optik sorgt, aber in der Regel nur mit bestimmter, noch nicht gängiger Software zu bearbeiten ist.

Fotos sind auch in der virtuellen Pressewelt mit Bildunterschriften zu versehen. Auch hier empfehlen sich gängige Formate (JPG oder TIFF), da nicht jede Software jedes Format öffnen kann. Für Grafiken eignet sich das pdf-Format.

Fotos bedürfen zur Einstellung ins Internet darüber hinaus der Rechte am Bild, sonst kann es bösen Ärger geben. Das heißt, das Foto für den Journalisten zur Veröffentlichung muss immer kostenlos sein.

4.2 Qualitative Faustregeln

Dass die Qualität der Fotos gut ist, sollte eigentlich selbstverständlich sein, ist es aber in den wenigsten Fällen. Eine Faustregel sagt, dass mindestens 300 dpi bei einer Grundfläche von 9 cm × 13 cm für einen Druck erforderlich sind. Zur Veröffentlichung im Internet sind 72 dpi ausreichend, da höhere Auflösungen nur die Ladezeiten belasten würden.

Und noch eine Anmerkung zu Passwörtern als Zugangsberechtigung zum Pressebereich: Pressearbeit ist grundsätzlich öffentlich. Denn das ist schließlich der Sinn der Sache. Außerdem kann sich kein Mensch die Flut der Passwörter merken, die er braucht, um dieser Unsitte im Internet auch nur annähernd Herr zu werden. Wer sich also „verschließt", hat wahrscheinlich bald das Nachsehen. Passwörter sind Hemmschuhe, schnell an Informationen zu gelangen. Informationen, die nur einer kleinen Auswahl von Journalisten zugänglich gemacht werden sollen, stellt man nicht ins Internet, sondern verbreitet sie auf herkömmliche Weise.

Wer oben aufgeführte Grundvoraussetzungen für die Presse erfüllt, hat schon weit mehr zur Arbeitserleichterung von Journalisten getan als das Gros der Branchenmitglieder. Und wer dann noch schnell auf die Wünsche der recherchierenden Journalisten reagiert – per E-Mail oder Telefon –, der hat im wahrsten Sinne des Wortes „den Vogel abgeschossen".

5 Kommunikation per E-Mail

Apropos E-Mails: Die E-Mail als elektronisches Kommunikationsinstrument ist eine sensationelle Erfindung. Was täten wir alle ohne die sekundenschnelle Übermittlung von Gedanken, Ideen, Texten, Grafiken, Fotos und vielem anderem mehr? Was, wenn der Computer mal abstürzt und wir nicht nur mit den Nerven fix und fertig sind, sondern auch mal einen kleinen Moment haben, uns mit unseren eigenen Gepflogenheiten auseinanderzusetzen? Dann würde uns vielleicht zum Beispiel auffallen, dass wir dem Medium E-Mail sehr viel Geringschätzung entgegenbringen. Von der Respektlosigkeit den Empfängern gegenüber gar nicht zu reden. Viele, zu viele E-Mails sind stillos – ohne Anrede und Verabschiedung, nachlässig in der Formulierung und der optischen Darstellung, gespickt mit orthografischen Fehlern, und wie Kommata gesetzt werden, weiß offenbar auch nur eine Minderheit.

Doch es ist ein Genuss, gepflegte E-Mails zu erhalten. Schließlich fördern sie unverändert die Kultur des Briefschreibens, repräsentieren ein Unternehmen in den per E-Mail möglichen Facetten kommunikativer Corporate Identity und lassen durchaus auch auf die Geisteshaltung des Versenders schließen. Auch das ist ein PR-Instrument, das Professionalität vermittelt – oder auch nicht.

5.1 Respekt vor dem Empfänger

Das soll nun nicht heißen, dass man diesen schnellen Austausch von Informationen mit aufgesetzten Formulierungen versehen soll. Auch das schnelle Hin und Her zwischen befreundeten und miteinander aktuell arbeitenden Partnern bleibt unbenommen. Doch dürfen auch diese E-Mails ganz kurz noch einmal durchgelesen werden, bevor sie ihren Weg um die große weite Welt antreten. Und natürlich sind auch lockere Formulierungen dann erlaubt, wenn Anlass, Umstand und Geschäftsbeziehung dies erlauben. Doch bei offizielleren Schreiben, die zunehmend auch im Internet als E-Mails Akzeptanz finden, sollte man sich schon ein bisschen Zeit nehmen und Mühe geben – halt wie mit einem richtigen Brief.

Übrigens: Beim E-Mail-Versand an größere Zielgruppen, beispielsweise von Presseaussendungen, einem Newsletter oder E-Mailings in der Verkaufsförderung, sollte man entweder handverlesene Verteiler einsetzen oder die Angebote von Pressediensten nutzen. Bei Presseaussendungen empfiehlt sich das ohnehin, doch bei Marketing-Mailings bedarf es einer Genehmigung des Empfängers, für die es unterschiedliche Formen der Zustimmung gibt: Durch Erklärung des Einverständnisses per Anhaken einer Checkbox oder durch ein so genanntes bestätigtes Opt-in. Das heißt, man optiert für den Empfang des Newsletters oder Mailings. Zu diesem Zweck erhält der zukünftige Empfänger eine Mail mit einem personifizierten Link, den er zur Bestätigung anklicken muss, oder er bekommt eine Bestätigungsmail, die er wiederum als Zustimmung zurücksendet. Die Möglichkeit des Opt-out oder der Selbst-Austragung per Link dient schließlich der Bitte, zukünftig keine Mailings mehr zu erhalten.

5.2 Achtung: Juristische Fallstricke

Im Zuge der Spam-Mail-Bekämpfung geht man sonst entweder mit seinen Mailings im Nichts verloren, weil im größtmöglichen – im globalen – Mülleimer gelandet, oder man kommt auf „Schwarze Listen", was sehr imageschädlich ist, oder man erhält Abmahnungen, die sehr teuer werden können oder oder oder ...

Überhaupt lohnt es, sich gelegentlich mit den rechtlichen Seiten des Internets zu befassen. So manche Fehler mit häufig einhergehendem, unter Umständen sehr teurem Ärger könnten dann schon im Voraus vermieden werden. Literatur gibt es genug, und sicher wird man auch im Internet zu diesem Thema fündig. Im Ernstfall haben sich inzwischen ebenso Rechtsanwälte auf diese Disziplin spezialisiert.

6 Zusammenfassung: Internet-Präsenz – Stichworte zur sinnvollen Nutzung

Das Internet

- ist ein zusätzliches Marketing-Instrument
- soll kein Ersatz sein – nur Ergänzung
- bedarf besonderer Spielregeln
- gilt als sehr schnelles Medium
- ist ein aktives und interaktives Medium
- ermöglicht den direkten und unmittelbaren Kontakt
- kann als weitgehend sicheres Medium bei entsprechenden Sicherheitsmaßnahmen bezeichnet werden

Der Nutzen

- Imagebildung
- direkter Verkauf
- schnelle Reaktionsmöglichkeit
- Bindung von Stammgästen
- globale Präsenz

Mögliche Zielgruppen

- Stammgäste
- potenzielle Gäste
- Reisemittler
- Partner
- Presse

Technik/Installation/Software

- Technik ohne Schnickschnack
- also: weitgehend ohne zusätzliche Software
- organisierter Aufbau
- gängige Navigation (ohne Experimente)
- logische Benutzerführung
- einfache und benutzerfreundliche Handhabung
- kurze Ladezeiten
- leichte interne Pflege- und Aktualisierung

Darstellung/Präsentation

- gute Struktur der angebotenen Informationen (Aufbau/Logik)
- schnelle Auffindbarkeit der Informationen
- Suchhilfen
- Übersichtlichkeit/Vorsicht vor Überfrachtung
- Aktualität

Kommunikation

- über die Optik
- über den Inhalt
- als Dialog mit unterschiedlichen Modulen

Verantwortlichkeit

- im Hotel selbst mit der Möglichkeit, unabhängig vom externen Partner Seiten selbst zu aktualisieren
- beim IT-/Internet Partner

Fachwissen

- konsequente und kontinuierlich Schulung des Verantwortlichen
- Achtung: Copyrights (Eigentum von Domains, Texten und Fotos)
- Berücksichtigung sinnvoller Details der durch das Internet gegebenen Möglichkeiten zur Imagebildung

Die Informationen sollten sein:

- kategorisiert
- organisiert (Ebenen)
- informativ
- selektiv
- strukturiert
- übersichtlich
- einfach (Führung)
- aktuell
- flexibel
- ausgerichtet auf schwächsten Nutzer
- arbeitserleichternd
- arbeitssparend
- Kosten sparend

Juristische Gesetzmäßigkeiten

- Impressum
- Stichwort: Steuernummer
- Links/Disclaimer (Ausschluss von Verantwortlichkeiten)
- Genehmigung von Empfängern für geplante Newsletter und E-Mailings

Aktualität

- vorrangige Aufgabe aller Beteiligten (Technik und Inhalt) – Verantwortlichkeiten schaffen
- Kontrollzyklen festlegen

Interaktivität

- Förderung des Dialogs
- Möglichkeit zur direkten Kontaktaufnahme (per E-Mail)
- Möglichkeit zur Direktbuchung (auch online) – Stichwort: Provision
- Newsletter (Abonnements)
- E-Mailings (Vorsicht: Genehmigung einholen)
- Gewinnspiele
- Foren/Gästebuch
- Blogs
- Job-Börse zur Personalbeschaffung
- Intranet für Partner (z. B. Buchungsmittler, Zulieferanten, Verbandsmitglieder)
- aktuelle Angebote/Arrangements/Spezialpakete über Fenster mit Direktbuchung

E-Mails

- Netiquette (Verhaltensweisen im Internet)
- enger Zeitrahmen zur Beantwortung
- Stil und Aufmachung
- Formulierung
- Rechtschreibung und Interpunktion
- komprimierte Anlagen (als Zip-Dateien)

Auffindbarkeit

- Webmarketing über Suchmaschinen-Optimierung – nur über Experten
- Online-Buchbarkeit

- Verlinkung mit anderen Portalen (z. B. Städte, Regionen, Kooperationen)
- Verlinkung mit Partnern (Partner-Programme/Affiliates) zur einseitigen oder gegenseitigen Umsatzsteigerung – häufig auf Provisionsbasis
- Vermittlung der Internet-Adresse bei jeder sich bietenden Gelegenheit (z. B. auf allen Printmedien eines Unternehmens – Briefpapier, Visitenkarten, Anzeigen)

Verlinkung

- Verlinkung mit Regionen/Städten (Vermarktung des Standorts)
- Verlinkung mit Interessengemeinschaften (z. B. Tagungs- oder Wellness Hotels)
- Verlinkung mit Verbänden und Kooperationen (zentrale Buchbarkeit)
- Verlinkung mit Reservierungssystemen bei möglichst zentraler Streuung der erforderlichen Daten

Corporate Identity/Corporate Communications/Corporate Design

- Internet
  - als Teil des gesamten Unternehmenskonzepts und der Philosophie (Corporate Identity)
  - als Teil des gesamten Kommunikationskonzepts (Corporate Communications)
  - als Teil des CD – konsequente Einhaltung des eigenen Corporate Designs
  - als Teil einer Kooperation – dann auch konsequente Nutzung eines gemeinsamen Logos)

Presse

- Presse-Button auf Homepage installieren
- einfachen Zugang ermöglichen (ohne Passwort-Vergabe)
- gängige Formate einstellen (Texte und Fotos)
- konsequente Pflege und Aktualisierung der Inhalte
- Möglichkeiten des Downloads geben (von Texten und Illustrationen)
- Verfügbarkeit von Informationen für Journalisten sicherstellen
  - virtuelle Pressemappe mit Basisinformationen zum Unternehmen
  - aktuelle Meldungen (Achtung Reihenfolge)
  - unternehmensrelevante Themen/Fachthemen/Stellungnahmen/Interviews
  - aktuelle Fotos
  - Archiv Texte (älteren Datums)
  - Archiv Fotos (älteren Datums)
- schnelle Erledigung von E-Mail-Anfragen für weitere Informationen

Erfolgreiche Online-PR: Strukturen, Entwicklungen und Hilfestellungen

Carsten Hennig

1 Einleitung

Boom im Web. Mit dem kommerziellen Einsatz des Internets hat sich die Kommunikationsarbeit stark verändert. Online-Pressearbeit gehört zu den am schnellsten wachsenden Segmenten der PR-Branche. Der Versand von Pressemitteilungen per E-Mail ist längst zum Standard avanciert. Die ständige Verfügbarkeit von Informationen auf Presseseiten und/oder PR-Portalen zeichnen eine professionelle Pressearbeit aus. Allein der Versand von hochauflösenden Fotodateien – Pressebildern in Druckqualität – ist zugunsten spezieller Download-Anwendungen nahezu vollständig eingestellt.

Online-PR ist zwar nur als ein Teil einer umfassenden Presse- und Öffentlichkeitsarbeit anzusehen, gehorcht jedoch eigenen Gesetzmäßigkeiten und verlangt ein spezielles Fingerspitzengefühl. In diesem Beitrag heben wir die Besonderheiten der Online-PR im Allgemeinen und speziell für Hotellerie, Gastronomie und Touristik hervor. Die Ausführungen sollen die grundlegenden Statements des Beitrags „Das Internet im Marketing-Mix – global ist in der kleinsten Hütte" von PR-Expertin Karin Dircks ergänzen.

2 Bedeutung der Online-PR

Ohne E-Mail ginge fast nichts mehr – der Versand von Pressemitteilungen per elektronischer Post ist von zentraler Bedeutung auch in der „Offline-Welt". Während noch vor rund zehn Jahren wichtige Nachrichten per Fax, Brief oder Ticker (für große Nachrichtenagenturen wie dpa oder AP) versendet wurden, ist heute der Aufwand für den Versand von Pressemitteilungen an Tausende Redaktionen und Journalisten sehr gering geworden. Eine E-Mail kostet kein Geld – daher nimmt die Flut der Sendungen zu, leider auch der unerwünschten Massenmailings, „Spam" genannt.

Ein Redakteur oder Journalist empfängt täglich mehrere hundert E-Mails zu verschiedensten Themen. Bei der Sichtung der Nachrichten bleibt oft nur der Blick über die Betreff-Zeile. Deren prägnante Formulierung – um WAS geht es, von WEM kommt die Nachricht – ist daher ausschlaggebend dafür, ob die Nachricht weitere Beachtung findet. Verschiedene PR-Studien haben ergeben, dass über 90 % der E-Mails in Redaktionspostfächern gelöscht werden. Immer öfter senden daher PR-Agenturen ihre wichtigsten Mitteilungen per Post dem E-Mailing hinterher, um die Chance zur redaktionellen Verwendung zu erhöhen.

Mit der Online-PR wird zunehmend die „Wächterfunktion" der Redakteure außer Kraft gesetzt. Über bestens verlinkte Presseportale, optimierte Nachrichtensuchmaschinen und zahlreiche professionell betriebene Weblogs finden immer mehr Nachrichten ihre Leser, die früher den Auswahlkriterien der Redaktionen und den beschränkten Platzverhältnissen in Printpublikationen zum Opfer gefallen sind.

Online-PR hat daher eine Revolution in der Verbreitung von Nachrichten entfacht:

- Gut getextete Pressemitteilungen (vor allem deren Überschriften), die auf Onlinepresseportalen für jedermann einsehbar sind, werden von den Suchmaschinen häufig als „relevant" eingestuft und rangieren in den Suchergebnissen weit oben.
- Moderne Weblog-Technologie hat das Auffinden von relevanten Texten wesentlich vereinfacht: Die Überschrift einer Pressemitteilung wird als URL/Internetadresse generiert; dies wird vor allem von den Suchmaschinen goutiert.
- Die Masse an Veröffentlichungen gilt als Image-prägender Faktor – ist im Internet reichlich über ein Unternehmen oder eine Person (positiv!) zu lesen, umso „wichtiger" erscheint das beschriebene Subjekt.

Die Platzierung von Pressemitteilungen und ähnlichen Veröffentlichungen ist für den Aufbau einer starken Webpräsenz, bei der das oberste Ziel die optimale Auffindbarkeit zu den zentralen Sujets des Herausgebers ist, eine sehr wichtige Tätigkeit. Bei geschickter Verknüpfung der Texte mittels Stichwörtern (Keywords) kann eine Website auch bei mehr werblichen Inhalten als bedeutsam erscheinen. Dazu einige Hinweise:

- Definieren Sie die zentralen Stichwörter für die Website – was das Unternehmen leistet, in welchen Branchen/welchen Märkten agiert man, wie arbeitet man, und so weiter. Die Keywords werden in den sogenannten Meta-Tags der Website eingetragen und dienen der Suchmaschinenoptimierung (Search Engine Optimization/SEO).
- Verschlagworten Sie jeden Pressetext mit den zentralen Stichwörtern aus dem Text, und fügen Sie diese am Textende an. Tragen Sie diese Stichwörter auch in den Dateieigenschaften z.B. bei doc- oder rtf-Dateien ein; wird die Presse-

text-Datei im Web zum Download bereitgestellt, werden die Keywords von den Suchmaschinen erfasst und bewertet.

- Formulieren Sie die Überschrift des Pressetextes prägnant, und verwenden Sie mehrere oder alle zentralen Stichwörter. Die meisten Suchmaschinen erfassen nur die Headlines der Online-Nachrichten.

Die beschriebenen Maßnahmen zur Weboptimierung basieren auf Erfahrungswerten und Hinweisen von IT-Experten. Da kaum jemand genau über die Research-Verfahren der wichtigsten Suchmaschinen informiert ist, gehört es in der Online-PR dazu, einfach auch neue Wege auszuprobieren.

Eine der wichtigsten Funktionen in der Online-PR ist die kostengünstige Speicherung von Texten, Fotos und anderen Pressedokumenten. Jedem Journalisten stehen online alle Unterlagen rund um die Uhr zur Verfügung – zur schnellen Information, zum Einsehen, zum Speichern.

Zentraler Bestandteil einer erfolgreichen Online-PR-Strategie ist ein durchdachtes Serviceangebot für Journalisten – es muss übersichtlich sein, jederzeit verfügbar und einfach in der Handhabung. Dazu gehören:

- alle Pressetexte zur Ansicht (html-Sites)
- alle Pressetexte zum Download (.doc/.rtf)
- hochauflösende Fotos, Illustrationen und Grafiken zum Download
- vollständige Angabe von Kontaktdaten (inklusive Telefondurchwahl und persönlicher E-Mail-Adresse) – für drängende Rückfragen
- Online-Kontaktformular für Presseakkreditierung und -anfragen; die Reaktion innerhalb kürzester Frist (auch an regionalen Feiertagen und Wochenende) muss gewährleistet sein!

3 Grundlagen einer erfolgreichen Presse- und Öffentlichkeitsarbeit

In der professionellen Kommunikation gelten die Grundregeln des Journalismus: Neutralität, sachliche und ausgewogene Darstellung, Gespür für interessante Themen. Bitte erinnern Sie sich stets daran: Als Pressesprecher/in oder PR-Beauftragte/r „vermitteln" Sie zwischen Ihrem Klienten und Ihren Kollegen aus den

Medien. Sie sind Moderator/in auf Augenhöhe zu Ihren Gesprächspartnern, stellen keine Bittgesuche und müssen Ihre Nachrichten nicht auf „Erfolgsbasis verkaufen".

„Meine persönliche Erfahrung ist: Kommunikation ist Seriosität. Mit Ihrem selbstbewussten Auftreten und sachlicher Präzision meistern Sie die mitunter schwierigen Aufgaben, auch in PR-Krisenfällen!"

Jede Veröffentlichung und Verlautbarung sollte den Basisanforderungen im Nachrichtenjournalismus entsprechen:

• Neuigkeitswert
• Relevanz für die Allgemeinheit
• umfassende Information nach den „6 W" (Wer, Wann, Wo, Was, Warum, Wie)

Orientieren Sie sich dabei an dem Klassiker „Journalismus von heute" (Verlag R. S. Schulz, Herausgeber: Jürgen Frohner) – die „Bibel des Journalismus" enthält alles, was man für eine professionelle Publikation benötigt; leider sind die Loseblattwerke offiziell vergriffen und nur noch in Antiquariaten vereinzelt erhältlich.

Sie sind Katalysator auch in anspruchsvollen Kommunikationsfällen – und manchmal in der Verlegenheit, Ihrem Klienten von unwägbaren Vorhaben abzuraten. Pressearbeit und Unternehmenskommunikation sind nicht mit Vertriebs- oder Marketingaussagen gleichzusetzen.

Mit der klassischen Presse- und Öffentlichkeitsarbeit werden übergeordnete Ziele erreicht:

• aktuelle Information über Entwicklung beim Klienten
• sachliche Information über Marktentwicklungen
• Argumentationshilfen für Meinungsbildung („Minding")
• Erläuterung von Hintergrundinformation – Unterstützung bei der Imagepflege

Selbst bei „platten" Presseauskünften z. B. über neue Produkte/Dienstleistungen sollten Sie stets in der dritten Person vom Klienten reden. Nicht „wir", sondern „Wie das Unternehmen mitteilt" ist der richtige Duktus. Warum? Ganz einfach: Alle Pressetexte müssen vom Kollegen in der Redaktion kopiert und ohne Umformulieren oder Kürzen (im Fachjargon: „Redigieren") übernommen werden können.

„Erfolgreiche Pressearbeit zeichnet sich dadurch aus, dass Ihre Texte als Redaktionsbeiträge unverändert erscheinen."

Das „Gefühl" für die richtigen Themen und die besten Formulierungen wird immer noch in der Redaktionsarbeit vermittelt. Nicht jedem PR-Worker ist eine journalistische Ausbildung vergönnt. Doch (fast) jede/r Pressebetreuer/in kann eine Hospitanz in einer Redaktion absolvieren und soll Alltag auf der anderen Seite des Schreibtisches schnuppern. Jedem Pressekollegen ist an einer nutzbringenden Zusammenarbeit gelegen und wird Sie unterstützen!

Um Gespür für eine gepflegte Ausdrucksform zu erlangen, sollten Sie regelmäßig lesen – Leitmedien (z. B. überregionale Tageszeitungen) und Bücher; sowohl Fachwerke als auch anspruchsvolle Romane. Lesen bildet – in diesem Fall Ihr Sprachgefühl und erweitert Ihr Vokabular. Einige Hinweise:

- Gehen Sie sorgsam mit Abkürzungen um; schreiben Sie am Textanfang die Sentenz aus, setzen dahinter die Abkürzung in Klammern.
- Verzichten Sie soweit möglich auf Anglizismen; es gibt für die meisten Fachbegriffe aus der Online-Welt auch ein deutsches Wort.
- Trennen Sie stets Nachricht oder Bericht von Meinungsäußerung; orientieren Sie sich an den journalistischen Textgattungen (siehe gleichnamiges Fachbuch von Eckart Klaus Roloff, erschienen im Verlag R. Oldenbourg).
- Lesen Sie Fachbücher wie z. B. „Deutsch für Profis" (der Klassiker von Wolf Schneider, erschienen im Goldmann Verlag), „Ein kleines Wörterbuch für den Journalisten" (von Wilfried Seifert und Gerhard Vogl, erschienen im Oberauer Verlag) und die Reihe „Der Dativ ist dem Genitiv sein Tod" (Bestseller von Bastian Sick, erschienen im Verlag Kiepenheuer & Witsch).

4 Die Pressemitteilung

Die Pressemitteilung muss den Anforderungen der Journalisten genügen, also dem Fisch schmecken, nicht dem Angler. Journalisten sind in der Regel gestresste Nachrichtenarbeiter, die unter Zeitdruck über die Relevanz eines Themas entscheiden müssen. Um zu verstehen, welche Pressemitteilung beim Journalisten „ankommt", ist ein Blick in eine Nachrichtenredaktion die beste Schulung. Ich skizziere die alltägliche Nachrichtenauswahl kurz schriftlich:

- Am Anfang steht das Sichten des Materials: Pressemappe, Pressemitteilungen (postalisch, E-Mail), Newsticker (z. B. dpa) und persönliche Notizen. *Pressemitteilungen, die nicht der allgemeinen Form entsprechen, werden hier schon ungeachtet des Inhalts verworfen.*
- Die nächste Phase betrifft die Auswahl: Die Nachrichten werden den einzelnen Ressorts, z. B. Wirtschaft oder Reise, zugeordnet. Ist das Thema relevant, wird es gewichtet, als Kurznachricht (ca. 15 Zeilen) oder als Bericht (ab ca. 50 Zeilen) oder als Hintergrundinformation für eine Reportage oder ein Feature.
- In der dritten Phase geht es um die Verarbeitung: Der Text der Pressemitteilung muss schnell und einfach kopierbar sein (also muss die elektronisch vorliegende Pressemitteilung mit den gängigen Computersystemen kompatibel sein) und leicht zu kürzen (in der Regel sätzeweise vom Textende rückwärts).

4.1 Aufbau einer Pressemitteilung

Eine optimal aufbereitete Pressemitteilung bedarf einer standardisierten Form. Die wichtigsten Parameter in der Übersicht:

- Ganz oben steht der Hinweis „Pressemitteilung"; dieser macht deutlich, dass es sich um einen Text zur öffentlichen Wiedergabe (unter Quellennennung) handelt. Darunter steht ggf. der Hinweis auf eine Sperrfrist (wenn eine Nachricht erst zu einem bestimmten Zeitpunkt wiedergegeben werden darf, aber zuvor von Journalisten z. B. im Hörfunk und TV bearbeitet werden muss). Bei Wiedergabe von Redetexten muss der Hinweis „Es gilt das gesprochene Wort" hinzugefügt werden.
- Es folgt die Hauptüberschrift/Schlagzeile, darunter steht die Unterzeile; die Überschrift drückt die wesentlichen Inhalte der Pressemitteilung aus: Thema, Beteiligte, Wirkung
- Vor dem Fließtext stehen sowohl Ort als auch Zeitpunkt der Herausgabe.
- Der erste Absatz ist die Zusammenfassung der gesamten Nachricht. Er enthält die „6 W": Wer, Wann, Wo, Was, Warum, Wie. Der Absatz kann mit einem sogenannten Lead begonnen werden; eine kurze Sentenz, die entweder das Wichtigste vorweg nimmt oder auf den Nachrichtenkern hinführt. Keine Bange, der erste Satz ist oft der schwerste. Zahlreiche erfolgreiche Journalisten schreiben auch nach vielen Jahren zuerst den Text und anschließend Überschrift und Lead.

- Die folgenden Absätze vertiefen die „6 W". Denken Sie an Zitate, sie sind das „Salz in der Suppe": ideal für ein Zitat sind Bewertungen oder Hervorhebungen, die eine Meinungsäußerung darstellen und sich nicht als Hauptsatz in einem Bericht eignen.
- Der Abspann fasst die Tätigkeit des Herausgebers (Firma, Institution o. A.) zusammen. Diese Beschreibung wird zwar meist nicht veröffentlicht, dient aber dem Journalisten zur Orientierung, mit wem er es zu tun hat.
- Der „Schwanz" der Pressemitteilung umfasst: Kontaktangaben für Nachfragen inklusive E-Mail und Telefon-Durchwahlnummer; Länge der Pressemitteilung (Zeichenanzahl); Hinweis/Internetlink zum Download von Pressefotos.

Grundsätzlich gilt: Eine Pressemitteilung sollte nicht länger als 1,5 A4-Seiten sein. Jede Pressemitteilung mit aussagekräftigem Pressefoto (Porträt, Infografik etc.) fällt mehr auf und hat mehr Chancen auf Veröffentlichung.

4.2 Inhalt einer Pressemitteilung

Als Thema einer Pressemitteilung sind nur „belastbare" Fakten geeignet. Auch für Pressemitteilungen gelten die allgemeinen rechtlichen Bestimmungen, d.h., jede Behauptung muss belegbar sein, und diskriminierende oder gar ehrverletzende Aussagen dürfen nicht getätigt werden.

Die Bewertung, was eine interessante Nachricht ist, gehört zu den wichtigsten Aufgaben eines Pressesprechers. Hierfür ist journalistisches Gespür vonnöten, um eine Nachricht im Alltag zu „erkennen" – und es gehört ein überzeugendes Auftreten dazu, dem Vorgesetzten eine vermeintliche Nachricht, die sich nicht als Pressemitteilung eignet, auszureden. Ein Paradebeispiel aus journalistischer Lehrschule: Die Nachricht „Hund beißt Mann" ist nicht weiter beachtenswert, da geringer Neuigkeitswert. Dagegen die Umkehrung „Mann beißt Hund" ist interessant, da ungewöhnlich.

Dazu einige Beispiele – Themen, die für eine Pressemitteilung geeignet sind:

- Personalia
- Veränderungen an der Firmenstruktur
- Start eines neues Produkts, einer neuen Dienstleistung
- Bekanntgabe von Unternehmenszahlen

Was sich nicht für eine Pressemitteilung eignet:

- persönliche Kommentare zu allgemeinen Themen aus Politik und Wirtschaft; dies kann allenfalls Thema für einen Gastbeitrag/Gastkommentar oder eine Kolumne sein
- werbliche Texte mit direkter Ansprache des Lesers
- (Preis-)Vergleiche von Produkten/Dienstleistungen mit denen des Wettbewerbs

Die Pressemitteilung ist stets in der journalistischen Textgattung „Nachricht/Bericht" abzufassen: kurz, klar, kommentarlos. Andere Textgattungen wie „Feature" oder „Kommentar/Glosse" können zwar als öffentlicher Text herausgegeben werden, gehören aber zum weiten Feld des Presseservices.

Wie oben schon erwähnt, ist die Veröffentlichung eines Pressefotos sehr nützlich; Texte mit Illustration fallen auf und gewinnen schneller die Aufmerksamkeit des Journalisten. Ein Pressefoto muss in hochauflösender Form (mindestens 300 digits per inch/dpi) vorliegen und muss rechtefrei bei Nennung des Fotografen/Herausgebers verwendbar sein. Eine Anmerkung: Firmen- oder Produktlogos eignen sich weniger als Pressefoto, da darin kein Neuigkeitswert liegt.

4.3 Optimales Dateiformat einer Pressemitteilung

Jeder Pressetext sollte in gängigen Dateiformaten zum Download zur Verfügung stehen. Optimal ist eine Darstellung auf einer Website (zum Lesen) und eine Datei (.doc oder .rtf) zum Speichern.

Ebenso verfährt man in der modernen Unternehmenskommunikation mit Pressefotos: sie stehen entweder in einem passwort-geschützten Bereich oder öffentlich als hochauflösende Fotodateien (.jpg oder .gif oder .tiff) zur Verfügung.

Ein offenes Wort zum PDF: Das Dateiformat ist für Pressemitteilungen nicht geeignet, da der Fließtext oft mühsam (nicht selten Zeile für Zeile) kopiert werden muss.

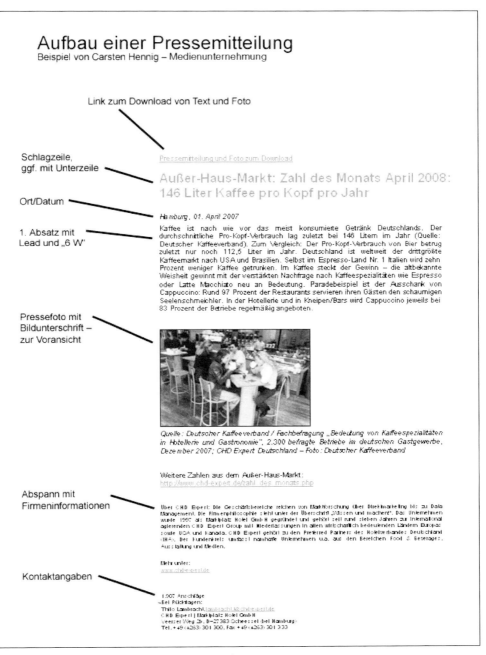

Abbildung 1: Aufbau einer Pressemitteilung

5 Presseverteiler und elektronischer Versand

Der Aufbau und die Pflege von Pressekontakten ist die Königsklasse in der Pressearbeit. Dabei ist jeder Kontakt wichtig – auch zu freien Journalisten oder anderen
Medienarbeitern. Ein guter Presseverteiler erfasst nicht nur die Nachrichtenent-
scheider in den Redaktionen, sondern auch Multiplikatoren und Meinungsbildner,
die Ihre Nachrichten aus erster Hand lesen wollen.

Da der Versand von Pressemitteilungen häufig per E-Mail erfolgt, ist eine exakte
Pflege des Verteilers nötig; schnell ist man dem Vorwurf des „Spam"-Versands
ausgesetzt, auch wenn nüchterne Pressemitteilungen sich grundsätzlich von unerwünschten Werbemails unterscheiden.

Zum Aufbau eines Presseverteilers empfehle ich den Kauf einer Adressdatei bei Anbietern wie Zimpel (www.zimpel.de), Kroll Verlag (www.kroll-verlag.de), SRT-Verlag
(www.srt-verlag.de) oder Anderen. Allerdings wollen die Redaktionskontakte gepflegt sein, was ein nicht zu unterschätzendes Maß an Arbeit und Zeit bedeutet.
Daher ist das Abonnement eines Presseverteilers oftmals die günstigere Lösung.

Zur Pflege eines Presseverteilers sind insbesondere Fachmessen oder große
Branchenkongresse eine gute Gelegenheit, persönliche Kontakte zu knüpfen und
Visitenkarten von Journalisten zu sammeln. Mein Tipp: Tragen Sie die Daten so-
fort in Ihre zentrale Adressdatei und senden Sie ein „Dankeschön"-Schreiben/
E-Mail an den Journalisten. Das erhöht die Qualität der Bindung!

Der elektronische Versand einer Pressemitteilung unterliegt einigen Regeln:

- Senden Sie den Text stets im txt-Format (bei nur geringen html-Formatierun-
  gen); zahlreiche E-Mail-Programme können Formatierungen nicht sauber darstellen und „zerschießen" den Text.
- Senden Sie stets von einer E-Mail-Adresse, die auch als Antwortadresse für
  Nachfragen dient.
- Hängen Sie weder hochauflösende Pressefotos noch andere „schwere" Datei-
  en an; diese müssen zum Download zur Verfügung stehen. Als Richtschnur gilt
  für eine E-Mail: nicht größer als 1 MByte.
- Stellen Sie den Pressetext zeitgleich auf der Website des Herausgebers zur Einsicht und zum Download zur Verfügung. Achtung: Zum Zeitpunkt des Versands
  muss der Pressetext bereits online sein; Journalisten können schnell die Geduld
  und das Interesse an der Meldung verlieren, wenn sie erst nachfragen müssen.

6 Zielgruppen: Redaktionen, freie Journalisten, Multiplikatoren und Blogger

Ein Presseverteiler gliedert sich in Medienbereiche: Fachmedien, Wirtschaftsmedien, Reisemedien, Hörfunk, Fernsehen, Übrige. Dabei sind Onlineredaktionen stets nur ein Teil des Verteilers und nicht separiert zu betrachten; zahlreiche Medienhäuser haben ihre Print- und Onlineredaktionen längst zusammengelegt.

Recherchieren Sie die richtigen Ansprechpartner in den Redaktionen und unter freien Journalisten: Ressortleiter, Themenjournalisten etc. Es macht keinen Sinn, zur Erhöhung des Verteilers z. B. Medizin-Fachjournalisten zu beschicken.

Nehmen Sie in den Verteiler – als separate Blöcke – wichtige Multiplikatoren auf (z. B. Geschäftsführer und Vorsitzende von Branchenverbänden) sowie ausgewählte Blogger (Herausgeber von Weblogs, zu finden über die Suchmaschine www.technorati.com).

7 PR-Portale

Um die Verbreitung einer Pressemitteilung zu erhöhen, ist der kostenpflichtige Versand über einen Dienstleister wie news aktuell (ein Unternehmen der dpa-Gruppe, www.presseportal.de) sinnvoll. Der Versand eines Textes (bis 300 Wörter) kostet 315 €. Es gibt auch eine Reihe an kostenfreien Presseportalen, die ebenso von Journalisten genutzt werden. Dazu gehören:

- OpenPR, www.openpr.de
- Firmenpresse, www.firmenpresse.de
- Businessportal24, www.businessportal24.com/de
- PR Center, www.prcenter.de
- Open Presse, www.openpresse.de
- News4Press, www.news4press.com

Die Liste der Presseportale ist lang, ständig kommen neue hinzu. Wählen Sie die wichtigsten aus, und prüfen Sie durch Nachfrage bei Journalisten, welche Presseportale hauptsächlich genutzt werden.

8 Do's und Don'ts

Beherzigen Sie bitte einige Ratschläge für Ihre Pressearbeit:

- Senden Sie regelmäßig Presseinformationen heraus, z. B. einmal im Monat. Eine Pressemitteilung pro Jahr geht meist im Nachrichtendschungel unter.
- Wählen Sie nur „belastbare" Informationen und interessante Themen für die Pressemitteilungen. Ein nichtssagender Pressetext findet kein Interesse und nervt die Journalisten.
- Stellen Sie im Internet Hintergrundinformationen zum Unternehmen und ihre Kontaktangaben übersichtlich bereit – der Pressebereich sollte stets schnell über die Homepage oder das Menü „Über uns" gefunden werden.
- Beantworten Sie Presseanfragen zügig – auch nach Dienstschluss. Meist stehen die Journalisten unter Zeitdruck.
- Bewahren Sie Ruhe auch bei kritischen Presseanfragen: Sie haben nichts zu verbergen. Raten Sie Ihren Vorgesetzten bei kritischen Themen zu einer pro-aktiven Pressearbeit: Denn: meist kommt eh' alles heraus.
- Zeigen Sie Kompetenz: In puncto Daten/Fakten/Zahlen zu Ihrem Auftraggeber/Arbeitgeber müssen Sie ad hoc Rede und Antwort stehen können.

9 Fachbegriffe

Die Terminologie im sich dynamisch entwickelnden Bereich Internet/elektronische Kommunikation verändert sich stetig und wird häufig durch neue Fachbegriffe – meist aus dem Segment Onlinewerbung – ergänzt. Im Folgenden erläutere ich einige ausgewählte Fachbegriffe, die für die Pressearbeit von Bedeutung sind:

PR = Steht für **P**ublic **R**elations; stark strapazierter Oberbegriff aller nichtwerblichen Kommunikationsformen

Pressearbeit/Medienarbeit = Segment der PR; umfasst das Management von Pressemitteilungen, Beantwortung von Presseanfragen, Platzieren von Gastbeiträgen etc. – ergo alle Belange, die professionelle Medientreibende betreffen

Öffentlichkeitsarbeit = Segment der PR; umfasst alle nicht-werblichen Kommunikationsformen, die nicht die Presse/Medien betreffen

---

Download = Laden eines Dokuments (Text, Bild, Video etc.) von einer Internetseite

PDF = Portable Document Format; spezielles Dateiformat der Softwarefirma Adobe; Inhalte (Textformate, Bild, Layout etc.) werden auf jeder Plattform (Betriebssystem) gleich dargestellt; ermöglicht hochauflösenden Druck

Portal = kolloquiale Definition von allgemein interessanten Websites, z.B. Nachrichtenseiten

Visits/Unique Visitors = Anzahl der Besuche bzw. Besucher (Leser) auf einer Website; wichtigste Messgröße im Internet

PageViews = Anzahl der vom Besucher (Leser) aufgerufenen Sites (Pages) innerhalb einer Website; zweite relevante Messgröße im Internet

Zugriffe = Anzahl der Abrufe von grafischen Elementen einer Website; nicht zu verwechseln mit „Visits" oder „PageViews"; irrelevante Größe

html = hyper text mark-up language – Programmiersprache für Darstellung auf Websites; geringe html-Kenntnisse sind in der Online-PR von Vorteil

txt = Textformat von Schreibprogrammen; wird von nahezu allen Computersystemen fehlerfrei akzeptiert; ideal für Austausch von Pressetexten – allerdings ohne umfangreiche Formatierungen

doc = Textformat „Document" von Microsoft-Word; Achtung: doc-Versionen für Windows 95 und Windows 97 sind gebräuchlich, spätere Versionen (docx) werden von älteren Betriebssystemen nicht mehr oder nicht einwandfrei eingelesen

rtf = rich text frmat – gebräuchliches Textformat; ideal für Pressemitteilungen, da ausreichend Möglichkeiten zur Textformatierung – kompatibel mit zahlreichen Betriebssystemen

Content Management System (CMS) = grafisch aufbereitete Menüstruktur einer Website zur Pflege der Inhalte; keine oder geringe html-Kenntnisse werden beim User vorausgesetzt

Publishing = Synonym für elektronisches Publizieren – dehnbarer Begriff für Onlinenachrichten, Weblogs/Blogs etc.

ePaper = elektronisch versandte Zeitschrift und Zeitung – entweder als PDF oder als Flash-Version zum Umblättern auf dem Bildschirm

10 Schlusswort

Charles Revson, der Gründer des Konzerns Revlon und legendärer Marketing-guru, hat einmal gesagt: „Wenn Sie einen Dollar in Ihr Unternehmen stecken, be-nötigen Sie einen zweiten Dollar, um dies bekanntzugeben!" Der Satz drückt aus, dass Presse- und Öffentlichkeitsarbeit einer besonderen Wertschätzung bedür-fen. Die dauerhafte Herausgabe von Pressemitteilungen und die Betreuung von Journalisten kostet Geld – dabei bedingt die Erfahrung den Wert der Arbeit. Ausgebuffte PR-Profis können für Ihre Medienkontakte und eine effiziente PR-Beratung hohe Honorare verlangen – dagegen hält beim bloßen Texten und bei Versanddienstleistungen von Pressemitteilungen der Preisverfall an.

Was nichts kostet, ist nichts wert. Sorgen Sie dafür, dass Ihre Pressearbeit einen konkreten Nutzen für Ihren Auftraggeber/Arbeitgeber hat!

Literatur und Links

Aktuelles über die Medienbranche, neue Zeitschriften, Personalia etc. Lesen Sie in den kostenfreien E-Mail-Newsletter von „Kress Report" (www.kress.de) und „Text intern" (www.textintern.de). Aktuelle Branchenthemen sind auf www.journalismus.com zu finden.

Empfehlenswerte Fachliteratur:

„Einführung in den praktischen Journalismus" von Walther von LaRoche, Klaus Meier und Gabriele Hofacker (April 2006), München

„Das neue Handbuch des Journalismus" von Wolf Schneider und Paul-Josef Raue (August 2003), Reinbek

„Deutsch für Profis. Wege zu gutem Stil" von Wolf Schneider (Februar 1999); 268 Seiten, München Verlag

„Die PR- und Pressefibel. Zielgerichtete Medienarbeit. Ein Praxislehrbuch für Ein- und Aufsteiger" von Norbert Schulz-Brudoehl (Juni 2007), Frankfurt am Main

„Instant PR.biz – Multimedialer Leitfaden für Presse- und Öffentlichkeitsarbeit im Hotellerie- und Gastronomie-Business" von Karin Dircks; Direktbezug unter www.instant-pr.biz.

LaRoche, W. von, Meier, K., Hofacker, G. (2006): Einführung in den praktischen Journalismus. München

Schneider, W., Raue, P.-J. (2003): Das neue Handbuch des Journalismus. Reinbek

Schneider, W. (1999): Deutsch für Profis. Wege zu gutem Stil. München

Schulz-Brudoehl, Norbert (2007): Die PR- und Pressefibel. Zielgerichtete Medienarbeit. Ein Praxislehrbuch für Ein- und Aufsteiger. Frankfurt am Main

Dircks, Karin (2005): Instant PR.biz – Multimedialer Leitfaden für Presse- und Öffentlichkeitsarbeit im Hotellerie- und Gastronomie-Business. Direktbezug unter www.instant-pr.biz

Operatives Management: Funktionen und Methoden

3 Personalmanagement

E-Recruitment in der Hotellerie – Impulse für neue Wege des Bewerbermanagements

Axel Gruner

1 Impulse für neue Wege des Bewerbermanagements

Engagiertes, gut ausgebildetes Hotelpersonal gilt als Garant für eine hohe Produktivität und ist somit das größte Kapital eines Beherbergungsbetriebs. Zudem gelten serviceorientierte Hotelmitarbeiter nicht nur bei der umsatzstarken Zielgruppe der Geschäftsreisenden mittlerweile als eines der wenigen Differenzierungsmerkmale der zunehmend uniformen Konzernhotellerie (vgl. Gruner 2007, S. 45).

Der Wettbewerb um die auf dem globalen Markt begehrten, gut ausgebildeten Leistungsträger macht es erforderlich, insbesondere auf deren Bewerbungen zeitnah zu reagieren und gleichzeitig nicht geeignete Probanden möglichst zu Beginn des Bewerbungsprozesses auszufiltern.

Besorgniserregend ist der zunehmende Mangel an Fach- sowie Nachwuchskräften, der Deutschland seit einigen Jahren eingeholt hat. Trotz weiterhin hoher Arbeitslosenzahlen wird es für viele Hotelunternehmen kontinuierlich schwerer, geeignete Mitarbeiter zu finden – ein Problem, das sich mittlerweile über alle Branchen hinweg abzeichnet. Gründe hierfür sind einerseits die verfehlte Bildungspolitik der vergangenen Jahre, andererseits aber auch die ersten Auswirkungen des demografischen Wandels. Bei insgesamt sinkender Bevölkerungszahl nimmt die Anzahl der Älteren zu und die der Jüngeren ab. Aktuellen Statistiken zufolge geht man bereits ab dem Jahr 2009 von akuten Engpässen bei der Lehrstellenbesetzung aus (vgl. Weiss 2007, S. 5).

Während die Industrie bereits seit mehreren Jahren die Prozesse des Bewerbermanagements automatisiert und dafür insbesondere das Internet nutzt, scheuen sich Hotelunternehmungen vor der Investition in neue webbasierende Technologien.

Die Entwicklung und Ausbreitung der neuen Medien hat die Kommunikations- und Informationsstrukturen unserer Gesellschaft und damit auch die Personalarbeit in der Hotellerie in einem ganz entscheidenden Maße verändert. Die multimediale Kommunikation unterscheidet sich grundlegend von der Kommunikation in den klassischen Medien. Durch die Internetpräsenz wird plötzlich aus dem räumlich eingeschränkten Arbeitsmarkt ein Weltmarkt. Die Möglichkeit der Interaktivität und die Dialogfähigkeit der Intra- und Internetanwendungen macht aus der Einweg- eine Zweiweg-Kommunikation.

Eine jährlich von ARD und ZDF publizierte Online-Studie registrierte im Jahr 2007 in Deutschland erstmalig mehr als 40 Millionen Internet-Nutzer. Bereits 62,7% der deutschen Bevölkerung verfügen über einen Internet-Anschluss, ein weiteres Plus von sechs Prozent zum Vorjahr (vgl. van Eimeren/Frees 2007, S. 362).

Die Gewohnheiten der Stellensuchenden haben sich an die neuen technischen Möglichkeiten angepasst. Arbeitsuchende sowie Weiterbildungswillige nutzen unternehmensinterne Intranetze und das Internet für ihre Zwecke. Eine jährlich durchgeführte britische Studie führte zu dem Ergebnis, dass das Internet mittlerweile das populärste Medium zur Stellensuche ist (vgl. ORES – Online Recruitment und Employment Survey 2001).

Ein wesentlicher Vorteil für die gastgewerblichen Unternehmen ist neben der weltweiten, 24-stündigen Präsenz die Kosten- und Zeitersparnis. Das IT-Beratungshaus Mummert + Partner stellte in einer Studie fest, dass sich durch E-Recruitment bis zu 50% der mit der Einstellung anfallenden Kosten und bis zu 60% der aufgewandten Zeit einsparen lassen (vgl. Finke & Eckl 2001, S. 209–232).

1.1 E-Recruitment in der Hotellerie

Aufgrund der hohen Bedeutung des Themas für die Hotellerie, die sich u.a. in der hohen Mitarbeiterfluktuation sowie der internationalen Beschäftigung begründet, wurde an der Fakultät für Tourismus der Hochschule München eine umfassende Studie zum Stand des E-Recruitments und E-Assessments durchgeführt. Die nachfolgenden Ausführungen basieren im Wesentlichen auf den Erkenntnissen der Studie FHM Hotel E-Recruitment Monitor, die Websites von Hotelunternehmungen in Bezug auf vorhandene E-Rekrutierungsinstrumente untersucht und zunächst im Mai 2005 sowie in aktualisierter Version im April 2006 veröffentlicht wurde.

Ein besonderer Fokus der Untersuchung liegt auf der Nutzenbringung und Bedienerfreundlichkeit für Stellensuchende. Deshalb wurde die schematisierte Evaluierung von Studierenden der Studienrichtung Hospitality Management vorgenommen. Sie verfolgt zwei primäre Ziele:

- Feststellen des State of the Art hinsichtlich der vorhandenen Online-Rekrutierungsmaßnahmen in der Hotellerie

- Möglichkeit für Hotelunternehmungen, im Rahmen des kontinuierlichen Verbesserungsprozesses die eigenen Instrumente zu überprüfen und anzupassen (vgl. Gruner 2006, S. 4).

1.2 Begriffsklärungen

Unter der Bezeichnung „E-Recruitment" werden insbesondere drei verschiedene Aspekte des internetbasierenden Mitarbeitergewinnungsprozesses zusammengefasst: das Personalmarketing, das Bewerbungsmanagement und die Bewerbervorauswahl. Weitere Begriffe, die diesen Vorgang bezeichnen, sind E-Recruiting, Online-Recruitment sowie E-Cruiting.

Das **Personalmarketing** verfolgt das Ziel, potenzielle Bewerber mit attraktiven Angeboten anzusprechen und gleichzeitig zu informieren. Das **Bewerbungsmanagement** ist für die effiziente Verwaltung und Bearbeitung der eingehenden elektronischen Bewerbungen zuständig. Hier bietet das Online-Recruitment die Möglichkeit, den bislang hohen administrativen Aufwand u. a. durch die Verwendung von digitalisierten Daten deutlich zu reduzieren und zu beschleunigen. Die **Bewerbervorauswahl** verwendet internetbasierende Instrumente, um eine möglichst frühzeitige und zuverlässige Vorselektion von Bewerbern zu gewährleisten (vgl. Knoll & Preuss 2003, S. 168). E-Assessments, berufsbezogene Fähigkeitstests und standardisierte Fragebogenverfahren können das persönliche Vorstellungsgespräch und Präsenztests zwar nicht vollständig ersetzen, doch können sie dazu beitragen, dass nur die geeignetsten Kandidaten im Unternehmen vorstellig werden.

2 E-Recruitment und E-Assessment

Sukzessive beginnen die Personalverantwortlichen der Hotellerie, Mitarbeiter im Internet anzuwerben, darüber auszuwählen oder sie mit und über das Internet zu entwickeln. Andere Branchen haben bereits ihre Rekrutierungs- und Mitarbeiterauswahlinstrumente zu einem großen Prozentsatz auf das Internet verlegt (vgl. Gruner 2006, S. 5).

Die im Rahmen der Personalvorauswahl herangezogenen Personenmerkmale kommen dabei zumeist ausschließlich aus dem Bereich der sogenannten biografischen Merkmale. Die in der Hotellerie oftmals erheblich maßgeblicheren Merkmale aus dem Verhaltens- und/oder Eigenschaftsbereich der Person (z. B. „Serviceorientierung" oder „Kommunikationsfähigkeit") können hingegen oft erst in späteren Auswahlschritten mittels aufwändiger und teurer („Face-to-Face") Verfahren wie Assessment Center oder Interviews überprüft werden.

Der Einsatz von aufwändigen, oftmals interaktiven Instrumenten der Eignungsdiagnostik – sogenannte Online-Assessments –, mit denen die Vorauswahl auch auf diese „Soft Skills" ausgeweitet werden kann, findet allgemein noch relativ selten statt. Tatsächlich realisierte E-Assessment-Projekte (bspw. Unilever Deutschland) haben derzeit noch den Charakter von „Leuchtturm-Projekten". Diese Situation wird sich jedoch auch in der Hotellerie in den kommenden Jahren sukzessive ändern.

2.1 Die vier strategischen Bereiche des E-Personalmanagements

Als die vier wesentlichen Bereiche des auf den sogenannten neuen Medien basierenden Personalmanagements können das Personalmarketing, die Personalauswahl, die Personalförderung sowie die Workflow-Optimierung identifiziert werden (siehe auch Konradt & Sarges 2003, S. 4). Deren Anwendung im E-Personalmanagement wird in Abbildung 1 dargestellt.

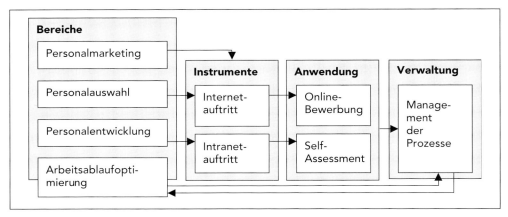

Abbildung 1: Die vier strategischen Bereiche des E-Personalmanagements (Quelle: In Anlehnung an Konradt & Sarges 2003, S. 4)

Für die auf elektronischen Medien basierende Mitarbeitergewinnung sind insbesondere das Personalmarketing und die Personalauswahl relevant (Gruner 2006, S. 5). Die Personalentwicklung sowie Arbeitsablaufoptimierung tangieren diese Bereiche und sollen deshalb auch vorgestellt werden.

Personalmarketing

Inter- und Intranet erlauben im Vergleich mit anderen Rekrutierungskanälen eine wesentlich höhere Reichweite. Außerdem stehen beispielsweise Portale mit unterschiedlichen Service- und Informationsleistungen sowie karrierebezogene Dienste 24 Stunden weltweit zur Verfügung. Eine Einschränkung besteht beim Intranet, das lediglich unternehmensintern verfügbar ist.

Mit speziellen Angeboten (z. B. Chats, Simulationsspiele) lässt sich zudem eine hohe Interaktionsdichte mit potenziellen Bewerbern erzielen. Konradt & Sarges: „Durch die Interaktion wird einerseits Aufmerksamkeit erzeugt, die sich auf das Unternehmen und seine Angebote richtet. Andererseits wird durch die Interaktion die Bindung zwischen dem Sender und dem Empfänger bei stellenbezogenen Botschaften verstärkt. So lässt sich eine zielgruppenorientierte und personalisierte Ansprache einzelner Bewerber und Bewerberkreise realisieren und bis zur Personalentscheidung aufrechterhalten" (Konradt & Sarges 2003, S. 4). Auch die Bewerber profitieren durch die zeitnahe Information und Kommunikation. Weitere Vorteile des E-Personalmarketings sind für das Unternehmen:

- Hinterlassen eines zeitgemäßen und innovativen Images
- aktuelle stellen- und unternehmensspezifische Informationen für potenzielle Bewerber, deren Informationstiefe von den Interessenten selbst gesteuert werden kann
- Bewerber, die sich vor dem Unternehmenseintritt ein genaues Bild vom Arbeitgeber machen konnten, stellen sich nach der Anstellung als leistungsfähiger heraus und wechseln weniger häufig (Highhouse & Hoffmann 2001, S. 37–67)

Die meisten Hotelgesellschaften platzieren Stellenangebote auf ihrer Website („Job Posting"). Individualhotels nutzen dieses Instrument nur selten (Gründe: geringerer Personalbedarf, Vermeidung von Kosten etc.). Die wichtigsten Anforderungen an Stellenangebote auf der Website sind (vgl. Gruner 2006, S. 6):

- einfacher Zugang
- professionelles Design

- gute Benutzerführung und Navigation
- zielgruppenorientiertes Informationsangebot
- Zusatznutzen und Fun

Personalauswahl mittels E-Assessments

Derzeit beschränken sich die meisten Unternehmen bei der Personalauswahl über die elektronischen, computergestützten Medien auf die Auswertung der im Internet zur Verfügung gestellten Bewerbungsformulare.

Der Einsatz von aufwändigen, oftmals interaktiven Instrumenten der Eignungs-diagnostik – sogenannte Online-Assessments – ist noch relativ selten. Konradt/Sarges: „Unter Online-Assessements sind computergestützte Verfahren zur Beurteilung und Vorhersage beruflich relevanter biografischer und psychologi-scher Variablen zur Abschätzung der Eignung zu verstehen, die über die Dienste des Internets und Intranets bereitgestellt werden" (Konradt & Sarges 2003, S. 7). Vorteile von Online-Assessments:

- es erfolgt eine Vorselektion, dadurch verringert sich die Zahl der ungeeigne-ten Bewerber, die für ein Vorstellungsgespräch oder Offline-Assessmentcenter eingeladen werden
- Orts- und Zeitunabhängigkeit führen zu geringerem Aufwand und Kosten
- computergestützte Verfahren lassen bei Einzelauswertungen auch differenzier-te Profilvergleiche zwischen Bewerbern und Bewerbergruppen zu
- zusätzliche Rationalisierungspotenziale resultieren aus einer vollständigen Be-werberadministration (Datenerfassung und Datenverarbeitung) mithilfe der elektronischen Instrumente (vgl. Konradt & Sarges 2003, S. 7 f.)

Die Akzeptanz von Online-Assessements wächst mit sinkendem Alter der Bewer-ber. Empirische Untersuchungen zeigen, dass die meisten Probanden computer-gestützten Verfahren positiv gegenüberstehen. In vielen Fällen werden sogar computergestützte Testverfahren der Papierform vorgezogen. Um die Akzeptanz zu steigern, sollten die Bewerber zuvor über die Zielsetzung und die Verfahrens-weise informiert werden. Das System sollte leicht zu bedienen, fehlertolerant, aufgaben- bzw. stellenangemessen und erwartungskonform sein (vgl. Booth 1998, S. 61–82). Zudem sollte die Teilnahme an einem Online-Assessment auch Spaß machen, wofür bereits der Begriff „Joy of use" geprägt wurde.

Eine einfache Variante des Online-Assessments mittels programmierter Fragen nutzt die Kooperation The Leading Hotels of the World: http://lhw.hospitality careernet.com.

Von dem Hamburger Unternehmen Cyquest, einem der Pioniere bei der Entwicklung von webbasierenden Personalauswahl- und Einschätzungsverfahren, wurde beispielsweise für die Deutsche Bahn AG ein entsprechendes Tool entwickelt. Potenzielle Mitarbeiter können mittels der Onlineanwendung trax spielerisch das Unternehmen DB AG kennenlernen und sich über berufliche Perspektiven informieren: www.db-trax.de (vgl. Gruner 2006, S. 9). Mit Hilfe interaktiver webbasierter Anwendungen ermöglicht Cyquest die Generierung detaillierter Profildaten. Die entwickelten Lösungen sind eine Ergänzung der gesamten Personalarbeit: Personalmarketing, E-Assessment und E-Recruiting. Die vielfältigen Personalmarketing-Maßnahmen wurden konsequent ins Internet übertragen und unter dem Begriff „Recrutainment" zusammengeführt (www.cyquest.net).

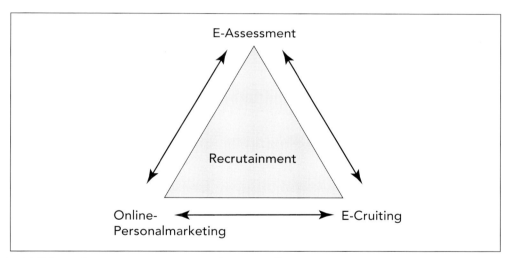

Abbildung 2: Die Determinanten des Begriffs „Recrutainment"
(Quelle: www.cyquest.net)

Ein weiteres Beispiel für Online-Assessmentcenter: www.alpha-test.de

Im Rahmen dieses Bewerbungsspiels unternehmen Probanden eine Reise durch New York. Das Spiel beginnt mit der Ankunft auf dem Flughafen und umfasst einen

Tag in NYC. Mit der Reise werden zwei Ziele verfolgt: 1. Es soll Geld angelegt bzw. verdient werden. 2. Online-Assessment-Teilnehmer wollen als Tourist die Stadt besichtigen und konsumieren. In verschiedenen Situationen werden die Persönlichkeitsstruktur sowie die Fähigkeiten der „Spieler" analysiert. Am Ende des Spiels erhalten die Probanden ein Gutachten, das ihre Stärken und Entwicklungspotenziale aufzeigt. Die Daten werden als Bewerbungsdaten gespeichert und mit offenen Stellenprofilen verglichen. Anschließend werden die Bewerber von einem Mitarbeiter der jeweiligen Personalabteilung kontaktiert und über die weiteren Schritte informiert. Diese könnten zum Beispiel ein Telefoninterview, ein Assessment-Center im Unternehmen oder ein Vorstellungsgespräch sein.

Die Bedeutung von E-Assessments wird zukünftig im Vergleich zu den E-Mail-Bewerbungen überproportional ansteigen. Eine ordnungsgemäße Bearbeitung der auf dem elektronischen Wege eingehenden Anfragen ist schon jetzt, dies zeigt die bereits zitierte Studie „FHM Hotel E-Recruitment Monitor", bei vielen Hotelgesellschaften nicht mehr gewährleistet. Nachfolgende Bewerbergenerationen werden den sich abzeichnenden Trend verstärken: die Absage an die konventionellen, auf dem Postwege verschickten Bewerbermappen. Möchte eine Hotelgesellschaft ihrem Ruf als interessanter sowie innovativer Arbeitgeber gerecht werden, wird sie die gewissenhafte Vorauswahl der per E-Mail eingehenden Stellenanfragen nicht vernachlässigen können. Persönlich oder fachlich nicht geeignete Kandidaten können bereits bei der Anfrage ohne einen direkten Mitarbeiterkontakt computergestützt freundlich und begründet abgewiesen werden. Auf die unterschiedlichen Hierarchiestufen (z. B. unqualifizierte und qualifizierte Mitarbeiter sowie Führungskräfte) abgestimmte E-Assessments bieten sich dafür als Lösung an.

Personalentwicklung

Zahlreiche der im Bewerbungsprozess generierten Personaldaten sind auch für die systematische Personalförderung von Belang. Berufsbezogene Informationen und Angebote des Unternehmens können im eigenen Intranet auf Mitarbeiter- und Unternehmensportalen bereitgestellt werden. Insbesondere Informationen und Serviceleistungen des Unternehmens, welche die Karriereplanung betreffen, können so angeboten werden (vgl. London & Smither 1999, S. 81–121).

Vorteile, die aus Mitarbeiterportalen resultieren:

- Der Zugang auf die gewünschten Informationen ist einfach, da alle relevanten Daten in einem „One-Stop-Center" gebündelt werden. Es besteht die Möglichkeit, Informationen und Angebote aktuell sowie mitarbeiterspezifisch bereitzustellen. Durch personalisierte Zugänge können Informationen, die im Rahmen einer systematischen Personalförderung und individuellen Karriereplanung vorab definiert wurden, gefiltert werden.

- Orts- und zeitunabhängig können Mitarbeiter Informationen abrufen (z. B. über die jüngsten Unternehmensnachrichten, aktuelle interne Stellenangebote oder Weiterbildungsmöglichkeiten), diese Eigenschaft ist für das Wissensmanagement bei wachsender Mobilität unabdingbar.
- Ein Feedback auf Mitarbeiterleistungen kann umgehend und direkt erfolgen (vgl. Gruner 2005a, S. 144).

Arbeitsablaufoptimierung

Neben der Unterstützung der fachlichen Aufgaben von Personalabteilungen trägt eine computergestützte, netzbasierte Lösung zur Optimierung der Arbeitsabläufe und damit zur Effizienzsteigerung bei. Der Nutzen resultiert aus einer einheitlichen Verwendung von Daten und Dokumenten und der effizienten zeitnahen Kommunikation zwischen der Fach- und Personalabteilung. Er wächst mit der Unternehmensgröße. Ein kleines familiengeführtes Hotel wird die Vorteile des E-Personalmanagements weniger realisieren als ein weltweit agierender Hotelkonzern.

2.2 Voraussetzungen an das E-Personalmanagement

Die erfolgreiche Umsetzung der E-Personalmanagement-Strategie ist an bestimmte Gegebenheiten gebunden. Die Wesentlichen sollen an dieser Stelle kurz vorgestellt werden:

- **Soziale Akzeptanz:** Die angesprochene Zielgruppe muss die eingesetzten Verfahren und Instrumente akzeptieren. Schuler weist darauf hin, dass sozial akzeptierte Verfahren Informationen über die Stelle, die Transparenz der Auswahlverfahren, die wahrgenommene Anforderungsnähe (nicht zu schwierig) und eine Mit-Gestaltbarkeit der Auswahlsituation durch den Bewerber voraussetzen (vgl. Schuler 1993, S. 11–26).
- **Qualität der verwendeten Instrumente:** Konradt & Sarges: „Der wirtschaftliche Einsatz hängt zunächst von der Qualität der Instrumente selbst ab, d.h. von ihrer Wirkung, Aufmerksamkeit zu erzeugen, ihrer Attraktivität, aber auch ihrer psychometrischen Qualität. Aus Sicht der Personalauswahl ist die Frage

von zentraler Bedeutung, wie genau und wie zuverlässig die Verfahren die spätere berufliche Bewährung vorhersagen können. Dies setzt ein systematisches und sachgerechtes Entwicklungsvorgehen voraus, das etwa in der DIN 33430 beschrieben ist" (Konradt & Sarges 2003, S. 10).

- **Unqualifizierter Einsatz:** Mittels einfacher browserbasierender Tools lassen sich auch durch Laien webbasierende Testverfahren leicht entwerfen und verändern. Es besteht die Gefahr, dass unqualifizierte Personen Tests erstellen, die nicht den gewünschten Voraussetzungen entsprechen (u. a. systematische Aufgaben- und Anforderungsanalyse, Schwierigkeitsgrad hinsichtlich der beruflichen Zielgruppe, Transparenz und Fehlertoleranz, Sicherheit der genannten persönlichen Daten) (vgl. Kersting 1999, S. 357–365).

- **Vertrauensfördernde Maßnahmen:** Die Verwendung von generierten personenbezogenen Daten ist nicht uneingeschränkt möglich. Das Bundesdatenschutzgesetz (BDSG) schützt die Persönlichkeitssphäre jedes Einzelnen durch den reglementierten „Umgang mit seinen personenbezogenen Daten" bei deren Erhebung, Speicherung, Verwendung, Wiedergabe und Löschung. Nach § 22 Abs. 2 BDSG ist der Eigentümer der Daten für die Einhaltung der gesetzlichen Bestimmungen verantwortlich. Nach § 23 ist eine Datenspeicherung nur zulässig im Rahmen der Zweckbestimmung eines Vertragsverhältnisses oder vertragsähnlichen Vertrauensverhältnisses mit dem Betroffenen oder soweit es zur Wahrnehmung berechtigter Interessen der speichernden Stelle erforderlich ist und kein Grund zur Annahme besteht, dass dadurch schutzbedürftige Belange des Betroffenen beeinträchtigt werden. Erlaubt ist dabei die Speicherung von Einzelangaben über persönliche oder sachliche Verhältnisse des Betroffenen, bereits ab dem Zeitpunkt, ab dem er Informationsmaterial anfordert (vgl. Kirchner/Sobeck 1989, S. 91). Bei Assessments muss ein besonderer Schutz der Probanden mit einem hohen Maße an Datensicherheit im Vordergrund stehen. Um Vertrauen zu schaffen, müssen die Datensicherheit und das Datenhandling gegenüber den Bewerbern kommuniziert werden (vgl. Gruner 2005a, S. 144).

2.3 Instrumente des E-Recrutings

Nachfolgend werden einige ausgesuchte Instrumente des E-Recruting dargestellt und kommentiert.

Stellenangebote über die Website des Unternehmens

Mittlerweile veröffentlichen die meisten Hotelgesellschaften Stellenangebote auf ihrer Website („Job Posting"). Individualhotels nutzen dieses Instrument aus vielerlei Gründen nur selten (geringerer Personalbedarf, Vermeidung von Kosten der Aktualisierung des Internetauftritts, fehlender Webauftritt etc.). Die wichtigsten Anforderungen an Stellenangebote auf der Website sind (vgl. Krischer, Schuwirth & Jäger 2000, S. 9 ff.):

- einfacher Zugang
- zielgruppenorientiertes Informationsangebot
- professionelles Design
- gute Benutzerführung und Navigation
- Zusatznutzen und Fun

Bewerberwebsite

Zunehmend präsentieren sich insbesondere arbeitsuchende (angehende) Führungskräfte mit ihren Bewerbungsunterlagen auf einer eigenen Website. Diese Site enthält zumindest die Daten, die auch bei der klassischen schriftlichen Bewerbung verschickt werden: Foto, Lebenslauf, Zeugnisse und beruflicher Werdegang. Zusätzlich können weitere Informationen hinterlegt werden: Hinweise auf Projekte, Veröffentlichungen, Diplomarbeit etc.

In der Regel werden Bewerberwebsites erstellt, um Initiativ- bzw. Kurzbewerbungen zu ergänzen. Es genügt ein kurzes Anschreiben mit Hinweis auf weiterführende Angaben auf der Bewerberwebsite. Um die vertraulichen Daten zu schützen, wird die Bewerberwebsite häufig mit einem Passwort geschützt. Der Bewerber schickt das Kennwort und den Benutzernamen dem potenziellen Arbeitgeber per E-Mail zu (vgl. Mülder 2003, S. 93).

Jobbörsen

Jobbörsen sind mit dem Stellenteil einer Zeitung vergleichbar. Stellenanbieter und Stellensuchende finden hier eine Plattform, um zueinander zu finden. Jobbörsen werden von kommerziellen Anbietern (z. B. Personalberatungsunternehmen) oder nichtprofitorientierten Anbietern (z. B. Hochschulen) betrieben.

Neben der Stellenvermittlung bieten Jobbörsen u. a. Tipps für Bewerber, Literaturhinweise zur Stellensuche, Unternehmensprofile, Benutzerstatistiken, Suchmöglichkeiten und das Zuschicken interessanter Stellenanzeigen per E-Mail (vgl. Mülder 2003, S. 94). Beispiele für Jobbörsen für das Gastgewerbe: www.hotelcareer.com, www.hcareers.com.

Applicants-Self-Service

Bei diesem System stellt das Unternehmen im Netz ein Portal zur Verfügung, in das der Bewerber seine Daten einspeisen und anschließend pflegen kann. Mülder: „Die Delegation von Erfassungs- und Verwaltungstätigkeiten auf die Bewerber wird – in Anlehnung an die Selbstbedienung in Warenhäusern – als Applicant-Self-Service bezeichnet." (Mülder 2003, S. 94) Der Bewerber benötigt für die Systemnutzung lediglich einen PC mit Internet-Anschluss und Browser, das Unternehmen hingegen muss über ein integriertes Bewerbermanagementsystem mit angeschlossener Bewerberdatenbank und Workflow-Management-System verfügen, um die gewünschten Rationalisierungseffekte zu erzielen.

Nach der Datenerfassung erfolgt durch die Software die Fehlerprüfung, die Eingangsbestätigung per E-Mail und die automatische Weiterleitung an die Personalabteilung bzw. Fachabteilung. Beim Fehlen grundlegender Voraussetzungen seitens des Bewerbers (z. B. Fremdsprachenkenntnisse für die Arbeit am Hotelempfang) kann eine automatische Absage durch das System erfolgen (vgl. Mülder 2003, S. 94). Oftmals ist das sogenannte Bewerbertracking möglich. Dabei loggt sich der Bewerber mit einem persönlichen Passwort in das System ein und kann sich über den Bearbeitungsstatus seiner Bewerbung informieren (vgl. Staufenbiel & Giesen 2002, S. 60).

Virtuelle Recruiting-Messen, Bewerberspiele und -portale

Wie auf realen Bewerbermessen stellen sich auf Web-Recruitingmessen Unternehmen mittels virtueller Messestände potentiellen Bewerbern vor. An bestimmten Messetagen können auch virtuelle Gespräche (Chats) mit Personalverantwortlichen geführt werden.

Die Recruitingmesse www.jobfair24.de bietet beispielsweise ihren Besuchern die dreidimensionale Darstellung einer Ausstellungshalle mit einzelnen Messeständen. Interessierte Arbeitssuchende können sich mit einem selbstgewählten Avatar (digitales Ebenbild einer Person) durch die Messehallen bewegen. Wenn sie auf einen interessanten Aussteller treffen, können sie durch einen Click auf die virtuelle Person direkt in Chat-Kontakt treten (vgl. Knabl 2001, S. 47).

Newsgroups und Virtual Communities

Newsgroups zum Thema Recruitment sind offene Diskussionsforen, in denen sich Jobsuchende und Unternehmen treffen und einen ersten Kontakt knüpfen. Des Weiteren können dort auch kostenlos Stellen ausgeschrieben werden. Diese Foren existieren in Newsgroups wie beispielsweise newsville.com (vgl. Mülder 1999, 19; Grimm & Dohne 2000, S. 39).

Wie Newsgroups ermöglichen Virtual Communities den Informationsaustausch zwischen Arbeitgebern und potenziellen Arbeitnehmern. Der Unterschied besteht darin, dass Newsgroups wie eine Pinnwand funktionieren. Alle Teilnehmer einer Newsgroup stellen ihre Informationen zur Verfügung. Virtual Communities sind dagegen interaktiv. Die Informationen werden vom Betreiber der Community zur Verfügung gestellt (z. B. www.staufenbiel.de). Dies ermöglicht eine gezielte Suche nach Stellen oder Bewerbern (vgl. Mülder 2003, S. 94).

Imagefilme

Mittels Digitalisierung ist es mittlerweile problemlos möglich, Filme auf einer Hotelwebsite abzuspielen oder als Download bereitzustellen. Die große Realitätsnähe ist der Vorteil dieses Mediums. Ein wirksames Kommunikationsmittel ist der Film besonders bei der Visualisierung von Prozessen, Abläufen oder Vorgängen. Mit Musik, eindrucksvollen Einstellungen sowie durch gelungene Schnitte ist es möglich, die Informationsvermittlung zu emotionalisieren und interessant zu gestalten. Kaum ein anderes Medium kann die Unternehmenskultur ausdrucksstärker vermitteln.

Grundsätzlich können Filme für die unterschiedlichsten Gebiete und in unterschiedlicher Länge eingesetzt werden. Neben Aspekten wie Unternehmenshistorie, Unternehmensphilosophie, Produkte und Dienstleistungen können auch ganz gezielt einzelne Ausbildungswege und berufliche Perspektiven sowie einzelne Stellenportraits vorgestellt werden (vgl. O. V. 2007, S. 62). Der Betrachter kann sich im wahrsten Sinne ein Bild von dem Unternehmen machen, erkennen, was von ihm erwartet wird und entscheiden, ob er sich mit dem Unternehmen und seiner

Kultur identifizieren kann oder nicht. Durch gut gemachte Imagefilme lassen sich Mitarbeiter gewinnen, aber auch teilweise ungeeignete Bewerber „abschrecken".

Dank moderner und leistungsfähiger Technik sind die Produktionskosten für Filme im Laufe der vergangenen Jahre gesunken. Bedingt durch die technischen Möglichkeiten ist die Qualität hingegen kontinuierlich gestiegen.

2.4 Integrierte Anwendung der Instrumente

Ein strukturierter E-Recruitment-Prozess, der unter Berücksichtigung der zuvor beschriebenen Instrumente gestaltet wird, könnte wie folgt aussehen:

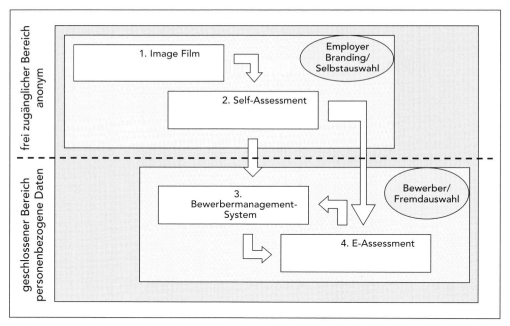

Abbildung 3: Konzeptidee E-Assessment & Employer Branding (Quelle: Diercks 2006, unveröffentlicht)

3 E-Recruitment – Modeerscheinung oder Trend?

Ein Angebot wird mit dem Begriff Modeerscheinung bezeichnet, wenn es lediglich innerhalb eines relativ kurzen Zeitraums auf dem Markt erfolgreich ist. Ein Trend hingegen kennzeichnet eine langfristige Entwicklungstendenz, von der man begründet annehmen kann, dass sie sich in Zukunft fortsetzt. Unternehmen, die frühzeitig Trends erkennen sowie adaptieren, erlangen Alleinstellungsmerkmale im Wettbewerb (USP´s) und damit Wettbewerbsvorteile. Je mehr Indikatoren bei einem Betrachtungsgegenstand auf eine langfristige Marktentwicklung schließen lassen, desto eher kann man sich sicher sein, dass es sich um einen Trend handelt (vgl. Gruner 2005b, S. 9).

Insbesondere in der Dienstleistungsbranche Hotellerie sind qualifizierte und motivierte Mitarbeiter der Motor zum Unternehmenserfolg. Vor allem die leistungsfähigen Arbeitnehmer sind stark umworben und dementsprechend anspruchsvoll. Es ist nicht ausreichend, die Hotelunternehmung als innovativen Arbeitgeber mit internationalen Karrierechancen darzustellen, sondern auch der Recruitingprozess muss den Erwartungen hinsichtlich Innovation, Dynamik sowie Transparenz gerecht werden. Dabei kann der Einsatz von E-Recruiting-Lösungen ein entscheidender Erfolgsfaktor sein. Das Internet ermöglicht für den Recruitingprozess ein hohes Maß an Aktualität, eine Reduktion der Reaktionszeit und die Senkung der Kosten (vgl. Wild & Heinz 2003, S. 146).

Im Rahmen der fortschreitenden Globalisierung werden sich der Kostendruck und die Reaktionsgeschwindigkeit auch im Wettbewerb um die fähigsten Hotelmitarbeiter weiter verschärfen. Insofern kann davon ausgegangen werden, dass es sich beim E-Recruitment um einen Trend handelt.

4 FHM Hotel E-Recruitment Monitor

Die Untersuchung wurde mit einem standardisierten Prüfbogen durchgeführt, der auf zuvor von der relevanten Zielgruppe (Tourismusstudenten der Hochschule München als potenzielle Bewerber) festgelegten Determinanten basiert.

Mehrere intensive Workshops mit Studierenden der Studienrichtung Hospitality Management führten zu den Untersuchungsschwerpunkten: technische Funktionalität, Design des Internetauftritts, Nutzen für den User und das Reagieren auf per E-Mail durchgeführten Stellenanfragen.

Diese Schwerpunkte wurden teilweise untergliedert und während der Analyse von den Probanden mit Schulnoten (1–6) benotet. Da die untersuchten Größen für die Bewerber eine unterschiedlich hohe Bedeutung aufweisen, wurden sie unterschiedlich gewichtet bzw. mit anderen Faktoren versehen. Beispielsweise wird die Farbgestaltung einer auf die Rekrutierung von Hotelmitarbeitern ausgelegten Site von den Studierenden zwar als wichtig (Faktor 1), aber nicht als so bedeutend wie die einfache Navigation (Faktor 3) angesehen (vgl. Gruner 2006, S. 11).

technische Funktionalität	Faktor/ Gewichtung
Ladegeschwindigkeit einer Site	2
einfache Navigation	3
Design des Internetauftritts	
Farbschemata, Gestaltung	1
Nutzen für den User (Bewerber)	
Vollständigkeit der Stellenangebote (Stellenbeschreibung etc.)	2
Suchfunktion für Stellen	3
Ausdruckbarkeit von Stellenbeschreibungen	1
Möglichkeit eines Eignungstests	1
Möglichkeit, das Bewerberprofil abzuspeichern	2
Aktualität der Stellenangebote	3
Kontaktdaten der Personalverantwortlichen	3
Links auf informative Seiten des Unternehmens	2
Upload-Funktion vorhanden (Bewerberfoto etc.)	1
vorgegebenes Bewerberformular vorhanden	2
Reagieren auf Anfragen	
Bewerberanfragen bearbeiten (Reaktionsgeschwindigkeit etc.)	3

Abbildung 4: Untersuchungsschwerpunkte und deren Faktoren (Quelle: Gruner 2006, S. 11)

Note/	1	2	3	4	5	6
Bedeutung	sehr gut	gut	befriedigend	ausreichend	mangelhaft	nicht vorhanden
Gewichtung/	3		2	1		
Bedeutung	unabdingbar		sehr wichtig	wichtig		

Abbildung 5: Beschreibung der Noten und der Gewichtung (Quelle: Gruner 2006, S. 12)

4.1 Studienaufbau

Die Evaluierung der auf die Rekrutierung ausgerichteten Web-Auftritte erfolgte mittels der zuvor vorgestellten Bewertungskriterien; dafür fand ein standardisierter Bewertungsbogen Verwendung. Des Weiteren wurde per E-Mail bei den Hotelgesellschaften angefragt, welche Einstiegsmöglichkeiten sie Hochschulabsolventen bieten können. Es sollten die Stärken und Schwächen der elektronischen Mitarbeitergewinnungsmaßnahmen aus Bewerbersicht ermittelt werden.

4.2 Durchführung der Feldarbeit und Störgrößen

Die Bewertung der Onlinerekrutierungsmaßnahmen wurde durch Hospitality Management-Studenten der *Hochschule München* vorgenommen. Die Studierenden befanden sich zum Zeitpunkt der Erhebung im 5. Studiensemester und hatten bereits ein Praxissemester absolviert. Ungefähr die Hälfte der Test-Bewerber verfügt über einen hotelleriespezifischen Berufsabschluss. Somit lagen entsprechende berufliche Erfahrungen vor, die für eine fachlich fundierte Beurteilung unabdingbar sind.

Die Evaluierung der Online-Rekrutierungsmaßnahmen erfolgte von Oktober 2005 bis Februar 2006. Jede Website wurde von mindestens vier Personen separat beurteilt. Für voneinander abweichende Untersuchungsresultate wurden Mittelwerte gebildet. Insgesamt wurden 16 Hotelgesellschaften in die Analyse eingeschlossen.

4.3 Untersuchungsergebnis FHM Hotel E-Recruitment Monitor

In die Untersuchung wurden ausschließlich im deutschsprachigen Raum vertretene Unternehmen der Markenhotellerie eingeschlossen. Nachfolgend ist das Gesamtergebnis abgebildet.

Die Darstellung der Einzelergebnisse erfolgt mittels des ausgefüllten Beurteilungsblatts sowie Hinweisen zu den Kritikpunkten. Zudem wurde im Sinne eines Benchmarks zu den Kriterien der Durchschnittswert aller Hotelgesellschaften angegeben. Die komplette Studie kann von der Fakultät für Tourismus der Hochschule München kostenlos angefordert werden (axel.gruner@hm.edu).

Hotelgesellschaft	URL	Punkte (:29)	Note
Accor Hotels	www.accor.com	85	2,9
ArabellaSheraton	www.arabellasheraton.de	52	1,8
Choice Hotels Germany	www.choicehotelseurope.com	106	3,7
Hilton International	www.hilton.de	57	2,0
Hyatt International	www.hyatt.de	– *	– *
Kempinski Hotels & Resorts	www.kempinski.com	96	3,3
Lindner Hotels & Resorts AG	www.lindner.de	37	1,3
Maritim Hotels	www.maritim.de	56	1,9
Marriott International	www.marriott.com	87	3,0
Mövenpick Hotels & Resorts	www.moevenpick-group.de	62	2,1
Radisson SAS Hotels	www.radisson.com	102	3,5
Ritz-Carlton Hotel Company	www.ritzcarlton.com	85	2,9
Robinson Club	www.robinson.de	71	2,4
Seaside Hotels	www.seaside-hotels.de	106	3,7
Steigenberger Hotels AG	www.steigenberger.de	56	1,9
Victor's Residenz-Hotels	www.victors.de	104	3,6
			Ø 2,7

* Keine Bewertung möglich, da unter www.hyatt.de keine Onlinerekrutierungsmaßnahmen durchgeführt werden. Hinweis: unter www.hyatt.com findet der Stellensuchende eine sehr gut gestaltete Bewerberwebsite.

Abbildung 6: Gesamtergebnis/Management Summary (Quelle: Gruner 2006, S. 13)

Literatur

Booth, J. F. (1998). The user interface in computer-based selection and assessment: Applied and theoretical problematics of an evolving technology. International Journal of Selection & Assessments, 6, S. 61–82.

Diercks, J.: Konzeptidee eAssessment & Employer Branding (unveröffentlicht). Hamburg 2006.

Finke, A., Eckl, M. (2001). Evolution E-Recruitment – Das Internet als Rekrutierungsmedium. In Hünninghausen (Ed.), Die Besten gehen ins Netz, S. 209–232. Düsseldorf: Symposium Publishing.

Grimm, E., Dohne, V. (2000). Personal ködern im Datenmeer. Personalwirtschaft, H. 10/2000, S. 36–42.

Gruner, A. (2005a). Personalgewinnung mit Intra- und Internet. In Dettmer, H. (Ed.), Organisations-/Personalmanagement in Hotellerie und Gastronomie, S. 141–147. Hamburg: Handwerk & Technik.

Gruner, A. (Ed.) (2005b). Hotel E-Recruitment Monitor der FH München, FB 14, Ausgabe 1/2005. München: Fachhochschule München.

Gruner, A. (Ed.) (2006). Hotel E-Recruitment Monitor der FH München, FB 14, Ausgabe 1/2006. München: Hochschule München.

Gruner, A. (2007). Sicherheit als Motivator. In: Allgemeine Hotel- und Gastronomie-Zeitung, Nr. 15, 14.04.2007, S. 45.

Highhouse, S., Hoffmann, J. R. (2001). Organizational attraction und job choice. In Cooper/Robertson (Eds.), International Review of Industrial and Organizational Psychology, 16, S. 37–67.

Kersting, M. (1999). Diagnostik und Personalauswahl mit computergestützten Problemlösungsszenarien? Zur Kriteriumsvalidität von Problemlösungsszenarien. In Hacker, W., Rinck, M. (Eds.), Zukunft gestalten, S. 357–365. Berlin: Pabst Science Publishers.

Kirchner, G., Sobeck S. (1989). Lexikon des Direktmarketing. Landsberg/Lech: Verlag Moderne Industrie.

Knabl, G. (2001). Virtuelle Jobmesse. Personalwirtschaft, Sonderheft 5/2001, S. 47.

Knoll, T., Preuss, A. (2003). Online-Recruitment: Internetgestützte Personalauswahl. In Konradt/Sarges (Eds.), E-Recruitment und E-Assessment, S. 167–189. Göttingen/Bern/Toronto/Seattle: Hogrefe Verlag.

Konradt U., Sarges, W. (Eds.) (2003). E-Recruitment und E-Assessment. Göttingen/Bern/Toronto/Seattle: Hogrefe Verlag.

London M., Smither, J. W. (1999). Career-related continuous learning: Defining the construct and mapping the process. In Ferris, G. R. (Ed.), Research in human resources management, 17, S. 81–121.

Mülder, W. (1999). Elektronische Jobmaschinen und Jobbeschaffer, Copers, H. 3/1999, S. 14–20.

Schuler, H. (1993). Social validity of selection situations: a concept and some empirical results. In Schuler, H., Farr, J. L., Smith, M. (Eds.), Personnel selection and assessment: Individual and organizational perspectives, S. 11–26. Hillsdale, NJ: Erlbaum.

Staufenbiel, J. E., Giesen, B. (2002). Electronic Recruiting, Personalmarketing auf der Homepage. Köln: Staufenbiel Institut.

O. V. (2007). Klappe die Erste: Film ab. In: Indukom: Industrie & Kommunikation im Dialog. Ausg. 04/07, S. 60–65.

Van Eimeren, B./Frees, B. (2007). ARD/ZDF Online-Studie 2007: Internetnutzung zwischen Pragmatismus und YouTube-Euphorie. In: Media-Perspektiven H. 8/2007, S. 362–378.

Weiss, P. (2007). Demographischer Wandel – Chancen und Herausforderungen für das Handwerk, Zentralverband des deutschen Handwerks. Berlin.

Wild, B., Heinz, A. (2003). To "e" or not to "e". Der Einsatz von E-Recruiting und E-Assessments bei der Siemens AG. In Konradt, U. & Sarges, W. (Eds.), E-Recruitment und E-Assessment, S. 145–166. Göttingen/Bern/Toronto/Seattle: Hogrefe Verlag.

Aus dem World Wide Web

Alpha-test
www.alpha-test.de, Einsehdatum: 25.03.2008

Cyquest – Recrutainmentunternehmen
www.cyquest.de, Einsehdatum: 25.03.2008

Deutsche Bahn AG
www.db-trax.de, Einsehdatum: 25.03.2008

The Leading Hotels of the World
http://lhw.hospitalitycareernet.com, Einsehdatum: 25.03.2008

ORES – Online Recruitment und Employment Survey 2001
http://workthing-d-aspen.workthing.com/render/front/hr_training/viewpoints/
ORESspring01.xml, Einsehdatum: 10.05.2002

Prinzipal-Agent-Konflikte im Human Resource Management der Hotellerie

Alexander Dworak und Burkhard von Freyberg

1 Herausforderungen des Human Resource Managements in der Hotellerie

Ein funktionierendes Human Resource Management ist nachweislich einer der am schwierigsten zu erfüllenden Erfolgsparameter innerhalb der Hotellerie. Grundsätzlich stecken Personalverantwortliche in der Hotellerie in einem Dilemma: Zum einen besteht innerhalb der dienstleistungsgetriebenen Branche bekanntlich eine große Abhängigkeit des Unternehmenserfolgs von der Qualität bzw. Quantität der Mitarbeiter. Zum anderen bewirken die im Vergleich zu anderen Branchen niedrigen Gehälter, die inkonstanten Arbeitszeiten, die zum Teil fehlenden Führungsqualitäten von Vorgesetzten sowie die durch starke Beanspruchung hervorgerufene nervliche und körperliche Anspannung eine hohe Mitarbeiterfluktuation. Der ständige Wechsel von Mitarbeitern verursacht den Hotelleriebetrieben dabei eine Reihe von unterschiedlichen Kosten, die sich wie folgt zusammensetzen:[1]

1. Kosten, die entstehen, sobald der Mitarbeiter gekündigt hat – von den abwickelnden Gesprächen über die administrativen Arbeiten (z. B. für Versicherungen) bis hin zu Abfindungssummen
2. Kosten des Recruitings (z. B. Teilnahme auf hotelleriespezifischen Jobmessen)
3. Kosten, die mit dem Auswahl-Prozess der besten Kandidaten zusammenhängen – von Bewerbungsgesprächen über Abfrage der Referenzen bis hin zu Reiseausgaben
4. Kosten, die bei der Vermittlung der Unternehmensphilosophie und des neuen Aufgabenfelds entstehen (z. B. externe Trainings, Abteilungsbesprechungen)
5. Produktivitätsverlust des bisherigen Mitarbeiters, des neuen Mitarbeiters in seiner Einarbeitungszeit, Stör- und Verlust-Zeiten vorgesetzter Mitarbeiter und schließlich Umsatz- oder Verkaufsverluste während des Mitarbeiterwechsels

Um der erheblichen Fluktuation bei hohem Kostenaufwand entgegenzuwirken, sollten Personalverantwortliche in der Hotellerie daher kontinuierlich alle Möglichkeiten ausschöpfen, ihre Mitarbeiter langfristig zu halten. Gezielte, auf die jeweiligen Angestellten individuell zugeschnittene Maßnahmen der Personalförderung können dabei ein geeignetes Mittel darstellen, diese Maßgabe erfolgreich in der Praxis umzusetzen. Jedoch sind solche wiederum mit nicht unerheblichen

---

1 Vgl. Tracey, J. B./Hinkin, T. R.: The Costs of Employee Turnover, 2006

Kosten verbunden. Damit Personalförderung aus Unternehmersicht als nutzen-wirksam bezeichnet und das latente Risiko einer Fehlinvestition minimiert werden kann, sollten die individuellen Zielsetzungen des jeweils ausgewählten Mitarbeiters denen der Hotelunternehmung gleichen. Somit stehen Personalverantwortliche bereits beim Mitarbeiterauswahlprozess vor dem Grundsatzproblem, aus dem meist schwer überschaubaren Bewerberangebot mit den ihnen zur Verfügung stehenden (begrenzten) Informationen diejenigen potenziellen Mitarbeiter auszulesen, die von ihrem Wesen und ihrer eigenen Zielsetzung her „zum Hotelbetrieb passen". Das Informationsdefizit und die hieraus resultierenden Probleme sind Hauptbestandteile der nachfolgend beschriebenen Prinzipal-Agent-Theorie.

2 Kennzeichnung der Prinzipal-Agent-Theorie

Die Prinzipal-Agent-Theorie[2] behandelt im Wesentlichen die wechselseitigen Beziehungen zwischen einem Auftraggeber (Prinzipal) und einem Auftragnehmer (Agent). Dabei beauftragt der Prinzipal (z. B. Vorgesetzter) den Agenten (z. B. Mitarbeiter) mit der Durchführung von bestimmten Aufgaben in dem Glauben, dass der Agent bei seiner Leistungserbringung ausnahmslos die Zielsetzungen des Prinzipals verfolgt. Jedoch bringt dabei das jeweilige Arbeitsleid[3] eines Auftragnehmers gewisse Probleme mit sich: Der Prinzipal will aus Gründen der Effizienz, dass der Agent so viel wie möglich arbeitet, der Agent hingegen möchte (aus seiner Sicht) sein Arbeitsleid in der Regel so gering wie möglich halten. Dieser grundsätzliche Gegensatz lässt daher den Schluss zu, dass der Agent daran interessiert sein könnte, sich opportunistisch zu verhalten und seinen eigenen Nutzen zu maximieren anstatt dazu beizutragen, dass sich durch seine Arbeitsleistung das Nutzenniveau des Prinzipals erhöht. Die divergenten, individuellen Nutzenmaximierungskalküle führen dabei zu einem Interessenskonflikt zwischen Prinzipal und Agent. Die Grundbeziehungen zwischen beiden Parteien sind in Abbildung 1 nochmals schematisch dargestellt.

---

2 Vgl. hierzu grundlegend: Jensen, M. C./Meckling, W. H.: Theory of the Firm: Managerial Behavior, 1976, S. 305 ff.; Ross, S. A.: The Economic Theory of Agency, 1973, S. 134 ff. sowie ausführlich und im Folgenden: Picot, A./Dietl, H./Franck, E.: Organisation – Eine ökonomische Perspektive, Stuttgart 2005, S. 92; Picot, A./Reichwald, R./Wigand, R. T.: Die grenzenlose Unternehmung, Wiesbaden 2001, S. 55 ff.

3 Zum Arbeitsleid in Arbeitgeber-Arbeitnehmer-Beziehungen vgl. ausführlich: Küpper, H.-U.: Controlling, Stuttgart 2005, S. 67 ff.

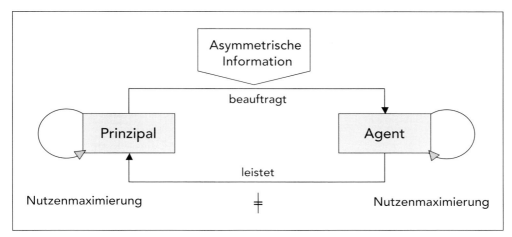

Abbildung 1: Grundbeziehungen innerhalb des Prinzipal-Agent-Ansatzes

Die Prinzipal-Agent-Theorie beschreibt und analysiert nun Gründe für dieses Phänomen und sucht nach Möglichkeiten, Vertragsbeziehungen so zu gestalten, dass der Interessenkonflikt zwischen Prinzipal und Agent entschärft wird und vom Agenten vorrangig die Ziele des Prinzipals verfolgt werden.

Das eigentliche Grundproblem der Prinzipal-Agent-Theorie ist der unterschiedlich hohe Informationsstand zwischen Prinzipal und Agent, die sogenannte „asymmetrische Information" (siehe Abbildung 1). Dabei besitzt der Agent durch die Detailkenntnis seiner eigenen Person oder durch seine aktiven Handlungen im Rahmen der ihm zugeteilten Aufgaben annahmegemäß mehr Informationen als der Prinzipal. Dieser kann zudem die jeweiligen Handlungen des Agenten nicht (vollständig) beobachten oder diese beeinflussen, ohne zusätzliche Kosten (sogenannte „agency costs", s. u.) in Kauf nehmen zu müssen. Diese Informationsasymmetrien erzeugen Unsicherheit (vor allem aufseiten des Prinzipals) und können in unterschiedlichen Ausprägungen auftreten. Dabei ist von Bedeutung, ob die jeweilige Informationsasymmetrie auf **Qualitätsunsicherheit** (vor Vertragsabschluss) oder auf **Verhaltensunsicherheit** (nach Vertragsabschluss) beruht. Im ersten Fall trifft der Prinzipal auf das Problem der „hidden characteristics", im zweiten Fall kommen Probleme durch „hidden action", „hidden information" sowie „hidden intention" des Agenten auf den Prinzipal zu.

Nachfolgend werden die gerade genannten Varianten der Informationsasymmetrie näher dargestellt und an Beispielen aus dem Human Resource Management innerhalb der Hotellerie erläutert. Zudem werden mögliche Lösungsansätze zur Behebung der jeweils vorliegenden Konflikte aufgezeigt. Hierbei wird der Einfachheit halber beim Prinzipal vom Hotelier gesprochen, wohl wissend, dass je nach gewähltem Szenario neben dem eigentlichen Hotelier auch das Management, die Personalabteilung oder der Abteilungsleiter eines Bereichs die Rolle einnehmen können.

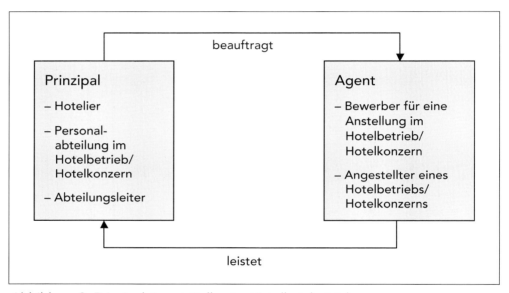

Abbildung 2: Prinzipal-Agent-Rollen im Hotelleriebetrieb

3 Charakterisierung und Lösung von Prinzipal-Agent-Konflikten im Human Resource Management der Hotellerie

3.1 Charakterisierung und Lösung von Konflikten durch Qualitätsunsicherheit

Kennt der Prinzipal bestimmte Qualitäten bzw. Eigenschaften des Agenten vor Vertragsabschluss nicht und werden diese erst im Nachhinein für den Prinzipal sichtbar, spricht man von sogenannten *„hidden characteristics"* des Agenten.

Bleibt dieser Informationsunterschied bis zum Vertragsabschluss bestehen, läuft der Prinzipal Gefahr, eigentlich unerwünschte Vertragspartner auszuwählen („adverse selection"). Zur Erläuterung dieses Phänomens kann das bekannte Beispiel von Akerlof „The Market for lemons"[4] herangezogen werden: Überträgt man diese Qualitätsunsicherheit auf die Vertragsbeziehung zwischen Arbeitgeber und (potenziellem) Arbeitnehmer in der Hotellerie, so lässt sich folgern, dass der Bewerber aus seiner Sicht theoretisch die Möglichkeit hätte, sich dem Hotelier gegenüber durch die Unterschlagung relevanter Informationen bzw. Eigenschaften besser darzustellen, um einen Vertragsabschluss (hier Anstellungsvertrag) zu seinen Gunsten herbeizuführen und dadurch seinen Nutzen zu maximieren. Der Hotelier hingegen würde durch dieses opportunistische Verhalten (unwissentlich) einen zu hohen Preis für die gebotene Qualität der Leistung des (zukünftigen) Arbeitnehmers zahlen und somit ein höheres Risiko für diesen Arbeitnehmer tragen, als er eigentlich einzugehen bereit gewesen wäre.

Die Beschäftigung von Mitarbeitern bringt für den Hotelleriebetrieb in jedem Falle ein gewisses Risiko mit sich, da sich durch die Anstellung eine Reihe von Pflichten ergeben (Gehaltszahlung, Sozialversicherung etc.) und sich dadurch das Gesamtrisiko des Hotelleriebetriebs erhöht.[5] Somit ist eine Betrachtung der jeweiligen Risikowirkung solcher Vertragsbeziehungen von enormer Bedeutung, da im Grunde genommen auch in Bewerbungsprozeduren nichts anderes als eine Risikoklassifizierung des (potenziellen) Arbeitnehmers durch den Arbeitgeber stattfindet. Würde der Hotelier auf eine individuelle Risikounterteilung der (potenziellen) Arbeitnehmer verzichten und durch die gegebene Qualitätsunsicherheit lediglich mit einem für alle Bewerber gleichermaßen geltenden grundsätzlichen Abschlag auf das Gehaltsniveau operieren (z. B. geringeres Gehalt bei allen Vertragsverhandlungen), so würde dies potenzielle Arbeitnehmer mit hoher

---

4 Vgl. Akerlof, G. A.: The Market for „Lemons", 1970, S. 488 ff. Auf einem Gütermarkt besteht aufseiten der Nachfrager Unsicherheit über die Qualität der angebotenen Güter. Falls diese Unsicherheit nicht (ohne die Verursachung zusätzlicher Kosten) abgebaut werden kann, wird auf Nachfragerseite von einer bestimmten Durchschnittsqualität ausgegangen und die Güter entsprechend mit Durchschnittspreisen bewertet. Da die Anbieter aber die jeweilige Qualität der angebotenen Güter kennen, werden sich die Anbieter hochwertiger Güter (peaches) vom Markt zurückziehen, da sich die (hohe) Qualität ihrer Güter nicht im gezahlten Preis widerspiegelt. Übrig bleiben lediglich diejenigen Anbieter, deren Güter von geringerer Qualität (lemons) sind, da sich hier der Verkauf zu Durchschnittspreisen lohnen würde. Dies wird jedoch in der Regel von den Nachfragern antizipiert. Damit führt der gesamte Qualitätsverlust zur Neuberechnung der Durchschnittspreise, wodurch wiederum weitere Anbieter den Markt verlassen. Bei Fortführung dieses Szenarios kommt es letztendlich zu einem kompletten Marktversagen.
5 Das wirtschaftliche Gesamtrisiko ist deshalb von Interesse, da sich mit steigendem Unternehmensrisiko (z. B. durch Kosten für (ineffizient eingesetzte) Mitarbeiter) bekanntlich die jeweilige Insolvenzwahrscheinlichkeit eines Unternehmens erhöht. Dies wirkt sich mitunter negativ auf andere Unternehmensbereiche aus (z. B. Kreditwürdigkeit, Image etc.) und damit nutzenmindernd.

Leistungsqualität vom Vertragsabschluss abhalten, da sie nicht bereit sind, diese Abschläge in Kauf zu nehmen. In der Auswahl verblieben dann lediglich die Interessenten mit schlechterer Qualität, und es käme letztendlich zur bereits beschriebenen *„adverse selection"*.

Vor dem Hintergrund der Theorie stehen dem Hotelier jedoch Möglichkeiten zur Verfügung, um die *„hidden characteristics"* des Bewerbers zu erkennen und somit die vor Vertragsabschluss bestehende Informationsasymmetrie abzubauen: So kann er beispielsweise durch sogenanntes *„screening"* versuchen, die Qualität des Bewerbers besser einzuschätzen und somit das zu erwartende Risiko einer Einstellung bereits im Vorhinein genauer zu kalkulieren. Hierzu zählen u. a. eine genaue Prüfung der kognitiven Persönlichkeitsmerkmale (hotelspezifische Kenntnisse und Fähigkeiten) durch Sichtung der erhaltenen Bewerbungsunterlagen (CV, Zeugnisse von anderen Hotelbetrieben, Referenzen etc.) ebenso wie eine intensive Beobachtung des Bewerbers z. B. in mehreren Gesprächen durch unterschiedliche Personen. Auch ist neben dem strukturierten Blick auf die Bewerbungsunterlagen der Fokus auf die affektiven und konativen Persönlichkeitsmerkmale (Einstellungen zur Hotellerie, Motivation bzw. gäste- oder teamorientiertes Verhalten) wesentlich. So praktiziert The Ritz-Carlton Company, L. L. C. beispielsweise neben dem eigentlichen persönlichen Bewerbungsgespräch einen „Quality Selection Process", ein Telefoninterview mit etwa 55 Fragen. Mithilfe dieser zusätzlichen Befragung gelingt es, ein erstes Stärken- und Schwächenprofil aufzustellen und gerade die menschlichen und charakterlichen Qualitäten transparenter zu machen.[6]

Weiter besteht die Möglichkeit, im Rahmen der *„self selection"* an mehr Informationen über die Leistungsqualität des Bewerbers zu gelangen. Hierbei legt der Hotelier dem Bewerber mehrere, unterschiedlich ausgestaltete Verträge vor, von denen einer durch den Bewerber ausgewählt werden kann. Ein wesentliches Ausgestaltungsmerkmal könnte beispielsweise die unterschiedliche Zusammensetzung von Fixum und variablen Vergütungsbestandteilen darstellen, ebenso denkbar wären Optionen in der individuellen Arbeitszeitgestaltung (z. B. Bereitschaft zum Wochenenddienst, Zugeständnis zur Übernahme von geteiltem Schichtdienst, Stand-by-Bereitschaft etc.). Dabei wird sich der Bewerber in der Regel denjenigen Vertrag aussuchen, der von der inhaltlichen Gestaltung her am besten zu ihm passt, und ermöglicht dadurch dem Hotelier (unwissentlich) einen Einblick in das Vertrauen des Bewerbers in seine Leistungsbereitschaft bzw. in den Hotelleriebe-

---

6 Vgl. Gilg, M.: Qualitätsmanagement der The Ritz-Carlton Hotel Company, L. L. C., 2004, S. 198

trieb an sich. Der Hotelier erhält durch die Vertragsauswahl des Bewerbers nebenbei die Chance, das durch die Einstellung zu erwartende Risiko besser einordnen zu können.

Aber auch der Bewerber kann (als Agent) ein Interesse daran haben, bestehende Informationsasymmetrien gegenüber dem Hotelier abzubauen. Davon ist vor allem dann auszugehen, wenn sich die Asymmetrien nachteilig auf seine Verhandlungsposition auswirken würden. So kann ein Bewerber durch *„signalling"* auf seine (im Vergleich zum Durchschnitt) höhere Qualität aufmerksam machen und somit seine Glaubwürdigkeit aktiv gegenüber dem Hotelier verbessern. Dies wäre beispielsweise durch eine freiwillige Abgabe zusätzlicher Referenzen (weitere Zeugnisse, Nennung von konkreten Ansprechpartnern bei ehemaligen Arbeitgebern aus dem Hotelumfeld, Probearbeiten etc.) denkbar. In diesem Zusammenhang muss jedoch angemerkt werden, dass der Aufwand für das Signalisieren für den Bewerber so hoch sein muss, dass es lediglich für den (aus Sicht des Hoteliers) „erwünschten" Bewerber lohnenswert erscheint, Qualitätssignale auszusenden. Wären keinerlei Aufwendungen hierfür notwendig, würde jeder Bewerber von dieser Möglichkeit Gebrauch machen, und die eigentliche Zielsetzung des *„signalling"* ginge letztendlich verloren.

3.2 Charakterisierung und Lösung von Konflikten durch Verhaltensunsicherheit

Tritt der asymmetrische Informationsstand erst *nach* Vertragsabschluss auf, besteht Verhaltensunsicherheit zwischen Prinzipal (Hotelier) und Agent (Angestelltem). Dabei können mehrere Varianten auftreten, die nachfolgend näher erläutert werden:

Bei der *„hidden action"* ist der Prinzipal nicht ohne Weiteres in der Lage, die jeweiligen Handlungen des mittlerweile beauftragten Agenten zu beobachten. Lediglich das aus den Handlungen des Agenten resultierende Ergebnis ist für den Prinzipal sichtbar, somit können sich verborgene Handlungsspielräume für den Agenten ergeben, die er zu seinem eigenen Wohl ausnutzen könnte.

Übertragen auf die Hotellerie ergibt sich diese Verhaltensunsicherheit u. a. zwischen dem Hotelier und denjenigen Angestellten, die in einer zum Hotelier unterschiedlichen Tageszeit arbeiten oder sich durch die Größe des Hotels seiner permanenten

Aufmerksamkeit entziehen (können) und somit in der Lage sind, ihre Arbeitsintensität zu verringern. So könnten sich beispielsweise Zimmermädchen dementsprechend verhalten, sollten keine bzw. nicht genügend Hausdamen angestellt sein. Auch Night Audits könnten sich theoretisch den zugedachten Aufgaben aufgrund mangelhafter Kontrolle entziehen. Die Ergebnisüberprüfung kann zwar z.T. im Nachhinein bei Dienstbeginn des jeweils Verantwortlichen durchgeführt werden, dies gilt jedoch eben nicht für die eigentlich notwendige Handlungsüberprüfung innerhalb des relevanten Zeitraums.

Ist es dem Prinzipal zwar möglich, die konkreten Handlungen des Agenten (vollständig) zu beobachten, er diese aber aufgrund mangelnder Sachkenntnis nicht richtig beurteilen kann, liegt mit der *„hidden information"* eine weitere Variante der Informationsasymmetrie vor. Dies ist vor allem in denjenigen Bereichen eines Hotelleriebetriebs relevant, in denen für einen reibungslosen Betrieb fachspezifisches Personal zwingend notwendig ist. Dabei muss der Hotelier den Aussagen des Personals vertrauen, da er möglicherweise für eine eigenständige Entscheidung über zu wenig Kenntnisse verfügt (beispielsweise in den Bereichen „Pflege des hotelinternen IT-Bereichs" oder „Instandhaltung der technischen Bereiche"). Die Mitarbeiter könnten diesen Informationsvorsprung dazu nutzen, ihre Arbeitsleistung (qualitativ, quantitativ) zu ihren Gunsten zu verändern.

Die in beiden Varianten bestehende Gefahr, dass sich der Agent durch den entstandenen Informationsvorteil gegenüber dem Prinzipal opportunistisch verhält und nicht nach den Maßgaben des Prinzipals handelt, wird als *„moral hazard"* (moralisches Risiko) bezeichnet. Durch die gerade genannten Verhaltensspielräume verringert sich dabei aus Sicht des Hoteliers die Effizienz der vom Agent verrichteten Tätigkeiten und erhöht somit (wie bereits dargestellt) das wirtschaftliche Gesamtrisiko.

Um den Problemen durch die entstandene Verhaltensunsicherheit zu begegnen, kann der Hotelier zum einen verschiedene Planungs- und Kontrollsysteme installieren (sogenanntes *„monitoring"*), um bestehende Informationsasymmetrien abzubauen. Beispiele hierfür wären u.a. Mystery Checks durch Externe, spontane Kontrollen durch den Hotelier, Kontrollstationen für Hausdamen/Night Audits oder kontinuierliche, schriftliche Arbeitsnachweise der Zimmermädchen). Zum anderen kann der Hotelier dem Personal zusätzliche Anreize bieten, damit dieses die eigenen Interessen an die von ihm angleicht, beispielsweise durch Prämierungen der Mitarbeiter, mehr Gehalt, individuelle Förderungen, Schulungen etc.[7] Im Falle von Ritz-Carlton werden z. B. diverse Preise an Mitarbeiter für hervorragende Leistungen in den verschiedensten Bereichen vergeben. Sie werden mündlich und schriftlich gelobt und über das zugrunde gelegte Bonussystem auch in monetärer Form zusätzlich vergütet.[8]

Es stellt sich jedoch im genannten Zusammenhang die grundsätzliche Frage, warum es bei einer positiven Ergebnisbeurteilung dennoch sinnvoll erscheint, eine zusätzliche Handlungsüberprüfung im Rahmen des Monitorings durchzuführen: Dabei kommt wiederum der Risikoaspekt der eingegangenen Vertragsbeziehung zwischen Arbeitnehmer und Hotelier zum Tragen. Grundlage einer Beurteilung der Wirtschaftlichkeit innerhalb eines Hotelleriebetriebs ist die jeweilige Effizienz der überprüften Vorgänge. Nur so können für einen bestimmten Bereich (z. B. im Bankett) die notwendigen Ressourcen richtig eingeschätzt und verteilt werden. Dadurch kann das durch „moral hazard" erhöhte Geschäftsrisiko wieder signifikant gesenkt werden.

Theoretisch wäre es auch bei Verhaltensunsicherheit möglich, dass das Personal aus eigenem Antrieb heraus „signalling" betreibt, um auf vorhandene Missstände durch Informationsasymmetrien aufmerksam zu machen. Dabei müsste jedoch die asymmetrische Information zulasten des jeweiligen Arbeitnehmers gehen, wenn z. B. zu viele Tätigkeiten von zu wenig Personal verrichtet werden müssen und der Hotelier davon keinerlei Kenntnis besitzt. Zudem wäre in diesem Fall keine Möglichkeit zu opportunistischem Verhalten des Personals gegeben. Weiter wäre ebenso die aktive Informationsweitergabe von Angestellten an den Hotelier denkbar („Anschwärzen"). Dies kann jedoch ebenfalls dem Bereich „monitoring" zugeordnet werden, da derartiges Verhalten ebenfalls als (unverhofftes) Kontrollinstrument bezeichnet werden könnte.

Als ein Sonderfall im Zusammenhang mit asymmetrischer Information ist das Problem der „hidden intention" anzusehen. Hierbei steht die gezielte einseitige Ausnutzung von gegebenen Vertragslücken durch eine der beiden Parteien im Mittelpunkt des Verhaltens. Im Regelfall wird diese Art Ausnutzungstaktik vom Agenten angewendet, der den Prinzipal absichtlich täuscht und seine „wahren Absichten" vor Vertragsabschluss verschweigt. Die bestehende Informationsasymmetrie wird zwar dadurch aufgehoben, dass der Hotelier die Täuschung nach Vertragsabschluss erkennt, jedoch aufgrund der Vertragsbindung in der Regel nicht

---

7 Zum Thema „Anreizsysteme" vgl. weiterführend: Küpper, H.-U.: Controlling, Stuttgart 2005, S. 71 ff.
8 Vgl. Ritz-Carlton: Application Summary, Malcom Baldrige National Quality Award, Gaithersburg 1992

mehr angemessen auf die nun folgenden Handlungen des Angestellten reagieren kann und er somit dem Verhalten des Agenten durch den totalen Handlungsverlust quasi ausgeliefert zu sein scheint (sogenanntes *„hold-up"*). In der Hotellerie entspräche dieses Szenario einer Situation, in der z. B. ein Hotelier den IT-Spezialisten eingestellt hat, dieser jedoch, bedingt durch seine (zunächst verborgene) Zielsetzung, ein stark opportunistisches Verhalten an den Tag legt und durch seine geschaffene Position den Hotelier unter Druck setzt, beispielsweise mit einer exorbitant höheren Lohnforderung. Falls keine außerordentliche Kündigungsmöglichkeit seitens des Arbeitgebers besteht, kann in der Regel nicht ohne erhebliche Zusatzkosten aus dem Arbeitsverhältnis ausgestiegen werden.

In diesem Zusammenhang ist ein ähnlich gelagertes, aktuelles Beispiel in Deutschland zu nennen: So kann z. B. ein Bewerber durch die vorsätzliche Ausnutzung der gesetzlichen Gegebenheiten des „Allgemeinen Gleichbehandlungsgesetzes" (AGG)[9] gezielt aus der Tatsache Kapital schlagen, dass eine bestimmte Stellenausschreibung eines Unternehmens mitunter nicht den derzeit gültigen Vorschriften des Gesetzgebers in Bezug auf Anti-Diskriminierung entspricht (z. B. Einschränkungen auf Geschlecht, Aussehen, Alter etc.). Der gewiefte Bewerber kann sich dann trotz fehlender Voraussetzung auf die Stelle bewerben und zwar mit dem einzigen Ziel, nach der höchstwahrscheinlichen Absage juristisch gegen diese vermeintliche „Diskriminierung" vorzugehen und entsprechende Schadenersatzforderungen zu stellen (in der Regel 1–3 Monatsgehälter).[10] Die in diesem Fall verfolgte *eigentliche* Intention des Bewerbers ist dabei mehr als offensichtlich und verursacht im Regelfall enorme zusätzliche Kosten für das Unternehmen. Ebenso wie die bereits genannten Zusatzkosten einer Vertragsauflösung ist das hierfür aufgewendete Kapital unwiederbringlich verloren und wird daher als *„sunk costs"*[11] bezeichnet.

Die Lösung derartiger Probleme kann dennoch stets durch die Interessensangleichung der jeweiligen Parteien erfolgen. Grundvoraussetzung ist dabei eine für beide Seiten rechtlich abgesicherte Vertragsausgestaltung (z. B. Sonderkündigungsrecht bei vertragswidrigem Verhalten, erfolgsabhängige Vergütung etc.). Bei Stellenausschreibungen ist bekanntermaßen zwingend auf eine gesetzeskonforme Formulierung zu achten.

---

9 Zum Wortlaut des „Allgemeinen Gleichbehandlungsgesetzes" vgl.: O. V.: Gleichbehandlungsgesetz, in: http://bundesrecht.juris.de/agg/, Einsehdatum 15.10.2007
10 Vgl. hierzu ausführlich sowie weiterführend u. a.: Buschmann, A.: Ratgeber Diskriminierung – Diskriminierung bei der Stellenanzeige oder Einstellung, 2007, sowie LMU-München: Allgemeine Hinweise für die Erstellung von Stellenangeboten, 2007
11 Vgl. Schäfer, H.: Unternehmensfinanzen – Grundzüge in Theorie und Management, Heidelberg 2002, S. 75.

3.3 Zusammenfassung der Informationsasymmetrien innerhalb der Prinzipal-Agent-Theorie

Die innerhalb der Hotellerie relevanten Grundtypen möglicher Informationsasymmetrien im Rahmen der Prinzipal-Agent-Theorie sind in Tabelle 1 nochmals zusammengefasst. Dabei wird der Übersichtlichkeit halber unterschieden zwischen dem jeweiligen Entstehungszeitpunkt, der Entstehungsursache, dem eigentlichen Problem, der hieraus resultierenden Gefahr sowie möglicher Lösungsansätze zur Lösung der genannten Konflikt-Situationen.

Tabelle 1: Grundtypen von Informationsasymmetrien innerhalb der Prinzipal-Agent-Theorie

	hidden Characteristics	hidden Information	hidden Action	hidden Intention
Entstehungszeitpunkt	vor Vertragsabschluss	nach Vertragsabschluss	nach Vertragsabschluss	vor und/oder nach Vertragsabschluss
Entstehungsursache	ex ante verborgene **Qualitäten** des Agenten	nicht beobachtbarer **Informationsstand** des Agenten	nicht beobachtbare **Aktivitäten** des Agenten	ex ante verborgene **Absichten** des Agenten
Problem	Eingehen der Vertragsbeziehung	Ergebnisbeurteilung	Verhaltens(Leistungs-) beurteilung	Durchsetzung impliziter Ansprüche
Resultierende Gefahr	adverse selection	moral hazard	hold-up	
Lösungsansätze	– signalling – screening – self selection	– Anreizsysteme – monitoring	– Vertragsgestaltung – gesetzeskonforme Formulierung bei Stellenangeboten	

Abschließend bleibt anzumerken, dass die Anwendung der gerade genannten Lösungsvorschläge zur Verminderung der Auswirkungen von Informationsasymmetrien in der Realität durch das vorhandene unvollkommene Marktsystem in der Regel mit zusätzlichen Kosten verbunden ist (sogenannte „agency costs"). Diese beinhalten neben den Kosten des Agenten für „signalling" sowie den „monitoring"-Kosten des Prinzipals zudem den verbleibenden Wohlfahrtsverlust, da nicht die „first best"-Lösung (frei zugängliche Informationen für alle Vertragsparteien bei vollkommenen Marktbedingungen), sondern stets lediglich die „second best"-Lösung (mit zusätzlichen Kosten für die Teilnehmer) realisiert werden kann. Diese Kosten ergänzen somit die bereits in Kapitel 1 genannten Kostenpositionen, die bei einer hohen Mitarbeiterfluktuation für einen Hotelbetrieb entstehen können.

4 Fazit

Festzuhalten bleibt, dass die Untersuchung von Beziehungen zwischen Arbeitgeber und Arbeitnehmer in der Hotellerie mithilfe der Prinzipal-Agent-Theorie dahingehend hilfreich ist, sich die zwischen beiden Parteien vorherrschende Qualitäts- und Verhaltensunsicherheit bewusst zu machen und mit diesem Wissen geeignete Maßnahmen zu entwickeln, um frühzeitig unternehmenszielorientiert gegensteuern zu können. Hierbei sollte natürlich genau über den Umfang nachgedacht werden, damit die jeweiligen Agency Costs nicht ein Vielfaches höher ausfallen als die Kosten, die durch „adverse Selection", „moral Hazard" und „hold-up" entstehen. Ein zu hohes Maß an „screening" und „monitoring" wirken sich sicherlich ebenfalls negativ auf die Arbeitsleistung aus, weil dies tendenziell eher als fehlendes Vertrauen beim Arbeitnehmer (als überwachter Agent) gedeutet wird. Dies hat nachweislich demotivierenden Charakter. Analog führt eine zu starke Akzentuierung monetärer Anreize bzw. variabler qualitätsbezogener Vergütungsbestandteile nicht automatisch zu erhöhter Arbeitszufriedenheit und damit zu erhöhtem Engagement und Motivation, sondern vermeidet im Regelfall nur Arbeitsunzufriedenheit.[12] Vielleicht besteht eine Lösung darin, durch die Schaffung „künstlicher" Konkurrenzsituationen innerhalb der Mitarbeiterschaft ganz ohne Anreize auszukommen. Ein österreichischer Landgasthof hat beispielsweise für seine einzelnen Gasträume eigenständige Serviceteams installiert, die für ihren Bereich komplett verantwortlich sind. Laut Aussage des Inhabers hat dies zu einem sportlichen Wettbewerb der „Stuben" geführt.

---

12 Vgl. hierzu ausführlich Gardini, M. A.: Marketing-Management in der Hotellerie, München 2004, S. 411.

Die genaue Analyse der Beziehungen zwischen Hotelier und seinen Mitarbeitern ist in jeglicher Form wesentlich für den nachhaltigen betrieblichen Erfolg. Weiterer Forschungsbedarf bezüglich dieser Beziehungen erscheint notwendig. Sicherlich wäre beispielsweise eine Spiegelung der personalspezifischen Szenarien an der Transaktionskostentheorie, der Theorie der Verfügungsrechte und der Ressourcentheorie, die ebenfalls zu den führenden Erklärungsansätzen der Wirtschaftswissenschaften gehören, lohnenswert.

Literatur

Akerlof, G. A.: The Market for „Lemons": Quality Uncertainty and the Market Mechanism, in: Quarterly Journal of Economics 84, Boston 1970, S. 488–500.

Buschmann, A.: Ratgeber Diskriminierung – Diskriminierung bei der Stellenanzeigen oder Einstellung, in: http://www.anderfuhr-buschmann.de/arbeitsrecht/einstellung, Einsehdatum 15.10.2007.

Gardini, M. A.: Marketing-Management in der Hotellerie, München 2004.

Gilg, M.: Qualitätsmanagement der The Ritz-Carlton Hotel Company, L. L. C., in: Gardini, M. A.: Marketing-Management in der Hotellerie, München 2004, S. 193–200.

Jensen, M. C./Meckling, W. H.: Theory of the Firm: Managerial Behavior – Agency Costs and Ownership Structure, in: Journal of Financial Economics 3, New York 1976, S. 305–360.

Küpper, H.-U.: Controlling, Stuttgart 2005.

LMU-München: Allgemeine Hinweise für die Erstellung von Stellenangeboten, in: http://www.cms-schulung.verwaltung.unimuenchen.de/stellenangebote/allg_hinweise/index.html, Einsehdatum 15.10.2007.

O. V.: Gleichbehandlungsgesetz, in: http://bundesrecht.juris.de/agg/, Einsehdatum 15.10.2007.

Picot, A./Dietl, H./Franck, E.: Organisation – Eine ökonomische Perspektive, Stuttgart 2005.

Picot, A./Reichwald, R./Wigand, R. T.: Die grenzenlose Unternehmung, Wiesbaden 2001.

Ritz-Carlton: Application Summary, Malcom Baldrige National Quality Award, Gaithersburg 1992.

Ross, S. A.: The Economic Theory of Agency: The Principal's Problem, in: American Economic Review, Vol. 63, No. 2, Boston 1973, S. 134–139.

Schäfer, H.: Unternehmensfinanzen – Grundzüge in Theorie und Management, Heidelberg 2002.

Tracey, J. B./Hinkin, T. R.: The Costs of Employee Turnover: When the Devil Is in the Details, in: Cornell Hospitality Report, Vol. 6, No. 15, 2006.

von Freyberg, B.: Gute Ideen werden belohnt, in: AHGZ Nr. 2-2007 vom 13. Januar 2007, S. 9.

Mitarbeiterführung und Mitarbeitermotivation

Alexander Aisenbrey

1 Mitarbeiterführung

1.1 Einleitende Anmerkungen

In einer Zeit, in der wir ständig über den Mangel an Fachpersonal diskutieren (und selber immer weniger ausbilden) und das Thema „Servicewüste Deutschland" ein Dauerthema in sämtlichen Fachzeitschriften geworden ist, ist es dringend geboten, dass wir bei den Qualifikationen einer Führungskraft in der Hotellerie nicht ständig über MBA und Budgetsicherheit sprechen, sondern die Führungsqualität seiner Mitarbeiter auf dieselbe Ebene setzen, wenn nicht sogar zur unabdingbaren Voraussetzung erklären.

Bei der Führungsqualität Menschenführung sind verschiedene Facetten zu berücksichtigen. Nicht nur das Motivieren der Mitarbeiter, sondern ebenso das Delegieren gehört dazu. Vertrauen und Verbundenheit zum Hotel und die Förderung der Mitarbeiter müssen sich auch durch den Charakter und die Handlungen des Managers bemerkbar machen.

Wir schwärmen so oft von der asiatischen Dienstleistungsbereitschaft, von der Smilegeneration in den USA, sind aber nicht fähig, unsere eigenen Mitarbeiter so zu motivieren, dass unsere Gäste sich auf eine deutsche Dienstleistung freuen?

Nachfolgend beschreibe ich, wie Mitarbeiter zu Höchstleistung und zur natürlichen Servicebereitschaft motiviert werden können und wie sich durch ein nachhaltiges Management ein langfristiger Dienstleistungserfolg entwickelt!

Als erster Schritt muss eine ganz entscheidende gedankliche Wandlung in den Köpfen vieler Manager geschehen. Der Manager ist nicht die wichtigste Person in einem Betrieb. Er wird zur wichtigsten Person, wenn er das Team dahingehend führt, den Dienstleistungsgedanken wieder ohne jegliche Vorurteile seinen Mitarbeitern zu vermitteln. Das heißt, dass für die Mitarbeiter Freundlichkeit, Kompetenz am Gast und eine emotionale Dienstleistung selbstverständlich sind.

Gehen wir hier etwas mehr ins Detail. Das Nonplusultra sollte die Zufriedenheit des Gastes sein, unabhängig von der Hardware. Ein Gast, der sich für eine Drei-Sterne-Pension entscheidet oder aber in einem Luxushotel übernachtet, hat einen freundlichen und ehrlichen Service verdient, egal wie viel er zahlt.

1.2 Welche Eigenschaften braucht ein Manager?

Folgende Eigenschaften sollte ein Manager heute in Bezug auf Personalführung besitzen: soziale Kompetenz, Fairness und Geradlinigkeit.

Soziale Kompetenz

Soziales Verhalten in Verbindung mit Personalführung bedeutet nicht, dass Sie sich als Manager alles gefallen lassen müssen und die Mitarbeiter nur mit Samthandschuhen anzufassen sind. Sozial bedeutet, dass Sie den einzelnen Menschen wahrnehmen. In einer Zeit, in der gerade soziale Werte immer weniger Bedeutung haben, ist es als Führungskraft umso wichtiger, diese hoch zu halten. Im Bereich der Auszubildenden ist es unsere Verpflichtung, die manchmal sehr nachlässige Haltung und oftmals auch „Null Bock"-Einstellung zu ändern. Sozial sein bedeutet aber auch, dass ich mich privat für meine Mitarbeiter interessiere. Denn nur wer einigermaßen frei von Sorgen zur Arbeit kommen kann, der gibt auch 100 %. Auch hier wieder der Hinweis, dies soll nicht heißen, dass Sie die Ehesorgen oder den schiefen Haussegen der Mitarbeiter lösen müssen. Aber Sie sollten als Ansprechpartner da sein, wenn Sie helfen können. Ebenso fühlt sich der Mitarbeiter gut geführt, wenn er nicht nur eine Personalnummer ist. Wenn Sie sich ein bisschen mit dem Mitarbeiter beschäftigen, einige Dinge über ihn wissen, wenn er eine Verbindung zwischen Management und Basis spürt, entwickelt sich ein gutes und langjähriges Miteinander.

Soziale Kompetenz heißt aber auch, dass der Betrieb Vergütungen und soziale Leistungen für die Mitarbeiter bereitstellt, sodass er ein „normales" Leben organisieren kann. Hier ist es zum Beispiel angebracht, mit den Mitarbeitern über ihre Altersvorsorge zu sprechen, ihnen eventuell Beratungstermine mit Fachleuten zu ermöglichen, um dann auch als Betrieb verschiedene Modelle anzubieten.

Fairness

Wer hat das nicht schon einmal erlebt: Der Chef ist sauer und kann seinem Ärger nur noch durch eine lautstarke Meinungsäußerung Luft machen. Und dann hat eventuell der Mitarbeiter, der es abbekommt, noch nicht einmal Schuld dran. Sicher passiert das allen Managern mal. Oftmals liegt dies aber auch an der Art der Mitarbeiter, die wirklich keine Grenzen kennen. Aber dies sollte die Ausnahme bleiben. Führung sollte über Respekt und Kompetenz definiert sein. Und wenn

Sie diese beiden Komponenten verinnerlichen, können Sie auch den Mitarbeitern (meistens) fair gegenüber agieren. Sie sollten sich auch als Manager immer so verhalten, wie Sie selber es möchten, dass mit Ihnen umgegangen wird. Und wer mag es schon, angeschrien und beleidigt zu werden. Fairness heißt auch, dass Sie versuchen sollten, alle gleich zu behandeln. Natürlich hat jeder seine „Lieblinge". Aber ein Manager sollte auch in seiner Laufbahn immer bemüht sein, sich zu verbessern.

Nicht nur im Sport sollte das Motto „Fair Play" heißen, sondern auch im Umgang miteinander. Dies gilt natürlich auch in umgekehrter Richtung. Auch Sie als Manager können von ihren Mitarbeitern erwarten, dass diese fair mit Ihnen umgehen.

Geradlinigkeit

Eine ebenso entscheidende Tugend in der Mitarbeiterführung ist die Geradlinigkeit. Die Mitarbeiter müssen sich auf die Führungskraft verlassen können, und dies ist nur möglich, wenn die Führungskraft ihrer Linie treu bleibt. Auch in schwierigen Situationen, besonders in schwierigen Situationen. Eine gewisse Berechenbarkeit ist für die Mitarbeiter wichtig, denn dadurch schaffen Sie Sicherheit. Dies bedeutet nicht, dass die Führungskraft durchschaubar wird, sondern die Mitarbeiter kennen in etwa das Ausmaß an Reaktion, das Sie in gewissen Situationen erwartet. Geradlinigkeit sollte aber nicht mit Ideenlosigkeit und Langeweile verwechselt werden. Nach dem Motto „So haben wir das schon immer gemacht", und deswegen gehen wir gerade diesen Weg weiter. Nein, die Geradlinigkeit steht für eine konkrete Weiterentwicklung.

1.3 Führungsprinzipien für den Erfolg

Nachstehend gebe ich Ihnen anhand von einigen Schlagwörtern eine Richtung, wie Sie sicher und nachhaltig führen können:

1. Respekt

Nur durch gegenseitigen Respekt kann ein Führungsmodell erfolgreich sein. Interesse für den einzelnen Mitarbeiter ist unabdingbar. Wertschätzung für den Menschen, auch für die geleistete Arbeit, gehört dazu. Fragen, aber auch in Frage stellen lassen, ist ein gutes Mittel für einen offenen Dialog. Die Führungsposition darf nicht durch Arroganz definiert werden.

2. Delegation

Delegation ist eng verbunden mit Vertrauen. Geben Sie den Mitarbeitern Verantwortung. Gestehen Sie den Mitarbeitern Fehler ein. Insbesondere die guten Manager sind durch Fehler groß geworden. Der Lernprozess, den wir durch Fehler durchleben, wird später die Erfahrung sein. Und eine gute Führungskraft braucht Erfahrungen, um in den Situationen souverän zu delegieren. Nicht jeder Mitarbeiter ist gleich zu delegieren, der eine mehr, der andere weniger. Aber nur über die Delegation können Sie ein Team bilden, das die heutigen Aufgaben bewältigt. Seien Sie sich bewusst, dass Delegation nicht Machtverlust bedeutet, sondern dass Sie dadurch an Größe gewinnen.

3. Begeistern

Begeistern kann nur der, der selber begeistert ist. Ein für mich immer wieder großartiges Erlebnis ist, wenn neue Mitarbeiter ins Team kommen, natürlich am Anfang zurückhaltend und vorsichtig. Wenn Sie dann mit einer Freude und Begeisterung durch die erfahrenen Mitarbeiter aufgenommen werden und diese ihnen zeigen, dass das schon vorhandene Team die Arbeit mit Begeisterung macht. Der neue Mitarbeiter wird in kürzester Zeit die gleiche Begeisterung entwickeln. Wenn nicht, ist der Mitarbeiter fehl am Platz, und Sie sollten sich schnell von ihm trennen. Bei fehlender Begeisterung sollten Sie dem Mitarbeiter eine Gesprächschance geben. In dem Gespräch setzen Sie ein Zieldatum, bis zu dem sich der Mitarbeiter deutlich zum Besseren entwickeln muss. Sollte keine gesteigerte, ehrliche Begeisterung spürbar sein, ist das Zieldatum der letzte Arbeitstag des Mitarbeiters.

4. Anerkennung/Lob

Eigentlich eine sehr einfache Aufgabe, Annerkennung zu verteilen, doch wie selten wird Annerkennung ausgesprochen. Ein Satz bei uns im Schwäbischen spiegelt wider, wie schlecht wir Anerkennung spenden können: „Nichts gesagt, ist genug gelobt." Ein Führungsmodell, das mehr als antiquarisch zu bezeichnen ist. Also sprechen Sie Lob aus, wenn es etwas zu loben gibt. Dann können Sie auch Kritik üben, wenn es notwendig ist. Und freuen Sie sich mit Ihren Mitarbeitern, wenn diese auch nur kleine Erfolge verzeichnen können. Viele kleine Erfolge führen zum Schluss zu dem angestrebten großen Erfolg. Und dann können Sie das Lob für sich verbuchen.

5. Kommunikation

Der heute existierende Kommunikationsapparat führt leider oft dazu, dass die Menschen immer weniger direkt kommunizieren. Um dann den Informationsfluss wieder in Gang zu bringen, werden unzählige Meetings angesetzt. Das geführte, offene Gespräch ist das beste Mittel einer klaren Führung. Und es muss nicht immer nur die geschäftliche, ernste Kommunikation sein. Nein, auch einfach mal ein privates Gespräch mit den Mitarbeitern führt zu einer Anerkennung von beiden Seiten. Die Kommunikation ist das Steuermittel für den Erfolg oder aber auch Misserfolg. Tue Gutes und sprich darüber.

6. Konfliktlösung

Eine Managertugend, die maßgeblich über ein gutes Team entscheidet. Wenn Sie die Konflikte so lösen können, dass niemand sein Gesicht verliert, aber die Mitarbeiter eine klare Erkenntnis bekommen, dass diverse Verhaltensweisen auch Konsequenzen nach sich ziehen. Versuchen Sie im Vorfeld, Konfliktpotenziale zu erkennen und diese gleich zu entschärfen. Aber vermeiden Sie es nicht, wenn Konflikte da sind, diese über Gespräche und entsprechende Entscheidungen zu lösen.

7. Zuverlässigkeit

Zuverlässigkeit ist wiederum eine Tugend, die Sicherheit vermittelt. Zuverlässigkeit ist für beide Richtungen wichtig. Nach unten im Organigramm, aber auch nach oben zu den Investoren, der Konzernführung oder Besitzern.

8. Täglich Neues lernen

Sie möchten, dass sich die Mitarbeiter ständig entwickeln. Sie sollten es auch tun. Jeden Tag kann ich etwas dazulernen. Ich meine hier nicht Sachthemen oder neue Gesetze, die müssen Sie so oder so aufnehmen. Nein, ich meine immer wieder neue Fähigkeiten in Bezug auf Menschenführung. Jeden Tag kann ich die Führungsqualitäten verbessern. Durch den Willen, täglich dazuzulernen, werde ich ständig besser und gewinne immer mehr Sicherheit in meinen Führungsaufgaben.

9. Glaubwürdigkeit

„Sie können mir das schon glauben", diesem Satz ist nicht immer Glauben zu schenken. Glaubwürdigkeit und Rechthaberei liegen eng beieinander. Glaubwürdigkeit beinhaltet nicht immer, Recht zu haben, sondern ob das Ergebnis am Ende des Prozesses stimmt und die Mitarbeiter Ihnen durch die Leistung Glauben schenken und nicht für das gesprochene Wort. Und wenn Sie alle vorher beschriebenen Tugenden berücksichtigen und umsetzen, dann sind Sie auf alle Fälle eine glaubwürdige Führungskraft.

Die Erkenntnis, dass jeder Mitarbeiter eine andere Führung benötigt, macht einen Manager zu einem richtigen Leader. Nicht jeder Mensch ist zur Selbstständigkeit geboren. Manche brauchen ihre täglichen Lobeshymnen und andere wiederum freuen sich, wenn sie sehr selbstständig arbeiten dürfen. Die Kunst, für jeden Mitarbeiter die richtige Führung zu finden, ist ein täglicher Lernprozess.

– Führung ist die Kunst, die Menschen für seine Ziele zu begeistern –

2 Mitarbeitermotivation

Ein vernünftiges Grundgehalt ist die Basis für einen zufriedenen Mitarbeiter. Aber das Gehalt ist nicht das ausschlaggebende Element der Motivation. Abgesehen von der nach oben offenen und motivierenden Führung gibt es viele Elemente, die Sie als Motivation nutzen können. Nehmen Sie zum Beispiel das Personalessen. Ein gutes ausgewogenes und gesundes Essen befriedigt ein tägliches Bedürfnis der Mitarbeiter. Es lässt sich leichter und motivierter in einem sauberen Arbeitsumfeld agieren, als wenn ein Mitarbeiter in einem Loch sitzt. Ich überlasse es zum Beispiel meinen Mitarbeitern, die eine vorwiegend sitzende Tätigkeit ausüben, ihren Stuhl selber auszusuchen, sodass sie sich wohlfühlen. Und von diesen Aktionen gibt es eine Menge Möglichkeiten, mit denen Sie ihre Mitarbeiter zusätzlich motivieren können.

Die Weiterentwicklung der Mitarbeiter ist ein gutes Mittel zur Motivation. Und hier zähle ich nicht die Fachschulungen dazu. Nein, wir ermöglichen unseren Mitarbeitern, sich im persönlichen Bereich fortzubilden. Nehmen wir als Beispiel ein Fernstudium. Die Kosten kann das Hotel voll geltend machen, der Mitarbeiter ist nicht nur länger ans Unternehmen gebunden, sondern er bringt somit auch mehr Input. Kleine Anerkennungen, die nicht viel Geld kosten.

Leider müssen wir heute sagen, die nicht viel Geld kosten dürfen. Durch unser immer enger gezogenes Steuersystem werden ja die meisten Anerkennungen gleich als geldwerter Vorteil belastet. Hier muss das Unternehmen einfach etwas kreativ sein und Möglichkeiten finden, die für die Mitarbeiter möglich sind. Machen Sie Unterschiede bei den Mitarbeitern. Finden Sie heraus, welche Teams sich über welche Motivation freuen. Und entwickeln Sie auch teamübergreifende Motivationsmethoden. Hier ein paar Beispiele: In den Teams können kleine Unternehmungen schon für die tägliche Arbeit motivieren. Das kann auch nur mal sein, die Mitarbeiter von der Etage zum Eisessen einzuladen. Ein für uns im Hotel sehr wichtiger Motivationsausflug geschieht mit unseren Führungskräften. Wir suchen ein schönes Hotel aus, in dem wir glauben, auch noch etwas zu lernen. Neben der Arbeit kommt das gesellige Miteinander an diesen zwei Tagen nicht zu kurz. So können sich die Führungskräfte in einer entspannten Atmosphäre leichter verständigen als im Betrieb. Und dieser dadurch entstehende Zusammenhalt kommt dem Management im täglichen Ablauf zugute.

Motivieren bewirkt auch eine enge Bindung zwischen den Mitarbeitern aller Ebenen. Motivieren Sie die Mitarbeiter durch Ihre eigene Person. Durch Ihre Vision. Nehmen Sie die Mitarbeiter mit auf Ihren Weg, lassen Sie sie an Ihrem eigenen Erfolg teilhaben. Ich meine hier insbesondere ideell teilhaben. Wenn die Mitarbeiter Teil des Erfolgs sind, den Spirit und den Geist selber mittragen können, sind sie bis in die Haarspitzen motiviert.

3   Schlussbemerkungen

Zum Abschluss will ich Ihnen zusammenfassend einige Gedanken mit auf den Weg geben, die Sie meiner Meinung nach unbedingt als Führungskraft bedenken sollten. Auch sollten die daraus resultierten Verhaltensweisen in den täglichen Ablauf mit eingebunden werden.

Eine gute Führungskraft muss grundsätzlich erst einmal Vertrauen schaffen. Grundwerte, die ein gesundes Miteinander ermöglichen, sind die Basis für Vertrauen.

Um eine Beständigkeit in der Zusammenarbeit zu gewährleisten, steht Ehrlichkeit als Garant für eine klare Führungslinie. Hierzu muss die Führungskraft auch Fehler eingestehen können. Und diese dann beheben und geeignete Wege erarbeiten, um aus den Fehlern doch noch ein für das Unternehmen und das Team positives Ergebnis zu bekommen. Hier kann aber eine gewisse Arroganz, meist auch eine egoistische Überheblichkeit und daraus resultierende Selbstüberschätzung, genau das Gegenteil bewirken. Deswegen versuchen Sie nicht, durch die vorher genannten Eigenschaften den perfekten Chef zu spielen.

Das Bestreben, sich ständig zu verbessern, aber nicht in allem der Beste sein wollen, führt zu einer weiteren sehr wichtigen Verhaltensweise, dem Delegieren. Durch Delegation seinen Mitarbeitern Vertrauen schenken und dadurch den Mitmenschen Respekt und Annerkennung zeigen. Starke Führungskräfte haben immer ein funktionierendes Team hinter sich.

In diesem Sinne wünsche ich allen angehenden Führungskräften, aber auch den schon „perfekten" Führungskräften viel Erfolg bei den täglich anstehenden Aufgaben und Problemen. Und verlieren Sie nie den Spaß am Leben und natürlich auch nicht an der Arbeit!

Karrieremanagement in der Hotellerie

Albrecht v. Bonin

1 Zauberwort Karrieremanagement

Befragt man junge Karrieristen der Hotellerie, so wollen über 90 % Hoteldirektor werden. Doch nicht jeder ist für diese Position geeignet. Gibt es Alternativen? Wenn ja, welche?

Im Karriere-Coaching sitzen dem Consultant immer wieder Kandidaten gegenüber, die auf die Frage, ob sie mit Begeisterung Chef seien, nur mit einem zögerlichen „Ja" antworten. Und dann häufig noch ein „Eigentlich nicht" hinterher schieben. Sie berichten, dass die Karriere durch Job Rotations recht zügig vorangegangen sei. Sie selbst, aber auch die Vorgesetzten hätten sich nie gefragt, ob sie das Zeug dafür hätten, ein guter General Manager zu werden. Niemand hatte wahrgenommen, dass sie sich mit der Führung von Mitarbeitern schwer taten. Eigentlich seien sie in die Position hineingelobt worden. Man habe einfach immer erwartet, dass sie „Ja" sagten. Abzulehnen hätte für die Kandidaten das Aus in der Kette oder den einzelnen Häusern bedeutet.

Dieses Schicksal ereilt viele gute Leute in der Branche. Niemand scheint sich zu fragen, ob der Betroffene wirklich das Zeug mitbringt, ein exzellenter GM zu werden. Vielmehr scheint es eher um das schnelle Füllen von Lücken zu gehen als um die talentgerechte Karriereentwicklung. So steigt dann eine gute Fachkraft zur ungelernten oder ungeeigneten Führungskraft auf und ist unter Umständen überfordert. Qualifizierte Fachleute werden zu Chefs befördert – im Grunde gegen ihr Talent und vielleicht auch gegen ihren Willen. Und so sehnt sich ein Teil der Führungskräfte täglich zu der Zeit zurück, in der sie noch wussten, was sie taten: ein klar definiertes operatives Problem lösen – ohne den ganzen Ärger mit den Mitarbeitern am Hals, die nicht das tun, was sie ihnen sagen, die ständig wissen wollen, was die Zukunft bringt, die entweder auf Tauchstation gehen, wenn Probleme entstehen – oder immer nur mehr Geld fordern.

2 Entscheidungsfindung – Bin ich ein Karrieretyp?

Zur Beförderung „Nein" zu sagen, fällt schwer. Statussymbole, mehr Geld, der hohe Erwartungsdruck von Freunden und Familie, nicht zuletzt auch die persönliche

Eitelkeit lassen einen kritischen Blick in den Spiegel vergessen. „Liegt mir das eigentlich?" oder „Kann ich das überhaupt?" und noch viel wichtiger „Will ich das eigentlich?" Diese Fragen tauchen meist erst später auf – wenn der Rückzug ohne Gesichtsverlust kaum noch möglich ist.

Mal ehrlich: Haben Sie sich nicht auch schon mal gesagt: „Hätte ich gewusst, worauf ich mich einlasse, hätte ich vermutlich darauf verzichtet, Chef zu werden?" Viele übersehen ganz einfach: Wer zur Führungskraft ernannt wird, muss Führungskraft besitzen, der muss auch führen wollen. Führen ist ein anderer Job als eine Fachtätigkeit. Und für Unternehmen gilt: Wenn diese Einsicht erst nach einigen Fehlern zutage tritt, wurden auf dem Wege schon zahlreiche Motivationspflänzchen geknickt, die Kreativität einiger Leute gebremst und der Firma ein großes Stück Wettbewerbsfähigkeit gestohlen. Kein Wunder, dass der Anteil der Mitarbeiter, die auf Sparflamme arbeiten oder innerlich gekündigt haben, zusehends steigt. Schuld daran sind Chefs, die nicht in der Lage sind, ein angstfreies Klima zu schaffen und ihren Leuten eine Orientierung zu geben. Dabei haben die meisten Führungsverantwortlichen keinen niedrigen IQ, um Probleme zu erkennen. Was ihnen fehlt, ist die emotionale Intelligenz, um sie zu lösen. Die kabarettreife Aussage eines Mitarbeiters über seinen Chef lässt die Kluft zwischen Führendem und Geführtem ahnen: „Mein Chef versteht mich nicht. Ich verstehe ihn nicht. Ansonsten haben wir nichts gemeinsam."

Zugegeben: Der letzte Satz hört sich fast so an, als sollten alle auf eine Karriere verzichten. Ganz so ist es jedoch nicht – es ist gar nicht so schlimm! Wichtig ist – und das gilt für alle, die sich auf der Karriereleiter bewegen möchten – dass Sie für sich Ihren „goldenen Weg" erkennen und so Irrtümer und Enttäuschungen für alle Beteiligten weitestgehend vermeiden. Es gilt also herauszufinden:

3   Welche Karriere passt zu mir?

Gibt es in der Hotellerie überhaupt erfolgversprechende Karrierewege, die nicht in der Führungsverantwortung als „Boss" enden? Ganz sicher. Vielleicht sind hier gerade die Fachleute in den Personalentwicklungsabteilungen gefordert, schon bevor junge Menschen auf den Karriereweg geschickt werden, deren individuelle Talente genau zu ermitteln und ihnen bei Nicht-Eignung für Führungsaufgaben attraktive Alternativen aufzuzeigen. Nicht jeder gute Indianer hat eben das Zeug zum Häuptling. Aber: Was wären all die Häuptlinge ohne ihre guten Indianer? Halten wir uns vor Augen: Es gibt im Prinzip drei Formen von Karriere. Der Aufstieg in Personalverantwortung ist nur eine davon (Führungskarriere). Der zweite Weg ist eher geeignet für den fachlichen High Performer, der aber Führungskompetenz vermissen lässt. Es ist die Spezialistenkarriere. Hier kann jemand für sein Unternehmen als Top-Fachkraft für IT, Controlling, F&B, Verkauf, Marketing oder Ähnliches avancieren, ohne sich mit Mitarbeitern herumschlagen zu müssen. Aber es gibt noch eine weitere Möglichkeit für Leute, denen es an der nötigen Ausdauer für langfristig angelegte Führungsaufgaben fehlt. Sie wollen sich nicht mit der Förderung und Entwicklung von Mitarbeitern herumschlagen, sondern mit Leuten auf gleicher Augenhöhe arbeiten. Sie sind aber durchaus in der Lage, Leute aus unterschiedlichen Disziplinen zu koordinieren und auf ein kurzfristiges Ziel einzustellen. Aber Routine ist ihnen verhasst. Sie sind hungrig auf das Neue. Auf ihre Talente wartet eine Karriere im Projekt-Management. Beispiele dafür hat die Hotellerie vielfältig zu bieten – in der Einführung neuer Konzepte, im Development neuer Betriebe, bei Betriebsübernahmen, Outsourcing-Projekten etc.

4 Heraus aus der Sackgasse

Eine Orientierungshilfe kann ein Karriere-Coaching bieten. Das von erfahrenen Personalberatern durchgeführte Coaching hat sich inzwischen zu einer Dienstleistung entwickelt, die immer häufiger von jungen Karrieristen, aber auch von Führungskräften genutzt wird. Ursachen dafür sind vor allem in der wachsenden Orientierungslosigkeit und zunehmenden Überforderung vieler Menschen durch den rasanten Wandel in der Wirtschaft, die härteren Arbeitsbedingungen und die wachsende Unsicherheit der eigenen Position zu sehen. Hinzu kommen ein Wertewandel in der Gesellschaft, der Ruf nach der sogenannten Work-Life-Balance und das Infragestellen des bisherigen beruflichen Engagements.

Der Druck wird größer. Anlass genug für viele High-Performer, ihre eigene Karriere zu überdenken bzw. die Entscheidung für eine bestimmte Richtung zu hinterfragen. Will ich mich nur auf die Karriereplanung meines Arbeitgebers verlassen? Wo stehe ich überhaupt im Markt? Habe ich Vergleichsmöglichkeiten? Wo liegt mein Entwicklungspotenzial? Was fordern andere Unternehmen? Was bin ich momentan „draußen" wert? Und – welche Alternativen habe ich mit meiner Qualifikation? In dieser Situation suchen Manager mehr und mehr den Rat und die Hilfe des erfahrenen und vertrauensvollen Karriereberaters, wie sie es in anderen Lebensbereichen von ihrem Arzt oder Rechtsanwalt kennen.

Experten unterscheiden inzwischen verschiedene Ausgangssituationen für die Zusammenarbeit mit einem Karriere-Coach:

1. Entscheidungsprobleme am Anfang des Berufslebens (Junior-Karriere-Coaching)
2. Orientierungsprobleme in den ersten Berufsjahren (Habe ich den richtigen Weg gewählt?)
3. Stagnation der Karriere (Ausgebremst? Tunnelblick?)
4. Persönliche Unzufriedenheit trotz guter Karriereperspektiven
5. Karriereknick aufgrund schlechter Leistung
6. Drohender Arbeitsplatzverlust wegen Verkauf, Fusion etc. des Arbeitgebers
7. Orientierungslosigkeit auf dem Höhepunkt der Karriere (Sackgasse?)
8. Unfreiwilliger Ausstieg kurz vor Ende des Berufslebens
9. Job Verlust wegen wirtschaftlicher Schwierigkeiten des Arbeitgebers
10. Umstieg in die Selbstständigkeit

In all diesen Fragen kann der Karriereberater Orientierungshilfe und Tipps geben. Auch das Gespräch mit Vorgesetzten, Kollegen, Lebenspartnern oder Fremden ist frei von Interessenskonflikten und Subjektivität. Der Dialog mit dem fachkundigen neutralen Karriere-Coach dagegen ist frei davon. Er kann taktische Tipps geben, Verhaltensweisen „spiegeln", unentdeckte Talente aufspüren, neue Karriereperspektiven eröffnen und Marktinformationen vermitteln. Auf dem Weg zum neu definierten Berufsziel hilft der Berater dem Karrieristen oder Manager dann, das „Marketing in eigener Sache" zu verbessern. Er gibt den Betroffenen die richtigen Werkzeuge an die Hand, damit sie die richtigen Entscheidungen für sich treffen können und den Weg aus ihrer persönlichen Sackgasse finden."

5 Wie gelingt erfolgreiches Karrieremanagement?

Erfolgreiche Kandidaten im Bewerbermarkt zeichnen sich nicht nur durch gute Qualifikation aus. Zunehmend achten Personalentscheider auch auf Engagement, Kreativität und Eigeninitiative bei der Suche nach dem nächsten Arbeitsplatz. Nach einer Erhebung des Instituts für Arbeits- und Berufsforschung (IAB) werden nur etwa ein Drittel der Arbeitsplätze in Deutschland öffentlich ausgeschrieben. Die übrigen zwei Drittel werden „unter der Hand" vergeben. Rein rechnerisch heißt das, dass sich 100% aller Bewerber auf rund 33% der Stellen stürzen. Kein Wunder, dass es so viele Enttäuschungen wegen häufiger Absagen gibt.

Aber wie kann die richtige Karrierestrategie aussehen? Hier gilt zunächst das Motto: Planen Sie Ihre Karriere *nicht* erst dann, wenn Sie dringend einen neuen Job suchen. Ihre Karriere will langfristig geplant sein. Sie brauchen ein tragfähiges Netzwerk, gute Kontakte im Markt und Zeit, um sich eine gute Reputation aufzubauen. Hier soll im Gegensatz zu den meisten Karriereratgebern nicht erklärt werden, wie Sie sich erfolgreicher auf ausgeschriebene Stellen bewerben können. Sie sollen vielmehr angeregt werden, nicht auf diese Angebote zu warten.

6 Aktivität ist gefragt: Selbstanalyse und Unternehmenssuche

Wie oft ist es Ihnen schon passiert, dass Sie auf der Suche nach einer neuen beruflichen Aufgabe in Stellenanzeigen und Online-Stellenbörsen nicht fündig geworden sind? Häufiger? Dann drehen Sie jetzt den Spieß um. Lernen Sie, wie man sich auf *nicht* ausgeschriebene Stellen bewirbt. Starten Sie Ihre Initiativbewerbungs-Strategie. Ihr Vorteil dabei: Sie warten nicht, bis ein Unternehmen Sie als Kandidaten auswählt. Sie selbst wählen sich einen potenziellen Arbeitgeber aus.

Zu Beginn steht eine ehrliche Selbstanalyse. Wo liegen Ihre Stärken, Talente, Vorlieben? In welcher geistigen, emotionalen Umgebung fühlen Sie sich am wohlsten? Welche Aufgaben passen zu Ihnen, wo wollen Sie hin? So banal es auch klingen mag. Gerade diese banale Auflistung der eigenen Fähigkeiten fällt vielen

Menschen schwer. Viele wissen gar nicht, was sie am besten können. Und selbst das Wissen um die eigenen Fähigkeiten reicht noch nicht aus. Es geht darum, eine Tätigkeit zu finden, die Ihnen so viel Freude macht, dass Sie dafür „brennen", dass Sie dafür Zeit und Raum vergessen. Denn dann entwickeln Sie die meiste Aufmerksamkeit, Kreativität und Beständigkeit. Dann erst sind Sie richtig gut.

Im zweiten Schritt machen Sie sich auf die Suche nach Unternehmen, Hotels, Ketten, Betrieben etc., in denen Sie gern arbeiten würden. Sie erstellen eine Liste mit fünf bis zehn „Zielfirmen", die Sie im dritten Schritt „ausspionieren" wollen. Beziehen Sie auch renommierte Personalberater in Ihre Recherche mit ein. Die kennen in der Regel den Arbeitsmarkt, die Anforderungen der Unternehmen und erfahren von geplanten Stellenbesetzungen früher als der offene Personalmarkt. Werfen Sie einen Blick auf die jeweilige Internetpräsentation, in den Wirtschaftsteil der Zeitungen. Verfolgen Sie die Stellenanzeigen dieser Arbeitgeber-Unternehmen. Besuchen Sie entsprechende Messen. Kurz: Betreiben Sie Marktforschung für das „Marketing in eigener Sache". Sie erfahren dabei viele nützliche Informationen über mögliche neue Arbeitgeber. Hier geht ein Senkrechtstarter an die Börse, dort wird gerade ein neues Hotel eröffnet, ein Produkt eines Hotelzulieferers auf den Markt gebracht. „Wir eröffnen eine neue Niederlassung in ...", heißt es da. X fusioniert mit Y, berichten die Wirtschaftsmagazine. All diese Hinweise sind hilfreich, um zu beurteilen, welche Perspektiven Ihnen das eine oder andere Unternehmen als Mitarbeiter bieten könnte. An Insiderinformationen gelangen Sie aber auch durch Kollegen, die im Wunschunternehmen tätig sind. Daher ist es so wichtig, sich ein gutes Netzwerk aufzubauen.

7 Networking – Kontakte sind alles

Besuchen Sie Fachtagungen (z. B. Hotelier des Jahres) und Seminare, werden Sie Mitglied in Verbänden (HDV, FBMA, HSMA etc), pflegen Sie Kontakte zu Freunden, Bekannten, halten Sie Vorträge, durchforsten Sie Wirtschaftsdatenbanken und das Internet. Kurz: Netzwerkeln Sie – aber vergessen Sie nie, gutes Networking ist keine Einbahnstraße. Also machen Sie sich auch für andere nützlich.

Sie werden sich wundern, wie viele Personen Sie dabei kennenlernen. Und mit diesen Menschen sprechen Sie. Zentrale Fragen sind dabei: Wie ist Ihr Gesprächspartner an seinen Job gekommen? Wer entscheidet über Neueinstellungen? Wer kann mir noch Auskunft geben? Welcher Bedarf besteht derzeit an neuen Leuten von außen? Ziel dieser Gespräche: Lernen Sie recherchieren, Informationen sammeln, Kontakte knüpfen. Am Ende sollten Sie wissen: Welches sind die wichtigsten Zielgruppen der Company? Die umsatzstärksten Geschäftsfelder? Wo liegen die Schwachstellen? Wie steht's um die Unternehmenskultur? Hakt's im Vertrieb? Wie steht's mit der öffentlichen Reputation in der Branche? Wie ist die wirtschaftliche Entwicklung? Je besser Sie die Schwachstellen eines Unternehmens kennen, umso leichter können Sie sich später bei einer Bewerbung eventuell als Experte oder Problemlöser positionieren. Entsteht nun bei all diesen Vorarbeiten ein positives Bild über den potenziellen Arbeitgeber, schreiten Sie zur Tat.

8 Selbstmarketing

Falls nicht bereits bekannt, ermitteln Sie in einem Telefonkontakt mit der Personalabteilung oder Geschäftsleitung Ihrer „Ziel-Firma", ob grundsätzliches Interesse an einem Kandidaten Ihres Profils besteht. Versuchen Sie diese Frage nur mit dem echten Entscheider im Unternehmen zu klären. Dafür ist ein seriöser Gesprächseinstieg erforderlich: „Ich verfolge seit einiger Zeit die Entwicklung Ihres Unternehmens mit großem Interesse. ... könnte mir vorstellen, Sie als Führungskraft/Mitarbeiter dabei zu unterstützen." Oder: „Ich plane gerade meine langfristige Karriereentwicklung und möchte mich gern mit Ihnen als Experten, als Personalentscheider etc. darüber unterhalten ... Vielleicht haben Sie den einen oder anderen wertvollen Hinweis für mich." So oder ähnlich erleichtern Sie sich den Einstieg. Erst wenn er Interesse an Ihnen signalisiert hat, senden Sie ihm Ihre Unterlagen – und zwar so individuell aufbereitet, wie er sie benötigt. Also keine „Gießkannen-Aktion" unaufgeforderter Bewerbungen.

Wird Ihre Frage nach einer möglichen Zusammenarbeit abschlägig beantwortet („Momentan kein Bedarf" oder „Führungspositionen werden vorrangig intern besetzt" etc), so ist das eine klare Antwort. Für Sie kein Problem, denn es war lediglich ein Informationsgespräch, keine Bewerbung, auf die Sie eine Absage erhalten haben. Also auch keine persönliche Niederlage. Im Gegenteil: Vielleicht haben Sie später mal wieder eine erneute Chance, denn jetzt kennen Sie den Entscheider bereits.

Grundsätzlich sind auch Personalberater stets daran interessiert, Kontakt mit qualifizierten Kandidaten zu haben. Prüfen Sie zunächst, welcher Headhunter den besten Ruf hat – und dann nehmen Sie Kontakt auf. Aber auch hier gilt: Keine „Massen-Postwurfsendung", sondern vorher telefonischer Informationsaustausch. Der seriöse Headhunter wird Ihnen offen sagen, ob er etwas für Sie tun kann. Senden Sie ihm in diesem Fall nur eine aussagefähige Kurzbewerbung (Stellenwunsch, tabellarischer Lebenslauf, Ist-Gehalt). Ihr Einverständnis vorausgesetzt, werden diese Informationen in seiner Datenbank gespeichert. Er verbürgt sich für Diskretion und gleicht Ihre Qualifikation laufend mit seinen Suchaufträgen ab. Bei Übereinstimmung informiert er Sie automatisch. Der „richtige" Personalberater kann ein wertvoller Multiplikator für Ihre Karrierechancen sein. Aber erwarten Sie keine Wunder von ihm, und ersparen Sie sich und ihm allzu häufiges Nachfragen.

Häufig werden Sie erleben, dass – wer auch immer Ihr Gesprächspartner ist – man Ihnen sehr neugierig und bereitwillig zuhört. „Interessant, dass Sie anrufen. Wir planen gerade ..." Oder: „Ihr Anruf kommt wie gerufen. Wir wollten die Position eigentlich in der nächsten Woche ausschreiben ..." Jetzt sind Sie Ihrem Ziel ein gutes Stück näher gekommen. Wenn sich daraus ein vielversprechender Kontakt ergibt, hat sich Ihre Mühe schon gelohnt.

Einladung zum Gespräch

Vielleicht haben Sie auch schon mal diese Erfahrung gemacht. Sie gingen aus dem Bewerbungsgespräch heraus mit dem Gefühl, dass es ganz gut gelaufen ist. Aber dann, einige Zeit später, lag die Absage im Briefkasten. Sie verstanden die Welt nicht mehr. Was war der Grund? Waren Sie sich zu sicher? Hat die Chemie nicht gestimmt? Passte Ihre Qualifikation nicht? Natürlich kann all das dazu geführt haben, dass man Ihnen den Job letztlich doch nicht anbot. Viel häufiger aber sind gravierende Fehler in der Gesprächsführung und Selbstdarstellung. Sie präsentierten sich einfach nicht als *der* Perfect Fit für die vakante Position.

Diese Zeilen können kein Bewerberseminar ersetzen. Zwei Beispiele aus der Praxis sollen verdeutlichen, worauf es ankommt:

Sie-Denken statt Ich-Denken

Als sich Oliver P. auf das Erstgespräch mit dem potenziellen Arbeitgeber vorbereitete, standen bei ihm folgende Gedanken im Vordergrund: Welche Chancen werden sich für mich auftun? Was wird mir das Unternehmen bieten? Wie viel mehr kann ich verdienen? Zugegeben, solche Fragen sind wichtig – zumindest aus der Sicht des Bewerbers. Das Gegenüber aber, vielleicht der künftige Chef, hat ganz anderes im Kopf: Was habe ich davon, Herrn P. einzustellen? Was wird P. für meinen Erfolg tun? Wie kann er mich so schnell wie möglich entlasten? Welchen Produktivnutzen kann/wird er für das Unternehmen leisten? Wird er ein Gewinn für uns sein?

Wir leben in einer Erwartungsgesellschaft, in der die meisten Menschen sehr genau wissen, was sie vom anderen verlangen dürfen. Wir beschränken uns dabei nicht allein auf Erwartungen, nein, wir fordern sie ein. Und wir werden enttäuscht, wenn das Modell des Forderns nicht funktioniert. Wir kennen das von verwöhnten Kindern, die später zu erwachsenen Monstern werden. Jeder der Fordernden erwartet, dass seine Forderung erfüllt wird. Dazwischen ist Stillstand. Fordern blockiert also. Geben dagegen könnte befreien und Türen öffnen – auch wenn es in unserer Gesellschaft ziemlich unüblich geworden ist. Doch vergleichen wir das Selbst-Marketing des Bewerbers mit einem erfolgreichen Verkäufer, dann verzichtet dieser auf den Ich-Gedanken völlig. Statt „Ich will" und „Ich erwarte" ist sein Kundengespräch geprägt von „Sie profitieren von", „Ihr Vorteil ist". In der Bewerbersprache könnte das heißen: „Was wird mein Beitrag zum Erfolg des Betriebs sein", „Wie werde ich mich einbringen", „Was bin ich bereit zu leisten." Sie werden erleben, wie Ihr Gesprächspartner bei Ihren Antworten auf diese Fragen plötzlich hellwach wird. Ihre Fragen nach den „Krümeln" dagegen langweilen ihn mehr als die nach dem ganzen „Kuchen". Nicht Urlaub, Dienstwagen, Altersversorgung, Essensmarken und Firmenparkplatz, sondern Aufgaben, Kompetenzen, Verantwortung und Ihren Nutzen für das Unternehmen möchte er mit Ihnen diskutieren.

Ihr Bedürfnis nach Geld und Status sind berechtigt – aber falsch priorisiert. Zu früh. Bevor der Personalentscheider Sie auswählt, will er wissen, ob Sie mehr geben, als Sie nehmen werden. Wenn Sie hier schon Ihre Interessen in den Vordergrund rücken, verstellen Sie den Blick auf Ihre wahren Talente. Was ist der bessere Weg? Erklären Sie Ihrem Gegenüber die Vorteile, wenn er sich auf Sie einlässt. *Zeigen Sie*, dass Sie in erster Linie ein Gebender sind und erst danach ein Nehmender. Da sitzt jemand vor ihm, den er kaum kennt. Einer von vielen Bewerbern. Also *geben Sie* ein Bild von Ihrer Fachkompetenz, *liefern Sie* den Beweis, dass Sie ein Dienstleister sind – ein Leister, der sich in den Dienst anderer stellt. Konkrete Arbeitsbeispiele aus Ihrer Vergangenheit können dabei helfen. Und erst ganz zum

Schluss, wenn Sie den anderen überzeugt haben, fragen Sie, zu welchen Konditionen er sich ein Arrangement mit Ihnen vorstellen kann. Hotel Manager P. hatte all dieses nicht berücksichtigt und – den Job nicht bekommen.

Zeigen Sie Führungskompetenz

Das zweite Beispiel beobachtet man oft in Interviews: Immer wieder fällt es Kandidaten schwer, sich als überzeugende Führungskraft zu präsentieren. Dabei fehlt es ihnen nicht an Durchsetzung oder Autorität (obwohl das hin und wieder auch vorkommt), sondern es mangelt an wohl überlegter, reflektierter und differenzierter Vorbereitung auf führungsrelevante Themen. Dabei weiß jeder Azubi, dass man Führungskräfte als Problemlöser braucht. Wo es keine Probleme gibt, braucht man keine Manager. Bei einem guten Personalberater wird daher die Führungsleistung eines Kandidaten einen wichtigen Gesprächsanteil einnehmen. Wer hier nicht in der Lage ist, differenziert über seine Führungsaufgabe, sein grundsätzliches Führungsverständnis mit konkreten Praxisbeispielen zu sprechen und darzulegen, ob und warum er erfolgreiche Führungsarbeit leistet, wird es schwer haben, sich als Top-Kandidat zu positionieren. Stattdessen kommen nicht selten Antworten wie: „Darüber habe ich mir noch nie so recht Gedanken gemacht" oder „Da müssten Sie mal meine Leute fragen".

Von einer Führungskraft wird erwartet, dass sie über ihr Verhalten und ihre Wirkung auf Mitarbeiter und Geschäft nachdenkt und das Ergebnis präzise darstellen kann. „Ich habe das Ergebnis um 15% gesteigert", hört sich zwar erfreulich an, aber wenig differenziert. Was macht Sie zu einer guten Führungskraft? Haben Sie sich mit Ihrer Führungsrolle schon mal intensiv auseinandergesetzt? Wie wollen Sie sich sonst in dieser Aufgabe weiterentwickeln? Natürlich ist es positiv, wenn Sie in Mitarbeiterbefragungen stets gut bewertet werden. Es stimmt jedoch nachdenklich, wenn Sie dadurch dem Irrtum unterliegen, als Führungskraft keine Probleme zu haben. Bestimmte Probleme gehören einfach zum Führungsalltag. Sonst bräuchte man Sie ja nicht an dieser Stelle.

Ein Manager erzählte kürzlich, dass er in seinem Betrieb Personalanpassungen vornehmen musste. „Im Zuge der Restrukturierung mussten 10% der Mitarbeiter abgebaut werden. Da fühlt *man* sich als Vorgesetzter natürlich nicht wohl – aber letztlich hat *man* das umgesetzt." Dass er sich bei Personalreduzierungen nicht wohl fühlte, war zu erwarten. Als überzeugende Schilderung einer von ihm initiierten Veränderung war diese Äußerung aber kaum zu werten. Sie war inhaltlich mager und formal unglücklich artikuliert. Führungskräfte, die überzeugend und authentisch aus ihrer Praxis berichten, sprechen von „sich" und „wir" oder „ich habe ...". Das *„man"* klingt für den Interviewer nach innerer Distanz und weckt eher den Verdacht, einen „Befehl von oben" kritiklos ausgeführt zu haben. Und das wirft mehr Fragen auf, als es beantwortet.

Wenn Sie sich bis hierher fragen: Soll ich bei all diesem erforderlichen Kraftaufwand wirklich Karriere machen? Dann möge Ihnen der nachfolgende „offene Brief" des Personalberaters an eine junge Führungskraft helfen. Er gibt die Antwort auf die Frage, ob das Karriereziel, Hoteldirektor zu werden, empfehlenswert ist.

9   Karriereziel Hoteldirektor? – Die sportliche Sicht der Dinge

„Glauben Sie mir, junger Mann (junge Frau)", schrieb er. „Der Schein der Karriere trügt. Der Beruf des Hoteldirektors ist eher etwas für Masochisten – ein täglicher Kampf, ein Job, in dem knallharte Leistung gefordert ist, denn die Konkurrenz ist groß (schließlich will ja jeder Hoteldirektor werden), der Gast ist König und die Mitarbeiter sind seine Hofnarrenschar.

Vergessen Sie alle Ihre Illusionen von internationalem Flair und „Ich wollte schon immer gern mit Menschen zu tun haben". Als Hoteldirektor werden Sie mehr ins Schwitzen kommen als mancher Küchenchef am Herd, eher Ihr Magengeschwür haben als der Hotelbuchhalter. Überlegen Sie sich's also gut, bevor Sie sich für dieses Karriereziel entscheiden.

Erstens: Sie sind ein Verkäufer. Der Beste Ihres Hotels. Längst sind die Zeiten vorbei, in denen Sie das Buhlen um die Gunst der Zielgruppe Ihrer Verkaufsabteilung allein überlassen können. Hinaus an die Front, vor den Schreibtisch des Kunden, heißt heute und in Zukunft die Devise für Herrn oder Frau Direktor. Natürlich müssen Sie auch etwas vom Pokern verstehen. Glauben Sie ja nicht, der Gast akzeptiert heute jeden Preis, den Sie für Bett und Tisch verlangen. Das verhindert schon Ihr Konkurrent an der nächsten Straßenecke. Ein Direktoren-Leben ist und bleibt ein Verkäufer-Leben.

Zweitens: In den Augen Ihrer Heeresleitung hat der Tag eines Hoteldirektors 24 Stunden zu haben, in Sonderfällen auch mal 25. Es wird Ihnen häufig passieren, dass Sie die Hälfte davon über Ihrem Schreibtisch gebeugt verbringen, mit sorgenvollem Blick in die Betriebsanalyse. Sie werden sich das Hirn zu zermartern haben, um die Ergebnisse Ihres Hauses zu verbessern. Denn wenn Sie es nicht tun, dann wird es ein anderer tun (es gibt ja genug, die Direktor werden wollen). Und Sie? Sie werden dann als sogenanntes „Humankapital freigesetzt".

Und bedenken Sie auch **drittens:** An der Spitze eines Hotels ist es meist windig, kalt, einsam und eng. Bekannte haben Sie viele, aber Freunde?

Wenn es Ihnen endlich gelungen ist, durch jahrelangen, unermüdlichen Einsatz bis nach oben vorzudringen, ist Ihre Familie auf Schmollkurs oder sogar auf und davon. Sie sind ganz allein, umgeben von Neidern, seltener von Bewunderern, von Konkurrenten mit scharfen Zähnen und von Kunden bzw. Gästen, denen Sie zwar immer noch lieb, aber inzwischen zu teuer geworden sind.

Viertens: Vergessen Sie auch nicht – Hotellerie ist Show-Business, ist wie Zirkus. Und Sie sind der Direktor in der Manege. Stets höflich, freundlich, gutgelaunt und hilfsbereit. Auch wenn Ihnen nicht danach ist.

Fünftens: Was wäre Ihr Hotel ohne die Mitarbeiter. Moderne Führung fordert Motivation statt Peitscheknallen, Sinngebung statt Diktat. Und das täglich auf's Neue. Spätestens jetzt wird Ihnen klar, was die deutsche Sprache mit dem Begriff „Führungskraft" eigentlich ausdrücken will – Führen ist ein Kraftaufwand, der Energien verschleißt.

Und zu guter Letzt noch **sechstens:** Ist Ihnen eigentlich noch nie aufgefallen, welch schlechten Ruf Hoteldirektoren in der Bevölkerung, speziell unter Reisenden haben? Straßenräuber, Wegelagerer, Nick-August sind noch die zahmsten Beschimpfungen. Natürlich sind diese Urteile alle nicht objektiv und sehr verallgemeinert. Aber unter uns gesagt, da gibt es schon ein paar Haifische und Lackaffen, die besser keine Hoteldirektoren geworden wären.

Sagen Sie selbst, junger Mann (junge Frau), wollen Sie da immer noch Hoteldirektor werden?

Ich sehe, meine düsteren Worte haben Sie nach wie vor nicht abgeschreckt. Dann will ich Ihnen der Wahrheit halber auch sagen: Solange Sie auf Ihrem Weg zum

Hoteldirektor Ihr Bestes geben, Format und Engagement zeigen und all die Herausforderungen des Hotelberufs annehmen, werden Sie eine Menge Spaß haben, abwechslungsreiche Aufgaben bewältigen, gutes Geld verdienen, täglich dazulernen, eine Menge faszinierender Leute treffen und – unternehmerisch aktiv sein. Betrachten Sie es sportlich, dann ist der Weg zum Hoteldirektor wie der eines Joggers: Jeden Tag muss er sich auf's Neue überwinden, seine Kilometer zu laufen. Jeden Tag die gleichen Ausreden: „Ist es nicht zu früh? Oder vielleicht zu spät? Zu warm oder zu kalt?" Er muss sich einfach zwingen loszulaufen, weiterzulaufen, durchzuhalten – bis er sein Ziel erreicht hat. Doch dann kommt die Belohnung – die herrlichen zehn Minuten unter der Dusche. Er fühlt sich wie neugeboren, ist mit sich und der Welt zufrieden.

Und am nächsten Morgen – geht alles wieder von vorne los.

Übrigens, ich kenne viele joggende Hoteldirektoren – und die sehen gar nicht unzufrieden aus. Sie sehen – ohne Frust keine Lust. Viel Erfolg!

Mitarbeiter – Das Kapital unserer Zukunft

Klaus Kobjoll

1   Einführung

Fast täglich können wir es in den Zeitungen lesen, und aus der Praxis ist uns schon seit langem bewusst: Das Nadelöhr für Erfolg in den nächsten Jahren sind nicht Branche, Standort oder Produkte, sondern qualifizierte Mitarbeiterinnen und Mitarbeiter eines Unternehmens. Im Schindlerhof richten wir schon lange unsere strategischen Ziele an dieser nicht mehr aus der Welt zu diskutierenden Tatsache aus. Denn hier gilt es, den Hebel für den Erfolg und ein langfristiges Bestehen am Markt anzusetzen. Schließlich ist die jeweils vom Produkt abgeleitete Dienstleistung ein hochsensibles Business, in dem nicht das Was, sondern vor allem das Wer und Wie entscheiden. Produkte in allen Branchen werden zunehmend austauschbar, und herkömmliche Management-Methoden stoßen schnell an ihre Grenzen. Und bekanntlich lassen sich Freundlichkeit und Hingabe nicht verordnen. Unabdingbar also ist es, in einem Unternehmen gute Momente für Mitarbeiter, für Kunden und Gäste gleichermaßen zu schaffen, die sich wie Sternschnuppen durch die Abläufe ziehen. Denn die Stimmung ist Licht und gleichzeitig Sound entlang einer jeden Servicekette.

2   Unser Unternehmensleitbild

Deshalb sollte sich jeder Unternehmer vor Aufnahme seiner Tätigkeit und dann immer wieder Gedanken darüber machen, wohin er sein Unternehmen steuern will, ähnlich einem Autofahrer, der zunächst einmal wissen muss, welche Region, welche Stadt er ansteuert, bevor er sich um die nächsten, zu fahrenden Kilometer sorgt.

Denn ein Unternehmensleitbild kann man gerne auch mit einer den Weg weisenden Straße vergleichen, die mit ihren Leitplanken vorgibt, wie es zu navigieren gilt und welche Grenzen schnell nach rechts oder links gesetzt werden. Und wenn der Weg das Ziel bestimmt, dann muss ein sinnvolles Navigationssystem implementiert werden, das man im übertragenen Sinn mit der Unternehmensphilosophie, dem Unternehmenszweck und den unternehmerischen Wertevorstellungen gleichsetzen kann. Hinzu kommen Verhaltensnormen und -muster zur Untermauerung der charakteristischen Kompetenz und des jeweiligen Wertesystems eines Unternehmens.

Werte und Verhaltensnormen sind als eng miteinander verbundene Einheit zu betrachten. Und das bedeutet in jedem Fall, dass alles, was mit dem Leitbild nach außen kommuniziert wird, auch eingehalten und vor allem aktiv gelebt wird: gegenüber den Gästen und Kunden, externen und internen, gegenüber dem unmittelbaren Umfeld und der Umwelt sowie gegenüber den Mitarbeitern und Kollegen. Denn sie bestimmen neben unseren Kunden/Gästen in letzter Konsequenz über Sein oder Nichtsein, Erfolg oder Misserfolg. Hier also gilt es, einen ganz wesentlichen Hebel anzusetzen.

3   Unsere Unternehmensphilosophie

Traditionelle Erfahrungswerte lehren uns, dass Arbeit im Wesentlichen drei Funktionen erfüllt:

- Sie gibt jedem einzelnen Teammitglied die Gelegenheit, seine Möglichkeiten voll zu nutzen und zu entwickeln.
- Sie ermöglicht es dem Menschen, seinen angeborenen Egoismus zu überwinden, indem sie oder er mit anderen zusammen eine gemeinsame Aufgabe angeht und erfüllt.
- Sie erzeugt die Produkte und Dienstleistungen, die wir alle zu einem angemessenen Leben benötigen.

Daher müssen diese Grundsätze in unserem Hotel jedem Teammitglied nicht nur vermittelt, sondern auch tief ins Bewusstsein verankert werden. Denn jeder muss begreifen und verinnerlichen, wichtiger Teil eines Ganzen zu sein. Schließlich ist es die Aufgabe der Führungsmannschaft, allen MitunternehmerInnen zu demonstrieren, dass ein Unternehmen wie ein gutes Uhrwerk funktioniert. Doch jede Uhr wird nur dann fehlerfrei laufen und die richtige Zeit anzeigen, wenn alle Rädchen exakt ineinandergreifen.

4 Unsere Werte und Verhaltensnormen

Auf der Basis dieser Denkweise hat sich unsere „Spielkultur" im Schindlerhof entwickelt – mit Spielregeln, die unser Miteinander und natürlich auch den täglichen
Umgang mit unseren Gästen und Lieferanten prägen. Zehn Grundsätze bestimmen diese Werte und Verhaltensnormen:

- Der Schindlerhof will das Erlebnis ermöglichen.
- Wir führen unser Unternehmen ehrlich, zuverlässig und fair.
- Den hohen Ansprüchen unserer Gäste stellen wir uns ohne Einschränkung.
- Wir erfüllen unsere gesellschaftliche und soziale Verpflichtung.
- Wir verpflichten uns einem hohen Qualitätsanspruch nach DIN ISO 9001 – in
  großem Einklang mit unserer Umwelt-Verantwortung.
- Wir verfolgen gemeinsame und gemeinsam erarbeitete Unternehmensziele.
  Daher beschäftigen wir in allen Bereichen die besten und fähigsten Mitunter-
  nehmerInnen der gesamten Branche. Freundlichkeit, Kreativität, Flexibilität,
  Leistungsbereitschaft und Fachwissen sind beispielhaft.
- Wir haben unser Unternehmen klar gegliedert und Verantwortungsbereiche
  abgesteckt.
- Wir streben als Schindlerhof ein junges und fröhliches Image an. Wir bieten Außergewöhnliches und Erstklassiges und setzen immer wieder Trends. Zwischen
  unserem hohen Anspruch und unserer tatsächlichen Leistung besteht kein Unterschied. Unser Erscheinungsbild nach innen und außen ist geschlossen.
- Wir erzielen einen Gewinn, der das Unternehmen unabhängig macht, ein
  Wachstum entsprechend der Unternehmensziele ermöglicht, die Sicherheit unserer MitunternehmerInnen garantiert, neue Arbeits- und Ausbildungsplätze
  schafft und damit das Unternehmen langfristig sichert.
- Wir wollen den Erfolg, denn Erfolg motiviert.

Auf diese Weise verankern wir in unserer Unternehmensphilosophie, dass der
Schindlerhof ein Ort der Verwirklichung für karriereorientierte Mitarbeiter ist, die
mit Spaß an der Arbeit gemeinschaftlich bemüht sind, die hohen Unternehmensziele und Erwartungen unserer Gäste zu erreichen oder gar zu übertreffen. Das
„erzieht" zu unternehmerisch denkenden Mitarbeitern, die die ständige Herausforderung, sich in einem kreativen Spannungsfeld selbst zu führen, annehmen und
als kontinuierlichen Weiterentwicklungsprozess innerhalb einer lernenden Gesamt-
heit begreifen.

701

5 Unsere Führungsgrundsätze

Fünf gemeinhin bekannte Führungsaufgaben wie

1. klare Ziele zu formulieren
2. transparent zu organisieren
3. Entscheidungsfähigkeit zu pflegen
4. Mitarbeiter zu motivieren
5. ein konsequentes Controlling zu implementieren

haben wir im Schindlerhof gemeinsam mit unserer Führungsmannschaft neu definiert und entsprechend mit Inhalten gefüllt. Sie stehen dauerhaft für unser Denken und Handeln:

- Wir sind begeisterungsfähig mit Lust auf Leistung.
- Wir zeigen Herzlichkeit aus innerer Überzeugung und pflegen einen liebevollen Umgang mit internen und externen Kunden.
- Wir arbeiten mit klaren und für alle Beteiligten verständlichen Zielen.
- Wir akzeptieren den Anderen und dessen Arbeitsweise im Rahmen unseres Wertesystems und unserer Ziele – das bedeutet Respekt ohne Hierarchie.
- Wir erbringen eine überdurchschnittliche, professionelle Leistung, gefördert von beruflicher und persönlicher Weiterbildung.
- Wir haben die Fähigkeit zur Innovation und engagieren uns mit Lust und Freude bei Veränderungen und laufenden Verbesserungen.
- Wir fördern mit Selbstdisziplin eine Verantwortungsbalance = Verantwortung von Führung zu Führung, von Führung zum Mitarbeiter und von Mitarbeiter zu Mitarbeiter.
- Wir gehen förderlich mit konstruktiver Kritik um. Dies zeigen wir durch Kritikbereitschaft und Kritikfähigkeit.
- Wir gestalten unser Miteinander und Füreinander klar und konsequent, offen und ehrlich.

6 Unsere Schindlerhof-Akademie

Für uns ist die Stimmung im Unternehmen die alles entscheidende Kraft. Sie strahlt nach innen wie nach außen und ist wichtiger als jedes Wissen oder Kapital. Dennoch sind wir uns natürlich der Tatsache bewusst, dass Fachwissen als Basis gegeben sein muss.

Deshalb fordern und fördern wir unsere Teams und ihre Mitglieder in jeder Beziehung. Dabei setzt unser Unternehmen konsequent auf die Schindlerhof-Akademie, denn sie ist und bleibt mit ihren Weiterbildungsmaßnahmen ein wichtiger Baustein unseres Förderprogramms.

So besuchen unsere Mitarbeiter im Schindlerhof im Schnitt pro Jahr rund 40 unterschiedliche Seminare. Dabei ist hier nicht nur die Rede von reinen Fachseminaren wie Wein-, Whisky- oder Kaffeeschulung. Nein, im Angebot sind vielmehr auch hochkarätige Management-Seminare, die teilweise vier Tage dauern und einige tausend Euro kosten. Die Kosten übernimmt der Schindlerhof; der Mitarbeiter „opfert" im Gegenzug seine Freizeit.

Mit dieser Regelung möchten wir erreichen, dass die Mitarbeiter sich sehr intensive Gedanken darüber machen, ob sie ein Seminar wirklich besuchen wollen oder nicht. Da aber Freizeit und/oder Urlaub geopfert werden muss, wägen die meisten genau ab, ob dieses spezielle Seminar für sie ganz persönlich Sinn macht oder nicht. Das erfreuliche Ergebnis: Die Mitarbeiter im Schindlerhof machen regen Gebrauch von der Akademie.

Hier die zehn Gebote für die „Spielregeln" der Schindlerhof-Akademie in Kurzform:

1. Jeder hat im ersten Schindlerhof-Jahr ein gewisses Pflichtprogramm zu absolvieren, wie zum Beispiel:
   - Denkweise „Schindlerhof"
   - Telefontraining
   - Führungskräfte-Energie oder Unternehmer-Energie – je nach Position, alternativ: internes Teamseminar
   - Umweltschulung
   - Feuerwehrübung
   - Belehrung zum Infektionsschutz (für Köche)

2. Der Schindlerhof verpflichtet sich, die Kosten der angebotenen Seminare zu übernehmen.
3. Der Mitarbeiter verpflichtet sich, die Seminare in der Freizeit zu besuchen.
4. Seminare – ausgenommen Pflichtseminare – gelten erst nach einem halben Jahr als eingebrachte Leistung. Scheidet ein Mitarbeiter innerhalb eines halben Jahres nach dem Seminar aus, so sind 50% der dem Unternehmen entstandenen Seminargebühr an den Schindlerhof zu bezahlen (fachliche Seminare sind davon nicht betroffen). Mitarbeiter, die bereits gekündigt haben, dürfen an keiner Weiterbildungsmaßnahme mehr teilnehmen.
5. Jeder meldet sich schriftlich an.
6. Jeder beantragt im Vorfeld die erforderliche „Freizeit" bei seinem Teamleader.
7. Jeder Teamleader verpflichtet sich, die genehmigten freien Tage in der Dienstplanung zu berücksichtigen.
8. Die Seminarteilnahme wird mit einem Zertifikat bestätigt.
9. Seminartermine werden möglichst sechs Wochen vorher angekündigt (Ausnahme: fachliche Termine im Restaurant).
10. Jeder muss sich der Verantwortung bewusst sein, dass er auf externen Seminaren stets „sein Hotel" repräsentiert.

Bei aller erforderlichen Fortbildung ist dennoch eines nicht aus der Welt zu diskutieren: Die innere Stimmung eines Unternehmens, also der Umgang aller Kollegen und Führungskräfte miteinander, reflektiert automatisch nach außen. Denn unsere Kunden und Gäste merken ganz schnell, ob unseren Mitarbeitern zum Lachen zumute ist oder nicht. Und bekanntlich kann ja immer nur der lachen, der auch einen Grund dazu hat. Diese natürliche Herzlichkeit, dieses Lächeln und Strahlen, kann kein Geld dieser Welt kaufen und „Nur-Wissen" nicht hervorzaubern.

In diesem Zusammenhang wurde uns schon vor Jahren bewusst, dass wir im Rahmen unseres Qualitätsmanagement-Modells (EFQM) mit sehr viel Theorie arbeiten. Aus diesem gewichtigen Grund spielt daher in der täglichen Praxis neben dem Qualitätsmanagement unser Stimmungs-Management eine entscheidende Rolle auf der Bühne der Mitarbeiter- und Kundenorientierung. Und hier kommt TUNE ins Spiel – seit 2003 mit großem Erfolg im Schindlerhof im Einsatz.

7 Unser Stimmungs-Management – Messbar mit TUNE

Machen wir uns nichts vor: Der Markt ist mit Unternehmen übersättigt, die gleichartige Produkte in ähnlicher Qualität zu ähnlichen Preisen anbieten. Wie also hebt man sich vom Markt ab? Wie erreicht man den alles entscheidenden Wettbewerbsvorteil? Es liest sich ganz einfach und ist doch sehr schwer: Durch Wettbewerbsdifferenzierung über Servicequalität. Dabei ist der Sound, die Stimmung im Unternehmen, das entscheidende Erfolgskriterium.

Unser Instrument TUNE zeigt, wie sich der Sound im Lebenszyklus eines Unternehmens ändert und was Führungskräfte tun müssen, um den Sound ihrer Mitarbeiter und damit ihr Unternehmen zu verbessern. Denn das Akronym TUNE ist nicht einfach nur eine Wortspielerei, sondern weist vielmehr darauf hin, dass das wichtigste Reservoir eines Dienstleistungsunternehmens aktiviert werden muss: Die gute Atmosphäre, die unter allen Mitarbeitern besteht und auf jeden einzelnen Gast ausstrahlen soll.

Die Buchstabenfolge TUNE ergibt das englische Wort „Tune". Es ist eines jener englischen „Mehrzweckwörter" mit dem man unterschiedliche Bedeutungen verbindet. Denn es kann ebenso „Melodie" bedeuten wie „Gleichklang", „Einstimmung" oder auch „Feinabstimmung". In jedem Fall aber handelt es sich um einen Begriff, bei dem es um atmosphärischen Wohl- oder Gleichklang geht. Daher drückt TUNE auch sehr gut den Kern unseres Ansatzes aus: Es geht um die Feinabstimmung, eben um das „Tunen" von Momenten – entlang der Servicekette mit unseren Kunden. TUNE steht für:

Total beGEISTert – oder: Touched by the Spirit
Unterstützt durch sichere und stabile Abläufe (Qualitätsmanangement)
Natürlichkeit schafft Wohlbefinden
Energiereichtum

Unsere Führungskräfte waren von Beginn an von TUNE begeistert. Auf einmal hatten sie ein leicht verständliches Instrument in der Hand, um mit ihren Mitarbeitern über das Feintunen von Verhaltensweisen zu kommunizieren. Denn TUNE ist eine leichtes, handliches Führungsinstrument. Das EFQM-Modell dagegen ist eine perfekte, aber auch schwere Toolbox.

Dennoch steckt in den vier Buchstaben eine ganze Menge des EFQM-Modells:

1. der Spirit
2. die Abläufe
3. die Kundenzufriedenheit
4. die Energie für Ergebnisorientierung

Aber alles ist vereinfacht und reduziert. Im übertragenen Sinne entstand aus drei Kaffeekannen TQM ein doppelter Espresso – eine kleine Menge mit konzentriertem Geschmack. Und damit wird TQM Total Quality Management als Teil von TUNE für jeden Mitarbeiter genießbar.

Auf diese Weise ist es in den letzten zwei Jahren gelungen, das Thema Qualitätsmanagement bei allen Mitarbeitern im Alltag zu verankern. Und dazu war kein Zaubermittel erforderlich, kein neues modisches Management-Thema. Mit TUNE geht es um die Kunst, in jeder Situation den richtigen Mix der Zutatenmengen der einzelnen Komponenten zu finden, repräsentiert von den Buchstaben T, U, N und E. Das ist altmodisch und innovativ zugleich. Im Schindlerhof war diese Vereinfachung sehr erfolgreich.

Um es aber bei TUNE nicht nur bei diesen Dachbegriffen zu belassen, wurden auf der zweiten Ebene für jeden der vier Buchstaben Unterkriterien festgelegt. Welches die relevanten Unterfaktoren sind, muss jedes Unternehmen in seiner Branche und für seine Position in der Branche selbst definieren.

8 Einstellungsprozess in neun Phasen

Fähigkeitsprofile unserer Mitarbeiter werden auf der Basis unseres Einstellungsfilters erstellt, der neun Phasen beinhaltet:

- Selbstdarstellung des Unternehmens
- Vorstellungsgespräch – gerne auch an Sonn- und Feiertagen
- ausführliche Hausführung – auch an alle Schandflecken des Hotels
- Partner-Analyse
- weiteres persönliches Gespräch (Sympathie, leuchtende Augen, Konzernerfahrung?)

- zweitägige Arbeitsprobe
- grafologisches Gutachten (meist nur bei Führungskräften)
- Spielvertrag und Spielregeln
- lange Probezeit

Potenzielle Bewerber erhalten als erstes ein Kurzportrait über das Unternehmen, das Umsatzziele und betriebliche Kernzahlen enthält. Hinzu kommen ein persönlicher Einladungsbrief der zukünftigen Führungskraft, die Spielkultur, aktuelle Presseberichte, Kurzportraits der Inhaber, unser Hausprospekt, der Mitarbeiterprospekt und das Organigramm. Nimmt der Bewerber diese Einladung an, erhält er zunächst eine umfassende Hausführung, die ihn vor allem auch hinter die Kulissen schauen lässt. Im Anschluss daran muss jeder Bewerber eine von uns entworfene Partneranalyse ausfüllen, die Fragen zu seinen Neigungen, seinen Kenntnissen und seinen Erwartungen stellt. Diese Partneranalyse dient bei späteren Orientierungsgesprächen als Grundlage für einen individuellen Weiterbildungsplan. Es folgt ein persönliches Vorstellungsgespräch mit der Unternehmensführung bzw. mit dem zukünftigen Abteilungsleiter. Besteht im Anschluss daran noch ein ernsthaftes Interesse an einer Zusammenarbeit, wird ein Termin für ein zweitägiges Probearbeiten vereinbart. Während dieser zwei Tage haben Mitarbeiter und Abteilungsleiter die Möglichkeit, den Bewerber kennenzulernen und zu beurteilen. Gleichzeitig kann der Bewerber seine zukünftige Arbeitsstelle und die an ihn/sie gestellten Anforderungen in Augenschein nehmen. Hat der Bewerber alle Phasen durchlaufen und besteht beiderseits weiterhin Einigkeit, so erhält der Arbeitnehmer seinen Spielvertrag (Arbeitsvertrag).

9 Unsere Beurteilungsgespräche

Im Schindlerhof finden jährlich mit jedem Mitarbeiter zwei Orientierungsgespräche statt. Davon ein großes, sehr ausführliches, das jeder Teamleiter zusammen mit seinen Teammitgliedern durchführt. Zur Unterstützung dient dabei die sogenannte „Beurteilungsspinne". Folgende Spielregeln gelten für dieses Orientierungsgespräch:

1. Der Mitarbeiter erhält vom Abteilungsleiter die Unterlagen zum Orientierungsgespräch. Die Kriterien und die Vorgehensweise werden gemeinsam besprochen, damit Einigkeit über deren Bedeutung besteht.

2. Der Mitarbeiter füllt die „Beurteilungsspinne" nach seiner Einschätzung mit einem blauen Stift aus und übergibt die Unterlagen dem Abteilungsleiter.
3. Der Abteilungsleiter füllt die „Beurteilungsspinne" nach seiner Einschätzung unter Verwendung eines roten Stifts aus.
4. Das Orientierungsgespräch findet statt und die Ergebnisse werden formuliert. Liegt bereits aus dem letzten Jahr ein Orientierungsgespräch vor, so wird dieses mit berücksichtigt.
5. Das Original verbleibt im Teamordner, der Mitarbeiter erhält auf Wunsch von seinem Teamleiter eine Kopie der Ergebnisspinne.

Die einzelnen Faktoren sind gemäß dem deutschen Schulnotensystem (1 = sehr gut, ... , 6 = ungenügend) zu bewerten. Abweichungen in der Bewertung werden ausdiskutiert. Nachfolgende Spinne kommt bei unseren Profis zum Einsatz:

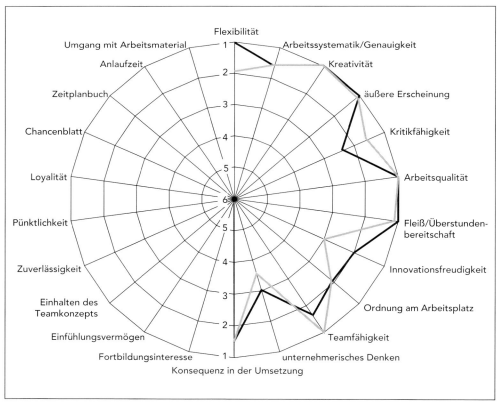

Abbildung 1: Die Beurteilungsspinne

Bei unseren Auszubildenden gibt es noch einen weiteren Punkt, nämlich „Mitwirken im Arbeitskreis Jugend". Für unsere Teamleiter ziehen wir eine andere Spinne heran, die fachliche, soziale, kommunikative und personale Kompetenzen berücksichtigt:

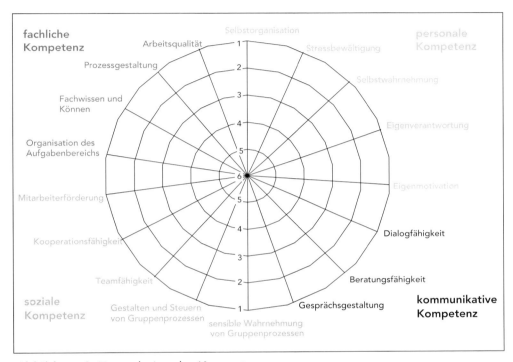

Abbildung 2: Zentrale Leader-Kompetenz

Was wir unter den einzelnen Faktoren verstehen, ist nachfolgend stichwortartig beschrieben:

1. Flexibilität
   viele Einsatzmöglichkeiten, flexibler Einsatz innerhalb eines Teams oder auch teamübergreifend

2. Arbeitssystematik/Genauigkeit
   sinnvolle, folgerichtige Planung und Organisation der Arbeit

3. Kreativität
   Flexibilität bei der Aufgabenerfüllung, Ausprobieren von neuen Ideen und auch deren Umsetzung

4. Äußere Erscheinung
   gepflegt, attraktiv, passend, sauber

5. Kritikfähigkeit
   Eingestehen eigener Fehler und die Bereitschaft, für die Folgen des Fehlers einzustehen und darüber hinaus daraus zu lernen

6. Arbeitsqualität
   gleichbleibend hohes Niveau der geleisteten Arbeit

7. Fleiß/Überstundenbereitschaft
   quantitativer Umfang der Arbeit, strebsames und sorgfältiges Arbeiten auf ein Ziel hin, mit der Bereitschaft, sich auch nach Dienstschluss einzusetzen und den Gästewünschen anzupassen

8. Innovationsfreudigkeit
   beteiligt sich – auch ohne Aufforderung – an den monatlichen Ideenblättern

9. Ordnung am Arbeitsplatz
   vor, während und nach der Arbeit befindet sich der Arbeitsplatz in einem übersichtlichen, sauberen und ordentlichen Zustand

10. Teamfähigkeit
    ausgeprägtes Kooperationsverhalten sowie herzliches und korrektes Verhalten gegenüber Gästen, Teammitgliedern und Vorgesetzten

11. Unternehmerisches Denken
    weitsichtiges und tatkräftiges Miterkennen und Miturteilen sowie Kostenbewusstsein

12. Konsequenz in der Umsetzung
    Ausdauer und Energie bei der Verfolgung von Zielen

13. Fortbildungsinteresse
    regelmäßige Teilnahme an fachlichen und persönlichen Weiterbildungsseminaren

14. Einfühlungsvermögen
    gutes Gespür für die Situation und die Fähigkeit, mit den Augen des Gastes zu sehen

15. Einhalten des Teamkonzepts
    alle Informationen aus dem Teamkonzept werden so wie beschrieben ausgeführt.

16. **Zuverlässigkeit**
hält sich an alle gemeinsam getroffenen Vereinbarungen (Termine, Hauptaufgaben, Checklisten etc.)

17. **Pünktlichkeit**
erscheint zu Terminen und Arbeitszeiten pünktlich

18. **Loyalität**
steht zum Unternehmen und seinen Zielen

10 Selbstbewertung mit MAX

Vor nunmehr rund fünf Jahren wurde im Hotel Schindlerhof in Nürnberg ein weiteres innovatives Instrument zur Mitarbeitermotivation eingeführt – der MAX
MitarbeiterAktienindeX. Diese Idee, ursprünglich von mir entwickelt, wurde damals im Rahmen einer Arbeitsgruppe der Fachhochschule Würzburg/Schweinfurt
unter Leitung von Prof. Dr. Ulrich Scheiper ausgestaltet und als Pilotprojekt bei
uns im Schindlerhof implementiert. Eine einjährige Testphase und vier weitere
Jahre praxiserprobter Umsetzung haben inzwischen für beeindruckende Ergebnisse gesorgt. Seitdem wurde MAX bereits branchenübergreifend in mehr als
100 Unternehmen und Organisationen in sieben Ländern mit großem Erfolg eingesetzt.

Der Begriff Aktie lässt – gewollt – Assoziationen zum Finanzmarkt zu. Ähnlich wie
bei einer Neuemmission erhält jeder Mitarbeiter an seinem ersten Arbeitstag einen Aktien-Nennwert in Höhe von 1.000 Pixel. Ein späterer Kursverlauf wird über
eine speziell entwickelte Software monatlich im Rahmen einer Selbstbewertung
neu errechnet und spiegelt dann den aktuellen Kurs des „Players" (Player = Mit-
arbeiterIn) wider. Wie an jeder Börse kann der Kurs steigen oder fallen. Dabei
sind die möglichen Wertveränderungen bewusst sehr moderat gehalten, sodass
im schlimmsten Fall ein Team-Mitglied von seinem Ausgabekurs nach einem Jahr
höchstens auf etwa 850 Pixel abfallen kann. Im besten Fall können etwas mehr als
1.200 Pixel erreicht werden. Denn die ausgegebene Parole heißt Motivation und
keineswegs das Gegenteil davon.

11 PIX – Der „Player Index"

Im Schindlerhof gelten folgende Zutaten zur Aktienwertermittlung bzw. -veränderung – eine Gewichtung kann in jedem Unternehmen unterschiedlich sein:

1. aktive Arbeit mit einem Zeitplansystem – manuell oder handheld

2. Mitarbeit am kontinuierlichen Verbesserungsprozess – dem Vorschlagswesen

3. Seminare/Weiterbildungsaktivitäten

4. freiwillige Mitarbeit an Projekten – Projektarbeit findet grundsätzlich in der Freizeit statt

5. Abschreibung – jeder Player wird moderat wie ein Anlagegut „abgeschrieben"

6. Krankheitstage – Krankenhausaufenthalte und Betriebsunfälle sind ausgenommen

7. Verstoß gegen Spielregeln – hausinterne Regeln, die jedem Player bestens bekannt sind

8. Raucher/Nichtraucher

9. körperliche Fitness – BMI (Body-Mass-Index)

10. Pünktlichkeit

11. Fehlerquote

12. Ergebnisse aus regelmäßigen Beurteilungsgesprächen – finden zweimal pro Jahr statt

13. Betriebsjubiläen – hier gibt es extra Pixel, denn Erfahrung ist wertvoll

14. Pixelprämie bei Erreichung gesondert vereinbarter Ziele

12 TIX – „Team Index" und
CIX – „Community Index"

Die monatliche Aktienwertermittlung ist per eigens entwickelter Software systematisiert und nimmt pro „Player" und Monat nur etwa fünf Minuten in Anspruch.

MitarbeiterInnen erhalten mit diesem Instrument individuell die Möglichkeit, ihren Kurswert zu erfahren und entsprechend zu beeinflussen. Die Daten des Einzelnen werden nicht veröffentlicht. Lediglich der jeweilige Team-Leader hat Zugang zu den Kurswerten seiner Team-Mitglieder, um sie entsprechend in TIX, den „Team Index", einfließen zu lassen.

CIX und TIX werden schlussendlich dem Dachfonds CIX „Community Index" zugeführt. Dieser Index gilt für den gesamten Schindlerhof und dokumentiert seine von Individualisten geprägte Leistungsfähigkeit in ihrer ganzen Perfektion.

Auf diese Weise wird mit einem spielerischen Instrument eine Gruppen-Dynamik entwickelt, die unseren hedonistischen Anspruch an unsere Arbeit – sie als Lust statt Last zu empfinden – konsequent unterstützt. Selbstvertrauen und Selbstbewusstsein werden durch diese Eigenanalyse aufgebaut und gepflegt. Unabhängig davon aber haben sich seit der Einführung dieses Aktien-Systems auch ganz konkret greifbare Resultate ergeben: Reduzierte Fehlzeiten, kontinuierliche Steigerung von Verbesserungsvorschlägen, eine Verstärkung des Team-Bewusstseins oder deutlich mehr Interesse für Fortbildungsmaßnahmen. Außerdem ergab sich, dass die Bewertung auf der Basis von MAX eine exzellente Basis für Gehalts- und Karrieregespräche schafft.

13 Mitarbeiterzufriedenheit – Grundvoraussetzung für Erfolg

Mitarbeiterzufriedenheit auf der Basis von Mitarbeiterorientierung schließlich ist unabdingbar für die Identifikation und das im Schindlerhof gelebte Credo: „Begeisterung ist übertragbar." Denn Organisationen und Unternehmen werden immer nur dann erfolgreich sein, wenn sie über ein motiviertes und engagiertes Team verfügen. Wesentliche Messkriterien von Mitarbeiterzufriedenheit sind zum Beispiel Krankheitstage oder die Fluktuation im Team.

Ein Zitat unserer „Spielkultur" lautet daher auch nicht von ungefähr: „Das Unternehmen wird zur geistigen Heimat, in der alle MitunternehmerInnen ihre Persönlichkeit entfalten und persönliche Genugtuung gewinnen können." Um aber diese geistige Heimat zu schaffen, bedarf es seitens der Unternehmer einer Reihe von Maßnahmen. Im Schindlerhof ist in diesem Zusammenhang eine der wichtigsten die jährlich durchgeführte Umfrage zur Mitarbeitermeinung. Sie beschäftigt sich mit folgenden Punkten:

• persönliches Wohlbefinden
• Umgang miteinander
• Arbeitsplatzbedingungen
• Aus- und Weiterbildung
• interne Kommunikation
• offene Fragen

Mitdenke, Mitsprache und Mitplanung, Transparenz und Kompetenz sind für keinen Mitarbeiter Fremdwörter in unserem Hotel. Als Partner des Unternehmens hat jeder Anspruch auf Offenheit und Fairness. Unsere Mitarbeiter kennen die Bilanzzahlen, die Jahreszielpläne, wissen, was ihre Chefs verdienen und werden dort eingesetzt, wo ihre Stärken liegen. Darüber hinaus ist ein lockeres Selbstverständnis zwischen uns als Inhabern und unseren MitunternehmerInnen gekennzeichnet von Vertrauen, Freundschaft und Harmonie. Freude und Freiheit sind die Leitmotive, die Lust und Spaß an der Arbeit signalisieren, sowie Selbstständigkeit und Eigenverantwortung.

14 Unsere Unternehmensenergie

Natürlich muss auch das Produkt als Grundlage für jede Art von Dienstleistung stimmen – ohne Wenn und Aber. Denn ohne Qualität keine Kundenzufriedenheit. Doch Qualität teilt sich auf in mehrere Bereiche: Eine Basisqualität, die der Kunde voraussetzt, eine Erwartungsqualität, von Preis oder Image geprägt, eine Überraschungsqualität, die Ahs und Ohs der Kunden, und die Qualität der Mitarbeiter sowie ihre Wirkung auf den Kunden. Sie lässt unmissverständliche Rückschlüsse zu auf die Unternehmensenergie, das Qualitätsmanagement und die Kundenzufriedenheit, die sich aus Mitarbeiterorientierung und -zufriedenheit wie selbstverständlich ergeben. Verantwortlich dafür ist das Management eines jeden Unternehmens und seine Qualitätskultur.

Im Schindlerhof bringen einige wenige weitere Kerngedanken zum Ausdruck, welche Prioritäten und Werte der Führung unseres Unternehmens über die bereits genannten hinaus zugrunde liegen: Verbindlich abgeleitet wird daraus für alle:

1. Der Gast steht im Mittelpunkt unseres Tuns.
2. Alle im Unternehmen orientieren sich in ihrem Tun und Handeln am Wohl des Gastes.
3. Der Erfolg unseres Unternehmens resultiert aus den Erfolgen unserer MitunternehmerInnen.
4. Alle MitunternehmerInnen setzen ihr Wissen und Können dafür ein, neue und bessere Lösungsmöglichkeiten zu finden.
5. Je mehr Nutzen wir unseren Gästen bieten, desto höher wird der Nutzen sein, den wir dafür ernten.
6. Alle MitunternehmerInnen haben die Chance, am Unternehmens-Credo mitzuwirken.

Vorgelebt werden diese Werte im täglichen Ablauf. Dabei ist jeder Teamleader zu jeder Zeit in der Lage, in jede Position seines Teams zu schlüpfen. Denn geführt wird mit aktiver Vorbildfunktion. Darüber hinaus finden regelmäßig Qualitätszirkel auf Teamleaderebene statt sowie mit spezifischen Leistungsbereichen zugeordneten Gruppen zur Planung von Veranstaltungen, zur Verbesserung von Problemzuständen oder zur Einführung neuer Dienstleistungen. Ein ausgefeiltes Kundenmanagement – denn Kundenzufriedenheit ist oberstes Gebot – sorgt dafür, dass im Schindlerhof wenig bis gar nichts dem Zufall überlassen wird.

Doch Kundenzufriedenheit kann es ohne Mitarbeiterorientierung und einem entsprechend begeisterten Einsatz nicht geben. Oder sie verbleibt im Bereich der Willkür. Und das kann und darf nicht sein. Denn Zufriedenheit ist unabdingbar für die Identifikation der Mitarbeiter mit dem Unternehmen, seine erfolgversprechenden Ziele und damit Überlebenschancen auch in schwierigeren Zeiten.

Der Herausgeber

Prof. Dr. rer. pol. Marco A. Gardini ist seit 2008 Inhaber der Professur für Dienstleistungsmarketing und Internationales Hospitality Management an der Hochschule Kempten und Wissenschaftlicher Direktor des TREUGAST International Institute of Applied Hospitality Sciences in München. Nach dem Studium der Betriebswirtschaft in Marburg und Gießen folgte 1996 die Promotion an der Justus-Liebig-Universität Gießen zum Thema „Qualitätsmanagement in Dienstleistungsunternehmungen – dargestellt am Beispiel der Hotellerie". Er verfügt über langjährige Verbands-, Industrie- und Beratungserfahrung (DIHK, Blaupunkt, Droege&Comp., Ewedo) und ist seit vielen Jahren für namhafte Industrie- und Dienstleistungsunternehmen als Berater, Trainer, Coach und Referent tätig.

Darüber hinaus hat er seit vielen Jahren neben seinen sonstigen beruflichen Tätigkeiten zahlreiche Lehraufträge und Aufgaben an verschiedenen Hochschulen und Universitäten wahrgenommen (JLU Giessen, ISM Dortmund, WHU, BITS Iserlohn). In der Zeit von 2002 bis 2004 vertrat er an der FH Gelsenkirchen eine Professur für Internationales Management, um im Anschluss daran eine Professur für International Service Management and Marketing, insbesondere Hospitality Management, an der privaten Internationalen Hochschule Bad Honnef zu übernehmen. Zuletzt verantwortete er dort als Faculty Head den Fachbereich Hospitality Management.

In der Gastronomie aufgewachsen, sind seine Schwerpunkte in Forschung, Lehre und Beratung Themen aus den Bereichen Hospitality Management und Dienstleistungsmarketing, Strategie, Organisation sowie Marken-, Qualitäts- und Kundenzufriedenheitsmanagement. Er ist Autor des aktuellen Standardwerks „Marketing-Management in der Hotellerie" (2. Auflage 2008), Co-Autor des „Management-Lexikon Hotellerie & Gastronomie" (2008), Mitherausgeber des Sammelbands „Management Internationaler Dienstleistungen (2004) sowie Autor weiterer zahlreicher Publikationen und wissenschaftlicher Beiträge zu Themen des Dienstleistungs- bzw. Hotelmanagements/-marketings (z.B. Tourismus Journal, Advances in Hospitality and Leisure, Marketing Journal, Absatzwirtschaft usw.).

Er ist Mitglied in verschiedenen wissenschaftlichen und branchenspezifischen Organisationen (AIEST, Eurochrie, DGT, Travel Industry Club), wissenschaftlicher Beirat der Scopar-Unternehmensberatung und dient als Juror des Wissenschaftspreises „Hospitality Management" der Hoteldirektorenvereinigung Deutschland e. V. (HDV).

Die Autoren

Dr. Peter Agel ist Vice President Distribution Logistics EAME bei der MICROS-FIDELIO Software GmbH und verantwortet dort den Bereich Zentrale Systeme für die Hotellerie weltweit. Zuvor war er zwei Jahre Partner bei ghh consult Wiesbaden mit Fokus auf Hotelprojekte und Konferenz- und Tagungsverkehr. Nach einer Ausbildung als Wirtschaftsgeograf mit Fokus auf Stadt- und Regionalplanung ist er seit über 20 Jahren in der Reiseindustrie tätig. Er war fünf Jahre bei Bertelsmann mit Geschäftsführungsaufgaben für den Hotelreservierungsdienstleister TRUST International. Davor war er drei Jahre in der Geschäftsführung für SRS-Worldhotels, nachdem er zehn Jahre in der Geschäftsführung der Steigenberger Consulting GmbH den Schwerpunkt weltweite Hotel- und Tourismusprojekte verantwortete.

Alexander Aisenbrey ist Geschäftsführer des Golf-, Wellness- und Tagungsresorts Der Öschberghof in Donaueschingen und 1. Vorsitzender der Hoteldirektorenvereinigung Deutschland e. V. (HDV). Nach einer Ausbildung zum Restaurantfachmann absolvierte er neben seiner beruflichen Laufbahn in der Hotellerie berufsbegleitend an der Hotelfachschule in Heidelberg sein Studium zum Hotelbetriebswirt. Er sammelte über viele Jahre Berufs- und Führungserfahrung in verschiedenen Stationen der Hotellerie (Traube Tonbach, Copthorne Hotel Stuttgart International, Vila Vita Hotel & Residenz Rosenpark, Marburg). Daneben besuchte er verschiedene Executive Management Programme an der Cornell University.

Albrecht v. Bonin ist geschäftsführender Gesellschafter der VON BONIN Personalberatung, Gelnhausen. Nach Betriebswirtschaftsstudium und Managementpositionen in Vertrieb und Marketing bei internationalen Konzernen gründete er 1978 ein Consultingunternehmen mit den Schwerpunkten Search & Selection (Suche und Auswahl von Fach- und Führungskräften), HR-Services (Operatives Personalmanagement) und Hospitality Interim Management. Albrecht v. Bonin ist Autor zahlreicher Veröffentlichungen zu den Themen Arbeit, Beruf, Karriere und Personal Management und betreut seit 30 Jahren jährlich rund 80 bis 100 Führungskräfte als Karriere-Coach.

Hartwig Bohne begann seinen Berufsweg mit einer Ausbildung zum Hotelfachmann im Hotelkonzern Kempinski und studierte im Anschluss an seine weitere Hoteltätigkeit Betriebswirtschaftslehre mit den Schwerpunkten strategisches Tourismusmanagement, Politik und Internationale Unternehmensführung an der

Universität Trier sowie der Université Robert Schuman de Strasbourg, bevor er 2004 als Referent zum Hotelverband Deutschland (IHA), Berlin, stieß. Dort ist er heute u. a. in den Bereichen Markt- und Trendforschung, QM sowie Aus- und Weiterbildung tätig. Seit 2005 ist zudem nebenberuflicher Lehrbeauftragter für das Fachgebiet Tourismus/Hotellerie an verschiedenen Hochschulen in Deutschland (u. a. U Trier, FH Bad Honnef, ISM Dortmund, FH Worms).

Karin Dircks ist Fachjournalistin und Buchautorin. Seit 15 Jahren ist sie als bekanntes und anerkanntes Branchenmitglied Inhaberin einer erfolgreichen PR-Agentur, die sich im weitesten Sinne auf die Hotellerie und Gastronomie spezialisiert. Zuvor war sie über viele Jahre Chefredakteurin einer Fachzeitschrift für die Hotellerie im Deutschen Fachverlag. Ihr aktuelles Buch „Instant-PR.Biz" befasst sich im Detail mit professioneller Presse- und Öffentlichkeitsarbeit dieser faszinierenden Branche – der Hospitality Industry.

Max-Peter Droll ist kaufmännischer Geschäftsführer der Robinson Club GmbH in Hannover. Geboren in Paderborn, absolvierte er nach dem Abitur eine Ausbildung zum Hotelfachmann. Nach einem weiteren Jahr in der Hotelpraxis studierte er Betriebswirtschaftslehre an der Wissenschaftlichen Hochschule für Unternehmensführung (WHU) in Vallendar/Koblenz, der Pennsylvania State University in den USA und der Ecole Supérieure de Commerce de Grenoble in Frankreich. Die erste berufliche Station des Diplom-Kaufmanns war Penta International Hotels in Berlin, bevor er 1993 in die TUI GROUP, Hannover, eintrat. Dort war Max-Peter Droll in verschiedenen Positionen tätig, u. a. als Produktmanager für Robinson. 1997 wechselte Droll zu Mövenpick Hotels & Resorts nach Zürich, wo er als Direktor für den weltweiten Vertrieb verantwortlich war. 1999 kam er zurück zur TUI und übernahm die Position des Direktors Hotelentwicklung der TUI Beteiligungsgesellschaft mbH, des heutigen Bereichs TUI Hotels & Resorts der TUI AG, Hannover, bevor er im Mai 2002 zum kaufmännischen Geschäftsführer des Robinson Club berufen wurde.

Alexander Dworak, Dipl.-Kfm., studierte Betriebswirtschaftslehre an der Universität Regensburg und promoviert bei Prof. Gömmel zu einem freizeitwirtschaftlichen Thema. Er beschäftigt sich als selbstständiger Berater und Inhaber einer Werbeagentur mit controllingspezifischen und personalwirtschaftlichen Sachverhalten im Sport- und Hotellerieumfeld. Seit 2006 hat er Lehraufträge an der TU München sowie der Europa Akademie in München inne.

Heiner Finkbeiner ist Inhaber der Traube Tonbach. Er begann seine Laufbahn nach der Ausbildung zum Koch und dem Abschluss an der Fachschule Heidelberg in den Hotels des Bergues in Genf und Park-Hilton in München. Nach einer Station als Demi-Chef und Chef de Partie im Restaurant Tantris in München bei Eckart Witzigmann und der Küchenmeisterprüfung an der Hotelfachschule in Heidelberg, wurde er Chef de rang in Brenners Parkhotel in Baden-Baden. 1977 erfolgte die Leitung der Schwarzwaldstube im Hotel Traube Tonbach, danach war er viele Jahre Hoteldirektor der Traube Tonbach bevor er 1993 Eigentümer des Hauses wurde. Heiner Finkbeiner hat im Laufe seiner Karriere zahlreiche Preise und Ehrungen erhalten, unter anderem 1997 die Auszeichnung Hotelier des Jahres, 1999 die Wirtschaftsmedaille des Landes Baden-Württemberg, 2003 das Bundesverdienstkreuz am Bande sowie die Brillat Savarin-Plakette und zuletzt den „Chevalier dans l'Ordre de la Légion d'Honneur". Er ist im Vorstand von „Les Amis de l'Art de Vivre" sowie im Vorstand von „Les Grandes Tables du Monde-Traditions et Qualité".

Dr. Jörg Frehse, Dipl.-Kfm., Gründer und geschäftsführender Gesellschafter der Frehse Hotel Corporate Finance GmbH & Co. KG in München. Bis 2005 leitete er als Director Business Development die Hotelentwicklung der Arabella-Sheraton Hotelmanagement GmbH (jetzt ArabellaStarwood Hotels & Resorts) und war darüber hinaus auch für das Projektmanagement der Arabella Hotel Holding International verantwortlich. Zuvor war Jörg Frehse als Consultant für die Treugast Gruppe sowie für die börsennotierte Roland Berger Beteiligungstochter bmp AG tätig. Im Anschluss an seine Ausbildung zum Bankkaufmann studierte Jörg Frehse Betriebswirtschaftslehre an der Universität Marburg und promovierte am Institut für Strategisches Management, Marketing und Tourismus der Universität Innsbruck, wo er derzeit auch an seinem Habilitationsprojekt arbeitet.

Dr. Burkhard von Freyberg ist geschäftsführender Gesellschafter des Beratungsunternehmens Zarges von Freyberg Hotel Consulting. Seit März 2007 hat er neben hotelleriespezifischen Lehraufträgen an der Berufsakademie Ravensburg und der FH Erding eine Professorenvertretung für Hospitality Management an der Fakultät Tourismus der Hochschule München inne. Vor der Gründung des eigenen Unternehmens war er knapp vier Jahre bei der Treugast Solutions Group als Seniorberater und Leiter des International Institute of Applied Hospitality Sciences sowie in verschiedenen Positionen im In- und Ausland tätig. Burkhard von Freyberg promovierte in Betriebswirtschaft an der Universität Regensburg. Vor seinem Studium der Wirtschaftswissenschaften an der Ludwig-Maximilians-Universität in München und an der Harvard Universität in Bosten absolvierte er eine Hotelfachlehre im Hotel Bayerischer Hof in München.

Dr. Caroline Funke studierte 1996 bis 2002 Handelswissenschaften an der Wirtschaftsuniversität Wien und dem Instituto Tecnológico Autónomo de México mit Schwerpunkt Tourismuswirtschaft und Freizeitmarketing. Während des Studiums absolvierte sie diverse Praktika in der Hotellerie und Gastronomie. 2003 bis 2005 durchlief sie das Doktoratsstudium der Sozial- und Wirtschaftswissenschaften an der Wirtschaftsuniversität Wien mit dem Forschungsschwerpunkt „Kur- und Wellnesshotellerie in Ungarn". Von Dezember 2006 bis April 2008 leitete sie das TREUGAST Institute of Applied Hospitality Sciences und war zudem Beraterin für internationale Projekte.

Wibke Garbarukow, M.A., absolvierte das Studium der slavischen Philologie an der Universität Bamberg. Nach mehrjähriger Erfahrung im Verlagswesen trat sie im Jahr 2001 den Posten als Pressesprecherin der hotel.de AG an. Seit dem Börsengang der hotel.de AG im Oktober 2006 verantwortet sie außerdem das Gebiet Investor Relations.

Caroline Gassen, M.A., studierte in Erlangen Germanistik und Publizistik. Sie arbeitet als selbstständige Texterin für PR und Journalismus in den Bereichen Print und Web. Für die hotel.de AG ist sie seit mehreren Jahren tätig, aktuell im Marketing als Assistenz der Pressesprecherin.

Stephan Gerhard ist President und Chairman of the Board der TREUGAST Solutions Group mit Büros in München, Berlin, Madrid und Shanghai. Er begann seine beraterische Laufbahn nach einer Ausbildung zum Hotelkaufmann, einer mehrjährigen Tätigkeit in führender Position in der Hotellerie und einem Studium der Betriebswirtschaft 1982 als (Junior-)Berater bei der bbg consulting GmbH in Düsseldorf. Bevor er die TREUGAST Unternehmensberatungsgesellschaft mbH in München gründete, war er drei Jahre geschäftsführender Gesellschafter bei der K&P Consulting GmbH München. Stephan Gerhard ist Lehrbeauftragter an der University of Cooperative Education Ravensburg und Certified Rating Advisor. Darüber hinaus ist er Autor zahlreicher Veröffentlichungen zur Entwicklung des internationalen Hotel(immobilien)marktes und referiert zu diesem Thema regelmäßig.

Sandra N. Gloede ist Diplomandin am Lehrstuhl für Handel und Kundenmanagement an der Universität Köln. Schwerpunkte ihres Studiums der Betriebswirtschaftslehre in Köln und an der Kelley School of Business (Indiana University) waren Marketing und Marktforschung, Wirtschafts- und Sozialpsychologie sowie Controlling. Diese Schwerpunkte verbindet sie in ihrer wissenschaftlichen Arbeit im Bereich Kundenbewertung und -profitabilität sowie verwandten Fragestellungen.

Prof. Dr. Axel Gruner ist seit November 2004 Professor für Hospitality Management an der Hochschule München, Fakultät für Tourismus. Nach einer Ausbildung zum Koch und mehreren beruflichen Stationen im In- und Ausland absolvierte er ein betriebswirtschaftliches Studium an der Universität für Wirtschaft und Politik Hamburg sowie der Universidad de Alicante (Spanien). Die Promotion zum Dr. rer. soc. oec. erfolgte in Kooperation mit der Steigenberger Hotels AG sowie der Choice Hotels Germany GmbH am Zentrum für Tourismus und Dienstleistungswirtschaft der Leopold-Franzens-Universität Innsbruck (Österreich). Axel Gruner verfügt über langjährige operative Erfahrung in der internationalen Hotellerie (u. a. Hotel Europe, Killarney (Irland), Hyatt Regency Grand Cayman (British West Indies), Brenners Parkhotel, Baden-Baden, Hotel Oceano, Teneriffa (Spanien)) sowie als Coach, Trainer und Fachbuchautor. Mit seinem Beratungsunternehmen tourism consulting & training unterstützt er seit 1992 Bildungsinstitute und Betriebe der Hospitality-Industrie.

Prof. Dr. Oliver Haas hat Betriebswirtschaft an der Ludwig Maximilians Universität München studiert und an der Universität Regensburg promoviert. Er ist Geschäftsführer der Dreamteam Solutions GmbH, die im professionellen Fußballsport und Golf sowie in der Hotellerie und Gastronomie Softwarelösungen zur integrierten Businessplanung und -steuerung vertreibt und implementiert. Nach einer Vielzahl von Lehrtätigkeiten an der European Business School, der Universität Bayreuth, der FH Künzelsau und der TU München sowie diverser Publikationen in Fachzeitschriften wurde er im Oktober 2007 zum Professor an der Fachhochschule für angewandtes Management in Erding berufen.

Carsten Hennig, geschäftsführender Gesellschafter der Hamburger Kommunikationsagentur medienunternehmung – Driven by Visionary Publishing, leitet seit über zehn Jahren verschiedene Fach- und Onlinemagazine in der Hotellerie, u.a. „FIRST CLASS", hotelierportal.de, „hottelling" und hotelier.com. Zudem berät der Journalist mehrere Unternehmen bei der internationalen Kommunikationsarbeit und ist Herausgeber von Kundenzeitschriften.

Prof. Dr. rer. pol. Kurt Jeschke ist Professor für Service Management mit dem Forschungs- und Lehrschwerpunkt Customer Relationship Management und Complaint Management an der International University of Applied Sciences Bad Honnef - Bonn. Er leitet als wissenschaftlicher Direktor das Science & Consulting Institute mit Sitz in Frankfurt am Main.

Klaus Kobjoll ist einer der erfolgreichsten Privathoteliers Deutschlands und zudem ein bekannter Referent und Buchautor. Er ist Inhaber und Geschäftsführender Gesellschafter der Schindlerhof Klaus Kobjoll GmbH sowie der Glow & Tingle Unternehmensberatung GmbH, beide mit Sitz in Nürnberg. Der Schindlerhof hat in den letzten 20 Jahren immer wieder zahlreiche Preise und Auszeichnungen erhalten (u. a. Hotelier des Jahres, Ludwig-Erhard-Preis der Deutschen Gesellschaft für Qualität). 1998 wurde Klaus Kobjoll für sein Hotel als erstem und bisher einzigem Privathotel der European Quality Award verliehen.

Willy Legrand, MBA, is lecturing in the Department of Hospitality Management at the International University of Applied Sciences Bad Honnef. He is currently completing his PhD degree and holds a Master of Business Administration from the Bradford University School of Management, UK, and TiasNIMBAS Business School, Netherlands. Before lecturing at the university, Willy Legrand held numerous managerial positions in the North American and European hospitality industry. At the International University of Applied Sciences, he teaches a variety of management courses within the hospitality curriculum. His recent publications include articles in journals such as the International Journal of Hospitality Management, Tourism Review International and Advances in Hospitality, Leisure and Tourism. He is currently co-writing a book on sustainable hospitality operations management. His special area of research interest includes the management of brands and distribution strategies in today's complex administration of marketing channels within the hospitality industry as well as all aspects of sustainable management in the hospitality industry.

Frank Marrenbach ist geschäftsführender Direktor Brenner's Park-Hotel & Spa, Baden-Baden (Mitglied der Leading Hotels of the World). Nach einer Ausbildung zum Hotelkaufmann bei Steigenberger war er als Hotelbetriebswirt (HMA) an der Hotelmanagement-Akademie Koblenz tätig. Es folgten Auslandsstationen im The Berkeley, London und Hotel de Crilon, Paris. Marrenbach absolvierte den Bachelor Degree (B.B.A.) an der Graduate School of Business Administration (GSBA), Zürich, sowie den Master of Business Administration (M.B.A.) an der State University of

New York at Albany, USA. Seit Oktober 2000 ist er geschäftsführender Direktor Brenner's Park-Hotel & Spa, Geschäftsführer der Alfred Brenner Stiftung. Darüber hinaus ist er Executive Committee Member der Leading Hotels of the World (LHW), Mitglied im Beirat des Hotelverband Deutschland e.V. (IHA) und Fachbeiratsmitglied der Internationalen Hochschule für Tourismus und Hotellerie in Bad Honnef (IFH).

Jochen Oehler, Diplom-Betriebswirt (FH), ist seit 1999 Geschäftsführer der progros Einkaufsgesellschaft, die auf strategischen Einkauf, die Ausstattung und Einrichtung von Hotels sowie Einkaufspooling, Verhandlungsführung und Zentraleinkauf in der Spitzenhotellerie spezialisiert ist. Der gelernte Einzelhandelskaufmann war zuvor viele Jahre als Pressesprecher der Best Western Hotels in Deutschland sowie als Leiter des Best Western Trainingsinstituts tätig. Zudem ist er Lehrbeauftragter der BA Ravensburg und Gastreferent der International University Bad Honnef – Bonn.

Siegfried Prange war Vorstand der Familotel AG und seit nahezu 30 Jahren in der Hospitality-Industrie tätig. Nach einer Ausbildung zum Hotelfachmann und dem Besuch der Wirtschaftsfachschule in Dortmund mit Spezialisierung auf den Verkaufs- und Marketingbereich sammelte er über viele Jahre Berufs- und Führungserfahrung sowohl in der internationalen Hotellerie (Mövenpick Hotels, Elysee Hotel, Steigenberger) als auch in der Systemgastronomie (Block House Restaurants). Vor seiner Zeit als Gründungsgesellschafter und Geschäftsführer von Familotel im Jahr 1994 war er lange Zeit Geschäftsführer in zwei Ferienhotels mit 140 und 220 Zimmern. Siegfried Prange verstarb völlig überraschend im Mai 2008.

Maria Pütz-Willems ist als Journalistin seit über 20 Jahren auf die Hotellerie spezialisiert. Die ausgebildete Tageszeitungsredakteurin hat erste Erfahrungen bei zwei grossen Regionalzeitungen gesammelt, dann wechselte sie zu einer Hotelfachzeitschrift. 16 Jahre arbeitete sie dann als freie Journalistin für führende Fach-, Wirtschafts- und Lifestyle-Medien in Deutschland, der Schweiz, England und Italien. 2005 gründete sie das Online-Fachmagazin www.hospitalityInside.com, dem sie seither als Chefredakteurin vorsteht. Es ist das erste, rein redaktionelle und zweisprachige (deutsch-englische) Hotelfachmedium, das sich an das internationale Hospitality-Management wie auch an verwandte Branchen (Investment, Finanzierungen, Immobilienentwicklung, Beratung) wendet.

Sandra Rainer-Pöselt ist seit 2003 bei der Feuring Hotelconsulting GmbH in Mainz tätig und ist als Director Advisory Services zuständig für den Bereich Consulting und Valuation. Die 34-Jährige war zuvor bei der Rewe Touristik Hotels &

Investments Projektanalystin und war dort u.a. für die Entwicklung eines Ferienhotels im Disneyland Paris tätig. Ihren Studienabschluss in internationaler Betriebswirtschaft mit Schwerpunkt Touristik und Hotelmanagement erreichte die
gebürtige Kölnerin an der International School of Management in Dortmund.
Das internationale Studium führte sie u. a. an die Pariser Hotelfachschule Institut
Vatel sowie an die European Business School in London und an die City University
in Hong Kong. Praktische Hotelerfahrung sammelte sie während ihrer Ausbildung
in verschiedenen Häusern der Sofitel-Kette im In- und Ausland.

Carsten K. Rath ist Hotelbetriebswirt und seit November 2008 selbständiger Unternehmer in der Hotellerie und Gastronomie. Er verfügt über umfangreiche Erfahrungen in der internationalen Luxushotellerie, u.a. bei Kempinski und The Ritz-Carlton. Rath war zwei Jahre lang als Geschäftsführer für die TUI-Tochter Robinson
Clubs verantwortlich und wechselte im November 2005 als Vorsitzender der Geschäftsführung zur Arabella Hotel Holding. Während seiner Zeit bei Arabella wurde
Rath zudem zum Vorsitzenden des Advisory Boards der ArabellaStarwood Hotels &
Resorts sowie in die Unternehmensleitung der Schörghuber Unternehmensgruppe
berufen. Carsten Rath ist stellvertretender Aufsichtsratsvorsitzender der design hotels AG. 2007 wurde Carsten Rath gemeinsam mit Roeland Vos (Starwood Hotels)
mit dem Innovationspreis der Deutschen Tourismuswirtschaft ausgezeichnet.

Dr. Heinz Raufer ist Gründungsaktionär und Vorstandsvorsitzender der hotel.de
AG. Nach der Ausbildung zum EDV-Kaufmann schloss er 1992 sein betriebswirtschaftliches Studium in Nürnberg ab. Während der Promotion zum Dr. rer. pol. 1995
baute er das Internet-Systemhaus Atrada AG auf. In 2001 gründete Heinz Raufer
zusammen mit Torsten Sturm (vormals IT-Leiter Atrada AG) und Reinhard Wick die
hotel.de AG, ein heute führendes internetbasiertes Hotel-Reservierungs-System
für Unternehmen und Privatkunden mit weltweit 210.000 direkt buchbaren Hotels.
Neben seiner Vorstandstätigkeit engagiert sich Herr Dr. Raufer auch in zahlreichen
Arbeitskreisen als Mitglied im Verband Deutsches Reisemanagement (VDR).

Prof. Dr. Hans Rück ist Dekan des Fachbereichs Touristik/Verkehrswesen an der
Fachhochschule Worms. Dort lehrt er Marketing und Allgemeine Betriebswirtschaftslehre. Darüber hinaus vertritt er als Adjunct Professor das Fachgebiet Internationales Marketing an der Schweizer Internet-Universität Educatis. Nach einer Lehre zum Werbekaufmann studierte Rück an der Johann-Wolfgang-Goethe-
Universität in Frankfurt am Main Betriebswirtschaftslehre mit den Schwerpunkten Marketing, Handelsbetriebslehre und Wirtschaftssoziologie. Er promovierte

mit einer Forschungsarbeit zur Dienstleistungstheorie am dortigen Lehrstuhl für Handelsbetriebslehre bei Prof. em. Dr. Dr. h.c. Rudolf Gümbel. Seine Forschungsschwerpunkte sind: Kundenbindungs- und Kundenwertmanagement, Markenführung, Eventmarketing und Eventkontrolle, Tourismusmarketing und Internationales Marketing.

Prof. Dr. Joachim Sandt ist seit 1996 in der Unternehmensberatung tätig, zunächst als angestellter Unternehmensberater und Projektleiter bei einer mittelgroßen Beratung, seit 1999 als freiberuflicher Managementberater und -trainer. Schwerpunkte seiner Beratungs- und Trainingstätigkeit sind (beispielhaft): Entwicklung und Implementierung von Kennzahlen- und Steuerungssystemen (z.B. wertorientierte Kennzahlensysteme, Balanced Scorecard), Kostenrechungssysteme und Kostenmanagement, Marketing- und Vertriebscontrolling (z.B. Kundenerfolgsrechnungen), Prozessoptimierung und -management (z.B. Prozesskostenrechnung, kontinuierliche Verbesserungsprogramme). Seit September 2004 ist er Professor für Unternehmensführung und Controlling an der Internationalen Fachhochschule Bad Honnef – Bonn. Mitgliedschaft in wissenschaftlichen (European Accounting Association, Schmalenbach-Gesellschaft) sowie praxisorientierten Organisationen (Internationaler Controller Verein, Institute of Management Accountants). Promoviert wurde er an der WHU – Otto Beisheim School of Management. Studium der Betriebswirtschaftslehre an der Universität Paderborn und The American University, Washington, D.C.

Rolf W. Schmidt, Hotelfachmann und Unternehmer, gründete Mitte der 90er Jahre mit „Consens" den ersten professionellen Marketingverbund für Technologieunternehmen in der deutschen Hotellerie. Wenig später startete er – gemeinsam mit dem Hotelverband Deutschland (IHA) – das erste rein auf den Außer-Haus-Markt spezialisierte Marktforschungs- und Marketingunternehmen. Aus der „Marktplatz Hotel GmbH" wurde 2002 der deutsche Arm der international operierenden CHD Expert Group mit den Geschäftsbereichen Marktforschung, Direktmarketing und Data Management, deren internationale Expansion er als CEO European Business Development kräftig vorantreibt. Auch als Buchautor, Redner und Fachpublizist ist er ein Branchenexperte für den Außer-Haus-Markt.

Prof. Dr. Jürgen Schneider ist Professor für allgemeine Betriebswirtschaftslehre und Tourismus Management an der Internationalen Fachhochschule Bad Honnef – Bonn. Schwerpunkte seiner wissenschaftlichen Arbeit liegen in den Bereichen Marketing, insbesondere Preispolitik, Tourismus- und Travelmanagement, Restrukturierung bzw. Neuausrichtung von Unternehmen sowie Privatisierung von Unternehmen. Zuvor war er Vice President in der Corporate Travel Division bei American Express Int., Inc. und hat dort als Leiter Client Development alle kundenbezogenen Aktivitäten in Central Europe verantwortet. Davor hat er lange in der Top-Management-Beratung gearbeitet und ist als Leiter Travel and Transport bei Capgemini verantwortlich für das Beratungsgeschäft im Travel and Transport-Bereich in der Region Central Europe gewesen. Dr. Schneider hat Abschlüsse in Betriebswirtschaftslehre (Dipl.-Kfm.) und Volkswirtschaftslehre (Dipl.-Volksw.) an der Universität in Köln gemacht.

Gabriele Schulze ist eine der gefragtesten MICE-Experten und eine vielgebuchte Referentin für Themen wie innovative Kundenbindung, Markenprofilierung, Preis- und Distributionsstrategien, Wissensmanagement und Eventmarketing. Sie ist Vorstandsmitglied der MICE AG, Berlin, und als ehemalige Geschäftsführerin von Best Western Hotels Deutschland GmbH (2000 bis 2008) kennt Gabriele Schulze die Anbieter- und Kundenbedürfnisse aus erster Hand. Ihr beruflicher Start begann mit einer Ausbildung zur Hotelkauffrau. Anschließend folgten verschiedene Stationen in Consulting-Unternehmen und der Hotellerie, immer mit dem Schwerpunkt Marketing und Verkauf.

Mirko Silz ist seit 2006 Alleinvorstand der Vapiano AG mit Sitz in Bonn, einem Unternehmen und Franchisegeber der Systemgastronomie im Fresh Casual Segment, das auch selbst Restaurants führt. Er sammelte über viele Jahre Berufs- und Führungserfahrung im Bereich der Gastronomie sowie in der Immobilienwirtschaft. Darüber hinaus ist er Senatsmitglied beim Bundesverband für Wirtschaftsförderung und Außenwirtschaft e.V./Deutscher Wirtschaftsverband e.V.

Philip Sloan is one of the founding members of the lecturing team that started at the International University of Applied Sciences, Bad Honnef – Bonn in September 2000. After completing hotel school at Portsmouth University in England, Philip Sloan held Marketing and General Management positions in London hotels before opening his own specialty restaurants in the U.K. and later in France. During the next few years he went on to obtain a Masters degree in Environmental Management and an M.B.A. while simultaneously working as an educational consultant on several projects in the Baltic countries at the Council of Europe. In addition to teaching Hospitality Management he has recently published articles in journals such as the International Journal of Hospitality Management, Tourism Review International, Advances in Hospitality, Leisure and Tourism: An interdisciplinary journal. He is also co-writing a book on sustainable food and beverage management.

Michael Toedt, Dipl.-Betriebswirt, ist geschäftsführender Gesellschafter von Toedt, Dr. Selk & Coll. Er ist für die Bereiche CRM-Technologie, Beratung und Datenschutz verantwortlich. Michael Toedt war vor seiner jetzigen Tätigkeit Regional Vice President der SANSORA INTERNATIONAL, einer ehemaligen Tochter des Schoerghuber Konzerns, und begleitete diverse Hotelgesellschaften bei der Erstellung zentraler Kundendatenbanken. Aufgewachsen im elterlichen Hotelbetrieb, absolvierte er nach einer kaufmännischen Ausbildung, eine Lehre zum Koch und arbeitete unter anderem im Sterne-Restaurant des Hotel Königshof in München. 1995 begann er ein Betriebswirtschaftsstudium an der Hochschule München und besuchte während dieser Zeit auch die Cornell University. Neben seiner Tätigkeit bei TS&C ist Michael Toedt Lehrbeauftragter an der Hochschule München zum Thema „CRM im Tourismus" und liest als Gastdozent an diversen Universitäten und Hochschulen, wie z. B. der International University Bad Honnef – Bonn, der Hochschule Kempten, der Hotelschule Kaiserhof, Meran, oder der Technischen Universität in Wien. Darüber hinaus ist er Referent für die BTG Bayern Tourist GmbH und im Regional-Vorstand der HSMA für die Region Süd-Ost verantwortlich.

Prof. Dr. Carl B. Welker ist seit 1987 international als Marktforscher und Unternehmensberater tätig. Er ist als Hochschullehrer an den privaten Hochschulen ISM Dortmund (1994 bis 2003) und IFH Bad Honnef (seit 2004) tätig. Am SM-I Institut für Industrielles Service-Management, Bergisch-Gladbach, befasst er sich mit aktuellen Fragestellungen des Service-Managements sowie mit neuen Service-Konzeptionen und Service-Strategien. Das SM-I arbeitet im Rahmen praxisorientierter Forschungs- und Beratungsprojekte für namhafte Unternehmen aus Industrie- und Dienstleistungsbranchen, so auch im HoReCa-Markt und seinen Zuliefermärkten.

Stephanie Zarges ist geschäftsführende Gesellschafterin des Beratungsunternehmens Zarges von Freyberg Hotel Consulting. Vor der Gründung des eigenen Unternehmens arbeitete sie vier Jahre als Seniorberaterin bei der Treugast Solutions Group. Hier war sie zudem für die Unternehmenskommunikation verantwortlich und leitete die Geschäfte des Gütesiegels 50plus Hotels Deutschland. Durch das familieneigene Hotel Thurnher's Alpenhof in Zürs am Arlberg, eines der sechs Leading Hotels of the World in Österreich, ist sie in der Hotellerie aufgewachsen. Während ihres internationalen Studiums in London, Paris und Pforzheim zum BA in Hospitality Management und MA in Communication Management ergänzte sie die Erfahrungen aus dem praktischen Hotelleben um akademisches Hotel- und Marketingwissen. Während des Studiums erhielt sie ein Stipendium des Savoy

Education Trust für einen Summer School Course an der Cornell University. Ihr operatives Know-how konnte sie im The Connaught Hotel in London und bei Sabine van Ommen PR in Berlin ausbauen und festigen.

Frank Zehle, Regional Vice-President Brand Marketing Kontinentaleuropa, ist seit Ende 2004 bei Marriott International. Sein beruflicher Werdegang begann bei Lufthansa in 1984 mit der Ausbildung zum Luftverkehrskaufmann. Danach arbeitete er in diversen Verkaufs- und Marketingfunktionen bei Lufthansa in Deutschland, Brasilien und Großbritannien. In 1997 wechselte er in die Hotelbranche, als Director Marketing & Development Europe, Middle East & Africa für Utell International mit Sitz in London. In 1999 wurde er nach Brasilien berufen, wo er als weltweiter Marketingchef für VARIG arbeitete. In 2001 wechselte er zu Accor als General Manager Relationship Marketing & Distribution mit Verantwortung für Lateinamerika mit Sitz in Sao Paulo. In 2004 wechselte er nach Deutschland, wo er seine derzeitige Aufgabe bei Marriott übernahm. Frank Zehle hat einen Executive MBA Abschluss der Business School Sao Paulo/University of Toronto und ein Diplom des britischen Institute of Direct Marketing at Imperial College, London. Daneben hat er die European Business School in Oestrich Winkel für ein siebenmonatiges Executive Management-Programm besucht.

GASTRONOMIE

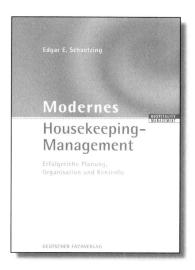

Edgar E. Schaetzing

Modernes Housekeeping-Management

2., aktualisierte und erweiterte Auflage,
345 Seiten, mit zahlreichen Grafiken,
Checklisten und Tabellen, gebunden

ISBN: 978-3-87150-918-6   € 58,-

„Modernes Housekeeping-Management" ist der Nachfolger des
Bestsellers „Organisation und Arbeitserleichterung im Hausdamenbereich der Hotellerie".

Das Buch „Modernes Housekeeping-Management" enthält
ausführliches Informationsmaterial über Planung und Organisation,
Mitarbeiterführung und -motivation sowie über Reinigungs- und
Wartungsaufgaben. Der Bogen reicht ferner von der Ideenbörse zu
Arbeitserleichterungen über Checklisten aus der Praxis bis hin zum
Computer-Dienstplan.

Ihr direkter Weg: www.dfv-fachbuch.de

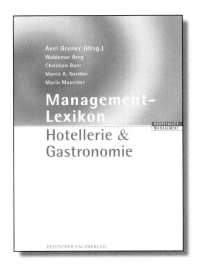